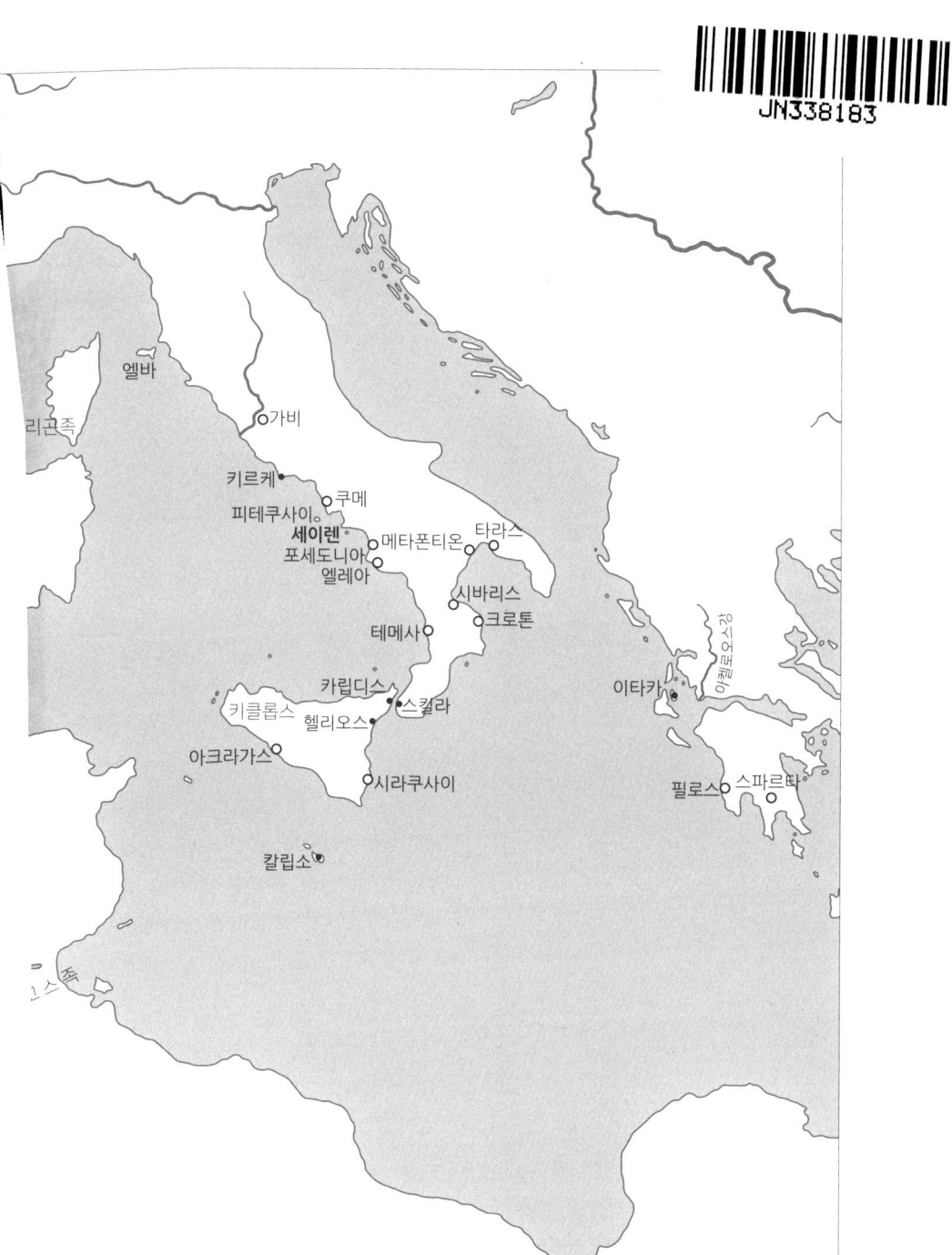

키틀러 · 음악과 수학 제1부 제1권

Musik und Mathematik I — Hellas 1: Aphrodite
by Friedrich A. Kittler

Copyright © 2006 Wilhelm Fink Verlag, Paderborn
Ein Imprint der Brill Deutschland GmbH
www.fink.de

Korean translation copyright
© 2019 gegenstalt Verlag, Berlin
www.gegenstalt.com
and memi books, Seoul
www.memibooks.kr

이 책의 한국어판에 대한 저작권은 저작권자인 핑크 출판사와 독점 계약한 게겐슈탈트 출판사와 도서출판 매미에 있습니다. 저작권법에 의해 전세계적으로 보호받는 출판물이므로 무단 전제 및 복제를 금합니다.

All rights reserved.

The Korean language edition is published in arrangement with and is licensed by Wilhelm Fink Verlag through gegenstalt.

For all rights on images and their usage, we adhered to the original German edition in naming the sources. We made efforts to clarify external image rights and obtained authorizations for their use, if, however, there is any source not correct or not fully specified, we will take corrections upon request and ask for informations respectively.

프리드리히 키틀러

음악과 수학

제1부 헬라스
제1권 아프로디테

박언영 옮김

매미
게겐슈탈트

음악과 수학

제1부 **헬라스**
제1권 아프로디테
제2권 에로스

제2부 **로마 아이테르나**
제1권 섹수스
제2권 비르기니타스

제3부 **헤스페리아**
제1권 민네
제2권 사랑
제3권 섹스

제4부 **튜링 시대**

지금의 연인들은
옛날의 그 연인들이니

횔덜린

목차

0	사랑에 앞서	13
0.0	피에르 클로소프스키…	13
0.1	…그리고 우리 둘	15
1	음악	19
1.1	오디세우스는 고통받으며 배웁니다	19
1.1.1	두 섬, 일곱 신부	21
1.1.2	네 섬, 다섯 여자	27
1.1.2.1	불멸의 암컷 매	28
1.1.2.2	《태양의 심장부로 목표점을 설정하라》	60
1.1.2.3	아, 태양 아래 섬이여	83
1.1.2.4	님프들 사이의 나우시카아	101
1.1.2.5	하녀 오십 명, 탕녀 열두 명, 여자 한 명	114
1.2	노래하기와 글쓰기	126
1.2.1	무사와 가인	126
1.2.2	가인과 문자	143
1.2.2.1	미노스 선형문자 B	144
1.2.2.2	추측해야 하는 자음문자	149
1.2.2.3	그리스의 알파벳이 노래합니다	155
1.2.3	오디세우스는 거짓말하며 노래합니다	174
1.3	미메시스	180
1.3.1	《그리고 신들은 사랑을 나눴다네》	182
1.3.1.1	아프로디테와 아레스	182
1.3.1.2	카드모스와 하르모니아	184
1.3.1.3	디오니소스와 아리아드네	186

1.3.2		한 젊은 남신이 뮤즈들의 합창을 지휘합니다	192
1.3.2.1		헤르메스	192
1.3.2.2		아폴론	194
1.3.2.3		어떻게 한 무사가 어느 다이몬으로부터 호메로스를 수태하였을까요	199
1.3.3		스파르타의 코라이와 코로이	203
1.4		가인들이 신들을 부릅니다	224
1.4.1		사포와 멜로스	226
1.4.2		아리스토파네스와 희극	239
1.4.3		소포클레스와 가슴을 찢는 그 무엇	243
1.5		대大그리스에서	276
1.5.1		점거	276
1.5.1.1		키르케와 칼립소의 거친 아들들	276
1.5.1.2		오디세이아의 여파	280
1.5.2		도시, 제식, 학문을 세웁니다	286
1.5.2.1		크로톤	287
1.5.2.2		메타폰티온	290
1.5.2.3		타라스/타란토	292
1.5.3		수數 알파벳	297
2		**음악이 수학을 부릅니다**	**307**
2.1		피타고라스	308
2.1.1		삶과 죽음	308
2.1.1.1		피타고라스는 피타이스로부터 세상에 태어납니다	309
2.1.1.2		사모스섬에서 살다가	310
2.1.1.3		고대 동양으로 가서	311

2.1.1.4	사모스섬으로 되돌아옵니다	317
2.1.1.5	다시 극서로 떠나고	320
2.1.1.6	크로톤을 홀리며	322
2.1.1.7	메타폰티온으로 달아나서 죽습니다	329
2.1.2	가르침과 학파	331
2.1.2.1	배우기, 노래하기, 음악 만들기	333
2.1.2.2	아쿠스마타	336
2.2	피타고라스학파	351
2.2.1	청자	353
2.2.1.1	아크라가스의 엠페도클레스	353
2.2.1.2	에페소스의 헤라클레이토스	360
2.2.2	수학자	364
2.2.2.1	메타폰티온의 히파소스	364
2.2.2.2	크로톤의 필롤라오스	383
2.2.2.3	메타폰티온의 에우리토스	417
2.2.2.4	타라스의 아르키타스	436
0	**부록**	**485**
0.1	고맙습니다	485
0.2	도움말	489
0.3	책·악보·지도·음반	490
/	인명 및 문헌 목록	559
/	옮긴이 후기	569

일러두기

- 특수 기호: 대부분 원서를 따라서(489쪽 "특수 기호" 항목 참조) 옮겼으나 아래와 같은 예외가 있다.

- 따옴표: 본문과 각주에 사용된 기메(«…»와 ‹…›)는 화살괄호(《…》와 〈…〉)로, 독일식 따옴표("…"와 ‚…')는 한국식("…"와 '…')으로 바꾸어 옮겼다. 지은이는 신성한 글이나 말은 기메로, 세속적인 글이나 말은 따옴표로 인용하였다고 밝힌다. 고대의 글은 대체로 기메로 인용된다. 근대의 글이라고 반드시 따옴표로 인용되지는 않으며, 같은 저자라도 때로는 신성하다고 때로는 세속적이라고 인용되기도 한다.

- 문체: 지은이의 글은 모두 구어체로 격식과 비격식을 섞어 높임말로 옮겼다. 그가 인용한 다른 저자의 글은 최대한 맥락이 드러날 수 있도록 경우에 따라 구어체나 문어체를 사용했다. 운문의 경우에는 대체로 구어체로 옮겼고, 산문이라고 해도 호소력이 있는 글이나 강의록의 경우 구어체로, 그 외 객관적 서술을 중시하는 글은 문어체로 옮겼다.

- 이탤릭체: 지은이의 글이나 그가 신성하다고 인용한 글에서 이탤릭으로 강조된 경우에는 밑줄로 표시했다. 그가 세속적이라고 인용한 글에서 이탤릭으로 강조된 부분이나 어떠한 단어의 사전적 뜻을 설명하는 이탤릭체의 경우에는 '작은따옴표' 안에 넣었다. 세속적으로 인용된 글 안에 따옴표가 있고 그 안에서 또 이탤릭으로 강조된 경우에는 다시 밑줄로 표시하였다. 독일어의 입장에서 외래어이기에 이탤릭체로 표시된 경우 따로 추가 기호나 서식 없이 로마자를 병기(예: 임페리움 로마눔Imperium romanum)하였다. 이탤릭으로 강조된 개념은 아니지만 중요한 독일어 개념이라고 생각되는 경우(예: 민네Minne, 마음Herz)에도 음차나 뜻 번역의 여부와는 상관없이 로마자를 띄어쓰기 없이 함께 표기했으며, 그리스 알파벳으로 표기된 그리스어도 모두 음차하여 그리스 알파벳과 함께 나란히 적었다(예: 마테시스μάθησις). 고대 그리스어로 된 운문이 한 문장 이상 인용되었을 경우에는 그리스 알파벳 표기를 생략하는 대신 이를 모두 한글로 음차하여 옮겼으나, 세이렌의 노래와 네스토르 잔의 글은 예외로 삼아 모두 옮겼다.

- 고대 그리스어 표기: 뮤즈가 아닌 무사Μοῦσα로 옮겨 대체로 고대 그리스어 표기 시안을 따랐으나, 뉨페νύμφη 대신 님프로 옮기는 등 이미 널리 알려진 이름이나 개념의 표기도 최대한 반영하려고 하였다. 특히 윕실론(Y, υ)의 경우 오디세우스Ὀδυσσεύς, 피타고라스Πυθαγόρας, 피티아Πῡθίᾱ, 피시스φύσις, 키프리스Κύπρις, 아르키타스Ἀρχύτας에서와 같이 이미 널리 알려진 이름이나 개념에서는 '이'로 옮겼으며, 그렇지 않은 경우에는 귀네γυνή나 텔뤼스σθῆλυς, 튀아Θυία에서와 같이 '위'로 표기했다. 한 문장 이상 인용된 고대 그리스 운문을 음차한 경우에는 일괄적으로 '위'로 옮겼다.

- 대문자 표기: 한 단어에 있는 모든 글자가 대문자로 표기(예: ER)된 경우, 굵은 글씨(예: **그**)로 나타냈다. 첫 글자만 대문자로 표기(예: Es)된 경우에는 밑줄(예: 그것)로 표시하였다.

- 연도 표시: 지은이는 기원전이나 기원후에 대한 연도를 기독교적(vor und nach Christus)으로 쓰는 대신, 단순하게 각각 빼기표(−)와 더하기표(+)만으로 표시한다. 이를 그대로 반영하였으나, 지은이가 이 기호를 생략하고 연도를 숫자만으로 표시한 경우에는 옮긴이가 {기원전}이나 {기원후}와 같이 덧붙였다.

- 작품 제목: 본문에 등장하는 작품의 제목은 낫표로 표시하였다. 단행본으로 발행된 책이나 음악 앨범 등은 겹낫표(『』)를, 비교적 짧은 에세이나 학술 논문, 한 곡의 음악 작품, 강의 등은 홑낫표(「」)를 사용하였다. 각주에 인용되는 경우 낫표 없이 제목을 옮겼다.

- 참고 문헌: "0.3.1 우리들의 책"(490쪽)과 "0.3.2 당신들의 책"(531쪽)으로 구분되어 있는 지은이의 참고 문헌은 본문 뒤에 원문 그대로 수록하였다. 각주에 인용된 근대 저서의 경우 '저자명, 연도, 쪽수'의 순으로, 고전 문헌의 경우 대부분 약자를 풀어서 옮겼다. 고대 작가의 기록 가운데 부분적으로만 전해지는 글을 지칭하는 프라그멘타fragmenta는 '파편'으로, 다른 저자에 의한 언급이나 간접적으로 전해지는 글을 일컫는 테스티모니아testimonia는 '증언'으로 옮겼다. L-P는 사포와 알크만 그리고 알카이오스의 서정시를 펴낸 '로벨-페이지'를 지칭하며, 소크라테스 이전 철학자들의 파편을 펴낸 '딜스-크란스'의 DK와 마찬가지로 약자를 그대로 담았다. 본문과 각주에서 고대 문헌과 인명은 한글로만 옮기기에 대조해 볼 수 있도록 뒤에 "인명 및 문헌 목록"(559쪽)에 한글과 로마자 표기를 함께 담았다. 지은이가 일회적으로 참고하고 인용하였으나 '우리들의 책'이나 '당신들의 책' 목록에 의도적으로 넣지 않은 경우에는 각주에 '저자명, 『책 제목』, 도시: 연도, 쪽수'의 순서로 표시했으며, 인명 목록에 저자명을 함께 싣지는 않았다.

- 괄호와 별표: 지은이가 다른 저자의 글에 덧붙인 말이나 생략한 인용구는 [대괄호]로 표시되어 있으며, 지은이가 자신의 글에서 보조적으로 추가하는 말은 (소괄호) 안에 표시되어 있다. 옮긴이가 독자의 이해를 돕기 위해 지은이의 본문이나 각주에 덧붙인 말은 {중괄호} 안에 넣어 표시하였다. 원문原文에 대한 옮긴이 주는 숫자[1]를 사용하여, 원주原註에 대한 옮긴이 주는 별표[*]를 사용하여 지시하였으며, 지은이의 각주와 뚜렷하게 구분하기 위해 옮긴이 주는 *{중괄호 안에 집어넣고 여는 중괄호 앞에 별표} 표시를 하였다. 옮긴이가 덧붙인 글에서는 원문의 특수 기호를 특별히 따르지는 않았다. *wen-과 같이 재구성된 인도유럽조어의 어근을 나타내는 경우에도 별표 표시가 등장하며, 이 경우에는 재구성된 단어의 맨 앞에 붙어 있다.

- 슬래시 기호: 슬래시 기호(/)는 원서에서 사용된 것을 그대로 반영하였다. 서로 다른 뜻을 가졌지만 밀접한 의미를 가진 두 단어를 연결(예: 셈하기/사유하기)하거나 낱말 쌍을 나열(예: 홀/짝)할 때, 또는 각주에서 줄 바꿈을 표시하거나 공저자를 나열할 때 등에 사용된 기호이다. 역슬래시 기호(\)는 옮긴이가 추가한 것으로, 한 단어에 둘 이상의 뜻이 있을 때 필요하다고 생각되는 경우 가능한 한 모든 뜻을 나열(예: 존재\~임\~함\있음)하며 사용하였다.

- 가운뎃점: 하나의 통일체를 구성하는 요소임을 강조하기 위해 쉼표를 사용하지 않고 나열된 단어들(예: Singen Tanzen Spielen)의 경우 큰 가운뎃점(U+00B7)으로 구분(예: 노래하기·춤추기·연주하기)하였다. 선형문자 B와 같은 음절문자를 로마자로 음차하며 옮겨 적었을 때 원문에서 음절 구분을 위해 사용한 붙임표(예: ke-sa-do-ro)는 작은 가운뎃점(U+2027)을 사용(예: 케‧사‧도‧로)하여 옮겼다. 고대 그리스어 운문에서의 쉼표도 작은 가운뎃점을 사용하였다.

0   사랑에 앞서

0.0   피에르 클로소프스키…

《저는 여러분에게 디아나Diana와 악타이온Aktaion에 대해 이야기하고자 합니다. 이 두 이름은 독자 여러분의 마음에 많든 적든 마법을 불러일으키겠지요. 하나의 상황, 여러 입장들과 형태들 그리고 삽화의 주제와 같은 것들 말입니다. 그러나 전설 자체에 대해서는 거의 떠올리지 않습니다. 백과사전이 그 이미지와 이야기를 통속화시켜서 {이 전설에 관한} 모든 것이 그저 어느 침입자의 눈에 붙잡힌 목욕하는 여자의 모습을 바라보는 시선에 관한 것으로 축소되어, 두 이름이 어렴풋하게 사라져 버렸기 때문입니다. 이 중 전자는 수천 가지의 이름들 가운데 하나로, 오래전에 사라진 인류의 눈에는 한때 여신을 담고 있었던 이름이었지요. 그런데 이 관점은 〈우리가 언젠가 즐겼던 최고의 것〉이 아니라 해도, 가장 상상하기 어려운 것입니다. 하지만 독자 여러분의 기억에서 완전히 사라진 것이 아니라면, 그리고 다른 기억들이 매개하는 기억 또한 완전히 잊은 것이 아니라면 이 두 단어가 빛나기 시작할 것입니다. 광선과 감각의 폭발로 말이지요.

이 인류는 — 우리의 인류학자와 박물관이 있음에도 불구하고 — 그 개념이 사라질 정도로 사라져서 제가 개념이라고 말하는 것이 그 자체에 더 이상 아무런 의미를 가지고 있지 않습니다. 그런데 이 인류는 어떻게 존재할 수 있었을까요? 그럼에도 불구하고 그들이 활보하며 꿈꾸었던 것, 그들이 악타이온의 눈을 통해 악타이온의 두 눈 자체를 상상해 냈을 때까지 깨어 있는 꿈속에서 보았던 그것이, 항상 멀리 떨어져 있어 흐릿한 별자리의 빛처럼 우리에게 다가옵니다. 우리 안에서, 기억의 어둠 속에서, 우리가 마음속에 담고 있지만 기만적인 한낮의 빛 아래에서는 달아나는 그 위대한 별밤 속에서, 이제는 폭발한 별이 번쩍하고 섬광을 발합니다. 그곳에서 우리는 <u>살아 있는</u> 언어에 기댑니다. 그러나 일상어로 쓰는 이 두 단어 사이로 가끔 <u>죽은</u> 언어의 몇몇 음절들이 슬그머니 끼어듭니다. 그것은 밝은 대낮의 불꽃이나 새파란 하늘의 달빛과 같은 불빛의 투명함을 지닌 단어 유령들이지요. 하지만 우리가 그 이름을 정신의 반그늘 속에 품는 순간, 두 이름은 강렬한 광휘를 내며 발산합니다.

이렇게 아르테미스Artemis와 악타이온Aktaion의 이름이 잠시라도 그 감춰진 뜻을 회복하기를 바랍니다. — 나무들, 목마른 수사슴 그리고 벌거벗음을 만질 수 없게 비추는 물결로 말이지요.》[1]

---

[1] 피에르 클로소프스키, 1980(3), 7~8쪽. 우리는 디아나를 — 말라르메의 허락 하에 — 다시 아르테미스라고 부르고자 합니다.*《그리스 신화와 로마 신화라는 거듭되는 두 가지 신화에서 왜 그리스 신화는 로마 신화에는 없는 가치를 가지고 있는지를 누군가가 묻는다면 나는 이렇게 답하겠다. 더 오래된 그리스 신화는 자연 현상의 생생한 인격화라고 말할 수 있기 때문이라고 말이다. 그래서 […] 고대 그리스의 신들과 이탈리아의 신들을 구분하지 않고 부르는 이름은 그리스식이지, 오랫동안 이 땅{서유럽}에서처럼 로마식 이름이 아니다》. (스테판 말라르메, 1961, 1180쪽) 아르테미스와 악타이온 — 그들은 오필리아와 햄릿처럼 있습니다. *{클로소프스키의 원문(디아나의 목욕, 파리: 1980)에서는 로마 신화에서의 이름인 '디아나'를 계속 쓰지만, 키틀러는 본래 한 문단으로 이루어진 이 원문을 세 문단으로 나누어 마지막에 그리스 신화에서의 이름인 '아르테미스'로 고쳐 옮겼다.}

0.1   …그리고 우리 둘

> 하늘에 대고 보면 이렇게나 작은데
> 핑크 플로이드

우리는 여러분에게 음악과 수학을 이야기하고자 합니다. 사랑 다음으로 가장 아름다운 것이며, 믿음 다음으로 가장 어려운 것이지요.

우리는 마음Herz[1]으로 이야기하려고 합니다. 그렇게 하지 않으면 마음은 분리된 채 남아 있기 때문이지요. 그대는 미로의 숲에서 묻습니다. 음音과 수數를 하나로 생각하는 것이 왜 필요한지 또는 그것이 왜 아름다운지 말이지요. 그대는 나를 불러 말합니다. 말러의 「태초의 빛Urlicht」이 그대에게는 여전히 빛난다고 말이지요. 그리스의 시작이 헛되지 않았다면, 또 다른 시작[2]은 성공할 것입니다.

밝은 저녁, 태양이 아르테미스 신전 위를 지나 소금 바닷속으로 뚝 떨어집니다. 그대는 양치기가 허락한 당나귀 위에 올라탑니다. 그대를 사랑해요. 남쪽 산비탈 말뚝에 묶여 있는 당나귀들은 더 거칠게 짝짓기를 하고, 이젠 공기 중에 매미만 남아 있습니다. 맴맴맴 떨리는 소리 속에 우리의 귀가 먹먹해져 갑니다.

음악Musik과 수학Mathematik — 이 두 단어는 무엇에서 비롯된 것일까요? 생각할 거리를 주는 모든 것이 온 그곳, 그리스인의 입에서 왔지요. 그들이 아니라면 어느 다른 무엇일까요. 우리의 일상어들 — 독일어에서 라틴어를 지나 아랍어와 힌디어에 이르는 언어들 — 속에서, 우리 모두의 모어母語[3]에 대한 부름이 이따금 조용히 나타납니다. 음악은 여전히 세계적으로 음악이라고 불리고,[4] 수학도 마찬가지입니다. 순전한 그리스 음악 연주 기구인 키

---

1 *{헤르츠Herz는 '심장, 가슴, 마음, 사랑, 중심'을 뜻하는 말이다.}
2 베르너 마르크스, 1961, 21쪽.
3 *{예를 들어 음악과 수학을 일컫는 단어가 한자에서 기원하는 동아시아의 언어들은 포함할 수 없기 때문에 엄밀한 의미에서는 우리 모두의 모어라 할 수는 없지만, 원시인도유럽어(PIE)에서 기원한 것으로 추정되는 독일어나 힌디어와 같은 인도유럽어족의 언어들뿐 아니라, 아랍어와 같은 다른 비-인도유럽어계라고 여겨지는 언어에서도 음악이라는 단어가 고대 그리스어 무시케μουσική에서 유래했다는 뜻으로 이해할 수 있다.}
4 마틴 웨스트, 1992, 1쪽. 헤르만 콜러, 1963, 9쪽(아랍어 무시키musiqui에 대하여).* {음악Musik이라는 단어뿐 아니라} 멜로디, 하모니{화성}, 심포니{교향악}, 오케스트라, 오르간, 음Ton, 반음계Chromatik, 온

타라Kithara가 알프스 사람들에게는 치터Zither를, 인도 사람들에게는 시타르Sitar를 그리고 벨그라드 카페에 있는 우리들에게는 일렉 기타 사운드를 선사했습니다. 삼천오백 년 전쯤 말해지고 쓰인 가장 이른 시기의 그리스어[1]에서는 무사μοῦσα도 마테인μαθεῖν도 확인되지 않지만 호메로스 때부터 보이기 시작합니다. 그러니까 우리는 다시 — 지금까지의 모든 책이 그랬던 것처럼 — 전설과 함께 시작합니다. 생각하면서 고마움이 되돌아옵니다.

음계Diatonik, 리듬이라는 단어들도 세계적으로 같다는 것은 말할 것도 없습니다. *{고대 그리스인들은 노래, 춤, 악기 연주를 함께 아울러 '무사들의 기술(무시케 테크네)'이라고 불렀는데, 헤르만 콜러는 일반적인 개념으로서의 음악(무시케)이라는 단어는 고대 그리스에서만 발견된다고 한다. 고대 인도에는 노래(기따)와 춤(느르띠야) 그리고 악기 소리(바디따)를 일컫는 말이 각각 있었고, 이 모두를 아우르는 단어(쉴빠)도 있었지만, 쉴빠शिल्प라는 말은 그리스어 테크네τέχνη나 라틴어 아르스ars처럼 어떤 특정한 분야에 대한 객관적인 지식이나 기술이 전수가능할 때 이 기술을 전반적으로 일컫는 말이어서, 무시케μουσική와 같이 음악과 관련된 기술만을 지칭하지 않는다고 한다. 또한 아랍어에도 춤(라카사)과 가창 및 악기 음(가나/기나)을 아울러 일컫는 말이 있기는 하지만 8~9세기경 아리스토텔레스의 아랍어 번역자가 '무시케', 즉 음악에 대한 적당한 아랍어를 찾지 못하여 그리스어에서 그대로 음차하여 '무시키'로 옮겼다고 한다.}

1   *{미케네 그리스어를 말한다.}

음악

들여다보라, 시간과 물로 만들어진 강을.
그리고 기억하라, 시간은 또 다른 강이라는 것을.
알라, 우리도 강처럼 사라진다는 것을.
그리고 얼굴들은 물처럼 지나간다는 것을.

느끼라, 깨어 있는 것은 또 다른 꿈이라는 것을
꿈꾸지 않기를 꿈꾸는 꿈이라는 것을,
그리고 우리의 살덩이가 그렇게 두려워하는 죽음은
꿈이라고 불리는 매일 밤과 동일한 바로 그 죽음이라는 것을.

보라, 하루나 한 해에서 상징을,
우리 삶 세월 속의 상징을.
그 세월들의 치욕을 음악으로
변형하라, 하나의 소리와 하나의 상징으로.

보르헤스, 시를 짓는 기술

1 음악

1.1 오디세우스는 고통받으며 배웁니다

> 보이는 것만큼 쉬운 일은 아무것도 없다.
> 모든 일은 생각보다 오래 걸린다.
> 잘못될 수도 있는 일은 꼭 잘못될 것이다.
> 머피의 법칙

우리를 부르는 두 단어{음악과 수학}는 양쪽 전설{일리아스와 오디세이아}에 그 자체로는 나타나지 않습니다. 하지만 이 두 단어의 뿌리는 나타납니다.

무시케μουσική는 노래하기·춤추기·연주하기에 대한 욕망이자 기술인 음악을 뜻하는 말로, (독일어의 민네Minne[1]와 같이) 마음속에 모든 것을 간직하고 있는 무사Muse[2]에서 나온 말입니다. 그 때문에 무사 여신들은 노래를 부를 수 있고, 또 말도 할 수 있는 것입니다.[3] 무사들이 신산神山[4]에서 모든 노래를 하기 시작한 이래로, 음악은 그들이 하는 것을 따라합니다. 왜냐하면 이것 또한 옛날 옛적의 일이기 때문입니다. 무사들은 우선 태어나야만 했으며, 그들이 항상 존재했던 것은 아니었습니다.

무사와 거의 동일한 뿌리에서 마테시스μάθησις가 나옵니다. 일반적으로는 배움을 뜻하며 특히 수학, 즉 수數를 생각하는 것을 뜻합니다. 생각하는 것, 고마워하는 것 그리고 기억하는 것은 동일합니다. 우리는 이렇게 말해봅니다.

마테인μαθεῖν은 오랫동안 세는 것이나 셈하는 것을 뜻하지 않습니다. 이것은, 아리스토텔레스에 의하면[5] 젊은이들이 꼭 배워야 하는 것이며, — 사유

---

1 *{원래는 생각을 뜻하던 말로, 다른 사람을 따뜻하게 생각하고 기억하는 일반적인 의미에서의 사랑을 가리키는 말이었다. 중세에 특히 남녀 간의 사랑을 뜻하는 단어로 그 의미가 좁혀졌다.}
2 *{더 널리 알려진 영어 뮤즈 대신 고대 그리스어 발음을 옮겨서 무사Μοῦσα로 표기하였다. 이 책에서는 한국어에 있는 무사의 다른 동음이의어는 전혀 사용하지 않으며, 무사는 예외 없이 모두 무사 여신을 일컫는다.}
3 플라톤, 크라튈로스, 406a절.
4 {산山을 뜻하는} 몬트-mont-는 무사의 어간음절을 들을 수 있는 또 다른 방법입니다. 라틴어로는 몬스 mons이지요. 하지만 산에서 샘물{원천} 또는 님프가 내려와서 바사이 같은 〈신성한 계곡〉이 생겨날 때에야 비로소 {산이라는} 그 의미가 존재합니다(오디세이아, 10권 275행).
5 아리스토텔레스, 니코마코스 윤리학, 6권 9장 1142a 7~14절.

와는 달리 ― 쉽게 성취할 수 있는 것이지요. 마테인은 {세는 것이나 셈하는 것과는} 반대로 모호하고 어두운 앎을 일컫습니다. 이러한 앎은 수십 년의 경험을 한 이후에야 비로소 영웅들의 피와 살로 들이닥칩니다.[1] 인내하여 얻어진 이 앎이 상처와 운명에 의해 영웅들에게 각인되지요. 간단한 각운으로 된 옛 구절 하나가 그리스인들의 귀에 메아리치며 잊히지 않고 남아 있습니다. 파테인 마테인παθεῖν μαθεῖν, 《고통 속에서 배운다네》.[2]

따라서 신화는, 영웅들이 인내한다고 말합니다. 이로써 신화는, 여신들과 남신들 없이는 {영웅이 위험과 모험으로부터} 벗어날 수 없다고 말합니다. 첫 번째로 인내한 자의 이름은 아킬레우스인데 그는 약탈했던 연인 브리세이스와 분노로 인해 마비되었습니다. 두 번째로 인내한 자는 오디세우스인데 《바다에서 실컷 고통을 받으며》,[3] 또 이십 년 동안 자신의 부인을 잊을락 말락 하고 있기 때문입니다. 이 두 이야기밖에 없습니다. 하나는 멀리 있는 도시에 닿기 위해서 폭풍우를 헤쳐 나아가는 영웅의 이야기이고, 다른 하나는 반대로 사랑을 다시 발명하러 나아가는 영웅의 이야기입니다.[4] 《남자라면 전쟁과 사랑에 대해서 이야기해야 한다네》.[5]

어근이 기만하는 것이 아니라면, 오디세우스도 마찬가지입니다. 그는 분노를 느꼈고 이로 인해 고통을 받았지요.[6] 그는 스스로 다른 이들에게 얼마나 많은 고통을 안겨주었으며, 그리하여 얼마나 많은 고통과 비참함이 자기 자신에게도 자라났는지를 마지막에 잠자리에서 직접 이야기합니다.[7] 신

---

1 일리아스, 6권 444행, 5권 253행, 13권 408행 등. 이에 대해 피에르 샹트렌(1968-1980)이 "경험을 통해 배운다"라고 표현한 것과 요하네스 로만(1970, 90쪽)의 다음을 참고하십시오. "호메로스 당시에 쓰였던 동사 마테인μαθεῖν은 완전히 '윤리적인' 개념으로, 운명이나 교육을 통해 '익숙해지다'라는 뜻이었다. 이것은 아리스토텔레스가 인생의 경험이라고 말한 바로 그것이다. 아리스토텔레스는 즉시 터득할 수 있기에 젊은이들도 가까이 하기 쉬운 '수학적인' 지식을 {오랜 세월에 걸쳐 얻게 된 지혜인} 인생의 경험에 대립시켜 말했지만 말이다."
2 하인리히 되리에, 1956.
3 오디세이아, 1권 4행.
4 호르헤 루이스 보르헤스, 1966, 9권 9~11쪽. 보르헤스 독일어 번역본, 1980~82, 6권 9~11쪽.
5 조셉 콘래드, 1977, 177쪽.
6 오디세이아, 19권 406~409행.* 예스퍼 스벤브로(1988년, 79~81쪽) 또한 참조하십시오. *{오디세우스의 외할아버지 아우톨뤼코스가 손자 오디세우스에게 '노여워하는 자'라는 뜻의 이름을 붙여주었다.}
7 오디세이아, 23권 305행~.

성한 일리오스가 자신의 계략에 의해 함락될 때까지 그는 십 년 동안 벗과 적들을 죽이고 또 속입니다. 그 후, 마침내 고향 땅에 도착하여 신부들의 신성한 원천인 동굴에서 깨어나게 될 때까지 이 영웅은 백이십 달, 십 년을 더 트로이아와 지브롤터 사이에서, 즉 근동과 극서 사이에서 헤맵니다. 그가 방황하며 지나는 이 바닷물은 아직 다양하지만,[1] 나중에는 임페리움 로마눔Imperium romanum에 의해 처음으로 마레 노스트룸Mare nostrum[2]으로 하나로 뭉쳐지게 될 것입니다. 그는 주위의 많은 신들 가운데 모든 면에서 필연적으로 한 남신{포세이돈}을 노하게 했었고, 남신의 분노가 폭발하여 오디세우스의 방랑길이 시작됩니다.

1.1.1   두 섬, 일곱 신부

> 감행敢行은 앎의 시작이다.
> 페라 토이 마테시오스 아르카.
> 알크만

	세이렌들	
여신들	키르케	칼립소
괴물들	안티파테스	스킬라
왕의 딸들	라이스트리곤족 여인	나우시카아
포세이돈의 아이들	키클롭스들	파이아케스인

오디세우스가 항해를 시작한지 벌써 일 년, 그동안 그는 수없이 많은 남자들을 속이고, 현혹시키고, 심지어는 죽이기까지 했습니다. 그러다가 그는 처음으로 젊은 여자들을 마주치게 됩니다. 그리스인들은 젊은 여자를 님프[3]

---

1   바다의 소금은 음절 '할hall'*을 간직하고 있는 모든 독일어의 지역 이름에도 나타납니다(알빈 레스키, 1947, 10~12쪽). 그리하여 꿀이냐 소금이냐, 그것이 문제입니다. 이것은 늦어도 헤라클레이토스 이래로 기록되었던 문제이지요: 《바닷물은 가장 순수하며 동시에 가장 오염되었다. 바닷물은 물고기들이 마실 수 있으며 마시면 몸에 좋지만, 사람들은 바닷물을 마실 수 없으며 마신다면 치명적이다.》(DK(6) 22, B 61) 라이헨할Reichenhall** 또는 시체 안치소Leichenhall입니다… *{고대 그리스어로 할스ἅλς는 '소금'을 뜻하는 말이며, 영어 솔트salt나 독일어 잘츠Salz 역시 같은 계통의 단어이다.} **{현재 독일 남부의 도시 바트 라이헨할Bad Reichenhall을 가리킨다. 이 지역은 로마 시대 이전부터 사람들이 거주하며 소금을 생산했던 곳이다.}

2   *{'우리들의 바다'라는 뜻의 라틴어로, 로마인들이 지중해를 일컫는 말이었다.}

3   *{님페νύμφη는 그리스어로 '아가씨, 신부, 젊은 여자'는 물론 '샘물, 클리토리스'도 뜻한다. 여기에서는 더 자주 쓰이는 표기법을 따라 '님프'로 옮겼다.}

혹은 신부라고 부릅니다. 동일한 단어로 음핵Klitoris을 일컫기도 하지요.[1] 이렇게 님프들은 존재사적으로 새로운 시작을 합니다.

자신의 님프를 가지고 노는 한 님프

메소포타미아의 길가메시는 이른바 오디세우스의 선조로 여겨지기는 하지만 길가메시의 절친한 친구[2]가 가슴, 허벅지의 품 그리고 사랑을 제공하는 한 여자를 만났을 때, 그녀를 창녀라고 부릅니다.[3] 하지만 오디세우스는 단 한 번도 그렇게 하지 않습니다. 그가 학살했던 키코네스족[4]의 여자들을 스친 것은 그들을 약탈했을 때 한 번뿐이었기 때문에[5] 오디세우스와 선원들은 그 여자들을 즐기고 난 후 노예시장에 팔았을 것이라고 짐작할 수밖에 없습니다. 이에 맞서 모든 님프들은 지금 살아 있건 유령처럼 배회하건 또

---

1 "님프라는 단어(신부와 클리토리스라는 말로도 쓰인다[…])에 성적인 함의가 강하게 있기에, 여성이 소유한 경우에는 다른 신격과 관련되는 것으로 간주할 수 있다."(월터 로버트 코너, 1988, 178쪽) 상세한 내용은 존 J. 윈클러의 「님프들의 정원」(1981, 77쪽~)을 보십시오. 님프들은 《황홀하게 한다》는 마르틴 하이데거의 통찰은(⇒ 1.1.2.3.2.1), 이렇게 문헌학적으로도 사실이 됩니다.

2 *[엔키두를 일컫는다. 길가메시의 폭정으로 고통받는 백성들의 하소연을 듣고 여신 아루루가 빚어 만들어 보낸 야수이다. 들판에서 짐승들과 어울리기만 하는 엔키두에게 이슈타르 신전의 창녀가 보내지고, 그녀는 엔키두와 일곱 밤낮을 보내며 그에게 인간의 정신과 언어를 불어넣는다.]

3 길가메시(도판 1, I V. 40~21), 2003, 20쪽~. 토마스 웹스터(1960, 115쪽~)는 이러한 모든 대립을 보지 못하고 지나쳐서, 오디세우스는 자신의 부인을 위해, 길가메시는 반대로 자신의 죽은 친구를 위해 하데스행을 감행했다는 사실을 인정하지 않습니다(도판 9, I V. 1~7).

4 *[오디세우스가 트로이에서 승리한 이후 귀향길에 처음으로 약탈했던, 트로이와 동맹을 맺었던 민족이다.]

5 오디세이아, 9권 41행.

는 신적이건 죽을 운명이건 간에 잊을 수 없는 밝고 맑은 목소리를 보냅니다. 영웅은 이 목소리에 귀를 기울이지요. 오디세우스가 님프들에 대해 이야기를 할 때는, 우리의 귓속으로 하나의 위대한 가창이 밀고 들어옵니다. 이것은 음악으로부터의 시작 그 자체입니다.

오디세우스가 일리온[1]을 둘러싸고 일어난 전쟁에 참가하려고 타고 왔던, 아직 이타카섬을 다스리고 있었을 적의 바로 그 열두 척의 배[2]가 극서에 있는 섬에 다다릅니다. 이 섬의 왕은 풍향을 바빌론 식으로 헤아려진 한 다스[3]로 다스리고 있습니다. 아이올로스는 아직은 신이라고 불리지는 않지만 이미 신들과 친하게 지내고 있습니다.[4] 그는 열두 아이의 아버지로서 음모[5]가 자라고 있는 딸 여섯, 아들 여섯을 두고 있지요. 그런데 이 이름 없는 섬은 외진 곳에 있고 또 청동 벽으로 둘러싸여 있어서, 타지의 구혼자들이 절대로 그 땅에 상륙할 수가 없습니다. 그리하여 아버지는 자신의 딸들을 자신의 아들들에게 짝을 지어주고, 반 다스의 커플들은 부끄러워하며 매일 밤 서로의 곁에 눕습니다.[6]

---

1 *{일리온Ἴλιον은 트로이아Τροία를 일컫는 다른 이름이다.}
2 일리아스, 2권 637행. 오디세이아, 9권 159행.
3 *{메소포타미아 문명에서 유래한 열두 묶음의 기본 단위를 일컫는 단어인 다스는, 열(데카)둘(두오)을 뜻하는 고대 그리스어 두오데카δυώδεκα/도데카δώδεκα에서 라틴어(두오데킴duodecim)를 거쳐 다른 많은 언어로 이어져 내려왔다. 프랑스어로는 두젠douzaine, 독일어로는 두첸트Dutzend, 영어로는 더즌dozen이며, 근대에 이를 음차했던 일본어의 다아스ダース를 한국어 표기 '다스'로 넘겨받은 것이다.}
4 오디세이아, 10권 2행. 언리 브래드포드(1967, 82쪽~)는 아이올로스의 이름 없는 섬이 오늘날의 우스티카Ustica 섬이라고 설득력 있게 설명했습니다.
5 아이올로스는 휘에에스 헤보온테스υἱέες ἡβώοντες*(오디세이아, 10권 6행)를 가지고 있습니다. 이것은 바로 에포보스를 일컫는 말입니다. 그런데 헤베Hebe는 모든 젊은이들의 여신일 뿐만이 아니라, 음모를 뜻하기도 합니다(아리스토텔레스, 동물론, 3권 11장 518a16~24절과 5권 14장 544b25절. 테오도르 홉프너, 1938, 238~241쪽). 공적인 일이라는 뜻의 라틴어 레스 푸블리카res publica가 푸베스pubes**에 기반하고 있는 것도 이에 상응합니다. 이렇게 이루 말할 수 없이 배움이 부족한 『공공성의 구조 변동』 속에서 모든 객관적인 근거가 두 성별과 함께 공공성에서 사라질 때까지는 기나긴 길이 될 것입니다(위르겐 하버마스, 공공성의 구조 변동. 부르주아 사회의 범주[원문 그대로 인용]에 대한 한 연구. 제5판, 1971년 6월. 노이비드/베를린: 1971(=폴리티카 4부, 빌헬름 헤니스, 로만 슈어 펴냄). *{'한창때의 아들들'이라는 뜻이다.} **{젊은이들의 음부에 처음으로 자라기 시작하는 '털, 음모'를 뜻하는 라틴어 단어이다.}
6 오디세이아, 10권 11행~. 이러한 단순함Schlichtheit에 헬레니즘적으로 음란함이 부여된 것에 관해서는 옥스퍼드 고전 사전(2003)의 아이올로스Aeolus와 카나케Canace 항목을 참조하십시오.* 길버트 머레이는 알키노오스와 아레테도 지배자 남매 부부라고 지적했습니다(오디세이아, 7권 54~66행)(길버트 머레이, 1934(4), 125쪽). 다음으로 베르너 하마허는 부끄러움Scheu이라는 사태에 들어섭니다. "치부Scham — 독일어 샴Scham뿐 아니라 그리스어 아이도스αἴδως도 부끄러워 덮는 것과 음부라는 두 개의 의미를 가

오디세우스 같은 손님들에게도 열려 있는 잔칫날은[1] 수많은 즐거움들로 가득합니다. 입술과 혀가 아울로스[2]를 연주하면, 그 소리가 바람의 집을 사방 가득히 울리는 것이 얼마나 놀라운지요. 처음으로 음악이 울리고, 앞으로도 여러 번 그러하겠지만, 음악은 또한 영웅의 혀를 풉니다. 날쌘 자, 아이올로스는 오디세우스의 이야기를 순서대로[3] 듣습니다. 오디세우스는 어떻게 트로이에서 출발한 아카이아의 함선들이 대부분 고향으로 가는 길을 그럭저럭 찾게 되었는지, 어떻게 자신의 소규모 함대만 그 길을 못 찾고 있는지를 이야기합니다. 이렇게 목소리로 힘들여 한 이야기에[4] 대한 감사의 뜻으로 아이올로스는 바람 가득한 주머니 하나를 영웅에게 선물로 줍니다. 그 주머니에 들어 있는 바람들 중 서풍이 열두 척의 배를 오디세우스의 척박한 고향 섬, 이타카까지 동쪽으로 이끌어 줄 수가 있습니다.

오디세우스가 이번에는 직접 두 키 옆에서 아흐레 동안 밤낮을 지새웁니다. 주머니에서 서풍이 불어나옵니다. 그는 가능한 한 빨리 집으로 돌아가기 위해 여느 때와는 달리 두 키잡이들(퀴베르네타이κυβερνήται[5])에게 그냥 맡겨

지고 있다 — 는 알레테이아, 즉 은폐되는 탈은폐이다." (베르너 하마허, 104쪽. 자크 라캉(1966, 692쪽)에서 재인용.) (그런데) 우리가 단어로 행하는 일들은 독일어로는 유감스럽게도 그리 쉽지가 않습니다. "우선 아이도스αἰδώς는 경외심을 갖는 자의 태도가 아니라, 경외심을 받는 자의 뛰어난 힘" (발터 포르치히, 1942, 301쪽)입니다. 언젠가 한 번 일어난 일은 플라톤 이전의 그리스인들에게는 아무런 수치Scham를 일으킬 수 없지요. 저는 신들에게 두려움과 부끄러움을 느낄scheuen 수는 있지만, 수치스럽지는schämen 않습니다. 반대로 부끄러운 신체 부위Scheuglied란 (독일어 단어는) 없습니다. 책들 속에 그저 치부Schamglied 만이 있을 뿐이지요. 성 보니파티우스가 참된 옛 단어들을 우리에게서 몰아내 버렸습니다. 따라서 우리는 부득이하게 아이도스αἰδώς를 수치\치부Scham로 번역합니다**.** *{기원전 5세기경에는 이러한 남매간의 결합이 더 이상 받아들여지지 않는다. 그래서 현재는 일부 파편만 전해지는 에우리피데스의 비극 「아이올로스」에서는 아이올로스의 딸 카나케와 아들 마카레우스가 서로 사랑에 빠져 임신을 하고 아이를 낳았을 때, 아이올로스는 딸인 카나케에게 책임을 물으며 검을 보내 이 검으로 카나케가 자살을 하는 것으로 이야기가 전개된다. 이 소식을 들은 마카레우스도 뒤따라 스스로 목숨을 끊는다.} ****** {1.1.2.1.6. 아이도스는 특히 '(남녀 모두의) 음부, 성기'를 가르킬 때 복수형 아이도이온αἰδοῖον으로 사용한다(2.2.2.2.2.3).}

1 후기 전설의 표현에 따르면, 아이올로스의 딸들과 지내는 밤이 오디세우스에게도 열려 있습니다(파르테니오스, 사랑의 비애, 2장 폴리멜레에 관하여).
2 *{아울로스αὐλός는 고대 그리스의 관악기로, '관, 대롱'을 뜻하는 말에서 유래한 이름이다. 뼈나 갈대 또는 나무로 만들어졌으며, 두 개의 관이 시옷자로 연결된 모양을 하고 있다. 초기의 아울로스에는 각각의 관에 다섯 개 또는 여섯 개의 구멍이 있었다.}
3 오디세이아, 10권 16행.
4 일리아스, 2권 490행. ⇒ 1.2.1.
5 *{'나는 조종한다, 키를 잡는다'는 뜻의 퀴베르나오κυβερνάω에서 파생되었으며, 생명체 및 기계의 제어와 통신을 다루는 학문인 사이버네틱스Kybernetik의 어원이 된 단어이다.}

두지 않습니다. 열흘째가 되는 날 벌써 저 멀리 고향 섬에서 불빛 신호가 보이기 시작합니다. 하지만 남자의 용기보다 졸음이 더 강력하네요. 오디세우스가 잠든 사이, 선원들은 금과 은이 숨겨져 있을 것이라고 생각하고 마법의 주머니를 열었는데 ─ 바람들의 노래가 폭풍이 되어 휘몰아칩니다. 이렇게 해서 배는 아이올로스가 있는 섬으로 도로 밀려가고, 영웅은 이제 부탁을 반복해야 합니다. 그러나 화禍가 닥쳤을 때 신들이나 신에 가까운 이들은 인간들의 청을 들어주기는 하지만, 두 번씩이나 들어주는 것은[1] 그들에게도 허락되지 않습니다 ─ 둘이 결국 하나가 되는 사랑이라는 예외가 있기는 하지만 말이지요. 그래서 한 배에 쉰 명씩 열두 척의 배에 탄 남자들은[2] 이제 순풍을 즐기는 대신, 닷새 동안 낮밤으로 노를 저어야했습니다.

엿새째 되는 날, 비로소 육지가 드러나기 시작합니다. 우리 둘은 그것이 코르시카라는 이름의 섬이었고 지금도 여전히 그렇다는 것을 알고 있지만, 오디세우스는 모릅니다. 그는 그저 멀리서 높은 성문城門을 볼 뿐입니다. 그 지역의 이름은 성문의 이름을 따서 붙었으며,[3] 바위 성문 안쪽으로는 멋진 항구가 깊고 넓게 깎여져 있는데, 이곳이 오늘날의 보니파초입니다.[4] 하얀 바다의 잔잔함이 열 한 척의 배가 스스로 항구에 닻을 내리도록 유혹합니다. 오디세우스만 조심스럽게 바위 성문 앞에 머물며 멀리 망을 내려다보는데, 소나 인간들이 일으킨 《작업들》[5]은 보이지 않지만 인간이나 신들이 만든 연기는 보입니다. 늦어도 엿새 후에는 비축되어 있는 먹을 것과 마실

---

1 오디세이아, 10권 64~66행.
2 고대의 배에 탄 선원들의 잠정적인 숫자에 대해서는 투키디데스(펠로폰네소스 전쟁사, 1권 10장)와 브래드포드(1967, 112쪽~)를 보십시오. 반대로 함선 목록에 관한 어느 대학교수 자격 논문은 700쪽씩이나 먹을 칠하면서도, 함선이 몇 척이나 있었는지에 대한 질문은 하지도 않습니다(에드자르트 피셔,『호메로스의 함선 목록』, 슈투트가르트/라이프치히: 1997).
3 오디세이아, 10권 82행. 멀리서도 보이는 이 성문은 아마도 −1500년과 −1110년 사이에 있었던 소위 토레Torre 문명의 거석 기념물에 고고학적으로 상응할 것입니다(로제르 그로장과 지빌레 폰 레덴,『코르시카의 신석기 시대』, www.sitec.fr/iledebeaute/frame.htm/iledebeaute/vill/ville.htm).
4 브래드포드, 1967, 93~102쪽.
5 *{'작업'이라고 옮긴 독일어 베르크Werk는 그리스어 에르곤ἔργον에 상응하는 단어로, '일으킨 것, 일, 작품, 작용, 효과' 등을 아울러 뜻하는 말이다. 아프로디테가 일으킨 것이라는 뜻에서 성관계를 의미하는 "아프로디테의 일/작업", 약초와 마법을 뜻하는 "키르케의 작업" 그리고 물고기를 가리키는 "소금 바다의 작업" 등과 같은 표현들이 이후 종종 사용된다.}

것이 다 고갈될 것입니다. 예나 지금이나 아테네적 민주주의로는 국가의 함선은 말할 것도 없고 아무런 배도, 아무런 기차도, 아무런 비행기도 이끌 수 없습니다. 엿새 동안 노를 저었기에 모두들 목이 마르고 배가 고픕니다. 이제 한 사람이 결정을 내려야합니다.

> 《그리스인들은 또한 샘물이 재잘거리는 소리에 귀를 기울였으며, 그것이 의미하는 바가 무엇인지를 물었다. 하지만 그 의미는 샘물의 객관적인 의미가 아니라 주체 자체의 주관적인 의미이며, 이 주체는 이후 {민물의 님프} 나이아데스를 {음악의 여신} 무사로 고양시킨다. 나이아데스 또는 샘물이 무사의 외적인 시원이다.》[1]

그리하여 오디세우스는 남자 두 명과 목소리가 큰 전령 한 명을 골라, 훗날 아이아이아에서도 그러하듯 정찰을 보냅니다. 이 셋은 해안가 근처에서 민물이 흘러나오는 샘과 샘 곁에서 젊은 여자도 발견합니다. 이 샘물은 섬과 같은 이름을 가지고 있는데, 따라서 다른 선원이 전에 이미 탐색을 마쳤{으며 이름을 지어주었}다는 뜻입니다. 하지만 우물가의 키가 큰 신부는 그렇지 않습니다. 그녀는 자기 아버지의 이름과 집의 위치만을 정찰자들에게 알려줍니다. 라모스Lamos의 높은 성시城市를 지배하는 왕인 그녀의 아버지는 안티파테스Antiphates라는 이름을 가졌습니다. 이 두 이름은 말하고 있습니다. 하지만 {정찰 중인} 세 사람은 듣지 못합니다. 안티파테스는 정찰자 중 한 명을 산채로 집어삼킵니다. 라모스는 바로 — 아이들에게 겁을 주는 여자 도깨비 라미아Lamia와 마찬가지로[2] — 목구멍을 뜻합니다. 〈학살자〉 안티파테스는 큰 소리를 내는 목구멍으로 수많은 기가스들을 불러내는데, 이 거인들은 거칠고 거대한 폴리페모스와 마찬가지로 포세이돈의 아이들이라고 불립니다.[3] 따라서 그들은 사람만큼이나 커다란 돌을 던져[4] 열두 척의 배 중 열한 척을 즉시 바닥으로 가라앉힐 수가 있습니다. 이름난 항구[5]가 만들어

---

1 게오르크 빌헬름 프리드리히 헤겔, 1992(3), XII 289쪽.
2 라미아가 스킬라나 카립디스와 가깝다는 점에 대해서는 카로이 케레니(2000(21), 35쪽)를 보십시오.
3 아울루스 겔리우스, 아테네의 밤, 15권 21장 1절.
4 발레아레스의 석조 무기에 관해서는 귀스타브 플로베르(1951[1862], I 750)와 오스발트 슈펭글러(1940, 146쪽)를 보십시오.
5 오디세이아, 10권 87행.

내는 아름다운 바다의 잔잔함이 죽어가는 자들이 부르짖는 소리와 무너지며 가라앉는 선박들이 우르릉거리는 소리로 변합니다. 아마도 전령만은 잘 도망쳐 나왔을 것입니다. 그렇지 않았다면 어떻게 오디세우스가 그 식인왕에 대해서 《우리에게 해줄 말》[1]을 알 수가 있었을까요?

이 이름 없는 왕의 딸은, 앞으로 영웅이 여신들과 겪게 될 모든 모험의 시작이 됩니다. 그녀는 힘이 세서 그녀의 거인 어머니나[2] 〈돌을 모으는〉 모든 라이스트리곤족과 맞먹을 정도입니다. 화를 부르는 그녀의 말이 처음으로 여신들의 영역을 열어젖히고, 팔 년이 지나서야 비로소 두 번째로 만난 왕의 딸이 오디세우스를 그 영역에서 끌고 나옵니다. 이 {두 번째로 만난} 왕의 딸은 이번에는 상냥한데, 그녀 또한 자신의 아버지 집에 있는 필멸자들에게로 오디세우스를 안내합니다. 그녀의 이름은 나우시카아입니다.

1.1.2   네 섬, 다섯 여자

먼바다를 항해하는 사람들은 모두 섬을 좋아합니다. 왜냐하면, "이제 우리가 할 수 있는 것은 무엇일까? 약간의 비축품이 남아 있기는 하지만 마실 물은 없다. 그 대신 우리는 섬의 해안가나 인적 드문 곳에서 가까운 샘물이 어디에 있는지를 아는 안내자를 데리고 간다. 밤에 움직이고, 낮에는 동굴 속에 숨는다. 안내자는 약간의 위험을 감수하고 소를 훔칠 수 있는 곳이 어디 있는지를 아마 알 것이다."[3]

영웅은 일 년 동안 키르케의 바위섬에서 그녀와 함께 먹고 잡니다. 고요한 정오가 지나가는 동안 두 세이렌이 노래하는 것을 듣습니다. 그리고 칠 년 동안 어느 섬을 지배하는 여왕과 한 침대를 같이 썼으나 식탁은 같이 쓰지 않았습니다. 끝으로 여신처럼 보이지만 신부일 뿐인 나우시카아 덕분에 자신의 부인이 있는 섬으로 배를 타고 가게 됩니다. 우리는 불멸자와 필멸자가, 여자와 남자가 처음으로 갈라지는 이 공간으로 {여러분들을} 끌고 가려고 합니다. 헤라클레이토스가 후에 신과 인간, 자유로운 사람과 노예화된 사

---

1   오디세이아, 1권 10행.
2   오디세이아, 10권 113행.
3   머레이(1934(4), 53쪽)가 제국의 문헌학자로서 이렇게 냉정하고 분명하게 말합니다.

람 사이의 것으로 한정시킨[1] 싸움에는 결정적인 것이 부족하기 때문입니다. 그것은 바로 여자와 남자의 차이Unterschied입니다.

1.1.2.1 불멸의 암컷 매

> 심연 위에 태양이 쉬는 동안,
> 영원한 원인의 순수한 작품,
> 시간이 반짝이고, 꿈은 앎이니.
> 폴 발레리, 해변의 묘지

코르시카와 사르데냐 사람들은 신석기 시대부터 석조 건물과 투석기로 유명합니다. 오디세우스가 보니파초의 높은 성문을 괜히 알아볼 수 있는 것이 아니지요. 유일무이한 천연 항구의 양쪽 측면에서 라이스트리곤들이 굴리는 바위 더미들이 퍼붓는 가운데, 열두 척의 배 중 한 척만이 코르시카의 남쪽 해변을 벗어납니다. 영웅과 생존자들은 남동쪽으로 80해리[2] 떨어져 있는 몬테치르체오에 돛을 내리며, 예기치도 알아차리지도 못한 채 이탈리아라는, 그리스인들에게 있어서의 극서를 발견합니다.[3]

우리는 호텔을 찾느라 유예된 경험을 통해 알고 있습니다. 몬테치르체오가 섬이 아니라는 것을 말이지요. 하지만 오디세우스는 그 곳을 서쪽에서 바라봅니다. 그렇게 본 몬테치르체오는 푸른 바다에서 위로 514미터나 우뚝 솟아 가파르며, 숲이 우거져 있습니다. 아직 한 번도 지나가 본 적이 없는 바닷물을 배를 몰고 지나야 하는 영웅들은 가장 명백한 상징물인 섬으로 다가갑니다.[4]

> 우리는 아이아이아섬에 닿았소. 그곳에는 땋은 머리 아름다운
> 키르케가 살고 있었는데, 그녀는 인간의 말소리를 내는 무시무시한

---

1 DK(6) 22, B 53*. *{헤라클레이토스의 해당 파편은 다음과 같다. "싸움(폴레모스πόλεμος)은 모든 것의 아버지이자 모든 것의 왕이다. 그는 어떤 이는 신으로, 다른 이는 인간으로 정하며, 어떤 이는 노예로, 다른 이는 자유인으로 만든다." 폴레모스는 보통 전쟁Krieg으로 번역되는데 키틀러는 싸움Streit으로 옮겼다.}
2 *{약 148km이다.}
3 브래드포드, 1967, 163쪽. 배리 파웰, 1991, 231쪽~.
4 리하르트 앙드레(1896, 83~84쪽)에 있는 지도를 참고하십시오. 보니파초에서 출발했을 때, 즉 북서쪽에서 다가왔을 때 몬테치르체오가 섬처럼 보인다는 사실은 브래드포드(1967, 110쪽)가 항해하며 증명했습니다.

여신이었소.[1]

아이아엔 드 에스 네손 아피코메트· 엔타 드 에나이에
키르케 에우플로카모스 데이네 테오스 아우데에사.

1.1.2.1.1   태양과 해저 사이

아이아이아는 섬의 이름이고, ㅋㄹㅋ는 그 섬을 지배하는 여왕의 이름입니다. 키르케Kirke라는 이름은 단순히 매를 뜻하는 ㅋㄹㅋ에서 왔을 수도 있습니다. 어린 매들은 둥지에서 먹이를 조르다가 다 크면 사냥감을 추적하며 바위섬의 상승 기류를 타고 원을 그리지요. 혹은 원을 그리는 이 선회Kreisen 자체에서 매의 이름이 유래했을 수도 있습니다. 그리스인들의 입에서 유래한 우리 독일어 단어 치르쿠스Zirkus{서커스}와 치르켈Zirkel{원}에서 나타나는 것처럼 말이지요.[2] 어쨌든 키르코스κίρκος는 수컷 매를 뜻하는 말이며,[3] 따라서 키르케는 암컷 매입니다. 영웅과 선원들은 배를 정박하며 암컷 맹금의 수중에 들어갑니다.

마지막 남은 배가 뭍에 닿았고, 소금 바다는 더 이상 으르렁거리지 않으며, 키르케의 산山은 최초의 땅의 산물들을 선사합니다. 신선한 샘물과 재빨리 사냥한 사슴 고기로 목마름과 배고픔이 가라앉습니다. 이제 문제는 배와 선원들이 어떻게 고향으로 돌아갈 수 있는가 하는 것입니다. 영웅은 가장 가파른 절벽으로 높이 올라가서 주위를 둘러봅니다. 사방에 보이는 것은 바다, 경계 지어지지 않은 물, 즉 아페이론ἄπειρον뿐입니다. 해결책과 계략으로 칭송받는 오디세우스가 더는 대책을 찾지 못합니다. 그리스인들은 가

---

1   오디세이아, 10권 135행~.
2   위 플루타르코스, 호메로스의 삶과 작품, 2권 126장. 키르케의 어근인 〈원Kreis〉에 대해서는 다음과 같이 말하는 테르툴리아누스(구경거리에 관하여, 8장)를 참고하십시오. 《{원을 그리며 나는} 키르케의 첫 구경거리{스펙타쿨룸spectaculum}는 그녀의 아버지인 태양을 위한 것이며, 여기에서 서커스{키르쿠스circus, 원}라는 단어가 유래했다.》 이렇게 해서 키르케는 로마의 서커스 구경거리Zirkusspektakel, 동물 및 인간 희생물의 시조始祖 여신이 됩니다. 이것은 세비야의 이시도르(어원백과, 18권 28장 2절)도 계속 따릅니다. 때때로 우리는 헛소리도 읽어야만 합니다.
3   키르코스κίρκος가 특정한 새를 가리키는 말이 아니라는 의심(다시 웬트워스 톰슨, 1966, 145쪽)을 우리는 함께할 수 없습니다. 매는 몬테치르체오(페르디난트 그레고로비우스, 1928(2), 637쪽. 브래드포드, 1967, 109쪽~)와 마찬가지로 포시타노와 세이렌섬(노먼 더글러스, 1946(2), 118쪽~) 위에서 입증되었습니다.

장 작은 해변의 굴곡에 나타나는 만델브로트의 프랙탈을[1] 하나하나 따라 항해하다가 가끔씩만 난바다로의 모험을 감행합니다. 이때 하나의 명백한 표지(세마σῆμα)에서 다음 표지Kennung까지 따라갑니다. 이렇게 해서 기호 Zeichen가 생겨나고, 섬의 이름들과 계략들, 마지막으로 지도들이 생기며, 최종적으로 아리스토텔레스의 의미론Semantik이 발생합니다.

이후 모든 사유에서 경계로 둘러싸이지 않은 것 또는 경계가 없는 것을 일컫는[2] 아페이론에 직면한 영웅에게는, 선원들이 직접 섬에서 방책을 구하도록 명령을 내리는 것밖에 할 수 있는 일이 없습니다. 그들은 잡다한 소리들(프통고이φθόγγοι) 속에서 자신들처럼 인간의 말소리로 말하는 하나의 목소리를 찾으러 가야합니다. 왜냐하면 무시무시하게 침묵하는 바다 말고도, 저 높이 연기가 다시금 눈앞에 탈은폐되었기 때문입니다. 이 연기는 아이아이아의 가운데에 있는, 넓디넓은 그늘진 숲 속 가운데 빛이 드는 빈 터Lichtung에서 솟아납니다. 연기가 나는 곳에 불이 있을 뿐이라고 옛말은 착각하지만, 우리는 모두 알고 있습니다. 떡갈나무에 불을 붙이기 좋은 곳에는 불을 피울 수 있는 존재Wesen들이 현전한다anwesen는 것을 말이지요. 그들이 신인지 사람인지, 남자인지 여자인지는 알 수가 없지만 {확실한 것은} 동물들은 화형을 할 수가 없습니다. 멧돼지로 가득했던 것처럼 사람이 없는 이 빽빽한 숲은 1850년까지도 몬테치르체오를 숨기고 있었습니다.[3] 이 때문에 불을 가지고 있는, 따라서 언어를 가지고 있는[4] 그 모호한 존재가 좋은 조언을 주는지 아니면 나쁜 조언을 주는지는 아무도 알 수 없습니다.

---

1 브누아 망델브로, 1991, 37~45쪽.
2 *{2.2.2.2.2.}
3 그레고로비우스, 1928(2), 630쪽~. *{브래드포드, 1964, 113~114쪽.}
4 자크 라캉, 1975, 48쪽. 《이제 저는 기호signe가 어떻게 기표signifiant와 다른지를 보여 주며 마치고자 합니다. 기호 안에는 무엇이 있습니까? 우주론이나 세계관은 옛날부터 '불 없는 곳에 연기 나지 않는다'는 유명한 예시를 지적해왔습니다. 그런데 왜 저는 제가 생각하는 것을 여기서 계속 진행하지 않을까요? 연기란 불을 피우는 자의 기호가 될 수도 있기 때문입니다. 심지어 이것은 본질적으로 언제나 그러합니다. 연기는 오로지 불 피우는 자의 기호로서만 존재합니다. 모두들 아실 겁니다. 무인도에 다가가고 있는데 연기가 난다면, 그곳에는 불을 피울 줄 아는 누군가가 있다는 충분한 가능성이 있습니다. 그리고 다른 무언가가 나타나기 전까지는 다른 사람이 있다는 것을 말합니다. 따라서 기호는 무언가의 기호가 아닙니다. 기호란, 기표의 작용에서 나오는 것과 같은 효과\결과effet의 기호입니다.》

1.1.2.1.2 키르케의 이름과 혈족

> 가끔 해안가의 은매화 덤불 속에서 매 한 마리가 날아올라, 높은 소리로 사냥을 예고하는 외침을 내지르며, 늪과 호수 위로 유령 같은 원을 그린다.
> 그레고로비우스, 키르케의 곶

우리는 경고를 받았지만 선원들은 그러지 못했습니다. 키르케는 머리를 아름답게 땋았습니다. 우리의 조상{게르만족}들이 자연스럽게 흘러내린 곱슬머리를 좋아했던 것처럼, 그리스인들은 경험이 풍부한 여인들의[1] 땋은 머리를 좋아했지요. 하지만 그녀는 신이지, 필멸자가 아닙니다. 그런데도 이 무시무시한 여왕은 인간의 말소리를 낼 수가 있습니다. 마법과 대항 마법, 사랑 전쟁으로 왔다 갔다 했던 한 해가 지나서야 처음으로 영웅은 그녀의 이름이 이미 말해 주고 있는 그녀의 본질Wesen을 알게 됩니다. 키르케는 암컷매라는 뜻이며, 따라서 계략과 사냥을 의미합니다. 우리에게 이름을 지어 주는 것은 항상 타인들입니다.[2] 우리가 누구인지를 두 부모가 말합니다. 처음에는 어머니가, 그 다음에는 아버지가 말합니다.[3] 이렇게 부모들은 우리{아이들} 안에서 자신들 스스로를 기립니다.[4] 신들의 전령으로서 헤르메스가 오래전에 키르케에게 예언하기를, 집안의 선조로 유명한 오디세우스가 언젠가 그녀의 섬에 상륙할 것이라고 했습니다.[5]

---

1 프리드리히 클루게, 1963(19), 443쪽, 곱슬머리Locke 항목.
2 라캉, 1966, 276쪽~.《따라서 사람{남자}은 말을 합니다. 그러나 그를 사람으로 만든 것은 상징입니다. […] 어떠한 권력도 친족 관계에 대한 명명命名 없이는, 세대를 관통하며 핏줄이 얽히고 엮이도록 하는 선호와 금기에 대한 질서를 설립할 수 없습니다.》
3 오디세이아, 8권 550~554행. 9권 367행. 볼프강 샤데발트(1966, 157쪽)는 어머니와 아버지의 서열을 거꾸로 세우고, 기젤라 비케르트-미크나트(1982)는 이것을 결코 그냥 넘어가지 않습니다. 그런데 어떻게 필멸자나 불멸자라는 이름이 나왔는지를 아는 것은 좋은 일입니다. 아리스토텔레스보다 훨씬 전에 인간은 《동물》이라고, 《말을 가진》 동물이라고 불렸었지요.
4 스벤브로, 1988, 89~91쪽.
5 오디세이아, 10권 330~332행.

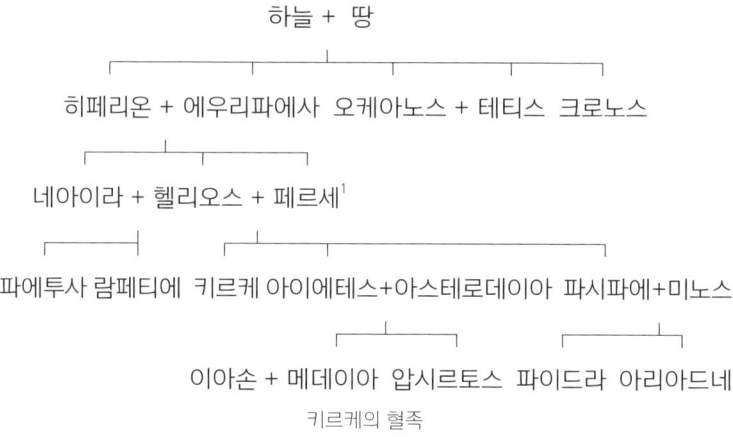

키르케의 혈족

딸은 머리 아름다운 키르케, 인간의 말소리를 내는 무시무시한 신,
화를 꾀하는 아이에테스의 친누이라오.
이 두 오누이는 필멸자들에게 빛을 비추는 헬리오스와
오케아노스의 딸 페르세 사이에서 태어난 아이들이라오.[2]

<small>키르케 에우플로카모스, 데이네 테오스 아우데에사
아우토카시그네테 올로오프로노스 아이에타오·
암포 드 엑게가텐 파에심브로투 엘리오이오
메트로스 트 에크 페르세스, 텐 오케아노스 테케 파이다.</small>

신들이 필멸자의 모습으로 나타나는 것은 흔히 있는 일은 아닙니다. 키르케가 원할 때에만 우리 눈에 그녀가 보입니다.[3] 하지만 목소리만은 숨길 수가 없습니다. 신들의 딸과 아들들이 동일한 어머니의 배에서 태어나는 것도 흔한 일은 아닙니다. 남신들은 여신들과 짝을 맺지만 신부들과 자기도 합니다. 그리고 그 신부는 동일한 날 밤에 자기 남편과 함께 자기도 하지요. 여자 신들도 마찬가지입니다. 그렇지 않다면 신이 아닐테지요. 이렇게 두 불의 존재Feuerwesen들이 관계를 맺으면, 어머니나 아버지가 다른 형제자매들이 언제나 다시금 생겨납니다.

---

1 *{페르세는 이 표에서 나타나는 바와는 달리 위에 인용된 오디세이아에서처럼 오케아노스와 테티스의 딸로 더 잘 알려져 있다.}
2　오디세이아, 10권 136~139행.
3　오디세이아, 10권 573행.《제우스는 이런 법을 널리 알렸다네. 스스로 모습을 드러내려고 하지 않는 불멸자를 보는 자는 비싼 대가를 치르리라고.》(칼리마코스, 팔라스 아테나의 목욕 찬가, 100~102행)

하지만 키르케와 그녀보다 더 어둡고 모호한 남동생은 그렇지 않습니다. 아이에테스는 키르케와 동일한 어머니의 배에서 태어났는데, 이것은 거의 동일한 소리의 아이에토스αἰητός라는 단어가 다른 맹금의 이름, 바로 모든 새들 중의 새인 독수리의 이름이라는 이유만으로도 알 수 있습니다.[1] 이미 고대의 크레타에서는 신들이 날개를 단 채 필멸자들 앞에 나타났습니다.[2] 이 두 약탈자, 즉 암컷 매와 수컷 독수리는 동일한 상승 기류를 타고 동일한 가파른 바위 주위로 원을 그립니다. 그런데 아이에테스는 크고 음험하지만 멀리에 있는 반면, 그의 누이 키르케는 그 연기와 불이 알려주듯 가까이에 있습니다.

이 두 아이들의 어머니 위로, 가장 위대한 것들 가운데 하나인 태양신의 무시무시한 힘이 높이 빛을 발하고 있습니다. 여기 땅 위에 있는 작은 불은 거의 모두 — 도깨비 불과 화산을 제외하면 — 그에게서 왔습니다. 우주Kosmos 자체의 주위로 흐르는 강의 신에게서 태어난, 심연으로서의 한 공포의 여신{페르세}을 헬리오스가 임신시키면, 그녀의 두 아이들은 가장 높은 것과 가장 아래의 것을, 이글거리는 하늘과 소금 바다를 통일합니다. 항해하는 남자 또는 노 젓는 남자를 뜻하는 영웅은 키르케에게서 방랑의 마지막 바닥을, 극極을 마주하게 됩니다. 우리 필멸자들에게는 오로지 공기와 땅만이 허락됩니다. 하지만 암컷 매는 거기에 존재하는 모든 {네} 원소들의 틈인 사이Zwischen를 오가며 사냥합니다. 놀라운 것은 그녀가 — 불이나 물처럼 — 생명을 베풀거나 앗아갈 수 있다는 것입니다.

1.1.2.1.3 한 여신이 노래합니다

키르케가 인간의 말소리로 언어를 말할 수 있다는 사실만은 — 그녀가 살고 있는 섬의 이름과 마찬가지로 — 수수께끼로 남아 있습니다. 다섯 개의 울림소리가 연달아 있는 아이아이아Aiaia라는 이름에는, 흥얼거리며 부르는 노래에 정지점을 제공해 주는 안울림소리가 어디에도 없습니다. 티로스 또는 시돈 출신의 붉은 페니키아 사람들은 아이아이아와 같은 섬 이름을 절

---

1 안느-마리 투페, 1976, 122쪽.
2 웹스터, 1960, 63쪽과 67쪽.

대로 지을 수가 없습니다. 최초의 자음문자 중 하나인 페니키아 문자 덕분에 그들이 오디세우스와 앞을 다투며 아프리카와 서이탈리아까지 항해하기는 하지만 말입니다.[1] 페니키아인들이 사용하는 셈어계의 방언은 안울림소리 세 개로 이루어진 어근 하나로 거의 모든 단어를 만듭니다. 이 어근은 {문자로} 쓸 수는 있지만 {세 개의 안울림소리 사이에} 울림소리를 직접 끼워 넣어야 비로소 입 밖으로도 흘러나올 수가 있습니다. 그래서 키르케의 바위섬에 레바논 사람이 상륙했을 때, 섬은 매의 여왕처럼 ㅋㄹㅋ라는 이름으로 불릴 수밖에 없었습니다. 하지만 아이아이아라는 섬의 이름은 그리스인들이 처음으로 부른 것입니다.

한 아이아이아는 극동에 있습니다. 키르케의 남동생의 딸인 메데이아가 마법을 써서 이아손과 아르고호의 선원들을 도와주었던 해안가 앞에 있는 곳입니다.[2] 그 때문에 오디세우스가 마지막 배로 상륙할 때, 아이에테스는 없는 것입니다. 하지만 키르케는 아르고호의 선원들을 알고 있고, 그들이 옛날 콜키스에서 오며 들른 적이 있다고 오디세우스에게 이야기합니다.[3] 다른 아이아이아는 키르케의 높은 곳입니다. 이곳은 {아르고호의 모험} 한참 후에 {오디세우스가} 처음으로 경험하는 극서에서, 극동의 거울상처럼 솟아오릅니다. 끝으로, 동과 서 사이의 영점을 차지하는 곳은 크레타섬으로, 콜키스와 아이아이아 사이 정확히 한가운데에 있는 이 섬은 방위가 비로소 말로 표현되는 데 성공한 곳입니다.[4] 달처럼 〈모든 것을 비추는〉 파시파에는 키르케의 여동생으로, 바로 이 섬에서 미궁의 황소를 낳지요. 그 때문에 아이아이아는 아마 아이아에서 유래했을 것입니다. 가인{호메로스}은 대지 가이아Gaia와 특히 자신의 고향섬을 이를 때 아이아Aia라고 하는데,[5] 이 단어는

---

1 오디세이아, 14권 287~312행과 15권 415~484행.
2 헤로도토스, 역사, 7권 193장. 키르케가 콜키스에서 태어났다고 하는 전설도 있습니다(키케로, 신들의 본성에 관하여, 3권 21장 54절).
3 오디세이아, 12권 69행~. 이와 함께 레스키(1947, 62쪽)도 참고하십시오.
4 슈펭글러, 1937, 161~179쪽.
5 게오르크 쿠르티우스, 1891(21), 231쪽. 게다가 아이아는 악-아이아{아카이아}라는 이름에서 다시 나타납니다. 이 이름은 미케네 그리스인들의 새김글뿐 아니라 히타이트인의 공식 새김글에서도 증명됩니다. 하지만 이집트 사원의 새김글에는 다른 이름인 다나오스만 나타납니다(요아힘 라타치, 2003, 151~165쪽). 따라서 아카이오이 > 아·카·위·야(아케·아이·와)는 자신들의 땅을 보살피는 필멸자들을 부르는 이름이었습니다(귄터 노이만, 고대 그리스사 연구 검토 추진 협회 편집, 1998, 36쪽).

치명적인 불모의 소금 바다와[1] 대조를 이룹니다. 먹을 것과 마실 것은 땅 위에 있지요.

그런데 동쪽이 서쪽으로 보이고 서쪽이 동쪽으로 보이는 곳에서, 장밋빛 하늘이 원을 그리며 돌기 시작합니다. 배드트립 중에는 함부르크에서건 아이아이아에서건 세계가 자전축을 중심으로 한 바퀴 회전합니다.[2] 여러분은 제 곁에 머무르고 있기 때문에 예감할 수 있을 것입니다.

오디세우스가 주변을 둘러본 후 선원들에게 말합니다. 《우리는 서쪽이 어디고 동쪽이 어디인지 모르오》.[3] 이 방황이 지속되는 한 모든 항해술은 소용이 없으며 계략들은 다 써버렸습니다. 오로지 가인만이 더 잘 알고 있을 뿐이지요. 극서에 있는 키르케의 곳이 그녀의 집 외에 감추며 품고 있는 것은, 태양신의 떠오름뿐만은 아닙니다. 그는 딸 에오스에게 인사하며 매일 하루를 시작하지요. {서쪽에 있지만} 아이아이아도 아침놀에게 거처와 춤추는 장소를 선사합니다.[4] 그녀는 여기서 남신의 떠오름을 미리 예고하지요. 그래서 하늘의 방향을 정하다 좌초한 오디세우스와 같은 선장들은 더 이상 방위를 알 수가 없습니다. 암컷 매 키르케가 가파른 곳 주위로 원을 그리며 해면에서부터 태양의 높이로 떠오를 때, 그녀는 세계의 극을 설정합니다. 그녀만이 방향을 잡을 수 있고, 그녀만이 동쪽이 어디인지 가리킬 수 있습니

---

1 오디세이아(5권 128행. 8권 138행~)에서 소금 바다는 세상에서 최악의 것이라고 불립니다.
2 세계의 축에 대해서는 미르체아 엘리아데(1957, 20~29쪽)를 보십시오. 아이아이아의 유일성에 대해서는 머레이(1934(4), 212쪽)의 다음 글을 참고하십시오. "쉬노도스 오디세오스 카이 페넬로페스Σύνοδος Ὀδυσσέως καὶ Πηνελόπης{오디세우스와 페넬로페의 결합}는 해와 달의 쉬노도스{결합, 만남}와 일치하는.[…] 오디세우스 곁에 붙어 있는 다른 태양의 특징들을 우리가 계속 무시할 수 있을까? 태양이 그의 경쟁자이자 적이라는 사실, 그가 서쪽에 있는 저승 세계로 간다는 사실, 극동에는 '새벽 딸의 거처와 그녀가 춤추는 곳이 있고, 태양{헬리오스}이 떠오르는 곳'(오디세이아, 12권 3행)이 있는데, 오디세우스가 죽은 자들의 영역을 방문하였다가 다시 이 극동에서 나타난다는 사실, 가장 먼 여행을 하는 파이아케스Φαίᾱκες('어두운 이들')인의 도움으로 스물 네 시간 이내 밈네르모스의 태양처럼 마법의 배를 타고 오디세우스가 잠든 채 고향으로 돌아왔다는 사실(오디세이아, 5권 326행), 그가 바다 위의 어느 섬에, '저녁노을을 향해 있으며 다른 곳에서 가장 멀리 떨어져 있는 평평한 땅'(오디세이아, 10권 25행~)이라는 이타카에 꼭 맞추기 위해 더 이상 왜곡될 수 없이 묘사된 그 곳에 산다는 사실." 그런데 아이아이아를 메데이아의 극동이라고 재반영하려는 머레이의 제안은 다음과 같은 이유로 실패합니다. "흑해"는 도나우 강 하구에 있는 《아킬레우스의 흰 섬》(고트프리트 벤, 1959~61, 3권 202쪽)이라는 유일한 섬을 가지고 있으며, "따라서 유례없이 섬이 드물기"(마이어 대 백과사전, 1902~1908(2)의 표현) 때문입니다.
3 오디세이아, 10권 187행. 레스키, 1947, 74쪽.
4 오디세이아, 12권 4행.

다. 그래서 선원들의 절반, 즉 노 젓는 22명과[1] 우두머리 한 명은 빽빽한 떡갈나무들 사이에서 건물을 찾아야 합니다. 그런데 섬의 여왕은 뜻하지 않게 집에서 나는 연기로 자신의 위치를 알립니다. 오디세우스는 자신을 계속해서 이끌어 줄 하나의 단어, 하나의 앎을 필요로 합니다.

이렇게 여왕 키르케는 숲 한가운데, 멀리 내다보이는 들판[2] 위에 있는 집에서 먼저 귀들에게 스스로를 드러냅니다. 그녀는 《아름다운 목소리로 노래합니다.》[3] 한 척후병이 자신이 들은 것을 다른 정찰자에게 말하는데 ─ 이것은 그가 거의 마지막으로 하는 인간의 단어가 될 것입니다.

《친구여, 안에는 커다란 베틀 앞을 왔다 갔다 하며 누가
노래를 부르는데 그 소리가 아름다워 온 마루가 울린다네.
여신인지 여인인지, 어서 와 그녀를 불러보세!》
그는 이렇게 알렸고, 그들은 크게 외치며 불렀소.[4]
"오 필로이, 엔돈 가르 티스 에포이코메네 메간 히스톤
칼론 아이오디아에이· 다페돈 드 하판 암피메뮈켄·
에 테오스 에에 귀네· 알라 프템고메타 타손."
호스 아르 에포네센, 토이 데 에프템곤토 칼레운테스.

인간의 말소리를 내는 여왕은 이렇게 말소리들로 노래를 만들어 (칼립소와 마찬가지로) 길쌈할 때 장단을 맞출 수 있습니다. 그리스인들 중 수數에 적대적인, 후기의 아둔한 자들은 이 길고 지루한 시간의 분절이 음악의 기원이라고 여기게 됩니다.[5] 하지만 사실 노래는 무사들의 선물로서 온 것입니다. 그래서 그 척후병은 키르케가 여신인지 여자인지에 관해서는 아무것도 말해 주지 않는 것이며, 이는 그녀의 다른 작업들[6]에서 처음으로 증명될 것입

---

1 오디세이아, 10권 208행. 브래드포드, 1967, 113쪽.
2 오디세이아, 10권 211행.
3 오디세이아, 10권 211행.
4 오디세이아, 10권 228~231행. 온 마루의 울림은 우리에게 5년 동안이나 모호하게 남아 있었습니다. 그러다가 『니벨룽의 노래』에서 찾았습니다(1961(16), 1853, 1). 《그가 현을 뜯는 소리가 들렸다네, 그 소리가 온 집을 울렸다네.》 따라서 인도게르만어의 시어가 있는 것입니다.(호르스트 벤첼에 감사를 표합니다.)
5 섹스토스 엠피리코스, 수학자에 반대하며, 6권(음악가에 반대하며) 18절. 올리버 스트렁크(1998(2), 100쪽)에서 재인용. 성직자들은 음악에 대한 사유에도 참으로 게으릅니다. 스트렁크(1998(2), 124쪽)에 인용된 요한네스 크리소스토모스(시편 41장에 대한 해설)를 보십시오.
6 *(약초와 마법을 일컫는다.)

니다. 어쨌든 항해 모험의 중간 착륙지에 발을 들여놓는 바로 그 동일한 순간, 음악이 두 번째로 일어납니다. 여자들의 목소리 — 키르케와 칼립소에서 세이렌과 나우시카아에 이르기까지 — 를 들어서는 그들이 불멸하는지 죽을 운명인지, 복을 주는지 화를 주는지를 알 수 없습니다. 목소리가 사로잡습니다. 그러나 어디로 데려가는지를 말하지는 않지요. 우리는 이것을 아리스토텔레스 이후로 의미론Semantik이라고 부릅니다.

> "왜 남자들이 여자들의 이야기를 듣는 것을 힘들어 하는지에 대한 비밀이 어쩌면 밝혀졌을지도 모른다. 셰필드 대학의 신경학자들이 자기공명 영상을 통해 남성 피실험자를 조사한 결과, 카세트테이프에서 흘러나오는 여자의 목소리가 피실험자의 청각 피질을 활성화한다는 것이 증명되었다. 반대로 테이프에서 나오는 남자의 목소리는 청각 피질을 지나친 후 바로 시각 영역에 도달하였다. 이 영역은 보통 스스로의 이미지를 다른 사람의 이미지와 비교하는 곳이다. 그래서 남자들은 경청하는 것을 힘든 일이라고 생각할 수 있다. 왜냐하면 남자들은 여자의 목소리를 같은 남자의 목소리보다 더 분명하고 뉘앙스가 풍부하다고 받아들이기 때문이다. 그리고 청각 피질에서 메시지를 해독하는 데 더 많은 뉴런 에너지를 소모해야 하기 때문이다."[1]

그대가 할 말을, 나는 항상 기다립니다.

키르케는 밝고 아름다운 목소리로 노래를 합니다.[2] 그런데 노래를 하는 이는 귀를 가지고 있고, 또 불릴 수도 있지요. 남자의 입에서 나오는 큰 소리를 일컫는 말이자 전사들의 함성이나 심지어 그들이 탄 말의 울음소리를 의미하기도 하는 프통고스φθόγγος가 노래를 멈추게 하고 {키르케의} 다른 작업을 일으킵니다. 키르케는 — 멀리 콜키스에 있는 자매[3]인 메데이아처럼 — 약초와 마법도 알고 있기 때문입니다. 남자들이 그녀를 부를 때 하는 이 {인간의} 말소리가 곧 우리에 갇힌 수많은 돼지들의 꿀꿀거리는 소리로 변합니

---

[1] 슈피겔지, 2005년 32호 기사, 114쪽.
[2] 오디세이아, 10권 222행과 254행.
[3] *{메데이아는 아이에테스의 딸이므로, 혈족 관계에 따라 말하면 키르케의 자매Schwester가 아니라 조카딸 Nichte이다.}

다. 음악은 아직 동물 세계의 시끄러운 소리로부터 순수하게 분리되지 않았습니다. 독Gift과 선물Gabe을 아직 헷갈려 하던 시기이지요. 시골의 소박한 치즈와 포도주 그리고 노란 꿀로 이루어진 키르케의 환영 만찬은 바로 아프로디테가 판다레우스의 딸들에게 대접했던 그 《치즈와 달콤한 꿀과 달달한 포도주》와 하나인 것입니다.[1] 치즈는 영양을 공급하고, 꿀은 달콤하게 하며, 포도주는 소화를 돕기 때문입니다. 그리스인들은 아직 정제 설탕이나 정제 알코올과 같은 근대의 독을 모르지요. 하지만 이 식물과 동물의 여왕은 그 {환영 만찬} 선물들 안에 손님들이 알아차리지 못하게 독한 마법초를 섞습니다.[2]

키르케의 독초는 변신을 일으킵니다. 선원들의 강모剛毛와 신체 구조 그리고 목소리가 즉시 돼지로 변합니다. 불행하게도 그들의 의식만은 인간의 것으로 남아 있지만[3] 이제 더 이상 부탁도 노래도 할 수 없지요. 변신이라는 단어는 아직 없습니다. 모든 자연Physis은 스스로 뜻하면서 작용합니다. 이렇게 아이아이아의 마법초는 — 꿀처럼 달콤한 로토파고스족의 열매처럼[4] — 그들의 마음속에서 고향을, 아이아 자체를 지워버립니다.[5] 어쩌면 이것은 심지어 행운일는지도 모릅니다. 플루타르코스의 『그륄로스Gryllos』에서 키르케는 오디세우스의 소원을 들어주며 마법에 걸린 선원들 중 한 명에게 인간의 말소리를 되돌려 주고는, 이 둘만 남겨둔 채 친절하게 자리를 비워 줍니다.[6] 그렇게 〈꿀꿀이〉가 다시 사람이 되고자 하리라는, 그에게 당연하

---

1   오디세이아, 20권 68행~. 아프로디테의 도플갱어로서의 키르케에 대해서는 휴 패리(1992, 271쪽~)도 참고하십시오.
2   오디세이아, 10권 236행. 그러나 여기서 키르케가 그저 "한때 여신"(야콥 부르크하르트, 연도 미상, 1권 305쪽)이었다는 결론이 내려지는 것은 결코 아닙니다. 그 반대입니다. 키르케는 《불멸》(오디세이아, 10권 302행)이라고 불리며, 이러한 신성함을 모든 님프와 공유합니다. 이후에 헤시오도스의 날씨 민속학에서 처음으로 그녀들이 죽는다고 날조됩니다(헤시오도스, 케이론의 교훈, 3번 파편).
3   오디세이아, 10권 234행~.
4   오디세이아, 9권 94행~.
5   오디세이아, 10권 236행.
6   *{오디세이아 10권의 내용을 바탕으로 한 짧은 대화집이다. 오디세우스가 키르케에게 돼지로 변한 선원들을 다시 인간으로 돌려달라고 부탁하자, 키르케는 그들이 직접 원해야만 가능하다고 말한다. 그녀는 돼지 한 마리에게 다시 사람의 목소리를 잠시 돌려주고, 그가 정말로 다시 사람이 되기를 원하는지 오디세우스가 직접 알아볼 수 있는 기회를 준다. 오디세우스는, 그렇다면 지금 이 돼지는 그 전에 사람이었을 때 누구였냐며 키르케에게 선원의 이름을 묻자, 그녀는 그냥 '꿀꿀이(그륄로스γρύλλος)'라고 부르라고 하며 자리를 비우고, 그륄로스와 오디세우스 사이에 인간과 짐승

게 부여된 소원을, 그가 직접 큰소리로 열렬히 반박할 수 있도록 말이지요. 동물들은 (우리처럼) 일 년 내내 발정하지 않습니다. 그리고 동물들은 결코 (우리처럼) 무분별하게 모든 것을 먹어치우는 것이 아니라, 분명하게 경계 지어진 먹이 사슬을 따릅니다. 끝으로 돼지들은 자신의 조상들이 결혼을 한 다음에 사랑의 밤을 보냈는지 아닌지를 속이지 않습니다. 무엇 때문에 영웅은 놀란 채 대화를 그만두었을까요. 어쩌면 그의 할아버지는 〈늑대 자체〉인 아우톨리코스가 아니라, {그리고 그의 아버지는 라에르테스가 아니라} 모든 거짓말의 아버지인 시시포스일지도 모릅니다.[1]

1.1.2.1.4   오디세우스는 배웁니다

주인은 먹을 수 있는 고깃덩어리가 있지만 마지막 남은 배를 이끌고 고향으로 가기 위해서는 많은 노 젓는 돼지들을 다시 사람으로 변신시켜야 합니다. 그리고 이는 성공합니다. 남자들의 탐욕과는 반대로 영웅들에게는 화禍가 닥치기 전에 그것을 예감할 수 있는 감각이 있습니다. 우리는 이러한 감각을 정신의 현존이라고 부르고, 그리스인은 신들의 현존이라고 부릅니다. 아직은 그들의 우뇌가 좌뇌에게 명命을, 즉, 잘 듣고 잘 따르기를 요구하는 하나의 메시지를 속삭입니다. 아직은 양심이나 자아가 복福을 부르는 목소리를 한 귀로 흘려듣지 않기 때문입니다. 좌뇌는 단순히 말을 이해하고, 우뇌는 음악에 귀를 기울입니다.[2] 신들이 {하늘을 나는} 새-여자 아테나로서나 수염 난 젊은 헤르메스로서 내면의 귀에서 나와 바깥의 빛 터Lichtung[3]로 반짝이며 퍼져나갈 때는 언제든지, 신들은 영웅들 곁에 현전합니다. 즉, 말Rede이 빛처럼 보일 때입니다.[4] 음악이 눈앞에 나타날 때입니다.

의 덕에 관한 대화가 시작된다.}
1   플루타르코스, 그릴로스, 985d~992e ⇒ 1.1.6.1*. *{1.1.2.5.1의 오기인 듯하다. 여기에서 시시포스와 안티클레이아 사이에서 태어난 오디세우스에 대한 이야기가 언급된다.}
2   줄리언 제인스, 1988, 128~137쪽.
3   *{'빛 터'로 옮긴 독일어 리히퉁Lichtung은 나무로 빽빽하여 그늘진 숲 속에 갑자기 나타나는, 나무가 없거나 드물어 해가 잘 드는 탁 트인 곳을 의미한다. 문자 그대로는 빛이 비춘다는 뜻이지만 단어가 지칭하는 것은 그러한 장소이다. 하이데거의 개념 중 하나로 한국어로는 '밝힘, 밝음, 빈 터, 열린 터, 개현, 개명' 등으로 번역되었으며, 여기에서는 문맥에 따라 '그늘진 숲 속 가운데 빛이 드는 빈 터'라고 풀어 옮기기도 했다(1.1.2.1.1).}
4   오디세이아, 8권 499행.

《여기, 이 좋은 약초를 가지고 키르케의 집으로 가라.
그대의 머리에서부터 재앙의 날을 피할 수 있도록 할 것이다.
그대에게 키르케의 나쁜 계략들을 모두 말해 주겠다.
그녀는 죽을 만들어 그 안에 약초를 넣을 것이다.
하지만 그대에게 마법을 걸지는 못할 것이다.
내가 그대에게 주는 좋은 약초가 막을 것이기 때문이다.
키르케가 긴 지팡이로 그대를 툭 치거든
그대의 허벅지에서 날카로운 칼을 꺼내
그녀를 죽일 듯이 달려들어라.
그러면 그녀는 두려워서 사랑의 기쁨을 함께 누리자고 제안할 것이다.
더 이상 여신의 욕망을 거절하지 말라.
그녀가 동료들을 풀어주고 그대를 보호하도록 말이다.
하지만 그녀에게 신들의 이름으로 위대한 맹세를 할 것을 요구하라.
그대에게 다른 화를 꾀하지 않겠다고,
벌거벗은 채 잠든 그대에게서 남성을 빼앗지 않겠다고 말이다.》[1]

"테, 토데 파르마콘 에스틀론 에콘 에스 도마타 키르케스
에르케우, 호 켄 토이 크라토스 알랄케이신 카콘 에마르.
판타 데 토이 에레오 올로포이아 데네아 키르케스.
테욱세이 토이 퀴케오, 발레에이 드 엔 파르마카 시토이·
알 우드 호스 텔크사이 세 뒤네세타이· 우 가르 에아세이
파르마콘 에스틀론, 호 토이 도소, 에레오 데 헤카스타.
홉포테 켄 키르케 스 엘라세이 페리메케이 랍도이,
데 토테 쉬 크시포스 옥쉬 에뤼사메노스 파라 메루
키르케이 에파익사이 호스 테 크타메나이 메네아이논.
헤 데 스 헤포데이사사 켈레세타이 에우네테나이·
엔타 쉬 메케트 에페이트 아파네나스타이 테우 에우넨,
오프라 케 토이 뤼세이 트 헤타루스 아우톤 테 코미세이·
알라 켈레스타이 민 마카론 메간 호르콘 오모사이
메 티 토이 아우토이 페마 카콘 불레우세멘 알로,
메 스 아포귐노텐타 카콘 카이 아네노라 테에이."

남신이 약속한 것처럼, 그대의 팔이 껴안습니다. 헤르메스는 영웅의 어머니 쪽 조상이지만[2] 이제 막 솜털이 난 젊은 남자처럼 보입니다. 신들은 늙지 않

---

1 오디세이아, 10권 287~301행.
2 파우사니아스, 그리스 이야기, 2권 31장 9절.

지요. 그리스인들은 (그리고 그 외에는 우리만 그러하듯) 누가 어떻게 털이 나 있는지를 빨리 경험하고 싶어 합니다. 배우지도 늙지도 않는 전령의 조언과 지시가 없다면, 스스로가 많은 경험을 한 오디세우스조차도 언제나 새로워지는 키르케의 마법의 덫에 빠져서 마법에 걸린 다른 이들처럼 고향으로 돌아갈 생각을 할 수 없게 될 것입니다.[1] 좋은 마법은 영웅이 무시무시한 여신에게 감사해하는 것이자, 남신이 서슴없이 명령하는 것인 사랑의 욕망입니다. 나쁜 마법은 그들이 돼지처럼 벌거벗었을 때, 사랑 이후에 찾아오는 지친 남자의 음경에 남아 있는 무기력함입니다. 그래서 헤르메스는 단어와 함께 마법을 준 것입니다.

계속되는 계략과 대항책, 마법 지팡이와 남자의 검 이후에 남자와 여자가 어떻게 키르케의 자리에서 서로 짝짓게 되는지를 그 단어가 말하고 있습니다. 무시무시한 여왕이 최고의 손님에게 마법을 걸어 돼지로 변신시키게 하는 그 단어는 처음부터 이름을 {부정하고} 지양합니다. 《돼지우리로 돌아가 다른 선원들 옆에 눕거라》라고 말하며 키르케가 오디세우스를 저주하는데[2] 이로써 언어로 된 모든 말이 멈추어져야 한다는 말이 말해집니다. 돼지들로 변하면 더는 말할 수가 없지요. 그러나 키르케의 부드러운 거짓말 뒤에 있는 그녀의 증오라는 진실 또한 말해졌습니다.

하지만 부질없습니다.[3] 단어와 함께 헤르메스가 자신의 후손들에게 선사한 것은 독초를 다시 {부정하고} 지양하는 약초이기 때문입니다. 운명이 원한다면 이중의 독도 도움이 됩니다.[4] 신들이 원한다면 키르케의 거짓말은 거짓이 됩니다. 여자는 스스로가 아무리 무시무시하다고 하여도 남자들을 잠자

---

1 오디세이아, 10권 284행~.
2 오디세이아, 10권 320행.
3 오디세이아, 10권 301행과 341행.
4 《운명이 원한다면 이중의 독도 살린다네.》(아우소니우스, 경구집, 9장 12행)* 라이프니츠는 이 구절을 종종 즐겨 인용했습니다. 이 인용구의 {전체적인} 맥락도 우리에게 도움이 됩니다. 《부정한 아내가 질투심 많은 남편에게 독을 주고는 / 죽음에 이를 만큼 충분한 양이 아니었다고 생각했다네. / 그래서 치사량만큼 수은을 더해 두 배가 된 / 독의 힘이 죽음을 일으키게 하려 했다네. / 허나 하나하나 따로 마시면 독이 되는 것이 / 한꺼번에 같이 마셔 해독제가 되었다네. / 그래 이 해로운 한 모금이 서로 싸우며 / 죽음을 건강으로 바꾸어 독을 물리쳤다네. / 뱃속 빈 곳에서 물러나와 / 음식이 지나가는 길로 미끄러져 나갔다네. / 이런 신들의 보살핌이라니! 무자비한 아내도 득이 되며 / 운명이 원한다면 이중의 독도 살린다네.》 이것은 우리가 키르케에 대해 말할 수 있는 그 무엇입니다. *{아우소니우스의 이 경구의 제목은 '부정한 아내 에움피아에게'이다.}

리에 초대하여 자신의 욕망을 즐기고 난 후, 벌거벗은 남자들에게서 남성력을 빼앗으면 안 됩니다. 이렇게 남근 자체인 헤르메스가 필멸자들의 흐느적거리는 음경에 도움을 주러, 나중에 외설적인 로마인들이 뻔뻔하게 《자지》라고 찬미하게 될 약초를 들고 옵니다.[1] 마법초의 색이 벌써 대항력을 증명합니다. 뿌리는 검게, 꽃은 우유처럼 하얗게,[2] 키르케와 같은 암컷 매들이 위로는 밝은 하늘과 아래로는 어두운 심연으로 스스로를 위장하는 두 색을 맞바꿉니다.[3] 이렇게 태양의 광휘와 해저의 심연 사이에서 난 자식이 주인 헤르메스를 마주합니다. 헤르메스의 약초의 이름과 효능 속에 {그 이름 및 효능과} 동일한 대항력이 존재하지요. 헤 피시스ἡ φύσις는 스스로 발아하기에 이오니아의 초기 사상가들에게 이미 존재자 전체를 지칭하는 이름이 됩니다. 그런데 두 전설에서는 이번 한 만번 언급됩니다.[4] 피시스{자연}는 아직 자연학\물리학Physik이 아니라 미지의 풀이 가지고 있는 효능만을 일컫습니다. 마녀의 질\칼집Scheide 혹은 그녀의 자연{피시스}은[5] 우리 남자들에게 두려움을 일으키지만 희석되지 않은 포도주와 함께 섞여 있는 그 풀이 남성력을 유지할 수 있도록 하지요.[6] 그런데 놀라운 것은 필멸자들이 몰리를 종종 땅에서 캐내기는 하지만 그냥 잡초로 여긴다는 사실입니다. 신들이, 오로지 신들만이 몰리를 알아봅니다. 신들은 — 약초들과 새들, 키르케와 키르케의 섬을 위한 — 은밀한 고유명을 지키고 있기 때문입니다. 몰리Moly는

---

[1] 《몰리는 그의 자지였다.》(프리아포스의 노래, 68장 22행*) *{22행 전체는 다음과 같다. "그는 (그 마법초를) 몰리라고 부르지만, 몰리는 그의 자지(멘툴라)였네." 라틴어 멘툴라mentula는 음경을 일컫는 비속어이다.}

[2] 오디세이아, 10권 304행~.

[3] 제럴드 타이어, 1909, 20쪽. "하늘의 빛을 가장 많이 받는 경향이 있는 동물들의 이 부분은 본래 가장 어두운 색이며, 반대도 마찬가지이다."

[4] 위 플루타르코스의 『호메로스의 삶과 작품』 서문(21쪽)에서 로버트 람베르톤*. *{피시스라는 말이 오디세이아의 10권 303행에서 단 한 번 나타나며, 약초 몰리의 '효능'에 대해 설명하는 맥락에서 쓰인 것이지 이후 기원전 4세기경의 철학적인 맥락에서 쓰이는 자연이라는 추상적인 개념과는 멀다는 점을 설명한다.}

[5] 존 윈클러, 1990, 217쪽. "피시스Physis와 나투라Natura라는 단어에 관한 가장 의미심장한 사실 가운데 하나는, 평범한 일상적인 언어에서 성기를 뜻했었다는 것이다. 이것은 어휘 사전이 말하지 않는 중대한 사실인데, 어휘 사전은 더 말이 많고 '입법권이 있는' 고대 사회 구성원들과 이권을 공유하기 때문이다." 수에토니우스(티베리우스의 삶, 45장)와 샤데발트(1978, 202쪽)가 이를 증명합니다.

[6] 고대의 정력제에 관해서는 플리니우스(박물지, 20권 57장)를 따르는 홉프너(1938, 287쪽)를 참고하십시오. 키르케의 카나리아산[!] 독말풀{만타라/다투라}에 대항하는 독이 몰리에 있다는 기발한 독법(한스 필립, 1959, 509~516쪽)에 대해서 우리는 더는 살펴보지 않겠습니다. 하지만 그와 같은 사이키델릭한 글을 「김나지움」이라는 잡지에 보낸 그의 용기에 경의를 표합니다.

신들의 언어로 된 이름입니다. 찰나의 신[1]은 키르케나 헤르메스에게 인간의 말소리를 주지만, 모두에게 주는 것은 아닙니다. 따라서 헤르메스는 서사시, 베다, 드루이드 노래 및 에다에서 전승되는[2] 신들의 언어로 자신의 마법 뿌리를 몰리라고 부릅니다. 이 옛 뿌리는 인도게르만어로 아마도 〈뿌리〉 자체를 뜻할 것입니다.[3] 신들의 이름으로서 본질과 효능도 알리고 있습니다. 왜냐하면 우리를 연달아 속였던 세 사기꾼들의 유일신[4]과는 달리 — 여신들과 남신들은 실재계[5] 안에서, 즉 숨기를 좋아하는[6] 자연Physis의 실재계 안에서, 우리에게 속해 있기 때문입니다. 신들은 키르케나 칼립소처럼 인간의 말소리를 꼭 줄 수 있지 않아도 됩니다. 왜냐하면 "전달을 목표로 하지 않는, 언어와는 은유적으로만 비유되는 자연적인 과정에서의 단어는 모

---

1 헤르만 우제너, 1948(3), 280쪽. "우리가 어떤 신성함을 가까이서 의식하도록, 우리가 처해 있는 상황에, 우리가 놀라는 효력으로 의식하도록, 순간적인 감각이 우리 앞에 있는 사물들에 어떤 신성의 가치와 능력을 부여할 때, 바로 그 때 '찰나의 신'이 느껴진 것이며 이루어진 것이다. 어떤 한정적인 유개념이 어떻게든 관여하지도 않은 채, 그렇게 완전한 직접성 속에서 개별적인 현상이 신화神化한다. 그대가 보는 그대 앞의 하나의 사물, 다름이 아닌 그 사물 자체가 신이다."
2 헤르만 귄테르트(1921). 프랑수아즈 바데르(1989). 이러한 모든 학문들은 플라톤으로 거슬러 올라갑니다. 《그런데 소크라테스님, 호메로스는 이름에 대해 무슨 말을 했고, 또 어디에서 그렇게 말했습니까? — 여러 곳에서입니다. 그런데 그 중 가장 아름답고 좋은 부분은 인간들과 신들이 같은 것을 다른 이름으로 부르는 부분입니다. 호메로스가 단어의 올바름에 대해 어떤 위대하고 놀라운 것을 말했다고 생각되지 않습니까? 신들은 분명 존재자들을 부를 때 자연적이고 올바른 이름으로 부르니까요.》(플라톤, 크라틸로스, 391d절)
3 빌헬름 게몰(1988(10)), 몰리μῶλυ 항목.
4 1239년 교황 그레고리오 9세는 {신성 로마 제국} 슈타우펜의 황제 프리드리히 2세에 대하여 《묵시록의 짐승》이라고 썼습니다. «Set quia minus bene ab aliquibus credi posset, quod se verbis non illaqueaverit oris sui, probationes in fidei victoriae sunt parate, quod iste rex pestilentie a tribus barattatoribus, ut eius verbis utimur, scilicet Christo Iesu, Moyse et Machometo, totum mundum fuisse deceptum, et duobus eorum in gloria mortuis, ipsum Iesum in ligno suspensum manifeste proponens, insuper dilucida voce affirmare vel potius mentiri praesumpsit, quod omnis illi sunt fatui, qui credunt nasci de virgine Deum, qui creavit naturam et omnia, potuisse; hanc errorem illo errore confirmans, quod nullus nasci potuit, cuius conceptum viri et muliebris coniunctio non precessit, et homo nichil debet aliud credere, nisi quod potest vi et ratione nature probare.» (독일 중세역사 문헌집MGH : 에피스톨라이 사이클리 XIII 에 레게스티스 폰티피쿰 로마노룸. G. H. 페르츠가 모으고 카롤루스 로덴베르크가 엮음. 1권, 베를린: 1883, 653쪽) 비리 에트 물리에브리스 코니웅크티오Viri et muliebris coniunctio* — 여기에 더 덧붙일 것은 없습니다. *{'남자와 여자의 결합'을 뜻한다.}
5 라캉(1973b, 45쪽)은 이렇게 말합니다. 《신들은 실재의 장champ du réel에 속해 있습니다.》하이데거(2004(4), 346쪽)의 다음과 같은 말도 참고하십시오. 《언어가 인간이 지닌 유한성Endlichkeit이라는 본질에 속하는 무엇이라는 사실은 언어와 의미의 본질에 속한다. 언어로 말하면서 한 신에 대해 사유한다는 것은 완전히 모순이다.》
6 헤라클레이토스, DK(6) 22, B 123. 퓌시스 크륍테스타이 필레이Φύσις κρύπτεσθαι φιλεῖ*. *{2.2.1.2.}

두 의성어적일 것"¹이기 때문입니다. 신들의 언어로 된 이름들은, 그 이름이 뜻하는 바를 실행합니다. 헤르메스는 보내고, 키르케는 원을 그리며, 칼립소는 품고 숨기며, 세이렌들은 노래합니다.

따라서 신들은 모두 신들의 언어를 말합니다. 무시무시한 키르케와 같은 몇몇 신들만이 인간의 말소리도 낼 수 있습니다. 그녀는 아우데에사αὐδήεσσα² 합니다. {말하는 여신들에게 붙어 있는} 이 형용사는 그러한 {말하는} 여신들을 — 소의 두 눈이 헤라를, 올빼미가 아테나를 수식하듯이 — 수식하고, 다른 여신들로부터 구분합니다. 이것이 뜻하는 바는 모든 신들이 동물로서 실재계 안에 있다는 것이며, 몇몇 신들만이 인간들과 함께 동일한 존재의 집³에서 살고 있다는 것입니다. 아우데αὐδή가 뜻하는 것은 그것을 만드는 가인歌人⁴을 거의 신으로 만드는⁵ 바로 그 말소리입니다. 아우데가 뜻하는 것은 우리가 신들에게 보내는 그것, 그래서 신들이 우리의 말을 알아듣고 응답할 수 있게 하는⁶ 바로 그 말소리입니다. 따라서 인간의 말소리가 애초에 모험을 가능케 하는 어스름Zwielicht 또는 중간세계Zwischenreich를 건립합니다. 《키르케는 내 말소리를 듣는다》고 오디세우스는 언제나 다시금 말하지요.⁷

그런데 이 어스름 속에서 진리가 — 이것이 아니라면 무엇일까요? — 기만을 가지고 놉니다.

---

1   르네 톰, 1972, 125쪽.
2   *{'사람의 목소리로 말을 하는'이라는 뜻을 가진 아우데이스αὐδήεις의 여성형 형용사이다.}
3   카드모스의 딸인 필멸자로서는 옛날에 이노Ino라는 이름을 가졌으며, 불멸자로서는 레우코테아 Leukothea라는 이름으로 난파한 오디세우스를 구조하며 말을 거는, 어느 한 님프가 {자신은} 이미 필멸자로서 인간의 말소리를 좋아했었다고 분명하게 말합니다. 브로토스 아우데에사βροτὸς αὐδήεσσα*라고 표현되어 있지요(오디세이아, 5장 334행). 이것은 그리스어에서 사용되는 형용구가 《아름다운 목소리》를 가졌다고 하는(길가메시, 2003, 11번 도판, 117쪽) 동방의 "신들의 여왕"으로 소급될 것이라는 가정을 무너뜨립니다(발터 부르케르트, 1984, 107쪽). 관련자들 — 문헌학자와 고대 그리스를 연구하는 학자들 — 조차 알파벳에서부터 생각하지를 않습니다. 야콥 부르크하르트의 『그리스 문화사』는 이러한 맹목을 거의 하늘에까지 외치고 있습니다. *{'필멸자의 말소리'라는 뜻이다.}
4   *{호메로스와 같은 음유 시인은 고대 그리스어 '노래하는 사람'이라는 뜻의 아오이도스ἀοιδός라고 불렸다.}
5   오디세이아, 9권 4행.
6   사포, 1번 파편*, 6행, L-P. *{사포의 작품 중 온전하게 전해지는 유일한 서정시로, 사랑으로 고통받는 화자인 사포가 아프로디테를 부르는 노래이다(1.4.1). 이 시에서 사포는 옛적에도 한 번 아프로디테를 부른 적이 있었다고 하는데, 이때 여신이 응답하며 즉시 사랑의 쟁취를 약속했었다고 노래한다.}
7   오디세이아, 10권 311행과 481행. 일리아스(15권 270행, 19권 407행)와 비교하여 참고하십시오.

1.1.2.1.5 영웅과 여신이 사랑을 나눕니다

영웅은 검, 음경 그리고 남근-신의 지지로 이제 그녀를 제압하기는 했습니다. 키르케는 이를 파악하고는 그의 검, 음경 그리고 그녀의 질\칼집이라는 세 무기의 균형을 맞추기 시작합니다.

> 《어서 그대의 검을 칼집에 넣으시지요. 그리고
> 우리들의 침대 위로 올라와요. 욕망과 사랑을 뒤섞어
> 서로에게 믿음을 불어넣을 수 있도록 말이지요.》[1]
>
> 알 아게 데 콜레오이 멘 아오르 테오, 노이 드 에페이타
> 에우네스 헤메테레스 에피베오멘, 오프라 미겐테
> 에우네이 카이 필로테티 페포이토멘 알렐로이신.

이렇게 모든 것이 괜찮아 보입니다. 오디세우스는 키르케가 명한대로 행하며 그녀의 침대 위로 올라갑니다.[2] 이것은 무슨 뜻일까요? 어떻게 노래하고 있나요? 사전들, 주석들, 번역들이 언제나 완강히 부인하고 있는 하나의 방식으로 노래하고 있습니다. 두 번째 행에 있는 에우네εὐνῆ는 {오디세이아의} 마지막 부분에서 오디세우스와 페넬로페이아가 서로를 다시 알아보게 되는 사건을 둘러싸고 있는, 잘 알려진 {침대라는} 가구[3]만을 의미하는 것이 아닙니다.[4] 세 번째 행 육각운에 있는 에우네εὐνῆ는 라틴어로는 베누스라는 단어와 동일한데[5] 바로 아프로디테를 뜻합니다. 그들이 《서로 뒤섞이기》

---

1 오디세이아, 10권 333~335행.

2 오디세이아, 10권 347행.

3 *{페넬로페는 20년 만에 재회한 오디세우스가 정말 자신의 남편인지를 확인하기 위해, 둘 만의 비밀을 간직한 침대를 가지고 그를 시험한다(오디세이아, 23권 174~204행).}

4 반대로 아이들과 노인들도 잠을 자는 침대라는 가구는 레코스λέχος, 〈누군가가 누워 있는 곳〉이라고 불립니다(프로마 I. 자이틀린, 1996, 28쪽). 헤겔이 두 침대{에우네와 레코스} 중 어느 것을 눈에 담고 있었는지, 우리에게는 해결되지 않은 채 남아도 될 것 같습니다(헤겔, 1965(2), 1권 256쪽).

5 〈나는 사랑한다〉는 뜻에서의 어근 *wen-은 욕망이라는 뜻의 산스크리트어 바나스vánas를 파생합니다. 독일어로는 본네Wonne{환희}, 보넨Wohnen{거주}, 분쉬Wunsch{소원}를 생겨나게 합니다. 이 어근의 여성형에 대해서는 발터 포르치히(1942, 296쪽)를 참고하십시오. — 키케로의 《베누스Venus》에 대한 설명에 단순하지만 기발한 단어놀이가 다음과 같이 남아 있습니다. 《퀴아 베니트 아드 옴니아quia venit ad omnia — 그녀는 모든 것에 다가오기 때문이다*》(키케로, 신들의 본성에 관하여, 3권 24장 62절. 2권 27장 69절도 보십시오). 아프로디테가 모든 부끄러움을 내려놓았을 때, 그녀는 스스로를 에우네테이사 εὐνηθεῖσα라고 부릅니다(호메로스 찬가, 아프로디테 찬가, 255행. 테오크리토스의 목가(33장 1행)와 비교해 보십시오. 따라서 아프로디테라는 비-인도게르만어계의 이름을 해독하는 것은 우리에게 별 도움이 되지 않습니다. 그녀의 이름 속에 에우네εὐνή**가 있으며 고환을 사랑한다는 것만으로도 충분합니다(필롬

때문에,《둘은 모두》 매번 아프로디테에게 항복합니다. 아이스킬로스와 플라톤 이전의 그리스인들은 남자가 자신의 잠동무{여자}보다 더 힘이 세다거나 더 능력이 있다고 생각한 적이 한 번도 없습니다. 헤르메스는 오히려 그 반대를 강조합니다. 여자들은 남자들을 무력하게 할 수 있지만 그 반대는 불가능하다라고 말이지요. 잠동무라는 말이 말하는 것처럼 둘 모두 잠자리를 즐깁니다. 혼합통에서 뒤섞이는 그리스의 포도주처럼 그들은 뒤섞이고, 두 체액이 흐릅니다. 이렇게 비로소 양성 간의 신뢰가 생깁니다. 영웅은 키르케의 유혹에 어떤 말로도 반대하지 않지요.

인간의 말소리라는 능력은 오로지 키르케와 칼립소에게만 ― 그리고 우리에게도 ― 있기에 그녀들은 거짓으로든 또는 더 계략이 뛰어난 자들처럼 진실로든, 다른 사람을 속일 수가 있습니다.[1] 오디세우스는 키르케의 침대 위에서 보낸 첫날밤 이래로 이 여신이 진실을 말하면서도 속이고 거짓말한다는 것을 알고 있습니다. 하지만 영웅들을 남자로서 꼼짝 못하게 하는 마법을 헤르메스가 완전히 막아낸 것은 아닙니다. 오히려 헤르메스는 반대로 몰리의 효과를 통해 그 마법을 가능하게 합니다. 오디세우스는 헐벗은 채 짐승처럼 방치된 스무 마리의 돼지들처럼 키르케의 독초에 노출되어 자신의 남성력을 상실하는 것이 아니라[2] 전보다 한층 더 정력이 충만한 채로 남습니다. 오디세우스가 침대를 그저 《그녀의 침대》라고 말했기에[3] 키르케가

메이데스φιλομμειδής, 일리아스, 14권 211행. 그리고 호메로스 찬가, 아프로디테 찬가 56행). 따라서 우리는 "잘 웃는 그녀"라는 샤데발트(호메로스, 1975, 235쪽)의 독일어 번역에 취소선을 긋고, 조르주 드브뢰(1986, 115쪽)를 따릅니다. *{베누스와 비슷한 발음의 동사 베니트venit로 여신 베누스의 특징을 묘사한 것이다. 키케로는 같은 행에서 "미네르바(아테나)는 작게 하거나(미누이트) 위협하기(미나투르) 때문에", "케레스는 품기에(게렌도)" 각각 그러한 이름을 가진다고 설명한다.} **{같은 뿌리의 동사 에우나오εὐνάω('나는 눕는다, 잠잔다')가 있다.}

[1] 그래서 헤파이스토스는 우리 필멸자들에게 파멸을 가져다주었던 아름다운 거짓말-기계 여자인 판도라에 사람의 말소리를 집어넣어야만 했습니다(헤시오도스, 일과 날, 61행).

[2] 오비디우스는 『사랑 노래』에서 키르케의 사랑 마법이 거세와는 다른 모든 것이라는 사실을 명확하게 합니다. 《나의 소녀는 그대를 부드러운 손길로 자극하는 것을 꺼려했던 적이 한 번도 없었다네. 그러나 그대를 일으키는 모든 기술이 통하지 않으며 그대가 스스로를 잊은 채 그냥 누워 있다는 사실을 깨달은 이후 그녀는 이렇게 말했네. 〈지금 이게 무슨 장난인가요, 이 불능자여, 도대체 누가 내 침대 위에서 그렇게 그대의 마음을 붙들고 있나요? 그 아이아이아의 마녀가 구멍 뚫린 양털로 그대에게 마법을 걸었나요? 아니면 다른 사랑을 하고 난 뒤에 완전히 지친 채로 나에게 온 것인가요?〉 그녀는 곧바로 침대에서 내려와 투니카를 휙 걸쳤고 (맨발로 서둘러 떠나는 그녀의 모습은 정말로 아름다웠지) 그녀가 손길을 받지 못했다는 것을 하녀들이 모르도록 목욕하는 척하여 이 치욕을 숨겼다네.》(오비디우스, 사랑 노래, 3권 7장, 73~84행)

[3] "키르케가 오디세우스에게 자신의 침대를 권할 때, 그녀는 암묵적인 신뢰를 세우려고 노력하고 있는 것

유혹하며 《우리들의 침대》라고 부르자 오디세우스는 방위뿐 아니라 귀향을 위한 모든 감각들을 완전히 잃게 됩니다. 이렇게 키르케가 선원들에 대해 말하며 《그들이 아버지의 땅{고향}을 완전히 잊어버리게 하려고》[1] 했던 마력이 영웅에게 진실이 되며, 오로지 그에게만 진실이 됩니다.

키르케가 괜히 《여러 겹 뒤엉킨 매듭》을 짓는 법을 알고 있는 것이 아닙니다. 오디세우스는 이것을 키르케에게서 배우지요.[2] 따라서 처음으로 뒤섞인 밤 ─ 제우스와 헤라가 그들의 부모님 몰래, 헬레나와 파리스가 자신들의 남편과 부인 몰래 함께 잠을 잔 이후로[3] 사랑은 이렇게 뒤섞임이라고 불립니다 ─ 이후로 키르케의 아버지인 헬리오스가 허락한 한 해인 삼백오십일의[4] 사랑의 밤들이 뒤따릅니다. 돼지로서의 감각이 아직 남아 있는 선원들과는 반대로 오디세우스는 진실을 숨깁니다. 그는 키르케와 칼립소의 마법의 힘에 사로잡혀서[5] 부인과 고향을 찾아 돌아가는 것을 잊고 지냅니다. 그는 밤에는 둘이 침대 위에서,[6] 낮에는 이루 다 말할 수 없이 많은 고기와 달콤한 포도주가[7] 있는 식탁 앞에서, 두 가지 형태의 살덩이를 즐깁니다. 이

이다. […] 그녀가 쌍수 형태의 언어 형식을 사용하는 것 그리고 키르케가 이제 '우리들의' 침대라고 간주하는 은유적[?] 침대에 오디세우스를 포함하는 것은 두 사람이 함께 관련된 상황이라고 생각하고 있는 매혹하는 여자의 입장을 단언하는 구문적인 방법이다. 이와는 반대로 꺼려하는 오디세우스의 입장은 필로테스* 라는 말을 전혀 언급하지 않는 그의 대답과 '그녀의' 침대(세 에우네)라고 지시한 언급에서 나타난다."(클로드 칼람, 1999, 41쪽~) 아직까지는 적절합니다. 쌍수 형태의 단어로 우리는 돌아갑니다. 그런데 왜 해설가들은 항상 그저 "꺼려한다"는 사실만을 해설하고, 바로 다음에 오는 소원의 성취{처음으로 뒤섞인 밤}에 대해서는 절대로 말을 꺼내지 않는 것일까요? *{호메로스 시기에 필로테스φιλότης는 성관계를 뜻했으며, 이후에는 더 넓은 의미에서 사랑이나 우정을 가리키게 된다.}

1   오디세이아, 10권 236행.
2   오디세이아, 8권 457행~.
3   일리아스, 3권 445행과 14권 295행~. 핀다로스(피티아 송가 제9곡, 39~41행)도 보십시오. ─ 심지어 헤라와 제우스 사이의 이 (우리의 흠 많고 수치스러운 말로 표현하자면) 혼전의, 비밀스러운, 네, 그렇습니다, 근친의 성관계가 바로 플라톤이 시에 대하여 깜짝 놀랐던 그 전부인 것입니다(플라톤, 국가, 3권 390bc절).
4   오디세이아, 12권 130행.
5   탁자와 침대를 즐기는 동맹의 칠 년째 되던 해, 칼립소가 오디세우스에게 《더 이상 즐거움을 주지 않는다》(오디세이아, 5권 153행)는 사실은 그 반대의 사실도 포함하고 있습니다.
6   낮에는 베를 짜고 밤에는 한 영웅 옆에 눕는 님프들은 아가멤논의 크리세이스 이후로 존재합니다(일리아스, 1권 31행).
7   오디세이아, 10권 468행. 오디세우스는 꿀 술, 즉 넥타르{신주神酒}나 봉밀주에 대해서 말하는 것이기는 하지만 우리는 포도주라고 번역합니다. 그가 넥타르나 암브로시아의 섭취를 거부하는 데에는 좋은 이유가 있습니다. 님프 신들이 그리고 오로지 그녀들만이 두 음식과 음료에 적합합니다. 이 음료는 〈불멸〉을 의

피비린내 나는 뜨거운 먹이 사슬,[1] ─ 나무숲에서 시작하여 돼지들이[2] 먹는 도토리, 야생 버찌, 너도밤나무 열매를 지나 왕과 여왕이[3] 먹는 식탁 위의 돼지고기에 이르는 ─ 그 먹이 사슬은 어쨌든 종결됩니다.

1.1.2.1.6 키르케는 알려 주며 거짓말합니다

선원들도 이렇게 마법의 원을 꿰뚫을 수 있습니다. 그들은 자신들의 대장을 키르케의 홀에서 불러낸 후《축복받지 못한 당신이여!》라고 외쳐서 우선 그의 용기를 다시 일깨우고, 신탁대로 귀향을 끝마치자고 하지요.[4] 그러므로 아이아이아의 키르케가 오디세우스를 남편으로 열망했을 때, 그가 자신의 고향에 대한 그리움까지 마법으로 빼앗긴 적은 없다고 하는 말은[5] 오디세우스의 수많은 거짓말 중 하나일 뿐입니다. 열두 달이 지나고 선원들이 재촉한 후에야 처음으로 영웅은 여느 때처럼 키르케의 침대에 오르며 오랫동안 잊고 있던 그 질문을, 즉 고향으로 가는 길을 가리켜줄 수 있느냐는 질문을 합니다.[6] 그리스인들이 님프나 무사들에게 부탁을 할 때는 일반적인

미하기 때문입니다(귄테르트, 1921, 98쪽).
[1] 우리는 오늘날에는 먹이 피라미드라는 뜻으로 쓰이는 이 옛 단어{먹이 사슬}를 고집합니다. {다시 제자리로 돌아오는 사슬이 아니라 위아래의 위계가 정해진 피라미드라는 뜻에서는} 마치 영웅들조차 다시금 땅이나 물이 되지 않을 듯합니다.
[2] 오디세이아, 10권 241~243행.
[3] 키르케와 오디세우스 사이의〈결혼〉에 대해서는 『오디세이아』의 9권 29~33행을 참고하십시오. 이름 속에서 맹금의 희생물을 만들고, 마법에 걸린 늑대와 퓨마들로 하여금 집돼지들을 지키게끔 하는 한 여신이 "서사시에서 여자들은 고기를 먹지 않는다"(비케르트-미크나트, 1982, 54쪽)는 무죄 조항에 반박합니다. 몬테치르체오가 괜히 태고의 신전 건너편에 있는 것이 아닙니다. 이 신전은 이탈리아의 페로니아Feronia라는 동물의 여왕에게 바쳐진 곳입니다(브래드포드, 1967, 112쪽). 그러므로 키르케는 아르테미스처럼 포트니아 테론πότνια θηρῶν(일리아스, 21권 470행), 즉《동물들의 여왕》입니다. ⇒ 1.2.2.1.
[4] 오디세이아, 10권 472행. 다이모니오스δαιμόνιος*는 최고의 복福과 최악의 화禍를 동시에 아우르는 신들의 선물을 일컫는 태고의 단어 가운데 하나입니다. 프로이트는 이 "상반되는 뜻"에 관해 쓴 적이 있습니다(지그문트 프로이트, 1946~68, 213~221행). 그러므로 에우다이몬εὐδαίμων은 그냥 운이 좋다는 뜻이 아니라 한 다이몬이 "보살펴주었다"는 뜻입니다(게르하르트 핑크, 1997(3), 70쪽). 칼라소의 아름다운 독법에 의하면, 호메로스는 헤시오도스와는 달리, 신들에게서 어두운 면을 덜어내려고 전혀 핑계를 대지 않습니다(로베르토 칼라소, 1992(2), 297쪽). *{키틀러가 본문에서 독일어로 '축복받지 못한 자Unseliger'라고 옮긴 말이다.}
[5] 오디세이아, 9권 31~36행.
[6] 우리는 여기에 두 사랑의 밤을 함께 모아봅니다. 오디세이아, 10권 480~486행과 12권 33~35행입니다. 왜냐하면《동침하는 아찔한 순간에 모든 인간들은 동일한 인간이기》때문입니다(보르헤스, 1966, 5권 25쪽).

것이 아니라 항로와 같은 개별적인 것을 묻습니다.[1] 널리 둘러볼 수 있는 곳을 가지고 있는 암컷 매 키르케는, 훨씬 후에 등장하는 최초의 항해 지도만큼이나 답을 알고 있습니다. 그녀는 남동쪽 항로를 택하라고, 서사시 자체를 뜻하는[2] 인간의 단어로 조언합니다. 우리 청자聽者 Hörer가 이 이야기에서 무엇을 믿을까 하는 것은 또 다른 문제입니다.

여왕 키르케는 나에게 또 이렇게 말하였다.

>《모든 일이 그렇게 되었군요. 그대여, 내가 하는 말을
>잘 들으세요. 어느 신 또한 몸소 그대에게 이 말을 상기시킬 것입니다.
>처음에 그대는 세이렌들을 만날 것인데, 그녀들은 모든 남자들이
>자신에게 도달하기도 전에 그들을 사로잡으며 호릴 것입니다.
>경험 없는 자가 가까이에 다가가 세이렌의 목소리를 듣는다면
>그가 집으로 돌아왔을 때 아내와 어린 자식이
>기뻐하지 않고 옆에 있지 않을 것이며,
>세이렌은 잔디 위에 앉아 밝은 노래로 그를 호릴 것입니다.
>그녀 주위에는 남자들의 뼈가 무더기로 쌓여 있는데,
>그 뼈 주위의 피부는 쪼그라들고 있답니다.》[3]

카이 토테 데 므 에페시 프로세우다 포트니아 키르케
"타우타 멘 후토 판타 페페이란타이, 쉬 드 아쿠손,
호스 토이 에곤 에레오, 므네세이 데 세 카이 테오스 아우토스.
세이레나스 멘 프로톤 아픽세아이, 하이 라 테 판타스
안트로푸스 텔구신, 호티스 스페아스 에이사피케타이.
호스 티스 아이드레이에이 펠라세이 카이 프통곤 아쿠세이
세이레논, 토이 드 우 티 귀네 카이 네피아 테크나
오이카데 노스테산티 파리스타타이 우데 가뉜타이,
알라 테 세이레네스 리귀레이 텔구신 아오이데이,
헤메나이 엔 레이모니· 폴뤼스 드 암프 오스테오핀 티스
안드론 퓌토페논, 페리 드 리노이 미뉘투시."

이렇게 마녀는 마치 자기 자신과 같은 존재에 대해서 이야기하듯, 밝고 큰

---

1 오디세이아, 12권 25행.
2 *{'서사시'를 일컫는 고대 그리스어 에포스 ἔπος는 본래 '말해진 것, 이야기, 말'을 뜻하는 말이다. 다음에 인용되는 부분 중 '키르케가 […] 말(에페시 ἐπέσσι)하였다'와 '내가 하는 말(에페오 ἐρέω)을 잘 들으세요'에는 각각 에포스의 복수형 여격 명사와 일인칭 동사형이 쓰였다(오디세이아, 12권 36행과 38행).}
3 오디세이아, 12권 36~46행. 그런데 12권 36행과 11권 8행은 같습니다.

노래하는 목소리로 경고합니다. 우리처럼 인내하는 이들을 위협하는 온갖 위기들 가운데, 죽음의 섬에서 들려오는 여자의 목소리가 가장 은폐되어 있을 것입니다.[1] 반란과 난파, 해협, 화산은 위험으로서 놓여 있지만 여자들은 오로지 순수한 욕망으로만 남자들에게 마법을 겁니다.[2] 그리고 세이렌들은 마법 그 자체입니다. 그들은 키르케나 칼립소처럼 옷을 걸치고 있지도 않고, 금빛 허리띠도 차고 있지 않으며, 아름다운 머리카락도, 모자도 가지고 있지 않습니다. 오로지 세이렌들만이 노래 속에서 묘사되지 않은 채로 존재합니다. 세이렌들은 그저 베틀 앞에 있는 여자들의 작품으로 데려가기 위해서가 아니라 노래하기 위해서 노래합니다. 또한 번역서가 그토록 자주 그리고 즐겨 속였던 바와는 달리, 세이렌들이 귀향을 막는 것은 아닙니다. 그저 귀향자들의 부인과 자식들이 기뻐하지 않을 뿐이지요.[3] 섬에서,

---

1 *{이 문장은 미래의 일을 그보다 더 미래의 어느 시점에서 되돌아보며 서술하는 형태인 미래 완료형으로 쓰였다. 귀향자들의 부인과 자식들이 기뻐하지 않기에, 영웅이 귀향하는 미래의 시점에 세이렌의 목소리가 가장 은폐된 채로 이야기될 것이라는 뜻이다.}

2 스킬라와 세이렌의 이러한 차이점을 지적한 사람은 다름 아닌 소크라테스입니다. 소크라테스가 젊은 친구들을 만들기 위해서, 어느 한 젊은 친구에게 자신의 학문(에피스테메ἐπιστήμη)을 자랑했을 때였습니다. 《크리토불로스가 이렇게 말했다. 〈이것은 내가 오랫동안 열망했던 가르침입니다. 무엇보다도 이 학문이 나에게 좋은 영혼과 아름다운 육체까지도 줄 수 있다면 말입니다.〉 소크라테스가 말하기를, 〈크리토불로스여, 아닙니다. 아름다움에 손을 대는 것, 힘으로 아름다움을 붙잡고 있는 것은 나의 학문이 아닙니다. 남자들이 스킬라에게서 떠난 이유는 그녀가 남자들에게 손을 댔기 때문이라고 확신합니다. 반대로 세이렌은 그 누구에게도 손을 대지 않았습니다. 세이렌은 멀리서 모두에게 마법의 노래를 불렀던 것입니다. 따라서 그녀가 붙잡았다고 하는 것이며, 듣는 것만으로도 모두가 마법에 걸렸다고 하는 것입니다.〉》(크세노폰, 소크라테스 회상록, 2권 6장 31절~) 이에 상응하는 플라톤의 다음과 같은 생각은 무모하게 모든 것을 뒤죽박죽으로 만듭니다. 그저 《더 나은 사람》이 되게 하려고, 모두가 자신과 어울리는 것을 열망하게 하여 자신의 족쇄까지도 견디게 하는 (하데스와 같은) 자에게 세이렌조차 홀린 자(카타케켈레스타이κατακεκλῆσθαι)로서 종속된다고 말이지요(플라톤, 크라틸로스, 403ce절).

3 노스테사스νοστήσας*는 약-아오리스트 시제 동사의 분사형입니다. "그러나 보통 아오리스트 분사로 표현된 행위의 '발생'은 정동사로 표시된 주요 행위 '이전에' 일어나기 때문에 아오리스트 분사{를 번역할 때}는 대부분 '이후에'라는 표현으로 {번역의 어려움을} 해결한다."(쿠르티우스, 1981⁽¹⁹⁾, 178쪽) 이를 바탕으로 우리는 번역가들이 (『햄릿』의 클라우디우스처럼) 어떤 거짓말을 우리들의 귀에 주입했는지를 판단합니다.
알렉산더 포프는 다음과 같이 키르케의 경고를 번역합니다.
《축복받지 못한 자, 그에게 음악이 닿아
저주받은 해변에서 그 노래를 듣는다면,
이 가엾은 자, 다시는 인생의 기쁨을 보지 못하리.
무럭무럭 자라는 자식이나 아름다운 아내를 말이지!》
어거스터스 T. 머레이(2002⁽²⁾, 1권 451쪽)는 "이를 무시하고 그들에게 다가가 세이렌의 목소리를 듣는 자는 아내와 어린 자식들이 그의 귀향을 반기지 아니하며, 대신 세이렌이 그를 현혹한다" 등등이라고 번역

베틀 앞에서, 키르케와 칼립소처럼 노래하는 것이 아니라 울고 있는 페넬로페이아는 후일 자신의 배우자를 맞아들일 것입니다. 세이렌의 목소리가 지금, 여기 울려 퍼집니다.

포도주에 취한 선원들 중의 하나가 키르케의 높은 평지붕에서 떨어져 죽음을 맞이합니다. 아이아이아를 떠나면서 영웅은 그를 화장하여 장례를 치렀습니다. 그렇게 하지 않는다면 죽은 자들은 유령으로 떠돌아다닐 수도 있습니다. 그런데 키르케는 세이렌 주위의 잔디 위에 시체들이 쌓여 썩고 있다고 경고합니다. 장례를 치르지 못한다는 것은 — 그리스인들에게 일어날 수 있는 가장 지독한 화禍입니다.[1] 아주 어렸을 때만 보았던 아들의 근심 속에서, 오디세우스는 장례가 치러지지 않은 채로 어딘가에서 썩고 있습니다.[2] 키르케는 이러한 근심을 세이렌의 탓으로 떠넘깁니다. {만약 키르케의 말이 맞다면} 남자들은 모두 조금 전까지도 살아서 귀를 기울이고 숨을 쉬었을 것입니다. 그렇지 않으면 살덩이에서 냄새도 나지 않고 피부도 쪼그라들지 않았을 것이며, 그냥 해골만 잔디 위에 뒹굴고 있었겠지요. 이번에는 헤르메스가 아니라 키르케가, 세이렌들도 자기처럼 두 마법을 할 수 있다고 합니다. 키르케는 이때 세이렌들을 옛 쌍수형으로 둘이라고 부릅니다.[3] 키르케가 말하는 두 마법은 음악이라는 아름다운 마법과 죽음이라는 끔찍한 마법입니다. 일반적인 죽음(호 타나토스 ὁ θάνατος)이 어떻게 고유한 죽음의 방식(헤 케르 ἡ κήρ)으로서 개별자에게 찾아오는지는 아직 보류 중인[4] 상태

했고, 피에트로 푸치(1987, 209쪽~)는 "그의 아내와 자식들은 세이렌을 즐기는 그의 편에 서지 않을 것인데, 세이렌은 밝은 노래로 그를 풀밭에 앉도록 현혹하기 때문이다"라고 번역합니다. *{노스테시스는 '나는 온다, 되돌아온다'는 뜻의 동사 노스테오 νοστέω의 아오리스트형이며, 명사형 노스토스 νόστος는 '귀향'을 뜻한다.}
1 오디세이아, 11권 51~80행.
2 오디세이아, 1권 161행~. 오디세우스와 같은 실종자들이 가족에게 죽었다고 여겨졌다는 사실을 부르케르트(1962, 140쪽)가 설득력 있게 보여 줍니다.
3 키르케는 물론 키르케 이후에 나오는 오디세우스 또한 소유격 복수 형태와 쌍수 형태 사이를 왔다 갔다 합니다. 이 고대의 쌍수는 {첫째} 운율에 변화를 주었을 때 나타나는 설득력이 있는 효과 이외에도 {둘째} 증명을 할 수 있는 능력 또한 가지고 있습니다. 세이렌의 모험은 전설의 핵심입니다. 셋째로, 쌍수는 또한 태고의 셈을 보여 줍니다. 이 점은 거의 다뤄진 적이 없습니다. 우리는 작품 속에서 나타난 최초의 마테시스를 예감합니다. 수컷 늑대와 암컷 늑대가 짝을 지어 사냥을 나갈 때, 늑대 무리와 같은 오이 뤼코이 οἱ λύκοι가 아니라, 오 뤼코 ὼ λύκω입니다. 이것은 왜 음악이 두 세이렌으로 시작하는지 그리고 왜 라틴어에서는 쌍수 형태 자체는 물론 음악이 죽어서 사라졌는지를 우리가 바로 이해할 수 있게 합니다.
4 오디세이아, 12권 157행.

이기 때문에 바로 《죽음은 현존재의 가장 고유한 가능성이다》[1]는 통찰과 함께 오싹함Grauen이 자라납니다. 키르케는 또한 목소리 자체가 이미 죽음을 일으키는 것인지 아니면 {노래의} 메시지가 전달되고 나서야 죽게 되는 것인지를 알려주지 않습니다.[2] 따라서 세이렌들이 (후기의 도기화에서 나타난 것처럼) 바로 맹금 자체인지 아니면 듣는 이들의 귀를 구제할 길 없이 타락하게 하는 그냥 아름다운 신부들인지를 말해 주지 않는 것입니다. 어쩌면 모든 그리스인은 {이미} 알고 있기 때문일는지도 모릅니다. 왜냐하면 지금까지 보아온 바로는, 그러한 황량한 도기화들은 오로지 단 한 번만 시짓기Dichtung를 물들였기 때문입니다.[3]

세이렌들 주위에 누워 있다고 여겨지는 시체들과 똑같이, 피톤[4]이라는 암컷 용이 델포이 신전이 있는 숲 잔디에서 썩으며 냄새를 풍기고 있기 때문입니다. 그녀를 멀리서 (최초의 텔레마코스[5]로서) 활로 쏘아 쓰러뜨려 살해한 이후 처음으로 아폴론에게 피티오스라는 이름이 기입됩니다.[6] 마치 델포이에서 오랫동안 진실을 말해왔던 세이렌이나 피티아와 같은 여자들의 입이 오로지 말없이 썩고 있는 시체의 살덩이 앞에서만 밝은 음성으로 노래를 시작한다는 듯, 그렇게 모든 것이 진행됩니다. 왜냐하면 델포이[7]가 어머니의 아기집을 뜻하는 것처럼 그리고 아기집에서 기원하는 모든 것 — 형제자매,

---

1　하이데거, 1931(3), 263쪽.
2　{세이렌의 노래를 들으면 어떻게 죽게 되는 것인지를 알려주지 않는} 키르케의 침묵은, 도기화 이후부터 오늘날까지 항상 새로운 죽음의 방식들을 입력해왔습니다. 아마도 고유한 죽음의 방식일 것입니다. 어느 후기의 전설에서는 세이렌에 빠진 남자들이 스스로의 욕망 속으로 점차 사라집니다(아폴로니오스 로디오스, 아르고나우티카, 4권 900~902행). 오늘날에는 데리다의 비몽사몽 하는 독자들이 라 디페랑스la différance에서 죽습니다. "오디세우스는 세이렌 곁에 앉아 머물며, 영원히 트로이 전쟁에 대한 위대한 텍스트(노래)를 읽고 또 다시 읽기(다시 듣기)를 원한다." (푸치, 1987, 210쪽) ⇒ 1.2.1.2.2.
3　리코프론, 알렉산드라, 653행.
4　*{델포이에 살고 있었던 암컷 용의 이름 피톤/퓌톤Πύθων은 델포이의 옛 이름인 퓌토Πυθώ에서 유래했으며, 동사 퓌트πυθώ는 '나는 썩는다, 부패한다'는 뜻이다.}
5　*{텔레마코스Τηλέμαχος는 오디세우스의 아들로, 아버지가 저 멀리(텔레τῆλε) 트로이아에서 싸움(마케μάχη)을 하고 있다는 뜻에서 지어진 이름이다. 여성 명사 마케에 남성형 어미 '-오스-ος'가 더해진 단어이다. 아폴론 역시 멀리서 활을 쏘아 피톤을 쓰러뜨리며 싸우기 때문에 키틀러는 아폴론을 최초의 텔레마코스라고 한다.}
6　호메로스 찬가, 아프로디테 찬가, 179~196행.
7　*{고대 그리스어로 델퓌스δελφύς는 '아기집, 자궁, 포궁'을 뜻한다. 키틀러는 의학적으로 더 널리 쓰이는 말인 자궁(게배어무터Gebärmutter) 대신, 무터쇼스Mutterschoss라고만 쓴다. 여기서 쇼스Schoss는 '품, 아랫도리, 배'를 뜻하는데, 무터쇼스나 쇼스를 '아기집'으로 옮겼으며 때에 따라 '어머니의 배'라고도 하였다.}

태아, 송아지 그리고 돌고래[1] — 처럼, 그렇게 오늘날까지도 민중들에게 음부와 항문 사이의 모든 것과 관련된 모호한 단어족에 피디아와 피톤이 덧붙여지기 때문입니다. *푸-*pu-에서 퉤와 고름, 구린내와 썩는 것, 방구,[2] 씹이나 보지라는[3] 이름이 나옵니다. 그리고 델포이는 델팍스δέλφαξ, 즉 털로 뒤덮인 암퇘지와 거의 비슷합니다.[4]

그리스의 영웅에게 일어나는 바, 오싹하게 다가오는 존재 속에서 음산한 탈존Entwesen도 언제나 위협합니다. 화를 꾀하는 남신의 누이이자 마법을 걸어 돼지로 변하게 하는 키르케는 한 번 더 자신과 같은 존재에 대해 경고합니다. 집돼지들은 죽어서도 살아서도 냄새가 나지요.

《가장 널리 퍼져 있는 전승에 의하면 아폴론의 화살에 희생된 이가 여기 델포이에서 썩어 문드러졌기 때문에 피톤을 따라 마을 이름이 지어졌다고 한다. 그 당시에는 썩는 것을 퓌테스타이πύθεσθαι라고 했기 때문이다. 호메로스는 세이렌의 섬이 뼈로 가득했다고 썼다. 왜냐하면 세이렌의 노래를 들었던 남자들이 썩어갔기 때문이다.》[5]

하지만 키르케가 단어와 동시에 주는 것은 바로 순수한 신호(세마σῆμα)입니다. 미지의 바다를 항해하는 영웅에게, 그녀는 잇달아 키를 돌려 방향을 잡을 수 있도록 멀리에서도 보이는 해표海標들을 언급합니다. 이 장소들 사이에 방향과 간격이 있다는 사실dass은 예전과 마찬가지로 지금도 진실입니다. 다만 그녀가 뒤이어 말하는 그 무엇was이 거짓말을 위한 빈틈을 남겨둘 뿐입니다. 왜냐하면 어느 한 님프신이 신들의 이름으로 위대한 맹세를 하지 않은 채로 인간의 말소리로 조언을 할 때면, 오디세우스에게는 깊은 불신이 솟아나기 때문입니다. 키르케와 칼립소에게도 그랬고, 레우코테아

---

1 *[고대 그리스어로 아델포스ἀδελφός는 같은 자궁에서 태어났다는 뜻에서 형제자매 관계를 일컫는 형용사이다. 같은 단어가 남성 명사로 쓰이면 '형제, 오빠, 형, 남동생'을 뜻하며, 여성 명사 형태 아델페ἀδελφή는 '자매, 언니, 누나, 여동생'을 뜻한다. 또한 물에 사는 다른 대부분의 동물들처럼 알에서 나는 것이 아니라, 자궁에서 새끼가 태어나는 '돌고래'는 그리스어로 델피스δελφίς이다.]
2   헤르베르트 마야스, 1965, 58쪽.
3   에디트 벤첼, 2001, 274~293쪽.
4   아리스토파네스, 아카르나이의 사람들, 786행. 제프리 헨더슨, 1991(2), 132쪽.
5   파우사니아스, 그리스 이야기, 10권 6장 5절.

에게도 그랬습니다.[1] 그렇기 때문에 우리는 키르케가 세이렌에 관해 한 말에 대해 이토록 절실히 묻고 있습니다.

그래서 키르케의 눈짓이 필요합니다. 그렇지 않았다면 오디세우스는 낯선 바다에서 고향으로 가는 길을 절대로 찾을 수가 없었을 것입니다. 모든 존재사 가운데 자신이 처음으로 신화에서 떨어져 나왔다는 자의식이 오디세우스에게 일깨워진 것은 아닙니다. 그는 여전히 『일리아스』의 영웅들처럼 더 높은 권력들의 목소리를 믿었는데, 이 목소리는 신들이 존재한 이래로 있었으며 한쪽의 뇌가 다른 쪽의 뇌에 속삭여왔던 바로 그 목소리입니다.[2]

반대로 키르케의 조언은 미토스 $\mu\tilde{u}\theta o \varsigma$[3] 그 자체입니다. 『오디세이아』의 영웅이 그토록 수많은 신들에 의해 방해를 받았던 귀향에 성공하기 위해서는 《항로와 해양 단위》, 즉 방향과 시일을 필요로 합니다. 그런데 이것은 (테이레시아스와 같은 예언자들에게서가 아니라면[4]) 바로 여신들과 남신들로부터 수신하는 것입니다. 무사들에게서도 수신하는 이것은 많은 개별적인 것들로서, 만테이아 $\mu\alpha\nu\tau\eta\iota\alpha$, 즉, 멀리서 예언하는 목소리가[5] 우리 필멸자들에게 언제나 다시금 말해 주어야 하는 것들이지요. 신경학적으로 눈 먼 어떠한 운명도 뇌를 두 부분으로 나누지 않으며, 또 두 성을 나누지도 않습니다. 이토록 외설적으로, 전두엽 절제술을 하듯이 철학자들과 기독교인들 그리고 정신과 의사들이 처음으로 개입하기 시작합니다.

키르케가 말하고, 오디세우스는 배웁니다. 항로는 《처음에는》 아이아이아에서 네아폴리스 남쪽의 세이렌들에게로 향합니다. '그 다음에는' 우리가 스트롬볼리라고 짐작하는 한 화산을 지납니다. '그 이후로는' 선장 스스

---

1   오디세이아, 10권 336~344행(키르케)과 5권 171~179행(칼립소), 5권 351~357행(레우코테아).
2   줄리언 제인스(1988, 331~337쪽)가 이렇게 말했습니다. 그는 특히 336쪽에 다음과 같이 썼습니다. "뛰어난 의미를 가지고 있는 한 시에 대한 짧지만 불가피한 이 논평을 마치기 전에 수수께끼를 하나 제시하고자 한다. 그것은 『오디세이아』 속에서 서술되는 이야기의 도식이, 내가 이 책(『의식의 기원』)에서 자세히 그리고자 하는 사건의 신화적 버전이라는 사실이다. 『오디세이아』는 생성 중인 정체성을, 자아를 향한 여행을 다루고 있으며, 이것은 양원적 마음의 붕괴로 일어난다."
3   *{앞서 키르케가 오디세우스에게 조언할 때 인간의 말인 에포스 Eops로 한다고 언급되었는데, 마찬가지로 미토스 Mythos 역시 어원은 다르나 '말해진 것, 이야기, 말' 등의 뜻을 담고 있는 단어이다.}
4   오디세이아, 4권 389행(메넬라오스가 프로테우스에게서).
5   오디세이아, 12권 272행.

로가 결정해야 한다고 키르케가 말합니다. 그가 택할 수 있는 항로 중에는 에릭스를 지나는 멀지만 안전한 우회로가 있습니다. 시칠리아의 서쪽에 있는 에릭스에는 아프로디테의 산과 집이 있지요. 다른 항로는 죽음을 각오해야 하지만 훨씬 짧아서 시간을 아낄 수 있는 스킬라와 카립디스 사이를 관통하는 것, 즉 메시나 해협을 통과하는 것입니다.[1] 오디세우스는 두 번째 길을 선택하지요.

한 여신이 예외적으로 인간의 언어를 말한다는 사실을, 이미 이 조언이 보여 주고 있습니다. 벌은 다른 벌에게 어디에 꿀이 가득한 꽃이 있는지를 알려줄 때, 춤을 춰서 방위와 거리를 알려줍니다. 테이레시아스가 저승에서 했던 말도 마찬가지입니다. 그는 영웅에게 꽃과 같은 항해 목표점들을 알려주고, 벌들의 비행로와 같은 항해술을 조언하지요.[2] 그런데 벌은 다른 벌에게 '중간 목표점을 보았다면, 두 길 중에 하나를 알아서 선택하렴. 이렇게 하든지, 저렇게 하든지 해.'[3]라고 말하지는 않습니다. 인간의 언어가 청자의 입장에서 말하는 놀이를 통해서, 즉 자신의 미래의 미래 속에서 이루어지는 이 놀이를 통해서 처음으로, 진실 그 자체로 속일 수 있는 가능성이 생겨나게 됩니다. 키르케는 여우보다 훨씬 더 교묘합니다. 여우는 눈 위에 거짓 발

---

[1] 메시나 해협과 여기를 배로 통과하는 것에 대해서는 오늘날까지도 브래드포드(1967, 164~167쪽)를 보십시오. 달의 하루*에 네 번씩 이오니아 해와 티레니아 해 사이에서 물살이 쳐들어옵니다. "배가 조류로 인해 시속 4노트로 벗어나는 심한 편류는 호메로스 시대의 배가 뚫고 지나갈 수 있을 만한 것은 아니다"(167쪽). 반대로 카를 에른스트 폰 베어가 스킬라와 카립디스와 동시시했던 보스포로스의 조류(폰 베어, 1978, 1쪽과 16쪽~)는 흑해에서 헬레스폰토스(다르다넬스 해협)로 끊임없이 흐릅니다. *{태음일이라고도 하며, 약 24시간 50분이다.}

[2] 오디세이아, 10권 539행. 여기에 라캉(1966, 297쪽)의 다음 말도 참고하십시오. 《벌이 꿀을 모은 뒤 벌집으로 되돌아갈 때, 다른 벌들에게 벌집에서 가까운 곳에 또는 먼 곳에 꿀이 있다는 표시를 두 종류의 춤으로 전달한다는 것은 이제 일반적으로 잘 알려진 사실입니다.* 그 중 {먼 곳에 있음을 알리는} 두 번째 춤은 참으로 주목할 만합니다. 이것은 벌이 8자 모양으로 춤을 추기에 '꼬리를 흔드는 춤'이라는 이름이 붙었는데, 이 춤을 통해 벌이 그리는 평면과 특정한 시간 동안 8자 모양을 추는 빈도는 각각 다음을 나타냅니다. 전자{춤의 궤도가 그리는 평면}는 다른 벌이 따라와야 하는 정확한 방향을 태양의 궤도와의 관계 속에서 나타냅니다(벌들은 편광을 지각할 수 있기에, 태양의 궤도를 통해 어떤 날씨에서도 방향을 잡을 수 있지요). 후자{단위 시간당 춤의 빈도}는 수 킬로미터 내에 있는 꿀이 위치한 거리를 나타냅니다. 다른 벌들은 이 메시지를 받자마자 즉시 꿀이 있다고 전달 받은 곳으로 향하면서, 메시지에 응답을 합니다. […] 그런데 이것이 언어일까요? 우리는 이것이 언어와는 다르다고 말할 수 있습니다. 기호와 그것이 표시하는 현실 사이의 상관관계가 고정되어 있기 때문입니다.》 *{동물학자 카를 폰 프리슈가 1949년에 발표한 연구 결과이다.}

[3] 나우시카아도 수신자는 물론 발신자의 미래에 의존하는 조언으로 영웅에게 길을 알려줍니다(오디세이아, 6권 255~299행).

1.1.2.1.6 키르케는 알려 주며 거짓말합니다

자국을 찍지만, 진짜 발자국을 거짓 발자국으로 속이지는 않습니다.[1] 키르케는 위험하지 않은 것을 위험으로 속여서, 진실한 말로 거짓을 말합니다.[2] 이에 대한 아름다운 옛 증거가 있습니다.

로마의 가장 위대한 시인이 후에 노래하기를 — 스킬라는 시칠리아에서 가장 아름다운 신부였습니다.[3] 그녀는 소금 바다를 두려워했지만 에트나 산이 섬에 내려주는[4] 따뜻한 민물로 가득한 호수는 두려워하지 않았습니다. 젊은 바다의 신이자 자신을 구성하는 원소의 푸른 빛깔에 따라 이름이 지어진 글라우코스는 벗은 몸의 아름다운 그녀를 바라보았습니다. 이 신에게 사랑과 열망이 엄습했습니다. 하지만 스킬라는 바다를 두려워하듯, 수줍어 경계하는 어린 마음으로 그 신에 저항했습니다. 그리스어로 이러한 부끄러움은 아주 단순하게 아이도스 $\alpha\iota\delta\omega\varsigma$, 즉 첫날밤 전의 수줍음을 뜻했습니다. 기독교 세계에서 처음으로 발명한 처녀막에서 피가 흘러나오기 전의 그것이 아닙니다.[5] 가인들이 지어내어 우리에게 전해준 이래로 처녀란, 타본 적

---

1 라캉(1966, 807쪽)은 이렇게 말합니다. 《상상적 포획 속에 배치된 채로 거짓이 접근과 후퇴의 놀이 속에 통합됩니다. 이것은 최초의 춤을 이루었는데, 이 춤 속에서 생명을 가진 두 입장이 운율을 발견하게 되고, 상대자들은 그 박자 속으로 빠져들어서, 제가 감히 그들의 춤도dansité*라고 표현하고자 하는 것을 발견하게 됩니다. 게다가 동물들은 도망치고 있을 때 이러한 행동을 할 수 있는 능력이 있다는 것을 보여 줍니다. 간단하게 한 방향으로 유인하다가 갑자기 방향을 바꾸어 추격자를 따돌리는 것입니다. 이를 바탕으로 사냥에서 방어를 한 사냥감에 경의를 표하며 고귀함을 부여하는 데까지 갈 수 있습니다. 하지만 동물은 시늉하는 시늉을 하지 않습니다. 동물은 사실은 진짜인 발자국이, 즉 정확한 흔적을 나타내는 발자국이 거짓 발자국이라고 받아들여지게끔 하는 속임수를 쓰지 않습니다. 동물은 스스로를 기표로 만드는 것과 다름없는 행위를, 즉 자기 발자국 지우기를 할 뿐입니다.》 이 "시늉하는 시늉"은 프로이트가 가장 좋아했던 다음과 같은 농담에 바탕을 두고 있습니다. "두 유대인이 갈리치아 역의 열차 안에서 마주쳤다. 한 사람이 묻는다. '어디로 가십니까?' 다른 사람이 대답한다. '크라쿠프로 간다.' 그러자 질문했던 사람이 벌컥 화를 내며 말한다. '이런 거짓말쟁이, 이보시오. 당신이 크라쿠프로 간다고 말하면, 리비우로 간다는 말로 내가 믿을 것이라고 생각했소? 하지만 난 당신이 크라쿠프로 간다는 것을 알고 있소. 도대체 왜 내게 그런 거짓말을 하오?'" (프로이트, 1946~1968, 6권 127쪽. 라캉, 1973, 127쪽~) *{'춤'을 뜻하는 단어(danse)와 '강도, 밀도, 농도'를 뜻하는 단어(densité)를 합성한 말이다.}
2 라캉(1966, 298쪽)은 이렇게 말합니다. 《언어가 표현하는 형식이 주체성을 스스로 결정합니다. 그 언어는 말합니다. 〈그대는 이곳[리갈리섬]으로 갈 것이다. 그대가 이것[스트롬볼리]을 보게 된다면, 저곳[메시나 해협이나 에릭스]으로 가게 될 것이다.〉 다른 말로 하자면 언어는 타자의 담론을 지시합니다.》
3 오디비우스, 변신이야기, 13권 967행, 14권 11~74행, 7권 65행. — 오비디우스가 스킬라를 이름이 같은 다른 스킬라인 메가라 왕의 딸로 착각했다는 주장(옥스퍼드 고전 사전, 2003, 니소스Nisus 항목)은 메가라에는 목욕할 수 있는 호수가 없다는 사실과 상충합니다.
4 시칠리아의 따뜻한 샘물과 화산에 대해서는 정성 가득한 피터 킹슬리(1995)를 보십시오.
5 부인과적 증거는 줄리아 시사(1990)가 제시합니다. 문헌학적으로는 기독교인 논노스에 의해 처음으로

이 없거나 길들여진 적이 없는 여자를 뜻합니다. 이것이 배제하지 않는 것은 격렬하게 타는 것입니다. 왜냐하면 첫 아이를 낳은 후에야 여자(귀네 γυνή)라고 불리기 때문입니다.[1]

열정으로 이글거리는 글라우코스는 오디세우스의 항로와 반대로 나아가 아이아이아에 상륙하여 스킬라의 사랑을 얻을 수 있는 마법초를 만들어 달라고 키르케에게 부탁했습니다.[2] 키르케의 대답은 오디세우스에게 했던 것과 동일합니다. 수줍어하는 님프에게 구애를 할 것이 아니라 이미 남자들을 잘 알고 있는 자신과 당장 함께 자는 게 더 낫다고 말입니다. 그러나 글라우코스는 스킬라만을 맹세했고, 키르케는 보복을 꾀했습니다. 키르케의 마법은 그녀가 사랑하는 바다의 신이 아니라 바다의 신이 사랑하는 이를 겨냥했습니다. 키르케는 호수에 독을 탔고, 스킬라는 다시 옷을 벗었는데 — {당시에는} 수영복은 커녕 란제리도 없었습니다[3] — 죽도록 소스라쳤습니다. 그녀의 몸이 물속으로 들어가기만 했을 뿐인데, 배꼽까지 저 오싹한 바다 괴물로 변했기 때문입니다. 키르케는 이미 오디세우스에게 이 괴물에 대한 경고를 했지요.[4] 따라서 오비디우스는 이번 한 번만은 다음과 같이 씁니다. 만약 모든 전설들이 속이는 것이 아니라면 스킬라가 동물로 변신한 것은 예로부터 보장된 진실일 것이라고,[5] 다른 말로 하자면, 그리스 신화일 것이라고 말이지요. 따라서 키르케의 거짓말은 바로 그것이 말하는 바를 실행합니다.[6] 즉, 키르케는 직접 남이탈리아에 있는 매혹적인 해변들을 또는

처녀막 파열로 인한 피가 흐르는 것으로 보입니다(디오니소스 노래, 16권 301행).
1   아폴로니오스 로디오스, 아르고나우티카, 4권 897행.
2   글라우코스가 바다의 신이 된 것도 마법초의 효능 때문입니다(팔라이파토스, 믿을 수 없는 이야기들, 27장 바다의 글라우코스에 대하여. 2002, 68/69. 파우사니아스, 그리스 이야기, 4권 22장 6절~).
3   코넬리아 피스만, 2001, 101쪽. "란제리는 없었다." 젖가슴을 받치는 속옷이 로마의 발명품이라는 사실에 대해서는 폼페이의 프레스코화를 보십시오. 반면 아랫도리를 가리는 속옷은 훨씬 이후 논노스의 『디오니소스 노래』(+500년경)에서 처음으로 등장합니다. 논노스의 영웅 디오니소스는 새로운 고난에 대한 노래를 부를 수가 있었습니다.
4   오디세이아, 12권 85~100행.
5   오비디우스, 변신이야기, 13권 732행~. 스킬라는 《가인들이 우리에게 남겨준 이 모든 게 꾸며낸 것이 아니라면, 한때 처녀였을 것》입니다. 아크라가스에서 −410년경에 주조된 동전도, 스킬라가 배꼽 아랫부분만 괴물 또는 물고기라고 하는 아주 오래된 전설을 뒷받침하고 있습니다.
6   이미 푸치(1997, 7쪽~)가 다음과 같이 말했습니다. "세이렌의 노래가, 주문과 마법의 세 대가master들이 불러일으키는 파괴적인 '매혹'과 관련되어 있고, 또 그렇게 불린다는 사실을 우리가 무시할 수는 없기

신부들을 괴물로 변신시키며, 이들을 열망했던 남자들에게 경고합니다.[1] 그 이후로 모두의 귀를 밀납으로 막은 것은 오디세우스가 아니라 그녀입니다.[2]

키르케가 자신을 일 년 동안 즐겼던 오디세우스에게 매번 님프라고 불리는 것은 괜한 일이 아닙니다. 님프는 모두, 종종 남자들을, 특히 연인들을 그리고 가인들을 약탈하는데 롤리타의 험버트 험버트[3]에 이르기까지 이들은 님폴렙토이νυμφόληπτοι라고 불리게 됩니다. 님프 혹은 님펫에게 홀렸다는 뜻이지요.[4]

그 이후로 로마인들은 자신의 몸에 흐르는 모호하고 어두운 강인 림프를 노래합니다.[5] 하지만 소녀들의 야영지가 있는 호수에서 롤리타는 험버트 험버트와의 첫날밤 바로 직전, 여자가 됩니다. 이미 크레타의 프레스코화 이래로 꽃, 신부, 물이 우리의 감각을 사로잡습니다. 그렇게 한 영웅의 젊고 아름다운 애인이 담수호로 가라앉습니다. 그러나 스킬라처럼 마법에 걸려 변신하는 것은 아닙니다. 이제부터 물의 님프들은 그 영웅과 함께 놀기 때문입니다. 물을 가져오라고 애인을 보낸 헤라클레스만이 상사병으로 죽을 지경입니다.[6] 태양의 이글거림과 바닷소금 사이가, 말라비틀어짐과 마실 수 없음과 같이 벌어지는 하나의 세계에서 님프들은 시원한 한 모금이라는 신의 소박한 선물입니다. 그녀들은 물을 주면서 스스로를 주는 것입니다.[7] 마

때문이다. 첫째는 키르케로, 그녀는 남자들을 돼지로 변신시키는 마법의 대가이며, 둘째는 오디세우스로, 자신의 이야기로 파이아케스인들(오디세이아, 9권 334행~13권 2행)에게 마법을 걸고, 셋째는 오디세이아의 시인으로, 그는 시인이란 언제나 마법을 건다는 것을 알고 있다(오디세이아, 1권 337행과 17권, 518~21행)." 다만 푸치는 이러한 사실로부터 아무런 결론을 끌어내지 않습니다.
1 그렇기 때문에 세이렌을 별로 읽는 후기의 문헌들은 키르케와 세이렌 사이에 놓인 적대감을 암시합니다(클라우디오스 아일리아노스, 동물의 본성에 관하여, 4권 58절. 톰슨(1966, 키르케Κίρκη 항목)에서 재인용).
2 알크만(80번 파편, L-P), 즉 고전기의 한 문헌에 따르면 그렇습니다…
3 블라디미르 나보코프, 1965(6), 19쪽.
4 코너, 1988. 비케르트-미크나트(1982, 114쪽~)의 다음과 같은 말도 함께 보십시오. "어쩌면 '님프'라는 이름은 그들이 결혼 적령기 소녀의 상태로, 젊은 여자의 상태로 남아 있다는 사실에서 비롯되었을지도 모른다."
5 발터 오토, 1996(6), 156쪽.
6 테오크리토스, 목가, 13장.
7 하이데거, 1959(2), 170쪽~. 《선물의 물속에 샘(원천)이 머물고 있다. 샘 속에는 암석이 머물고 있다. 그 암석 속에는 땅의 어두운 졸음이 있는데, 그 땅은 하늘의 빗물과 이슬을 받는다.》

58 음악

지막 사랑의 밤이 다가오기 전날 오디세우스를 대접할 때, 키르케는 직접 네 시녀들에게 빵과 고기와 포도주를 차리라고 했습니다. 그 때문에 염소섬에서 오디세우스와 선원들에게 처음으로 사냥감을 몰아주었던 것도 님프들입니다.[1] 그런데 자유가 없는 노예의 몸인 네 하녀조차 키르케처럼 님프로 남아 있습니다.《그들은 샘물에서, 숲 잔디에서 그리고 바닷물로 흘러들어 가는 신성한 강에서 태어났소.》[2] 오로지 이러한 연유로 하녀는 꿀처럼 달콤한 포도주를 대접할 수가 있습니다. 포도들도 우리들처럼 민물을 마시기 때문이지요.

수도 시설에 익숙해진 에우리피데스[3]와 그의 많은 맹종자들이 처음으로 민물과 소금물을 거의 구별하지 못하게 됩니다. 그전의 그리스인들에게는, 바다·산·사막과는 반대로 필멸자들에게 생기를 돋우고 원기를 회복시키는 모든 것이 신성하다고 여겨졌는데 — 이러한 것들이 없었다면 땅 위에는 거의 아무것도 없었겠지요.

---

1   오디세이아, 9권 154행*. 이와는 반대로 아이아이아섬에서는 이름을 알 수 없는 어느 신이 사냥감을 선사했습니다(오디세이아, 10권 157행**). *{"제우스의 딸, 님프들은 나의 선원들이 식사를 할 수 있도록 산염소들을 몰아다 주었소."} **{"어떤 신이 혼자 있는 나를 불쌍히 여겨 내가 지나가는 길목에 우뚝 솟은 뿔을 가진 거대한 사슴 한 마리를 보내주었소."}
2   오디세이아, 10권 348~351행 = 일리아스, 20권 8행~. 올림피아에 바쳐진 태고의 킵셀로스의 상자에 묘사되었다고 파우사니아스가 추측하는 바에 따르면, 이 네 님프들은 사랑의 침대에 누워 있는 오디세우스와 키르케를 에워싸고 있습니다(파우사니아스, 그리스 이야기, 5권 19장 9절).
3   에우리피데스, 이온, 1080~1082행. 오비디우스, 변신이야기, 4권 747행. 파우사니아스, 그리스 이야기, 7권 23장 1절. — 이와는 반대로 소포클레스는 역사적 이행을 그 자체로서 노래합니다. 그 이행이란 숲 속의 옛 민물\귀여운 님프들에서 새로운 소금물로 넘어간 것을 말하는데, 아테네의 전체 해군력은 이 바다 위에 떠받쳐져 있었습니다(소포클레스, 필록테테스, 1454행과 1470행).

1.1.2.1.6 키르케는 알려 주며 거짓말합니다

1.1.2.2 《태양의 심장부로 목표점을 설정하라》[1]

이렇게 세이렌은 가장 높습니다.

눈앞에 세이렌의 섬이 보이자 오디세우스는 마지막 남은 배를 세워 선원들에게 말을 꺼냅니다. 키르케가 직접 좋은 순풍을 보내주었습니다. 땋은 머리 아름다운 무시무시한 여신들은 거짓이 가득한 인간들의 단어로 말할 수 있을 뿐 아니라 신들의 단어로 바람을 만들 수도 있지요. 반대로 영웅이 할 수 있는 것은 이 {인간들의} 언어와 선택뿐인데, 그는 그 선택을 통해 선원들에게 얼마나 많은 거짓말 또는 진실을 알려주어야 할지를 결정해야 합니다. 누구든지 오디세우스가 사랑의 잠자리에서 키르케와 하는 대화를 들어보아야 합니다. 그것은 모든 삶에 관한 것이기 때문입니다.

> 《오 친애하는 이들이여, 한두 사람만 알아야만 하는 것이 아닌
> 신탁을, 여신들 중에서도 빛나는 키르케가 나에게 알려주었으니
> 내 이를 말하리다. 그리하여 우리가 그것을 알도록, 죽음을 당하거나
> 죽음을 면하며 각자의 운명을 피하도록 말이오.
> 먼저 신의 이야기를 하는 세이렌의 목소리를 그리고
> 꽃이 가득한 풀밭을 피하라고 그녀는 우리에게 명령하였소.
> 나 홀로 그 목소리를 들으라고 그녀는 말했소. 그러나 밧줄로
> 아플 때까지 나를 묶어 내가 그대로 있도록 하라고 하였소.
> 돛대의 밑부분에 있는 닻줄로 묶어서 그 자리에 서 있도록 말이오.
> 그리고 내가 그대들에게 풀어달라고 애원하거나 명령하거든
> 그때는 나를 그물로 더욱 더 꼭 묶도록 하시오.》
> 이렇게 나는 선원들이 모든 것을 알도록 말해 주었소.[2]

---

1 "악보라니. 안토니, 무슨 말이야? 악보 같은 건 없어. 그냥 코드 몇 개가 다야."(우리의 문의에 대해 데이비드 길모어가 이렇게 구두로 말했습니다.)
2 오디세이아, 12권 154~165행.

"오 필로이, 우 가르 크레 헤나 이드메나이 우데 뒤 오이우스
테스파트 하 모이 키르케 뮈테사토, 디아 테아온·
알 에레오 멘 에고, 히나 에이도테스 에 케 타노멘
에 켄 알레우아메노이 타나톤 카이 케라 퓌고이멘.
세이레논 멘 프로톤 아노게이 테스페시아온
프통곤 알레우아스타이 카이 레이몬 안테모엔타.
오이온 엠 에노게이 오프 아쿠에멘· 알라 메 데스모이
데사트 엔 아르갈레오이, 오프르 엠페돈 아우토티 밈노,
오르톤 엔 히스토페데이, 에크 드 아우투 페이라트 아네프토.
에이 데 케 리소마이 휘메아스 뤼사이 테 켈레우오,
휘메이스 드 엔 플레오네시 토테 데스모이시 피에제인."
에 토이 에고 타 헤카스타 레곤 헤타로이시 피파우스콘.

오디세우스는 세이렌을 복수 형태로 언급합니다. 그래서 세이렌들을 쌍수 형태로 언급하는 키르케에게서 직접 들은 오디세우스와는 달리,[1] 배 위에 있는 오십 명의 남자들은 자신들을 위협하는 세이렌이 두 명뿐이라는 사실을 모르지요. 그들은 곧 이 사실을 목격하게 될 것입니다. 선원들은 또한 세이렌이라는 고유명도 모릅니다. 가인 이후 한참이 지나서야 처음으로 그 고유명이 주어지기 때문입니다.[2] 그런데 이타카의 남자들이 듣는 그 무엇 또한 마찬가지의 말을 합니다. 트라키아에서부터 일리리아를 지나 세이렌 섬이 있는 남부 이탈리아까지 뻗어 있는 모든 어족들을 살펴보면, 제이레네Zeirene의 단수는 바로 온 사랑과 정욕의 여신인 아프로디테를 말합니다.[3] 제이레네나 세이렌은 카리스χάρις라는 단어에서 나왔습니다. 카리스

---

1 오디세이아, 12권 52행. 한편 267행에서는 오디세우스가 파이아케스인들에게 다시 쌍수로 언급합니다.

2 헤시오도스(여인 목록, 47번 파편)는 텔크시오페Thelxiope 또는 텔크시노에Thelxinoe, 몰페Molpe* 그리고 아글라오포노스Aglaophonos라는 세 개의 이름을 고안해냅니다. 그 뜻은 각각 〈목소리가 홀리는〉 또는 〈생각을 호리는〉, 〈노래〉 그리고 〈밝은 소리가 나는〉입니다. 이 삼위일체는 그림에서 규범으로 받아들여지지만 사유에서는 그렇지 않습니다. *{'나는 춤추고 노래한다'는 뜻의 동사 멜포μέλπω에서 나온 말인 몰페Μόλπη에는 '노래'뿐 아니라 '춤'이라는 뜻도 있다. 세이렌의 어머니라고 알려져 있는 무사들 가운데 멜포메네Μελπομένη의 이름도 뿌리가 같다.}

3 헤시키오스의 제이레네Ζειρήνη 항목을 보십시오. 아프로디테 엔 마케도니아이Ἀφροδίτη ἐν Μακεδονίᾳ입니다(비토레 피사니, 1957, 391쪽).《아프로디테는 마케도니아에서 제이레네[라고 불린다].》 빌헬름 브란덴슈타인(1960, 169쪽)도 이와 동일한 통찰에 도달합니다. 그러나 피사니와 브란덴슈타인은 유감스럽게도 아무런 결론을 끌어내지 않습니다. 인도게르만어의 어근 *게르예*g'heryē는 열망하다는 뜻의 산스크리트어 하르야띠háryati를 완전히 규칙적으로 파생시키며, 독일어 게렌gehren을, 그리스어 카이레인χαίρειν을 파생시킵니다. 히메로스처럼 아프로디테는 열망하다는 뜻입니다. 여자로서 열망한다는 것이 히메로스와 다른 점일 뿐이지요. 제이레네가 그냥 "별명"(에파 호프슈테터, 1990, 400쪽)이라는 것은

는 덕德Gunst이나 베풂gönnen 그 자체를 뜻하는 말이지요. 남자에게 스스로를 내어주는 여자들은 카리스를 베푸는 것입니다.[1] {남자들의} 특별하게 굵은 음경도 신부들에게 동일한 카리스를 베풉니다.[2] 따라서 매우 트라키아적인 헤파이토스가 『오디세이아』에서는 아프로디테Aphrodite라는 이름의 부인을 가지고 있지만[3] 『일리아스』에서는 카리스Charis라고 불리는 여신을 부인으로 두고 있습니다.[4] 아프로디테는 제이레네와 동일하며, 좋은 삶을 만들지요. 그리스인들이 인사를 할 때는 만날 때건 헤어질 때건 카이레χαίρε라고 말하면서 서로의 행복을 빕니다.[5] 그들은 되풀이Wiederkehr{재회}를 믿기 때문에 {만날 때 하는 인사와 헤어질 때 하는 인사가 다른} 우리처럼 오는 것과 가는 것을 구분하지 않지요. 그리하여 {카리스의} 복수 형태인 카리테스는 신부들을

문제가 아닙니다. 헤렌타스Herentās와 베누스Venus가 이 {세이렌이라는} 이름을 전달하는데, 이는 아올리아어와 트라키아-프리기아어에서 오스칸-움브리아어를 지나 라틴어에까지 전해집니다(피사니, 1957, 392쪽). 즉, 전설의 해안을 따라서 전해지는 것입니다. 그렇지 않았다면 키르케와 오디세우스는 남쪽으로 이틀간 항해해야 도달할 수 있는 지역에서 세이렌이 어떤 이름으로 불렸는지를 알고 있을 수가 없었을 테지요. 이미 그리스인들이 생각해 낸 세이레네스Σειρῆνες의 다른 어원은 세이라σειρά/밧줄Seil 그리고 세이리오스Σείριος/시리우스Sirius, 즉 뜨거운 여름밤에 뜨는 개의 별입니다.
① 시리우스는 완전히 배제할 수 있습니다. 작열하는 여름에는 섬에 꽃이 피지 않고 모두 말라 시들어버립니다(더글라스, 1946(2), 50쪽). 따라서 오디세우스가 여름에 도착했을 것이라는 사실(더글라스, 25쪽. 브래드포드, 1967, 149쪽)은 잘못된 길로 이끌고 있습니다. 오월이 도마뱀과 꽃들에게 가져오는 것이 무엇(로몰로 에르콜리노, 1998, 81~91쪽)인지 에르콜리노의 사진이 보여 주고 있습니다. 봄이 되면 긴 겨울 휴식기를 보낸 그리스의 배들이 다시 출항하기 시작합니다.
② 세이렌은 우리 역사의 끝없이 깊은 메아리 속에서, {밧줄처럼} 조이고 묶는다고 셀 수 없이 되풀이되는데, 특히 크세네폰과 플라톤에서 가장 맹렬했습니다. 그렇지만 우리가 아는 한, 그 어떤 그리스인도 세이렌σειρήν/세이라σειρά라는 단어 놀이를 한 적이 없습니다.
③ 노래를 뜻하는 셈어계 어근 시르sir에서 세이렌이 파생되었다는 것은 이미 파울리 서양 고전 백과사전(289항)에서 기각되었습니다.

1 플루타르코스, 사랑에 관한 대화, 5장 751d절. 16장 759~절과도 비교해 보십시오. 제이레네에 대한 푸치의 해석은 이것을 거짓으로 속여 빼놓고 있습니다. "그러므로 세이렌은 '욕망하는' 자이다"(푸치, 1997, 8쪽). {푸치는} 마치 영웅의 시대에 충족되지 않은 욕망이라도 있었던 듯이, 마치 욕망을 일으키고 나르는 아프로디테에게 한번이라도 무언가 부족한 적이 있었다는 듯이 말합니다. 위대한 예외가 있다면, 절대로 채워지지 않는 아프로디테의 앙키세스에 대한 욕망입니다. 이는 그녀의 아버지가 내린 벌이기 때문입니다. 모든 이들에 대해 전능한 아프로디테가, 아버지 제우스조차 자신의 힘 아래에 종속시키는 그러한 전능함을 지닌 그녀가, 한 번쯤은 스스로도 고통을 받도록 그가 벌한 것입니다(호메로스 찬가, 아프로디테 찬가, 45~52행).
2 아리스토파네스, 여인들의 민회, 1047행~. 헨더슨, 1991(2), 160쪽.
3 오디세이아, 8권 267행~ ⇒ 1.3.1.1.
4 일리아스, 18권 382행.
5 〈행복, 안녕〉을 뜻하는 카리스χάρις에 대해서는 프랭켈(1952, 50~63쪽)을 보십시오.

뜻합니다. 이 신부들은 위대한 님프 여신인 키르케 주위의 님프들처럼 정열적인 사랑의 밤들을 보내고 난 아프로디테를 언제나 다시금 목욕을 시키고 향유를 발라줍니다.[1] 여신들이 사랑의 밤을 보낸 후 매번 님프들의 목욕터로 가서 신부들로 변한다는 사실은[2] 그녀들의 공공연한 수수께끼로 남아 있습니다. 세이렌이라고 그렇지 않을 이유가 있을까요?

말해지지 않은 이 진실에 나타나는 것은 오직 두 단어[3]뿐으로, 영웅은 이것을 키르케의 이야기을 통해 들은 적이 절대로 없으며[4] 분명 스스로 알아낸 것입니다. 그 두 단어란 신들이 세이렌들을 통해 말한다는 것[5] 그리고 세이렌의 풀밭이 — 모든 신들의 자리가 그러하듯 — 꽃들로 반짝인다는 것입니다.[6] 이타카와는 정반대로[7] 풀밭 위에 꽃이 핀다는 것은 그 섬에 민물이 있다는 뜻입니다. 따라서 해안가에 배를 댈 수 없는 화산{섬}으로 향하는

---

1 오디세이아, 8권 362~366행. 파우사니아스(그리스 이야기, 6권 24장 7절)가 다음과 같이 말하는 것과 비교해 보십시오. 《카리테스가 아프로디테와 가장 가까운 사이이기 때문이다.》
2 파우사니아스, 그리스 이야기, 2권 38장 2절. 케레니, 2000(19), 1권 79쪽.
3 *{첫 번째 단어는 앞의 인용구 중 다섯째 행의 테스페시아온θεσπεσιάων으로, '신의 이야기를 하는'이라고 옮겨진 부분이다. 두 번째 단어는 여섯째 행에 '꽃이 가득한'이라고 옮겨진 안테모엔타ἀνθεμόεντα이다.}
4 우리가 오디세우스의 말이 키르케의 말과 차이가 난다는 착상을 조사하게 된 것은 피에트로 푸치 덕분입니다. "이 차이점 중 몇몇은 이해하기 쉽다. 오디세우스가 풀밭 위의 세이렌을 보게 되었을 때[!] 엄청난 양의 뼈 무더기를 묘사할 수 없었다는 것은 이치에 맞다(?). 뼈와 죽음을 언급했다면, 오디세우스가 느꼈으며 묘사하고자 했던 매혹 부분이 빈 채로 남았을 것이다. 그런데 여전히 이렇게 질문할 수 있다. 세이렌 주위에 정말로 엄청난 양의 뼈 무더기가 뒹굴고 있었을까?"(푸치, 1997, 8쪽) 정말로 합당한 질문입니다.
5 테스페시오스θεσπέσιος 또는 더 짧게 테스피스θέσπις는 테오스θεός, 즉 신을 뜻하는 단어와 에스페테ἔσπετε 또는 엔네페ἔννεπε, 즉 '말하소서!'라는 뜻을 가진 단어가 연결되어 있는 말입니다. — 프랑수아즈 바데르(1989, 63쪽)는 "(…) 시인들이 특히 무사 여신들에게 말하도록 부탁할 때 쓰는 동사인 엔네포ἐννέπω의 어근 *sekʷ"에 대해 말합니다. 바로 이 때문에 서사시를 부르는 가인은 테스피스 아오이도스θέσπις ἀοιδός라고 불릴 수가 있지요(오디세이아, 17권 385행). 이들에게는 필멸자 가운데 유일하게 신적인 세이렌/무사라는 별칭이 붙어 있습니다(앤드류 포드, 1997, 403쪽). 플루타르코스는 더 나아가 테스페시오스θεσπέσιος를 세이렌이라는 단어 자체에서 읽어내려고 합니다. 《플라톤은 세이렌을 무사라고 부른다. 왜냐하면 세이렌은 신적인 것을 말하기 때문이다》(플루타르코스, 향연 문제, 9권 14장 745절~). 그는 분명 이름 세이렌Σειρήν을 시σι와 에이레인εἴρειν*으로 분석하고 있습니다. 도리스 방언으로 시σι는 신神들을 뜻합니다. *{에이로εἴρω의 현재형 능동태 부정사이다. 에이로에는 두 가지의 뜻이 있는데, 하나는 '나는 묶다, 연결하다'로, 이 경우 앞서 언급된 세이라, 즉 밧줄과 같은 어근에서 파생된 단어이다. 다른 뜻으로는 '나는 말한다'가 있으며, 영어나 독어로 '단어'를 뜻하는 말(word, Wort)과 같은 계열의 말이다. 플루타르코스는 '신적인 것을 말한다'는 뜻에서 이 후자의 의미로 사용하였다.}
6 피에르 비달-나케, 1989, 38쪽~.
7 오디세이아, 4권 605행. — "파에스툼의 남쪽 성문에 있는 양각에는 세이렌이 장미를 따고 있는 모습이 표현되어 있다."(에르콜리노, 1998, 19쪽)

긴 여정과 메시나 해협처럼 빠르게 흐르며 배를 뒤집는 바닷물 앞에서, 꽃은 신들의 한 언어입니다. 꽃이 필 때 그리고 마찬가지로 꽃이 향기를 낼 때, 꽃은 상륙하라고 눈짓을 합니다. 왜냐하면 이로써 키르케가 오디세우스를 속였다는 것이 그의 눈앞에서 확실해지기 때문입니다. 이미 멀리서부터 선원들의 코에 경고를 했을 뿐 아니라 거리도 두게 했을 남자들의 시체는 세이렌섬에 없습니다. 두 명의 여자 가인만 있을 뿐입니다. 꽃은 둘이 서로 사랑할 때, 그때 처음으로 핍니다.[1]

> "세이렌섬에는 나무가 없지만 꽃이 없는 것은 아니다… 내 생각엔 카프리섬은 좁은 공간에 수많은 식물들을 가졌던 것으로 기록을 세웠을 것이다[…] 하지만 카프리섬 어디에도 이곳 세이렌섬처럼 대담하게 큰 크기의 꽃은 없다. 겨울에는 수선화가 만연한데 그 향기가 공기 중에 진하게 깔리며, 반들거리는 갈색 알뿌리가 땅 밖으로 서로 밀며 올라온다. 오월에는 온갖 빛깔의 꽃들이 반짝이며 뒤엉켜 있어서 바닥이 보이지 않을 정도이다. 이것을 믿으려면 누구든 한번은 직접 보아야만 한다. 캄파니아의 모든 식물이 이 쓸쓸한 바위 위로 피난을 왔던 것처럼 보인다. 바깥쪽 경사지의 비옥한 땅도 그렇고, 재빨리 증발하는 바다의 공기가 틀림없이 이러한 충만함에 도움이 되었을 것이다. 언젠가 나는 갈리섬에 있는 꽃 목록을 작성해 보려고 한 적이 있었는데 이 생각을 곧 접었다. 매달 다른 꽃들이 나왔기 때문이다."[2]

그리하여 꽃밭은 민물과 진실된 말들만이 흐르는 님프들의 숲 잔디입니다. 그녀들의 섬은 숨어 있지 않은 채 눈앞에 놓여 있고, 아이아이아나 코르시카에서처럼 필멸자들에게 화를 감추고 있는 숲이나 집들도 없습니다. 그리스인들에게 가장 신성한 섬이 델로스인 이유는 이름이 벌써 드러나-있음 Entborgensein을 뜻하기 때문입니다.[3] 반대로 영웅들에게 가장 위험한 것은,

---

[1] 일리아스, 14권 346~349행. 엠페도클레스가 외음부를 "아프로디테의 벌어진 잔디밭"이라고 찬미한다는 사실에 칼람(1999, 167쪽)이 주목합니다.

[2] 더글라스, 1946(2), 52쪽~. — "이중에서 우리는 지은이의 이름만을 언급하고자 한다. […] 그는 노먼 더글라스이다. 전쟁 직후 영국 세관원이 왜 마사 루브렌세로 돌아가느냐고 질문하자 이렇게 답했다. '거기서 {살다가} 죽으려고 갑니다!'"(에르콜리노, 1998, 18쪽)

[3] *{'잘 보이는, 눈에 띄는'을 뜻하는 형용사 델로스 δῆλος에서 유래한 이름이다.}

키르케나 칼립소처럼 빽빽한 숲 속에 둘러싸여서 살 뿐 아니라 사랑의 밤을 보낸 후 매번 성숙한 여인의 모자로 머리를 덮는 님프들입니다.[1] 영웅이 고난의 항해 중에 닿았던 모든 섬들 가운데 가장 잘 드러난 섬에서, 모험의 가장 한 가운데에서, 어떤 남자도 경험하지 못했던 님프들이 살고 있습니다. 옛 스파르타에서는 신부들이 첫날밤을 보내기 전, 유혹하기 위해 젊은 남자들과 춤을 추는 것이 풍속Sitte이었을 뿐 아니라 명命Geheiss이기도 했습니다. 하지만 이미 첫날밤을 보내 모자를 쓰고 있는 여자들은 남자와의 관계를 유지하기 위하여 춤을 추었지요.[2]

그럴지만 로마인이건 기독교인이건 독자들이 세이렌에게서 괴물을 보기 시작한 이후로는,[3] 세이렌들은 순전히 봄날의 목소리, 저지하는 것, 족쇄, 귀향의 장애물이라고 여겨지게 됩니다. 오디세우스는 직접 그 반대를 말합니다. 연꽃을 먹는 이들의 과일{로토파고스족의 로토스}은 무해하게 선원 세 명을 붙잡아 두며, 인간의 말소리를 할 수 있는 두 님프 여신만이 영웅을 붙잡아 둠에 있어서 유해하다고 말입니다.

> 여신들 가운데 고귀한 칼립소는 그곳에서 나를 붙들어
> 움푹하게 파인 동굴 안에서 자신의 남편으로 삼으려고 했소.
> 그와 같이 자신의 집에 나를 붙든 키르케도,
> 아이아이아의 기만 가득한 그녀도 자신의 남편으로 삼으려고 했소.
> 하지만 그녀는 내 가슴속의 용기까지 제압할 수는 없었소.[4]
>
> 에 멘 므 아우토트 에뤼케 칼륍소, 디아 테아온,
> 엔 스페시 글라퓌로이시, 릴라이오메네 포신 에이나이·
> 호스 드 아우토스 키르케 카테레튀엔 엔 메가로이신
> 아이아이에 돌로에사, 릴라이오메네 포신 에이나이.
> 알 에몬 우 포테 튀몬 에니 스테테신 에페이톤.

님프들의 풀밭으로 다가갈 때, 그리스인들은 이 모든 것을 알고 있습니다.

---

1 오디세이아, 10권 545행(키르케) = 5권 232행(칼립소).
2 플루타르코스, 스파르타인의 속담, 233c절. 파우사니아스(그리스 이야기, 10권 25장 10절)도 참고하십시오.
3 지크프리트 드 라헤빌츠, 1987, 59~93쪽.
4 오디세이아, 9권 29~33행.

그 이전의 가인들이나 영웅들이 말하지 않았을 뿐이지요.[1] 키르케의 마력에서 벗어난 오디세우스는 바다 건너 73마일 거리에 있는 세이렌섬을 향해 말없이 돛을 폅니다.

태양의 심장부로 목표점을 설정하라 — 우리가 남쪽에, 리옹이나 로마의 교외 순환 도로에 도착하자마자 이렇게 레코더에서 진동을 합니다. 고속도로 콘크리트 위에 커다란 글자로 쉬드\수드SUD[2]라고만 쓰여져 있습니다. 로쿠스가 차를 몰고, 난 지도를 읽습니다.

> 이렇게 나는 선원들이 모든 것을 알도록 말해 주었소.
> 그동안 배는 재빠르게 잘 움직여
> 세이렌섬에 닿았소. 순풍이 불어 배를 몰아주었기 때문이오.
> 그러다 갑자기 바람이 그치더니 바다가 잔잔해지며
> 고요해졌소. 어떤 다이몬이 파도를 잠재운 것이었소.
> 선원들이 일어서서 우리 돛을 내리고는
> 움푹 팬 배의 바닥에 던졌소. 그리고는 노가 있는 곳으로 가서
> 반들반들한 가문비나무로 만들어진 노를 잡아 하얀 거품을 내리쳤소.
> 나 역시 날카로운 청동으로 큰 밀랍 한 덩이를
> 두 조각으로 잘라낸 다음, 주물러서 작은 조각들로 나누었소.
> 밀랍은 금방 부드러워졌는데, 주무르는 힘이 대단했고
> 또 높은 곳의 아들이자 지배자인 헬리오스의 빛 때문이었소.
> 나는 차례대로 선원들의 귀에 밀랍을 발라주었소.
> 그 다음 그들은 배에서 내 손과 발을 묶고는
> 돛대의 밑부분에 나를 세워놓고 밧줄로 묶었소.
> 그리고 다시 그들은 노로 해변처럼 하얀 소금 바다를 내리쳤소.
> 외침이 들리는 거리만큼 가까워 졌을 때 우리는
> 재빠르게 지나갔소. 날쌔게 지나가는 배가 그들에게

---

1 이렇게 머레이(1934(4), 123쪽)가 이미 말했습니다.
2 *(프랑스어(쉬드sud)와 이탈리어(수드sud)로 '남南쪽'이라는 뜻으로, 독일에서 보았을 때 프랑스 리옹이나 이탈리아 로마는 남쪽에 있다. 키르케의 아이아이아(몬테치르체오)에서 보았을 때, 세이렌의 섬(리갈리섬) 역시 남쪽에 있다.}

숨겨지지는 않았고, 그들은 밝은 노래를 부르기 시작하였소.[1]

에 토이 에고 타 헤카스타 레곤 헤타로이시 피파우스콘·
토프라 데 카르퓔리모스 엑시케토 네우스 에우에르게스,
네손 세이레노이인· 에페이게 가르 우로스 아페몬.
아우틱 에페이트 아네모스 멘 에파우사토 에데 갈레네
에플레토 네네미에, 코이메세 데 퀴마타 다이몬.
안스탄테스 드 헤타로이 네오스 히스티아 메뤼산토,
카이 타 멘 엔 네이 글라퓌레이 테산, 호이 드 에프 에레트마
헤조메노이 레우카이논 휘도르 크세스테이스 엘라테이신.
아우타르 에고 케로이오 메간 트로콘 옥세이 칼코이
튀타 디아트멕사스 케르시 스티바레이시 피에존.
아입사 드 이아이네토 케로스, 에페이 쿨레토 메갈레 이스
에엘리우 트 아우게 휘페리오니다오 아낙토스·
헥세이에스 드 에타로이신 에프 우아타 파신 알레입사.
호이 드 엔 네이 므 에데산 오무 케이라스 테 포다스 테
오르톤 엔 히스토페데이, 에크 드 아우투 페이라트 아넵톤·
아우토이 드 헤조메노이 폴리엔 할라 튑톤 에레트모이스.
알 호테 토손 아페멘 호손 테 게고네 보에사스,
림파 디오콘테스, 타스 드 우 라텐 오퀴알로스 네우스
엥귀텐 오르뉘메네, 리귀렌 드 엔튀논 아오이덴.

영웅은 파이아케스인들에게 이야기를 들려주며 밝은 노래를 시작하는 이들이 두 명이라는 것을 다시 한번 상기시킵니다. 그는 무엇보다도 경이에 주의를 환기시킵니다. 노 젓는 이들에게는 고생이지만 한 여신의 덕Gunst으로 좋은 순풍이 잦아듭니다. 갈레네가 오지요. 그녀는 더 이상 그저 보니파초의 바위들 사이에 있는 고요함이 아닙니다. 이후 철학자들이 진부하게 영혼의 고요라고 부른 그것도 아직은 아닙니다. 모든 옛 원소들의 싸움 속에서, 화합 자체로서의 갈레네가 옵니다. 그리스인들은 공기와 물, 흙과 불이 꽃들 속에서 짝짓기 하는 물가보다 더 아름다운 것을 본 적이 없습니다. 세상의 모든 육지와 또한 깊은 푸른 바다에서 가장 에너지를 많이 소비하는 지역이, 당시의 진주를 채취하는 잠수부들이나 오늘날의 다이빙 마스크를 쓴 이들에게만 산호 군락, 나비고기 그리고 우리에게 해를 끼치지 않는 옛 상어

---

1   오디세이아, 12권 166~183행. 이 인용문의 마지막 행에 '나는 (돛 같은 것이나 성문열을) 팽팽하게 당긴다'는 뜻의 엔테이논ἐντείνω*가 음Ton의 기본 개념과 함께 나타납니다. 로만(1970, 28쪽)의 다음을 참고하십시오. "완전히 새로운 것, 그리스의 음악을 통해서 세상에 나타난 그것은 — 이와 함께 '음악'이 처음으로 본래의 의미에서 기초가 세워졌으며, 가능하게 되었다는 점은 아무리 강조해도 지나치지 않다 — 특히 그리스 단어 토노스τόνος로 표현되었다." *{해당 동사의 3인칭 복수 미완료형인 엔튀논ἔντυνον이 마지막 행에 사용되었는데, 한국어로는 "그들은 […] 부르기 시작하였소"라고 번역된 부분이다.}

의 모습을 드러냅니다.[1] 원소들의 아궁이에는 모두 《신들이 현전합니다》.[2]

바람과 물은 잔잔하고, 바다와 땅 위로 빛나는 하늘은 구름으로 뒤덮여 있지 않습니다. 모든 것이 드러나 있습니다. 어느 숨겨진 신이, 한 다이몬이 원하기 때문입니다.[3] 키르케는 이미 《어느 신이 직접》 세이렌의 섬 앞에서 상기시켜 줄 것이라고 암시했었습니다. 하지만 그 신은 헬리오스는 아닐 것입니다. 우리는 그가 하늘에서 불타오르는 것을 볼 수 있기에 헬리오스의 이름은 필멸자들이 영원히 알 수가 있습니다.[4] 약속된바 태양신은 남자이며, 게다가 키르케의 아버지입니다. 그의 이글거림은 꿀처럼 달콤한 밀랍[5]을 흐르게 하지요. 하지만 헬리오스는 바다의 풍랑 위에서는 힘을 쓸 수 없습니다. 그렇지 않았더라면 바다와 하늘 사이에 한 쌍의 심술궂은 맹금을 낳으려고 심연의 바다와 같이 짝짓기를 할 필요는 없었을 것입니다. 약한 배나 섬의 해안가에 부딪칠 때의 풍랑은 영웅의 적이라고 선언된 포세이돈의 지배 아래에 있습니다. 따라서 풍랑을 잠재우는 그 이름 없이 은폐된 존재는, 사랑의 행복 외에도 잔잔한 바다를 주었다고 그리스인들이 찬미하는 여신일 수밖에 없습니다. 바로 아프로디테이지요.[6]

《거품에서 태어난 신화 속의 존재가 예로부터 바다와 항해의 여신으

---

1 이레내우스 에이블-에이베스펠트, 1971, 31~45쪽.
2 헤라클레이토스, DK(6) 22, A9.
3 신과 다이몬의 차이는 (후기 그리스인들에게와는 달리) 본질의 차이가 아니라 출현의 차이입니다. 신들은 테오스θεός라는 이름 아래 필멸자들에게 볼 것과 부를 것을 줍니다. 다이몬δαίμων이라는 이름 아래에서는 이름 없는 것 속에서 지배합니다(샤데발트, 1944, 244쪽~). 그들은 이 두 가지 방식 가운데 그들이 원하는 대로 어느 하나의 방식으로 현전합니다. 키르케(오디세이아, 10권 571~574행)는 갑자기 눈앞에서 사라지지만, 아테네(16권 159~161행)는 영웅 앞에만 나타나고 영웅의 아들에게는 보이지 않습니다.
4 그리스어로 '안다'*는 것은 말 그대로 '보았다'는 것을 뜻합니다. *{'(~으로) 보인다'는 뜻의 동사 에이도마이εἴδομαι를 과거형(오이다οἶδα)으로 쓰면 뜻이 달라져서 '나는 안다'는 의미의 현재형 동사가 된다. 현재형 능동태로는 사용되지 않는다. 이 동사에서 영어 아이돌idol의 어원이 된 '형상, 형태, 모습, 모양'을 뜻하는 단어 에이도스εἶδος가 나왔으며, 이데아ἰδέα나 히스토리아ἱστορία와 같은 단어가 파생되었다.}
5 오디세이아, 12권 48행.
6 사포, 5번 파편, L-P. 아프로디테 갈라네이아(에우리피데스, 헬레나, 1458행)에 대해서는 레스키(1947, 100쪽)를 보십시오. 그 외에 플루타르코스(에피쿠로스의 방식대로 즐겁게 산다는 것은 불가능하다, 16장, 1097e)는 행복하게 귀향을 한 모든 선원들이 아프로디테를 기념하며 감사하게 생각했다는 사실을 알아챘습니다. 또 플루타르코스(플루타르코스, 그리스 문제, 54번 303c절)는 아프로디테를 경이로운 방식으로 잦아든 바람과 잔잔한 파도와 연관시킵니다. 간단명료하게 말하자면, 아프로디테는 모든 노스토스νόστος*를 지배합니다. *{'귀향, 도착'을 뜻한다(1.1.2.1.6).}

로서 숭배되어 왔다는 사실은 주목할 만하다. 그러나 그녀는 포세이돈이나 다른 바다의 지배자와 같은 의미에서 바다의 신이 아니다. 그녀는 웅장하게 온 자연을 채우는데, 바로 이와 동일한 웅장함을 통해 바다는 그녀가 현현Offenbarung하는 특별한 장소가 되었다. 그녀가 오면 일렁이는 풍랑이 매끈해지고, 수면은 장신구처럼 반짝인다. 그녀는 바다의 평화와 안전한 항해의 신성한 마법이자 피어나는 자연의 마법이다. 이에 관하여 루크레티우스가 가장 아름답게 말했다. [...] 이렇게 그녀는 '고요한 바다의 여신'(갈레나이에γαληναίη : 필로데모스, 『팔츠 사화집』, X 21)이라고 불렸으며, 선원들이 마침내 항구에 들어올 수 있도록 한다.》[1]

아프로디테의 도플갱어들이 내는 밝은 노랫소리가 바람이나 둔중하게 부서지는 파도 소리에 파묻히지 않도록, 세이렌들이 사는 섬 주위에 아프로디테가 고요함을 선사합니다. 그래서 세이렌들은 곧 노래뿐 아니라 바람과 파도의 고요함을 통해 마법을 부렸다고 여겨지게 됩니다.[2] 이렇게 해서 노가 내리치는 씁쓸하고 오싹한 소금 바다 한가운데에 처음으로 물이나 꿀처럼 달달한 님프의 목소리가 흐를 수 있게 됩니다.

두 세이렌의 노랫소리는 숌[3]과는 다릅니다. 아이올로스의 여섯 명의 아들들과 여섯 명의 딸들이 축제를 할 때, 그런 목관 악기의 소리가 집안 가득

---

1 오토, 1947(3), 94쪽. 이 모든 것은 푸치의 어두운 죽음의 환상을 방해하지 못합니다. 그의 환상은 그릇된 컴퓨터 은유들을 더 종말론적으로 만듭니다. "첫째, 오디세우스의 배가 세이렌의 섬 가까이 다가갈 때, 갑자기 고요함이 밀려온다. 자연의 모든 요소들이 죽음과도 같은 잠에 빠져 들어 있음에도 말이다(오디세이아의 12권 167행과 그 이후에서 코이마오koimaô*를 보라). 이 죽음과도 같은 분위기 속에서, 밀랍으로 귀를 막아 들을 수가 없는 오디세우스의 동료들은 의식 없는 자동인형처럼 노를 젓지만 오디세우스는 세이렌의 목소리에 닿을 수 있도록 이동하고 있다."(푸치, 1987, 211쪽) *{코이마오κοιμάω는 '나는 잠재운다'라는 뜻의 동사이다.}
2 헤시오도스, 여인 목록, 47번 파편 = 오디세이아 주석집, XII 168. 핀다로스(94b번 파편, 스넬 편집)와도 비교해 보십시오. — 선원들이 정말로 두 귀를 밀랍으로 막았다고 믿는 사람은 청각 기술적으로 다음과 같은 사실을 알아두십시오. 그것은 (밀랍과 같은) 그런 종류의 저역 통과 필터가 (한편 우리 역사에서 최초의 저역 통과 필터인데) 밝은 목소리, 즉 고음의 목소리에만 작용한다는 사실입니다. 그 필터는 부서지는 파도의 파동으로 혼합된 저주파 대역은 매끄럽게 통과하게 했을 것입니다. 그렇기 때문에 여신 아프로디테는 (파도를) 잠재우는 것입니다.
3 *{영어로 숌shawm, 독일어로는 샬마이Schalmei이며, 원뿔 모양의 관에 이중 리드를 꽂아 부는 목관 악기이다. 르네상스 시대에 가장 많이 연주되었으며, 이후 바로크 시대의 오보에를 지나 현대 오보에의 전신이 되었다.}

히 울려 퍼졌었지요. 또한 키르케의 노래와도 다릅니다. 키르케가 베틀 앞을 왔다 갔다 거닐며 노래할 때, 마룻바닥이 진동하며 노랫소리를 울렸기에 선원들은 큰 소리를 질러서야 그녀를 부를 수가 있었지요. 세이렌의 밝은 노랫소리는 집도 숲도 산도 없는 텅 빈 섬의 열림으로부터 울려 퍼집니다. 또 페넬로페이아가 거의 삼 년 내내 열심히 작업했던 것과 같은 길쌈이나 오랜 시간이 걸리는 여자들의 작품이, 노래나 눈물로 외로운 시간을 줄이기 위한 이유가 되는 것도 아닙니다. 세이렌들은 노래하기 때문에 노래합니다. 장미는 피기 때문에 피지요. 하지만 의미도 이유도 없는 선물이 밀랍보다도 더 부드럽게 귀를 더 녹입니다.

선원들의 귀에는 텅 빈 벌집만이 남아 있지만, 영웅은 벌꿀 자체를 훌쩍훌쩍 마십니다. 폴리페모스가 '아무도 아니'라는 이름을 으르렁거리며 외쳤을 때와 같은[1] 가청 범위 안으로 다가가면, 세이렌들에게는 배와 선장이 비은폐되기 때문입니다. 그래서 세이렌은 목구멍, 혀, 입술을 높은 음으로 조율하여 노래가 더 밝게 울리도록 합니다. 우리의 모든 전설 가운데 처음으로 음音Ton이라는 단어가 나왔습니다. 이 단어는 유럽의 모든 언어가 받아들이지요. 토노스τόνος는 팽팽하게 조인 여자 가인들의 몸통 또는 팽팽하게 당긴 현악기를 말합니다. 음악 자체가 시작됩니다. 그렇기 때문에 키르케와 칼립소가 말하는 인간의 언어인 아우데αὐδή라는 단어는, 두 세이렌에게서는 한 번도 나타나지 않습니다. 순수한 님프들은 음성들(프통고이 φθόγγοι[2])을 내고, 우리에게 노래(아오이데ἀοιδή[3])를 불러주며, 하나의 목소리(*옵스*ὄψ[4])를 가지고 있습니다. 하지만 그들은 말하지reden 않습니다. 순수한 신들의 언어가 흐릅니다. 그들은 오로지 이렇게 샘물처럼 들을 수

---

1   오디세이아, 9권 473행.
2   *{소리를 뜻하는 프통고스φθόγγος의 복수형으로, 이 단어는 사람이나 동물이 내는 소리뿐 아니라 사물에서 나는 소리도 지칭한다. 키틀러는 프통고스를 때에 따라 '말소리/음성(라우트Laut)'이나 '잡다한 소리/잡음(게로이쉬 Geräusch)'으로 옮긴다(1.1.2.1.1와 2.2.2.4.3.3).}
3   *{노래를 부르는 가인은 아오이도스ἀοιδός라고 한다.}
4   어디에서도 *옵스*ὄψ가 주격으로 나오는 곳은 없습니다. 마치 우리들의 귀는 언제나 타자의 목소리만을 듣는다는 듯. 옵스는 여격이나 목적격으로만 쓰입니다(샹트렌, 1968-1980, 옵스 항목). 동일한 것을 라캉의 말로 다시 말하자면, 목소리는 윤곽을 따라 갈라진 틈에서 — 아포 스토마톤ἀπὸ στομάτων* — 흘러나오는 그리고 들을 것을 주는 대상, 더 정확하게는 성적인 부분대상입니다. "자신을 보여 주고, 빨게 하고, 싸게끔 하지요."(라캉, 1973b, 171~178쪽) *{"입으로부터'라는 뜻이다.}

있도록 남아 있습니다.

따라서 우리는 다음과 같이 세이렌을 듣거나 읽습니다. {첫째} 아마도 처음에는 파피루스 잎 위에 적혀 있었을, 띄어쓰기 없이 대문자로만 된 첫 행에서입니다. {둘째} 마치 독일어로도 장음절과 단음절로 이루어진 듯한 첫 두 행에서입니다. {셋째} +835년 이후의 필사본에서는 모두 소문자로 쓰여 있는 여덟 행의 육각운에서입니다. 끝으로, 아드 우숨 델피니[1]처럼 그토록 빈번히 날조되었던 것과는 다른 번역에서입니다.

데 우 라 기 온 폴 뤼 아 이 노 뒤 세 우 메 가 퀴 도 사 카 이 온
ΔΕΥΡΑΓΙΩΝΠΟΛΥΑΙΝΟΔΥΣΕΥΜΕΓΑΚΥΔΟΣΑΧΑΙΩΝ

데 우 라 기 · 온 폴 뤼 · 아 인 오 뒤 · 세 우 메 가 · 퀴 도 사 악 · 아 이 온
네 아 카 · 타 스 테 · 손 히 나 · 노 이 테 · 렌 옾 아 · 쿠 세 이 스
deu ra gi l ôn po lu l aîn o du l seu me ga l kû do sa akh l aî ôn
nê a ka l tas tê l són hi na l nô i te l rên op a l koû sêis

"데우르 아그 이온, 폴뤼아인 오뒤세우, 메가 퀴도스 아카이온,
네아 카타스테손, 히나 노이테렌 옾 아쿠세이스.
우 가르 포 티스 테이데 파렐라세 네이 멜라이네이,
프린 그 헤메온 멜리게륀 아포 스토마톤 옾 아쿠사이,
알 호 게 테르프사메노스 네이타이 카이 플레이오나 에이도스.
이드멘 가르 토이 판트 호스 에니 트로이에이 에우레이에이
아르게이오이 트로에스 테 테온 이오테티 모게산·
이드멘 드 호사 게네타이 에피 크토니 풀뤼보테이레이."

"δεῦρ᾽ ἄγ᾽ ἰών, πολυαιν᾽ Ὀδυσεῦ, μέγα κῦδος Ἀχαιῶν,
νῆα κατάστησον, ἵνα νωϊτέρην ὄπ᾽ ἀκούσῃς.
οὐ γάρ πώ τις τῇδε παρήλασε νηῒ μελαίνῃ,
πρίν γ᾽ ἡμέων μελίγηρυν ἀπὸ στομάτων ὄπ᾽ ἀκοῦσαι,
ἀλλ᾽ ὅ γε τερψάμενος νεῖται καὶ πλείονα εἰδώς.
ἴδμεν γάρ τοι πάνθ᾽ ὅσ᾽ ἐνὶ Τροίῃ εὐρείῃ
Ἀργεῖοι Τρῶές τε θεῶν ἰότητι μόγησαν·
ἴδμεν δ᾽ ὅσσα γένηται ἐπὶ χθονὶ πουλυβοτείρῃ."

《자, 다 함께 —》[2]:

---

1 *{아드 우숨 델피니ad usum delphini는 라틴어로 '도팽Dauphin의 사용을 위해서'라는 뜻으로, 17세기 후반 프랑스 왕태자의 교육을 위해서 검열된 고전 서적 판본의 표지에 사용하기 시작했던 문구이다. 오늘날에는 검열된 작품을 경멸적으로 일컫는 관용구로 사용된다.}
2 토머스 핀천, 1980(9), 887쪽.

《이리 와요 그대여, 수수께끼 많은 오디세우스여, 아카이아의 위대한 명예여.
우리 둘의 목소리를 들을 수 있도록 배를 세워요.
우리 입에서 흘러나오는 꿀처럼 윙윙거리는 목소리를 듣고 나서
검은 배를 끌고 그냥 여기를 지나간 이는 아직 아무도 없지요.
그들은 욕망을 가득 채워 더 많이 알아 고향으로 가지요.
우린 그대가 저 넓은 트로이에서 트로이아인들과 아르고스인들과 함께
신들의 열망 아래 어떤 고통을 당했었는지를 모두 알고 있고,
많은 것들에 풀을 먹이는 대지 위에서 무슨 일이 일어날지를 알고 있기 때문이지요.》[1]

이 노래가 무엇을 말하는지를 우리가 말하기도 전에, 노래는 이미 우리를 홀립니다. 이 노래의 첫 행에서 그리스인들이 알고 있던 모든 울림소리 일곱 개와 이중 모음이 매 음절마다 안울림소리 한 개와 함께 정성스레 번갈아가며 모두 쓰였기 때문입니다.[2] 어느 한 시행이 이보다 더 아름다운 가락으로 불린 적은 없으며, 반복된 적도 없었습니다. 영웅이 전달하는 그 시는 옛 서정시Lyrik의 세 토막 리듬으로 영웅을 부릅니다. 처음에는 누구든 해당하는 순전한 그대로, 그 다음에는 이름으로 부르고, 마지막에는 영웅이 속한 민족 전체의 명예라고 합니다.

《이리 와요.》 그리스인들에게 시짓기[3]가 지속되는 한, 노래들과 합창들은 모두 이렇게 두 세이렌을 반복할 것입니다. 특히 여러 모호하고 어두운 이

---

1   오디세이아, 12권 184~191행. — {'신들의 열망'이라고 옮김} 이오테스ἰότης는 보통 신들의 결정 혹은 아예 신들의 뜻이라고 번역됩니다. 그러나 이 단어는 '열망'을 뜻하는 라틴어의 베누스venus나 {그리스어} 히메로스ἵμερος처럼 '원하다'는 뜻의 어근 이스-(is-)에 속합니다. — 풀을 먹이는 대지에 대해서는 여전히 카를 슈미트(1958, 489~504쪽)를 참조하십시오.
2   윌리엄 베델 스탠포드, 호메로스의 오디세이아, 런던: 1970, 1권 412쪽. 드 라헤빌츠(1987, 26쪽)에서 재인용.
3   *{독일어 디히퉁Dichtung은 '시짓기' 또는 맥락에 따라 '시'로 옮겼다. 지어진 시를 뜻하는 게디히트Gedicht도 '시'로 옮겼다. 키틀러는 하이데거를 따라 글로 기록된 것을 일컫는 문학Literatur과 시짓기를 구별한다(1.4). 그냥 기록만 하는 것이 아니라, 마음속에 기억하고 또 그에 대해 말할 수 있는 시|시짓기Dichtung라는 말에서, '빽빽한, 촘촘한'이라는 뜻의 독일어 형용사 디히트dicht도 읽을 수 있다. 한편 '만들어진 것'을 뜻하는 고대 그리스어 포이에마 ποίημα에서 유래한 포에지Poesie라는 말은 이 책에서 드물게 사용되었는데(1.2.2.2), 이 경우에는 '시詩'라고 한자와 병기하여 표기하여 구분하였다.}

름들 중에 우리에게 다가오는 디오니소스와 아프로디테의 도래를 청할 때는 더욱 이렇게 {이리 오라고} 노래할 것입니다. 하지만 오디세우스는 이미 트로이아로 이름을 떨친 영웅으로서 다가갑니다. 많은 수수께끼와 거짓 이름 덕분에 다시금 위험에서 모면했던 것이든, 반대로 많은 전설들을 통해서 수수께끼로 가득하게 된 것이든 말이지요.[1] 왜냐하면 우리가 아는 대로 그리스에서 처음으로 노래가 생겨나게 된 것은 고유명의 명예[2]에서였기 때문입니다.[3]

《이리 오라》는 말은 누구에게나 통할 수 있지만 세이렌들은 자신들이 노래하며 부르고 있는 영웅의 이름을 이미 알고 있습니다. 오디세우스가 기나긴 모험의 여정에 관해 파이아케스인들에게 그리고 마지막으로 페넬로페이아에게 들려주는 이야기 속에서, 오디세우스의 이름을 이미 알고 있었던 유일한 이들은 세이렌들입니다.[4] 오디세우스는 아이올로스가 자신의 이름을 부르기 전에 그에게 직접 자신의 이름을 알려주어야 했습니다.[5] 그가 두 섬{시칠리아와 몬테치르체오}에 상륙했을 때, 〈많이 유명한〉 자라고 불리는 폴리페모스나 그 이후의 키르케도 이미 소문을 통해 오디세우스를 알고 있기는 했습니다. 일찍이 신들이 오디세우스가 올 것이라고 그들에게 경고했었기 때문이지요.[6] 하지만 키클롭스가 〈아무도 아니〉가 아니라 바로 오디세우

---

1 "세이렌은 오디세우스를 폴리아이노스라는 형용구로 부르는데, 이는 그가 '많은 이야기'를 가지고 있다는 의미로, 즉 그가 많은 아이노이를 이야기한다는 뜻이거나 또는 많은 아이노이가 그에 대하여 이야기를 했다는 뜻이다."(로웰 에드먼즈, 1997, 417쪽) 『오디세이아』에서 폴리아이노스πολύαινος*는 하팍스 레고메논hapax legomenon**입니다(일리아스, 10권 544행과 11권 430행). "아이노스αἶνος는 작동한다. 즉, 말하며 행한다"(바데르, 1989, 160쪽). *{'많다'는 뜻의 형용사 폴뤼스πολύς와 '이야기'라는 뜻의 아이노스가 합쳐진 말이다. 아이노이αἶνοι는 아이노스의 복수형이다.} **{하팍스 레고메논ἅπαξ λεγόμενον은 '한 번만 말해진 것'이라는 뜻으로, 주어진 텍스트나 말뭉치에서 단 한 번만 등장하는 언어적 표현을 지칭할 때 쓰는 말이다.}
2 *{1.2.1.2.}
3 스벤브로, 1988, 92쪽~.
4 유일하게 푸치(1997, 6쪽)와 비교해볼 수 있습니다. "세이렌은 자신들이 모든 것을 알고 있음을 강조한다. 그리고 어느 정도는 [?] 그러하다. 그녀들은 '보자마자' 오디세우스를 알아맞혔다. 하지만 예를 들어 키르케나 폴리페모스 같은 다른 여신들이나 신성한 존재들은 오디세우스를 알아보지 못했다. 누가 누구인지를 세이렌들이 보자마자 알아보았다면, 그녀들은 정말로 트로이에서 무슨 일이 벌어졌는지를 알고 있었을 것이다. 따라서 그녀들은 데모도코스가 트로이의 진실에 대해 노래할 때 그에게 영감을 불어넣어주었던 무사 여신들이나 남신 아폴로와 같은 현전의 힘을 가지고 있다고 할 수 있다."
5 오디세이아, 10권 14행~과 64행.
6 오디세이아, 9권 506~512행과 10권 330~332행.

스가 자신의 눈을 멀게 했다는 사실을 들었을 때는¹ 그리고 키르케가 그가 헤르메스가 예언한 바로 그 손님일 것이라고 스스로 짐작했을 때는² 이미 늦었습니다. 그들은 벌써 인간의 언어로 이뤄지는 놀이 속에서 기만당하고 정복당했습니다. 세이렌들은 그렇지 않습니다. 말Rede 없이 질문Frage도 없이, 그녀들은 오는 이의 이름을 부르며 오는 이를 노래를 합니다. 그냥 다가오는 배가 아니라 오디세우스 자신이, 그녀들에게 숨어 있지 않은 채로 발현하는 것입니다. 그늘 없는 풀밭에 진실Wahrheit이 활짝 핍니다.

그리하여 그는 이제 상륙해야 합니다. 바다의 가청 범위 내에서 단순한 말소리Laut는 들을 수는 있지만 두 입이 말하는 하나의 목소리Stimme는 알아들을 수가 없기 때문입니다. 키르케의 목소리는 길쌈 작업을 달래주는 하나의 수단(여격)입니다. 그러나 세이렌들의 목소리는 목소리 그 자체(목적격)입니다. 이 모든 것이 말하는 것은 오디세우스가 세이렌들의 부름을 따랐다는 것뿐입니다. 그는 자신이 들었던 {세이렌의} 말들을 파이아케스인들 앞에서 {그대로} 반복할 수 있습니다. 아쿠에인ακούειν은 단순히 음향을 듣는 것만 지칭하는 것이 아니라 귀를 〈곤두세워〉 뜻을 듣는 것을 의미합니다.³ 바로 이것을, 오디세우스가 합니다. 오디세우스는 신들의 이야기를 하는 세이렌들이라고 했는데, 따라서 세이렌들은 진실만을 말합니다. 노란 꿀 같은 소리를 음미하기 전에는 아무도 검게 칠해진⁴ 배를 끌고 그냥 지나간 적이 없었고 또 앞으로도 그런 일은 없을 것이라고 말이지요.

---

1   오디세이아, 9권 504행~.
2   오디세이아, 10권 330행.
3   《현존재Dasein는 이해하기 때문에 듣는다. 현존재는, 타자와 함께 세계 안에 있는 이해하는 존재로서 공현존재Mitdasein와 현존재 자신에게 〈속하며\들리며〉, 이러한 속함\들림 속에서 공현존재와 스스로에게 소속된다. 서로 들으며 공존재Mitsein가 길러지는데, 이러한 서로-듣기Aufeinanderhören는 〈따름〉, 함께-감Mitgehen과 같은 가능한 방식들이나 말-안-듣기Nicht-Hören, 거역, 반항, 전향 등의 결여 양태들을 가지고 있다. — 이러한 […] 들을-수-있음Hörenkönnen의 밑받침 위에서 귀-기울임Horchen과 같은 것이 가능하다. 귀-기울임은 듣기Hören보다 드물고 뛰어나며 더 근원적이다. 심리학에서는 음Ton들을 느끼고 말소리Laut들을 이해하는 것보다 듣기를 더 〈우선〉의 것으로 규정하지만 말이다. 귀-기울임 역시 이해하는 듣기의 존재방식을 가지고 있다. 우리가 〈우선〉 듣는 것은 절대로 잡다한 소리들이나 음운 복합체가 아니며, 덜컹거리는 차, 오토바이를 듣는 것이다. 우리가 듣는 것은 행진 소리, 북풍, 딱딱 쪼는 딱따구리, 타닥타닥 타는 장작불이다.》(하이데거, 1931(3), 163쪽)
4   브래드포트, 1967, 30쪽~.

님프들은 단물이 있으며 따라서 꽃도 있는 잔디를 모두 좋아합니다. 봄과 함께 벌이 육지에서 가까운 꽃 내음이 가득한 곳으로 상륙합니다. 여름에는 먼저 키르케의 아버지인 헬리오스가 모든 것을 불살라버립니다. 벌이 꿀을 모으는 곳에서는, 그 윙윙거리는 소리가 꿀벌과 말벌을 잡으려는 새들을 유혹합니다. 갈새, 제비, 바위비둘기, 지바꿔와 같은 새들을 아리스토텔레스는 세이렌이라고 부릅니다.[1] 커다란 암컷 매는 이러한 새들과 이들의 노래를 노획하기 위해서[2] 아주 가끔씩만 — 새파란 하늘에서 급강하합니다.[3] 민물에서 명금류에 이르는 이 부드러운 먹이 사슬은 그래도 종결됩니다.

이렇게 세이렌의 입에서 절정을 이루는 그 천 배로 밝은 소리가 봄날의 공기를 채웁니다. 왜냐하면 새들이 노래하는 모든 장소는, 그들에게는 《무사들의 숲》이라고 불리는 곳인데, 이곳은 《가능한 도시에서 멀리》 떨어진 곳에 있기 때문입니다.[4] 그리하여 두 입이 노래 속에서 하나가 되는 단 하나의 목소리는 꿀처럼 달콤한 음을 내야 하는 것입니다.[5] 그 목소리는 귀뿐만이 아니라 입술과 입안에도 기쁨을 선사합니다. 일찍이 젖먹이였던 가인들과 예언자들의 입술에는 벌들도 내려앉아서,[6] 가인과 예언자는 첫 선물로서 모유만을 마신 다른 필멸자들과 구분됩니다. 꿀을 훌쩍이는 이는 앞으로 더 많이 알게 될 것입니다. 히메토스 산줄기의 벌이 젖먹이 플라톤의 입술 위로 내려앉았을 때, 깜짝 놀란 플라톤의 부모는 장차 그가 말하는 단어들이 달콤함으로 날아가게 되리라는 것을 알게 되었지요.[7]

---

1 아리스토텔레스, 동물론, 8권 40장 623b11~13절.
2 일리아스, 17권 757행(키르코스kírkos).
3 더글라스, 1946⁽²⁾, 118쪽~.
4 아리스토파네스, 개구리, 93행. 플루타르코스, 호기심에 대하여, 12장, 521d절. 여기에 플루타르코스(사랑에 관한 대화, 2장 749c절)와 프리드리히 니체(1967~1993, II/1 292쪽)도 참고하십시오.
5 푸치, 1997, 2쪽. "우리는 아포 스토마톤apò stomátóhn이라는 엄청나게 정밀한 표현에 주목한다. 호메로스에서 스토마stóma가 목소리와 연관된 것은 드물며, (보통은) 글로사glôssa*가 목소리가 나오는 곳을 지칭하기 때문이다." *{스토마στόμα는 '입, 입술'을, 글로사γλῶσσα는 '혀'를 뜻한다.}
6 플라톤, 이온, 534a절. 핀다로스에 대해서는 파우사니아스(그리스 이야기, 9권 23장 2절)와 샤데발트(1989, 235쪽)를 보십시오. — 가끔씩, 벌이 노래하는 새와 가깝다는 사실을 암시하기 위해, 갓 태어난 시인의 입술 위에 꾀꼬리도 내려앉습니다. 스테시코로스에게 그랬습니다(플리니우스, 박물지, 10권 82장. 팔츠 사화집, II 125~. 이 두 문헌은 데이비드 켐벨(1990~93, 3권, 54쪽과 58쪽)에서 참고했습니다.).
7 이러한 예감에 대하여 키케로(점술에 관하여, 1권 (36장) 78절)는 아버지의 것이라고 썼습니다. 그러나 그리스인들은 파트리아 포테스타스patria potestas* 같은 것은 알지 못했습니다. (아버지 혼자가 아니라)

따라서 놀랍게도, 두 입이 노래로 —피타고라스가 후에 화성和聲Harmonie[1]이라고 부를 그 노래로 — 하나가 된다는 것은, 욕망[2]과 앎이 하나 됨을 동시에 뜻합니다. 세이렌의 노래를 듣는 이는 나중에, 약속된 대로 귀향할 때 더 많이 알게 됩니다. 욕망과 앎이 하나라는 사실을 말이지요.[3] 그는 단순히 노래를 즐긴 것이 아니라 자신의 넘치는 욕망을 즐겼던 것입니다.[4] 예로부터 '나는 즐긴다'라는 뜻의 테르포τέρπω는 춤이나 사랑에의 욕망을 의미합니다.[5] 하지만 가장 높은 의미에서의 테르포는 구름이나 눈, 비가 없는 밝은 하늘 속에서 사는 신들의 복을 뜻합니다. 여기 땅 위에서 무기가 철커덩거리는 소리와 죽음 속에 울부짖는 소리를 위에서 즐기기 위해서라도 신들은 높은 하늘에 있습니다.[6] 하지만 세이렌들이 노래하기 위해서 노래하기 시작한 이래로 새로운 욕망으로서의 음악이, 합창과 테르프시코레 속에, 그 춤을 기뻐하는 무사에 존재합니다.[7] 노래는 둘 이상 불러야 합창이라고 하

플라톤의 부모 둘 모두가 그렇게 느꼈던 것입니다(칼람, 1999, 128쪽). 어린 예언자의 입술 위에 있는 꿀은 핀다로스(올림피아 송가 제6곡, 45~47행)를 보십시오. *['아버지의 권력'이라는 뜻의 라틴어로, 로마 시대 가부장의 절대적 권력을 가리키는 말이다.}

1 *{1.1.2.3.2.3.}

2 *[독일어 루스트Lust를 대부분 '욕망'으로 옮겼으나 이 단어는 '무엇을 원함, 욕구, 의욕, 소원, 갈망'이라는 뜻과 함께 '이를 채웠을 때의 기쁨, 쾌락, 즐거움'의 뜻을 담고 있다. 한자어 욕망慾望이라는 단어에 담긴 뜻에서 '탐내는 마음'은 빼고 '즐기는 마음'을 더하면 루스트의 의미에 더 가까워진다. 프랑스어 주이상스jouissance는 종종 독일어로 루스트로 번역된다.}

3 이렇게 욕망과 앎이 하나라는 것을, 호라티우스(시학, 333행)를 따라 《시인들은 이익을 얻거나 즐거움을 주기를 원한다》고 읽는, 즉 둘 중 하나라는 양자택일로 읽는, 여기 이 나라에서 교수 자격시험을 마친 사람들이 있습니다. 퀸투스 호라티우스 플라쿠스가 {이 구절을} 라틴어로 아둔하게 한 것을 알아채지 못하고서는 말이지요. (권터 빌레, 『아크로아시스. 후고전기까지의 그리스 문헌에서 청각적 감각 영역』, 전2권, 튀빙엔/바젤: 2001 (= 튀빙엔 현상학 도서관, 디트마 코흐 편집), 1권, 112쪽)

4 샹트렌, 1968-1980, 테르포마이τέρπομαι 항목. "그의 욕망을 가득 채우다."

5 라타치, 1968, 174~219쪽.

6 일리아스, 7권 64행.

7 세이렌, 무사, 님프들의 합창이 언제나 동일자라는 사실은 이미 알크만이 증명하고 있습니다. 그는 고졸기 스파르타의 어느 한 옛 주석에 따라, 최초로 전승된 소녀들의 합창을 다음과 같이 기록했지요.
《그리고 그대는 스파르타인들이 스스로에게 그리고 합창대에게 이렇게 말하는 것을 듣게 된다.
하 모사 케클라그, 하 리게아 세렌.
ἁ Μῶσα κέκλαγ', ἁ λίγηα Σηρήν.
무사를 부르네, 저 높은 세이렌을.
시인이 무사[의 지휘]에 따라 움직일 준비를 하기 위해 먼저 그녀를 직접 불러낸 후에 자신의 뜻을 이제는 바꿨다는 듯이, 무사 대신 합창단 자체가 그가 말한 것이 되었다는 사실에도 주목하라.》(알크만, 30번 파편, L-P)

며, 춤은 둘 이상 추어야 즐겁지요. 둘이 있어야 탱고를 추지요.

그리고 이에 세이렌이 초대합니다.

귀향 전 넘치는 욕망을 즐겼던 이는, 동시에 더 많이 압니다. 그에게 음악이 드러납니다. 신들의 모든 모험의 중심부에서, 셀 수 없는 고통의 전환점에서, 그 고통이 앎으로 전복됩니다. 앎이라는 이름은 세이렌들도 분명하게 부른 것이지요. 고통을 통해 배우네, 파테인 마테인παθεῖν μαθεῖν — 드디어 사실이 됩니다.

그리하여 세이렌 노래의 첫 네 행은 세이렌이 행하는 것을 찬미합니다. 그 다음 네 행은 세이렌이 알고 있는 것을 찬미합니다. 이것은 근본적으로 동일합니다. 그런데 세이렌들이 고유의 앎을 노래할 수 있다는 것은 그들이 무사라는 것을 말없이 증명하고 있습니다.[1] 그들은 그 현장에 우선 한 번은 있어야만 하는 눈이나 귀의 증인이 되지 않고도, 일어났던 모든 일들 옆에 언제나 이미 있었을 것입니다. 세이렌이 오디세우스를 지금 그리고 여기에서 이름으로 부르는 것처럼, 세이렌은 트로이인들과 아카이아인들이 십 년 동안 서로에게 가했다고 하는 고통을 모두 알고 있습니다. 우리 필멸자들은 고통의 여기 속에 갇혀 있습니다. 그래서 무엇이고, 무엇이었고, 무엇이 될 것인지는 오직 무사들의 마음입니다.[2] 왜냐하면 《님프들은, 즉 평지의 '여

---

[1]   "최초의 세이렌과 최초의 무사의, 근본적이고 본질적인 동일성"을 카로이 머로트(1960, 135쪽)가 강조합니다.

[2]   헤시오도스, 신들의 계보, 32~38행. 《무엇이 있었고, 무엇이 있으며, 무엇이 있을 것인지》에 대한 이 앎은 무사와 세이렌으로부터 예언자와 시인들에게 전달됩니다. 눈 먼 예언자 칼카스에 대해서는 일리아스(1권 68~72행)와 하이데거(1963⑷, 318쪽)를 보십시오. — 예감으로 가득 찬 셸링의 『세계의 나이』를, 예감하지도 못하면서 기계적으로 따라 말하는 아도르노는, 모든 것으로부터 정말 소름끼치는 세이렌-정리를 다음과 같이 날조합니다. "그녀들의 유혹은 과거 속에서 스스로를 잃어버리도록 하는 유혹이다. […] 무엇보다도 세이렌이 무엇이 일어났는지를 알고 있다면, 그들은 [부르주아적으로 교직에 곁눈질하는] 미래를 보상으로 요구한다. 행복하게 귀향한다는 약속은 속임수이며, 이로써 과거가 그리워하는 자들을 낚는다." 이렇게 분명하게 아도르노는 자신의 고향 오덴발트의 아모르바흐를 세이렌섬과 혼동합니다. 이러한 잘못된 결론은 참으로 초라하고도 진부한 이유 때문입니다. 그가 어느 한 끔찍한 독일어 번역을 믿었기 때문입니다. 그 번역은 『오디세이아』의 12권 191행을 《그녀들은 많은 것들을 먹이는 대지 위에서 일어난 것이 무엇이든 그 모든 것을 안다》라고 볼품없게 번역했습니다.

① 폴루부테이로스πολουβουτείρος는 문화사적으로 아직 '먹이는'이라는 뜻이 아니라, (사람에게도 쓰는 '먹이다'와는 달리, 특히 소와 같은 가축들에게 쓰는 말인) '풀을 뜯어먹게 하는'이라는 뜻을 가지고 있습니다.

② 게네타이γένηται의 유일하게 가능한 두 가지 번역에는 '언제나 일어나는 모든 것' 또는 '우리는 일어났

1.1.2.2 《태양의 심장부로 목표점을 설정하라》

자들' 또는 '소녀들'은 어디에나 있다. 그리스에서와 같이 멋진 자태를 하고 있지 않더라도 말이다. 그러나 무사들은 그리스의 하늘 아래에만 있기》[1] 때문입니다. 헤시오도스가 세이렌의 아름다운 목소리를 뜻하는 오파 칼리몬 όπα κάλλιμον을 음절별로 바꿔 쓰기만 했는데도, 곧 모든 무사들 가운데 가장 드높은 서사시 여신의 이름이 될 칼리오페Kalliope가 들립니다.[2] 가인이 무사 여신을 처음으로 불렀었던 것이 다름 아닌 세이렌의 앎과 하나로 모인다는 사실은 얼마나 놀라운 일인지요. 그리고 세이렌은 땅, 빛나는 하늘, 물 덕분에 자라고, 풀을 뜯어 먹이는 것이 무엇인지에[3] 관한 모든 것을 알고 있기 때문에 심지어 자신들의 이름 없는 섬에 핀 꽃에 대해서, 즉 스스로에 대해서도 알고 있습니다. 《말이 꽃처럼》 피어날 수 있도록, 세이렌은 노래합니다.[4]

그러나 오디세우스는 세이렌들의 땅을 멀리 돌아 지나갔다고 그리고 자신의 귀만 세이렌들의 노래를 들었으며, 밀랍으로 귀를 막은 노 젓는 동료들은 못 들었다고 이야기합니다. 그렇지 않았다면 그는 결코 집으로 돌아갈 수 없었을 것이지요. 무엇이었고 무엇인지만을 세이렌이 말했다고, 오디세우스는 말합니다. 사실이지요. 그런데 반대로, 무엇이 일어날 것인지를, 그는 말하지 않습니다. 하지만 세이렌들은 자신들의 섬에 상륙한 이는 또한 《욕망과 앎이 풍부해져서 귀향할》 것이라고 노래하지요. 세이렌들은 그냥 약속만 하고 만 것이 아닙니다. 그렇게 {약속한대로} 이루어집니다. 그렇지 않았다면 오디세우스는 결코 이야기를 할 수 없었을 것이지요.

> 그들은 이렇게 말하며 아름다운 목소리를 보냈소. 내 마음은
> 듣고자 했소. 나를 풀어달라고 선원들에게 명령하며
> 눈짓을 했지만, 그들은 앞으로 몸을 숙이며 노를 저었소.

던 모든 일을 매번 안다'는 것이 있습니다(푸치, 1987, 210쪽). 두 경우 모두 세이렌이 아는 것은 언제나 모든 것이며 — 세이렌이 신을 말하는 존재라면, 무엇보다도 미래를 안다는 것입니다. 그 이후로 우리의 땅에 대한 통치권은 이러한 진흙 위에(막스 호르크하이머, 테오도르 아도르노, 「계몽의 변증법」 철학적 단편, 리히텐슈타인: 1955, 45~50쪽) 서 있습니다.

1 오토, 1955, 23쪽.
2 헤시오도스, 신들의 계보, 79행~. 콜러, 1963, 42쪽.
3 어떻게 모든 필멸자들이 사 원소에 의존하는지에 대해서는 피타고라스와 엠페도클레스*를 보십시오 (비트루비우스, 건축에 관하여, 8권 서문 1~4절). *{2.2.1.1.}
4 프리드리히 휠덜린, 「빵과 포도주」. 이 외에 안케 벤홀트-톰센(1967)도 참고하십시오.

음악

페리메데스와 에우륄로코스가 일어나서 나를 묶었소.
더 많은 밧줄로 더 단단히 묶었소.
우리가 지나가서 세이렌의 말소리와
노랫소리를 더 이상 들을 수 없게 되었을 때,
친애하는 그들은 곧바로 내가 그들의 귀에 발라주었던
밀랍을 떼어냈고, 묶여 있던 나를 풀어주었소.
우리가 그 섬을 떠나자마자, 나는
물보라와 높은 파도를 보았고, 낮게 울리는 바닷소리를 들었소.[1]

호스 파산 히에이사이 오파 칼리몬· 아우타르 에몬 케르
에텔 아쿠에메나이, 뤼사이 트 에퀠레우온 헤타이루스,
오프뤼시 네우스타존· 호이 데 프로페손테스 에레손.
아우티카 드 안스탄테스 페리메데스 에우륄로코스 테
플레오시 므 엔 데스모이시 데온 말론 테 피에존.
아우타르 에페이 드 타스 게 파렐라산, 우드 에트 에페이타
프통게스 세이레논 에쿠오멘 우데 트 아오이데스,
아입스 아포 케론 헬론토 에모이 에리에레스 헤타이로이,
혼 스핀 에프 오신 알레입스, 에메 트 에크 데스몬 아넬뤼산.
알 호테 데 텐 네손 엘레이포멘, 아우티크 에페이타
카프논 카이 메가 퀴마 이돈 카이 두폰 아쿠사.

아름다운 목소리를 보냄Schicken으로써 마침내 세이렌들이 발현한다는 것입니다.[2] 세이렌이 말소리와 뜻으로 일으킨 음악과 함께 유럽의 모든 전송Senden이 시작됩니다. 세이렌은 이렇게 듣고자 하는 마음을 처음으로 불러일으킵니다. 혹은 수많은 청자의 마음[3]도 벌써 불러일으킵니다. 키르케가 내린 명이 다 이행되기도 전에 오디세우스는 다른 말을 하기 때문입니다. 세이렌의 섬을 그냥 지나쳐갔다고 말하지 않고, 순수하게 떠났다고 — 마치 초대에 응한 배가 섬에 상륙한 적이 있다는 듯이 말합니다.[4] 오디세우스만 그 아름다운 목소리를 들을 수 없는 것이 아니라 《우리》도 마찬가지로

---

1 오디세이아, 12권 192~202행.
2 "세이렌의 아름다운 목소리들"(푸치, 1987, 211쪽)이라는 복수 형태의 명사는 어디에도 나타나지 않습니다. 무사들도 오피 칼레이ὀπὶ καλῆι로, 즉, 아름다운 하나의 목소리로 노래합니다(일리아스, 1권 604행. 콜러, 1963, 42쪽).
3 *{2.1.2.}
4 《우리가 섬을 떠났을 때》는 영웅들의 입에서 자주 나오는 말입니다. 그는 이 말을 세이렌들과 작별하며 썼을 뿐 아니라, 선원들이 헬리오스의 섬, 트리나키아에서 식수를 채우고, 소를 도축한 후 항해하기에 좋은 날씨를 6일 동안 기다린 후에도 이렇게 말했지요(오디세이아, 12권 403행).

더 이상 들을 수가 없다고 하는데 — 마치 선원들의 귀를 밀랍으로 막은 적이 없었던 듯이 말합니다. 이리하여 첫째, 세이렌을 혼자서만 들었다는 거짓말과 둘째, 듣기만 했었다는 거짓말은 알게 모르게 철회됩니다.

선장은 다음 모험을 향해 전진하면서 처음으로 다시 혼자서 보고 엿듣습니다. 키르케처럼 계략과 대항책을 쓸 수 있는 한 영웅은 어쩌면 거짓말 속에서 진실을 말하려고 했을지도 모릅니다. 앞으로 살펴보겠지만[1] 그가 침묵을 지키는 데에는 그럴 만한 이유가 있습니다.

그전에도 그 후에도, 이렇게 노래가 불린 적은 단 한 번도 없습니다.

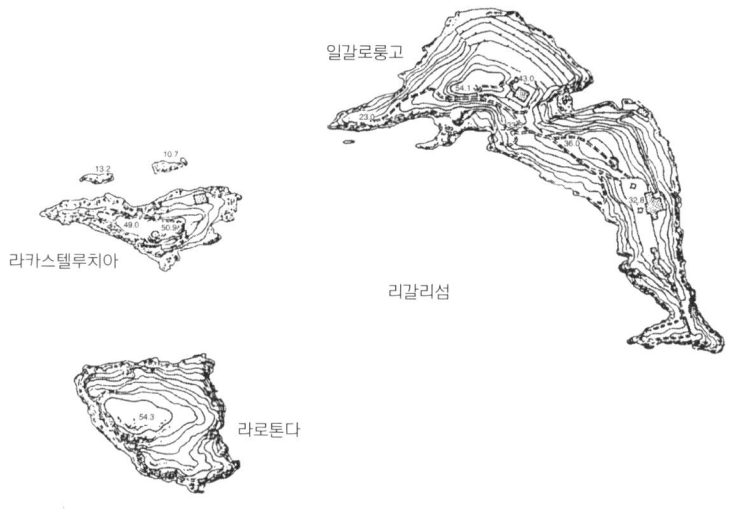

그리고 만약 오디세우스가 상륙한 것이 아니라고 해도, 우리가 2004년 4월에 갔습니다. 아말피의 두오모 광장에서 제 눈에 눈물이 쏟아졌습니다. 세이렌섬들 중 가장 큰 섬인 갈로룽고 위에 여자 가인 두 명과 여자 한 명 그리고 남자 아홉 명이 있었고, 또 그 앞에 있는 더 작은 두 섬, 카스텔루치아와 로톤다 위에는 여자 가인 두 명과 남자 세 명이 있었습니다. 우리가 보고 들었던 그 여자 가인들은 세이렌들처럼 풀밭 위에 앉거나 서 있었습니다. 바다에서 보면 {섬에} 풀밭이 있는지 없는지 알 수 없지만 뭍에서 바라보면

---

1 *{1.1.2.5.3.}

알 수가 있습니다. 봄은 봄꽃처럼 아직은 일렀습니다. 남이탈리아의 작은 섬에는 5월 초에야 꽃잎이 처음으로 피어나 장관을 이룹니다(라고 리갈리섬을 일 년 내내 관리하는 두 필리핀 사람이 우리에게 말해 주었지요). 오늘날 안테모에사[1]섬에는 꽃잎이 이루는 장관이 심하게 줄어들었습니다. 이제 이 순수한 계시Offenbarung의 섬 위엔, 발레 뤼스[2]가 심어둔 몇 그루의 나무가 그림자를 드리우고 있을 뿐입니다.

우리는 따로 고무보트 위에 올라타, 사람이 살지 않는 두 갈리섬을 바람막이 삼아, 깊고 푸른 잔잔한 바다를 오디세우스처럼 살폈습니다. 용골 없이 — 다시금 영웅의 배처럼[3] — 우리는 해안 절벽과 세이렌들에게 처음보다 더 가까이 다가갔습니다. 그 후 모터 소리를 줄이고 해변으로부터 십 미터 정도의 거리가 되자마자, 신성한 갈레네가 귀환했습니다. 두 세이렌은 지휘자가 청한 곡을 노래했습니다. 우리는 분명하고 순수한 (그가 이미 약속했던바) 울림소리가 발산하는 것을 들을 수 있었습니다. 하지만 자음과 안울림소리는 최소한의 흔적조차 가늠할 수가 없었습니다. 이렇게 독일어로도 그리스어로도, 한 단어도 우리에게 도달하지 않았습니다. 모음은 음악을 선사하지만 자음은 언어를 선사합니다. 오디세우스는 이 언어를 8행씩이나 들어서 노래의 뜻을 알아들었지요.[4] 세이렌의 노래를 오늘날까지도 마음에 품기 위해서는, 자음을 모음으로부터 분리하여 처음으로 이 둘을 함께 써넣을 수 있는 글자가 필요합니다.[5] 이 둘{모음과 자음}을 듣기 위해서는,

---

1 *{안테모에사Ἀνθεμόεσσα는 '꽃(안토스ἄνθος)으로 가득한'이라는 뜻으로, 기원전 3세기경까지 세이렌섬의 이름이었다(1.5.1.2).}

2 *{발레 뤼스는 1909년 파리에서 설립된 러시아 발레단이다. 이 발레단의 수석안무가였던 레오니드 마신이 1924년 당시 무인도였던 리갈리섬을 구매하여, 그 중 갈로롱고섬에 빌라를 지어 발레 스튜디오로 사용하였다.}

3 브래드포드, 1967, 36쪽.

4 장 프티토-코코르다, 1985, 95~120쪽.

5 앤 카슨, 2003(3), 55쪽. "우리는 이미 언어와 사랑에 대한 고대의 유비를 발견하였다. 유혹적인 작용과 설득력 있는 발언의 보편적인 지휘자로서의 호흡이라는 생각 속에 이 유비가 함축되어 있다. 기록된 언어와 글을 바탕으로 한 사유가 시작되는 이곳에서 우리가 볼 수 있는 것은, 시를 처음으로 기록하기를 감행했던 고졸기의 작가에 의해 다시 활기를 얻은 유비이다. 그들이 사용했던 알파벳은 매우 독특한 도구이다. 그 독특함은 소리의 경계를 표시하는 힘에서 직접적으로 비롯된 것이다. 왜냐하면 […] 그리스 알파벳은 발화 행위의 특정한 측면을 나타내는 것을 고려하여 만들어진 독특한 음성 표기 체계이기 때문이다. 그 특정한 측면이란 말소리가 시작하는 부분과 끝나는 부분을 말한다. 자음이 결정적인 요인이다. 자음은 말소리의 경계를 표시한다. 이 점의 성적인 연관성은 명백한데, 우리는 이미 에로스가 사물들의 경계에 대한 치명

즉 세이렌의 노래와 언어 둘 모두를 듣기 위해서는, 세이렌들이 직접 말한 대로 상륙하는 것 말고는 방법이 없습니다. 거의 삼천 년을 허비한 후, 이렇게 증명을 종료했습니다.[1] 그리스의 가장 위대한 거짓말쟁이가 아니라, 두 세이렌을 믿으십시오.

적인 경고이며 이것을 연인들이 느낄 수 있도록 한다는 것을 보았기 때문이다."
1 *[쿠오드 에라트 데몬스트란둠Quod erat demonstrandum은 종종 약자로 Q.E.D.라고도 쓰이는 라틴어 구절이며, 수학에서 증명을 마칠 때 자주 쓰인다. 본래 에우클레이데스의 『원론』에 실린 구절 중 하나로, '이것이 보여야/증명되어야 할 것이었다'라는 뜻의 호페르 에데이 데익사이ὅπερ ἔδει δεῖξαι를 1505년 인문주의자 바르톨로메오 참베르티가 라틴어로 번역한 것이 널리 쓰이게 되면서 관용구가 되었다.]

1.1.2.3 아, 태양 아래 섬이여

칼립소Calypso[1]이건 아니건 음악은 타악기로 시작합니다. 심연으로부터 음악이 떠오릅니다. 화산은 그토록 둔중한 소리로 낮게 울리고, 칼립소Kalypso의 목소리는 그토록 밝은 소리로 빛납니다.

1.1.2.3.1 저주파

갈리에서 스트롬볼리까지는 112해리입니다. 키르케의 조언을 염두에 둔다면 오디세우스는 상륙하지 말아야 할 스트롬볼리섬에서 메시나 해협까지 40해리가 더 남아 있습니다.[2] 기나긴 아흐레가 지나고 타오르미나에 있는 어느 만에 이르러서야 선원들은 다시 《단물》[3]을 채웁니다. 그런데 어떻게 50명의 남자들이 마실 물 없이 난바다에서 280킬로미터나 항해할 수 있을까요? 꽃들이 순전하게 유혹했던 육지에 가지 않았다면 어떻게 그 먼 거리를 항해할 수 있을까요?

영웅은 리파리 제도로 항로를 잡습니다. 몰리Moly가 그러하듯, 리파리의 섬들도 인간들이 부르는 이름과는 다른 이름으로 신들에게 불립니다.[4] 스트롬볼리섬은 한 시간에 서너 번씩, 뜨겁게 이글거리는 용암 파편을 바다로 던져 바닷물을 끓어오르게 합니다.[5] 오디세우스는 바로 이것을 보고 듣습니

---

1 *{20세기 초 카리브해 남쪽의 트리니다드에서 생겨난 음악 장르 중 하나이다. 이후 등장하는 칼립소는 대부분 여신의 이름인 칼립소Kalypso이며, 음악 장르를 지칭하는 경우에는 '칼립소Calypso'와 같이 로마자를 함께 표기하여 구분하였다.}

2 브래드포드, 1967, 163쪽.

3 오디세이아, 12권 306행. 또 브래드포드(1967, 184쪽)도 참고하십시오.

4 오디세이아, 12권 61행.

5 "유럽에 있는 모든 활화산 가운데, 어쩌면 심지어 세상의 모든 화산 가운데 스트롬볼리는 가장 일정하다. 약 이천오백 년 동안 시칠리아 북쪽 이탈리아의 에올리에 제도{리파리 제도}에 있는 이 화산은 시계 장치처럼 작동한다. 이 화산의 정상 아래에 있는 네 개의 분화구 중 한 군데에서 한 시간에 서너 번씩 폭발한다. 스트롬볼리는 몇몇 용암 파편과 약간의 화산 가스를 수십 미터 높이로 솟아오르게 한다. […] 스트롬볼리의 폭발이 주기적으로 보이기는 하지만, 얼마나 비주기적일 수가 있는지는 [2002년] 12월 28일에 증명되었다. 이날 하루가 지남에 따라 분출은 계속 더 강력해졌다. 보통은 20여 미터로 솟아오르던 먼지구름이 거의 200미터 가까이 솟아 그 높이가 분화구를 넘어섰다. 이른 저녁에 스트롬볼리의 마을에 먼지가 떨어지기 시작했는데, 저녁 여섯 시 반경 갑자기 북동쪽의 분화구 아래에 새로 생긴 균열 사이로 용암이 흘러나왔다. 이 용암이 분화구 아래로 거의 800미터를 흘러내려 바다에 닿기까지는 30분밖에 걸리지 않았다. 지난 70년간 처음으로 스트롬볼리의 작열하는 암석 용해물이 끓어오르고 김을 내면서 바다로 흘러 들어갔

다. 잔잔한 푸른 바다가 아니라 갑자기 피어오르는 김, 이글거림, 일렁이는 너울과 낮게 울리는 소리를, 그가 보고 듣지요.[1] 마치 오디세우스의 청각이 가장 높은 높이에서, 즉 무사들이 내는 밝은 노랫소리에서, 가장 낮은 노이즈로 추락했다는 듯이 말입니다. 마치 최초로 소리 공간Schallraum을 완전히 두루 측정했던 사람처럼 말이지요. 오디세우스보다 사백 년 후에는, 아르키타스가 촉감을 통해 느낀 차이에서 음향학Akustik의 앎을 끌어냅니다.[2] 오디세우스보다 한 세대 이전에는 유일하게 아르고의 이아손과 메데이아만이, 키르케의 남동생 아이에테스가 지배하는 카우카스[3]에서 돌아오며 스트롬볼리 옆을 무사히 지나갔습니다. 다른 모든 배들과 선원들의 송장은 바다와 이글거리는 불 주위로 소용돌이치고 있습니다.[4]

이리하여 오디세우스 이전 아르고호의 선원들이 이미 두 세이렌이 노래하는 것을 들었던 것입니다.[5] 가인 오르페우스는 세이렌이 부르는 마법의 노래를 대항 마법으로 저지하기 위해 리라를 집어 듭니다.[6] 오직 한 사람만이, 포세이돈의 아들로서[7] 부테스만이 용기를 내어 배에서 바다로 뛰어내려 세이렌에게로 헤엄쳐 갑니다. 그는 거기서 생명을 위협하는 나쁜 죽음을 맞이하는 것이 아니라 다른 세계로 멀어져 가는 것입니다. 세이렌으로서의 아프

다."(호르스트 라데마허, 잠 못 드는 거인. 스트롬볼리에는 다음 화산 분화에 대한 공포가 지배하고 있다. 프랑크푸르트 알게마이네 차이퉁, 2003년 1월 3일 5면 기사) (로제-마리아 그로프 박사에 감사를 표하며)
1   브래드포드, 1967, 158쪽. 어떻게 해설자들은 (몬테치르체오와 리갈리에서 스트롬볼리를 지나 메시나 해협에 이르는) 정확함을 넘어선 장소들의 명시를 단순한 신화로 읽거나 흑해라고 잘못 생각할 수가 있는지(카를 모일리, 1921, 87쪽. 코르넬리스 요르트 라위흐, 1997, 599쪽) 참으로 수수께끼입니다.
2   DK(6) 47, B 1. 옥쉬스oξύς/바뤼스βαρύς의 대립에 대해서는 → 2.2.2.4.3.3.
3   *{갑카스, 코카서스, 카우카스, 코카시아 등으로 불리는 지역 이름으로, 흑해와 카스피해 사이에 위치하여 유럽과 아시아의 경계를 이루는 지역이다.}
4   오디세이아, 12권 66~72행.
5   그러므로 이아손은 이웃해 있는 셀레강 어귀에 포세이도니아의 헤라이온*을 세웠을 것입니다(루카 체르키아이, 2004, 75쪽). 지난해에야 비로소 우리는 뒤늦게 이곳을 방문했습니다. *{헤라이온Heraion은 헤라를 모시는 신전을 일컫는다. 신전의 모습이 비교적 잘 보존되어 있는 포세이도니아(파에스툼) 유적지 내에 있는 (포세이돈 신전이라고도 잘못 불리는) 두 헤라 신전(tempio di Hera)과는 달리, 셀레강 어귀(Foce del Sele)의 헤라 신전은 중세 시대에 해체, 약탈되어 현재는 터만 남아 있다. 이 두 곳 가운데 어디를 지칭하는지는 불분명하다.}
6   아폴로니오스 로디오스, 아르고나우티카, 4권 903~919행. 아폴로도로스 신화집, 비블리오테케, 1권 9장 24절. 여자들의 합창에 대하여 승리를 거둔 리라를 기념하며, 서사시의 가인이 스스로를 찬양합니다 (콜러, 1963, 46쪽~).
7   헤시오도스, 여인 목록, 72번 파편.

로디테가 그를 직접 연인으로 받아들이지요. 둘은 짝짓고, 이를 통해 에릭스가 태어납니다.[1] {에릭스가 사는} 서시칠리아의 가장 높은 산과 아프로디테 신전 그리고 배의 상징물에 대해서 키르케가 영웅에게 언급한 적이 있었지만 그는 들르지 않고 그냥 지나쳤었지요.

이렇게 음악은 하나의 경이자, 잡다한 소리로 가득한 바다에 있는 하나의 섬이며, 또 그리 남아 있습니다. 스킬라는 이제 갓 태어난 강아지처럼 낑낑거리는 소리를 내지만, 오싹하게 살해합니다.[2] 아마도 키르케가 그녀를 변신시켰기 때문일 것입니다. 바다의 여신 암피트리테는 바다 동굴에서 끙끙거리고, 바위는 울부짖으며,[3] 스킬라는 영웅의 선원들을 또다시 여섯 명이나 잡아먹었습니다. 다른 선원들은 모두 바다 폭풍이 잡아갑니다. 태양 황소가 부족해진 태양신이 명령한 폭풍이지요. 왜냐하면 오디세우스조차 낡은 물고기만으로 만족하라고 선원들을 설득할 수가 없기 때문입니다.[4] 생선은 먹이 사슬에 맞지 않지요. 소금 바다는 우리에게 아무것도 주지 않으며, 모두에게 시원이 되는 것은 님프의 샘물입니다. 그래서 꼬치에 꽂힌 죽은 살덩이가 화의 조짐을 나타내는 듯 고함을 치고 있음에도 불구하고, 마치 자

---

1 디오도로스 시켈로스, 역사 총서, 4권 2장 6절~22장 4절. 새뮤얼 버틀러(1967)는 대영제국 들쥐 Landratte*의 에릭스-환영Phantasma으로서 읽습니다. 오디세우스의 모든 방랑 중 단 두 번만 시칠리아 주위를 돌아 항해했을 것이라고 말입니다. 이게 십 년이나 걸릴 정도의 항로일까요? 우리는 반대로 영국의 바다 쥐Seeratte, 브래드포드(1967)를 지리학적으로 믿습니다. 그는 2차 세계 대전 중 지중해에서 영국 왕립해군으로 일한 후, 오디세우스의 모험을 10년 동안 따라갔습니다. *{문자 그대로는 '들쥐, 땅 쥐'라는 뜻이며, 선원들이 바다에 가본 적이 없는 사람들을 폄하며 일컬을 때 쓰는 말이다.}
2 오디세이아, 12권 86행.
3 오디세이아, 12권 85~97행과 241행~.
4 오디세이아, 12권 332행. 4권 367~369행도 비슷합니다. 여기에 플루타르코스(향연 문제, 8권 8장 730cd절)도 같이 보십시오. 예외는 칼립소의 생선을 사냥하는 맹금입니다 ⇒ 1.1.2.3.2.2. 《『일리아스』의 영웅들은 영웅적 음식만을 섭취한다. 이 음식에는 주로 '이루 다 말할 수 없는 고기와 달콤하고 강렬한 포도주'가 포함된다. 그들은 엄청난 양의 황소와 멧돼지 구이를 먹는데, 이를 하루에 세 번씩이나 먹는다. 그들은 삶은 고기나 특히 생선, 닭 또는 채소, 우유, 치즈는 거들떠보지도 않는다. 오디세우스의 동료들이 생선이나 야생 조류들을 먹는 것은 극단적인 굶주림에 노출되어 있을 때뿐이다(오디세이아, 12권 331행~). 그런데 낚싯대, 그물, 작살과 같은 낚시에 대한 꽤 많은 내용이 직유법에 드러난다. 굴을 따기 위해 잠수하는 것, 물고기로 풍부한 바다에 대한 것과 같이 말이다. 종다리와 비둘기를 잡는 것에서 비롯된, 어쩌면 매사냥에서도 비롯되었을 것 같은 직유들이 있다. 우유와 치즈에 대한 이야기도 많으며, 삶은 돼지고기에 대한 언급도 하나 있다. 이것은 시인 자신이 하루하루 벌어 먹고사는 세계의 이야기이다. 위대한 제우스에게서 태어난 영웅의 세계와는 달리, 이 일상의 세계에서 사람들은 하루에 많으면 두 끼를 먹었으며, 고기 식사는 드물었다.》(머레이, 1934(4), 121쪽)

신들의 척박한 고향 이타카에서는 소들이 {뜯을 풀이 없어서} 잘 자라지 않는 것처럼 선원들은 소떼 전부를 도축해서 꿀꺽 삼켰습니다.[1] 그 벌로 물고기를 먹고 싶지 않아했던 바로 그 선원들을 육식어가 먹어치웁니다. 반대로 이 사실이 당시부터 지금까지도 보여 주는 바는, 이탈리아Italia라는 이름이 비텔로vitello에서 왔다는 것입니다. 비텔로는 송아지라는 뜻으로, 바로 이탈리아의 재산이지요.[2] 이렇게 오디세우스는 그것을 고통 속에서 드러내고 발견

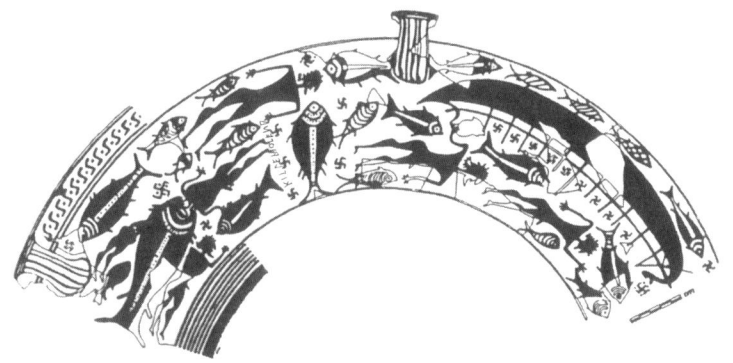

소고기 대신 생선 먹는 것을 거부했기 때문에 선원들이 폭풍우 속에 익사하며 물고기에게 잡아먹히고 있습니다.(이스키아 출토 도기화, {기원전} 725~700년경)

합니다. 신들은 바다 폭풍과 천둥 번개 속에서 유일하게 오디세우스만 구해 주고, 그는 옷도 배도 없이 살아남습니다. 아흐레 낮과 열흘 밤 동안 그는 말타섬까지 떠밀려갑니다. 그 섬은 당시에는 오귀기아섬으로 불렸었는데, 페니키아인들에게는 신성한 곳이었지만 그리스인들에게는 그렇지 않았습니다. 그리고 마침내 또다시 낮게 울리는 소리로부터 노래가 시작합니다.

---

1 오디세이아, 12권 394~396행*. *{고기 껍질이 땅 위를 기어 다니고 구웠든 굽지 않았든 꼬치에 끼워진 고깃점이 음매하고 울었다고 묘사되는 부분으로, 오디세우스는 이것이 소고기를 즐기는 선원에게 보내는 신들의 전조라고 말한다.}
2 아폴로도로스 신화집, 비블리오테케, 2권 5장 10절.

1.1.2.3.2 고주파

우리는 세상에서 가장 작고 가장 아름다운 섬들을 향해서 꼬박 스무 시간을 날아갑니다. 키르쿠크에서 바스라까지, 사막은 밤에도 낮처럼 밝습니다. 석유 회사들이 석유 가스를 의미 없이 태우기 때문입니다. 중간 체류지인 다란[1]에서는 이슬람의 셰이흐[2]들이 오일 달러를 탕진합니다. 그 다음 하룻밤을 보낸 어느 큰 섬에서는, 제트 연료 냄새 속에서도 동아시아인들의 약초와 에센스가 우리의 코를 유혹합니다. 다음에는 산호바다 위로 날아가는 흔들거리는 날개 위입니다. 눈부신 백사장 주위로, {산호바다의} 터키색이 수천 가지의 색조를 띱니다. 그 다음엔, 열대의 태양이 돌처럼 바닷속으로 떨어지자마자 열대의 밤이 시작됩니다. 갈색 피부에 나긋나긋한 아랍인들은 손님들을 모닥불 주위로 초대합니다.

화음의 마법이 없는 음악, 오로지 커다란 빈 타르 통에서 울리는 낮은 북소리와 작은 통에서 울리는 높은 북소리뿐. 음악은 쉽습니다. 밤새도록 하나의 비트와 목구멍에서 흘러나오는 두세 개의 선율이면 충분하지요. 이것을 이해하는 데는 말이 필요 없습니다. 같이 노래하는 귀가 있습니다. 마지막 나무 조각이 다 탈 때까지, 내내 춤춥니다. 타르로는 타르칠하며, 기름으로는 몰지만, 모든 것은 결국 음악으로 귀결됩니다. 화물 숭배는 빈랑 씹는 것 이상입니다. 수심이 5미터가 채 되지 않는 내암초 지역에서는, 그 외에는 세이렌에게서밖에 얻을 수 없는 삶의 활력이 이글거리고 있기 때문입니다.

우리가 여행에서 돌아온 지 2년 후부터 이미 환영하는 춤의 밤이 금지되어버렸습니다. 1973년부터 미국에 귀속된 가라앉지 않는 항공 모함에 모든 몰디브인들이 굴복되었습니다. 그것은 디에고가르시아섬[3]으로, 2003년 B-2 폭격기가 이 섬에서부터 바그다드로 출발했습니다.

---

1 *{키르쿠크는 이라크 북쪽, 바스라는 이라크 남쪽의 도시이며, 다란은 사우디아라비아 동부에 있는 도시로, 세 도시 모두 유전이 있는 석유 공업의 중심지이다.}
2 *{셰이흐(شيخ)는 아랍 문화권에서 종교적이건 세속적이건 넓은 맥락에서 정신적인 지도자를 일컫는 칭호이다.}
3 *{인도양에 있는 영국령 차고스 제도 남단에 있는 산호섬으로, 60여 개의 크고 작은 섬으로 이루어진 차고스 제도에서 가장 큰 섬이다. 미국이 군사 기지로 쓰기 위해 1966년 영국과 비밀 협정을 맺어 2016년까지 50년간 이 섬을 빌렸으며, 2017년 이 계약을 다시 20년 연장하였다. 첫 협정 후 1973년까지 섬에 살던 이천여 명의 원주민들은 차례로 모두 강제 추방되었다. 이 섬에서 발진한 폭격기가 2001년에는 아프가니스탄을, 2003년에는 이라크를 공격하였다.}

Wo meine Sonne scheint
(ISLAND IN THE SUN)
Calypso

{태양 아래 섬} 해리 벨라폰테 / 카테리나 발렌테

1.1.2.3.2.1 칼립소가 노래합니다

그리고 이제 낮게 울리는 소리로부터 맑고 밝은 목소리가 솟아오릅니다. 모든 칼립소Calypso들 훨씬 이전의 — 칼립소Kalypso여, 그대가 우리에게 말하는 것을, 말해줘요. 남자들은 너무 귀를 기울이지 않습니다. 세상에서 가장 부드럽고 아름다운 말로, 그대의 사랑이 무엇인지 말해줘요. 그대가 말하지 않는다면, 그대가 한때 무엇을 원했었는지 또 그렇게 단어들로 이리저리 가지고 노는 것이 무엇인지, 우리는 잘 예감할 수가 없답니다.

최초의 맑은 여자 목소리는 아테나라고 불립니다. 그녀는 신들의 회의에서 자신이 수호하는 오디세우스가 말타섬에서 칠 년 동안 겪었던 것을 말하며, 신들에게 오디세우스의 청을 전합니다.

《그는 벌써 오랫동안 사랑하는 자들과 멀리 떨어져 화를 당하며
바닷물로 둘러싸인 섬, 바다의 배꼽이 있는 곳에서 괴로워하고 있습니다.
나무 가득한 그 섬에 한 여신이 집을 짓고 살고 있는데,
그녀는, 파멸을 꾀하고 모든 바다의 깊이를 알고 있으며
땅과 하늘을 따로 떼어놓는 커다란 기둥들을
몸소 떠받치고 있는, 아틀라스의 딸입니다.
그녀가 비탄에 잠긴 불행한 자를 붙들고 있습니다.
끊임없이 부드럽고 달콤한 말로 호리면서
이타카를 잊어버리라고 합니다. 하지만 오디세우스는
그리움에 고향 땅에서 피어오르는 연기라도
보며 죽기를 바라고 있습니다.》[1]

"호스 데 데타 필론 아포 페마타 파스케이
네소이 엔 암피뤼테이, 호티 트 옴팔로스 에스티 탈라세스.
네소스 덴드레에사, 테아 드 엔 도마타 나이에이,
아틀란토스 튀가테르 올로오프로노스, 호스 테 탈라세스
파세스 벤테아 오이덴, 에케이 데 테 키오나스 아우토스
마크라스, 하이 가이안 테 카이 우라논 암피스 에쿠신.
투 튀가테르 뒤스테논 오뒤로메논 카테뤼케이,

---
[1] 오디세이아, 1권 49~59행.

> 아이에이 데 말라코이시 카이 하이뮐리오이시 로고이신
> 텔게이, 호포스 이타케스 에필레세타이· 아우타르 오뒤세우스,
> 히에메노스 카이 카프논 아포트로이스콘타 노에사이
> 에스 가이에스, 타네에인 히메이레타이."

따라서 아틀라스는 또 다른 아이에테스입니다. 아틀라스도 파멸만을 꾀하며, 그의 딸이 사는 섬에서도 육지가 보이지 않습니다. 그래서 한없는 고통은 경계가 없는 바다를 향할 수밖에 없지요.[1] 헬리오스와 페르세가 빛나는 하늘과 심연의 바다 사이의 공간 전체를 딸 키르케에게 주듯이, 아틀라스도 그렇게 땅과 하늘을 가르는 모든 것을 나르고 있습니다. 그 기원에는 우라노스와 가이아가 밤낮으로 서로의 곁에 누워 있었기 때문입니다. 욕망 Lust 외에는 아무것도 없었지요. 그래서 아틀라스의 딸은 한 절단면의 배꼽이자[2] 이름을 붙일 수 없는 머나먼 중앙으로, 그 이름은 그리스의 신들이 전혀 인식하지 못합니다. 아테나는 그저 칼립소가 키르케처럼 마법을 부릴 수 있다고, 그 마법은 거의 동일한 것이라고 말할 뿐입니다. 칼립소는 {키르케처럼} 약초를 가지고 있지는 않지만 똑같이 홀리게 하는 단어들을 가지고 있지요⋯

이로써 우리는 거의 최초로, 로고스λόγος를, 단어로서의 단어를 듣습니다. 복수형으로만 나타난다고 하더라도 말이지요. 단수형의 이름 로고스 — 말 Rede이 모은다[3]는 경이 — 는 {이후} 처음으로 사유를 끌어낼 것입니다. 이전의 그리스인들에게 말을 뜻하는 이름들 — *옵스*ὄψ, 아우데αὐδή, 포네 φωνή, 에포스ἔπος — 은 항상 말의 울림, 소리, 음성 그 자체를 모두 아울러 이르는 것이었습니다. 로고스가 처음으로 소리 없이, 언어가 세계를 드러내는 방식으로 언어를 사유합니다.[4]

---

1 레스키, 1947, 187쪽.
2 오디세이아(1권 50행과 12권 60행)에 대해서, 바데르(1989, 222쪽)의 다음과 같은 말도 참고하십시오. "{섬의} 발생은 어머니의 잉태에 상응하며, 표류 후에 바닷물에 정착하는 것은 태아가 탯줄을 통하여 어머니의 양수 속에 정착하는 것에 상응한다."
3 *{로고스는 동사 레고λέγω에서 유래한 명사이며, 로고스의 복수형은 로고이λόγοι이다. 레고는 호메로스 시기에 '나는 놓는다, 눕힌다, 모은다'는 뜻이었는데, 후에 이로부터 '나는 말한다, 이야기한다'라는 뜻이 파생되었다.}
4 로만은 이를 간결하고도 우아한 공식으로 만듭니다. 아에이도ἀείδω*는 기표를 통해서, 레고λέγω** 는 기의를 통해서 전설을 말하는 것이라고 말이지요(로만, 1965, 159쪽). *{'나는 노래한다, 찬미한다'는 뜻이다. 이 동사에서 '노래'라는 뜻의 명사 아오이데ἀοιδή와 '노래하는 사람'을 뜻하는 아오이도스ἀοιδός가 파생되었다.}

《말Rede과 말하기reden는 표현하고자 하는 바를 말로 알린다는 뜻에서의 언어로 말하기sprechen나 언어Sprache가 아닙니다. 말Rede이란 일찍이 레게인λέγειν, 로고스λόγος가 의미하는 바로 그것을 일컫는데, 앞으로 내놓는 것, 모아서 나타내 보이는 것을 뜻한다. 말과 로고스의 뜻을 가장 아름답게 증명하는 것은 동시에 우리에게 전승될 준비되어 있는 가장 오래된 증명이기도 하다. 그것은 호메로스의 오디세이아 1권 56행에 있다. 호메로스의 작품 전체에서 로고스라는 단어는 여기에만 등장하는데, 두 개의 형용사와 함께 복수 형태로 다음과 같이 쓰였다. 말라코이 카이 하이뮐리오이 로고이μαλακοι και αἱμύλιοι λόγοι, 〈부드럽고 호리는 말〉이라는 뜻이다. 하이뮐리오스αἱμύλιος는 '호리는, 사로잡는, 매혹하는'이라는 뜻이다. 로고스λόγος는 그 위로 모이고 끌어당기는 것을 나타나게 할 때만 이렇게 이끌 수 있다. 이끄는 것은 꺼내는 것이다. 그는 꺼낸다. 검을 느닷없이 당긴다. 스스로 느닷없이 당기는 자는 넋 놓은 자, 멀어지는 자, 따라서 홀린 자이다. 로고스가 본질에 따라 무엇으로 보이게 하고 나타나게 하고, 이러한 의미에서 그 위에 작용하고 유혹하는 한, 로고스도 이따금 매혹하고 호릴 수가 있다. 이것은 다름이 아니라 탁월한 방식의 모으기, 즉, 레게인λέγειν이다. 이 때문에 로고스와 레게인은, 원래 그리고 일찍이, 언어를 사용한다sprechen는 의미에서의 말Rede과 말하기reden를 뜻하는 것이 아니다. 그것이 아니라면 무엇인가? 이에 적당한 단 하나의 단어가 우리말{독일어}에 있는데, 바로 이야기하기sagen이다.》[1]

** {레고λέγω의 현재형 능동태 부정사는 레게인λέγειν이다.}
1   하이데거, 1994, 160쪽~. {호메로스에게 로고스가 오디세이아에서 단 한 번만 나타난다는} 작은 오류 하나를 드러내자면, 아직은 마음을 사로잡는다는 뜻이 담겨 있지 않은 파르마카φάρμακα와 로고이λόγοι, 즉 약초와 말로 이미 파트로클로스가 부상자 한 명을 치료했다는 것입니다(일리아스, 15권 393행~). 또한 넋 놓게 하는 이끌림 하나가 두드러집니다. 하이데거는 프라이부르크의 시민 남녀 앞에서 가졌던 연설에서 칼립소라는 고유명을 살짝이라도 언급하지는 않았으나 대신 특별하게 정확한 출처를 제시했습니다. 따라서 아마도 페넬로페이아가 아닌 어느 님프 한 명이 그의 말을 듣고 있었을 것이며, 그녀는 집으로 돌아가 책에서 {정확한 출처를} 참고했을 것입니다. 그리고 그녀는 자신이 엘프리데[*]보다 훨씬 더 아름다웠다는 사실을 읽었지요. — 반대로 오디세우스는 더 오래된 말라코이시 에페에신μαλακοῖσι ἐπέεσσιν[**]으로 아이올로스를 치켜세우고(오디세이아, 10권 70행) — 당연히 꽃밭들도 치켜세웁니다(오디세이아, 5권 72행). [*]{하이데거의 부인이다.} [**]{말라코이시 에페에신은 '부드러운 이야기'라는 뜻이며, 에페에신은 서사시를 일컫는 명사인 에포스ἔπος의 여격 복수형이다.}

1.1.2.3.2.1 칼립소가 노래합니다

그럼에도 불구하고, 로고스가 말이라고 처음으로 알려진 곳에서 로고스는 동시에 소리의 마법입니다. 말라코이 카이 하이뮐리오이 로고이는 매혹적인 부드러운 단어들일 뿐 아니라, 그 자체로 매혹적이고 부드럽게 들리기도 합니다. 키르케와 동일한 밝고 맑은 음으로 그리고 키르케와 동일한 어둡고 모호한 이유로, 한 님프가 유혹하며 달콤하게 속삭입니다. 그녀 자신을 위해서 영웅이 이타카와 귀향의 꿈을 잊어야 한다고 말이지요. 따라서 키르케가 세이렌에 대해 날조하고자 했던 그 무엇은, 다시 한번 그녀와 같은 존재에 해당하는 것입니다. 오디세우스는 그 둘을 《강력한 님프》, 《인간의 말소리를 내는, 땋은 머리 아름다운 무시무시한 신》이라고 부릅니다.[1] 이 둘은 《그를 가로막는데》 — 이것은 그토록 수많은 어리석은 자들이 세이렌들이 그러하다고 날조하려고 시도했던 것이지요. 단지 오귀기아의 여왕은 — 키르케와는 달리 — 멀리 사라진 채로 살고 있기에, 《필멸자들도 신들도 그녀와 섞이지 않습니다.》[2] 하지만 또 바로 그 때문에 {미리} 경고를 받은 오디세우스는 두 번째 마법의 힘에 더는 그렇게 깊이 사로잡히지 않습니다. 부드럽게 치켜세우는 말에 눈물이 대답합니다. 아마도 이 그리스인은 말타섬에 있는 여자를 더는 욕망하지 않기 때문일 것입니다.[3] 울기를 감행하는 남자는 여자가 되기에[4] 그를 유혹하고자 하는 님프는 몸소 노래를 해야 합니다. 베틀 앞에서 밝은 눈물로 교차되는 밝은 목소리로 말이지요. 우리는 서서히 읽는 법을 배웁니다.

---

1 오디세이아, 5권 149행, 11권 8행, 12권 449행.
2 오디세이아, 12권 246행~.
3 오디세이아, 5권 151~158행. 브래드포드(1967, 214쪽)는 이에 대해 단순한 이유를 댑니다. "'아름다운 가락의 고귀한 여신' 칼립소가 […] 말타섬에서 출토된 작은 [신]상처럼 생겼다면, 아마도 왜 오디세우스가 페넬로페의 품으로 돌아가려고 했는지 이해할 수 있을 것이다. 이 형상물은 하나같이 둔부 지방 축적을 보인다. […] 특이하게도 이러한 형태는 수천 년간 외국인들이 점령했음에도 불구하고 오늘날에도 그 섬에서 볼 수가 있다."
4 오디세이아, 8권 513~531행. 이와 함께 미셸 푸코(1994, 1권 251쪽)도 보십시오. "그가 파이아케스인들 사이에서 다른 사람의 입을 통해 자신의 이야기를 들을 때, 그것은 마치 자기의 죽음을 듣는 듯하다. 그는 자신의 얼굴을 감추고 눈물을 흘린다. 이것은 전투 후에 죽은 영웅의 시신을 가져오는 여자들의 몸짓이다." 이렇게 푸코의 군인 시체는 푸아투*에 있는 어머니 저택의 정원으로 귀향합니다(디디에르 에리봉, 1993, 479쪽). *{푸아투는 프랑스 중서부에 있는 주로, 푸코는 푸아투의 주도인 푸아티에에서 태어나 자랐으며, 여기에서 북쪽으로 20여 킬로미터 떨어져 있는 코뮌인 방되브르 뒤 푸아투에 그가 휴가를 보내곤 했던 저택과 그와 그의 어머니의 유골이 안치된 묘역이 있다.}

제우스의 명을 받든 헤르메스는 바다를 횡단합니다. 이번에는 오디세우스에게 님프의 마법에 대하여 경고하기 위해서가 아니라 마법사의 마법 자체를 금하기 위해서입니다. 제우스가 헤르메스에게 말하지 않은 유일한 것은 어떻게 칼립소에게 말해야 하는지입니다.[1] 어쨌든 그 남신은 영웅이 아니라 여신을 만납니다. 영웅은 해변에서 눈앞의 바다를 보며, 눈물, 한숨, 고뇌로 자신의 가슴을 쥐어뜯고 있기 때문입니다.[2]

> 헤르메스는 멀리 떨어져 있던 그 섬에 도착하자,
> 제비꽃보라색 바다에서 내려 땅 안 깊이 들어와
> 땋은 머리 아름다운 님프가 사는 큰 동굴에 닿을 때까지
> 걸어갔다. 그는 그 안에 있던 그녀를 만났는데
> 아궁이에서는 불이 활활 타올랐고, 잘 쪼개지는 개잎갈나무와
> 측백나무 타는 향기가 온 섬에 진동하고 있었다.
> 그런데 그녀는 그 안에서 아름다운 목소리로 노래를 불렀고,
> 베틀 앞을 왔다 갔다 하며 황금 북으로 천을 짜고 있었다.[3]

알 호테 데 텐 네손 아피케토 텔로트 에우산,
엔트 에크 폰투 바스 이오에이데오스 에페이론데
에이엔, 오프라 메가 스페오스 히케토, 토이 에니 뉨페
나이엔 에우플로카모스· 텐 드 엔도티 테트멘 에우산.
퓌르 멘 에프 에스카로핀 메가 카이에토, 텔로세 드 오드메
케드루 트 에우케아토이오 튀우 트 아나 네손 오도데이
다이오메논· 헤 드 엔돈 아오이디아우스 오피 칼레이
히스톤 에포이코메네 크뤼세이에이 케르키드 휘파이넨.

이렇게 님프신들이 무시무시하게 살고 있는 곳에서 모든 것이, 베틀과 노동

---

1 "가다머: '따라서 헤르메스가 인용구를 전달한 적이 한 번도 없다는 것은 제게 결정적인 사실입니다.' 비에타: '헤르메스요?' 가다머: '제우스는 헤르메스가 무슨 말을 해야 하는지 한 번도 그에게 말한 적이 없습니다."(한스-게오르크 가다머/실비오 비에타, 2002, 26쪽) 하지만 이렇게 해석학Hermeneutik은 2001년 8월 31일 결국 전도사들의 메테르메네웨인μεθερμηνεύειν(마가복음, 15장 34절)*에서 신들에게로 뛰어듭니다. *{메테르메네웨인은 '나는 번역한다'라는 뜻의 동사 메테르메네웨μεθερμηνεύω의 현재형 능동태 부정사형이다. '~ 사이에, ~을 넘어서'라는 뜻의 메타μετά와 '나는 (특히 다른 언어를) 풀이한다, 설명한다, 해석한다'라는 뜻의 헤르메네워ἑρμηνεύω가 합쳐진 말이다. 마가복음의 해당 인용구는 다음과 같다. "아홉째 시에 예수께서 '엘로이 엘로이 라마 사박타니'라고 크게 소리를 지르시되, 이를 번역하면 '나의 하나님, 나의 하나님, 어찌하여 나를 버리시나이까'라는 뜻이라."}
2 오디세이아, 5권 81~83행.
3 오디세이아, 5권 55~62행.

요勞動謠와 지펴진 불의 연기가, 되풀이됩니다. 그런데 영웅이 고대하고 있는 이타카섬의 연기가 아니라 페니키아의 낯선 나무들로 지펴진 낯선 자의 커다란 동굴에서 나는 연기일 뿐입니다. 놀라운 것은 〈습한 섬〉 오귀기아도 아이아이아나 이타카처럼 수목이 우거졌다는 사실입니다.[1] 왜냐하면 나무 숲에서는 집들이 보호되지만 꽃밭에서는 절대로 그럴 수 없기 때문입니다. 키르케의 석조 바닥이 깔린 홀보다 더 오래된, 그저 동굴일 뿐인 집에 계략이 뛰어난 한 님프가 거주하고 있는데 그녀의 이름은 오로지 이렇게 품고 숨김Bergen 그 자체를 숨기고 있습니다. 그녀는 페니키아어로 말레트Maleth라고 불리는데, 즉 〈말타Malta〉입니다.[2] 그리스인들은 칼립소와 함께 번역합니다. 동일한 어근에서 독일어로 동굴Höhle 혹은 지옥Hölle, 감춤Hehlen 그리고 보물 및 보호Hort라는 단어가 나옵니다. 아프로디테의 섬 이름인 키테라Kythera 역시 동일한 것을 말합니다. 그녀는 우리를 품고 숨기지요. 난파 이후로 맨몸인 오디세우스는 그 어디에서도 {말타에서보다} 더 보호된 채로, 즉 더 숨겨진 채로 부재하고 있을 수가 없습니다. 오디세우스는 심지어 신들로부터 칠 년간 실종된 채로 있었지요.

1.1.2.3.2.2 칼립소의 탁자와 침대

칼립소는 이미 자기 이름 속에 숨어 있기에 헤르메스 앞에서 자기가 영웅을 먹여 살리며 사랑을 주고 있다고 생색을 낼 수가 있습니다.[3] 그녀는 영웅에게 탁자와 침대를 허락합니다. 오디세우스는 {나중에} 침대에서 페넬로페이아에게 칼립소에 관하여 이야기할 때, 침대만 빼고서 말합니다.[4]

동굴 주위를 감싸며 자라는 숲에 오리나무, 소나무, 백양나무 그리고 사이프러스 나무들이 있습니다. 부엉이, 매 그리고 물까마귀들과 같은 새들은 그 가지 위에 둥지를 짓고 날개를 펼칠 수가 있습니다. 나무, 포도 덩굴, 님프

---

1 오디세이아, 1권 51행.
2 브래드포드, 1967, 210~217쪽(말타섬*의 동굴과 신전 동굴에 관해서도 참고할 수 있습니다). *{이 섬의 이름은 영어 발음으로 읽은 '몰타'로 더 잘 알려져 있으나 여기에서는 원래 발음에 더 가깝고 알파벳 표기와도 상응하는 말타로 옮겼다.}
3 오디세이아, 5권 135행.
4 오디세이아, 23권 335행.

의 꽃밭은 당연히 밝은 네 원천으로부터 영양을 공급받지만 새는 소금 바다에서 먹이를 얻습니다. 소금 바다의 많은 《작업들》 또는 바로 물고기들을 먹지요. 이러한 맹금류의 하나인 갈매기로서, 헤르메스도 바다 위를 건너 날아옵니다.[1] 이 {민물과 소금물이라는} 두 물로부터의 먹이 사슬을 진정으로 마무리하기 위해서 영웅이 있습니다. 그는 움푹하게 잘 파인 칼립소의 동굴에서 포도주만 마시고 고기만 먹습니다.[2] 하지만 님프는 {자신이 마시고 먹을} 넥타르와 암브로시아를 차리라고 하녀들에게 시키지요.[3]

여신들과 남신들은 인간들처럼 죽은 짐승의 핏빛 붉은 고기를 《즐기는》[4] 것이 아니라, 순수한 꿀을 먹고 꿀을 발효한 벌꿀 술을 마시기에 (암브로시아라는 말이 이미 말하는 것처럼[5]) 불멸하기 때문입니다. 그렇기 때문에 신들의 몸에는 피가 아닌 밝은 림프액이 흐릅니다.[6] 이것이 신들의 피시스φύσις이기 때문에, 즉 그들의 생장Wuchs이자 본질Wesen이기 때문에 신들은 불멸인 것입니다. 신들은 믿음의 행위를 통해서 비로소 불멸이 되는 것이 아닙니다.

> "아프로디테가 존재한다는 것을 누가 부인하려고 할까? 그녀는 명백히 다른 모든 민족들에게서도, 심지어는 동물들에게서도 그리스인들에게서처럼 작용한다. 사랑의 여신 아프로디테를 '믿는' 것이 아니라는 것을 강조하는 것은 전혀 무의미하다. 그녀를 소홀히 할 수도 또 그녀에게 신경을 쓰지 않을 수도 있다. 사냥꾼 히폴리토스도 그녀를 무시했

---

1   오디세이아, 5권 51~73행과 239행.
2   포도주와 물은 칼립소가 작별할 때 주었던 선물에 속합니다(오디세이아, 5권 265행). 그 대립물인 암브로시아에서, 우리는 살덩이를 추측합니다.
3   *{1.1.2.1.5.}
4   오디세이아, 5권 194~201행과 덧붙여 일리아스, 5권 341행. 칼립소는 헤르메스에게도 붉은 넥타르와 암브로시아를 대접합니다(오디세이아, 5권 93행). 이로써 신들의 넥타르가 우리들의 포도주에, 암브로시아는 우리들의 살덩이에 상응한다는 사실이 도출됩니다. 불멸성, 가장 정신적으로 보이는 이것이, 순전히 음식과 음료에 바탕을 두고 있었다는 사실을 후기의 시인들은 종종 혼란스러워하는 반면 후기의 사유가들은 아예 상상조차 할 수 없게 됩니다(아리스토텔레스, 형이상학, 4권 4장 1000a5~18절).
5   *{신들의 음식을 일컫는 암브로시아ἀμβροσία는 불멸을 뜻하는 형용사 암브로토스ἄμβροτος에서 파생된 말로 필멸자, 즉 인간을 뜻하는 명사인 브로토스βροτός에 부정 접두사 아ἀ-가 붙어 만들어진 말이다. 이와 거의 비슷하게 신들의 음료와 술을 일컫는 말인 넥타르νέκταρ도 소멸을 막는다는 의미에서 불멸이라는 뜻을 가지고 있다.}
6   일리아스, 5권 339~342행. 빌헬름 하인리히 로셔, 1883. 귄테르트, 1921, 98~101쪽. 갈라소, 1992, 314쪽~.

었지만 바로 그 때문에 아프로디테가 나타나 작용한 것처럼 말이다."[1]

키테라와 같은 이름을 가졌다는 이유만으로도 이미 칼립소는 아프로디테의 여러 꼴Gestalt 가운데 하나입니다. 그녀가 손님을 대접할 때 넥타와 암브로시아를 내놓는 것은 이미 자신처럼 불로불사의 존재로 만들어 주겠다고 제안을 하는 것이기 때문입니다.[2] 그리고 이로써 그녀는 사랑을 말합니다. 오디세우스는 신들이 먹고 마시는 두 가지 종류의 꿀을 거부하며 인간의 고기와 포도주에 만족할 수는 있지만, 강박Zwang[3]과 마력Bann에 사로잡힌 채로 남아 있습니다. 그는 손님으로서 칼립소의 탁자만을 같이 쓰며, 연인으로서는 그녀의 침대도 같이 쓰기 때문입니다.

칼립소의 동굴은 또 다른 동굴을[4] 안쪽 깊숙한 곳에 숨기고 있는데, 그곳에 사랑의 침대가 있습니다. 헤르메스가 제우스의 이름으로 그녀를 불러 마법을 멈추고 오디세우스가 떠나게 놓아주라고 명하던 그 다음날에도, 영웅은 그녀와 함께 그 침대 위로 오릅니다. 그렇지만 그전에, 저녁이 벌써 가라앉기 시작하자, 영웅은 자신의 아내 이름을 처음으로 입 밖에 꺼냅니다. 그의

---

1 브루노 스넬, 1948⁽²⁾, 40쪽.
2 오디세이아, 5권 135행~.《꿀과 포도주의 대립》에 대해서는 플루타르코스(향연 문제, 4권 6장 672b절)도 보십시오.
3 오디세이아, 5권 13~14행.
4 가장 안쪽의 공간, 안채 또는 구석을 뜻하는 뮈코스μυχός는 {'기대다'는 뜻의} 아름다운 독일어 단어 슈미겐schmiegen과 같은 어근에서 유래했습니다. 위 플루타르코스(플라타이아이의 다이달라에 대해서, 157번 파편, 3절, 롭 고전 문고, 플루타르코스의 모랄리아 제15권, 288쪽)의 다음과 함께 비교해 보십시오.《그들이 기록하기를, 헤라가 아직 에우보이아에서 자라고 있는 소녀(파르테노스παρθένος)였을 때, 제우스가 그녀를 납치하여 이쪽으로 데리고 와서 여기에 숨겼는데(크륍테스타이κρύπτεσθαι), 키타이론 산에는 그늘진 구석(뮈콘 에피키온μυχὸν ἐπίκιόν)이 있어서 자연적으로 만들어진 신혼방(탈라몬 아우토퓌에θάλαμον αὐτοφυῆ)이 되었다. 마크리스(그녀는 헤라의 보모였다)가 헤라를 돌보러왔다. 하지만 마크리스가 {헤라가 어디에 있는지} 장소를 찾고 있었을 때, 키타이론은 거기가 바로 제우스가 레토와 잠자며 뒹굴었던 곳이라는 이야기를 하며 마크리스가 {헤라와 제우스에게} 방해가 되거나 다가가는 것을 막으려고 했다. {…} 이것이 예비 희생제가 구석(뮈키아μυχία)에 있는 레토에게 바쳐진 이유이다. 비록 몇몇 사람들은 {구석이 아니라} 밤(뉘키오스νυχίος) 때문이라고 하지만 말이다. 하지만 이 둘 중 어느 이름도 은밀하게 보존된 비밀을 나타내고 있지는 않다. 그런데 헤라 자신이 "밤의 레토"라는 이름을 얻었다고 말하는 사람들이 있다. 그녀가 제우스와 비밀스럽게 누운 채 들키지 않았기 때문이다. 하지만 그들의 결혼(가모스γάμος)이 공공연해지고(파네론φανερών) 그들의 관계(호밀리아ὁμιλία)가 밝혀졌을 때 — 여기 키타이론과 플라타이아이에서 처음으로 일어난 일이다 — 그녀는 '이룸\끝맺음(텔레이아τελεία)의 헤라', '혼인(가멜리온Γαμήλιον)의 헤라'라는 이름을 얻게 되었다.》따라서 {'결혼'으로 번역되는} 가모스는 다시 한번 부모 등 뒤에 {몰래} 있었던 첫날밤이 드러나게 된 것이라는 뜻을 가지게 됩니다.

눈에 투명한 눈물을 내리게 하는 것은 이타카의 연기 같은 것이 아니라 사랑, 즉 아프로디테입니다. 그리스인들은 아무도, 로마인들처럼 한편에는 아모르amor로, 다른 한편에는 섹수스sexus로 {사랑을} 구분하지 않습니다. 그래서 영웅과 같은 남자들은, 괴로워하는 날마다, 멀리에 있는 자신의 아내를 그리워합니다. 그래서 그는 마지막으로 님프의 침대 위로 오르고, 사랑을 통해 서로에게서 많은 《즐거움》[1]을 발견합니다. 세이렌의 노래나 소고기에서처럼 말이지요.

1.1.2.3.2.3   작업의 짜맞춤

> 선박만큼이나 많이 조화Harmonie를 필요로 하는 작업은 없다.
> 우덴 가르 후토스 하르모니아스 데이타이 톤 에르고, 호스 나우스.
> 플루타르코스, 110번 파편

아침놀은 여신으로서 떠오르며 둘을 깨웁니다. 칼립소는 베틀 앞에서 노래하며 만들었던 황금빛 옷으로 자신의 벌거벗음을 덮습니다. 그리고 그리스어로 그녀의 이름과 거의 비슷하게 불리는 모자로, 사랑의 밤을 경험한 신부들이 쓰는 그 모자로 그녀의 아름다운 딸은 머리 위를 덮습니다. 또 다른 키르케인 칼립소는 자신이 칠년 전에 구조했을 때 벌거벗은 상태였던 영웅에게도 딱 맞는 아름다운 옷을 입혀주고,[2] 뗏목을 만들 나무가 있는 숲으로 그를 이끕니다. 오귀기아섬에는 배가 없기 때문입니다. 그 이유는 아마도 영웅들에게는 그리스의 배만 배라고 불리지, 페니키아 약탈자들의 배는 {그리스인들에게} 배가 아니기 때문일 것입니다. 따라서 칼립소는 제우스의 명을 따르기 위해 오디세우스에게 명을 내려야합니다. 명령의 사슬은 먹이 사슬의 정반대입니다. 그것은 높은 신에서 그의 전령 헤르메스를 거쳐 수신자인 그녀에게로 내려옵니다. 젊은 여자의 부드러운 부탁으로 명령의 사슬이 시작한 것이 아니었다면, 제우스는 오리엔트의 전제 군주와 거의 비슷했을 것입니다. 하지만 {젊은 여신} 아테나가 오디세우스를 풀어달라고 부탁했지요. 님프 여신은 이 소원을 오디세우스에게 내리는 실행과 명령으로 옮깁니다.

---

1   오디세이아, 5권 216~227행.
2   오디세이아, 5권 228~232행. 시행은 거의 말 그대로 키르케의 능력\선물Gabe에 대해서 반복하고 있습니다(오디세이아, 10권 542~545행).

《자, 어서 큰 가지를 쓰러트리고 청동으로 짜맞추어
넓은 뗏목을 만드세요!》[1]

"알 아게 두라타 마크라 타몬 하르모제오 칼코이
에우레이안 스케디엔."

뗏목을 만든다는 것은, 옛적에 트로이아를 무너트리는 계략이 되었던 목마를 항해로 전이하는 것입니다. 세이렌의 넓은 트로이아가 칼립소의 넓은 뗏목이 됩니다. 다른 영웅들로부터 오디세우스를 구별하며 수식하는 앎Wissen은 육지와 바다에 걸쳐 있습니다. 그리고 서사시의 방언에서 메카네μηχανή라고 불리는 것은, 그래서 우리에게 역학力學Mechanik을 의미하는 그것은, 기만이자 동시에 건조물입니다. 왜냐하면 뗏목은 오로지 하나의 목적을 위해 만들어지기 때문입니다. 벗어나기 위해서이지요. 그러나 이 뗏목은 아직 기계는 아닙니다. 다른 방언에서 기계가 메카네μηχανή라는 이름으로 불리기는 합니다만[2] 기계는 여러 목적으로 쓰일 수가 있는 것이지요. 반대로 영웅을 위해 만든 뗏목에는 여러 재료들만 있습니다. 돛은 칼립소가 사랑하는 이를 위해 짠 것이고,[3] 다른 부분들은 — 선판에서 돛대에 이르기까지 — 대부분 나무에서 얻은 것들이지요. 유일하게 송곳과 이음매만 희귀하고 비싼 광석으로 만든, 님프의 선물입니다. 철기 시대가 이제 막 시작했지요.

오디세우스 이래로 테크네τέχνη, 즉 기술Technik이라고 불리는 예술이란 바로 이 여러 재료들을 모두 서로 이어 맞추는 것입니다.[4] 그렇기 때문에 목재를 이르는 옛 이름이[5] 아리스토텔레스에게는 질료가 되었던 것입니다.[6] 이 때문에 오디세우스에게는 구리 이음매의 복수 형태로 알려진 하르모니아 οἱἁρμονίαι라는 이름이, 마차와 쌍두마차의 옛 이름인 하르마ἅρμα에서 생겨

---

1 오디세이아, 5권 162행~.
2 목마의 메카네μηχανή에 대해서는 하네스 뵈링어(1989, 7~17쪽)를 보십시오.
3 돛Segel이 《돛대Mastbaum》에 달려 있다는 사실도(오디세이아, 5권 254행) 마찬가지로 여자들의 앎을 전제로 합니다. "항해라는 중요한 남성적 영역은 주요 용어들을 길쌈 분야에서 넘겨받는다. 날실 감개를 뜻하는 히스토스ἱστός에서 돛대를 뜻하는 히스티아ἱστία라는 이름이 나왔다. 짜였기 때문이 아니라(물론 그럴 수도 있겠지만), 날실 감개에서 생겨나는 천처럼 돛대에 달려 있기 때문이다."(비케르트-미크나트, 1982, 46쪽)
4 오디세이아, 5권 233~261행.
5 *['나무, 목재, 재료'를 뜻하는 휠레ὕλη를 일컫는다.]
6 하이데거, 1967, 344행.

음악

나게 되는 것입니다.[1] 하르모니아이는 이후 {하르모니아ἁρμονία라고} 단수 형태로 전달되어, 피타고라스가 옥타브 또는 화성和聲Harmonie으로서[2] 음악과 마테시스[3]를 결정적으로 짜맞추게 됩니다.

따라서 조화Harmonie[4]는 이 모든 이름들, 이 모든 사물들의 상호 결합체입니다. 무엇보다도 남자와 여자의 조화의 결합체입니다. 칼립소가 천이나 구리를 선사하지 않았다면 뗏목도 작업도 없을 것입니다. 여신들이 불멸자들에게 금속을 허락합니다. 아테나는 철을,[5] 님프는 구리를 주었지요. "원시 무역은 금속 무역"이지만[6] 아직 필멸자일 뿐인 이들에게는 그렇지 않습니다. 신들의 작업이 작용한다는 것은 언제나 신들의 언어가 작용한다는 것이기도 한데, 이러한 작용 속에서 그리스인들은 우리가 아는 모든 것을 우리에게 선사합니다.

---

1 『일리아스』의 각개전투에서 마부, 전사 그리고 두 마리의 말이 이끄는, 최초로 우리에게 전승된 유목기계를 형성하는(질 들뢰즈/펠릭스 가타리, 1980, 434~441쪽) 쌍두마차(라는 뜻의 하르마)보다 더 오래된 (같은 계통의) 단어가 있었습니다. 그것은 바퀴 제작자나 《수레를 만드는 목수Wagner》를 뜻하는 크레타-미노스의 음절 단어 아모테웨(노이만, 고대 그리스사 연구 검토 추진 협회 편집, 1998, 29쪽. 알프레트 호이벡, 1985, 350쪽~), 즉 하르모테크니테스ἁρμοτεχνίτης입니다. 『일리아스』는 이것을 조선공 하르모니데스의 고유명으로 전승합니다(일리아스, 8권 383행). 따라서 하모니Harmonie라는 우리의 단어는 이천오백년의 역사를 듣습니다.
2 『오디세이아』의 어느 유일한 부분에서 하르모니아ἁρμονία는 이미 음악으로 소리 납니다. 파이아케스 궁에서 춤을 추는 두 사람이 베타르모나이βητάρμοναι라고 불립니다(오디세이아, 8권 383행). 전체적인 의미 변화에 대해서는 로만(1970, 52쪽과 104쪽)을 보십시오.
3 *{마테시스μάθησις는 '배움'을 뜻하며(1.1), 키틀러는 이 마테시스가 이후 피타고라스와 함께 음악과 조화로 연결되어 '일반적인 학문'에 도달한다고 설명한다(2.1.1.3).}
4 *{하르모니아ἁρμονία는 '나는 짜맞춘다'는 뜻의 하르모조ἁρμόζω에서 나온 단어로 '짜맞춤, 결합, 이음매'를 뜻하며, 특히 음악에서는 '화성'을 뜻한다. 하르모니아에서 유래한 영어 하모니harmony나 독일어 하르모니Harmonie, 프랑스어 아르모니harmonie는 오늘날 화성을 뜻할 뿐 아니라 본뜻에 대한 은유적 표현으로 '조화, 화합'을 뜻한다. 조화로 옮길 경우 음악적인 뜻이 사라지기는 하지만 일반적인 의미가 문장을 더 이해하기 쉽게 할 때도 있어서 일관성이 줄어드는 단점을 무릅쓰고 때에 따라 '화성'이나 '조화' 또는 '하모니'나 '하르모니아'로 옮겼다.}
5 어느 항해자의 모습을 한 아테네가 텔레마코스에게 설명하기를, 야만인들이 사는 테메사*로 항해 중인데 반짝거리는 철을 남이탈리아의 청동과 교환하러 간다고 합니다(오디세이아, 1권 180~85행). 바로 그 테메사에서 오디세우스가 신들에게 신전을 지었을 것입니다. 선사 시대의 광산도 이미 증명되었습니다(이라드 말킨, 1998, 73쪽). 그리고 테메사가 〈금속을 녹임, 제련소〉라는 뜻의 셈어계의 차용어라면(게몰, 1988(10), 테메세Τεμέση 항목), 『오디세이아』의 시대적 범위는 더 좁아질 것입니다. *{테마사 또는 테메세는 이탈리아반도의 티레니아 해안가에 있었던 도시이며, 이 책 앞 기원전 800년경의 지도에 그 위치가 표시되어 있다. 그리스인들이 이주, 정착한 이후 마그나 그라이키아(대그리스)를 이루는 한 도시가 된다.}
6 슈펭글러, 1929~30(65), 2권 621행.

뗏목은 그 이름이 말하듯, 물의 흐름에 의해 떠밀려갑니다. 돛 없이는 항해를 할 수 없습니다. 그렇기 때문에 칼립소는 우선 튼튼하게 오래 가는 직물이 어떻게 만들어지는지를 알아야합니다. 그녀는 날실 감개에 걸려 있는 실을 전부 태고의 엄격한 규칙대로 정렬합니다. 홀수의 실들(첫째, 둘째, 셋째 등등)은 앞쪽에서 하나의 무리를 형성하고, 짝수의 실들(둘째, 넷째 등등)은 뒤쪽에서 다른 무리를 형성합니다. 짝수와 홀수 사이에서 북이 씨실을 뿜으며 가로지릅니다. 그런 다음 두 무리가 서로의 자리를 바꿉니다. 앞에서 뒤로, 뒤에서 앞으로 — 이 모든 움직임은 돛이 완성될 때까지 수천 번 반복됩니다. 이렇게 음악을 따라 움직이며 만들어진 여자들의 앎 위에, 후일 그리스 남자들이 일반 산술의 기초를 세울 것입니다.[1]

그런데 재료만 있다고 되는 것은 아닙니다. 부드러운 거짓말들을 아는 칼립소가 마침내 진실된 말들을 뗏목에 이어 맞추어 귀향을 허락해야만 합니다. 칼립소는 키르케처럼 어떤 항로를 택해야 오디세우스가 별을 따라 이타카로 항해하여 자신의 부인에게 닿을 수 있는지를 조언합니다. 모든 신들의 은혜나 한밤의 연인보다도 부재하는 한 인간을 더 사랑한다고, 감히 님프 여신의 면전에서 말하기를 감행하는 자는[2] 그에 대한 답례로 진실한 조언을 얻습니다.

하지만 그 조언이 아무것도 막지는 않습니다. 포세이돈이 마지막으로 영웅에게서 귀향을 앗아가기 때문입니다. 인간의 말소리로 말하는 마지막 님프 여신인 레우코테아 덕분에[3] 오디세우스는 바다 폭풍과 그 폭풍이 몰아치며 내는 크고 낮게 울리는 소리에서 살아남습니다. 하지만 조언이 무익했던 적은 한 번도 없었기에 오디세우스는 마침내 필멸자들에게로 되돌아옵니다. 키르케의 꺾이지 않는 마법이 그를 여신들의 경이로운 나라로 빠져들게 했듯이, 칼립소는 모든 인간 신부들 중 가장 아름다운 신부를 그에게 되돌려 줍니다.

---

1   상세한 내용은 엘렌 하를리치우스-클릭(2004)을 보십시오. 그렇지만 베 짜기와 플라톤에 대한 열정은 짝수와 홀수라는 피타고라스적 근본 대립 관계의 생성에서 음악 부분을 은폐합니다. ⇒ 2.2.2.2.2.1.
2   오디세이아, 5권 214~224행.
3   오디세이아, 5권 334행.

1.1.2.4 님프들 사이의 나우시카아

> 시인 호메로스의 다음과 같은 말은 분명 베아트리스에게도 해당될 것이다. "그녀는 인간의 딸이 아니라, 신의 딸처럼 보인다네."
> 단테 알리기에리, 새로운 인생, 2장.

1.1.2.4.1 오디세우스는 신부들이 노는 소리를 듣고…

> 그들은 웃음을 터뜨리며, 서로를 훑어보고는, 젊어져서, 속삭일 것이다. 학교에서, 체육관에서, 옷가지들로 인한 이런 소란은 늘 있었다. 분홍 파랑 하얀색의 얇은 것들 때문에 말이다. 소녀들은 빨래를 상대방의 머리에 던지며 웃었고, 춤 시합을 벌이며, 서로의 옷을 숨겼었다. ― 그리고 만약 그 당시에 하늘이 소녀들에게 쓰임새가 될 수 있었더라면, 틀림없이 하늘은 샘물가로, 숲속으로, 동굴 안으로 그녀들을 옮겨놓았으리라.
> 잉에보르크 바흐만, 고모라를 향한 한걸음

오디세우스는 한 남자가 피부로 견딜 수 있는 것 가운데 최악의 것[1]인 소금 바다를 가로지르며 스무날을 표류합니다. 민물이 흐르는 강어귀가 그를 구조하며 받아들입니다. 그는 맹수를 피해서 덤불 속에 몸을 숨기며, 어딘지 모른 채로 몽롱한 잠에 빠져듭니다.

옛 학자들은 이미 〈넓은 육지〉 스케리아가 코르푸섬이라고 생각했었지만 말타섬에서 코르푸섬까지 항해하는 데에는 난파된 자들조차 스무하루나 필요로 하지는 않습니다.[2] 게다가 영웅이 항해한 육지는 리키아 근처에 있으며, 따라서 트로이아에서도 가까운 곳입니다.[3] 셋째로 스케리아에서 이타카로 향하는 귀향길에 오디세우스는 에우보이아를 지나게 됩니다.[4] 이 모든 사실이 이론의 여지없이 말하는 것은, 플라톤이 묘사했던 강력한 아틀란티스처럼 풍요로운 스케리아는 아직 파괴되지 않은 트로이아의 다른 두

---

1 오디세이아, 8권 138행~.
2 투키디데스(펠로폰네소스 전쟁사, 1권 25장)와는 완전히 반대로, 샤데발트(1944, 105쪽)가 이렇게 말합니다.
3 오디세이아, 5권 283행.* 일리아스, 6권 184행. 헤로도토스(역사, 1권, 78장과 84장)도 참고하십시오. *(리키아는 아나톨리아 반도 서남쪽 지방이다. 지나가던 포세이돈이 이곳에서 오디세우스를 발견하여 크게 노해 폭풍을 일으킨다.)
4 오디세이아, 7권 321행.

이름일 뿐이라는 것입니다.[1] 오랜 방랑을 하고 있는 오디세우스는 자신에게는 은폐되어만 하는 뫼비우스의 띠를 따라 활주합니다. 그는 알아차리지 못한 채, 이후 자신의 계략에 의해 전멸된 저 도시의 장관, 음악 그리고 기쁨을 찬양합니다. 그는 그녀를 원하지 않은 채, 자신을 열망하는 한 신부를 찬양합니다. 그렇게 하지 않았더라면 고향으로 돌아갈 수 없었겠지요.

그를 발견하여 구조한 님프도 참된 이유는 숨깁니다. 사랑은 어찌할 바를 모르지요. 그 님프는 〈선박으로 유명한〉 왕의 딸 나우시카아로, 오디세우스를 안내해서, 예전에 다른 왕의 딸이 건넸던 유해한 조언 때문에 그에게서 멀어져갔던 안녕을 다시 불러옵니다. 나우시카아의 종족인 파이아케스인들이 괜히 거인족의 후손인 것이 아닙니다.[2] 파이아케스인들이 트로이아라는 근동에 도달하기 전에, 일찍이 키클롭스나 기가스들처럼 동일하게 먼 극서에서, 그러나 신들과는 가까운 그곳에서 괜히 살았었던 것이 아닙니다.[3] 인간 세상의 모든 귀향은 멀어짐을 그 멀어짐으로부터 다시 뒤집습니다. {라이스트리곤족이나 키클롭스처럼} 거친 왕의 딸들은 모두 {파이아케스인들처럼} 신들을 두려워하는 왕의 딸들과 거울상을 이룹니다.

처음에 나우시카아는 영웅처럼 잠을 자고 있습니다. 소금 바다가 영웅의 피부를 해치는 동안 불멸자처럼 아름다운 나우시카아는 두 카리스들 또는 두 하녀들 사이에서 졸고 있다는 것이 다를 뿐입니다.[4] 따라서 나우시카아는 세이렌과 함께 있는 아프로디테의 꼴을 내보이고 있습니다.

오디세우스를 수호하는 아테나가 이를 이용합니다. 아테나는 이 님프에게 어느 여자 친구로 나타나, 오디세우스가 잠들어 있는 민물 근처로 그녀를 유혹합니다. 꿈속에 나타난 여신은 모든 신부들이 꿈꾸는 것을 나우시카아에게 말합니다. 남자와의 첫날밤이 다가오고 있으며, 다행히 더 이상 처녀로 머물지 않아도 된다고 알려주지요. 아테나가 처음으로 말한 이 단어는

---

1 에버하르트 창거, 1992, 262~265행.
2 오디세이아, 7권 59행.
3 오디세이아, 7권 206행.
4 오디세이아, 6권 8행. 카리타스의 쌍수 형태는 핀다로스(올림피아 송가 제2곡, 50행)와 파우사니아스(그리스 이야기, 3권 18장 6절)가 증명합니다.

가모스γάμος입니다. 우리는 대부분 결혼, 즉 혼인 관계로 번역을 하면서 무엇이 뒤엉켜 있는지를 알아차리지 못합니다. 아리스토텔레스는, 말하자면 남자와 여자 사이에 성립되는 일생 동안의 가족 공동체 — 그러니까 성직자가 허락한 부부의 '법률'이라고 우리가 부르는 바로 그것 — 에 대한 《이름이》 그리스어에는 《없다》고 밝히는데 우리는 그를 믿어야 합니다.[1] 나우시카아가 부모가 알기 전에 그와 벌써 잘 수도 있었다고, 하지만 수줍음 때문에 그리하지 않았다고 오디세우스에게 말하는데[2] 우리는 그녀를 믿어야 합니다. 나우시카아는 부모의 등 뒤에서 누이 헤라와 즐기는 것을 가장 큰 욕망으로 가지는 최고신을 반대로 하는 것일 뿐입니다.[3]

결혼식 준비를 하는 부모 그리고 사랑을 나누는 연인, 그들 사이에 항상 모든 것이 일치하지는 않습니다. 그래서 그 말할 수 없는 것을 부드럽게 암시하는 종족의 상징인 결혼식 옷이 있습니다. 아테나는 나우시카아의 꿈에 나타나 결혼을 위해 아름답게 꾸미라고 조언합니다. 꿈에서 깨어난 나우시카아는 《아빠》 알키노오스에게 조금은 다르게 이야기합니다. 세 명의 오빠들은 아직 결혼하지 않았기에 항상 춤추러 다녔고, 그래서 그들에게 깨끗하게 빤 옷이 필요했다고 거짓말을 합니다. 알키노오스는 이런 에두른 말 없이도 곧바로 그 꿈을 짐작합니다.[4] 이렇게 옛 어간만이 겨우 알려주는 수줍음의 원圓 속에서 단어와 소원이 춤을 춥니다.

나우시카아는 춤을 코로스χορός라고 말합니다. 이것은 건축물 또는 남자들의 연맹으로서의 교회 성가대석은 물론이거니와 합창대조차도 아닙니다. 코로스는 춤추는 무대, 노래하며 하는 행진, 끝으로 그리스 비극과 희극의 기원이 된 젊은이들의 모든 합창을 뜻합니다. 아직 신부들을 구하고 있는 나우시카아의 세 오빠들은 춤추는 곳으로 갑니다. 그들은 그곳으로 이끌려 갑니다. 에르케스타이ἔρχεσθαι라고 하지요. 여기서 춤을 뜻하는 다른 그리스 단어 오르케오마이ὀρχέομαι가 생깁니다. '나는 춤춘다, 팔짝 뛴다, 뛰어

---

[1] 아리스토텔레스, 정치학, 1권 3장 1253b9~10절.
[2] 오디세이아, 6권 286~288행.
[3] 일리아스, 14권 294~296행.
[4] 오디세이아, 6권 1~61행.

1.1.2.4.1 오디세우스는 신부들이 노는 소리를 듣고⋯

오른다'는 뜻입니다. 산스크리트어 륵하야띠는 이 동일한 것을 더 숨김없이 말하고 있습니다. 사랑의 여신이 나의 남자를 일으킨다고 말이지요. 이렇게 불알을 뜻하는 오르키스ὄρχις와 춤추는 이들을 일컫는 오르케스테스 ὀρχηστής가 마침내 하나로 모입니다.[1] 사전에 실리지 않을 뿐입니다.

하지만 오디세우스가 발가벗은 채 나뭇가지 하나로 스스로를 가리고 있는 것을 나우시카아가 보고 있다는 사실은, 게다가 오디세우스가 자신의 첫 남자였으면 좋겠다고 그녀가 하녀들에게 고백한 사실은 달리 가려진 채로 남아 있습니다. 그녀는 아버지와 오디세우스 앞에서만 수줍음 때문에 두 번 침묵했을 뿐입니다.[2] 이렇게 말해지지 않은 아프로디테라는 이름으로, 한 처녀 여신이 아직 《길들여지지 않은》 님프에게 불어넣은[3] 소원의 행로가 끝을 맺습니다. 그리스의 신부들은 프로이트가 필요 없었습니다. 아침 일찍, 왕의 딸 나우시카아는 하녀들과 함께 강어귀로 갑니다. 노새가 빨랫감, 먹을거리, 포도주 그리고 향유를 싣고 갑니다. 후일 아테네에서 운동 경기는

---

1 이 증거에 대해 우리는 바데르(1989, 176쪽)에게 감사를 표합니다. 그녀는 테라의 김나시온에 있는 고졸기의 외설적 그래피티도 증명해 보입니다. — 젊은 여자들이나 젊은 남자들의 신, 디오니소스는 〈고환이 불룩하다〉는 뜻의 애칭 에노르케스ἐνόρχης를 가지고 있습니다(요아니스 쳇지스, 리코프론의 알렉산드라 주석집, 212. 오토(1996(6), 149쪽)에서 재인용). 테오크리토스(목가, 3장 4행)와 아울루스 겔리우스(아테네의 밤, 4권 9장 9절)와도 비교해 보십시오.

2 오디세이아, 6권 244~246행과 8권 461~468행. 플루타르코스(어떻게 젊은이들이 시를 배워야하는가, 8장 27ab절)도 함께 보십시오. 이처럼 고상하고 고풍스러운 독일어가 다음처럼 들립니다. 《복스럽게 혼기가 찬 공주(트뤼포사 카이 카몬 호란 에쿠사τρυφῶσα καὶ γάμων ὥραν ἔχουσα)로서 나우시카아가 완전히 낯선 남자인 율리시즈를, 칼립소가 그랬던 것만큼이나 격렬하게 사랑하게 되었을 때, 나우시카아는 하녀들에게 바보 같은 말을 터트린다. 〈아, 우리나라 사람들의 높은 사람들 중에도 저렇게 잘 배운 남자가 있어서 내 남편으로 삼을 수 있다면 얼마나 좋을까. 그가 여기에 머문다면 얼마나 좋을까!〉 뻔뻔하고 염치없는 이 나우시카아의 태도는 비난받아 마땅하다. 그러나 한편으로 그녀는 칭찬을 많이 받았다. 그 남자가 이야기하는 동안 그에 대해 계속해서 많이 알아가며, 그의 이성적인 대화를 칭찬하고, 같은 나라의 선원이나 무용수보다 이 남자와 결혼하기를 더 원했기 때문이다.》(플루타르코스, 1796, 1권 76쪽) 덧붙여 이것은, 그리스의 독자들에게는 의심할 바 없이 확실하게, 나우시카아도 오디세우스가 세이렌에 관해 이야기하는 것을 들었으며, 그녀는 (더 문자 그대로 번역을 하자면) 바로 그 때문에 사랑이 불타올랐다는 사실을 증명합니다. 오디세우스가 칼립소의 자신의 신에 대한 사랑을 노래했기 때문입니다.

3 오디세이아, 6권 109행. 길들이기에 대해서는 칼람(1977, 1권 374쪽~과 412쪽~)을 보십시오. — 오늘날에는 아드메스ἀδμής*에서 유래한 다이아몬드**만 제압될 수 없다고 여겨집니다. *{아드메스는 '나는 길들인다, 제압한다'는 뜻의 동사 담나오δαμνάω에서 파생된 형용사로, 부정 접두사 아-ἀ-가 붙여서 '길들지 않은'이라는 뜻을 가진다. 『오디세이아』에서 소와 소녀 모두에게 사용되었으며, 길들지 않은 소녀란 남자와 첫날밤을 아직 보낸 적이 없는 소녀를 말한다.} **{고대 그리스어로 아다마스ἀδάμας는 다이아몬드를 뜻하며, 영어 다이아몬드diamond도 이 그리스 단어에서 유래했다.}

물론이고 나체와 포도주가 신부들에게 금지되었던 그 시기는 아직 아닙니다.[1] 태양신이 옷을 말리는 동안, 소녀들은 강에서 목욕을 합니다.[2] 목욕 후에는 님프들끼리 공놀이 시합을, 즉 아곤Agon[3]을 시작합니다. 님프들은 음악 자체이기 때문에 나우시카아는 하녀들의 노래와 춤을 지휘하는데 오디세우스는 이로부터 아르테미스와 델로스섬을 알아낼 수 있을 정도입니다.[4]

> 흰 팔의 나우시카아가 그들을 이끌며 춤과 노래를 시작했다.
> 마치 아르테미스가 활을 쏘고, 길게 뻗은
> 타위게토스나 에뤼만토스 같은 산을 질주하며,
> 수퇘지와 날쌘 암사슴을 즐겨 좇을 때,
> 그리고 그녀와 함께 신의 딸 님프들이
> 황야에서 놀 때 레토가 기뻐하는데,
> 모두들 아름답지만, 특히 그들 중 그녀의
> 이마와 얼굴을 쉽게 알아볼 수 있기 때문이듯,
> 그렇게 그녀는 길들여지지 않은 처녀들 사이에서 빛을 발했다.[5]

> 테이시 데 나우시카아 레우콜레노스 에르케토 몰페스.
> 호이데 드 아르테미스 에이시 카트 우레아 이오케아이라,
> 에 카타 테우게톤 페리메케톤 에 에뤼만톤,
> 테르포메네 카프로이시 카이 오케에이스 엘라포이시·
> 테이 데 트 하마 뉨파이, 쿠라이 디오스 아이기오코이오,
> 아그로노모이 파이주시· 게게테 데 테 프레나 레토·
> 파사온 드 휘페르 헤 게 카레 에케이 에데 메토파,
> 레이아 트 아리그노테 펠레타이, 칼라이 데 테 파사이·
> 호스 헤 그 암피폴로이시 메테프레페 파르테노스 아드메스.

---

1 호메로스적인 관습들을 이렇게 스파르타가 보존했다는 것에 대해서는 크세노폰(라케다이몬 정치 제도, 3장~. 포도주와 아곤)과 플루타르코스(리쿠르고스의 삶, 14장~. 나체)를 보십시오. 핀다로스 시선(1965, 8쪽)에서 프란츠 도른자이프의 다음과 같은 말과도 비교해 보십시오. "문화적인 거행으로서의 아곤이 어디에서 왔는지는 불분명하다. 아마도 체육이 근원은 아닐 것이다. 여신을 위한 여자들의 아곤도, 영웅화된 남자의 무덤에서 열리는 남자들의 아곤과 마찬가지로 태고의 것으로 보이기 때문이다."

2 플루타르코스(향연 문제, 1권 9장 627a절)는 나우시카아와 님프들이 바다에서 목욕하지 않는다는 사실을 강조합니다.

3 *{아곤ἀγών은 '겨루기, 시합, 경기, 경쟁'을 뜻하는 말로, '나는 이끈다, 나아간다'라는 뜻의 동사 아고ἄγω에서 유래하였다. 달리기와 같은 운동 시합이나, 승마나 마차와 같은 경주 시합뿐 아니라 노래, 연주, 춤, 시, 극과 같은 음악 예술 분야에서의 겨루기도 아울러 일컫는 말이다.}

4 오디세이아, 6권 151~153행. 포드(1997, 411쪽)와도 비교하십시오. ⇒ 1.3.2.2.

5 오디세이아, 6권 101~108행. 6권 101행의 번역은 포드(1997, 411쪽)를 따랐습니다.

목욕하는 님프들

아르테미스는 필멸하건 불멸하건 결혼 전 님프들의 본질을 수호합니다. 나우시카아가 여신처럼 아름답다는 사실과 그녀의 어머니도 이에 대한 동일한 기쁨을 가지고 있다는 사실은, 그냥 어떤 가인의 비유가 아니라 단어와 행위가 증명하고 있는 그 무엇입니다. 문법이 지배하고 있지 않기에, 즉 말해진 것을 다른 말해진 것 아래에 두는 종속 따위가 지배하고 있지 않기 때문에 찬양 자체가 춤처럼 튀어나와서 — 나우시카아에서 그녀의 여신으로 향하고, 다시 되돌아갑니다.

나우시카아와 신부들은 {아르테미스와 님프들처럼} 높은 산에서 사냥을 하는 것이 아닐 뿐입니다. 그들은 마실 수 있는 물과 짠 물이라는 두 가지의 물이 뒤섞이는 해안가에서 공놀이를 하고 있습니다. 그들이 데려온 노새들은 꿀처럼 달콤한 갯보리를 즐기고 있고, 신부들은 목욕하거나 기름을 바를 때 옷을 오늘날처럼 {거추장스럽게} 벗는 것이 아니라 그냥 살짝 내려놓기만 하면 됩니다. 님프들의 옷에는 솔기가 없지요. 바닷물은 옷을 말리는 모든 돌을 젊은 신체에 기름을 바르듯 매끄럽게 씻어내립니다. 공을 둘러싼 겨루기Agon, 둘의 첫날밤이 시작됩니다.[1] 햇빛이 비치고, 노랫가락이 공중에 흐

---

[1] 이 단순한 공놀이가 우리에게 공이나 구球라는 뜻의 스파이라σφαῖρα라는 말을 최초로 증명해 주고 있

르며, 시간이 순식간에 지나갑니다. 우리는 이 모든 것을 이미 알고 있습니다. 계속해서 되풀이되는 비은폐성Unverborgenheit이란 단 하나밖에 없기 때문입니다. 태양이 가라앉고,[1] 오디세우스는 언제나처럼 또 잠을 자며, 오디세우스는 꿈을 꾸고, 오디세우스는 나우시카아가 나타나는 것을, 님프가, 세이렌이 나타나는 것을 봅니다. 오로지 영웅이《깨어나》한 신부의 모든 아름다움을《볼 수 있도록》하기 위해서, 그를 수호하는 여신이 재빨리 작은 경이를 일으키기 때문입니다. {이러한 아테나의 마법으로 인해} 나우시카아가 이 한 번만은 자신 안의《여왕》을 보여 주지 못합니다. 꿈에 취한 그녀는 놀이 공을 잘못 던지고, 그 공은 강의 소용돌이로 사라져서 소녀들의 웃음소리를 커다란 고함 소리로 바꾸어 놓지요.[2] 아프로디테를 뒤에 숨기고 있는 아테네가 영웅에게 다시 이렇게 정교하게 뜻과 언어를 줍니다. 오디세우스가 처음 놀라는 순간만을 말하고 있을 뿐인데도, 제게는 깨어날 때의 그 순수한 충격이 들립니다. 소녀들의 고함 소리에 뒤따라오는, 한 남자의 고함 소리로 말이지요. 이제 문제는 그녀들의 밝고 높은 말소리가 말Rede을 함에 있어서 인간의 뜻에 부합하는가 하는 것입니다.

> 《아, 여기는 어딜까? 어떤 인간들의 땅에 닿은 것일까?
> 그들은 오만하고 거친 데다 전혀 바르지 못한 자들일까,
> 아니면 신들을 두려워하는 마음에 손님들에게 친절한 자들일까?
> 신부들과 같은 여자들이 부르짖는 소리가 주위에 떠돌았는데,
> 가파른 봉우리가 있는 산들과 강의 원천과

습니다. 후에 파르메니데스는 아름다운 코스모스 전체를《잘 둥글려진 진리의 심장》이라고(DK⁽⁶⁾ 28, B 1), 엠페도클레스는《고독을 기쁜 자신감으로 채우는》스파이로스(DK⁽⁶⁾ 31, B 27)라고 찬미합니다. — 요한 야콥 바흐오펜(1956⁽²⁾, 532쪽)도 보십시오. "알키노오스의 딸 나우시카아가 오르페우스 비교秘敎와 밀접하게 연관된 스파이라를 창시했다고" 전하는 케르키라의 아나갈리스*에 대해 언급합니다. 아리스토파네스는 이것이 결국 무엇을 의미하는지를 아직은 알고 있습니다(플라톤, 향연, 189e절). 옛날에 인간은 공같이 둥근 존재였다는 것입니다. 왜냐하면 양쪽의 둘은 (셰익스피어와 함께 말하자면) 이른 아침부터 저녁까지 두 개의 등을 가진 동물로 지냈기 때문입니다. 바로 이것을 나우시카아는 공을 던지며 꿈꿉니다. *{아나갈리스라는 이름은 아갈리스라고도 불린다. 케르키라의 아갈리스는 기원전 2세기경 알렉산드리아에서 활동했던 여성 학자이다. 아테나이오스(현자들의 연회, 1권 14장)에 따르면 아갈리스는 호메로스에 관한 책을 남겼으며, 나우시카아가 공놀이를 창안했다는 내용을 이 책에 썼다고 한다.}

1   오디세이아, 7권 289행.
2   오디세이아, 6권 115~117행. 리하르트 바그너의 「라인강의 황금」 1장에서 사라진 금과 비교해 보십시오.

1.1.2.4.1 오디세우스는 신부들이 노는 소리를 듣고⋯

무성한 풀밭을 가진 님프들인가?
아니면 난 언어를 가진 인간들 가까이에 있는 것일까?》[1]

"오 모이 에고, 테온 아우테 브로톤 에스 가이안 히카노;
에 르 호이 그 휘브리스타이 테 카이 아그리오이 우데 디카이오이,
에에 필록세이노이, 카이 스핀 노오스 에스티 테우데스;
호스 테 메 쿠라온 암펠뤼테 텔뤼스 아우테,
뉨파온, 하이 에쿠스 오레온 아이페이나 카레나
카이 페가스 포타몬 카이 피세아 포이에엔타.
에 뉴 푸 안트로폰 에이미 스케돈 아우데엔톤."

아리스토텔레스 이래로, 사유하고자 하는 우리가 알고자 하는 것은 다름이 아닙니다. 언어 능력이 있는 존재는 신이거나 사람이지만, 모든 사람들은 라이스트리곤족이나 키클롭스처럼 거칠거나 신들을 두려워하기에 손님들에게 친절합니다. 오디세우스는 자신을 깨우는 소리를 내는 님프들이 필멸자인지 불멸자인지를 인간의 언어를 통해 알아보기 위해서, 유대인과 기독교인이 아담과 이브의 무화과 잎이나 동물의 털로 경솔하게 혼동하는 나뭇가지를 부러트리며 은폐로부터 나타나고, {그로 인해 놀란} 많은 님프들은 갑자기 흩어집니다. 아테나는 영웅도 가지고 있는 만큼의 많은 용기를 나우시카아에게만 불어넣습니다. 가장 아름다운 것을 만지지 않으면서도 질문하며 행하는 것은, 말하고 듣는 용기입니다.[2]

《여왕이시여, 당신의 무릎을 붙잡습니다. 당신은 여신입니까, 여인입니까?
당신이 넓은 하늘을 가지고 있는 신이라면,
그 모습과 키와 자란 정도에서 위대한 신의 아이
아르테미스에 저는 당신을 견줍니다.》[3]

"구누마이 세, 아나사· 테오스 뉴 티스, 에 브로토스 에시;
에이 멘 티스 테오스 에시, 토이 우라논 에우륀 에쿠신,

---

1   오디세이아, 6권 119~125행. 오디세우스가 자신에게는 아직 드러나지 않은 고향 섬에서 거의 동일한 한탄을 합니다(오디세이아, 13권 200~202행).
2   *{나우시카아를 마주한 벌거벗은 오디세우스가 어떻게 간절히 부탁해야 할지, 즉 (보통 간청을 할 때처럼) 무릎(고 뉘γόνυ)을 붙잡을지 아니면 그대로 떨어져서 애원할지를 고민하다가 자신이 만진다면 그녀가 화낼지도 몰라 그녀에게 떨어진 채 그 자리에서 애원하기로 결심한다. 하지만 말로는 "당신의 무릎을 붙잡습니다(구누마이 세γουνοῦμαί σε)"라고 하며 간청의 말을 꺼낸다.}
3   오디세이아, 6권 149~152행.

아테나와 나우시카아 앞의 오디세우스

아르테미디 세 에고 게, 디오스 쿠레이 메갈로이오,
에이도스 테 메게토스 테 퓌엔 트 안키스타 에이스코."

{오디세이아에서} 네 권 동안 여신들이 야기한 이 질문 하나가 모든 경이를 끝내고 끝맺습니다. 처음에는 키르케가 신인지 여자인지를 물었습니다. 마지막에는 나우시카에게 거친 신부들의 여신{아르테미스}이 현전해 있는지 아닌지를 묻습니다. 오디세우스가 분명한 대답을 듣기 전에, 나우시카는 자신의 이름은 말하지 않은 채 파이아케이스 필멸자들을 지배하는 아버지의 이름을 말합니다.[1] 이로써 그녀는 앞으로 증명될 진실을, 여신들과 신부들의 아름다운 중간세계 속에서 절대로 보증되지 않는 그것을 말합니다. 아프로디테조차 사랑하는 남자들 앞에서는 스스로를 {신이 아니라고} 부인하며 {자신이} 필멸자라고 말할 수가 있지요.[2]

---

1 오디세이아, 6권 196행.
2 호메로스 찬가, 아프로디테 찬가, 107~110행.

그런데 나우시카아가 영웅의 눈을 뜨게 하고 그의 고향 땅을 열어 보이기 전에, 노래가 가능케 하는 그 무엇이 단어들 속에서 다시 한 번 진실이 됩니다. 그 무엇이란, 노래가 우리 필멸자들을 신들에게로 끌어올리고 또 반대로 신들을 우리에게로 불러와서 아름다움이 언제나 더 아름다워지도록 한다는 것입니다. 아르테미스와 아프로디테, 아폴론과 디오니소스는 결코 수사학적 은유들과 같은 것을 건네지 않습니다. 오디세우스는 말Rede이 뜻하는 바를 언어로 말하기Sprechen 자체로 행하기 때문입니다. 오디세우스는 이전의 가인처럼 한 신부를 아르테미스로 끌어올립니다. 사랑하기 위해서 우리는 연인의 신적인 것을 사랑해야 하며 사랑받기 위해서는 또한 우리 안의 신적인 것을 사랑해야 합니다. 이미 목욕을 한 나우시카아는 이제 오디세우스를 목욕시키라고, 즉 더 아름답게 하라고 님프들에게 명합니다. 오디세우스는 기름과 주어진 옷은 받지만 부끄러워서 직접 씻습니다. 그리스에서는 모든 결혼식 아침이 이렇게 두 사람의 목욕과 함께 시작했습니다.

영웅은 그 님프의 아버지만큼이나 나이가 많았을 뿐입니다. 《오디세우스가 나우시카아와 이별했던 것처럼 삶과 결별해야한다. 사랑에 빠지면서보다는 더 축복하면서 말이다.》[1]

1.1.2.4.2   ⋯고향의 님프들에게로 되돌아갑니다

> 들은 기다리고
> 샘은 솟아나네
> 바람은 머물며
> 축복은 뜻하네
> 하이데거

이렇게 그는 파이아케스인들의 배 안쪽에 잠든 채로 다음 미지의 섬에 도착합니다. 그런데 이 섬은 바로 그의 고향입니다. 잠은 몸과 마음에 쌓인 모든 괴로움을 풀어줍니다. 세월이 기억 속의 고향을 지웠습니다. 다른 말로 하자면, 아테나가 고향을 안개로 뒤덮었습니다. 영웅에게 고향 섬은 어둡고 모호하게 보입니다. 우리는 무엇이 날씨이고 무엇이 신들인지 결코 구

---

[1] 니체(1967~1993, VI/2, 90쪽)가 오디세이아, 8권 464~468행을 두고 말한 것입니다.

분할 수가 없지요. 따라서 오디세우스는 스케리아섬 소녀들의 고함 소리가 그에게서 끌어내었던 동일한 말을 반복합니다. 오디세우스는 자신에게 나우시카아처럼 다가오는, 젊은 남자로 변장했을 뿐인 아테나의 무릎을 붙잡지요. 그는 그녀에게 {나우시카아에게 했던} 동일한 질문을 해서 자신이 고향에 도착했다는 것을 알게 되지만 이 미지의 여신에게는 자기가 크레타섬 출신의 사생아라고 거짓말합니다. 이것은 그가 인간의 언어 덕분에 벗과 적 앞에서 할 수 있는 수많은 거짓 이야기들 가운데 최초의 것입니다. 세이렌이나 개들¹과는 달리, 필멸자들은 속기 때문입니다. 여신은 그의 거짓말에 웃으면서 자신은 아테나이고 그는 오디세우스이며 거짓말은 소용없다고 말합니다. 그녀가 마법을 부려 만들었던 안개는 흩어져 사라집니다. 순전한 비은폐성 속에 섬이 드러나 있습니다. 그 외에는 오직 세이렌의 섬만이 그러합니다.

1830년경 이타카 항구

---

1 아르고스는 주인 오디세우스를 이십 년 동안이나 보지 못했는데, {오디세우스가 돌아왔을 때} 그를 알아보고 그 자리에서 행복하게 죽습니다(오디세이아, 17권 291~327행). 여기에 보르헤스(1966, 7권 18쪽)와 헬무트 슈나이더(1992, 107쪽~)도 참고하십시오.

> 신처럼 인내하는 오디세우스가 기쁨에 벅차
> 자신의 고향 땅을 반기며, 살리는 토양에 입을 맞추고는
> 곧바로 님프들을 향하여 두 팔을 높이 들어 올렸다.
> 《님프여, 나이아데스여, 신의 아이들이여, 저는 다시는
> 여러분들을 보지 못할 줄 알았습니다. 지금 반갑게 떠받들며
> 인사드립니다!》[1]
>
> > 게테센 트 아르 에페이타 폴뤼틀라스 디오스 오뒤세우스
> > 카이론 헤이 가이에이, 퀴세 데 제이도론 아루란.
> > 아우티카 데 뉨페이스 에레사토, 케이라스 아나스콘·
> > "뉨파이 네이아데스, 쿠라이 디오스, 우 포트 에고 게
> > 옵세스트 윔므 에파멘· 뉜 드 에우콜레이스 아가네이시
> > 카이레트"

모든 신들에 앞서, 이름 없는 님프들과 이름 없는 땅이 지배합니다. 님프들은 높이 빛 속에서, 땅은 어두운 아래에서 지배하지요. {오디세우스의} 몸짓이 {위와 아래} 양쪽으로 경의를 표합니다. 왜냐하면《인간이 나중에 신에 대한 경의의 뜻에서 돌로 만들었던 것은 한때 기둥처럼 꼿꼿이 서 있거나 무릎을 꿇고 하늘을 향해 두 팔을 펼친 인간 자신이었기》[2] 때문입니다. 깊은 곳에 입을 맞추고, 높은 곳을 향해 손을 흔들어 인사합니다. 이 둘이 함께 모여 처음으로 세계Welt가 생기지요.[3] 세계의 샘물, 시냇물, 풀밭, 동굴 속에서 은폐된 땅이 발현합니다. 영웅이 님프들에게 인사하며 감사를 표시하는 동안 자기 자신에게 망각된 채 남아 있어야만 하는 것은 그녀들이 이미 오래 전에 그를 받아들였다는 사실입니다. 그는 이전에도 님프들에게 신성한 어느 동굴에서 밤새도록 잠을 잤었지요.

> 만의 머리 쪽에 기름나무가 가지를 뻗고 있으며,
> 가까운 곳에 기분 좋게 어스레한 동굴이 있는데,
> 나이아데스라고 불리는 님프들에게 신성한 곳이다.
> 그 안에는 희석용 사발이 있으며 손잡이가 두 개 달린
> 돌로 된 단지도 있다. 거기엔 벌들도 벌집을 짓고 있으며

---

1   오디세이아, 13권 353~358행.
2   오토, 1996[6], 22쪽.
3   하이데거, 1963[4], 34~36쪽.

> 또 안에는 기다란 돌로 된 베틀이 있어, 그 앞에 님프들이
> 바닷빛 자주색 천을 짜는데, 보기에 경이롭다.
> 그리고 물이 언제나 흐르고 있다.[1]
>
> 아우타르 에피 크라토스 리메노스 타뉘필로스 엘라이에,
> 앙코티 드 아우테스 안트론 에페라톤 에에로에이데스,
> 히론 뉨파온 하이 네이아데스 칼레온타이.
> 엔 데 크레테레스 테 카이 암피포레에스 에아신
> 라이노이· 엔타 드 에페이타 티타이보수시 멜릿사이.
> 엔 드 히스토이 리테오이 페리메케에스, 엔타 테 뉨파이
> 파레 휘파이누신 할리포르퓌라, 타우마 이데스타이·
> 엔 드 휘다트 아에나온타.

님프들의 동굴 가운데 최초이자 가장 아름다운 동굴은 이미 예전에 티로스의 포르피리오스를 유혹하여, 그가 한 권의 책을 통째로 님프들에게 헌정하도록 한 적이 있습니다. 가인의 매 행은 중요하기에 이 땅의 비밀이 플라톤의 천상 세계에 있다고 말하는 그의 대답이 아니라 그의 질문 자체가 주어져 있습니다. 다시 한번 님프들이 숨기기 때문입니다. 야생 벌꿀과 샘물이 달콤하고 맑게 흐르며, 나이아데스의 고유명을 노래해줍니다. 바로 이 장소의 신성함이란 청량함이라고 말이지요.[2]

그런데 님프들의 동굴에서 가장 아름다운 사실은, 오늘날에도 이타카섬에[3] 포르키스만[4]이 있다는 것입니다. 오디세우스의 모험을 따라가는 이들은 누구나 그곳을 방문할 수 있습니다. 오디세우스를 노래했던 이는 이 동굴을 이미 본 적이 있었을 것이기 때문입니다. 동굴 속에는 어느 곳에서보다 더 많은 삼발이 열세 개가 있는데 — 영웅이 스케리아에서 열세 명의 왕들에게서 손님에 대한 선물로 받아 세웠던 꼭 그만큼입니다. 헤라, 아테나, 님프들 그리고 심지어는 오디세우스 자신에게 바치는 헌정물들이 나타났습

---

1 오디세이아, 13권 102~109행.
2 나이아스Naïáς는 '나는 흐른다, 헤엄친다'라는 뜻의 나오νάω와 '활기차고 건강하고 빠른'의 뜻을 가진 히에로스ἱερός에서 나온 말입니다. 포르피리오스(오디세이아의 뉨프 동굴에 관하여, 10(63)과 12(65))도 보십시오.
3 지리학과 고고학에 대해서는 존 빅터 루스(2000, 219~224쪽과 250~255쪽)를 보십시오. 그런데 이미 포르피리오스(1983, 23쪽)가 「오디세이아의 뉨프동굴에 관하여」(IV 58)에서 서술하고 있습니다.
4 포르키스는 불모의 바다를 지배합니다(오디세이아, 1권 72행). 반대로 님프들은 샘물을 다스립니다. 따라서 영웅은 문턱에서, 어느 인터페이스에서 잠을 자는 것입니다.

니다. 이렇게 포르키스의 만은 어느 곳보다도 월등히 오래된 그리스의 영웅성지로 보입니다. −700년 이후로는 삼발이가 봉헌되지 않았지요.[1] 파웰의 다른 말로 하자면, 『오디세이아』는 문헌학자들이 좋아하는 시기보다 훨씬 더 일찍 기록되어 세상에 나왔을 것이라는 것입니다.[2]

쓰는 것은 짓는 것과 같습니다. 오디세우스 자신은 그가 이십 년 동안 지배했던 도시로 내려가는 길에 분수대로 확장된 님프들의 옛 샘터를 바라봅니다. 백양나무도 바위에서 샘솟는 시원한 물을 마시며 살기 때문에 그 주위로 빙 둘러서 자랍니다. 동일한 바위에서 돌이 나오기에 샘물 주위로 제단을 지을 수가 있습니다. 물을 길으러 도시에서 온 젊은 여자들은 모두 님프들에게 바치는 꽃 한 송이를 이 제단 위에 둡니다.[3] 이 초기의 작은 성전은 세 남자가 지었을 것이며, 그들은 이름도 가지고 있습니다. {이 세 남자의 이름 가운데} 이타코스는 섬 자체의 이름에서 따왔으며, 네리토스라는 이름은 이타카섬에 흐르는 모든 물의 원천이 되는 가장 높은 산{네리톤}에서 왔습니다. 마치 최초의 건축 작품이란 님프들 속에서 발현된 땅에 대한 남자들의 감사의 뜻에서 만들어진 것이라는 듯 말이지요. 그런데 이 모든 것은 진실로 남습니다. 아테나와 코린토스의 시장에 있는 최초의 공적인 건물은 결코 법정도 회의장도 스토아[4]도 아닙니다. 도시들은 분수대 건물들을 만들었습니다. "그리고 분수대 건물들은 여자들이 사용했었다."[5]

1.1.2.5 하녀 오십 명, 탕녀 열두 명, 여자 한 명

아테나는 오디세우스를 보기 흉한 늙은 거지로 변신시켜, 그가 귀향하는 동안 아무도 알아보지 못하게 합니다. 이는 오디세우스의 후계자 트리스탄이

---

1 말킨, 1998, 94~132쪽. 웹스터(1960, 187쪽)와 비교해 보십시오.
2 파웰, 1991, 130쪽. 파웰, 2002, 130쪽.
3 오디세이아, 17권 204~211행. 샤데발트(1966, 301쪽)조차 폴리타이πολίται를 '시민Bürger'으로, 오디타이όδίται을 '여행자Wanderer'로 번역한 것은 유감입니다. 반대로 오디세이아(20권 153행~)와 호메로스 찬가(데메테르 찬가, 99행)를 참고하십시오.
4 *{스토아στοά는 고대 그리스 건축의 한 요소로, 입구는 뚫려 있으며 긴 측면과 후면은 대체로 기둥으로 둘러싸인, 반듯한 지붕으로 덮인 통로나 현관을 일컫는다.}
5 린 폭스홀, 2003, 175쪽. 강물이든 샘물이든 도시에서 흐르는 물은 모두 아름답게 장식하도록 플라톤도 요청합니다(플라톤, 법률 6권 761bc절).

뒷길을 통해 이졸데에게 향하는 것으로 이어받아야 할 것입니다. 오디세우스는 자신의 집 앞에 거지의 모습으로 서 있습니다. 그는 한 가인이 키타라로 서곡을 연주하기 시작하는 것에서 간단하게 자신의 집임을 알아챕니다. 음악은 궁궐만을 감싸고 있지요.[1]

이십 년이라는 시간과 백 명이 넘는 구혼자들은 페넬로페이아에게도 흔적을 남겼습니다. 고전기 아테네에서와는 반대로 영웅시대에는 신부의 선물을 신랑이 준비하지만[2] 구혼자들은 이를 가져오는 대신 주인이 부재하는 오디세우스의 궁전에 있는 모든 것들을 소비합니다. 포도주, 노래 그리고 두 가지 형태의 살덩이를 말이지요. 삼 년 내내 페넬로페이아는 구혼자들을 속이며 청혼을 거절합니다. 그녀는 실종된 이를 생각하며 울고, 그의 늙은 아버지를 위하여 수의를 짜며, 밤에는 {짰던 천을} 바로 다시 풉니다. 그녀는 어느 다이몬이 당부한 천을 눈물을 흘리며 다 짜게 된다면 그때 결혼하겠다고 합니다. 다른 두 님프들은 노래하지만 그녀의 눈에는 눈물이 흐릅니다. 그녀의 두 도플갱어, 키르케와 칼립소는 깊은 숲 속에 숨어 있지만 페넬로페이아는 계략의 뒤엉킴 속에 더 깊숙이 뒤덮여 있습니다.[3] 왜냐하면 그녀는 울창한 숲으로 어두운 자신의 섬 한가운데에서[4] 저 모든 님프 여신들처럼 열망의 대상으로 남아 있기 때문입니다. 오직 그 때문에 영웅은 이십 년 전 아가멤논처럼[5] 자신의 늙은 유모를 여전히 《신부》[6]라고 부릅니다.

사 년째 되던 해에 페넬로페이아의 변절한 어느 하녀가 구혼자들에게 그것은 페넬로페이아의 꾀라고 누설합니다. 백발의 유모는 세면서 설명하기를, 열두 명의 하녀가 외간 남자들과 밤에 《아프로디테를 가졌다》[7]고 합니

---

1   오디세이아, 17권 260~63행.
2   *{오디세이아, 18권 274~280행.}
3   오디세이아, 19권 136~139행.
4   오디세이아, 13권 351행.
5   오디세이아, 11권 447행.
6   오디세이아, 4권 743행. 제니퍼 라슨(2001, 21쪽)도 참고하십시오. 반대로 샤데발트는 뉨페 필레 νύμφη φίλη를 하찮게 여기며 {'사랑하는 신부'가 아니라}""사랑하는 아이"라고 번역합니다.
7   오디세이아, 22권 420~425행과 444행. 에이즈가 아직은 잠복 중이었던 푸코는 『성의 역사』라는 믿을 수 없는 예술 작품에 성공했습니다. 그는 타 아프로디시아τὰ ἀφροδίσια*에 대하여 책 한 권 전체를 썼습니다. 하지만 아프로디테는 단 한 군데에서 가볍게 넘어가는 것으로 그칩니다(푸코, 1984a, 47쪽). 똑똑한 수도사\승려 위에 세워진 사유는 이렇게 순진할 정도로 아둔해질 수가 있습니다(에리봉, 1993, 418쪽). *{'아

다. 구혼자들은 오디세우스의 부인을 희망하는 것에 그치지 않고 심지어 이제는 보상을 요구합니다. 그런데 이와 함께 하나의 질문이 떠오르는데, 누가 직접 여주인과 아프로디테를 가질 수 있냐는 것입니다. 아테나가 자고 있는 페넬로페이아에게 사랑의 마법을 끼얹어, 구혼자들이 저마다 욕구에 무릎이 풀리고 그녀 옆에 눕기를 열망하도록 만들었기 때문입니다.[1] 오디세우스는 거지의 모습을 한 채로, 자신의 부인이 어떻게 《꿀처럼 달콤한 말로》 남자들의 의식에 《마법을 거는지》를 직접 듣습니다.[2] 《여자는 무엇을 원하는가?》[3]

1.1.2.5.1 《여자는 무엇을 원하는가?》

> 구걸해서 고향 가네
> 밥 딜런, 팻 개럿과 빌리 더 키드

지그문트 프로이트는 일찍이 그가 가까이했던 최고의 귀부인에게 오로지 이 하나의 질문만을 제시하였습니다. 하지만 그리스 왕자 요르요스의 비, 마리아 보나파르트는 입을 다물었습니다. 오디세우스가 아프로디테의 간통에 대하여 귀를 기울이는 데는 아마도 좋은 이유가 있었을 것입니다. 우리는 고향 가는 길에 그저 구걸할 수밖에 없습니다.

페넬로페이아 자신이 누구를 열망하는지, 그리스인들에게는 언제나 더 모호해져만 갔습니다. 오디세우스는 라에르테스의 아들이라고 여겨지기는 하지만 도둑같이 계략이 뛰어난 시시포스가 안티클레이아의 결혼식 전에 그녀를 임신시켰던 것처럼,[4] 그렇게 헤로도토스는 황야의 신 판을 페넬로페와 헤르메스의 아들이라고 간주하지만[5] 사모스섬의 지배자인 두리스는 그녀

프로디테와 관련된 일들'이라는 뜻으로 성행위를 가리킨다. τὰ τὰ는 중성 복수형 정관사이다.}
1   오디세이아, 18권 212~213행.
2   오디세이아, 18권 282행~.
3   프로이트. 어니스트 존스의 『지그문트 프로이트. 삶과 작품』(리오넬 트릴링, 스티븐 마커스 편집, 프랑크푸르트 암 마인: 1969) 491쪽에서 재인용.
4   아이스킬로스, 175번 파편, 스테판 라트 편집. 소포클레스, 필록테테스, 417행. 에우리피데스, 키클롭스, 104행. 오비디우스, 사랑의 기술, 3권 313행. 플루타르코스, 그리스 문제, 43번 301d절.
5   헤로도토스, 역사, 2권 145장. 핀다로스(100번 파편, 스넬 편집)는 더 오래된 기록입니다. 《판Pan은 리카이온산에서 아폴론과 페넬로페 사이에 태어났다.》 우리는 아르카디아의 늑대 산 정상이 제우스와 판에

페넬로페이아와 그녀의 베틀 앞에 있는 오디세우스

가 백팔 명의 구혼자와 만든 아이라고,[1] 그래서 《판》이라고 설명했습니다.[2] 한 번은 그녀가 구혼자 암피노모스와 자서 영웅이 구혼자들을 죽였다고 하고, 다른 한 번은 안티노오스나 다른 많은 구혼자들과 자서 영웅이 그들을 고향 스파르타로 보냈다고도 합니다.[3]

하지만 노래 속에 이렇게 명백하게 나타납니다. 키르케와 칼립소는 페넬로페이아와 동일한 탈은폐되지 않은 숲섬에 살고 있고, 또 모호한 도플갱어처럼 페넬로페이아를 반영하고 있습니다. 이 셋 모두가 할 수 있는 것은 또는 여자만이 할 수 있는 것은, 여러 해 동안 자신에게만 매어두는 것이기 때문입니다.[4] 그들은 모두 처녀는 물론 신부도 아닙니다. 따라서 여자들, 신

게 신성한 곳이었다는 사실은 느끼기는 했지만, 이것은 전혀 생각도 못 했습니다. 그런데 다음과 같이 눈 앞에 보입니다. "가장 거칠고 동물적인 신, 자위하고 공포를 일으키게 하는 판은 수 세기 동안 정조와 신실의 모범이라고 알려진 페넬로페를 어머니로 삼았다."(칼라소, 1991(2), 396쪽) 티베리우스* 황제의 그리스에 대한 사랑에 관해 다루면서 우리는 다시 이 문제로 되돌아올 것입니다. *(티베리우스 황제는 이후 언급되지 않으며 율리아누스 황제의 그리스 사랑에 관해서는 이후 자세히 다루어지기에(2.1.1.3), 율리아누스의 오기인 것으로 보인다.)

1 오디세이아, 16권 249~251행.
2 쳇지스, 리코프론의 알렉산드라 주석집, 771~.
3 아폴로도로스 신화집, 에피토메, 7장 38절. 오디세이아, 16권 397행~. 파우사니아스, 그리스 이야기, 8권 12장 6절.
4 이것은 1897년 『오디세이아의 여성작가』(버틀러, 1967, 서문 xiv쪽)에서 새뮤얼 버틀러가 발견한 위대한 것 중 하나입니다.

부들 그리고 세이렌들과 함께하는 오디세우스의 모험이 그의 아내 주위에 있는 많은 젊은 구혼자들을 그냥 물들인다는 것이 아닙니다. 상대방의 욕구에 대한 탐색을 감행하지 않는다면, 열망이 — 아리스토텔레스 이래로 항상 좋은 하나의 신을 맹목적으로 믿는다는 것을 의미하는, 올바른 행동과는 반대로[1] — 목표에 도달한다는 것은 거의 있을 법하지 않다는 사실이 증명되는 것입니다.[2]

바로 그것을 영웅이 행합니다. 오디세우스는 자신의 부인에게 처음으로 기나긴 거짓 이야기를 짭니다. 진실이 가까이 다가오고 있음을 알리는 이 이야기는, 그래서 자신을 늙은 손님으로 내세웁니다.[3] 페넬로페이아는 눈물이 시냇물처럼 흘러내리고 피부가 녹아내립니다. 그 이야기를 우리에게 들려주는 이[4]는, 은폐된 현전자Anwesende[5]를 향해 울리고 있는 비탄의 소리에 마치 그가 멀리에 있거나 이미 죽었다는 듯 경탄하고, {이 비탄에 흐르는 눈물을} 높은 산 위에 마침내 봄이 와서 눈이 녹아서 흐르는 강물에 비유합니다.[6] 눈물 역시 노래와 마찬가지로 긴장을 푸는 방법에 속합니다.

이 전환과 함께 언제나 현전을 부재로 이어 맞추는 아름다움과 음악이 되풀이됩니다. 어느 다이몬이 페넬로페이아에게 여러 번 동일한 꿈을 보내서 그녀가 다시 젊게 되어 자신의 남편과 다시 자게 될 것이라고 알립니다.[7] 여신이 가까이 와서 오디세우스를 젊게 만들고, 그 다음에는 그의 부인도 젊게 만들어서[8] 그들이 첫날밤에서처럼 서로에게 다시 아름다워지도록 합니다. 페넬로페이아는 그를 위해서 울었고, 그렇게 그는 가인이 될 수 있습니다.

---

1   라캉, 1975, 49~59쪽.
2   라캉, 1986, 167~184쪽. 페넬로페이아에 관해서는 드브뢰(1986, 288~298쪽)와 비교하십시오.
3   오디세이아, 19권 165~203행.
4   *{가인 호메로스를 일컫는다.}
5   *{거지 모습으로 변장한 오디세우스를 말한다.}
6   오디세이아, 19권 204~209행.
7   오디세이아, 20권 87~90행.
8   오디세이아, 19권 204~209행.

1.1.2.5.2   활과 리라

> 나에게는 오디세우스보다 더 현[1]을 팽팽하게 당긴 자가 아무도 없다.
> 페넬로페[2]

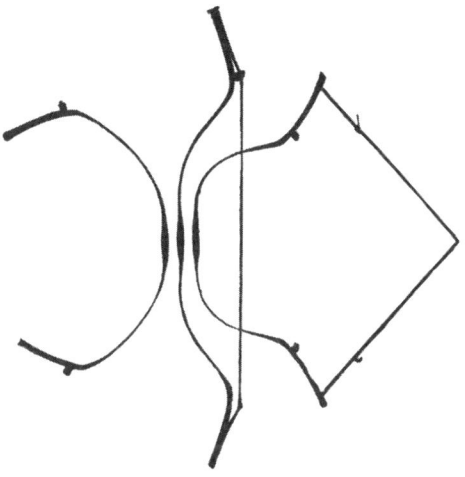

그리스 반사궁

페넬로페이아는 오디세우스가 능숙하게 다루었던 옛 활을 홀로 가져오도록 시킵니다. 그 활을 당기는 자가 그녀를 얻습니다. 여자는 활과 같아 그녀 위로 행복이 팽팽합니다. 그런데 구혼자들 중 어느 누구도 해 내지 못하고, 아들 텔레마코스도 실패합니다. 원래 반대편으로 튕겨져 나가려고 해서 잡아당기기 어려운 합성궁이기 때문입니다. 이런 활이 선별된 나무, 죽은 동물의 뿔과 힘줄로 이어 맞추어지려면 여러 해가 필요합니다.[3] 하지만 오늘은 리라로 무사들의 합창단을 이끌며 {시위를 걸어서 반대 방향으로} 꺾인 활로 죽이는 남신, 아폴론 축제 전야입니다.[4] 잠이나 사랑처럼 축제는 팽팽하게 긴장한 이들을 풉니다. 마지막 계략을 진행하는 오디세우스는 자신의 활을 다시금 집어 들고, 활시위를 팽팽하게 잡아 당겨서 시험해 봅니다.[5]

---

1   *{라틴어 네르부스nervus는 '활시위, 힘줄, 현, 신경'을 뜻한다.}
2   프리아포스의 노래, 68장 33행.
3   알베르트 노이부르거, 1919, 221~224쪽.
4   오디세이아, 20권 278행. 호메로스 찬가, 아폴론 찬가, 131행. 콜러, 1963, 60쪽.
5   알브레히트 폰 할러의 글 『동물의 자극부와 감응부에 대한 논문』(1752) 이후로 우리의 학문이 신경과

> 마치 리라와 노래에 능한 남자처럼
> 쉽게 새 줄감개 위에 현을 당겨,
> 잘 꼰 양의 내장 양끝을 잡아서,
> 그렇게 오디세우스는 힘들이지 않고 커다란 활을 잡아당겼다.
> 그가 오른손으로 잡으며 활시위를 시험해 보자
> 아름다운 노래가 들리니, 그 소리가 제비와도 같았다.[1]
>
> 호스 호트 아네르 포르밍고스 에피스타메노스 카이 아오이데스
> 레이디오스 에타뉘세 네오이 페리 콜로피 코르덴,
> 합사스 암포테로텐 에우스트레페스 엔테론 오이오스.
> 호스 아르 아테스 스푸데스 타뉘센 메가 톡손 오뒤세우스.
> 덱시테레이 드 아라 케이리 라본 페이레사토 네우레스·
> 헤 드 휘포 칼론 아에이세, 켈리도니 에이켈레 아우덴.

영웅은 아직 쏘지 않았고, 구혼자 가운데 아무도 죽이지 않았으며, 대학살이 시작되기 전 우선 활을 시험해 봅니다. 이 시험은 주인이 누구인지를 보여 줍니다. 이러한 페이라πεῖρα[2]로부터 헬라스[3]와 헤스페리아[4]의 모든 경험적 앎Empirie이 나타납니다. 알크만이 노래한 대로 《감행은 배움의 시작》[5]이지요.

활을 잡아당겼다는 것은, {활을 당긴 자의} 앎과 영웅적 자질을 증명하는데, 이 둘은 가인의 것과 비슷합니다. 아카이아 최고의 영웅 아킬레스는 트로이아를 둘러싼 전투 중에 오로지 다음의 네 가지만을 사랑합니다. 영웅들 간

뉴런이라고 말하는 모든 개념은 {현, 활시위, 힘줄을 뜻하는} 독일어 제네Sehne와 같은 계통의 기본 단어 네우론νεῦρων에서 유래합니다.

1 오디세이아, 21권 405~411행. 일리아스, 2권 125행. 오토, 1945(3), 125쪽. — 이것을 다음과 같은 현명한 문장과 연결해 볼 수 있을 것입니다. 《휴식은 노력에 이음매(아르튀마ἄρτυμα)를 준다. 우리는 이것을 살아 있는 것뿐 아니라 살아 있지 않은 사물에서도 알아볼 수 있다. 왜냐하면 우리는 활과 현을 느슨하게 해야 다시 팽팽하게 당길 수 있기 때문이다.》(플루타르코스, 아이들의 교육에 관하여, 13절 9c)

2 *{'시험, 실험, 시도, 감행'을 뜻한다.}

3 *{헬라스Ἑλλάς는 고대 그리스를 뜻한다. 처음에는 헬라스족만을 일컫는 말이었다가, 고전기부터 그리스인들이 그리스어를 말하는 자신들을 일컫는 말로 사용하기 시작하였다.}

4 *{헤스페리아Ἑσπερία는 고대 그리스 시대에 이탈리아반도를 일컬었던 말로, '서쪽/저녁(헤스페라ἑσπέρα)의 나라'라는 뜻이다. 이후 로마인들이 라틴어로 헤스페리아Hesperia라고 했을 때는 라틴어가 통하지 않는 이베리아반도와 서아프리카 지역을 일컫는 말이었다. 이후 중세 및 근대에서는 비슷하게 저녁의 땅이라는 뜻을 가지고 있는 라틴어의 오키덴스occidens나 독일어의 아벤틀란트Abendland와 마찬가지로 기독교 아래의 서유럽을 일컫는다(1.5.1.2).}

5 알크만, 파편 125번 L-P: 페라 토이 마테시오스 아르카πῆρά τοι μαθήσιος ἀρχά.

의 결투, 남자와 여자간의 사랑, 약탈된 리라로 연주하는 것 그리고 노래입니다.[1] 심지어 아티케의 메니디에서 무덤 하나가 발견되었는데, 그 안에서 발굴된 부장품을 통해 무덤의 주인은 가인-영웅으로 밝혀졌습니다. 그곳에는 수퇘지의 엄니로 만든 초기 미케네 문명의 투구가 리라의 틀 두 개와 함께 놓여 있었습니다.[2] 따라서 오디세우스처럼 리라를 연주하듯 활을 당기는 자는, 바로 학문이라는 단어를 파생한 에피스테메ἐπιστήμη와 동일한 아름다운 능함Können을 보여 주고 있습니다. 가인이 예언자, 의사, 목수처럼 능하다는 것은 심지어 돼지치기도 아는 사실입니다. 모욕적인 단어인 직업이라는 말은, 이 백성 앞의 대가에게는 해당되지 않습니다. 우리는 그들을 불러서 데려옵니다.[3] 그들은 불렸기 때문입니다. 그들은 그래서 또 유명하지요. 결국 모든 장소에 가인이 있는 것이 아니라 궁전에만 있습니다. 영웅들처럼 가인들도 멀리 육지와 바다를 돌아다닙니다. 한 명은 무기를, 다른 한 명은 악기를 가지고 있지요.

그리고 그들이 죽지 않았다면 그들은 오늘날에도 살아 있습니다.

〈이름난〉 페미오스는 바로 그 때문에 가인이라고 불립니다. 그가 오디세우스에 대해 노래를 할 때, 페넬로페이아와 텔레마코스가 백 명의 구혼자들과 함께 그에게 귀를 기울이지요. 하지만 가장 유명하게 하는 것은, 오디세우스를 장식하고 있는 무기술입니다. 그가 살던 시대에 코스모스Kosmos는 아직 {'우주'라는 뜻에서의} 세계Welt를 의미하지 않으며, 여자들의 장신구와 남자들의 무기 장신구를 일컫습니다. 그런데 지금 가인은 — 자신이 리라의 현을 튕기듯이 — 영웅이 활을 당기는 것을 봅니다. 활과 리라는 모두 죽은 동물의 내장을 나무에 아름답게 짜맞추어 조화로부터 음Ton이 생겨나도록 하는 기술이기 때문에, 이 둘은 항상 사냥 무기를 전제로 합니다. 전사들이 왼손에 활을 잡고 오른손으로 활시위를 시험할 때, 그들은 가운데를 당깁니다. 가인들이 오른손으로 리라의 현 한가운데를 짚을 때, 그들은 옥타

---

1 일리아스, 9권 186~189행. 위 플루타르코스, 음악에 관하여, 40장 1145e절.
2 웹스터, 1960, 172쪽.
3 오디세이아, 17권 382~86행. 또 다른 목소리 기술자인 전령도 데미우르고스*에 속합니다(오디세이아, 19권 135행). *{데미우르고스δημιουργός는 보통 사람들을 위해 일하는, 특별한 능력을 지닌, 흔히 않아서 외지에서 불러올 필요가 있는 사람들을 일컫는다(1.2.1).}

브를 연주하고 노래를 반주할 수 있습니다. 리라와 활은 동일자입니다.¹ 이 둘은 제비와 같이 노래할 때야 비로소 스스로의 존재가 됩니다. 인간의 언어 자체를 뜻하는 아우데αὐδή가 마침내 새와 세이렌으로 되풀이됩니다. 오디세우스의 활시위는 《제비처럼》, 페넬로페이아의 눈물 폭포는 《꾀꼬리처럼》 노래하지요.²

이렇게 오디세우스는 구혼자들과 평화 협정을 맺습니다. 그는 그들에게 저녁 식사 후에 시합을 하겠다고 약속합니다. 그 외에는 가인들만이 그렇게 하지요. 가인들은 저녁 식사 후, 춤추기 위한 곡을 키타라로 연주합니다.³ 그러자 오디세우스는 활로 자신의 약속을 실행합니다. 한 시간밖에 지나지 않았는데, 구혼자 백여덟 명은 활에 쏘이거나, 창에 찔리거나, 맞아서 죽었고, 개 같은 하녀 열두 명은 개똥지빠귀나 비둘기처럼 매달렸으며, 어느 양치기의 음경과 고환은 개의 이빨에 갈기갈기 찢어졌습니다. 그런데 가인 페미오스는 구혼자들을 위해 연주했음에도 불구하고 영웅의 검으로부터 보호됩니다. 살인자이자 간통자인 아이기스토스처럼 가인조차 살해하는 이는 가인들의 신성함을 에워싸고 있는 성스러운 금기를 위반하는 것이기 때문이지요. 아이기스토스는 아카이아의 왕을 가축처럼 도살하기 전에, 아가멤논의 이름으로 클리타임네스트라를 보호하는 저 가인의 목소리를 먼저 죽여야 합니다.⁴ 그대도 알고 있지 않나요.

---

1 베르길리우스의 '아르마 비룸케 카노Arma virumque cano', 즉 '나는 무기와 한 남자를 노래하노니'(베르길리우스, 아이네이스, 1권 1행)라는 구절이 영웅과 가인의 일체성, 검과 활의 일체성을 최초로 수립했다고, 본의 라틴어학자 에른스트 로베르트 쿠르티우스(1964⁽⁴⁾, 181~188쪽)가 유럽의 소위 구제에 대해 가톨릭적으로 뻔뻔하게 강조했던 것보다 훨씬 이전에 노래가 {직접} 반증합니다. 무기라는 뜻의 라틴어 아르마 arma는 하르모니아와 같은 계통의 단어이기는 하지만 바로 정반대의 것을 뜻합니다. 전후 문헌학에 이렇게나 많습니다. 더 높은 자리는 '재교육Reeducation'*이라고 명명하지요. 그럼에도 불구하고 거짓말 직조물에서 벗어나기란 우리에겐 마음이 아픈 일입니다. *{제2차 세계 대전 후 연합국이 독일과 오스트리아에 도입한 탈나치화 및 민주화 교육을 일컫는 말이다.}
2 오디세이아, 19권 518행~.
3 오디세이아, 21권 428~30행.
4 오디세이아, 3권 267~271행.

122 음악

1.1.2.5.3 노래의 끝

> 그들은 말하네, 경이에 지친 오디세우스
> 이타카를 보며 사랑에 운다고,
> 초록빛 소박한 그곳을.
> 보르헤스, 시를 짓는 기술

페넬로페이아의 이름이 처음으로 울리는 곳은 페르세포네이아의 왕국, 즉 죽은 자들의 나라에서입니다. 오디세우스는 그녀에게 꿀, 보리, 포도주 그리고 숫양 두 마리를 전부 바칩니다. 오직 피만이 죽은 영혼들에게 다시 인간의 언어를 불어넣지요. 먼저 아들이나 남편의 죽음을 비탄하는 무수한 여자들이 나타납니다. 오디세우스는 그들의 이름을 스케리아의 왕족 부부에게 전부 알려주지는 못합니다. 그렇게 한다면 불멸의 밤이 우리를 지나가 버릴 테지요.[1] 알키노오스처럼 아카이아에 대한 질문을 할 때에야 비로소, 귀향길에 목숨을 잃은 남자들이 이야기를 시작합니다. 페르세포네이아는 죽은 여자들의 영혼을 흩어지게 하고 오디세우스를 아가멤논에게로 데려갑니다. 죽은 군사령관이 말하기를, 적도 아니고 바다의 신도 아니라 자기 부인이 자신을 때려죽였다고 합니다. 트로이아를 둘러싼 많은 죽음은 그렇게 개 같습니다. 헬레네가 그 전쟁을 일으켰듯, 그녀의 언니 클리타임네스트라가 또 그 끝을 맺습니다. 페넬로페이아는 그들과는 달리 정숙하다고 여겨집니다. 그런데,

《그러니 이제 당신의 부인에게 너무 부드럽게 대하지 마시오.
당신이 잘 아는 그 이야기의 전부를 그녀에게 밝히지 말고
어떤 것은 말하고, 어떤 것은 숨기시오.》[2]

토이 뉜 메 포테 카이 쉬 귀나이키 페르 에피오스 에이나이·
메드 호이 뮈톤 하판타 피파우스케멘, 혼 크 에우 에이데이스,
알라 토 멘 파스타이, 토 데 카이 케크륌메논 에이나이."

---

1 오디세이아, 11권 328~332행.
2 오디세이아, 11권 441~443행. 아가멤논의 정반대를 오디세우스의 죽은 어머니 안티클레이아가 행합니다. 그녀는 그녀가 말하는 모든 것을 그에게 말하며, 페넬로페이아에게도 전달하도록 합니다(오디세이아, 11권 224행). 그럼에도 불구하고 오디세우스는 아가멤논의 조언에 따릅니다. 오로지 《여인들은 더는 믿을 수 없기 때문에》(오디세이아, 11권 456행), 그는 이타카섬에서 외국에서 온 거지 행세를 합니다.

우리의 영웅이 자신의 긴 모험에 대해 이야기할 때 마음에 새겨야 할 신중한 충고입니다. 스스로가 무사나 가인처럼 될 오디세우스는, 그들처럼 진실과 거짓을 말하는 법을 알고 있습니다. 특히 거짓 이야기는 키르케처럼《호리기》때문입니다.[1] 하지만 오디세우스가 거짓말을 하고 숨기는 데에는 더 많은 이유가 있습니다. 바로 여자들도 항상 그에게 귀를 기울이고 있기 때문입니다. 심지어 스케리아의 여왕 아레테가 아가멤논의 조언이 다시 언급되는 것을 듣고 있습니다. 영웅은 가인{의 노래와 연주}에 맞추어 번갈아가며 다른 모든 것에 대해 말하고, 스케리아의 남자들과 여자들은 남자들의 전쟁과 신들의 사랑 욕망을 즐기는데, 이것은 스케리아인들의 행복에 속하는 것이기 때문입니다. 파이아케스인들은 권투나 격투에 약하지만 대신 현악기 연주와 연회, 춤, 아름다운 옷들, 따뜻한 목욕 그리고 사랑의 잠자리를 사랑하지요.[2] 그래서 그리스인들은 아무도 나우시카아가 (그녀의 어머니인 아레테와) 마찬가지로 청자의 범위에 들어가 있음을 의심하지 않습니다.[3] 오디세우스가 위대한 모험 이야기를 하기 위해 향연장으로 가고 있을 때, 나우시카아는 사랑을 고백하기 위해 그에게 말을 걸었지요. 그러니까 나뭇가지는 님프들의 해변에서 그저 그의 음경만을 가리는 것이 아니라 전체적인 사실을 가립니다.《저는 언제나 진실을 말합니다. 전체가 아니라 말입니다.》[4] 무사들이 품으며 감추는 것은 감추어진 채로 남아 있습니다. 우리는 두 세이렌이《아는 모든 것》을 절대로 들을 수 없을 것이며 — 오디세우스가 일찍이 그들 곁에서 경험했던 욕망에 관해서는 더더욱 들을 수 없을 것입니다.

그럼에도 불구하고 혹은 그 때문에 계속해서 되풀이됩니다. 백 명의 죽은 구혼자들의 피는 씻겼고, 고요한 밤은 가라앉습니다. 아테나는 둘을 서로에게 아름답도록 만들어 주었고, 오래 지속되도록 밤을 멈춥니다. 그가 그

---

1   오디세이아, 17권 514행*. *{"그가 하는 이야기는 틀림없이 마님의 마음을 호릴 것입니다."}
2   오디세이아, 8권 246~249행.
3   ⇐ 1.1.2.5.1.
4   라캉, 1973a, 9쪽*. *{해당 인용구는 다음과 같은 맥락에서 이어진다. "저는 언제나 진실을 말합니다. 전체가 아니라 말이지요. 전체를 다 말한다는 것, 그것은 불가능합니다. 물질적으로 불가능하지요. 단어들이 부족하기 때문입니다. 이렇게 불가능하다는 것은 진실\진리가 실재라는 것을 말합니다."}

녀에게 말합니다. 키르케가 그에게 했던 말이며, 제우스가 자신의 누이이자 부인에게 했던 말이지요. 《어서 침대로 와요.》 우리 필멸자들은 신들을 따라하지요. 둘은 서로의 그리움을 채워줍니다. 그러고 나서 그녀가 먼저 거의 이십 년간의 일들을 이야기하고, 그는 그동안의 일에 대해서 더 길게 이야기합니다. 마지막에 {오디세우스가 페넬로페이아에게 이야기하는} 세이렌의 꿀에 대해서는 다음과 같은 한 시행으로 남아 있습니다.

> 그리고 그가 어떻게 세이렌이 우렁차게 노래하는 소리를 들었었는지[1]
> 에드 호스 세이레논 하디나온 프통곤 아쿠센

그 다음에 꿀처럼 달콤한 잠이 우리 둘 몸의 마디를 풉니다[2] …

… 그리고 거지, 가인, 영웅의 노래는 끝이 납니다.

---

[1] 오디세이아, 23권 326행. 하디노스 ἀδινός에 대한 푸치의 사망학(푸치, 1997, 6쪽)과는 반대로, 이 부분이 말하는 것은 사랑의 침대라는 장소입니다. *{하디노스의 뜻에 관해서는 여러 의견이 있는데, 대부분의 사전은 '다부진, 단단한'이라는 뜻의 형용사로 본다. 호메로스의 시에서는 벌이나 양으로 가득한 '빽빽한' 동물의 무리를 수식하기도 하고, 세이렌의 목소리를 수식하며 '크고 힘찬' 또는 '빈번한' 소리라고 옮겨지기도 한다.}

[2] 오디세이아, 23권 342행~. 바촌 브로크에 감사를 표합니다.

1.2 노래하기와 글쓰기

노래는 사멸하였고, 그리스는 유럽 연합에 들어왔습니다. 이제 마지막으로 가장 모호한 비밀이 남아 있습니다. 어떻게 우리는 가인을 읽을 수 있게 되었을까요?

1.2.1 무사와 가인

나에게 노래해 주오
핑크 플로이드

작은 마을에 농부나 목자 등이 필요한 상황이 있습니다. 그들은 언제나 거기 있기에 {다른 곳에서} 불러올 필요는 없습니다. 하지만 예언자, 의사, 목수는 다르다고 오디세우스의 현명한 돼지치기가 말합니다.[1] 우리는 이들을 멀리서, 아마도 땅과 바다 너머에서 불러서 데려옵니다. 모든 마을에 백성의 일꾼들(데미오에르고이δημιοεργοί)[2]이나 잘 알고 잘할 수 있다고 이후에 그렇게 불리는 현자들(소포이σοφοί)이 있는 것은 아니기 때문입니다. 단순한 직업Beruf 이상을 뜻하는 부름Berufung들 가운데, 끝으로 가인은 스스로가 유일하게 《신과 같다》고 일컫습니다. 다른 사람들은 그저 예감할 뿐이지만 가인은 모두를 기쁘게 하는 것을, 즉, 자신의 언어가 어떻게 짜맞추어져 있는지를 알고 있기 때문입니다.

— ⌣⌣ — ⌣⌣ — ⌣⌣ — ⌣⌣ — ⌣⌣ — —
장 단단 장 단단 장 단단 장 단단 장 단단 장 장

가인은 육각운Hexameter으로 노래합니다. 육각운[3]은 각각의 음절들이 남김

---

1 오디세이아, 17권 352~355행.
2 *{풀어 옮기면 '그 땅에 사는 사람(데모스δῆμος)들을 위해 일/작업(에르곤ἔργον)하는 사람들'이라는 뜻으로, 돼지치기 에우마이오스가 의사, 목수, 가인처럼 외지에서 불러올 필요가 있는 사람들을 가리키며 사용한 말이다(오디세이아, 17권 383행). '장인'이라고 옮겨지기도 한다. 키틀러는 '민중Volk을 위한 일/작업을 하는 또는 작품Werk을 만드는 사람'이라고 읽을 수 있는 독일어(Volkswerker)로 옮겼다. 여기서 데모스는 호메로스의 노래에서는 마을이나 도시, 나라를 의미하며, 동시에 그곳에서 사는 사람들을 일컫는 말이기도 하다. '민중, 인민, 국민, 시민' 등으로도 번역될 수 있지만, 여기서는 좀 더 예스러운 단어인 '백성'으로 옮겼다.}
3 *{육각운은 그리스어로 헥사메트론ἑξάμετρον이라고 하는데, 여섯(헥사)개의 닥틸로스δάκτυλος로 이루어져 있다. 닥틸로스는 '장단단(—⌣⌣)'의 3음절로 이루어진 율각이며, 육각운의 첫 네마디에서는 한 율각에 있는 단음절 두 개가 장음절 한 개로 대체될 수 있다. 이때 만들어지는 이 '장장(— —)'의 율각은 스폰데이오스σπονδεῖος라고 불린다. 육

없이 하나하나 세어진 여섯 개의 율각, 박자, 춤출 때의 스텝입니다. 짧은 울림소리로 된 개음절[1]은 단음절이고, 음의 길이를 반만 셉니다. 장음절은 온전한 길이로 셉니다. 에타H나 오메가Ω처럼 울림소리가 길게 울릴 때이건 짧은 울림소리 하나 다음에 안울림소리가 따라올 때이건 모두 온박으로 세지요. 가인들은 자신들의 언어에서 이{음절의 수와 길이를 세는 것}를 우선 잘 엿들어야만 하는데 — 인도게르만어에서는 오직 인도인들과 그리스인들만이 이것을 해 냈지만 셈어계와 같은 다른 어족의 언어들은 신들의 이야기나 찬송가를 완전히 다른 규칙에 따라 짓습니다. 그런데 오로지 그리스어에서만, 육각운이, 이 최초의 일반적인 마테시스, 모어母語의 마테시스기, 단음절 두 개 대신 장음절 한 개가 허용되는 방정식을 그 안에 구축합니다.[2] 그리고 세이렌들이 노래합니다.

ΔΕΥΡΑΓΙΩΝ ΠΟΛΥΑΙΝΟΔΥΣΕΥ ΜΕΓΑΚΥΔΟΣΑΧΑΙΩΝ
데 우 라 기 온 폴 뤼 아 이 노 뒤 세 우 메 가 퀴 도 사 카 이 온

유럽은 이렇게 어렵게, 이렇게 들을 수 있게, 조심스럽게 시작되었습니다. 그냥 떠드는 입이나 필사자나 전제 군주가 아니라 조용한 {소리도 들을 수 있는 밝은} 귀입니다. 백성의 일꾼 또는 잘 알고 잘하는 가장 대담한 이에게, 우리에게 두 번째로 가장 모호하게 남아 있는 고유한 입말이 떠오릅니다. 예언, 치료, 목공木工은 더 쉽게 여겨지는데 대개 다른 사람들을 도와주는 일이기 때문이며, 특히 신탁에 있어서는 전적으로 그러합니다. 이와는 반대로 자신의 언어를 경청하는 예술은 재귀Rekursion를 도입합니다. 무사와 세이렌을 말이지요. 가인들이 스스로를 신적神的이라고 했다는 사실은 놀라운 일이 아닙니다. 그들만이 언어로 말하는 것이나 노래하는 것에서 말없이 조율하는 것이 무엇인지를 듣고 알기 때문입니다. 이것은 그리스 문자 훨씬 이전에 있었던 밝은 앎의 승리였습니다. 영웅이라면 모두 적의 마디들(멜레아μέλεα)을 알아야 했습니다. 적이 저항할 새도 없이 적을 재빨리 죽이기 위

{각운의 마지막 마디는 항상 2음절로 이루어져 있으며 그 마지막 음절 길이는 장단 모두 허용되기에, 스폰데이오스나 '장단(—⌣)'의 트로카이오스τροχαῖος의 율각으로 끝난다.}
1 *{개음절 또는 열린음절이란 모음으로 끝나는 음절을 말한다.}
2 웨스트, 『호메로스 신 입문서』(모리스/파웰 펴냄), 1997, 234~236쪽.

해서이지요. 가인이라면 모두 자신이 말하는 언어의 음절을 알아야만 합니다. 이것을 우리는 여러분들에게 마약 없이도 설명할 수 있었을 것입니다.

영웅이 노래하듯, 가인은 승리합니다. 뫼비우스의 띠 위에서 회전하지요. 포르밍크스Phorminx는 영웅과 가인을 서로 묶는 장난감입니다. 우리가 이 악기에 관해 알고 있는 것은 많지 않으며 — 그 악기의 소리가 제2의 목소리처럼 길거나 짧은 또는 높거나 낮은 음절 뒤에 따라온다는 것뿐입니다. 이 악기는 텔레마코스가 처음으로 키타라Kithara라고 부르며,[1] 그의 아버지는 예스러운 포르밍크스라고 부릅니다. 한 번은 이미 미노스 시대에서처럼 — {또} 피타고라스 이래로 {다시} 그러하듯[2] — 여덟 개의 현이 있었고, 다른 한 번은 우리의 가인들이 서너 개의 현으로만 반주합니다.[3] 어쩌면 키르케와 같은 새-여신을 위해 지어진 것일지도 모르는, −1200년 미케네 시대의 필로스 성에서 포르밍크스가 그려진 벽화도 발견되었습니다. 아무도 {반주 없이 그냥} 노래로 시작하지 않기 때문이지요.

필로스에서 발굴된 포르밍크스 연주자와 새-여신 벽화(−1200년경)

---

1   오디세이아, 1권 159행.
2   *{피타고라스 시대에 당시의 칠 현 리라가 팔 현으로 확장되었다(2.1.2.2.2).}
3   샤데발트, 1989, 13쪽.

1.2.1.1 하늘에서 내려온

처음에 가인은 포르밍크스만을 뜯습니다. 이것은 전주를 뜻하며 귀를 일깨웁니다.[1] 그다음에야 비로소 그는 노래를 시작하지요. 『일리아스』와 『오디세이아』에서 두 번 모두 동일한 간청으로 시작합니다.

> 분노를 노래하소서, 여신이여
> 메닌 아에이데, 테아

> 그 남자에 대해 제게 말해 주소서, 무사여[2]
> 안드라 모이 엔네페, 무사

이렇게 {가인} 자신의 노래가 전혀 아닙니다. 가인은 무사가 자신에게 노래하는 것을 듣습니다. 남자가 작곡한 적은 한 번도 없습니다. 가인은 무사에게 이야기를 해 달라고 간청할 수는 있지만, 강제할 수는 없습니다.[3] 그녀는 그를 위해서도, 물론 우리를 위해서도 처음으로 노래하는 것이 아니기 때문입니다. 가인이 계속 반복해서 말하듯, 우리 필멸자들 훨씬 이전에 이미 무사들은 신의 딸로서 신산 위 신전에서[4] 다른 모든 신들에게 연주합니다.

> 어디에서부터든, 여신이여, 신의 딸이여, 우리에게도 이야기해 주소서.[5]
> 톤 하모텐 게, 테아, 튀가테르 디오스, 에이페 카이 헤민.

이는 무사가 아프로디테, 헬레네와 파리스, 즉 사랑의 위력과 같은 시작 자체로 시작하는 게 아니라 오로지 《사건 한가운데에서》 시작하는 것만[6] 그냥 자유롭게 결정할 수 있다는 뜻이 아닙니다. 그것은 무사가 원하는 대로 시작과 방법을 취하는데 있어서 자유롭다는 뜻입니다. 키르케가 리파리 제

---

1 오디세이아, 8권 266행.
2 *{각각 『일리아스』와 『오디세이아』의 첫 행이다.}
3 바로 여기에서 아리스토텔레스는 《분노를 노래하소서》를 부탁이 아닌 명령으로 읽었던 소피스트 프로타고라스에 이의를 제기합니다(아리스토텔레스, 시학, 19장 1456b15~18절).
4 일리아스, 1권 604행과 2권 484행. 마로트, 1960, 61쪽.
5 오디세이아, 1권 10행.
6 호라티우스(시학, 148행) 이후로 계속된 수사학적 곡해*입니다. *{'사건 한가운데에서'라고 뜻을 옮긴 이 라틴어 구절은 인 메디아스 레부스in medias rebus로, 고대 로마의 시인 호라티우스가 호메로스의 시적 특징을 서술하며 사용한 말이다. 이를 통해 그는 호메로스의 이야기가 시간 순서대로 진행되는 것이 아니라 사건의 한가운데에서부터 시작되는 것을 높이 평가하였다.}

도 통과 이후의 항로를 자신의 잠동무에게 {스스로 선택하도록} 위임하는 것처럼 가인도 무사에게 맡깁니다. 그대가 올지 안 올지는 언제나 그대에게 달려 있지요. 신의 딸은 이미 오디세우스에 대하여 다른 신들에게 다르게 노래했습니다. 그것은 어쩌면 신들의 벌거벗은 진실이었을 수도 있지요.[1] 마침내 지금《우리에게도》처음으로 노래합니다.

영웅 자신에게도 다르지는 않습니다. 그가 신들의 열망에 대하여 알고 있는 무엇, 즉 제우스가 자신의 마지막 배를 침몰시킬 것이라는 사실은, 헤르메스가 먼저 칼립소에게 전달하고 그 다음에 칼립소가 영웅에게 알려주어야 합니다.[2] 페넬로페이아는 연인으로서, 클리타임네스트라는 간통자로서 존재할 것이라는 무엇은 신들이 몸소 필멸자들에게 지어준 전설들을 통해 필멸자들이 비로소 경험하게 됩니다.[3]

헤시오도스는 모든 신들의 생성에 관한 자신의 노래[4]를 무사들에 대한 찬가로 시작합니다. 그는 아둔하고《식탐 많은 양치기》임에도 불구하고, 그녀들은 무사의 산으로 그를 불러 찬가를 맡깁니다. 이렇게 말해지자마자, 즉 행해지자마자 무사들은 자신들의 어머니, 즉 기억의 여신과 아버지 제우스에 대해서 노래하는데, 무엇보다도 비밀스런 동굴 속에서 보낸 이 둘의 사랑의 밤에 대해 찬미합니다. 이렇게 가쁘히 무사들의 노래가 고유의 탄생으로 되돌아오고, 신들이 선사한 기쁨을 향해 나아갑니다.[5] 말 그대로 신들의 생성에 대한 것입니다. 만찬 후 자신의 아름다운 작업들을 노래하는 무사가 아니라면 신들은 무언가 부족하지요.[6]

뫼비우스의 띠 밖으로 나와 생각한다는 것은 어렵지만, 그럼에도 무사는 어

---

1 『오디세이아』의 성적인 검열에 대해서는 머레이(1934⁽⁴⁾, 123~31쪽)를 참고하십시오.
2 오디세이아, 12권 389행~.
3 오디세이아, 19권 193~202행.
4 *{헤시오도스의 서사시『신들의 계보』를 일컫는다. 그리스어 제목은 테오고니아Θεογονία인데, 신(테오스θεός)들의 '태어남, 자람, ~이 됨'(기게스타이γίγνεσθαι)을 함께 이르는 말이다. 이러한 과정을 계통(統) 또는 계보(genealogy)라고 옮긴 '신통기'나 '신들의 계보'는 각각 일본어와 영어의 번역을 따른 제목이다. 독일어로는 신들의 '생성Werden'이라고 옮기는데, 여기서 독일 동사 베르덴werden은 '~이 되다, (~한 상태가) 되다, 생겨나다'는 뜻이며 수동태나 미래형을 만드는 조동사이기도 하다.}
5 헤시오도스, 신들의 계보, 37~74행.
6 스넬, 1948⁽²⁾, 93쪽.

는 아름다운 저녁 궁에 나타나 가인에게 영웅 전설을 입력합니다. 《한 번도 스스로의 이름을 말한 적이 없는》,[1] 순수한 매체로 남아 있는 가인의 입을 통해 무사가 속삭입니다. 그래서 또한 호메로스를 듣는 청자는 한 번도 〈여러분〉이라고 불린 적이 없으며, 시작부에 《우리》라고 한 번만 언급되었을 뿐입니다. 전설은 《우리》 필멸자들에게 맡겨지고, 증정되고, 선물되었습니다.

> 《무사는 이야기하면서sagen 그리고 가인에게 전설을 이야기해-주면서 zu-sagen, 노래한다. 이러한 방법으로 각각 노래하기와 생각하기의 모임인 노래된 것Gesang과 생각된 것Gedank 둘 모두는 동일한 본질 속에서, 전설의 전설성 속에서 집에 있다.》[2]

이것이 뜻하는 바는, 무사가 자신의 확성기에게 그의 두 전설의 위대한 활{큰 짜임새}을 노래했어야만 했다는 것이 아닙니다. 트로이아가 옛적에 무너졌다는 사실, 오디세우스가 자신의 초록빛 이타카로 돌아갔다는 사실은 우리 필멸자들도 풍문으로, 즉 선조에게서 들어서 알고 있습니다. 그것이 아니라, 가인은 그저 풍문일 뿐인 것을 세이렌들처럼 아름다운 단어의 아름다운 울림[3]으로 바꾸기 위해서 무사에게 간청하고, 또 무사에게서 개별적인 것들을 경험한다는 것입니다. 이미 오래전에 제우스가 트로이아의 운명을 결정하기는 했지만 아직 미결로 남아 있는 각각의 새로운 개별 전투에서 신들이 관여합니다.

가인의 기억[4]에서 이름이나 수가 희미해질 때에는 특히 무사들이 도와주

---

1   위 플루타르코스, 호메로스의 삶과 작품, 1권 1장 54a절. 헤시오도스가 스스로의 이름은 물론 심지어 농부 출신임을(일과 날, 633행) 알린 최초의 가인이라는(신들의 계보, 22행) 이유로, 아리스토텔레스는 다른 사람들로 하여금 자신의 이름을 알게끔 한 호메로스가 더 우아하다고 말합니다(아리스토텔레스, 시학, 24장 1460a5f절).
2   하이데거, 1994, 171쪽.
3   자신의 모험을 노래하는 가인으로서의 오디세우스에 대해, 테오스 모르펜 에페시 스테페이θεὸς μορφήν ἔπεσι στέφει, 즉 《신이 그의 말에 형태를 씌웠다》(오디세이아, 8권 170행과 11권 367행)고 합니다. {'형태'라고 번역된 고대 그리스어} 모르페μορφή는 라틴어로 포르마forma로 변했는데, 플라톤과 그의 일당들 이전에는 보이는 것만을 의미하지는 않았으며, {말소리를 형용하기 때문에} 음악에 더 가까운 뜻이었습니다. ⇒ 2.2.2.2.2.2.
4   *{독일어로 '기억'을 뜻하는 단어(das Gedächtnis)는 중성 명사이지만 키틀러는 여성 관사를 붙여서 썼다(die Gedächtnis). '기억'을 뜻하는 고대 그리스어 므네모시네μνημοσύνη는 여성 명사이며, 기억의 신이자 무사들의 어머

어야 합니다.¹ 아카이아의 모든 영웅들과 배들이 트로이아 전쟁에 참여하기 위해 아울리스의 아름다운 항구에 모인 부분에서, 그에게 {기억이 희미해지는 일이} 닥칩니다. 하나의 목록만이 이 모임을, 이 로고스를 남김없이 그리고 순서대로 이야기할 수 있기 때문입니다. 그래서 가인은 무사들에게 간청합니다.

> 이제 저에게 알려 주소서, 올림푸스의 집에 사시는 무사여,
> 당신들은 여신들이며, 어디에나 있기에 모든 것을 알고 계시지만
> 우리는 사후의 명성만을 들을 뿐, 알고 있는 것은 없기 때문입니다.²
>
> 에스페테 뉜 모이, 무사이 올륌피아 도마트 에쿠사이 —
> 휘메이스 가르 테아이 에스테, 파레스테 테, 이스테 테 판다,
> 헤메이스 데 클레오스 오이온 아쿠오멘 우데 티 이드멘 —

이 장엄한 간청으로 시작하는 시행이 전설에서 세 번 되풀이되면서,³ 게다가 시작부의 두 반행半行이 잇달아 압운되면서 간청은 더욱 장엄해집니다. 우리 서구인들의 귀에 압운Reim이 항상 들리기는 하지만 그리스인들에게만큼은 아닙니다. 따라서 그냥 시인Dichter이 시행Vers을 노래하는 것이 아니라 태고의 무당Schamane이 마법을 거는 것입니다.⁴ 단어들 자체는 마땅히 뜻하는 바를 행할 것이며,⁵ 올림포스에 있는 무사들을 그에게로 불러낼 것입니다.

니인 므네모시네Μνημοσύνη는 여신이다.}

1   스넬, 1955(3), 185쪽. — 라이너 마리아 릴케(1966[1910], 3권 254쪽)와 비교해 보십시오. 《아니오, 그렇지 않습니다. 세계에 있는 어떠한 것도 {마음속에} 그려볼\표상할 수는 없습니다. 절대로요. 모든 것은 그토록 수많은 유일한 개별자들로 구성되어 있는데, 이 개별자는 하나하나 예측할 수가 없습니다. {마음속으로} 상상을 하게 되면, 이 개별자들은 그냥 넘겨버리고 지나가게 되며, 빨리 지나가기에 그것이 빠져 있다는 사실을 알아챌 수가 없습니다. 하지만 현실들은 느리고 묘사할 수 없을 만큼 상세합니다.》
2   일리아스, 2권 484~486행.
3   일리아스, 11권 218행과 15권 508행과 16권 112행.
4   머로트, 1960, 61~64쪽.
5   우리 서구인들Abendländer은 라틴어 문법학자들의 쇳소리에 가려져 있는 이 옛 진실을 발견하기까지 이천 년이 걸렸습니다. 존 랭쇼 오스틴(1972) 덕분입니다. 『말로 행하는 법』이라는 그가 쓴 책 제목은 {컴퓨터} 프로그램입니다. 독일어 번역자의 무미건조한 제목*의 존 설과 하버마스는 행해지지 않은 말로 시도했었던 것입니다. *{영국의 언어철학자 존 랭쇼 오스틴은 『말로 행하는 법How to do things with words』(1962)에서 후에 언어 행위론이라고 받아들여진 이론을 세웠는데, 이 책은 독일어로 『언어 행위Sprechakt들의 이론을 위하여』(1972)라고 번역되었다. 미국의 존 설은 『언어 행위들Speech Acts』(1969)에서 오스틴의 이론을 발전시키려고 했다.}

그 무엇Was은, 이 본질들Wesen의 본질은, 무엇일까요? 그들은 여신들이며, 이는 사기가 아닙니다. 그들의 사실Dass은, 그들의 현존재Dasein는 무엇일까요? 그들은 우리 곁에 현전합니다.[1] 그들의 무엇Was과 저 사실Dass을 하나로 생각한다는 것은, 그들의 전설에 대해서 무엇Was을 이야기하는 것일까요? 우리가 아니라 그녀들이 전체를, 모든 것을 안다는 사실Dass입니다.

앎과 존재는 동일자이기 때문이다.[2]
_{토 가르 아우토 노에인 에스틴 테 카이 에이나이}

따라서 무사들과 세이렌들을 구별하는 것은 아무것도 없습니다. 이 둘은 (늘 그리고 불멸하며) 존재합니다. 이 둘은 어디에나 (트로이아에도 아울리스에도) 곁에 현전합니다. 그래서 둘은 모든 것을 아는 것입니다. 무엇이 있었고, 무엇이 있는지, 그리고 무엇이 있을 것인지를 말이지요. 시간[3] 자체는 우리가 아직은 믿고 있는 세 가지 황홀경으로 펼쳐집니다.[4] 오로지 두 입에서 나온 꿀 같은 목소리가 이렇게 {세 가지 시제로} 영웅에게 노래해 주며, 또 반대로 가인이 무사들에게 노래해 줍니다. 하지만 세이렌이라는 사후의 명성은 둘 모두가 듣습니다. 뫼비우스의 띠가 다른 회로로 뒤집어집니다. 가인은 항상 영웅에 대해서만 노래하기 때문이지요. 무사들에게 하는 가인의 간청이 자신에 대하여 알려주는 얼마 되지 않는 것은, 또한 다음을 말하고 있을 뿐이기 때문입니다. 모든 개별자들로 전체를 찬미하기엔 너무도 부족한 우리의 목구멍, 혀, 목소리가 무사들이 건네주는 말을 얼마만큼이나 필요로 하는가를 말이지요.

---

[1] 하이데거, 1961(2), 144쪽. "에이나이εἶναι에 있는 파라παρά는, 즉, 다가와서 이미 와서 곁에 있다는 것은 현존재가 대상으로서 우리에게, 즉 인간에게로 다가온다는 사실을 의미하는 것이 아니다. '곁'이라는 것은 비은폐성이 허락한 보여짐Scheinen으로부터 비은폐성으로 {다가가는} 가까움이라는 뜻이다. 가까움 속으로 가까이 다가간 이러한 것은 거리를 두고 멀리 떨어져 있을 수도 있다." 에우보이아 해협에 있는 아울리스에서 올림포스까지는 한때 먼 거리였습니다. 유럽 연합의 돈이 고속도로에 작용한 것은 《나는 어떤 것 곁에 있다》라는 뜻의 파레이미πάρειμι와는 거의 상관이 없습니다.

[2] 파르메니데스, DK(6) 28, B 3.

[3] 파르메니데스, DK(6) 28, B 3.

[4] 셈어계와 다른 수천 개의 언어에는 뚜렷한 미래형이 없습니다. 바울의 서신에는 큰 문제가 되지 않았지요. 그러나 그리스어는 메시아의 도래일이 편지 수신자 생애의 어느 날이라고 기록할 수 있도록 했습니다 (블루멘베르크, 1966, 29쪽~). 나치 지하실에 숨겨진 어린이였던 블루멘베르크는 문법이 스스로 의미를 드러낸다는 사실만은 못 읽고 넘어가서 목숨을 구합니다.

저는 그 수를 외우기는커녕 이름조차 다 말할 수도 없을 것입니다.
제게 열 개의 입과 열 개의 혀가 있다 하여도,
목소리가 갈라지지 않는다 하여도, 제 허파가 청동으로 돼 있다 하여도,
아이기스 방패를 가진 제우스의 딸들, 올림포스의 무사들께서
얼마나 많은 이들이 일리오스로 나아갔는지를 상기시켜 주시지 않는
다면 말입니다.[1]

플레퇸 드 우크 안 에고 뮈테소마이 우드 오노메노,
우드 에이 모이 데카 멘 클로사이, 데카 데 스토마트 에이엔,
포네 드 아렉토스, 칼케온 데 모이 에토르 에네이에,
에이 메 올륌피아데스 무사이, 디오스 아이기오코이오
튀가테레스 므네사이아트, 호소이 휘포 일리온 엘톤.

세이렌은 이러한 고난을 모릅니다. 그녀들의 두 입은 꿀을 녹여 흐르게 하는 하나의 아름다운 목소리로 짜맞추어져 영웅의 행위를 끝없이 노래합니다. 그러나 가인들의 목소리는 몇 시간 뒤면 그 힘이 다하여 끝납니다. 가인들이 다음날 저녁에 다시 {노래를} 시작하기 위해서는, 수많은 죽은 여자들을 하나하나 세었던 오디세우스처럼 먼저 잠을 자러 가야하지요.[2] 한 남자에게 열 개의 입과 열 개의 혀가 있다고 하더라고, 님프들처럼 가볍고 밝게 흘려보낼 수는 없을 것 입니다. 어떠한 허파도 청동으로 되어 있지 않으며, 필멸하고 줄기져 있습니다. 이 모든 것은 가인의 앎에 속하는 것입니다. 그 반대도 마찬가지이지요. 무사들이 있습니다. 므네모시네 혹은 기억 그 자체가 제우스에게 낳아 주었지요. 오로지 이러한 이유에서 우리는 아직도 죽은 영웅들의 수를 생각할 수가 있습니다. 따라서 무사는 비유가 아니며, 그냥 우화가 아닙니다. 우리가 세이렌이나 아가멤논[3]의 이름을 부르기만 하여도 무사들의 단어는 오늘날까지도 계속되는 것입니다.

---

1   일리아스, 2권 488~493행. 아이기스는 처음에 제우스가 사용하며 흔드는 〈떡갈나무〉로 만들어진 방패를 뜻했으며, 나중에야 비로소 아테나의 가슴에 달린, 공포를 일으키는 그 그림을 의미하게 되었습니다. — 우리는 고린도전서(13장 1절)* 속에서 과장되게 되풀이된 수많은 혀와 입으로 되돌아갑니다. *{"내가 사람이나 천사의 혀로 말할지라도 사랑이 없다면 소리 나는 청동이나 울리는 꽹과리가 되고."}
2   오디세이아, 11권 330행~.
3   "그는 매번 '안게노멘angenommen{받아들여진}'을 '아가멤논Agamemnon'으로 읽었다. 이렇게 그는 매번 자신만의 호메로스를 읽었다."(게오르크 크리스토프 리히텐베르크, 『글과 편지』, 볼프강 프로미스 편집, 프랑크푸르트 암 마인: 2004, 2권 166쪽)

1.2.1.2　　가인과 영웅

이는 영웅이 언제나 다시금 가인을 기리는 이유입니다. 가인이 없었다면 영웅의 명예도 없었을 것입니다. 머나먼 미케네 문명 시기의 왕들은 스스로의 얼굴에 황금 가면을 씌워 매장하도록 하였는데, 하인리히 슐리만이 {발굴 당시} 미케네 왕의 무덤에서 가면을 꺼냈을 때[1] 바로 그 순간, 왕의 얼굴의 썩은 살점이 먼지로 부서졌습니다. 그리스인과 인도인과 드루이드인들이 이미 자신들의 옛 언어로 말했었듯이, 명예는 불후의 가면 금속과 클레워스 압티토스κλεϝος άφθιτος, 즉 불후의 노래 속에 동시에 보존되어 있습니다.[2]

반대로, 오디세우스가 먼바다 위에서 이끄는 방랑의 시대에는 {이전 미케네 시대와 같이 매장하는 것이 아니라} 화장火葬이 풍속이 될 것입니다. 키르케의 지붕에서 떨어진 엘페노르는 연기와 재로 사라질 수 있는 예우를 받았습니다. 오로지 둥글게 쌓은 묘墓와 그가 저었던 노櫓가 죽은 자가 했었던 행위를 계속해서 찬양하고 있지요.[3] 살덩이가 스스로 부활할 수 있도록 화장을 금지하는 기독교인들에게서와 같은 영원화Verewigung에 관한 것이 아니라 무사나 시인들이 선사하는 지속Dauer에 관한 것입니다.[4] 아킬레우스를 곧 삼킬 불길이 타오르는 장작더미 주위로 무사들이 모두 번갈아가며 아름다운 목소리로 장송가葬送歌를 부르기 시작합니다.[5] 그리고 트로이아의 멸망 후 귀향길에 오른 아카이아인들이 얼마나 호된 고통을 당했는지를, 가인 페미오스가 온 이타카 {사람들} 앞에서 노래할 때, 페넬로페이아는 가슴이 너무 아파 노래로 하는 《마법》을 어서 멈춰달라고 가인에게 눈물로 부탁합니다.[6]

1　한스 게오르크 분덜리히, 1979, 209~229행.
2　바데르, 1989. 베다의 스라나(스) 악시땀s'rána(s) ákṣitam*에 상응한다. *{바데르(1989, 14쪽과 18쪽)는 쉬라바하 악쉬땀śrávaḥ ákṣitam으로 표기하고 있으며, 이 산스크리트어 단어와 그리스어 클레오스 압티톤κλεος αφθιτον과의 비교는 1853년 아달베르트 쿤이 한 것이다. 표기에 따라 쉬라바스 악쉬땀śravas akṣitam이라고 쓰기도 한다. '불후의 명성'이라는 뜻이다.}
3　오디세이아, 12권 8~15행.
4　이 때문에 말라르메의 시행 《이 님프들, 난 그들을 영속하게 하고 싶네Ces nymphes, je les veux perpeteur》는 기독교적으로 번역한 "이 님프들을 나는 영원하게 하리Diese Nympen will ich verewigen"(스테판 말라르메, 1993, 85쪽)와는 다르게 그리스적입니다. "저기 저 님프들, 나는 그들을 지속되게 하고 싶다네Die Nymphen da, ich will sie dauern machen".
5　오디세이아, 24권 60~62행.
6　오디세이아, 1권 337~344행.

가인은 현악기를 곁들여 구혼자들에게 동일한 노래를 들려주지만 반대로 이들에게는 즐거움만 있을 뿐입니다.[1]

그러므로 이름 없는 최후의 가인이 우리에게 노래해 주었기에 여전히 우리가 노래할 수 있는 그 모든 가인들은 누구든지 결국 동일한 이름을 가지고 있는 것입니다. 〈기리는〉 그리고 특히 〈유명한〉 페미오스, 그의 아버지인 〈기쁘게 하는〉 테르피오스, 파이아케스의 궁에서 〈백성들에게 높은 예우를 받는〉[2] 데모도코스 모두 동일합니다. 음악에 대한 새롭고 위대하며 일반적인 기쁨은 『오디세이아』와 『일리아스』를 구분합니다. "오디세이아에서만 사람들이 가인의 노래와 연주에 기뻐한다."[3] 이미 울려 퍼진 노래에 그가 다시 귀를 기울였을 때, 노래는 스스로를 고유명으로 부를 수가 있습니다.

이것은 파이아케스의 궁이 가장 아름답게 보여 줍니다. 양 열두 마리, 돼지 여덟 마리 그리고 소 두 마리가 신들에게 바쳐지는 제물이자 인간들의 저녁 식사로 도축됩니다. 기다리던 고기가 날것에서 구이로 조리됩니다. 그러는 동안 한 전령은 눈먼 가인 데모코스에게 안락의자를 건네고, 밝은 리라를 기대어 놓으며, 어떻게 리라에 손이 닿을 수 있는지를 눈먼 이에게 알려줍니다. 따라서 예의와 경외가 모든 단계를 이끕니다. 마실 것과 먹을 것을 미리 답례로 받고 난 후에, 스스로 보지 못하는 이가 귀들을 즐겁게 할 것입니다.

모두의 배가 부르자 무사는 가인을 자극하여 넓은 하늘에 닿을 정도로 당시 가장 명예로웠던 영웅의 행위를 노래하도록 합니다. 그것은 신들의 어느 다른 만찬에서 오디세우스와 아킬레우스가 승부를 가렸던 싸움입니다. 오디세우스는 이렇게 칼립소에서 파이아케인들에게로 떠밀려 온 이름 없는 손님으로서 스스로에게 귀를 기울이며, 자신의 뫼비우스의 띠를 다시 한 바퀴 지나갑니다. 그리하여 페미오스가 동일한 것을 노래할 때, 먼 섬에 있

---

1 오디세이아, 1권 159행.
2 오디세이아, 8권 472행. 샤데발트(1944, 83쪽과 68쪽)는 다음과 같이 말합니다. "시인이 직접 [데모도코스라는] 이름을 지시합니다."
3 라타치, 1966, 208쪽.

는 자신의 부인만이 그러하듯 오디세우스에게도 눈물이 흐릅니다. 홀로 울면서 모든 이들의 기쁨을 슬프게 할 수는 없기에 오디세우스는 자신의 얼굴 앞으로 외투를 당겨 가립니다. 하지만 영웅은 이렇게 {자기 이야기를} 되풀이 Wiederkehr하는 가인 데모도코스에게 오히려 고마워합니다. 무사가 시인의 자라남Gewächs[1]을 가르쳐주고 사랑스러워했을 뿐 아니라 지상의 인간들도 모두 {시인의 노래를 기억하고 노래하고 읽으며} 시인의 자라남에 경의를 표하기 때문이지요.[2] 필레φύλη[3]는 피시스Physis를 뜻합니다. 노래하면서 이야기하면서 발현하지만 또 동시에 스스로를 숨기지요. 왜냐하면 무사는 자신들의 가인을 그토록 사랑하여 가인들의 눈을 앗아가는 내신 노래하는 재능을 주었기 때문입니다.[4] 데모도코스는 자신을 노래하는 가인 호메로스처럼 눈이 멀었지요. 사랑의 가장 엄격한 형태는 들어본 적도 없는 엄청난 것입니다.

테베의 {예언자} 테이레시아스는 어느 날 한 쌍의 뱀이 사랑의 욕망으로 뒤엉켜 있는 것을 본 적이 있었는데, 그는 암컷 뱀을 죽였고 자신은 여자가 되었습니다. 몇 년이 지나 그러한 짝짓기를 두 번째로 보게 되었고, 그는 수컷을 죽여서 다시 남자가 되었습니다. 부친 살해의 삼거리[5]에서 뻗어 나오는 다울리스에서 언제나 대담하게 앞서 갔던, 막대기를 가진 사내는 우리를 우로보로스[6]의 시선으로부터 보호하였습니다. 이와는 반대로, 헤라와 제우스로부터 남자와 여자의 사랑의 욕망에 관해 {누구의 즐거움이 더 큰지} 질문을 받은 테이레시아스는 다음과 같이 신적인 남매 부부에게 회답합니다. 십 분의 일 정도는 남자들도 즐길 수 있으나 여자들은 열이면 열 모두를 즐길 수 있다고 말이지요. 헤라는 분노하여 그의 눈을 멀게 했고, 제우스는 보상으로 예언 능력이라는 축복을 내려주었으며,[7] 『오디세이아』는 그 특권을 인정

---

1 *{키틀러는 피타고라스를 따르려면 피시스를 '자라는 것/식물Gewächs'이라고 번역하는 것이 낫다고 한다(2.2).}
2   오디세이아, 8권 479행~.
3 *{'씨족, 혈통, 집안, 일족' 등을 일컫는 말이다.}
4   오디세이아, 8권 63행.
5 *{오이디푸스가 아버지 라이오스를 살해한 삼거리를 말한다. 여기서 갈라진 길이 테바이, 델포이 그리고 다울리스로 통한다.}
6 *{우로보로스Οὐροβόρος는 '꼬리(우라οὐρά)를 삼키는 자'라는 뜻으로, 뱀이 자신의 꼬리를 물며 원을 그리고 있는 형상의 상징물이다. 고대의 여러 문화에서 전해져 내려오며, 머리/시작/탄생과 꼬리/끝/죽음이 하나로 연결되어 순환과 되풀이를 뜻한다.}
7   헤시오도스, 멜람포디아, 3번 파편.

하는데, 키르케에서 나우시카아에 이르는 구 년 동안 여자들의 큰 목소리들 속에서 자신의 말Rede을 시작하기 위해 그는 여자가 되었었기 때문입니다.

그런데 오디세우스와 알키노오스는 왜 눈먼 가인에게 노래를 부탁할까요? 마실 것과 먹을 것은 수신자들을, 특히 난파자들처럼 가진 것이 없는 자들을 기부자와 묶습니다. 몸Leib에는 먹을 것으로, 영혼Seele에는 포도주로 말이지요. 끝으로 가인은 정신Geist을 위하여 노래하며 {수신자와 기부자의} 묶음을 풉니다. 모두가, 잔치를 베푸는 주인도 마찬가지로 그에게 감사해합니다. 그러나 이와는 반대로 열두 사도가 반드시 매 식사 시간마다 그를 《기억》하여[1] 빵이 그의 살덩이로, 물이 그의 포도주로 변하도록 해야 한다고 최후의 만찬에서 말하는 자는, 은혜를 갚을 수 없도록 강요하는 것입니다. 왜냐하면 첫째, 가인들은 갚을 것이 없기 때문이고, 둘째, 살과 피를 내놓는 것과는 상관이 없으며, 정반대로 예루살렘의 황량하게 건조한 사막으로 빵과 적포도주를 끌어내는 것과 관련되어 있기 때문입니다.[2]

오디세우스는 눈물로 데모도코스에게 감사를 표하는데, 이 눈물은 가인의 눈멂이 모든 청자들에게 전이되고 있음을 증명합니다. 그의 외투는 다른 사람들로부터 {자신의 눈물을} 숨길 수 있는데[3] 모두들 한 명의 가인에게만 귀를 기울이고 있지 아무도 동일한 마법 아래에 홀린 다자多者들을 살펴보지는 않기 때문입니다. 그러나 잔치의 주인은 주의를 기울입니다. 눈물은 보이지 않은 채로 남아 있지만 장막 자체는 보입니다. 아무것도 필멸자들에게서 필멸자들을 가릴 수는 없습니다. 알키노오스는 그 이름 없는 손님을 옆으로 데려와 그가 눈물을 은폐했음을 탈은폐합니다. 이렇게 존재사를 만들 단어 하나가 등장합니다.

《신들이 그렇게 만들었소. 그들이 인간들에게 몰락을

---

1   누가복음 22장 19절은 《투토 포이에테 에이스 텐 에멘 아남네신τοῦτο ποιεῖτε εἰς τὴν ἐμὴν ἀνάμνησιν》*이라고 합니다. 반대로 플루타르코스는 이렇게 말합니다. 《먹고 마시는 것에 대한 욕망에 관한 것은》 순박한 노래의 무사인 《탈리아가 사람들을 어느 정도 비인간적이거나 동물적으로 만들어서 그들이 음식과 술로 가득한 잔치에서 함께 어울리도록 하는 것이다.》 *{"너희가 이렇게 행하여 나를 기억하라."}
2   베를린의 토마스 마호에게 감사를 표합니다. 마티아스 슐츠(2002, 136~147쪽)도 보십시오.
3   푸코, 1994, 1권 251쪽.

엮는 것이오. 그래서 존재가-될-자¹들에게도 노래가 있도록 말이오.》²

"톤 데 테오이 멘 테욱산, 에페클로산토 드 올레트론
안트로포이스, 히나 에이시 카이 에소메노이신 아오이데."

따라서 신들과 영웅들, 무사들과 가인들 사이를 지배하는 것은 동일자입니다. 그것은 이글거리듯 모호하고 어두운 사랑 또는 조화이지요. 무사들에 의해 눈이 멀게 된 가인들은 다가오는 것을 알립니다. 영웅들을 파멸하게 하여 자신들의 사후의 명성을 우리 곁에 건립했던 것은 신들이었습니다.

1.2.1.2.1 니체가 테타Θ 579~580행³을 읽습니다

{오디세이아의 이} 두 행을 독일어로 번역하려는, 심지어 사유하려는 니체의 보다 상세하고 당황스러운 네 가지 시도를 이제 한번 살펴봅시다.

1. 《현존재와 세계는 오직 미적 현상으로서만 영원히 정당화된다.》⁴

오로지 리하르트 바그너를 기쁘게 하고 쇼펜하우어의 세계고世界苦 Weltschmerz를 해치우기 위해 푸른 하늘에서 온 명제입니다. 그런데 니체의 고대 그리스 학자적 근심도 성장을 합니다. 그는 마침 『오디세이아』에서 두 행을 발견하여 이 명제를 뒷받침합니다.

2. 《호메로스가 얼마나 역설적일 수가 있는지. — 호메로스에서 발견되는 저 생각처럼 인간의 운명 위로 겨울 햇빛처럼 비치는 그런 무모하고, 소름끼치고, 믿기 어려운 것이 있는가.
〈이는 신들이 결말을 정하고 인간들에게 몰락을 결정한 것이오. 그래서 후세들에게도 노래할 것이 있도록 말이오.〉

---

1 *{'존재가-될-자(das sein-werdende)'라고 키틀러가 옮긴 그리스어는 '나는 ~이다'라는 뜻의 동사 에이미εἰμί의 미래형 중간태 분사인 타 에소메나τὰ ἐσσόμενα의 복수형이다. 보통은 '후세 사람들'이라고 번역된다.}
2 오디세이아, 8권 579행~. 거의 동일한 문장으로 헬레나는 헥토르를 위로합니다(일리아스, 6권 357행~). 이에 관해서 칼로소(1992, 282행~)를 참고하십시오.
3 *{오디세이아의 8권 579~580행을 가리키며, 이는 앞서 인용된 두 행이다. 오디세이아는 (일리아스와 마찬가지로) 총 24권으로 이루어져 있는데, 본래 각 권은 알파(Α)에서 오메가(Ω)까지 24자의 그리스 알파벳으로 번호가 매겨져 있으며, 로마 숫자나 아라비아 숫자로 서사시의 권수를 표시하는 것은 후대의 편의에 의한 것이다. 테타(Θ)는 그리스 알파벳의 여덟 번째 글자이다.}
4 니체, 1972~1995, III/1 43쪽.

즉, 우리는 고통을 받으며 파멸하는데, 이로써 시인들에게 소재가 떨어지는 일이 없도록 한다는 것이며 ― 이는 호메로스의 신들이 정하여 배치한다는 것으로, 이 신들은 후세들의 기분 전환에 대해서는 많이 신경을 쓰지만 우리 현대인들에게는 너무도 적게 신경을 쓰는 듯 보인다. ― 일찍이 어느 그리스인의 머릿속에 이런 생각이 떠올랐다니!》[1]

《현대인들》에게 음악에만 관련된 것이 아닌 부조리를, 가엾은 니체는 스스로 서서히 깨닫습니다. 첫째, 호메로스는 소재나 돈을 갈구하는 것이 아닙니다. 둘째, 오디세우스는 《파멸》하는 것이 아니라 여신들 덕분에 저승까지도 다녀온 뒤 고향으로 갑니다. 키르케가 말하듯, 이 {저승으로부터의} 되풀이Wiederkehr{되돌아옴}는 오직 오디세우스와 선원들에게만 허락된 것입니다.[2] 따라서 니체는 이것을 고유명으로 반복합니다.

3.《하데스행. ― 오디세우스처럼 나도 저승에 다녀온 적이 있고, 좀 더 자주 다녀올 생각이다. 죽은 자들과 이야기하기 위해서 나는 거세된 숫양만 바친 것이 아니라 나 자신의 피 또한 아끼지 않았다. 재물이 된 나를 거절하지 않은 네 쌍이 있었는데 그들은 에피쿠로스와 몽테뉴, 괴테와 스피노자, 플라톤과 루소, 파스칼과 쇼펜하우어였다. […] 이들이 때때로 내 그림자처럼 나타난다면, 살아 있는 자들이여 나를 용서하라. 그토록 창백하고 불쾌하고, 그토록 초초하고, 또, 아이고! 어쩌나 그리들 삶을 탐내는지. 죽은 후인 지금 절대로 다시는 삶에 지쳐 찌드는 일은 있을 수 없으리라는 듯, 어찌 저들은 내게 그렇게도 생기 있게 보이는지. 하지만 〈영원한 삶〉에 무엇이 있는지 그리고 삶 자체에는 무엇이 놓여 있는지는 영원한 생기에 달려 있다!》[3]

이렇게 《영원한 생기生氣》는 마침내 고유명을 얻을 수 있게 되는데, 그것은 같은 것의 되풀이[4]를 몸소 살아가며 가르치는 어느 한 그리스 신의 고유

---

1 니체, 1972~1995, IV/3 98쪽~.
2 오디세이아, 12권 21~22행.
3 니체, 1972~1995, IV/3 169쪽~.
4 *{키틀러는 니체처럼 보통은 '회귀'로 번역되는 비더쿤프트Wiederkunft가 아니라, 여기서 '되풀이'라고 옮긴 비더케어Wiederkehr라는 말을 꾸준히 사용한다. 두 단어 모두 '다시(wieder) 돌아옴'의 뜻을 가지고 있지만, 회귀는 '오다, 도착하다, 도래하다(kommen)'는 뜻의 동사에서 나온 단어이기에 떠났다가 단순하게 다시 돌아온다는 뜻에 중점

명입니다. 우리가 용기 있게 이 유혹에 응한다면 저승과 이승, 고통과 욕망은 하나로 뒤엉킬 것입니다.

4.《가장 위대한 중점. — 어느 날 혹은 어느 밤, 한 다이몬이 그대의 가장 고독한 고독의 뒤를 밟으며 다음과 같이 그대에게 말한다.〈그대가 지금 살고 있고 살아왔던 이 삶을 그대는 다시 한번 살게 될 것이며, 셀 수 없이 살아야만 한다. 그것엔 새로운 것이란 없을 것이며, 모든 고통과 모든 욕망, 생각과 한숨, 그대의 삶에서 이루 말할 수 없이 작은 일과 큰일들이 모두 그대에게 회귀할 것이며, 이 모든 것은 동일한 순서대로 일어날 것인데 — 나무들 사이에 있는 이 거미와 이 달빛도 똑같이, 이 순간과 나 자신도 똑같이 회귀할 것이다. 현존재의 영원한 모래시계는 끊임없이 뒤집어질 것이며 — 이와 함께 티끌 중의 티인 그대도 되돌려질 것이다!〉그대는 넙죽 엎드리지 않고, 이를 꽉 깨물며 그렇게 말했던 다이몬을 저주할 텐가? 아니면 다음과 같이 대답하며 이 무시무시한 순간을 겪어본 적이 있는가?〈당신은 신이며, 저는 이보다 더 신적인 것을 들어본 적이 없습니다!〉》[1]

우리의 이름이 바뀌어도 되풀이되는, 프라이부르크 나무들 사이로 비치는 달빛. 이 무시무시한 질문에 예라고 답하는 자만이 이 마지막 유혹자에서 곧 디오니소스 신을 알아볼 수 있습니다.[2]

1.2.1.2.2 눈물장막 안에

영웅과 가인의 놀이는 완전히 동일한 것을 행합니다. 욕망들만이 아니라 고통들도 되풀이되지요. 오디세우스가 자신의 욕망을 위해 직접 — 파이아케스인들에게는 아직 이름 없는 자이기는 하지만 — 데모도코스에게 오디세우스가 만들어낸 목마의 계략에 대해 노래해 달라고 부탁합니다.[3] 그런데

이 있는 반면, 되풀이는 '향하다, 돌다, 뒤집다, 꺾다(kehren)'는 동사에서 나온 말이며, 따라서 뫼비우스의 띠나 무한 루프에서처럼 끝없이 계속되는 되돌아옴에 방점이 있다.)

1 니체, 1972~1995, V/2 250쪽~.
2 클로소프스키, 1969, 102~109쪽.
3 오디세이아, 8권 492~495행.

가인이 피비린내 나는 트로이아의 마지막 밤을 노래하기 시작하자 영웅의 눈에 눈물이 흐릅니다.[1] 욕망과 고통, 노래와 흐느낌은 뫼비우스의 띠로 서로 얽힙니다. 여자 영웅들과 남자 영웅들은 라틴어로 소위 허구Fiktion들을 소위 현실Realität들로부터 구분하도록 학교에서나 무대 앞에서 배워야 했던 우리 같은 해석가들이 아닙니다. 이야기 속에 자신들의 운명이 반복되고 있어서 메넬라오스와 헬레나의 눈이 눈물로 가득할 때, 헬레나는 마법초를 자신의 포도주에 집어넣고 — 아편은 욕망을 다시 불러일으킵니다.[2] 세이렌이 일으키는 마법도 이와 다르지 않습니다. 그러므로 노래가 오디세우스를 모험의 끝없는 회로 속에 붙잡아둘 수 있기 때문에 그가 공황에 빠진 채 세이렌의 꽃섬을 피하는 것으로 보는 모든 해석자들은 — 블랑쇼[3]에서 푸코[4]를 거쳐 푸치[5]에 이르기까지 — 헛소리를 하는 것입니다. 왜냐하면 오디세우스가 가인에게 {목마의 계략에 대한 노래를 청}하는 그 부탁이 말하는바, 그는 분명《신들의 열망 때문에 트로이아인들과 아르고스인들이 고통을 당하는 것》보다 더 즐겨 듣는 것이 없기 때문입니다.

---

1 오디세이아, 8권 522행.
2 오디세이아, 4권 221행.
3 모리스 블랑쇼, 1962, 11~21쪽.
4 푸코, 1994, 1권 532쪽. "세이렌은 포착하기 어렵고 금지된 형태의 매혹적인 목소리이다. […] 마치 텅 빈 제안을 하듯, 노래는 노래의 매혹일 뿐이라고 하지만 이 노래가 영웅에게 약속하는 것은 다름이 아닌 그가 겪었고 알았으며 고통당했던 것의 중복일 뿐이며, 다름 아닌 영웅 그 자신이 누구인지에 대한 것일 뿐이다. 기만적이며 동시에 진실한 약속이다. 그녀는 거짓말을 한다. 유혹된 모든 사람은 […] 오직 죽음만을 맞이할 것이기 때문이다. 그러나 그녀는 진실을 말한다. 죽음을 통해 노래가 고양되어 영원히 영웅의 모험을 이야기하기 때문이다." 아름다운 말입니다. 그러나 우리가 듣는바 세이렌은 단순히 {영웅이 무엇을 했고 누구인지를} 반복하는 것 그 이상을 약속합니다. 그녀가 지닌 무사의 앎은 모든 것과 관련되어 있습니다. 무엇이 있었고, 있으며, 있을 것인지에 대한 앎이지요.
5 ⇐ 1.1.2.1.5*. *{세이렌에 대한 푸치의 해석을 언급한 부분은 1.1.2.1.6이다.}

1.2.2 가인과 문자

> 글자가 알려준다
> 그람마 케뤼케이온
> 소포클레스

되풀이Wiederkehr는 언제나 작용했습니다. 한 인도게르만어의 시어{가 있었다}는 거의 확실합니다.[1] 하지만 신적이며 은밀한 앎으로서 이 언어는 수천 년간 기록이 금지되었다는 것이 — 베다의 경우와 같이 — 어느 정도 증명이 된 듯합니다. 골족은 일상 속에서 그리스 글자를 사용했습니다. 그러나 {골족의 지배 계층이었던} 드루이드에게는 노래를 기록하는 것이 금지되었습니다.[2] 그렇다면 어떻게 우리는 오디세우스와 두 세이렌들에 대해서 읽을 수 있게 된 것일까요?

용감한 테제 하나로 바로 시작하자면, 헬라스는 헤스페라가 아니었기 때문입니다.[3] 쐐기문자를 통해 배웠던 히타이트인들처럼 {일상적인 글뿐 아니라} 신들의 이야기도 기록하였던 인도게르만인들과 이를 금지하였던 인도게르만인들 사이의 절단선이 있던 곳에서 우리로 하여금 노래하고 읽고 쓰게끔 하는 그 불꽃이 –800년경 그리스에 옮겨 붙은 것으로 보입니다.

호메로스의 귀에 직접 닿을 때까지 이름 없는 가인들이 수백 년에 걸쳐 전승했던 것{노래}은, 미노스 문명 시대로까지 거슬러 올라갑니다. 크레타섬에서 최초의 그리스어가 음절 단위로 기록되기 전에도, 즉 –1440년경 이전에도, 영웅 노래는 낭송되었습니다.

동일한 곳에서 –1600년경 어떤 미지의 언어를 기록하기 위해 초기의 음절

---

1 비아체슬라프 이바노프, 1997, 1권 62~76쪽.
2 율리우스 카이사르, 갈리아 전기, 6권 14장 3~4절. 이와 함께 바데르(1989, 161쪽)의 다음도 보십시오. "{'새기다'는 뜻의 인도유럽조어} 어근 *pei-k/g-가 새겨진 글에서 볼 수 있는 것처럼, 인도유럽어를 사용하는 사람들이 다시 쓰기récriture를 경험했다는 것은 실로 확실하다. 경우에 따라서는 그림이나 거의 모든 사투리에 통하는 말과 함께 새겨져 있다. 시가 구전으로 전해졌다면 이는 자발적인 것이며, 글자는 그 외의 것들을 기록하기 위해 있는 것이다. (그리고 여기서 우리는 예를 들어 미케네인들이 우리에게 이 이야기들을 전해 주었다는 사실에 대해 생각한다. 그런데 아키레우-아킬레우스, 에코토-헥토르, 케사도로-카산드라와 같은 인명을 바탕으로 판단할 수 있는바, 분명 시는 당시에 존재했었다. 이것은 아마도 오로지 소멸하기 쉬운 물질적 기반의 속성이나 우연성 때문이 아닐까?)"
3 부르케르트, 1984, 135쪽.

문자가 생겨납니다. 그것은 바로 미노스 선형문자 A이지요. 하지만 수수께끼 같은 말소리를 위한 이 수수께끼 같은 기호는 어떠한 해독의 시도도 비웃습니다. 아카이아인들이 육지에서부터 크레타섬의 미궁을,[1] 혹은 차라리 네크로폴리스[2]라고 불리는 것이 적당한 그곳을 점령하여 그 기호 집합이 인도게르만어족의 언어와 어느 정도 가까워진 이후에야 비로소, 우리는 그 음절 기호를 읽을 수 있게 되었습니다.[3] 이것이 바로 미노스 선형문자 B이지요.

1.2.2.1　미노스 선형문자 B

> 나의 누이, 아리아드네여! 어떤 사랑으로 상처 입어,
> 그대가 버림받았던 바로 그 해변에서 죽는구나!
> 라신, 페드르

아래의 그림은 에번스가 크노소스의 소위 궁전에서, 즉 미궁에서 발굴해 내었던 수많은 구워진 점토판들 가운데 하나로, 꿀과 꿀 여신에 대한 첫 증거입니다. 우리는 그녀에게 허리 숙여 절합니다.

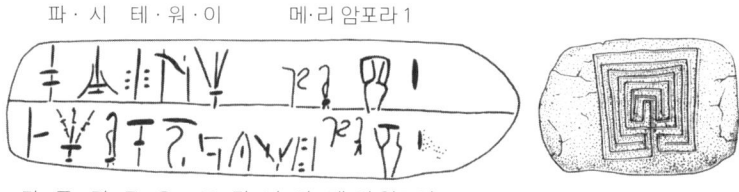

파·시　테·워·이　　메·리 암포라 1

다·푸·리·토·요　포·티·니·야 메·리 암포라 1

1　*{1900년 크노소스의 미궁을 처음 발굴한 영국의 고고학자 아서 에번스는 이곳을 미노스 문명의 중심지이자 궁전이라고 불렀으며, 이를 바탕으로 제시된, 미노스 문명이 고대 그리스의 기원이자 따라서 유럽 문명의 시초라는 관점은 지금도 널리 받아들여지고 있다. 그러나 키틀러는 크노소스의 미노스 문명은 헬라스 이전의 문명으로 보아야 하며 크노소스는 저승의 재판관 미노스와 저승의 여신을 모시는 신전이었을 것이라는 가설을 제시한 슈펭글러(1937)와 크노소스의 미궁이 묘지로 이루어진 도시, 즉 네크로폴리스였다는 주장에 대한 근거를 제시한 분덜리히(1979[1972])를 따른다(1.2.2.1과 1.2.3).}

2　슈펭글러, 1937, 169쪽.

3　*{선형문자 A는 현재까지 알려진 바가 거의 없는 언어인 미노스어를 기록하고 있으며, 역시 미노스어를 기록했던 크레타 상형문자와 함께 아직 완전히 해독되지 않은 고대 문자 중 하나이다. 이에 비해 선형문자 B는 초기 그리스어를 기록하고 있어서, 지역 이름이나 신의 이름 등 고유명의 비교가 가능하여 이를 해독의 출발점으로 삼을 수가 있었다(1.2.2.1). 선형문자 A를 바탕으로 선형문자 B가 발전되었기에 이 두 문자는 서로 비슷하거나 같은 기호들을 가지고 있는데, 이를 바탕으로 선형문자 A의 일부의 음가가 밝혀졌으며 선형문자 B와 마찬가지로 음절 단위로 기록하는 문자일 것으로 여겨진다.}

모든 신들께: 꿀 암포라 하나
미궁의 여왕께: 꿀 암포라 하나[1]

미궁을 지배하는, 따라서 크노소스 자체를 대표하는 한 여왕이 다른 모든 신들을 아우른 것만큼이나 많이 고려됩니다. 그 이유는 명백합니다. 크레타의 미궁이 간직하고 있는 수없이 많은 미라들은 꿀로 방부 처리되기 때문이지요.[2] 그리하여 무른 점토로 된 작은 판 하나에 제물이 새겨지고, −1240년 도리스에서 온 그리스인들의 군사적 침입으로 인해 다른 네크로폴리스 및 문서 보관실과 함께 불에 탄 이후에 처음으로 구워져 마치 이러한 운명을 우리에게 탈은폐하려는 듯 영구히 보존됩니다.

그 기호는 다데디도두, 카케키코쿠 등과 같은 단순한 개음절로 이루어진 음절문자로 구성되어 있습니다. 따라서 연이은 안울림소리 두 개를, 즉 인도게르만어의 장음절을 기록할 수가 없습니다. 하지만 다섯 개의 울림소리를 단독으로 기록하기 위한 기호가 있는데, 요컨대 지상 최초의 아에이오우입니다.[3] 숫자는 선이나 원으로 기록하고, 손잡이 두 개가 달린 항아리인 암포라는 남자·여자·포도주와 마찬가지로 그림으로 나타냅니다.[4] 미노스인들은 오늘날의 수학자처럼 모든 사물을 그 손잡이나 다리의 개수에 따라 셉

---

1 존 채드윅 외(1986, 1권 702쪽)에서 참고한 크노소스 출토의 선형문자 B 기록입니다(KN Gq 702). 케레니(1994(19), 1권 79쪽)도 참고하십시오. 다음과 같은 카니아 출토의 선형문자 B의 기록(KH Gq 5)도 함께 보십시오. 《제우스의 숲 잔디에: 꿀 암포라 하나 / 디오니소스께: 꿀 암포라 둘》(토마스 팔래마, 고대 그리스사 연구 검토 추진 협회 편집, 1998, 216쪽). 한편 「미케네 점토판에 나타난 종교적인 언급[!]」(로마: 1968, 56~58쪽)(=잉쿠나불라 그라이카, 제29권)과 같은 모니크 제라르-루소의 쓸모없는 불경한 주석은 반대로 떨어져 나갑니다.
2 분덜리히, 1979, 192~202쪽.
3 에른스트 도블호퍼, 1964, 252쪽.
4 호이벡, 1979, 44쪽: 뜻글자deogramm로 쓰인 다른 글자들은 비르VIR, 에쿠우스EQUUS, 로타ROTA, 올리바OLIVA, 비눔VINUM, 멜MEL, 아에스AES, 수스SUS 등의 단어를 표기합니다. 그런데 '꿀'을 뜻하는 메리meri는 음절화*되었습니다. *{선형문자 B는 기본적으로 한 글자가 한 음절을 표시하는 음성문자라는 점에서 일본의 히라가나나 가타카나와 비슷하지만 선형문자 B에는 말소리를 나타내는 음절기호뿐 아니라 하나의 기호로 하나의 단어를 나타내는 뜻글자도 여럿 포함되어 있다. 이 뜻글자에는 여자와 남자와 같은 기본적인 단어를 나타내는 글자 외에도 숫자나 측정 단위를 표시하는 글자들도 있다. 위에 인용된 뜻글자들 가운데 비르, 에쿠(우스), 로타, 올리바, 비눔은 각각 사람, 말馬, 바퀴, 올리브, 포도주를 뜻하며, 각 기호의 형태에서 뜻을 어느 정도 짐작할 수 있기에 '그림'이라고 할 수 있다. 본문에 인용된 암포라도 손잡이가 달린 단지 모양의 뜻글자이다. 한편 꿀을 뜻하는 선형문자 B의 글자는 이와는 달리 꿀이라는 형태를 그림으로 나타낸 것이 아니라 '메'와 '리'라는 음절기호를 결합하여 '메리' 또는 '멜리'라고 읽히는 하나의 기호로 꿀이라는 단어의 소리를 나타내었기에(호이벡, 1979, 45쪽) 키틀러는 '음절화'되었다고 표현하였다.}

니다.¹ 즉, 위상적으로 종수種數Geschlecht에 따라 세는 것입니다. 다른 말로 하자면, 크레타와 아카이아의 최초의 음절문자는, 이후 그리스 알파벳과는 반대로, 그림·글자·수의 삼위일체로 펼쳐집니다.² 이 세 문화기술은 어디에서도 서로 맞물리지 않아서, 그 음절기호는 연속적으로 열거될 수 없습니다. 선형문자 B는 모음 행이 자음 열과 교차되었을 때 가장 잘 정렬될 수 있다는, 또는 주소가 지정될 수 있다는 사실은, 해독을 한 이후에야 비로소 명료해졌기 때문입니다.³

그럼에도 불구하고 음절문자로 운문을 제외한 모든 것을, 목록과 신들의 이름 그리고 심지어는 지역 이름들까지도 기록할 수 있습니다. 이 지역 이름은 오늘날에도 같은 이름으로 불리고 있으며, 마이클 벤트리스가 1952년에 그 비밀을 밝혀냈던 크노소스, 파이스토스, 암니소스와 같은⁴ 우리에게 매우 친숙한 이름들입니다. 어떻게 어느 건축가 한 명이 여가시간에 크레타의 음절기호에서 지역이름을 찾겠다는 생각을 하게 된 것인지를, 어떠한 순전한 학문사도 밝혀내고 있지 않습니다. 벤트리스는 2차 대전 시기에 영국 왕립공군에서 항공사⁵로 일했었는데, 에니그마Enigma 기계⁶로 암호화되

---

1   가장 유명한 예는 티·리·포·디*, 즉 세-발-[대臺]라는 뜻으로 삼발이를 일컫습니다. 칼 윌리엄 블레겐이 1953년 필로스에 있는 네스토르 궁전을 발굴하였을 때, 이 단어에서 다음과 같은 사실을 알아챘습니다. 그것은 벤트리스가 예로부터 유명한 고유명을 해독한 결과 새로운 그리스적 일반 개념도 밝혀냈다는 것입니다(도블호퍼, 1964, 250쪽). 튜링의 세계전쟁-암호해독이 다시 한번 증명되었습니다. *{해당 단어가 있는 파편은 필로스 641번 서판이다. 도블호퍼는 '티·리·포·데'라고 옮겼다. 단수형으로는 '티리포'라고 쓴다.}
2   테베에서 나온 선형문자 B(TH Ft 140)는 수평으로 그은 선이 십의 자리의 수를, 수직으로 그은 선이 일의 자리의 수를 나타내고 있음을 보여 줍니다(라타치, 2003, 293쪽).
3   로이드 달리, 1967, 11쪽. 음절 격자에서 글자 열로의 전환은, 문화사는 ℝ4차원에서 0차원으로의 차원 축소라는 빌렘 플루서의 테제에 대한 아름다운 증거가 될 것입니다.
4   도블호퍼, 1964, 245쪽: 벤트리스는 선형문자 B 점토판에서 "최초로 — 동시대의 우가리트 장부에서 유추해 내어 — 지역 이름과 이 이름의 형용사형"을 가정했습니다. 남성과 여성을 어미에서만 구분하는 — 언어-세계사에서는 드문 일이지만 키르코스{남성형}/키르케{여성형}에서는 명백하게 드러나는 — 인도게르만어계의 언어로 기록되어 있다는 사실을 앨리스 코버가 이미 1947년에 짐작했었습니다. 그러므로 항아리의 위상적 종수가 오늘날까지도 여전히 우리에게 말을 겁니다.
5   *{항공사Navigator 또는 항법사는 특히 전파 수신이 불가능한 곳에서 풍향 풍속의 계산이나 천체 관측 등을 통한 항법으로 비행 중의 현 위치를 지속적으로 알아내고, 목적지까지의 방향과 거리를 조종사에게 알려주는 역할을 했던 승무원이다. 자동 항법 장치 등이 발달한 이후 1980년대부터 그 역할이 점차 축소되어 현재는 항공기 조종실에서 사라지게 되었다.}
6   *{2차 대전 시기에 독일 국방군에서 사용하였던 회전자로 이루어진 암호화 기계로, 에니그마라는 이름은 고대 그리스어로 '수수께끼'를 뜻하는 아이니그마αἴνιγμα에서 따온 것이다.}

어 전송된 독일 국방군의 명령을 가로챈 후 디코딩하여 블레츨리 파크로 전달하는 일도 함께 했습니다. 이 브레츨리 파크에서 앨런 튜링의 기계가 에니그마 코드를 깰 수 있었던 이유는 오로지, 벤트리스가 그리스 신들의 이름 대신 독일 장군들의 이름을, 크레타섬의 지역 이름들 대신 유럽의 군사 요충지 이름을 검색하도록 했기 때문입니다.[1] 이렇게 아이니그마αἴνιγμα가, 이 수수께끼 그 자체가, 오디세우스 폴뤼아이노스Ὀδύσσευς πολύαινος[2]가 다음을 이끌어 냈습니다.

— 우리의 컴퓨터,
— 1954년 튜링의 이른바 자살,
— 2년 후 이른 아침 런던의 텅 빈 거리에서 벤트리스를 사망에 이르게 한 자동차 사고.

독일 국방부의 송수신 내용을 실시간으로 읽을 수 있었던 컴퓨터가 이미 1943년 말에 연합군을 승리로 이끌었다는 사실은 1974년까지 영국의 일급 비밀이었기 때문입니다.

그런데 그리스의 최고最古 신들을 둘러싼 비밀은 드러났습니다. 저 점토판들 어디에도, 그곳이 크레타섬이든 육지든, 필로스에서나 미케네에서나 티린스에서나 심지어는 최근에 밝혀진 테베에서조차도 니체와 그의 숙적 빌라모비츠가 우애 있게 가장 오래된 신이라고 설명했었던 그 이름, 즉 아폴론의 이름은 등장하지 않습니다. 황량한 발칸에서 건너온 최후 이민자들의 진행파가 고급 문화와 음절문자를 전멸시켰을 뿐 아니라 아폴론을 그리스로 데려왔습니다. 아폴론은 우리말{독일어}의 아펠Appell{소집, 호출, 점호}과 같은 의미인데, 이 남신이 남자들 또는 도리스인들을 스파르타의 모임터[3]로

---

[1] 앤드류 호지스, 1983, 192쪽(지역 이름)과 508쪽(비밀). 라타치(2003, 190쪽)는 벤트리스가 《디코딩을 다루었을》 것이라고 고상하게 바꿔 씁니다. 사피엔티 사트Sapienti sat*. *{'알 만한 사람은 다 알만큼 충분히 다 말해졌다'는 뜻의 라틴어 관용구이다.}

[2] *{세이렌이 노래한 '수수께끼 많은 오디세우스'에 대한 인용이다(1.1.2.2).}

[3] *{여기서 한국말로 '모임터'라고 비교적 느슨하게 옮긴 단어의 독일어는 팅펠트Thingfeld이다. 여기서 팅/팅그Thing는 원-게르만어 *þingą(팅가) 또는 *penga(텡가)로 거슬러 올라가는 단어로, 고대 게르만 사회에서 자유민들이 의견을 나누고 법을 제정하기 위해 갖던 모임을 뜻하는 말이다. 팅그에서 독일어 단어 딩Ding이나 영어 단어 싱thing이 유래했으며 '여럿이 함께 의논한다'는 뜻이 확장되어 객관적인 '대상, 사물'을 뜻하게 되었다. 북유럽 국가들에서는 오늘날까지도 이 단어에 본래의 뜻이 그대로 남아 있어서, 예를 들어 현존하는 세계에서 가장 오래된 의회인 아이슬란드의 알팅그АlÞingi라는 이름에서도 나타난다. 고대의 팅펠트는 이렇게 모임이 이루어지던 장소를 뜻하며, 보통 높은 곳

불러내기 때문입니다.[1] 반대로 니체에게는 가장 젊은 신으로 여겨지는 디오니소스는 크레타섬에서 오래 전부터 증명되었던 신에 속합니다. 그가 아티케 동쪽의 토리코스 항구로 포도주를 가져왔고, 이곳에서 아테네와 극장으로 퍼집니다.[2] 그러니까 디오니소스는 역사적으로 후기에 오는 것이 아니라 우리가 그에게서 비겁하게 달아나며 예상하지 못하고 있을 때 언제나 다시, 늘 그리고 느닷없이 우리에게 옵니다.[3] 이렇게 이 남신은 자신의 본질을 성취합니다. 다른 신들은 다르게, 말하자면 지속적으로 지배하는데 이미 크레타섬에서 제우스와 헤라, 아테나와 포세이돈은 물론 꿀과 들짐승의 {여신} 아르테미스가 그렇게 지배하지요.[4]

{선형문자 B로 기록된 점토판에} 증명된 여자 영웅들과 남자 영웅들은 더 많이 있습니다. 알렉산드로스나 파리스, 아킬레우스, 헥토르 그리고 카산드라도 있습니다.[5] 우리가 이들에 대해 알고 있는 이유는 첫째, 가인이 {노래 속에} 그들을 보존하였기 때문이지만 둘째, 하투샤의 국가 문서실에 일리온의 왕 알렉산드로스의 편지가 놓여 있기 때문이기도 합니다.[6] 즉, 영웅가인 Heldensänger[7]은 궁에서의 리라와 노래로 이미 미노스 시대부터 있었습니다. 음절문자는 장음절과 단음절을 분명하게 구분하지 못할 뿐입니다.[8] 카산드

이나 커다란 나무 아래의 밝게 트인 곳에 있었다.}
1   부르케르트, 1975, 1~21쪽.
2   아폴로도로스 신화집, 비블리오테케, 3권 14장 7절.
3   오토, 1996(6), 74~80쪽.
4   ⇐ 1.1.2.1.4.
5   도블호퍼, 1964, 255쪽과 1989, 17쪽.
6   라타치, 2003, 98~101쪽*. *{일리온의 알렉산드로스가 기원전 13세기경의 왕이고, 음절문자로 썼을 때는 윌루사의 알렉산드루라고 읽히며, 전설에서는 트로이아의 파리스라고 잘 알려진 인물과 동일하다고 주장하며, 하투샤에서 발굴된 어느 쐐기문자 점토판(CTH 76)을 그 근거로 내세운 연구이다.}
7   *{가인-영웅Sänger-Held(1.1.2.5.2).}
8   H. T. 웨이드-게리, 1952, 13쪽. "음절문자는 물론이고 수백 개의 기호로 이루어진 바빌로니아인의 쐐기문자도 지시할 수 없는 것을, 알파벳{음소 단위로 기록하는 문자}은 지시할 수 있다. 즉, '쿠프로스Kupros'*와 같은 단어가 두 음절로 되어 있다는 것을 나타낼 수 있다. 음절문자는 예를 들어 '쿠·포·로·세'와 같이 적을 수밖에 없다. 알파벳은 (이 경우에는 필요하지 않지만) 이중 자음에 자리를 부여하거나, 이중 자음으로 첫째 모음을 길게 발음하라는 것을 지시할 수가 있다. 바로 이러한 현상 위에, 즉 음절문자는 그리스의 운율 체계를 모호하게 만들지만 알파벳 문자는 이것을 즉각적으로 분명하게 만드는 현상 위에 그리스의 운율 체계가 세워져 있다. 알파벳으로 기록된 최초의 육각운 새김글을 키프로스에서 발견된 음절 단위로 기록한 육각운과 비교해 보면, 알파벳이 그리스의 시를 얼마나 잘 기록하는지 하지만 얼마나 음절문자가 그만큼 잘 기록할 수 없는지가 분명해진다." *{한글이 주로 기록하는 언어인 한국어의 음운 체계와 외국어 표기법을 고려하여

라는 마치 단음절로만 이루어져 있다는 듯이, 케·사·도·로, 이렇게 불립니다. 그래서 가인은 이름, 지역, 전설, 관용 구절을 잘 외워서 자신의 아들이나 제자에게 암송하여 전해 주어야 합니다. 그러한 관용 구절 가운데 가장 오래된 것이 — 오디세우스가 거짓말을 할 때처럼[1] — 크레타섬 출신의 영웅을 찬양하는 것은 그냥 우연이 아닙니다. 음운 상태를 살펴보면 그 구절은 선형문자 B보다도 더 오래되었는데, 따라서 –1600년경에 노래해졌던 것입니다.[2] 이것이 증명할 것이었습니다.

1.2.2.2   추측해야 하는 자음문자

> 글쓰기 자체가 마이크로 칩의 규모로 줄어들기 전까지 […] 글쓰기의 기원에 관한 질문이 분명하게 제기되지 못했다는 사실은 서양 문화에 대해 많은 것을 말해준다.
> 로이 해리스, 글쓰기의 기원

우리는 오로지 다음과 같은 글자만을 알파벳이라고 부릅니다. 첫째, 한 언어가 가진 모든 말소리에 해당하는 개별 기호들을 {처음부터 끝까지 하나하나} 헤아릴 수 있는 글자, 둘째, 이 기호들 자체를 하나의 순서대로 배열하는 글자입니다. 따라서 알파벳의 각 글자는 기수적kardinal이면서 서수적ordinal입니다. 값과 자리를 동시에 가지고 있지요. 그리스 글자에서 그리스 숫자가 파생된 이래로, 그리스의 알파벳은 이 사실을 알고 있습니다. 그리스 알파벳은 그냥 〈새겨진〉(그람마타γράμματα) 것이 아니라 〈순서대로〉(스토이케이아στοιχεῖα)[3] 쓰인 것이라고 불리지요.

{그리스 알파벳이나 로마자와 같은} 우리 글자 모양의 기원이 된 이집트의 〈신성한 기호들〉은 이를 하지 않습니다. 첫째, {글자가} 셀 수 없이 많이 있을 수가 있습니다. 둘째, 상형문자의 모든 글자들이 그런 것은 아니지만 대부분

'쿠프로스'로 옮기기는 했지만, 음소문자이자 동시에 음절 단위로 묶어 쓰는 한글은 쿠프로스를 '쿺롯'와 같이 2음절로 쓸 수 있는 가능성을 가지고 있기도 하다.}

1   *{1.2.3.}
2   조프리 호록스, 『호메로스 신 입문서』(모리스/파웰 펴냄), 1997, 202쪽~.
3   *{1.5.3. 단수형은 스토이케이온στοιχεῖον이며, 벽돌이 차곡차곡 쌓이듯이 나열되는 줄을 일컫는 스토이코스 στοῖχος에서 나온 말이다.}

은 하나의 말소리를 가지고 있으며, 그 외의 다른 글자들은 단순하게 그림이 나타내는 것을 의미합니다. 셋째, 따라서 상형문자의 글자 하나가 잡음[1]을 만들 때, 이는 그리스의 알파벳에서와 같을 필요는 없습니다. {이집트 상형문자의} 한 글자는 자음 하나만을 나타낼 수도 있지만, 두 개나 심지어 세 개의 자음 연쇄를 표시할 수도 있습니다.[2] 또, 모음을 위한 기호는 본래 하나도 없으며, 그리스인들의 이름을 옮겨 적을 때에만 나타납니다. 그 때문에 이교도왕 아크나톤이 아이를 만들면서 아내 ㄴㅍㄹㅌㅌ를 어떻게 불렀는지는 아무도 모릅니다. 우리가 〈네페르티티〉라고 부르는 것은 학문의 임시방편으로, 그냥 {모음} '에'와 '이'를 자유롭게 발명해 내서 발음할 수 있게 도운 것일 뿐입니다.[3]

한 번은 이집트의 장교들과 서기들이 외국의 용병들과 함께 당직을 서고 있었습니다. 깊은 서쪽 사막 길을 경계하는 중이었지요. 그리고 언제나 그러하듯, 오로지 언어의 경계 지대에서만 새로운 글자가 태어납니다. 문화기술은 지속과 전달 위에 만들어지기 때문이지요. 하지만 외국인 용병들에게 명령을 내려야 할 때와 같은 긴급 상황에서 저 지배자들의 서기는 한 개 이상의 안울림소리를 나타냈던 많은 기호들을 생략했습니다. 오로지 이렇게 해서만, 아마도 시나이에서 납치되어 왔을 아둔한 용병들이 이집트인들의 언어를 더듬더듬 읽을 수가 있게 되었습니다.[4] 프로이트가 원형으로 꿈꾸었던 것처럼 선택받은 민족에게 최초의 자음문자를 발명한 것은 ㅇㅎㅇ[5]도 모세도 아니며, 어떠한 경우에도 산 위에서는 아닙니다.[6] 저 군사 관료들이

---

1 *{'잡음'이나 '잡다한 소리'로 옮긴 독일어 게로이쉬Geräusch는 귀에 들리는 불특정한 모든 소리를 일컫는 말로, 영어 사운드sound나 노이즈noise에 해당하는 단어이다. 여기에서는 자음만을 기록하는 문자에 대응하는 음가를 가리키며, 이후 디오니시오스의 인용 글에서도 마찬가지로 닿소리를 가리키는 말로 사용된다(2.2.4.3.3). 그 외에 타악기의 소리도 이 단어로 표현되었다(1.4.1). 한편, 같은 어근을 가진 단어 라우셴Rauschen은 청각적 신호뿐 아니라 불필요한 다른 모든 신호를 의미하는 기술적 용어로도 사용되며 여기에서는 '노이즈'로 번역하였다.}
2 앨런 가디너 경, 1982(3), 26~29쪽. 파웰, 1991, 78쪽.
3 볼프강 셍퀄, 1987, 27~43쪽.
4 존 콜먼 다넬, 2002[2005].
5 *{독일어 원문은 신명사문자의 네 자음(JHWH)를 쓰고 있으며, 여기서는 여호와의 초성을 따서 옮겼다.}
6 프로이트, 1946~68, 16권 143쪽. 크리스티나 폰 브라운은 이 프로이트의 가설을 금석학적 무방비 상태에서 아찔한 정상으로 몰아갑니다. 이집트인 모세가 최초의 알파벳을 만들었다면 혹은 수립했다면, 반대로 그리스인들의 알파벳이 "아직 한 번도 있었던 적이 없는 방식으로 구술 전통을 기록하고, 통합하며, '또한' 분리할 수 있었다는" 사실로 귀결됩니다.(폰 브라운, 『아찔함의 시도, 종교, 글자, 그림, 성』, 취리히:

−1900년에 {발명}했었습니다.

다른 모든 자음문자들은 미노스-미케네의 음절문자보다 훨씬 이후에 생긴 것입니다. 그리고 이에 대한 좋은 이유가 있습니다. 오늘날에는 라스 샤마로 불리는 도시 우가리트에서 발견된 것들 가운데에는 지어진 시들과, 안울림소리 30개를 모두 오늘날과 거의 동일한 순서로 나열하고 있는 유명한 쐐기문자 목록 외에도 200여 개의 선형문자 B 점토판이 있는데 이것들은 빛을, 아니 루브르 박물관의 지하실 속 어둠을 보게 되었습니다. 지금까지 두 개만 인쇄되었기 때문입니다.[1]

어쨌든 이는 전설과 일치합니다. 전설이 알려주는 것은 제우스가 언젠가 티로스 가까이에 있는 어느 꽃밭 위에서 페니키아 왕의 딸 에우로파를 아버지로부터 납치했다는 것 그리고 그녀와 함께 아름다운 크레타 남쪽에 있는 어느 꽃밭 위에서 미노스 문명의 주인이자 그 문명에 이름을 부여한 미노스 왕을 만들었다는 것만이 아닙니다. 또한 에우로파의 오빠 카드모스가 그녀를 찾아다니는 동안 그가 시리아의 문자를 테베로 가져오게 되었다는 것만 알려주는 것도 아닙니다. 오히려 그 전설은 다음과 같이 이야기합니다. 이름을 알 수 없는 어느 《그리스인들이, 아마도 크레타 출신의 그리스인들이 페니키아인의 땅 티로스에 도착했고, 왕의 딸 에우로파를 납치했다고》[2] 말입니다. 그러므로 우가리트의 기록실에 있는 200여 개의 선형문자 B 서판들은 설득력 있는 증거입니다.

이렇게 크레타와 이집트라는 두 고급 문명의 문자가 −1200년 야만적인 근동에서 합선된 것으로 보입니다. 여기 북셈어계 언어들이 필요로 하는 적은 수의 음절 기호로 나타낼 수 있는 발음이 있고, 저기 {글자 하나에 여러 개의 음가가 있는 것이 아니라} 하나의 안울림소리만을 소리 내는 몇몇 상형문자의 글자 모양이 있는데 — 이리하여 {모든 글자를 처음부터 끝까지} 헤아릴 수 있는 최초의 알파벳이 나왔습니다. "음절문자를 알파벳으로 축소하는 훨씬 조야

2001, 81쪽)
1   에파 칸치크-키르히바움에게 감사를 표합니다.
2   헤로도토스, 역사, 1권 2장. 더 길게 묘사된 초기 비잔틴식의 변주는 로버트 그레이브즈(1965, 1권 176쪽)를 보십시오.

한 방법으로는 여러 음절 기호 간의 차이와 연관된 발음의 차이를 무시하는 것이 있을 것이다. 예를 들면 모음의 차이를 무시하는 것처럼 말이다. 모음이 없는 초기의 북셈계 알파벳이 생겨나기 위해서는 이와 같은 일이 분명히 일어났을 것이다."[1]

안울림소리가 우가리트에서 알레프א에서 타우ת까지라는 하나의 순서를 가지게 된 이후로, 이 안울림소리들은 기억하기 쉽도록 이름도 가지게 됩니다. 알레프는 음성으로서는 후두 폐쇄음을, 상징으로서는 수소를 의미하며, 베트는 입술을 살짝 터트리는 소리 및 집을 뜻합니다. 하지만 가멜은 낙타를 의미하지는 않는데, 왜냐하면 이 짐을 나르는 짐승은 −800년 이후에야 길들여졌기 때문입니다. 그리고 이렇게 타우까지 계속됩니다. 모든 자음 기호들은 종종 기록되는 내용과 달리, 한 사물을 가리키는 단어의 첫소리를 나타내는 두음 서법인 동시에 그 사물의 그림을 나타내는 것이 아닙니다. 어느 시대에서도 문자는 결코 천국을 기록하지 않습니다. 오히려 그 반대입니다.

−539년, 모든 쐐기문자를 지배하는 왕 벨사살이 더 이상 히브리어가 아닌 아람어를 말하는 알파벳적 예언자 다니엘에게 몸뚱이 없이 움직이는 한 손이 저기 성벽에 그린 것이 무엇인지를 묻습니다. 바벨 출신의 현자는 (**문자**가 말하기를) 그 열세 개의 기호를 읽을 수 없으며, 뜻도 모릅니다. 이 기호는 지상에서 가장 빈도가 높기에 {읽을 수 없다는 것은} 더 이상한 일입니다. 누군가에게 1달란트를 다시 세어서 말한다면, 아직은 그리스어로 번역된 칼데아 식 므나로 계산하여 60므나라고 해야 할 텐데, 그렇다면 바빌론의 현자도 그 기호를 읽을 수도 있었을 것이며, 심지어는 합산할 수도 있었어야 했을 것입니다. 벽에 단순하게 《ㅁㄴ ㅁㄴ ㅌㅋㄹ ㅇㅍㄹㅅㄴ, 즉, 므나 므나 테켈 반테켈{우파르신}》[2]이라고 쓰여 있기 때문입니다. 하지만 읽지를 못합니다. 납치되어 온 다니엘은 삼 년 동안 명령에 따라 바빌론의 문자와 언어를 습득해야 했기에 벨사살 같은 문맹을 우아하게 속

---

1 로이 해리스, 1986, 120쪽. 따라서 파웰(1997, 10쪽)은 자음 알파벳 대신에 자음 음절문자라고 해야 하는 것이 아니냐는 적절한 질문을 합니다.

2 *{더 쉽게 읽히도록 한글의 닿소리 글자로 옮겨 적었으며, 로마자 원문은 다음과 같다. m-n m-n-t ㅋㄹ ㅇㅍㄹㅅㄴ}

일 수가 있습니다.¹ 예언자로 존재한다는 것은 골라 읽는다는 것을 뜻하지요. 다니엘은 글자 몇 개를 날조해 냈고 — 무해한 새김글이 벨사살의 제국과 그의 목숨을 앗아가는 재앙의 문구로 탈바꿈합니다.《ㅁㄴㅎ ㅌㅋㅇㄹ ㅌㅎ ㅇㅍㄹㅅ》²

《기록된 글자는 바로 '마네 마네 테켈 우파르신'입니다. 그 뜻은 이러합니다. '마네'는 하나님이 {이미} 임금님의 왕국을 셈하셨고 {이제} 끝이 나도록 하셨다는 것입니다. '테켈'은 임금님을 저울에 올려 무게를 재었는데 가벼워 부족하다는 뜻입니다. '우파르신'은 임금님의 왕국이 둘로 나뉘어서 메디아와 페르시아 사람에게 넘어간다는 뜻입니다.》³

다른 말로 하자면, 자음문자로 쓰인 단어들은 거의 임의대로 재해석할 수가 있다는 것입니다. 세 글자로 된 셈어계의 단어 ㅂㅇㄴ⁴가 '분리하다', '사이', '구분하다', '이해하다', '설명하다' 가운데 어떠한 뜻을 가지고 있는지는⁵ 다윗⁶이 말한 대로 알 수가 없습니다.⁷ 혹은 더 정확하게 말하자면, ㅂㅇㄴ의 뜻은 그 언어를 알고 있는 입들만이 알고 있습니다. 어머니가 아이에게 읽어줍니다. 어머니는 아이를 위해 울림소리가 없거나 다른 울림소리가 있어야 할 곳에 {스스로} 발명해 낸 울림소리로 읽습니다. 랍비들은 그런 결점을 다시 더 위대한 것으로 끼워 맞춥니다. 이렇게 셈어계의 발음은 언제나 "시詩Poesie"⁸입니다. 하나의 혀가 자유롭게 움직여서 안울림소리의 순서를 바탕으로 목소리와 뜻 그리고 문장의 의미를 부여하지요. 그렇지만 신명사문자, 즉 네 문자를 나열한 יהוה에서의⁹ 발음은 영원히 금지되었습니다.

---

1   다니엘서, 1장 4절.
2   이 모든 것은 파웰(1997, 11쪽~)에서 왔습니다. *{다음을 한글로 옮겼다. m-n-h t-q-j-l-t-h w-p-r-s.}
3   다니엘서, 5장 26~28절.
4   *{b-j-n.}
5   로만, 1965, 51쪽.
6   *{다니엘의 오기이지만, 수정하지 않고 그대로 옮겼다.}
7   다니엘서, 2장 27절~.
8   로만, 1965, 53쪽. *{키틀러는 디히퉁Dichtung이나 게디히트Gedicht와 구별하여 포에지Poesie라는 단어를 사용하는데, 이 구분을 한국어로 드러내기 위해 전자의 경우 '시짓기'나 '시'와 같이 한글로만 옮겼으며, 포에지의 경우에 '시詩'라고 한자를 병기하여 번역했다(1.1.2.2.).}
9   *{독일어 원문에는 JHWH라고 쓰여 있으나, 앞서 옮겼던 방식대로 ㅇㅎㅇ라고 하면 세 글자만 남기 때문에 여기서는 히브리 문자로 옮겼다. 히브리 문자는 오른쪽에서 왼쪽 방향으로 읽는다.}

1.2.2.2 추측해야 하는 자음문자   153

그리하여 이 문자의 결과로 여신 없이 존재하는[1] 이 남신은 어떠한 목소리로도 부를 수가 없습니다. 하지만 반대로 이것이 뜻하는 바는 남(녀)독자의 시詩가 필자의 시詩를 거의 배제한다는 사실입니다.

> "유대인 성경의 상용 영어 번역본에 나타나는 완곡한 서사적 묘사를 호메로스나 {고대 그리스의} 비극 시인들의 생생한 묘사와 비교해 보면, 서셈어족의 글쓰기가 자연스러운 구어口語에 가까워질 수 없다는 것을 알 수 있다. — {인용문 원주:} 아우어바흐는 『미메시스』(1953) 첫 장에서 호메로스적 문제와 성경적 문제를 구분한다. 호메로스적 문제는 표면적이고 명료하며 백과사전적인데 반해 성경적 문제는 암시적이고 함축적이며 생략적이라는 것이다. 그러나 이는 옳지 않다. 왜냐하면 글쓰기 기술과 문제 사이의 관계를 고려하지 못했기 때문이다."[2]

---

[1] 하지만 슐츠(2002, 136~147쪽)를 보십시오. 예루살렘에 있는 여호와 신전은 분명 그의 아내의 입상을 숨기며 품고 있었을 것이며, 이 입상은 무덤에서 발굴되어 그림으로 그려졌을 것입니다.

[2] 파웰, 1997, 11쪽. 우리의 머릿속에 주입되었던 모든 것을 거역합니다. — 이것이 얼마나 사실인지는 아우어바흐가 아브라함이 자식을 제물로 바치는 부분에서 유일하게 히브리어 원문을 읽고 생각했다(에리히 아우어바흐, 『미메시스. 서유럽 문학 속에 나타난 현실 표상』, 재판본, 베른: 1959, 11쪽. "힌네-니, 여기 저를 보소서"*)는 사실이 보여 주고 있습니다. 그렇지 않았다면 아우어바흐는 — 1942년 씁쓸하게 터키로 망명을 갔을 때 — 헤겔만이 그러하듯 남김없이 독일어로 옮겼을 것입니다. 그럼에도 불구하고 우리의 강사들은 어린이 살해의 이유가 세계사적으로 그리고 사회적으로 공공연하게 알려지지 않도록 하기 위해서라는 이유로, 오디세우스는 숭고하고 공허하며 아브라함은 그 반대라는 텅 빈 문장을 통해 길들여진 학생들의 행실을 보려고 했습니다. 아마도 아우어바흐의 단순한 "표상된\재현된 현실"을 〈실제〉 현실로 바꾸기 위해서일 것입니다. 아니면 《(그 포악함에 있어서) 헤롯왕을 능가to out-herod Herod》하려는 것일지도 모르지요. "이렇게 시작한 후 신이 명령을 내리고, 이야기는 스스로 시작된다. 어느 누구나 [?] 그 이야기를 안다. 그 이야기는 구문론적으로 극도로 빈곤하게 [!] 서로 연결된 몇몇 주요 문장으로 부연 설명 없이 전개된다. 여기서는 쓸 수 있는 장치나 지나갈 수 있는 풍경 또는 짐을 나르는 노예나 당나귀와 같은 것을 묘사한다는 것을 상상도 할 수 없다."(아우어바흐, 1959(2), 11쪽) 그렇습니다. 여기서 문화기술은 문제가 되지 않습니다. 알파벳은 말할 것도 없이 말이죠. 그런데 무엇이 아름다운 것일까요? *{"힌네-니"는 창세기 22장 1절에서 여호와가 아브라함을 부를 때 아브라함이 대답하며 하는 말로, 보통은 "내가 여기에 있나이다"라고 번역된다.}

1.2.2.3 그리스의 알파벳이 노래합니다

> 한 남자가 그리스인들을 세상에서 없애기로 결정한다.
> 이제 남아 있는 것은 말더듬뿐이다.
> 엘리아스 카네티, 시계의 은밀한 심장

아에이오우, 이것은 무엇일까요? 그대와 나와 우리의 귀에 말이지요. 세계가 발현하기 때문에 이것은 순수한 기적입니다. 우리가 듣는다는 사실을, 우리는 듣습니다. 하룻밤에 생각해 낸 아에이오우. 어떠한 팀도, 어떠한 위원회도, 어떠한 관청도, 어떠한 맞춤법 위원회도, 이후에는 일곱 개로 확장되는 이 다섯 개의 울림소리를 하나하나 긴 논쟁 끝에 규정할 수는 없습니다.[1] 노래하기 때문에, 그렇게 노래합니다. 그래서 학문적으로 뻣뻣한 모든 분별력도 흩날아 갑니다. 아이올로스는 바람의 왕으로 남아 있지요. 우리가 읽기 때문에, 우리는 듣습니다. 그리고 이러한 회로 안에서 우리는 끝없이 돌고 돕니다. 그냥 그리스 글자를 알고 있을 뿐인 사람들도 그리스어를 말할 수가 있습니다. 이집트어나 셈어는 {글자를 안다고 해도} 말할 수가 없지요.

> "우리는 아에이오우가 존재하는 유일한 모음이라는 것을 당연하게도 받아들이는 데 너무도 익숙해져 있어서, 우리의 알파벳이 바로 이 모음들을 가지고 있다는 것이 역사적으로 설명되어야 할 특수한 것이라는 사실을 고려해 보는 데까지 생각이 미치지 못한다."[2]

제네바의 페르디낭드 드 소쉬르에게 (인도게르만어의 언어사와 대립되는) 일반언어학이 떠올랐을 때, 유일한 근거는 다음과 같은 사실이었습니다.

> 《원시 그리스 알파벳은 우리의 경탄을 자아낸다. 각 말소리가 단 하나의 문자 기호로 표현되고, 반대로 각 기호가 단 하나의 말소리에 상응하며, 언제나 동일하다. 이것은 정신의 발견이며, 로마인들은 이 정신을 그냥 상속받았을 뿐이다. 바르바로스ΒΑΡΒΑΡΟΣ라는 단어를 쓸 때, 각 글자는 같은 길이의 시간에 상응한다.》[3]

---

1 고니시 하루오, 1993, 103쪽.
2 리스 카펜터, 『알파벳. 그리스 문자의 발생과 발전』(게르하르트 폴 펴냄), 1968, 102쪽.
3 페르디낭드 드 소쉬르, 1969, 64쪽.

꼭 하필이면 바르바로스Barbaros라고, 그리스어가 말한 적도 쓴 적도 없는 그 단어를 그리스 글자로 썼습니다. 그리스인들은 결코 선교를 하지 않기 때문입니다…

그 이후로, 그 이후에야 처음으로, 운이 좋은 경우 음소Phonem와 자소Graphem가 서로 상응합니다.[1]

이렇게 〈말을 더듬기만 하는〉 야만인들이 헬라스와 헤스페리아로부터 구분됩니다. 알레프Aleph라는 이름의 성문 파열음에서 우리의 알파Alpha 혹은 아A가 생겨났고, 성문 마찰음 헤He에서는 에이Ei[2] 혹은 엡실론Epsilon이, 요드Jodh에서는 이오타Iota 혹은 이I가, 아인Ajin으로부터는 오O가, 그리고 끝으로 와우Wav에서는 우U가 나왔습니다. 모든 기호들의 순서는 그대로 남아있어서, 새로 발명한 세 안울림소리 프시Psi, 키Chi 그리고 피Phi는 이 목록의 끝 부분에 도착하게 됩니다.[3] {그리스 알파벳의} 기호들은 그 {페니키아 문자의} 이름들까지도 보존하고 있지만 알파나 베타와 같은 외래어들은 그리스인의 귀에 어떤 뜻을 가진 단어로 들리지는 않습니다.[4] 알파벳은 순수한 — 기표놀이가 됩니다. –770년부터 서툰 손들이, 언젠가 우가리트에서처럼 올바른 순서를 기입하고 기억하기 위해서 알파벳의 모든 기호를 연습합니다.[5] 여기서 질문 하나가 생깁니다. 무엇 때문일까요?

---

1 *{음소란 한 언어의 음운 체계 내에서 서로 구별 가능한 최소의 말소리 단위이며, 자소란 한 언어가 사용하는 문자 체계 내에서 서로를 구별하는 최소의 글자 단위이다. 음소와 자소는 언제나 상응하는 것이 아닌데, 예를 들어 그리스 알파벳 크시(Ξ)와 프시(Ψ)는 각각 음소 /ks/와 /ps/를 가지고 있기에 1자소에 2음소를 가진 글자이다. 반대로 한 단어에서 연달아 쓰인 뮈(ΜΜ)는 장음절을 표시하지 음소 /m/을 두 번 발음하는 것은 아니며, 또 한 단어에서 이중 감마(ΓΓ)는 /ŋg/로 실현되기에 자소와 음소가 완전히 대응되지 않는다.}

2 *{에이는 그리스 문자의 다섯 번째 글자인 엡실론(Ε)의 옛 이름이자 발음이다.}

3 파웰, 1991, 57쪽.

4 부르케르트, 1984, 31쪽.

5 디필론 항아리(-740년경 아테네 북서쪽 케라메이코스의 무덤)에 대한 파웰의 반짝이는 재해석을 보십시오. 이 항아리에는 우아하게 쓰였으며 운율적으로 완성 단계의 육각운이, 휘갈긴 알파벳-파편 《LMN》과 함께 적혀 있다는 것입니다.* 마치 글자를 가르치는 선생과 춤추는 학생이 함께 항아리에 글씨를 써넣은 것처럼, 그렇게 모든 것이 작용합니다(파웰, 1988, 74~78쪽). 이스키아로 수출된 칼키스의 {그리스} 알파벳에서 유래한 최초의 에트루리아의 에이비시디는 약 -700년경에 생겨났습니다. *{디필론 항아리는 그리스 문자가 새겨진 가장 오래된 유물 가운데 하나이다. 이 항아리에 새겨진 글 중 분명하게 육각운으로 읽을 수 있는 구절의 끝부분에 뜻이 잘 해석이 되지 않는 부분이 있는데, 그리스 알파벳으로 람다Λ 뮈M 뉘N가 차례로 새겨져 있는 곳이다. 파웰은 이것이 항아리에 시 구절을 새겨 넣은 사람의 것이 아니라 다른 사람이 글자 연습을 하며 덧쓴 것이라고 보았다.}

우가리트의 쐐기문자

원시 시나이 문자

고졸기 그리스 문자 ({기원전} 6세기 이전)

1.2.2.3.1 수많은 게으른 대답들…

학술 연구는 이에 대한 훈련된 하나의 대답을 가지고 있습니다. 크레타의 모든 미궁과 미케네의 성벽들이 붕괴됨과 동시에 선형문자 B도 몰락했습니다. 4세기 동안 아무도 쓰지도 못하고 읽지도 못했지요. 그리스인들이 다시 도시들을 건설하며 대양을 항해하기를 시도했던 –800년에 이르러야 비로소 문자에 대한 필요가 다시 생겨났습니다. 즉, 근동의 무역 군주들이 자신들의 동업자와 자음문자도 거래했다는 사실보다 무엇이 더 먼저 떠오를까요? 다만 이러한 상태의 연구는 한 문제를 가지고 있습니다.

> "계속해서 눈에 띄는 것은, 가장 오래된 이 문헌들 가운데 많은 것들이 […] 운율적 특성을 가지고 있다는 것이며, 종종 서사시적-호메로스적인 어휘에 의지하고 있음을 뚜렷하게 알아볼 수 있다는 것이다. 이 기록물들은 모두 사私적인 특징을 가지고 있으며, 필사자들이 파레르가 πάρεργα라고[1] 분명히 보이는 자신들의 새김글 생산물에 대해 재미와 기쁨을 느꼈음을 확인할 수 있고, 따라서 석각문이 […] 전혀 발견되지 않는다는 사실과 분명 관련되어 있을 것이다.

---

1 *['부차적인 작품이나 저술'을 일컫는 말인 파레르곤 πάρεργον의 복수형이다.]

이 모든 것은 [!] 이러한 지극히 독특하고 빈약한 [!] 외적인 실상 뒤에 하나의 현실을 감추고 있다는 사실을 뜻하는데, 그 현실은 우리가 처음에 추측하고 싶어 했던 것과는 완전히 다르게 보인다. 페니키아 민족성을 [!] 지닌 사람들과 그리스인이 — 그것이 언제 어디서 일어났든 간에 [!] — 맺은 가까운 관계 때문에 이 {페니키아} 사람들이 사용했던 글자를 {그리스인들이} 알게 되어 이를 글자의 원형으로 삼아 솜씨 있게 적용하여 자신들의 그리스어에 알맞는 알파벳 문자를 만들어 냈었고, 따라서 이 막중한 행위를 하기로 결정했던 [!] 것이 분명[!]한데, 왜냐하면 그들은 글자와 기록 가능함이 가지고 있는 헤아릴 수 없이 높은 실용적 [!] 가치를 확신했기 때문에 그리고 자신들의 목적을 위한 장점들을, 즉 기록-가능함의 필연성을 아주 명확하게 [!] 보았기 때문이다. 하지만 확신을 가지고 [!] 다음의 사실을 받아들여도 되는데, 이제 스스로의 이름이나 예쁜 시 구절을 질그릇 표면에 휘갈겨 쓸 수 있게 되었다는 사실 속에서 이러한 장점이 일차적으로는 보이지는 않았다는 사실이다."[1]

휘갈겨 쓰는 것은 빌어먹을 재미와 민족성 그리고 교수 타이틀을 이리저리 만듭니다. 이것은 완전히 틀렸습니다.

라틴어로 말하는 사람들은 루쿠스 아 논 루켄도lucus a non lucendo라고 했었습니다. 숲이 루쿠스lucus라고 불리는 이유는 그 안에 햇빛이 비치지[2] 않기 때문이라고 말이지요. 이러한 모순은 그 이래로 악명이 높습니다. 그럼에도 불구하고 학문은, 그저 시詩적으로 들린다는 이유로 단숨에 그리스의 알파벳을 설명하며, 실용적으로 특히 페니키아 무역상들과 무역할 때 사용되었다고, 여기에서 그리스 문자가 나왔다고 합니다.

안타깝게도 더 읽을 수는 없지만 –1300년 소아시아의 해변 앞에서 난파했었던 무역선의 잔해들 속에서 발견된 것은 세상에서 가장 오래된 밀랍판이 확실합니다.[3] 하지만 우가리트의 도서관이 경건한 그리고/또는 전제적인 독재자와 함께 증명하는 바, "셈어계 알파벳의 발명자는 분명히 경제적 명령

---

1 호이벡, 1979, 115쪽.
2 *{라틴어 루켄도는 '나는 빛난다'는 뜻의 동사 루케오luceo의 여격 동명사이다.}
3 파웰, 1997, 28쪽.

에 귀를 기울인 것이 아닙니다."[1] 이는 그리스 알파벳도 동일하게 적용됩니다. "그리스 문자의 시초가 어떠한 경제적인 목적의 결과였던 것일 수는 없습니다."[2] 따라서 만약 초기의 새김글 어디에도 돈이나 무역 혹은 국가가 쓰여 있지 않다면, 바로 그 때문에 이 새김글은 사私적인 것이 아닙니다. 테라 섬에는 거대한 글자로 남신 그 자체인 제우스ZEYΣ가 기입되어 있습니다. 또 어떤 척박하고 여자가 없는 목자들의 지역에서는 A가 돌 위에 기쁜 소식을 새깁니다. A가 B랑 잤다고, 크리몬이 아모티온과 성교했다고 말이지요.[3] 그리고 신성한 숲 잔디에서 아름다운 사물들이 일인칭으로 알립니다.[4] 한 남자 혹은 한 여자가 그 사물을 신들에게 바쳤다고 말이지요.[5] 읽을 수 있는 글자가 새겨진 가장 오래된 포도주 항아리는 1871년에 아테나 북쪽에 있는 케라메이코스 묘지에서 발견된 것으로,[6] 《모든 사람들 중 가장 멋지게 춤을 추어서》 이제 막 우승을 한 젊은 남자에게 새김글이자 음료이자 흘러나옴Guss으로서 바쳐진 것입니다.[7] 어떤 것도 "사적privat"이지 않습니다. 대부분 축제적festlich이지요.

레오티노이의 고르기아스나 무대 위에서는 거의 모든 여자들을 그저 창녀 정도로만 알고 있지만 사적인 삶에서는 알고 지내는 여자가 한 명도 없는[8] 후기 비극 작가 에우리피데스와 같은 최초의 단어 왜곡자들은 그러한 학술 연구에 {다음과 같은} 진부한 논거들을 제시하고 있습니다.

고르기아스는 트로이아에서 활약했던 아카이아의 영웅 팔라메데스가 모음 알파벳을 발명하였다고 합니다. 이는 재산을 늘리고, 법을 기록하며, 무게와 크기를 지정하고, 무역로를 개척하는 등등의 목적을 위한 것이라고 합

---

1 피에르 레베크, 1991, 734쪽.
2 레베크, 1991, 735쪽.
3 파웰, 1991, 177~180쪽.
4 스벤브로, 1988, 35~52쪽. 파웰, 1991, 167~171쪽.
5 *{그리스 문자로 쓰인 초기의 새김글들에서는 그 글이 새겨져 있는 사물이 스스로를 일인칭으로 의인화하여 자기지시를 하는 경우가 많다. 예를 들어 다음과 같은 구절들이 있다. "나는 타리오스의 잔이다". "칼리클레아스가 나를 만들었다". "나는 글레미다스의 동그라미이다". "니칸드레가 나를 멀리 쏘는 궁사(아폴론)에게 봉헌했다. 니칸드레는 낙소스 출신의 데이노디케스의 훌륭한 딸이며, 데이노메네스의 자매이자, 프락소스의 아내이다."}
6 *{디필론 항아리를 말한다(1.2.2.3).}
7 파웰, 1988, 76쪽~.
8 샤데발트, 『비극』(소포클레스 지음, 샤데발트 펴냄), 1968, 441쪽~.

니다.¹ 무사와 노래에 대해서는 한 마디도 없습니다. 무엇보다도 팔라메데스의 아버지인 나우플리오스가 왕으로서 에우보이아를 지배했다는 사실에 대해서도, 그리고 자신의 아들을 죽인 오디세우스에게 보복하기 위해 우선 아카이아의 다른 왕족 여자들로 하여금 차례로 간통을 하도록 꾀어내었고, 또 섬에서 가장 가파른 절벽에 거짓 불빛 신호를 피우게 하여 영웅이 속아 귀향길에 죽도록 하려고 했던 사실에 대해서도, 한 마디도 없습니다.² 이처럼 문자는 멀리서 속일 수 있는 가능성과 같은 기원을 가집니다.

에우리페데스는 트로이아에서 안울림소리와 울림소리의 구분을 가능하게 했으며, 이로써 항해 중에 보내는 편지나 유언, 민사 재판 등등과 같은 것을 가능하게 한 영웅으로서 팔라메데스를 무대 위에 세웁니다.³ 자신의 합창곡을 작곡할 때 다른 음악가에게 즐겨 맡기는 비극 작가가 더 잘 알고 있을 리는 없지요. {그의 극에서} 문자는 그저 아테네의 국가 권력에 봉사할 뿐입니다. 무사와 노래에 대해서는, 또 다시 한 마디도 없습니다.

그런데 여러분들은 어쩌면 노예들만이 주인을 위해 일했었던 그 당시에는, 따라서 노예들이 주인을 위해 기록도 했었던 그 당시에는 이것이 정말 당연한 것이었다고 말하려고 할지도 모르겠습니다. 하지만 근대의 학문은 돈과 경제와 사회 국가가 같은 정도로 번영하는 것을 보고 싶어 하는데, 따라서 에우리피데스와 고르기아스를 베껴 쓰고 있는 것입니다. 이로써 학문은 스스로가 가장 깊이 종속되어 있는 권력들에 대해서 사유하기는 하지만 그리스인들의 알파벳에 대해서는 생각하지 않습니다. 함무라비 법전이 그의 남신과 그가 통치하는 데에 사용되었다는 것, 신전의 상형문자가 모든 적들을 죽인 파라오들의 명예를 선포했다는 것, 헬라스는 오리엔트의 전제정이 아니었다는 것, 이것들은 모두 확실합니다. 가를 강물도 없었고, 작성할 필사자 목록도 없었습니다.⁴ 초기의 새김글에서는 어떤 신들도, 어떤 권력자도 협박하고 있지 않으며, 이 협박이 우리를 향하지 않는다는 것은 말

---

1   고르기아스, DK(6) 82, B 11a 30.
2   에우리피데스, 헬레나, 765~767행과 1124~1131행. 아폴로도로스 신화집, 에피토메, 6장 7~11절.
3   에우리피데스, 582번 파편, 나욱 편집, 1~9.
4   우리는 카를 비트포겔(1962)을 따르지만, 그는 코드Code나 그리스인에 대해서는 충분하게 사유하지는 않았습니다.

할 것도 없습니다.

이와는 정반대로 요한 계시록은, 즉 신약 전체는 그보다 1800년 전의 함무라비 비석만큼이나 잔혹합니다.

여기, 바빌론의 전제 군주가 왕위 찬탈자에게 반대하며 쓴 것이 있습니다.

《만약 그가 내가 글로 새긴 내 말을 듣지 않고 내 저주를 잊는다면 그리고 신들의 저주를 두려워 않고, 내가 세운 법을 무너뜨리며, 내 말을 손상시키고, 내 비문을 고쳐 쓰며, 기록되어 있는 내 이름을 지워 없앤 후에 자신의 이름을 쓰거나 저주가 두려워 다른 사람에게 시키는 자가 있다면, 그가 왕이든 지배자이든 총독이든 혹은 그 어느 고명한 자이든 간에 — 신들의 위대한 아버지 아누가 그가 지닌 왕위의 명예를 철회하고 그의 왕홀을 부러뜨리며 그의 운명을 저주하리라.》[1]

그리고 저기, 사도가 {요한 계시록의} 마지막 부분에서 우리 독자들을 협박합니다.

《내가 이 책에 있는 예언의 말씀을 듣는 / 모든 사람에게 증언하노니 / 만일 누구든지 이 책에 더한다면 / 하나님이 이 책에 기록된 재앙들을 / 그에게 더하실 것이요 / 만일 누구든지 이 책의 예언의 말씀에서 제한다면 / 하나님이 생명의 책과 / 거룩한 도시에 참여함과 / 이 책에 기록된 것에서 / 그를 제하여 버리시리라.》[2]

그러니까 노예적으로 신실하게 머무르지 않는 모든 읽기는 곧바로 지옥으로 향한다는 것입니다. 그리고 이것은, 우리처럼 그리스어로 쓸 수 없는 사람이 쓴 것입니다. 그러나 그럼에도 불구하고, 또는 그렇기 때문에, 유럽의 대학들은 시작부터 이렇게 꺾여 있습니다.

우리는 이에 대해 생각하지 않는데, 회전會戰[3] 중에 있기 때문입니다. 아무

---

1 도블호퍼, 2003(2), 227쪽. 함무라비 법전 26조(1950, 56쪽)와 비교해 보십시오. 마치 우리가 오늘날 ® TM 등과 같은 미국의 특수기호를 삭제하려고 감행한다면, 미국의 변호사들과 상대해야 하는 것과 다르지 않습니다…

2 요한 계시록, 22장 18절~.

3 *{전투 시기와 장소를 양측이 모두 합의를 한 후에 벌이는 전투를 뜻한다.}

도 글자를 지우거나 더하지 못하게 하는 글은 그토록 무자비하게 지배하는 반면, 『일리아스』와 『오디세이아』는 수천 개의 다양한 버전으로 전승됩니다. 전제 군주는, 율법의 폐지를 약속하는 주님의 사랑이 역설적으로 율법으로 머물도록, 자신의 기호에 빗장 걸기를 탐합니다. 다행스럽게도 헛된 일이기는 합니다. 그리고 {반대로 아래의} 시행은 그토록 축제적으로 들립니다. 우리의 목구멍이나 우리가 젖어 있는 사육제 기분에는 단순하게 포도주, 여자, 노래를 찬미하는 듯한 다음의 시행으로 솔론은 직접 아테네의 무역상들 앞에서 음악과 문자를 시험해 보여 주며 위대한 세 신을 칭송했습니다.

> 아프로디테의 작업은 지금 내게 사랑스럽고, 디오니소스와
> 무사의 작업도 마찬가지, 남자들에게 기쁨을 선사한다네.[1]
> 에르가 드 퀴프로게누스 뉜 모이 필라 카이 디오뉘수
> 카이 무세온, 하 티테스 안드라신 에우프로쉬나스.

우리는 솔론의 슬기로운 말을 들은 이후에야 비로소 이렇게 이른 시기에 새겨진 시행들이 육각운으로 지어졌다는 사실을 깨닫습니다.[2] 호메로스를 처음으로 다시 불러내는 이 고대의 아름다운 새김 글귀를 비로소 이렇게, 읽을 수가 있습니다. 잔 하나가 있는데, 스스로를 선물하고 있습니다. 그 잔이 말합니다. 나는 박코스처럼 포도주를 주고, 무사들처럼 나의 새김글을 노래하며, 이로써 아프로디테의 덕Gunst을 베풀지요. 자, 그대 나의 독자여, 이제 큰 목소리로 나를 노래하며 이 즐거움을 경험해 보십시오.

이스키아섬에서 출토된 네스토르의 잔

---

1 플루타르코스, 사랑에 관한 대화, 5장 751e절.
2 파웰, 1991, 184쪽~.

음악

나는 네스토르의 잔이랍니다. 마시기에 좋지요.
이 잔으로 마시는 이는 바로 그 자리에서
아름다운 화관을 쓴 아프로디테의 욕망으로 채워질 것이랍니다.[1]

ΝΕΣΤΟΡΟΣ : Ε[Μ]Ι : ΕΥΠΟΤ[ΟΝ] : ΠΟΤΕΡΙΟΝ
ΗΟΣΔΑΝΤΟΔΕΠΙΕΣΙ : ΠΟΤΕΡΙ[Ο] : ΑΥΤΙΚΑΚΕΝΟΝ
ΗΙΜΕΡΟΣΗΑΙΡΕΣΕΙ : ΚΑΛΛΙΣΤ[ΕΦΑ]ΝΟ : ΑΦΡΟΔΙΤΕΣ

네스토로스 : 에[므]이 : 에우퐅[온] : 포테리온
에오스단토데피에시 : 포테리[오] : 아우티카케논
에이메로세아이레세이 : 칼리슽[에파]노 : 아프로디테스

네스토르의 잔은 이스키아섬에 있는 열두 살 정도 되는 소년의 무덤에서 1953년에 발굴되었는데,[2] 세상에서 가장 오래된 호메로스의 인용입니다. 『일리아스』에 네스토르의 혼합용 그릇이 나오는데 다리 두 개와 손잡이 네 개가 있으며, 그 손잡이의 왼쪽과 오른쪽에서 비둘기 한 마리가 쪼고 있습니다. 이것은 크고 무거워서 나이가 있는 네스토르만이 바닥에 놓여 있는 이 그릇을 들어 올릴 수가 있습니다.[3] 반대로 {이스키아섬에서 발굴된} 포도주

---

[1] 우리는 파웰(1991, 164쪽)과 함께 이렇게 독일어로 옮겼습니다. 반대로 라타치는 "현재 가장 가능성이 있는 번역"을 다음과 같이 제시합니다. "네스토르는 일종의[!] 잔을 가지고 있었다[!]. 그 잔은 마시기에 좋다. 그러나[!] 누구든지 '이' 잔의 여기를 잡는다면 아름다운 화관을 쓴 아프로디테에 대한[!] 욕망이 그 자를[!] 즉시 사로잡을 것이다."(라타치, 1989(2), 80쪽) 이것은 — "아름다운 화관을 쓴 아프로디테에 대한 그리움"(호이벡, 1979, 110쪽)과 마찬가지로 — 악몽으로서의 독일어입니다. 첫째, 그리스인은 어느 누구도 아프로디테를 직접 (소유격 목적어 속에서) 열망하지 않습니다(호메로스 찬가, 아프로디테 찬가, 185~195행). 물론 아프로디테는 열망을 일깨우고, 자극하고, 유지합니다. 둘째, 새로운 발견에 따르면 엡실론Ε과 이오타Ι 사이의 빈 공간이 너무 좁습니다. 그래서 에미ΕΜΙ나 에이미ΕΙΜΙ로 읽는 것이 더 낫습니다. 따라서 ⟨나는⟩ 잔입니다. 지금이 아니면, 영영 아닙니다. 오게티 파를란티oggetti parlanti*에 대해서는 스벤브로(1988, 50쪽)도 보십시오. *{이탈리아어로 '말하는 사물'이라는 뜻이다.}

[2] {열두 살이라는} 이 부드러운 연령에서 그 소년이 "직접 심포지온{향연}에 참여해본 적은 없다"(고대 그리스사 연구 검토 추진 협회 편집, 1998, 459쪽)는 결론을 반드시 끌어낼 수 있는 것은 아닙니다. 소년 애인도 있었지요. 게다가 고졸기의 술잔치에서는 남자들만 노래하고, 시를 읊고, 기록한 것이 아니라는 사실은 어느 에레트리아에서 발견된 로도스식 스키포스*(735/725년경)가 증명하고 있습니다. 이 스키포스에 다음과 같은 글귀가 쓰여 있습니다. 《나는 아름다운 [잔], 에오티모스가 만들었다. 이 [잔으로 마시는 여]자는 정말로 …》(안토닌 바르토넥, 고대 그리스사 연구 검토 추진 협회 편집, 1998, 162쪽). 하지만 무엇보다도 에트루리아나 시바리스에서와 같이 양성 모두가 즐기는 술자리의 증거가 이탈리아에서 발견되고 있습니다(아테나이오스, 현자들의 연회, 12권 517d~518b절 및 521b~d절. 데이비드 허버트 로렌스(1989, 169쪽)와 비교하십시오. 우리가 앞으로 살펴보게 될 바, 대大그리스인들은 야만인으로부터 배웁니다. *{스키포스σκύφος는 손잡이가 양쪽으로 하나씩 달려 있는 고대 그리스의 술잔이다.}

[3] 일리아스, 11권 632~637행. 모음 알파벳을 그리스의 소상인 기질이라고 무리하게 몰아붙이는 학자들 스스로가 "더 긴 서사시의 의식적인 모방"을 여기에서 알아봅니다(호이벡, 1979, 115쪽).

1.2.2.3.1 수많은 게으른 대답들…   163

그릇은 남이탈리아의 연회에서 사용되었으며 가장 아름다운 자의 무덤에 함께 묻혔다는 사실에서 알 수 있듯, 30센티미터도 채 되지 않습니다. 그러니까 이것은 네스토르의 잔을 웃기게 살짝 비꼬는 것입니다. 그리스 알파벳에서의 자유로움Freisein이란 가장 아름다운 것이라고 할지라도 마음껏 고쳐지을 수 있다는 것을 뜻하며, 아침나라에서의 폭정Despotie이란 천지가 없어지기 전에는 "가장 작은 글자나 점 하나라도 율법에서" 사라져서는 안 된다는 것입니다.[1]

이렇게 멀리 이스키아에서 쓴다는 것 그리고 지상 위에 유일한 모음문자의 "일차적 장점들"로서 "예쁜 시 구절을 질그릇 표면에 휘갈겨" 쓴다는 것과 같은 "막중한 행위"를 살펴봅시다. 네, 이 모든 것은 시행으로 이루어진 놀이입니다. 첫 행에 있는 불안정한 이암보스 율각[2] 다음에, 온전한 육각운 둘이 뒤따르지요. {또한 이 모든 것은} 부르기 위한 노래입니다. 칼로스καλλος의 첫 장음절에 예외적으로 이중 자음을 생략하지 않고 적어서, 그것이 양음임을 표시하지요.[3] 그런데 양음Hebung이란 무슨 뜻일까요?[4] 이 시의 세 행

---

[1] 마태복음, 5장 18절*. 히브리 자음글자 중 가장 작은 글자는 요드**입니다. 이 글자의 획은 보통 한 글자가 차지하는 네모 칸을 다 채우지도 못합니다. 한편 뿔***이라고 불리는 것은 작은 점을 말합니다. 아람어는 이 점으로 — 코이네 그리스어의 영향을 받은 이후에야 비로소 — 모음을 나타내는 법을 습득했지요. *{"진실로 너희에게 이르노니 천지가 없어지기 전에는 율법의 일점일획도 결코 없어지지 아니하고 다 이루리라."} **{히브리 문자의 요드(י)와 그리스 알파벳의 모음자 이오타(ι)는 페네키아 문자의 같은 글자에서 파생된 글자이다. 이오타는 홀소리 '이'를 나타내고, 반자음 요드는 이중 모음이나 장모음을 간접적으로 표시하기도 한다.} ***{보통 한국어로는 '일점일획'으로, 영어나 독일어로는 소문자 i나 j 위에 있는 점이나 강세 기호와 같은 '작은 점'을 뜻하는 단어(tittle, Tüttel)로 번역되는 단어이다. 키틀러는 마태복음 그리스어 원문에 있는 단어 케라이아κεραία를 그대로 옮겨 '뿔(Horn)'이라고 지칭한다.}

[2] *{이암보스ἴαμβος는 '단장(⌣—)'으로 이루어진 율각으로, 짧은 음절로 시작하기에 불안정한 느낌을 주는 박자이다. 이 이암보스 율각을 주로 사용하는 풍자시의 한 장르도 이암보스라고 같은 이름으로 부른다.}

[3] *{고대 그리스 시/노래의 운율에서 발을 쿵하고 땅에 닿거나 손을 내리셔서 박자를 시작하는 음절을 테시스θέσις(내림)라고 하며, 발이나 손을 들어 올리는 음절은 아르시스ἄρσις(올림)라고 한다. 장음절(—)은 언제나 테시스이며, 단음절(⌣)이나 이중 단음절(⌣⌣) 등은 들어올리는 아르시스이다. 칼로스καλλος에는 람다(λ)가 중복 표기되어 있기에 '칼'은 장음절이며 따라서 내림박, 즉 테시스라는 것을 표시한다는 것이다. 그리고 독일어 시의 운율에서는 강세가 있는 음절을 양음(Hebung)이라고 한다.}

[4] *{독일어 헤붕Hebung의 문자 그대로의 뜻은 '올림, 들어 올림'이기에, 그 말뜻에 있어서는 고대 그리스의 올림박인 아르시스에 상응하지만 독일어 시의 운율에 있어서는 반대로 강세가 있는 음절을 뜻하며, 따라서 내림박인 테시스에 상응한다. 이것은 음절의 장단 구분이 사라진 라틴어의 운율에서, 장단을 바탕으로 한 박자에서의 그리스적 강약 개념이 음절의 강세/고저 개념으로 뒤바뀌게 되었으며 여기서 유래한 개념을 독일어의 운율학에서 이어받았기 때문이다. 강세가 없는 음절을 가리키는 억음은 독일어로 '내림'이라는 뜻의 젠쿵Senkung이라고 한다. 하지만 (시의 운율을 다루는 문학 분야에서와는 달리) 박자를 다루는 음악 이론에서는 고대 그리스의 개념이 그대로 남아 있어서 아르시스와

은, 사랑과 욕구 자체를 생겨나게 한 아프로디테를 가장 높이 찬미하고 있습니다.[1]

이스키아섬은 그리스인들에게 피테쿠사이라는 이름으로 불렸습니다. {기원전} 770년경 페니키아인들과 함께 {에우보이아의} 부유한 칼키스에서 건너온 그리스인들이 이탈리아에 최초의 상업 중심지를 마련하기 위해 이주했을 때, 이 섬에서 발견된 원숭이들을 따라 지은 이름이지요.[2] {페니키아와 그리스의} 두 알파벳은 처음부터 {함께} 증명되었으며, 엘바섬에 풍부하게 발견되는 에트루리아인과의 철 무역에 대한 증거도 있습니다. 그럼에도 불구하고 어떠한 계산서도 발견되지 않았으며, {기원전} 730년경 기록되었던 노래만 발견되었습니다.[3] 이주민들에게 『일리아스』는 분명 청동보다 더 가까

테시스는 각각 여린박과 센박을 지칭한다.}

[1] 네스토르의 잔이 히메로스와 아프로디테를 그냥 붙이관계*로만 결합한다는 사실뿐 아니라, 다음과 같이 — 레비-스트로스를 따라 엄격하게 — 전설 자체를 읽는 것은 즐겁습니다. 《에우로타스는 [스파르타 도시를 가르는 라코니아의 강인데, 이전에는 다음과 같은 이유로 히메로스라고 불렸다. 님프 타위게테와 라케다이몬의 아이 히메로스는 밤새도록 떠들썩했던 어느 축제에서, 아프로디테의 분노로 인해 알지 못한 채로 자기의 누이 클레오디케를 폭력을 써 강간하였는데, 다음날 그는 치욕스러운 마음에 마라톤 강에 몸을 던졌고, 그 이후 이 강은 히메로스라고 불리게 되었다.》(위 플루타르코스, 강江에 대하여, 17장 1) 따라서 열망은 고집합니다. 네스토르잔의 글귀가 정말 흐리는 실습이라고 여기려는 시도로, 「호메로스 찬가, 아프로디테 찬가」의 1행과 파라오네(1996)를 함께 보십시오. — 이와 동일한 표현인 히메로스 아이레이 ἵμερος αἱρεῖ를 파리스가 헬레나에게 자신의 열망에 대해 고백하며 사용합니다.(일리아스, 3권 446행. 웹스터(1960, 278쪽)와 비교해 보십시오.) *{소쉬르가 언어학에 도입한 붙이관계/통합체Syntagma는 같이관계/계열체Paradigma에 대립하는 개념으로, 한 발화 행위를 이루는 각 요소들이 서로 붙어서 결합하는 관계와 그 연쇄를 일컫는 말이다. 그 요소는 음운이나 단어, 단어 묶음, 부문장 또는 한 문장 전체가 될 수 있다. 네스토르 술잔에서는 두 이름(단어) '아프로디테'와 '히메로스(욕망)'가 '아프로디테의 욕망'이라는 구절로 연결되는 붙이관계라는 것이다. 어느 발화의 한 요소를 다른 요소로 바꾸었을 때 여전히 의미가 만들어질 수 있다면, 그렇게 같이 나란히 바꿀 수 있는 요소들은 같이관계라고 한다. 예를 들어 "아프로디테의 분노"라고 말한다면, 욕망 대신 분노로 바꾸었을 때 다른 뜻의 구절이 만들어졌으므로 '욕망'과 '분노'는 같이관계이다.}

[2] 검은 엉덩이, 헤라클레스의 벌로 바위가 된 이 긴 꼬리\음경(케르코페스)에 대한 전설에 대해서는 동일한 이름의 서사시환 파편*과 리코프론(알렉산드라, 687~693행)을 보십시오. 헤라클레스는 케르코페스에게 벌을 내렸지만 그럼에도 불구하고 그를 좋아했습니다.(플루타르코스, 어떻게 아첨꾼과 친구를 구별하는가, 18장 60c절) *{케르코페스는 사기와 도둑질을 일삼았던 두 형제를 일컫는 이름으로, 꼬리나 음경을 뜻하는 그리스어 케르코스κέρκος에서 유래한 이름이다. 호메로스 시기의 서사시 중 파편으로만 남아 있는 「케르코페스」에 의하면 파살로스와 아크몬이라는 이름을 가진 두 도둑 형제가 악삭빠른 행동 때문에 원숭이를 일컫는 케르코페스라는 이름을 가지게 되었는데, 제우스는 못된 행동을 하는 이 둘을 바위로 변하게 하여 벌을 내렸다고 한다. 또 케르코페스의 어머니가 '검은 엉덩이', 즉 헤라클레스를 조심하라고 케르코페스에게 경고했다고도 하고, 헤라클레스에게 붙잡혀 벌을 받았다고도 전해지는데, 그 벌로 원숭이로 변했다고도 한다.}

[3] 가장 최근의 연대 설정은 루카 체르키아이(2004, 41쪽)에 있습니다. — 네스토르잔에서 도기와 글귀를

웠을 것입니다. 그런데 동시대의 어느 꽃병 위에는 거대하고 위험한 물고기와 바다 동물들이 배가 뒤집혀 물에 빠진 선원들을 먹어 치우는 장면이 그려져 있습니다. 이 모든 것은 『오디세이아』의 한 장면을, 특히 이탈리아 앞바다에서 난파한 이야기가 진행된 바로 그곳을 그리고 있는 것처럼 보입니다.[1] 이 꽃병에 그림을 그렸었던 화가는 그 노래를 들어서 알고 있었을 것이며, {네스토르의} 잔에 글을 썼던 필사자는 또한 그 {기록된 상태의} 노래를 읽었을 것입니다. 왜냐하면 이 세 시행은 예외적으로 분명하게 행을 바꿔 가며 기록되어 있으며, 쉬어 가며 읽을 부분을 쌍점으로 아름답게 알려주고 있기 때문입니다. 이 {네스토르의} 그릇을 만질 기회가 있었던 발터 부르케르트는 각 시행에 한 줄씩을 부여하였던 "어느 필사자"가 필시 "기록되어 있는 시행들로 이루어진 책"을 직접 본 적이 있었을 것이라는 인상을 이스키아에서 얻어서 왔습니다.[2]

아름다운 화관을 쓴 아프로디테라고 합니다. 그녀는 다른 신들 앞에서는 머리에 장미로 장식을 하고 있으며, 술잔치에서는 필멸자들에게 장미 화관을 씌워주기 때문이지요. 아프로디테가 남편이 아닌 아레스와 비밀스런 사랑을 하며 결합할 때, 파이아케스 궁의 가인은 에우스테파네εύστέφανι, 즉 '{꽃으로 둘러서} 잘 {꾸민} 관을 쓴' 아프로디테라고 부릅니다.[3] 따라서 {네스토르} 술잔의 시인은 『일리아스』뿐 아니라 『오디세이아』 책 또한 눈앞에 가지고 있었을 것이라는 결론이 나옵니다.[4] {기원전} 730년에 매장된 이 술잔을

분리하여 시구를 7세기라고 더 나중으로 설정하려는 시도는 -700년 직후 일어나 피테쿠사이가 해결해야만 했던 산사태에서 실패합니다(루카 체르키아이, 2004, 39쪽).

[1] 동시대 아티케의 화병에는 난파로부터 유일하게 살아남은 자가 뱃바닥을 타고 구조되는 장면이 그려져 있습니다. 이것을 오디세우스와 연관시키지 않을 수가 없습니다(웹스터, 1960, 233쪽). 파웰(1991, 211쪽)은 750년에서 700년 사이로 연대를 설정하지만, 피테쿠사이 화병에 그려진 대형 난파 사고는 간과합니다.

[2] 에른스트 리쉬, 1987, 9쪽. {띄어쓰기로 인한} 단어 사이의 빈 공간은 초기 그리스나 고전기 그리스에서는 매우 드뭅니다(호이벡, 1979, 161쪽~).

[3] 오디세이아, 8권 288행과 18권 193행~. 방시안 피렌-델포르쥬(1994, 225쪽)도 함께 보십시오.

[4] 리쉬(1987, 9쪽)가 최초로 이렇게 말합니다. 게다가 그는 아프로디테와 아레스의 사랑 모험이 『오디세이아』에서는 {비교적} 새로 지어진 부분에 속하지만 그럼에도 불구하고 {기원전} 730년 이전에 기록되었을 것이라고 강조합니다. 이로써 네스토르 잔은 세이렌-육각운과 동일하게 유효합니다. "세이렌의 양식적이고 형식적인 그 [서사시적] 전통의 전유가 함의하는 것은, 트로이 전쟁에 관한 서사시적인 노래가 닫혀 있으며 바뀌지 않는 형식이나 구성으로, 즉 우리가 '텍스트'라고 말하는 것으로 이미 고정되어 있었다는 사실

앞에 두고, 연구자들이 왜 {호메로스의 노래가 기원전} 700년보다 더 후대에 불리고 쓰였을 것이라고 생각하는가라는 질문을 우리는 하지 않을 수가 없습니다. 일찍이 초기 이주자들이 도착했었던 극서에서조차 사랑의 노래가 네스토르와 아프로디테에게 울렸다면, 가인의 노래가 최초로 집필된 시기는 분명 그의 생전인 {기원전} 800년경일 것입니다. 이는 호메로스가 직접 기록했다는 것을 반드시 의미하지는 않습니다.[1] 우가리트, 하투샤, 바빌론에서도, 볼프람의 에셴바흐에서조차도, 다른 사람들이, 아마도 사제들이, 읽기만 했던 가인들을 한 자 한 자 받아썼습니다.[2]

자, {수많은 게으른 대답들과는 반대로} 이제 우리는 필사자이기도 했던 저 이주자들을 따라 남이탈리아에서 다시 에우보이아로 — 오디세우스처럼 — 돌아갑니다.

이다. 이와 같은 고정된 구성의 존재 없이는 우리가 발견한 인용이나 언급과 같은 것은 생각할 수도 없을 것이다. 이 모든 텍스트들 가운데 우리는 『일리아스』만을 가지고 있고, 이 경우에도 『일리아스』가 이미 고정된 텍스트였을 것이라는 주장은 유효하다."(푸치, 1997, 5쪽)

[1] 라타치(2003, 184쪽)가 다음과 같이 말합니다. "[호메로스적인 시짓기는] 한편으로는 아직 시짓기의 형태를 미케네 시대의 것으로 간주하는 구전 전통을 완전히 따르고 있으며, 따라서 아직 생생한 아오이도스*의 시짓기이다. 다른 한편으로 오로지 글자의 도입을 통해서만 나타날 수 있는 언어적이고 정신적이며 구조적인 응축의 흐름을 보인다. 이러한 면에서도 이것은 변혁의 시대라는 것을 보여 준다. 이 시짓기의 작가는 유럽 문학 발전의 결정적인 접점 시대에 살았을 것이다. 그는 구술성이라는 옛 시짓기 기술을 통해 위대해졌으며, 기록성이라는 새로운 기술 속에서 자라나게 되었다. 그는 자신의 작품 속에서 이 두 기술을 통합하려고 시도했다." 따라서 라타치도 {그리스 문자가 발명된} 시기를 -800년으로 설정하듯이 모음문자의 발생이 먼저 있었으며, 그 다음 -730년~710년에 『일리아스』(라타치, 2003, 25쪽)가, 그리고 더 이후에 『오디세이아』가 지어졌을 것이라고 합니다. {그러나} 이렇게 후대로 시기를 설정하는 것은 네스토르잔의 연대에서 벌써 실패하지만 그렇게 하는 목적은 분명 모음문자와 『일리아스』의 관계를 떼어 놓기 위한 것입니다. 누군가가 임의의 어떠한 (경제적인?) 이유로 자음문자를 개조했고, 이 매체 변화에 대해 놀라고 기뻐하는 호메로스도 (오늘날의 실업자들처럼) 직종을 바꿔 모든 대학교수들처럼 놀이 충동을 시험해본다는 것입니다. 그가 "책상 앞에 앉아", "방해받지 않은 채 단어들을 시행으로 엮어서 — 계속해서 새로 시도하고 수정한다"(라타치, 2003, 303쪽)고 합니다. 분명, 우리는 어둠 속에서 쓸 수는 있습니다. 하지만 읽기 놀이는 시력을 전제로 합니다. 전승되는 모든 이야기들이 눈먼 가인에게는 이 시력이 없다고 (라타치(1989[2], 87쪽)와는 반대로) 한목소리로 말하고 있습니다. *{'노래하는 사람, 가인'이라는 뜻이다.}

[2] 웹스터, 1960, 108쪽. 볼프람 폰 에셴바흐의 파르치팔(2권 115장 27~30행)과 비교해 보십시오. 《나는 글자라고는 한 자도 모른다네. 대신 글 써 주고 먹고 사는 자들은 널렸다네. 이 이야기는 알아서 흘러가니, 책 같은 것은 필요가 없다네.》 볼프람이 말한 그대로(파르치팔, 2권 115장 11행) 영웅 직책과 가인 직책은 하나입니다. 그러나 바로 그 때문에 노래하기와 글쓰기가 하나인 것은 아닙니다. 따라서 (드라이잠강에 빠져버렸기에 기록되지 않은 호르스트 옥세의 프라이부르크 대학교수 자격 논문이 우리로 하여금 증명할 생각을 하게끔 했던 것처럼) 가인이 부르고, 서기가 받아씁니다.

1.2.2.3.2   …그리고 에우보이아, 파웰의 해법

> (우리가 알고 있는 『일리아스』의 대부분을 호메로스가 썼다는) 나의 주요 가정은 지금 거의 유행을 하고 있다. 우리가 그랬기를 원하기 때문이 아니라 초기 그리스의 얼굴을 좀 더 명확하게 바라보기 시작했기 때문이라고 나는 생각하고 싶다. '동틀 녘, 밝은 하루가 떠오를 무렵'이라는 그 얼굴을 말이다.
> 웨이드-게리, 일리아스를 지은 시인

《우리는》 니체와 파웰을 따라서 《일리아스와 오디세이아를 지은 한 위대한 시인을 믿습니다.》[1]

그는 그리스의 가장 오래된 음절문자보다도 더 오래전부터 있었던 가인들로 이루어진 그 긴 연쇄의 맨 끝부분에 있습니다. 그는 트로이아와 미케네가 멸망한 이후 처음으로 다시 영예와 광휘와 재산이 모이는 궁전들에서 노래합니다. 이타카는 이미 {기원전} 9세기경에 운동 경기를 통해 자신들의 영웅 오디세우스를 기념하고, 스파르타는 그보다 한 세기 후에 메넬라오스를, 미케네는 아가멤논을 기념합니다.[2] 그런데 가장 부유한 곳은 우리가 알고 있는 그리스 섬들 가운데 가장 푸른 섬인 에우보이아의 왕가입니다.[3] {기원전} 790년경 두 도시 칼키스와 에레트리아는 용감한 선원들을 모두 {이탈리아로} 파견하는데 그들은 고향의 알파벳을 피테쿠사이를 거쳐 에트루리아인들에게 가져오고, 이는 다시 로마인들에게로 전해집니다. {기원전} 700년경 이 두 도시는 헤시오도스가 노래하듯[4] 그리스 최초의 대전쟁을 일으켜 서로를 거의 말살하였습니다.[5] 그 두 도시의 중간 지점에 이미 오래전부터 부유했던 왕궁이 위치하고 있었는데, 우리는 이곳을 레프칸디라는 이름의 현대 그리스어로만 알고 있습니다.

---

1   니체, 1967~1993[1869], II/1, 266쪽.
2   웹스터, 1960, 187쪽.
3   호메로스를 위해 에우보이아를 발견하게 되었던 것은 샤데발트(1944, 107~112쪽)의 공입니다. 이것은 독일의 도서관들이 불타고 있었을 때였습니다.
4   헤시오도스, 일과 날, 650~659행. 투키디데스, 펠로폰네소스 전쟁사, 1권 15장.
5   *{기원전 8세기경 에우보이아섬은 고대 그리스에서 경제적으로 가장 번영했던 지역이었으며, 이 섬에서 가장 유력했던 두 도시인 에레트리아와 칼키스는 지중해 지역을 개척하여 그리스 도시를 건설하는데 앞장서며 협력하는 관계였다. 그러나 기원전 710년에서 650년경 비옥한 렐란토스 평야를 차지하기 위해 두 도시는 전쟁을 벌였고, 긴 전쟁으로 에레트리아는 물론 전쟁에서 승리했던 칼키스도 함께 쇠퇴하게 되었다.}

전쟁으로 파괴되고 불타버린 옛 위대함의 잔해에 파묻혀 있는 다른 그리스 지역들엔 쓰디쓴 가난이 지배하고 있지만 레프칸디의 왕은 길이 50미터에 폭 14미터의 묘를 짓습니다. 레프칸디 사람들이 그 안에 왕과 함께 묻은 것은 왕의 부인과 말 서너 마리 그리고 특히나 풍부한 부장품입니다. 이 묘가 {기원전} 950년에 지어졌다면 발견된 부장품 가운데 가장 오래된 것들은 이보다 거의 천 년이나 더 오래된 것으로, 게다가 바빌로니아에서 수입된 것들입니다. 왕의 유골을 담고 있는 청동 암포라는 심지어 아카이아 시대의 키프로스, 즉 아프로디테의 섬에서 온 것입니다.[1] 그리하여 레프칸디의 이름 없는 왕은 자신의 죽음을 통해 옛 영웅의 정통 후손임을 증명합니다. 가인은 이것과 완전히 동일한 것을 합니다. 그는 신성한 일리온이 몰락했었던 시기의 거의 모든 그리스 지역을 (예외적으로 {아테네를 포함한 주변의 반도 지역인} 아티케는 제외하고) 시계 방향으로 분배하여 생각합니다.[2] 카타 모이란 κατὰ μοῖραν, 카타 스토이콘 κατὰ στοῖχον, 카타 로곤 κατὰ λόγον에 맞게[3] 이야기한다는 것은 다름이 아닙니다. 『일리아스』에서는 함선 목록이자 트로이아와 동맹을 맺은 소아시아 나라들의 목록이며, 두 사람의 이글거리는 사랑을 고조시키기 위해 제우스가 헤라 앞에서 이야기하는 저 모든 다른 연인들

---

1 파웰, 1991, 196년. 이언 모리스, 1997b, 철기 시대, 543쪽. 그러므로 존 베네트(1997, 533쪽)도 에우보이아-테제에 동의합니다.

2 이와는 반대로 에드자르트 피서의 대학교수 자격 논문인 『호메로스의 함선 목록』(1997)을 보십시오. 이것은 1993년 유럽 연합의 지원을 받은, 뒤늦게 출판된 고고학적 기공식에 의해 깔끔하게 반증된, 700여 쪽에 이르는 끝없이 아득한 지면들로, 그 이후로는 카드모스의 성城에도 수돗물이 흐릅니다. 그가 대충 빨리 지나치면서 {호메로스가 기원전} 750년 이전에는 시를 짓지 않았을 것이며 즉흥 노래를 부르는 시인이었다고 거짓 이야기를 날조했던 모든 지점에서, 그의 옛 지도 교수{라타치}가 그사이 (테베에서 출토된 뜻깊은 선형문자 B 점토판 덕분에) 옛 미케네 시대 지역들의 이름을 읽어냅니다. 그 지역들의 왕좌가 있었던 카드메이아 — 카드모스 덕분에 시리아의 알파벳이 그리스인들에게로 왔던 바로 그곳 — 가 방화 약탈된 이후에, 고대 지리학자들이 이미 찾고 있었으나 발견하지는 못했던 곳이지요. 그 지역들은 미노스어로 된 목록과 함선 목록, 이 두 목록에 기록되어 있기는 하지만 절멸했습니다(라타치, 2003, 285~295쪽). -1200년경의 권력을 저장하고 있는 함선 목록에도 윗테베{윗-도시, 즉 아크로-폴리스}, 즉 카드메이아는 이미 함락되었다고 나와 있습니다(일리아스, 2권 505행). 이것은 야만인들이, 우리가 그리스인들을 부르는 말인 그 야만인들이 아카이아인들에게 한 짓입니다.

3 *{모이라 μοῖρα는 '몫, 부분' 등을 뜻한다. 카타 모이란을 직역하면 '몫에 따라'이며, 호메로스의 그리스어 문맥에서는 '올바르게, 알맞게, 적절하게'라는 뜻에서 쓰인 문구이다. 카타 스토이콘은 '순서에 맞게', 카타 로곤은 '말이 되는, 이치에 맞게'를 뜻한다. 전치사 카타 κατά는 목적격과 함께 쓰일 때 '~에 따라, ~에 맞게, ~를 향해' 등의 뜻을 가지기에 '카타 모이란에 맞게'라고 옮긴 것은 동어 반복이나 한국어에서 카타의 본래 말뜻이 분명하게 드러나지 않고 명사처럼 기능하기에 이렇게 번역하였다.}

의 목록을 뜻합니다.[1] 『오디세이아』에서는 트로이아 {전쟁} 이후로 남자 없이 지내고 있거나 신들과 {밤을 보내} 임신한 여자들의 목록입니다.[2] 끝으로 카타 메로스κατὰ μέρος[3]에 맞게 이야기한다는 것은 리라의 현을 오른쪽부터 차례대로 조율하여[4] 목록을 노래할 수 있게 {반주}한다는 것을 뜻합니다.

이제 가인은 아카이아의 모든 지방들 가운데 다음의 두 곳을 가장 좋아합니다. 테베 주위의 소가 많은 땅 그리고 이름부터 좋은 소가 난다고 말하는 에우보이아섬입니다.[5] 『오디세이아』는 배나 여신들을 이 해안가 가까이 데려오는 데에 항상 성공합니다. 레프칸디 왕의 무덤은 에레트리아와 칼키스를 가로지르는 비옥한 평야 한 가운데에 있습니다. 이 두 도시는, 그 이후의 내전[6]이 아니라 {훨씬 전} 트로이아에 맞서며 동맹을 맺었다고 우리의 가인이 알고 있고 또 노래한 그 두 도시와 동일한 도시입니다.[7] {두 서사시의 시기를} 후대로 지정하는 학자들도 『일리아스』를 {렐란토스 전쟁 중이었던 기원전} 670년으로 잡는 시도를 계속하지 않는 이유입니다. 그러나 호메로스는 에우보이아를 신들의 언어로 된 옛 이름으로 알고 있으며, 엘레페노르가 트로이아로 이끌고 갔었던 40척의 검은 배를 노래합니다.[8]

따라서 레프칸디에서 선조를 기리는 어느 젊은 왕은 에우보이아를 찬양하

---

1   일리아스, 14권 312~328행.
2   오디세이아, 11권 225~332행.
3   *{메로스μέρος도 모이라와 같이 '나는 내 몫을 받는다'는 뜻의 메이로마이μείρομαι에서 파생된 단어이며, '몫, 부분, 차례'를 뜻하는 명사이다. 헤르메스 찬가에서 카타 메로스는 헤르메스가 리라 현을 '차례대로' 튕기어 나는 멋진 소리로 아폴론을 기쁘게 했다는 맥락에서 쓰이며(1.3.2.1), 이후 아리스토텔레스에서는 전체(홀로스ὅλος)에 대비되는 부분이라는 뜻으로 쓰이게 된다.}
4   호메로스 찬가, 헤르메스 찬가, 419행.
5   브래드포드, 1967, 44쪽. "『일리아스』와 『오디세이아』에서 에우보이아는 에게해의 다른 어떤 섬보다도 가장 자주 언급되었다." 파웰(1997, 31쪽~)과 루돌프 바흐터(『트로이아. 꿈과 현실』(바덴-뷔르템베르크 고고학 박물관 펴냄), 2001(1), 78쪽~)도 보십시오. 여기에서 바흐터는 파웰을 알고 있지만 파웰을 언급하거나 인용하지도 않은 채 공격하여 모음 알파벳의 발명을 (우리의 학식에서처럼) "순수하게 목적 지향적"으로 만듭니다. 이것은 니체의 바젤에서는 보기 드문 풍습입니다…
6   *{앞서 언급된 렐란토스 전쟁을 말한다.}
7   일리아스, 2권 537~545행.
8   신들의 언어로 된 이름으로서의 《아반테스족*》에 관해서는 헤시오도스(아이기미오스, 4번 파편)를 참고하십시오. 신들의 언어로 된 이름이란 호메로스 이전의 지역 이름이라는 뜻으로, 『일리아스』 외에는 트로이아에서만 알려진 이름입니다. *{『일리아스』에서 에우보이아섬에 살았던 민족을 아반테스Ἄβαντες족이라고 부른다(일리아스, 2권 536행).}

는 옛 전설을 좋아하게 됩니다. 그가 아니라면 그렇게 그의 선조를 기릴 사람은 없지요. 왕은 식사를 하며 어떻게 자신의 선조가 떠돌아다니는지 노래하는 호메로스를 듣습니다. 왕은 {황금가면과 같은} 옛 영웅시대의 부장품들을 통해서만이 아니라 노래 속에서 기억하는 것을 꿈꿉니다. 아카이아의 몰락을 겪지 않았을 것으로 보이는 에우보이아에는 심지어 영웅시대의 목록이 보존되어 있었을지도 모르는데, 어쩌면 나이 든 성직자가 가인에게 함선과 군사령관의 목록을 여전히 그대로 읽어 주었을 수도 있습니다.[1] 이와 같은 무사의 선물이 없었다면 그 목록은 필멸자들의 기억력에는 너무 길겠지요.

시리아인과 페니키아인들도 레프칸디의 궁에 거주합니다. 그렇지 않다면 이들이 칼키스인들과 연합하여 피테쿠사이나 이스키아로 이주하는 일은 없었을 것이며,[2] 에우보이아섬의 에레트리아에 있는 신전에 페니키아 문자로 된 새김글이 나타나는 일은 없었을 것인데 — 여기서 이 문자는 교환 거래 증명서가 아니라 신들에게 바치는 봉헌물로써 나타났음에 주의하시길 바랍니다.[3] 따라서 두 언어를 말할 수 있으며, 자음문자로 기록할 수 있는 어느 번안자[4]가 가까이에 있습니다. 그는 다섯 모음 없이 기록된 그리스의 노래들은 거의 읽을 수가 없다는 것을 알아차리기만 하면 됩니다. {페니키아 문자를 확장하여 그리스 문자를 만든} 그 번안자는 어쩌면 — 한 번도 고려된 적이 없지만 — 여자일지도 모릅니다. 누가 알까요? 무사 신일까요? 일본의 승려들이 중국에서 수입된 표어문자를 뻣뻣한 음절문자인 가타카나로 만들기 위해 골똘히 궁리하는 동안, 옛 일본 황실의 궁녀들은 더 읽기 쉽도록 호리호리한 음절문자인 히라가나를 발명하였지요.[5] 이처럼 음절문자는 크

---

1 라타치(2003)가 왜 이런 결론을 한 번도 검토하지 않았는지는 수수께끼입니다.
2 "이제 에우보이아와 시리아의 관계를 {기원전} 9세기로 되돌려 놓을 수가 있고"(부르케르트, 1984, 18쪽), 따라서 모음 알파벳과 『일리아스』의 받아쓰기는 파웰(2002)보다 더 이른 시기로 설정할 수 있습니다.
3 안나 마리아 비시, 1998, 278~280쪽.
4 파웰, 1991, 12~27쪽. 모음 알파벳을 어느 유일한 번안자의 덕이라고 여겼던, 파웰이 줄줄이 인용한 연구자들 가운데에 로만이 빠져 있습니다. "그러나 무엇보다도 그리스 알파벳은 최초로 온전한 분석, 따라서 한 언어의 음운 형태의 체계적인 분석을 보여 준다. 이와 같은 방식의 다른 모든 알파벳은 그리스 문자에 기원을 두고 있다."(로만, 1970, 23쪽)
5 오로지 한 여자가 — 즉 나우시카아가 직접 — 『오디세이아』를 지었다는 사실은, 하지만 분명히 『일리아스』는 아니라는 사실은, 새뮤얼 버틀러가 가져온 한 소식입니다(버틀러, 1967(2)). 다른 소식은 알려

레타에서든 일본에서든 많은 언어들에서 많이 생겨납니다. 하지만 다섯 개의 모음이 있는 그리스 문자는 세상에 단 한 번 나타났지요.

레프칸디의 왕은 많은 단어를 기록할 수 있는 재료인 파피루스를[1] 나일 삼각주에서 수입하고 지불할 능력이 있습니다. 거의 이만 팔천 행이나 되는 노래를 도자 파편이나 밀랍판에 쓸 수는 없지요. 가인은 하나의 장음절과 두 개의 단음절을 끊임없이 왔다 갔다 하며 육각운으로 노래합니다. 모든 울림소리와 대부분의 음절 길이를 모호하지 않게 저장할 수 있는 세상에서 유일한 문자가 이 노래를 네스토르 잔에서처럼 포착합니다. 아마도 레프칸디의 옛 이름은 쿠메Kume였을 것이며, 레프칸디의 궁에서 에우보이아의 {그리스} 알파벳이 매우 일찍부터 사용되고 있었다는 사실을 {기원전} 775년의 새 김글들이 증명하고 있기 때문입니다.[2] 따라서 그리스는 우리에게 그 문자를 금석학적으로만, 그러니까 거의 파괴된 돌이나 항아리 위에 휘갈겨진 새 김글로만 전해 주는 것이 아닙니다. 그리스 문자는 우리에게 시적으로 전해지고 있습니다. 첫 행에서 마지막 행까지 기록되어 보존된 두 노래{일리아스와 오디세이아} 자체 속에 말이지요.[3] 그런 이유로 그리고 오직 그런 이유에서만 시칠리아의 디오도로스는 다음과 같이 쓸 수가 있었는데, 그는 시리아인이나 페니키아인 또는 카드모스나 에우로파가 모음 알파벳을 발명한 것이 아니라 무사가 《{적절한} 단어를 찾아서, 노래로 이어 맞추어, 시를 읊도록》[4] 아버지 제우스에게서 선물 받은 것이라고 말합니다.

각각 24권으로 된 두 노래 『일리아스』와 『오디세이아』를 모두 24개의 글자로 셀 수 있는 것은 우연이 아닙니다. 그렇지 않다면 논노스가 48권의 『디오니소스 노래』로 이 두 노래를 능가하려고 하지는 않았을 테지요. 끝없이

진 바대로 기계가 언젠가는 우리에게서 세계 지배권을 탈취하리라는 것입니다. 이것은 컴퓨터 시대의 일반적인 기초를 다진 튜링의 유일한 시인의 단어였으며, 또 그렇게 남아 있습니다(앨런 튜링, 1987, 15쪽).

[1] 호메로스가 파피루스를 알고는 있었지만, 글쓰기 재료는 아니었다는 사실을 오디세이아(21권 391행)*가 보여 줍니다. *{파피루스 속껍질로 만든 밧줄이 나온다.}

[2] 파웰, 1991, 15쪽과 57쪽. 이러한 글자들 중에는 또한 최초로 증명된 프시ψ가 있습니다.

[3] 모리스, 1997, 559쪽. "우리는 서사시 자체를, {기원전} 8세기의 위대한 격변의 시대에 만들어진 — 틀림없이 근대의 고전학자들뿐 아니라 고대 그리스인들에게도 가장 중요한 — 유품으로 여겨야 한다. 서사시와 고고학적 기록은 서로 함께 잘 엮어서 읽었을 때만 정확하게 이해될 수 있다."

[4] 디오도로스 시켈로스, 역사 총서, 5권 74장 1절.

긴 시간이 지난 후, 사도 요한은 호메로스를 베껴 쓰며 그리스도를 날조합니다. 그는 알파이자 오메가라고 말이지요.[1] 24개의 글자와 노래 사이에 있는 이 방정식은 학자들이 가르치는 것처럼 후기 알렉산드리아의 어느 편집자가 처음으로 추가한 내용이 아닙니다.

> "우리는 생각 없이 24권에 대해 말하지만 이는 이 분할의 어떤 본질이었던 것을 지워버린다. 이 분할은 숫자가 아니라 문자에 따라 이루어진 것이며, 알파에서 오메가에 따라 나눈 편성은 호메로스의 모든 것을 포괄하는 것을 알리기 위한 상징 때문에 고안된 것일 것이다."[2]

『일리아스』가 있고, 『오디세이아』가 있습니다. 이것들은 오래전부터 우리 앞에 원문으로 놓여 있습니다. 이 원문은 에우보이아의 이오니아 방언으로 쓰였지, (수많은 그리스인들과 학자들이 망상했던 것과 같이) 그 건너편 소아시아 해안가에서 쓰이는 이오니아 방언으로 기록된 것이 아닙니다.[3] 《스스로 쓰기를 멈추지 않는 것》[4], 그것은 경이입니다. 존재가 있다는 사실 속에, 존재의 의미가 놓여 있습니다. 더 많이 희망하는 자는 착각할 뿐입니다.[5] 호메로스가 그것을 우리에게 노래해 주었습니다. 그의 이야기는 처음부터 기록되어 있었지요. 이것은 언젠가 그리스의 아침놀 속에 발현한 적 있었던 그 존재를 다른 모든 산문 조각들로부터 구분합니다. 트로이아 혹은 테베를 둘러싼, 같은 정도로 오래된 다른 많은 전설들은 (천년 후 처음으로) 그러한 산문 조각으로 축소되었지요.[6]

가인은 노래하고, 우리는 매혹된 채 경청합니다. 가인이 노래하고 있는 영웅도 마찬가지로 모든 청자들을 매혹하고 있다는 사실을 가인이 노래합니다. 여자든 남자든 어느 누군가가 가인을 받아씁니다.[7] 이것이 전부입니다.

---

1   요한 계시록, 1장 8절과 22장 13절. 에고 에이미 토 알파 카이 토 오Ἐγώ εἰμι τὸ ἄλφα καὶ τὸ ὦ*. 그런데 요한이 그리스 알파벳으로서 계시Offenbarung를 한다는 사실은 서고트 왕국 세비야의 대주교 이시도르가 처음으로 알아챘습니다(이시도르, 어원백과, 1권 3장). *{"나는 알파이자 오메가다."}
2   마이클 해슬럼, 1997, 58쪽.
3   파웰, 1991, 232쪽.
4   라캉, 1975, 86쪽.
5   라이너 마르텐의 『하이데거 읽기』(뮌헨: 1991)에 적힌 많은 반대합니다.
6   헤시오도스(2002⁽²⁾, 488~535쪽)의 파편들과 산문-목차 내용을 보십시오.
7   호메로스가 부유한 귀족 후원자들에 의해, 즉 호메로스의 생전에 파피루스 위에 기록되었을 것이라는

1.2.3 오디세우스는 거짓말하며 노래합니다

그런데 가장 놀라운 것은 『오디세이아』가 노래하고 기록하는 그 모든 것입니다. 여신으로부터 미리 경고를 받은 영웅은 귀향 이후 몸소 가인이 됩니다. 그는 어느 누구에게도 — 즉, 남자와 여자 모두에게 — 자신의 방랑에 대해 이야기를 해서는 안 됩니다.[1] 그래서 그는 꿈속에서처럼 구별할 수 없도록[2] 기만과 진실을 뒤섞어[3] 거짓말하는 것을 배웁니다.

거짓 이야기는 하나로 얽혀 있는 유일한 올가미이지만 오디세우스는 언제나 자신의 {거짓 이야기를 구성하는} 여러 대목들을 새로운 귀에게만 털어놓을 뿐입니다. 이것은 벌써 아테나와 함께 시작됩니다. {하지만} 그녀는 불멸자로서 오디세우스의 기만을 바로 꿰뚫어 보고는 딱 잘라 그의 이름을 댑니다[4] (아테나를 제외하면 오직 세이렌만이 오디세우스의 이름을 바로 알고 있었지요). 반대로 필멸이라는 것은 아무리 진실을 갈망하며 간청한다고 해도 거짓 이야기에 스스로 속는 귀를 말하며 — 노래가 《마법》이라고 불리는 것도 마찬가지의 이유에서입니다.[5]

오디세우스가 {지어낸 거짓 이야기 속에서} 자신의 모험은 모두 극서가 아니라 근동에서 펼쳐진다는 듯 재구성한다는 사실이 마법을 일으킵니다. 하지만 이로써 그리스로 문자를 가져왔던 바로 그 나라{페니키아}가 활동 무대가 됩니다.

그 도플갱어 — 라고 우리는 부르고자 합니다 — 는 듣고 있는 모든 사람들에게 자기가 크레타섬 출신이라고 말합니다.[6] 그런데 이 섬은 이제 미노스

사실은 호이벡도 받아들입니다(호이벡, 1979, 159쪽). 그러나 호이벡은 이러한 받아쓰기가 모음 알파벳 자체를 받아쓴 것이라는, 자연스러운 사유의 도약을 하지는 않습니다.

1 오디세이아, 13권 307~310행.
2 오디세이아, 14권 560행~.
3 오디세이아, 14권 203행~. 아리스토텔레스(시학, 24장 1460a18~25절)와 비교해 보십시오.
4 오디세이아, 13권 291~295행.
5 오디세이아, 14권 386행~과 17권 514행.
6 오디세이아, 13권 260행과 17권 523행과 19권 181행. *{오디세우스의 거짓 이야기는 언제나 자신을 크레타인으로 소개하며 전개된다. 첫 거짓말은 고향 이타카섬에 도착했을 때, 젊은 남자로 변장한 아테나에게 한 것이다(오디세이아, 13권 256행~). 그 후 오디세우스는 자신의 옛 돼지치기 에우마이오스에게(14권 199행~) 그리고 페넬로페이아에게도(19권 172행~) 자신은 크레타 사람이라고 거짓 이야기를 늘어놓으며 고향의 상황을 파악한다.}

가 아니라 그의 자손들이 거느리고 있습니다.[1] 이 섬에는 아직 원原크레타인들이 있기는 하지만 다른 언어로 말하는 아카이아인들도 있습니다.[2] 따라서 이것을 다른 말로 하자면, 그 도플갱어는 이해하기 힘들 정도로 정확하게 아카이아인들의 선형문자 B가 아직도 여전히 해독되지 않은 전前그리스적 선형문자 A를 대체했다는 사실을 말하고 있다는 것입니다. 그런데 그가 크레타로도 이주한 도리스 출신의 세 혈통을 완벽하게 언급하고 있을 당시에는[3] 그 궁전 또는 네크로폴리스가 이미 오래전에 파편과 재로 가라앉은 상태였을 것입니다. 왜냐하면 도리스인은 아이올리스인이나 이오니아인들보다 훨씬 나중에 그리스로 이주했다고 알려져 있기 때문입니다. 다른 말로 하자면, 그 도플갱어는 자신이 더는 영웅시대의 낯선 바다에서 헤매고 있는 것이 아니라 미노스-미케네의 제해권이 몰락한 지 한참이 지난 후에 방랑하고 있다는 사실을 {스스로} 알고 있습니다. 그러므로 에우보이아의 왕들이 그토록 즐겨듣는 옛 시대를, 도플갱어 자신과 묶고 있는 그 무엇은 치욕의 관계, 모독의 관계입니다. 그 도플갱어는 미노스 아들의 첩에게서 태어났지만 그의 이복형 이도메네우스는 정실부인에게서 태어났기에 마지막 아카이아의 왕으로서 트로이아에 맞서 싸우러 나갈 때까지 크레타를 다스립니다.[4] 결국 이 두 형제는 모두 {크레타} 섬을 떠나야만 했는데, 이도메네우스는 (오디세우스처럼) 이탈리아로 가지만 도플갱어는 암살이라는 죄를 저질렀기에 근동으로 갑니다.

이렇게 진정한 모험이 다시 한번 크레타를 중심축으로 반영되어 거짓 이야기를 만들어 냅니다. 북쪽은 남쪽이 되고, 서쪽은 동쪽이 됩니다. {오디세우스처럼} 트로이아에서 출발하여 북쪽의 키코네스족을 침략하는 것이 아니라 도플갱어는 크레타에서 배를 타고 나서서 이집트인을 침략했지만 노예, 여자, 아이들을 약탈하기 위한 것은 마찬가지였습니다.[5] 따라서 이제 오디세우스는 세이렌이 불렀던 것처럼《아카이아의 위대한 명예》가 아닙니다. 옛

---

1   오디세이아, 19권 180행.
2   오디세이아, 19권 175행~.
3   오디세이아, 19권 177행.
4   오디세이아, 19권 187행.
5   오디세이아, 17권 425~411행 = 14권 309~271행.

영웅의 {위험을 무릅쓴} 감행, 즉 페이라πείρα가 미케네의 몰락 후 완전히 문자 그대로 해적Pirat이 됩니다. 페이라테스πειρατής에서 차용한 라틴어{피라타pirata}에서 나온 이 단어는 오늘날까지도 우리가 쓰고 있는 말이지요. 어쨌든 그는 기호로 가득한 상형문자의 제국을 접했습니다. 도플갱어는 그 이후에 어떤 일이 일어나는지 다른 이야기를 하지만 두 이야기 모두 결국 해적 행위와 노예사냥이 그 가해자에게 그대로 되돌아온다고 합니다. {거짓 이야기의} 한 버전에서는 그가 이집트에서 붙잡혀서 키프로스섬으로 노예로 팔려갔다고 합니다. 키프로스섬은 고전기에도 여전히 선형문자 B의 한 변형을 보존하고 있고, 또 쓰고 있는 유일한 곳이지요.[1] 다른 버전에서는 그 도플갱어가 크레타섬을 지나 서쪽 바다로 항해하던 페니키아의 어느 선장과 해적들에게 붙잡혔다고 합니다. 이 페니키아의 배는 제우스의 번개를 맞아 침몰하는데, 그 번개는 시칠리아 앞바다에서 오디세우스의 마지막 선원들도 실제로 마주하게 되는 것이지요. 이렇게 난파한 도플갱어는 스케리아섬에 상륙하는 것이 아니라 이타카 건너편에 있는 육지로 밀려가게 됩니다.[2] 이로써 그는 이중으로 성공합니다. 한편으로는, 그가 그리스 문자가 유래한 페니키아와 그들의 자음문자를 마침내 발견했다는 것입니다. 그런데 다른 한편으로는, 모험의 나라라고 지어낸 근동에는 님프들이 없다는 사실입니다. 신적인 님프든, 필멸의 님프든 간에 말이지요. 따라서 그는 무엇이 진정한 모험이었는지를 이타카에서 절대 누구에게도 말할 수가 없었습니다. 님프, 노래, 사랑 그리고 음악이라는 모험을 말이지요. 이렇게 『일리아스』의 기록되어-있음Aufgeschriebensein 속에 『오디세이아』가 자리하고 있습니다. 도플갱어도 — 오디세우스처럼 — 난파되어 수풀 속에서 잠들기는 하지만 나우시카아가 스케리아에서 발가벗은 그대로의 그를 바라보고 구조하고 사랑해 주는 것이 아니라 테스프로티아[3]의 노예 주인으로부터 간신히 달아난 이 거짓말쟁이는 — 이타카에서 깨어납니다.[4] 요컨대, 거짓 이야기 어디에서도 영웅은 여자랑 자지 않습니다. 키르케와 나우시카아도 자신의 남편

1　오디세이아, 17권 442행. — 사이프러스의 음절문자에 대해서는 도블호퍼(1964⁽¹⁾, 218~228쪽)를 참고하십시오.
2　오디세이아, 14권 315행.
3　*{이타카섬 건너편 육지에 위치한 그리스 지역이다.}
4　오디세이아, 14권 344행.

을 열망했다는 사실을 페넬로페이아가 절대로 듣지 않도록, 정제된 『오디세이아』가 거짓 이야기 안에 기록되어 있습니다. 물론 두 세이렌들에 대해서도 마찬가지입니다.

그 대신에, 혹은 바로 그 때문에 오디세우스가 자신의 도플갱어를 연기\연주하고 있을 때면 그는 가인으로 변하는 것입니다. 그를 맞이하는 가여운 돼지치기는 호메로스 덕분에 불멸이 되기는 했지만 아직 예감하지 못합니다. 따라서 그는 파이아케스의 왕과는 달리, 사후의 명성이 무엇인지를 모릅니다. 에우마이오스는 그저 긴 밤을 지새우기 위한 수단으로서 그리고 {계속해서 돌아오는} 밤이 다시금 일으키는 고통을 이야기 자체로 극복하기 위한 수단으로서 전설을 좋아하는 것입니다.

> 많이 고통받고 많이 헤매며 떠돌아다닌 남자는
> 나중엔 아픔에서조차 기쁨을 느끼기 때문이라오.[1]
> 메타 가르 테 카이 알게스티 테르페타이 아네르,
> 호스 티스 데 말라 폴라 파테이 카이 폴 에팔레테이.

하지만 돼지치기는 {오디세우스의 도플갱어가 하는} 거짓 크레타 이야기들 중 하나에 귀를 기울인 이후, 전설이 더 고귀한 것이라고 생각하게 됩니다. 에우마이오스는 왕비 앞에서 가인들에게만 어울리는 단어들로 오디세우스를 칭찬하여 그녀도 그에 대해 질문을 하게 합니다.

> 《여왕님, 아카이아인들이 조용히 입을 다물었으면 좋겠습니다!
> 그자가 하는 이야기는 왕비님의 마음을 호릴 것입니다.
> 배에서 도망친 그가 맨 먼저 저에게 왔기에, 오두막에
> 제가 그를 사흘 밤을 데리고 있었고, 사흘 낮을 붙잡고 있었습니다.
> 그래도 그자는 자신의 재앙을 다 이야기하지 못했지요.
> 신들에게 가르침을 받아 필멸자들에게 그리움의 말들을 노래하는
> 어느 한 가인을 바라보는 한 남자처럼,
> 또 그들이 끝없이 그의 노래를 듣고자 열망하는 것처럼,
> 그렇게 우리 집에 앉아 있던 그자는 저를 호렸습니다.

---

[1] 오디세이아, 15권 400행~.

그가 말하기를 오디세우스는 아버지 때부터 손님이며,
그는 미노스의 종족이 있는 크레타에 산다고 합니다.
그는 많은 고통을 받으며, 줄곧 구르고 굴러
지금 그곳에서 이리로 왔으며, 그가 오디세우스에 대해 들었던 것은,
벌써 가까이 계시며, 테스프로티아인들의 기름진 나라에
살아 계신다는 것입니다.》[1]

에이 가르 토이, 바실레이아, 시오페세이안 아카이오이·
호이 호 게 뮈테이타이, 텔고이토 케 토이 필론 에토르.
트레이스 가르 데 민 뉙타스 에곤, 트리아 드 에마트 에뤽사
엔 클리시에이· 프로톤 가르 엠 히케토 네오스 아포드라스·
알 우 포 카코테타 디에뉘센 헨 아고레우온.
호스 드 호트 아오이돈 아네르 포티데르케타이, 호스 테 테온 엑스
아에이데이 데다오스 에페 히메로엔타 브로토이시,
투 드 아모톤 메마아신 아쿠에멘, 호포트 아에이데이·
호스 에메 케이노스 에텔게 파레메노스 엔 메가로이시.
페시 드 오뒤세우스 크세이노스 파트로이오스 에이나이,
크레테이 나이에타온, 호티 미노오스 게노스 에스틴.
엔텐 데 뉜 데우로 토드 히케토 페마타 파스콘,
프로프로퀼린도메노스· 스테우타이 드 오뒤세오스 아쿠사이
앙쿠, 테스프로톤 안드론 엔 피오니 데모이,
조우"

즉, 세이렌이 영웅에게 옮아갔습니다. 그는 청자들을 매혹하지요. 하지만 가인을 끝없이 듣고자하는 이 열망은 그리스의 서쪽 끝에 있는 해적들의 소굴이자 가난한 섬인 이타카가 아니라 에우보이아에서 채워집니다. 사물들이 한 번 더 {거울상으로} 반영됩니다. 도플갱어가 근동에서 새로 알게 된 것을 들고 올 때, 그는 −1200년과 −850년 사이의 시기를, 즉 트로이아와 페니키아의 해상권 사이의 시기를 연결하는 것입니다. 가인이 에우보이아의 부유한 궁전으로 처음 발견된 극서에서 새로 알게 된 것을 가져올 때, 전설은 딱 오십 년을 건너뛰어 생각하는 것입니다. 도플갱어는 눈에 띄지 않게 오디세우스 안으로 들어가기 위해서 최선을 다합니다. 근동에는 배와 해적들로 우글거리며, 이는 역사적으로 옳습니다.[2] 극서에서 영웅은 배를 단 한 척도 본 적이 없지만 대신 근사한 님프들을 만납니다. 호메로스는 그저 도플갱어가

---

1 오디세이아, 17권 513~527행.
2 슈펭글러, 1937, 273쪽. 드브뢰(1986, 69쪽)도 보십시오.

중단한 곳에서부터 계속 이어 나가기만 하면 됩니다. 다른 말로 하자면, 항해하는 거지가 이타카에서 하는 거짓말이, 항해하는 가인이 에우보이아에서 하는 이야기{전설}를 준비한다는 것입니다. 그 거짓 이야기들은 이미 『일리아스』와 『오디세이아』를 관련짓습니다. 호메로스도 『일리아스』 이후에야 비로소 파악하는 그 무엇을, 오디세우스는 아직 알 수가 없을 뿐입니다.[1] 두 세이렌처럼 모음 알파벳으로 쓰인 이 두 전설이 오늘날까지도 노래되고 있다는 사실을 말이지요.

《오래도록 긴 시간Forever and a Day》을 그대가 언젠가 내게 선물했었지요.

---

[1] 『일리아스』는 《죽음을 부르는 기호》라는 어느 글자를 알기는 합니다. 그러나 이것은 분명 알파벳은 아닙니다. "{글자에 대한} 이러한 무지는 그리스가 글자를 막 쓰기 시작했던 아주 이른 시기에만 해당할 것이다."(파웰, 1991, 200쪽)

1.3 미메시스

> 제우스왕께 인사합니다, 아르카디아를 지켜 주소서
> 카이레 제우 바실레우 카이 사오 아르카디안
> 파우사니아스

여기 문자가 있습니다. 노래에서 태어났지요. 트로이아와 호메로스 사이의 어두운 사백 년이 이렇게 기쁘게 끝납니다. 알파벳은 칼키스나 코린토스와 같은 몇몇 지역을 중심으로 헬라스 전역에 방사형으로 퍼지고, 이와 함께 알파벳 사용 지역이 지수적으로 늘어납니다. 이것은 최고의 호메로스 전문가가 우리에게 말해 준 것입니다.[1] {그런데} 파웰은 우리 모두를 이끄는 경이인 이 흐름을 더는 추적하지 않습니다.[2] 알파벳은 두 바다, 아드리아해와 에게해를 건너가서 그리스인들을 노래하게 만듭니다. 『오디세이아』 그 자체가 이미 『일리아스』의 노래-불렸음Gesungensein의 첫 메아리입니다. 그래서 그리스인들의 축제와 노래에 에우보이아의 옛 광휘가 반영되어 있지요. 그런데 동시에 그리스 여자들에는 울림소리로-노래하기Stimmlautsingen 자체가 반영되어 있습니다. 그리스 문자에서 잊혔던 글자인 디감마를 1713년에 두 번째로 발명하였던,[3] 따라서 우리의 호메로스에 대한 학문을 처음으로 가능케 하였던, 리차드 벤틀리는 이름을 대지 않고 아름답게 다음과 같이 말했습니다.

> 《그는 축제나 다른 잔칫날에 흥을 돋우고 푼돈을 벌려고 직접 부를 노래와 서사시의 속편들을 썼다. 일리아스는 남자들을 위해서, 오디세이아는 여자들을 위해서 만들었다.》[4]

---

1 릴리안 제프리, 1990(2), 42쪽.
2 《하이데거는 데카르트가 역학적 파동을 탔던 것만큼이나 성공적으로 전자기파를 따라 서핑한다.》(마셜 맥루언, 디터 토매(2003, 323쪽)에서 재인용)
3 *{디감마(F)는 원래 음가 /w/를 가진 그리스 문자의 여섯 번째 글자였다가, 그리스의 여러 방언에서 그 음가가 사라지자 기원전 6세기에서 5세기 사이에는 완전히 사용되지 않게 되었다. 그리스 알파벳을 바탕으로 숫자 기호 체계가 만들어졌던 당시(1.5.3)에는 이미 쓰이지 않았지만, 숫자 6을 기록하기 위해 되살려지게 되었는데 이것이 디감마의 첫 번째 발명이라고 할 수 있다. 디감마를 두 번째로 발명했다고 하는 벤틀리는 17세기 말에서 18세기 중반까지 활동했던 영국의 문헌학자로, 그는 사용되지 않았던 디감마를 복구하여 호메로스 서사시의 율격을 재구성하고 복원하려고 시도했다. 그리스 글자 감마(Γ)에 획을 하나 더한 모양이 감마가 두 번 겹쳐진 듯하다고 하여 디감마δίγαμμα라는 이름을 얻게 되었다.}
4 리차드 벤틀리, 「자유로운 사유에 대한 후고전기 그리스의 담론에 대한 소견」, 호이벡(1979, 170쪽)에

언젠가 공들여서 파이드로스를 도시 밖으로 꾀어내었던 소크라테스가 일리소스 시냇가에 있는 님프들의 숲 잔디에서 말한 대로입니다. 무사들이 항상 존재했던 것은 아니며, 젊은 여신들의 목소리는 우선 태어나야 했지요. 이는 몇몇 필멸자들이 먹고 마시는 것을 잊을 만큼, 그래서 노래만 하다가 매미가 될 만큼 황홀하게 합니다.[1] 절대로 글을 쓰지 않는 소크라테스가 여기서 잊고 있는 것은, 글자가 처음으로 울릴 수 있게 했던 저 모든 기호들의 탄생에 대해 그 자신이 이미 알고 있었던 것으로, 바로 무사들의 탄생은 울림소리들의 탄생이라는 사실입니다.[2] '단 하나의' 형이상학이 단지 음성 중심적으로 유별스럽게 나타내는 기호와는 거리가 아주 먼 그리스의 모음문자는 말해진 언어의 최초의 완전한 분석으로서 유례없는 우리 문화의 기초를 설립한, 시기를 알 수 있는 유례없는 사건으로 남아 있기 때문입니다. 그 이후로 언제나 새로운 재귀들 속으로 다시금 불리는 것이 멈추지 않습니다.

서 재인용. 머레이도 "『일리아스』의 여자에 대한 유별난 무시"(머레이, 1934(4), 133쪽)라고 간략하게 언급합니다.

1 플라톤, 파이드로스, 259bc절. 반대로 매미들도 《사랑하기를》 멈추었다는 사실은 잉에보르크 바흐만의 아름다운 라디오 드라마가 FM 방송을 통해 1955년에 처음으로 송출했습니다. 《매미는 한때 사람이었습니다. 언제나 노래하기 위해서, 먹고 마시고 사랑하기를 멈추었습니다. 노래 속으로 도망간 매미들은 점점 더 작아지고 또 작아져서, 자신들의 그리움 속에 매몰된 채로 — 매혹된 채로 하지만 또한 천벌을 받은 채로 — 노래합니다. 그들의 목소리가 비인간적으로 되어버렸기 때문입니다.》(잉에보르크 바흐만, 1993(5), 1권 268쪽) 이것이 우리에게는, 바흐만 자신이 받은 천벌을, 즉 오스트리아의 미국 방송사*에 고용되었던 사실을 말로 표현한 것으로 여겨집니다. 비인간적인, 바흐만의 목소리. 전송만 되었지, 청취되지는 않았습니다. 주파수 변조된 초단파는 최소 가청치의 윗부분에 있는 목소리를, 따라서 또한 음악으로서의 매미를 전송하기에는 처음엔 충분했습니다. 하지만 매미가 (그들의 조상인 티토노스**처럼, 호메로스 찬가, 아프로디테 찬가, 218~238행)처럼) 더 이상 사랑하지는 않는다는 사실은 그리스인들에게는 생각할 수도 없는 일입니다. 이렇게 아직 일리소스에서는 무사와 세이렌이 서로 가까이 있습니다(플라톤, 파이드로스, 259a절). *{오스트리아의 RWR(로트-바이스-로트Rot-Weiß-Rot는 '빨강-하양-빨강'이라는 뜻으로 오스트리아의 국기를 가리킨다) 방송은 2차 대전 종전 후 1955년까지 10여 년간의 연합군 군정기 동안 미국의 통제하에 있었던 라디오 방송사이며, 잉에보르크 바흐만은 이곳에서 1951년부터 1953년까지 방송 작가로 일했다.} **{새벽의 여신 에오스의 연인이었던 인간 남자로, 에오스는 그를 불멸로 만들어 달라고 제우스에게 부탁했으나 늙지도 않게 해달라는 말은 잊어서 영원히 계속 늙어만 가게 되었다. 이를 가슴 아프게 여긴 에오스는 티토노스를 매미로 변하게 했다.}

2 이것은 우리가 앞으로 {증명해} 보여 줄 것으로, 플라톤의 파이드로스(259bc와 274cd)와 필레보스(18장)*를 함께 읽으며 나온 결론입니다. *{2.2.2.4.3.3.}

1.3.1 《그리고 신들은 사랑을 나눴다네》[1]

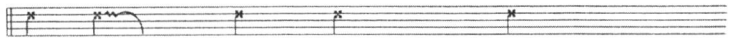

신들이 사랑을 해 보여 주고, 우리 필멸자들은 이를 따라합니다. 그리고 이 것은 다름 아닌 미메시스Mimesis입니다.[2]

1.3.1.1 아프로디테와 아레스

헤파이스토스는 멀리 렘노스섬에 있는 대장간으로 나간 듯이 보이고, 아름다운 관을 머리에 쓴 아프로디테는 그의 집을 지키고 있습니다. 그들의 동생 아레스가 찾아와서 이렇게 말을 꺼냅니다.

> 《이리 와요, 사랑하는 이여, 침대로 와요. 우리 사랑놀이를 즐겨요. 헤파이스토스는 여기 없으니까요. 그는 벌써 저 멀리 렘노스로 떠나 거친 소리를 내는 신티에스인들에게로 갔답니다.》[3]
>
> "데우로, 필레, 렉트론데· 트라페이오멘 에우네테테스·
> 우 가르 에트 헤파이스토스 메타데미오스, 알라 푸 에데
> 오이케타이 에스 렘논 메타 신티아스 아그리오포누스."

이것은 데모도코스가 이미 설명했듯이 아레스가 처음으로 한 말이 아닙니다. 언제나 다시 모든 것이 반복됩니다. 『오디세이아』에서 아레스가 아프로디테에게 하는 말은 이미 『일리아스』에서 그 둘의 아버지인 제우스가 부인이자 누이인[4] 헤라를 부를 때 했던 말입니다. 그런데 언제나 여자가 유혹한다는 것을 눈치채지 못한 채, 그는 자신이 그녀를 유혹하는 것이라고 착각하지요.[5] 그런데 헤파이스토스는 동일자의 되풀이를 한 번은 거스르고 싶었

---

1 *{지미 헨드릭스가 1968년 발매한 앨범 『일렉트릭 레이디랜드』의 첫 트랙 제목이다.}
2 이와는 반대로 호르스트 투르크(문학 이론 1, 괴팅엔: 1976, 8~18쪽)의 사회학적 턱걸이를 보십시오.
3 오디세이아, 8권 292~294행.
4 일리아스, 18권 356행.
5 일리아스, 14권 159~165행. 라캉(1975, 69쪽)의 다음과 같은 말도 함께 참고하십시오.《네, 저는 민중{대중, 인민, 노동자}들을 알고 있습니다. 그들이 반드시 이 자리에 있지는 않을 것입니다. 하지만 저는 조금은 {그들에 대해} 알고 있습니다. — 그들은 여자를 부르주아{중산층, 시민권자, 소유자}라고 부릅니다. 이것이 바로 그 뜻입니다. 그가 복종하지, 그녀가 복종하는 것이 아닙니다. 팔루스, 즉, 그녀가 말하듯이 그녀의 남자는, {프랑수아} 라블레 이후로 우리가 알고 있듯이, 그녀에게 무관심하지 않습니다. 오직 이것만이 질

습니다. 그는 두 연인을 보이지 않는 그물로 붙잡습니다. 자신의 대장장이 솜씨로 거미줄처럼 부드럽게, 즉 조화로서[1] 일으킨 그물이지요. 간통한 부인을 둔 이 남편은 이제 모든 여신들과 남신들을 초대합니다. 그들이 두 가지 뜻에서 묶이고 엮인 이 연인을 구경하며 역겨움과 웃음으로 감탄하도록 말이지요. 그런데 여신의 여성적인 부끄러움은 이를 거절합니다. 아마도 여자들은 스스로에 대해서 너무 많이 알기 때문일 것입니다. 이와는 반대로 남신들은 벌거벗은 연인의 모습을 보며 그칠 줄 모르는 웃음, 즉 호메로스적 웃음에 빠집니다. 아폴론은 농담으로 그의 이복동생 헤르메스에게 묻습니다. 아레스처럼 포박된다 하여도 그를 따라 하겠느냐고 말이지요. 헤르메스가 대답하기를 세 배나 더 많은 포박이 있다 하여도, 심지어 모든 신들이 와서 지금은 옆에 없는 여신들도 주위에 둘러서서 보고 있다 하여도 — 그는 황금빛의 아프로디테 옆에 당장 눕겠다고 합니다.[2]

그러자 신들은 다시 웃고, 데모도코스는 이 호메로스 같은 웃음을 《우리에게도》 전해 주며, 오디세우스는 세이렌의 포박을 떠올리면서 파이아케스인들과 함께 즐깁니다.[3] 가장 순수한 그리스어가 거친 말소리를 내는 야만인들과 어울리는 어느 한 절름발이 신을 조롱하고 있습니다.

제우스와 헤라, 아레스와 아프로디테 그리고 반복 자체에 대한 헤르메스의 소원에 이르는 반복들의 사슬이 마법을 걸어 사랑을 노래로 만듭니다. 그에 대한 좋은 이유가 있습니다. 세상 최고의 이유이지요. 서로 함께 잠을 자는 신들이 없이는 인간들도 없을 것이며, 서로 함께 사랑을 나누었던 부모들 없이는 우리 같은 아이들도 없을 것이기 때문입니다.[4] 이렇게 오로지 고

문의 전부입니다. 그녀에게는 팔루스에 접근하는 다양한 방법이 있으며, 또 팔루스를 소유하는 다양한 방법이 있습니다.》
1 마리아 로키, 1989, 66쪽.
2 오디세이아, 8권 334~337행. 앙키세스는 아프로디테와의 단 하룻밤으로 심지어 아폴론이 쏜 죽음의 화살과 끝없이 긴 저승도 견뎌냈을 것입니다(호메로스 찬가, 아프로디테 찬가, 145~154행).
3 오디세이아, 8권 367~369행.
4 라캉(1975, 104쪽)을 보십시오. 《이 신들은 엄청 많아서 (서로) 좋은 짝을 찾기에 충분했고, 그래서 이 우연적인 수가 일어납니다. 분석 후에 [피분석자는] 저마다 자기 짝sa chacune과 잔다는 그 사실은 우리가 마침내 확인한 것이지요. 그들은 여전히 같은 신들이었습니다. 다시 말하자면 꽤 일관된 타자Autre의 표상이었다는 것입니다. 이제 분석 효과의 약점으로 넘어가 보도록 하지요.》

마음과 반복만 남습니다. 그리스인들이 말하기\연설Reden이나 문학과 같은 것을 저지르는 것이 아니라 시를 짓는 한, 그리스인들에게 있어서 미메시스μίμησις란 신들을 받아들이는 것으로서의 춤입니다.[1] 그리고 신들은 사랑을 나눴다네.

1.3.1.2   카드모스와 하르모니아

신들이 사랑을 나누면, 언제나 아이들이 생깁니다. 이것은 그들의 본질 속에 놓여 있습니다.[2] 싸움과 사랑, 아레스와 아프로디테가 서로의 옆에 누울 때도 마찬가지입니다. 어쩌면 신화 중 가장 최근에 만들어진 것일 수도 있을 어느 오래되지 않은 신화에 따르면[3] 아레스와 아프로디테의 짝짓기를 통해서 하르모니아가 태어났으며, 아프로디테의 가장 아름다운 딸 하르모니아가 마련해준 가장 풍요로운 것으로 코스모스κόσμος 또는 장신구가 있다고 합니다. 따라서 데모도코스의 노래에서 여신을 남신에게 얽매는 그물이나, 거짓 이야기에서 오디세우스를 두 세이렌에게 얽매는 그물은 하르모니아 자체입니다.[4] 끝으로 "사랑의 합일을 분명하게 가리키는 이"[5]라는 뜻의 하르마Harma는 델포이에서 아프로디테를 비밀스럽게 일컫는 이름입니다.

---

1   콜러, 1954, 여기저기에 있습니다.
2   오디세이아, 11권 248~50행(포세이돈이 어느 새 신부에게 하는 말입니다).
3   아폴로도로스 신화집, 비블리오테케, 3권 4장 2절. 플루타르코스, 이시스와 오시리스에 관하여, 46장 370a절. 위 플루타르코스, 호메로스의 삶과 작품, 2권 101장~. 피타고라스학파가 처음으로 카드모스와 하르모니아의 신화를 퍼뜨렸으며, 플라톤의 철학적인 신화와는 달리 성공적이었다(로만, 1970, 105쪽)는 로만의 가정은 헤시오도스(신들의 계보, 933~37행) 때문에 제외합니다.
4   로키, 1989, 66쪽.
5   오토(1947⑵, 103쪽)가 플루타르코스(사랑에 관한 대화, 23장 769a절)에 대해 쓴 것입니다. 우리는 이로써 교회의 아버지(교부)들이 가장 좋아하는 단어인 '외설적'이라는 말을 어떻게 외설적으로 지정했는지를 판단합니다. 《퀴드 로콰르 옵스케니타템* 베네리스 옴니움 리비디니부스 프로스티투타이 논 데오룸 탄툼, 세드 에트 호미눔? 하이크 에님 엑스 파모소 마르티스 스투프로 게뉘트 하르모니암. Quid loquar obscenitatem Veneris omnium libidinibus prostitutae non deorum tantum, sed et hominum? haec enim ex famoso Martis stupro genuit Harmoniam. — 신들의 쾌락뿐 아니라 인간들의 모든 쾌락에도 몸을 맡기는 아프로디테의 노골적인 더러움에 대해 내가 무슨 말을 할 것인가? 그녀는 아레스와의 그 유명한 추행을 통해 하르모니아를 낳았기 때문이다.》(락탄티우스, 신성 교리, 1권 19장 9절) *{초기 기독교 신학자 락탄티우스가 여신 베누스에 대해 서술하며 쓴 명사 옵스케니타스obscenitas는 '외설적'을 의미하는 단어(영: obscene, 독: obszön)의 유래가 된 단어로, 라틴어의 어원에 가깝게 번역한 키틀러를 따라 '노골적인 더러움'이라고 옮겼다.}

하르모니아Harmonia라는 고유명 속에서 처음으로 하나의 그리고 오로지 하나만의 이음매가 울립니다. 이 이음매는 오귀기아 섬에서 만들어진 뗏목에서처럼 그냥 금속 이음쇠들 또는 하르모니아이ἁρμονίαι[1]로 수많은 통나무들을 짜맞추는 것이 아니라, 서로 완전히 다른 대립자들을 진정하게 서로에게 붙들고 있습니다. 가인은 {하르모니아이라는} 복수 형태만을 알고 있었지만 {이제} 이렇게 단수 형태의 하르모니아가 생겨납니다. 바로 이 때문에 아프로디테는 두 신의 딸 하르모니아를 어느 필멸자에게 아내로 선사합니다. 그는 카드모스Kadmos입니다. 많은 이들은 그의 이름 속에서 우주Kosmos를 들을 수가 있지요.[2] 어쨌든 전설에 따르면 그는 제우스에게 납치된 여동생 에우로파를 동유럽 전역에서 찾으려는 완전히 헛된 시도를 합니다. 에우로파는 미노스와 함께 크레타의 중심을 직접 다스리고 있기 때문이지요. 대신 카드모스는 테베와 그리스인들에게 페니키아의 자음문자를 가지고 왔습니다.[3] 이 문자는 후에 다섯 개의 울림소리가 더해져 풍성해지게 되지요. 그리하여 곳곳에서 노래하기가 시작됩니다. 그리하여 하르모니아와 카드모스는 이후 모음문자로 존재하게 될 저 결혼식을 거행합니다.[4] 음악과 문자가 사랑 속에서 하나로 결합합니다.[5] 이 합일의 표시로 아폴론은 하르모니아에게 자신의 리라를 선물합니다.[6] 그 합일의 표시로 여신들과 남신들은 모두 함께 {저 높은} 올림포스를 떠나 축제에 참가하러 {필멸자들의 땅으로} 내려옵니다. 그중에서도 특히 무사 여신들이 지휘자와 함께 내려옵니다. 밤새도록 신들이 필멸자들과 함께 춤을 춥니다.[7] 이들이 춤을 추었던 장소는 테베의 아고라에서 당당하게 입증될 수 있습니다.[8] 심지어 우리는 테오그니스 덕분에 당시에 무사들이 했던 말도 알고 있습니다. 《아름다운 것은 언제

---

1 *{하르모니아ἁρμονία의 복수 형태이다.}
2   로만, 1970, 104쪽.
3   헤로도토스, 역사, 5권 57~59장. 키메의 에포로스, 105번 파편. 논노스, 디오니소스 노래, 4권 259~264행과 41권 381행~.
4   칼라소, 1992, 410~417쪽.
5   로만, 1970, 104쪽~.
6   논노스, 디오니소스 노래, 41권 424행~.
7   핀다로스, 피티아 송가 제3곡, 88~91행. 아폴로도로스 신화집, 비블리오테케, 3권 4장 2절.
8   파우사니아스, 그리스 이야기, 9권 12장 3절. 반대로 에우리피데스는 하르모니아가 아테네에서 아홉 명의 [!] 무사를 낳았다는 애국적 예술 작품을 완성했습니다(에우리피데스, 메데이아, 831행~).

나 사랑스러워.》[1] 하르모니아의 결혼식은 신들이 우리를 방문하러 내려왔던 최후의 날이었기 때문에 여기에 주의를 기울일 필요가 있습니다. 카드모스의 딸들 또는 아들들과 함께 비극이 시작하기 때문입니다.[2]

1.3.1.3 디오니소스와 아리아드네

헤파이스토스가 아킬레우스를 위해 만든 금과 은으로 된 방패에는 신부들이 젊은 남자들과 함께 둥글게 둘러서서 춤을 추고 있습니다. 이 원무는 널따란 크노소스에서 다이달로스가 아리아드네를 위해 직접 {춤추는 무대를 만들어} 이미지Bild로 고양시켰었지요.[3]

호메로스 이후로 신들의 미메시스가 얼마나 어마어마하게 단순하고 지속적으로 모든 것을 낱낱이 지배하는지를 가장 유쾌하게 보여 주는 것은 바로 술잔치에서입니다. 플라톤의 『술잔치{향연}』에서처럼 소크라테스 중심으로도 술잔치가 벌어지기는 하지만, {소크라테스와 플라톤에서처럼} 남자들의 친목 모임에서 아울로스를 연주하는 여자를 처음부터 추방하지는 않습니다.[4] 크세노폰이 {자신의『술잔치』에서} 반대로 묘사하는 것은 저녁상이 물리고 신들에 대한 찬가가 시작된 이후, 젊고 아름다운 남자와 사랑에 빠진 칼리아스가 초대한 시라쿠사이에서 온 어느 한 사람입니다. 타라스와 시칠리아는 매우 방종한 풍속을 가지고 있다는 세평이 있지만[5] — 실은 이러합니다. 그 이방인은 젊은 노예와 곡예사로 이루어진 삼인조를 사람들에게 선보이며 돈을 버는 것이지요. 첫째로 실력이 있는 여자 아울로스 연주자가

---

1   테오그니스, 1권 15~17행*. 에우리피데스, 바코스 여신도들, 881행과 901행. 케레니(2001[(21)], 2권 34쪽)도 함께 보십시오. — 다름 아닌 사포가 보태며 말합니다. 《좋은 이는 또한 아름답다.》(사포, 50번 파편, L-P) 그리스적 칼로카가티아Kalokagathia**가 이렇게 에로틱하게 발원합니다. *{"무사이와 카리테스, 신의 아이들, 카드모스 결혼식에 내려와 / 아름다운 노랠 부르며 이렇게 이야기하네 / '아름다운 것은 언제나 사랑스러워. 아름답지 않은 것은 사랑스럽지 아니하네.'"} **{칼로카가티아καλοκάγαθία는 '아름다운'을 뜻하는 칼로스καλός, '그리고'를 뜻하는 카이καὶ, '좋은'을 뜻하는 아가토스ἀγαθός가 합쳐진 말이다.}
2   ⇒ 1.4.3.3.
3   일리아스, 18권 590~606행.
4   플라톤, 향연, 176e절. 플라톤, 프로타고라스, 347cd절.* 플라톤, 테아이테토스, 173d절. 덧붙여 플루타르코스(향연 문제, 7권 7장 710b~711a절)와 베티나 에파 슈툼프(1998[(2)], 274쪽)도 함께 보십시오. *{"그러나 점잖은 교양인들의 술자리에서는 피리 부는 소녀들도 춤추는 소녀들도 하프 타는 소녀들도 볼 수 없을 것이오."}
5   플라톤, 편지들, 일곱째 편지, 326bc절 ⇒ 1.5.2.3.

한 명이 있고, 둘째로는 여자 무용수 한 명이 있으며, 셋째로 리라도 연주할 수 있는, 젊음으로 활짝 핀 아름다운 남자 무용수 한 명이 있습니다.[1] 따라서 포도주에 취한 칼리아스는 두 배로 열망을 느끼고, 축제가 벌어집니다.

아울로스와 리라 연주가 시작됩니다. 젊은 남자가 춤추는 여자에게 고리 열두 개를 던지면 그녀는 이것을 받아 저글링을 합니다.[2] 그러면 한 노예가 칼이 가득히 꽂힌 굴렁쇠를 가지고 와 재주를 부리며 그 위를 뛰어넘습니다.[3] 젊은 남자가 아울로스 소리에 맞추어 리라를 조율한 뒤 노래를 부르기 시작하는데, 이로써 모든 걱정이 잠재워지고 모두의 귀나 눈에 아프로디테가 일깨워집니다.[4] 사티로스처럼 못생긴 소크라테스조차 한 아름다운 소년과 둘이서 소리 내 읽고 있었을 적에 자신의 벌거벗은 어깨가 그 소년의 어깨에 꼭 닿았었다는 사실을 부인할 수는 없습니다.[5] 이렇게 곧바로 아름다운 노예들에 대한 이야기로 화제가 전환됩니다. 시칠리아인은 질투하면서, 달아오른 술손님들로부터 자신의 노예들을 멀리 떼어놓아야만 합니다. 왜냐하면 칼리아스의 열망을 우롱하듯, 그가 직접 밤마다 그 노예의 침대에 오르기 때문입니다.[6] 도자기 돌림판 위의 여자 무용수는 들어본 적 없는 예술

타라스의 무용수들(-360년경)

1   크세노폰, 향연, 2장 1절.
2   크세노폰, 향연, 2장 8절.
3   크세노폰, 향연, 2장 11절.
4   크세노폰, 향연, 3장 1절.
5   크세노폰, 향연, 4장 19절과 6장 27절.
6   크세노폰, 향연, 4장 54절.

작품을 감행합니다.[1] 그녀가 속옷가지를 입고 있지 않다는 사실은 그 시기의 모든 상像들이 말하고 있습니다. 실레노스로서의 소크라테스는 님프들에게서 비롯되었기에[2] 그는 그녀들의 모습을 바라보며 다시금 카리테스, 호라이[3] 그리고 님프들이 자기 옆에서 청순한 춤을 추어 주기를 바라고 있을 뿐입니다.[4] 시라쿠사이 출신의 그 남자가 이 {소크라테스의} 소원을 들어주는지 아닌지는 저 하늘의 별들만이 알 테지요.

술잔치가 끝나 갑니다. 칼리아스가 사랑하는 아름다운 소년은 유감스럽게도 가장 먼저 집으로 돌아가야 합니다. 그리하여 마침내 시칠리아인은 어른들만 즐길 수 있는 연극을 보여 줄 수 있게 됩니다. 신들의 미메시스가 하나 더 있지요. 크레타의 옛 젊은 신 디오니소스가 온 크레타 미궁의 여왕 아리아드네와 함께 다시 사랑을 나눕니다. 오늘 저녁 후고전기의 아테네에서 말이지요.[5] 심지어 미셸 푸코도 잘 알고 있습니다.[6] 그저 오랫동안 알려지지 않았을 뿐입니다.

> 《오 남자들이여, 이제 아리아드네가 디오니소스와 자신을 위해 준비된 신혼 방에 발을 들일 것입니다. 신들의 술잔치에서 벌써 가볍게 취해 온 그는 이윽고 그녀와 함께 같이 놀 것입니다.》

바로 그것이 일어납니다. 신부로 잘 꾸민 아리아드네가 나타나 작은 옥좌에 자리를 잡습니다. 우리는 아직 모습을 드러내지 않는 디오니소스가 아울로스를 박카스적으로 부는 소리를 듣습니다. 이것은 시라쿠사이에서 온 춤의 대가를 놀라워하며 보게 되는 순간입니다. 왜냐하면 디오니소스가 들어와 그녀를 위해 춤을 추고 그녀의 품에 앉아 껴안고 입을 맞출 때, 아리아드네는 온갖 기쁨에 가득 찬 표정을 보이면서 이를 감추지 못하기 때문입

---

1   크세노폰, 향연, 5장 2절.
2   크세노폰, 향연, 5장 7절.
3   *{호라이Ὡραι는 시간의 여신 호라Ὥρα의 복수 형태이다. 호라이는 시기와 지역에 따라 둘에서 열두 여신들로 이루어져 있는데, 가장 널리 알려진 고대 그리스의 전설들에서는 세 자매로 등장한다. 그중 가장 오래된 한 전설에서는 고대 그리스의 세 계절 구분에 따라 각각 봄, 여름, 가을에 상응하는 탈로, 아욱소, 카르포로 나타난다. 헤시오도스의『신들의 계보』에서는 제우스와 법의 여신 테미스의 아이들인 호라이로 디케, 에우노미아, 에이레네가 언급된다.}
4   크세노폰, 향연, 7장 5절.
5   *{플라톤과 동시대인, 아테네 출신의 크세노폰이『향연(술잔치)』을 저술한 시기는 기원전 422년경이다.}
6   고전기 그리스와 후고전기 그리스를 헷갈려하는 푸코(1984b, 28쪽)도 참고하십시오.

니다. 술손님들은 모두 다카포Dacapo¹로 폭발하고, 모든 욕망이 되풀이되고자 합니다. 디오니소스는 일어나서 아리아드네를 안아 들어 올려, 사랑하며 껴안는 역을 하며 극을 진행합니다. 모든 사람들은 진실로 아름다운 남신과 여신을, 젊음으로 활짝 핀 그들을 바라봅니다. 자신을 사랑하느냐는 디오니소스의 질문에 아리아드네가 조용하게 승낙의 대답을 할 때는 모든 사람들이 이 사랑이 그냥 연기가 아니라는 사실에 선서를 할 수도 있을 정도입니다. 이제 이들은 연습을 통해 역을 잘 익힌 연기자들이 아니라, 드디어 오랜 열망과는 상관없는 소년애를 강요받지 않은 둘로 보입니다. 끝이자 채움으로서의 텔로스Telos²가 다가옵니다. 디오니소스와 아리아드네가 상징계의 장막 뒤에서는 서로를 꼭 껴안고 있지만 결혼의 밤을 위해 사라졌다는 사실을 보자마자 아직 결혼하지 않은 모든 사람들은 즉시 결혼하겠다고 맹세를 하고, 결혼한 남자들은 모두 말을 타고 각자의 아내에게로 떠납니다. 오직 소크라테스만이 {아내} 크산티페가 있음에도 불구하고 그저 걷기 위해, 다시 한번 걸어서 갑니다.³ 《이렇게 잔치판이 끝났다》⁴라고 무척이나 말馬을 좋아했던, 현혹되지 않는 크세노폰이 씁니다. 그리고 깃펜을, 이 그리스의 발명품을, 잠시 내려놓습니다.

이렇게 신들의 욕구가 한 젊은 여자 무용수와 한 젊은 남자 아울로스 연주자에게 들이닥칩니다. 이제부터 그녀는 오로지 《아리아드네》라고, 그는 오로지 《디오니소스》라고 불린다는 이유만으로도, 이 둘은 이름 없는 노예라는 이름을 벗어던집니다. 플라톤의 망상 전체를 거역하며 말하자면, 불멸자들을 따라하는 필멸자들의 미메시스는 결코 존재를 낮추지 않기 때문입니다. 이 한 쌍의 연인은 모든 사람들의 눈앞에서 자신들을 소유하고 있는 노예 주인을 우롱하며, 이로써 아름다운 소년의 살덩이를 은밀한 만큼 정열적으로 사랑하는 소크라테스도 함께 조롱합니다. 모든 젊은 남자들 — 그

---

1 *{악보에서 사용되는 기호로 D.C.로 줄여 쓰며, 곡의 첫 시작점으로 되돌아가서 다시 연주하라는 뜻이다.}
2 *{텔로스τέλος는 고대 그리스어로 '끝, 마침, 끝맺음, 이루어짐, 완성, 결과'를 뜻하는 중성 명사이다. 고전기와 그 이후의 철학자들의 사유에서는 어떠한 것이 있게 되는 원인으로서의 '목적'이나 '목표'를 뜻하는 개념으로 사용된다. 현대 그리스어로 텔레이아τελεία는 문장 끝에 오는 마침표를 의미한다.}
3 이와는 반대로 플라톤(향연, 223d절)을 보십시오.
4 크세노폰, 향연, 9장 1~7절. 플루타르코스(향연 문제, 3권 6장 653c절)도 함께 보십시오.

리스어로 단순하게 호 파이스ὁ παῖς — 과 모든 젊은 여자들 — 그리스어로 단순하게 헤 파이스ἡ παῖς[1] — 에게 아프로디테가 옮아서, 활짝 열린 잔치 무대 위에서 둘이 하는 전희가 부부의 침대 위의 성인들에게 미메시스의 미메시스로 옮을 정도입니다. 에트케테라 아드 인피니툼.[2] 사랑은 시늉하거나 연기할 수 없습니다. 필레오φιλέω는 다음을 동시에 의미하기 때문입니다. '나는 사랑한다, 나는 입맞춘다.'[3] 아무도 이것을 혼자서는 할 수 없지요.

프리드리히 니체는 질스[4]의 외로움 속에서 질문하고 예감합니다.

> 《도취의 변형력이 얼마나 멀리까지 가는지에 대한 놀라운 증거를 원하는가? 〈사랑〉이 그 증거이다. 세상의 모든 언어와 침묵이 사랑이라고 부르는 그것 말이다. 도취는, 연인들의 의식 속에서는 그 원인이 사라지고 그 자리에 다른 무언가가 — 하나의 떨림과 키르케가 부리는 온갖 마법의 거울이 발하는 빛과 같은 그런 것이… — 있는 것처럼 보이는 방식으로, 여기 현실과 함께 완성될 것이다. […] 그리고 무엇보다도 사랑을 할 때에는 자신에게 그리고 자신에 대해서 거짓말을 잘 하게 된다. 우리는 마치 변형된 듯, 더 강해진 듯, 더 부유해진 듯, 더 완벽한 듯 보이며, 우리는 더 완벽하다… 우리는 여기에서 예술을 유기적 기

1　크세노폰, 향연, 9장 6절. 호 테오스ὁ θεός와 헤 테오스ἡ θεός*에서는 오직 관사만이 {성의} 차이를 나타냅니다. 따라서 인도게르만어의 성화性化된 어미가 만들어 내는 차이가 아닙니다. {고대 그리스에서 나타나는} 이러한 차이의 소박함을 우리는 {독일어로} 남자-아이Der-Kind와 여자-아이Die-Kind**라고 구분하면서 따르려고 합니다. ⇒ 1.3.3.3. *{고대 그리스어로 각각 '남신'과 '여신'을 뜻하는 말이다. 호ὁ와 헤ἡ는 각각 남성형과 여성형 주격 정관사이다. 반면 독일어로 남신과 여신을 일컫는 말은 각각 데어 고트der Gott와 디 괴틴die Göttin으로 관사뿐 아니라 어미도 함께 변한다.} **{일상적 독일어로 남자아이와 여자아이를 구별하여 부르고자 할 때 각각 데어 융에der Junge와 다스 매드헨das Mädchen을 사용한다. 전자는 남성 명사이며 '어린, 젊은'이라는 형용사 융jung에 남성 관사를 붙여 '어린 남자'라는 뜻으로 만들어진 말이지만, 막트Magd와 지소사 '-헨-chen'이 붙어 만들어진 말인 후자는 지소사로 인해 중성 명사가 될 뿐 아니라, 막트에는 '하녀, 계집, 처녀'의 뜻이 모두 담겨 있다. 이렇게 남자아이와 여자아이의 차이가 "소박"하게 드러나지 않는 일상적 독일어 대신, 키틀러는 '어린 사람'과 '자식'을 모두 일컫는 '아이'라는 뜻의 중성 명사 다스 킨트das Kind에 어미변화 없이 남녀 관사만으로 구분하는 데어-킨트와 디-킨트라는 그리스적인 독일어 단어를 제시한다.}
2　*{'기타 등등(에트 케테라et cetera)'이 '무한히(아드 인피니툼ad infinitum)' 계속된다는 뜻이다.}
3　크세노폰, 향연, 9장 5절.
4　*{질스 마리아Sils Maria는 스위스 동부의 두 호수 사이에 위치한 작은 마을로, 니체가 1881년에서 1888년 사이에 (1882년을 제외한) 매년 여름을 보낸 곳이다. 이곳에서 그는 『차라투스트라는 이렇게 말했다』, 『선과 악을 넘어서』, 『도덕의 계보』, 『우상의 황혼』, 『반 그리스도』 등의 주요 부분을 집필했다.}

능으로 보게 된다. 우리는 예술을 삶의 천사 같은 본능 속에 놓여 있는 것으로 여기고, 삶의 위대한 자극제로 생각하며 — 따라서 예술이 거짓말을 한다는 사실 속에서도 숭고하게 합목적적임을 발견하게 된다… 하지만 예술이 거짓말을 하는 것으로 남아 있는 그 힘에 의해 우리는 헤매게 될 것이다. 예술은 그저 상상하는 것 이상의 것을 행한다. 예술은 가치 자체를 바꾼다. 그 가치의 느낌만을 바꾸는 것이 아니다… 연인들은 더 가치 있으며, 더 강하다. 이러한 상태는 동물들이 새로운 물질, 색소, 색깔과 형태들을 내보이도록 한다. 무엇보다도 새로운 움직임, 새로운 리듬, 유혹하는 새로운 소리나 기술들이 있다. 인간이라고 다르지는 않다.》[1]

이 모든 전설과 축제와 잔치들은 — 세이렌에서부터 무사들의 탄생을 지나 음악과 문자의 결혼, 디오니소스와 아리아드네의 결혼에 이르기까지 — 언제나 동일한 것을 말하고, 노래하고, 찬양합니다. 그것은 그리스 문자 속에서 노래가 발현하여 소리의 울림이 멎지 않게 되었다는 사실입니다. 사라짐 속에 존재하는 현존재는[2] 최초로 저장 속에서 지속을 얻습니다.

표어문자, 상형문자, 자음문자를 해독하기 위해서는 읽는 사람이 전前의식적으로 알고 있는 하나의 온전한 세계가 필요했습니다. 이러한 전의식적인 앎 가운데에는 발음이 있으며, 이집트 상형문자에서 오직 왕들에게만 허락된 카르투슈[3]와 같은 통치권을 표시하는 기호들도 있습니다. 해당 언어에 대한 지식이 없이도 문자를 익혀서 글을 {소리 내어} 읽을 수 있는 것은 그리스 알파벳으로 쓰인 그리스어가 처음입니다. 파피루스 두루마리가 사운드트랙처럼 펼쳐집니다. 따라서 그리스인들조차 자신들이 무엇을 얻었고 자신들에게 무엇이 일어났는지를 거의 이해하지 못합니다. 그들은 자신들이 쓰는 언어의 말소리와 글자가 어떻게 다른지를 — 언어학에는 유감스럽게도 — 한 번도 제대로 알지 못합니다.[4] 그런데 바로 이러한 불명료함 속에

---

1 니체, 1967~1993, VIII/3 91쪽.
2 헤겔, § 469 = 헤겔, 1959(6)[1830], 369쪽.
3 *{고대 이집트의 상형문자에서 파라오의 이름을 동그랗게 둘러싸고 있는 기호이다.}
4 해리스, 1986, 46쪽. 아이스킬로스(테바이를 공격한 일곱 장수, 434행)에 다음과 같은 아름다운 증거가 있습니다. 크뤼소이스 데 포네이 그람마신χρυσοῖς δὲ φωνεῖ γράμμασιν, 《황금의 글자에서 소리가 울

서 "온전하게 갖추어진 낱글자-문자가 뜻밖에 무의식적으로 하나의 움직임을 작동시켰으며" 그리고 "이 움직임의 마지막 영향들은 오늘날에야 비로소 첫 시작점에 있는 듯이 보입니다."[1] 이렇게 모음문자에서 어셈블리어 Assembly語까지 왔습니다. 우리는 파웰이 미해결로 남겨둔 이 문제에 대해 이야기하고자 합니다.

1.3.2 한 젊은 남신이 무사들의 합창을 지휘합니다

무사들이 노래합니다. 그들은 세이렌처럼 밝고 맑은 목소리이기 때문입니다. 그런데 어느 한 남자가 무사들의 합창을 정렬하고, 지휘하며, 리라 연주로 합창의 첫머리를 이끌 수 있게 됩니다. 두 번째로 젊은 무사[2]가 아울로스로 아리아드네를 모든 의미에서 연주하면, 디오니소스가 박코스로서 가까이 오고, 아리아드네는 디오니소스의 모든 소원들을 들어주며 그에게 기댑니다.

1.3.2.1 헤르메스

헤르메스는 사랑의 축제를 따라 하고픈 자신의 소원을 가장 큰 목소리로 알렸습니다. 그래서 그는, 풀밭 위에서 춤을 추고 동굴에서 자는 모든 님프들과 자는 것입니다. 무엇보다도 그는 스스로가 동굴의 아이입니다. 동굴의 빈 공간은 음악 연주 자체를 탈은폐할 것입니다. 어떠한 아울로스도, 어떠한 시링크스도, 어떠한 리라도 {볼록한} 배나 {파인} 구멍 없이는 귓속의 움푹 파인 곳으로 소리를 울릴 수가 없습니다.

아르카디아에 위치한 킬레네 산속의 어느 한 동굴에서 마이아는 제우스가 수태시킨 헤르메스를 출산합니다. 이런 비밀로부터 모습을 드러내며 이제 막 태어난 헤르메스는 육지거북을 마주하는데, 그는 이 거북이가 살아서 보다는 죽어서 더 많은 소리를 낼 것이라는 것을 친절하게 밝혀줍니다. 그리스인들의 음악은 근대의 금속이나 튜링 시대의 이진수와는 다른 것으로 연

리네.》

1 로만, 1965, 174쪽.
2 *{에우테르페를 일컫는다.}

주되기 때문이지요. 즉, 그리스인들은 죽은 동물의 껍데기, 뼈, 창자로 소리를 만듭니다. 모음 알파벳 속에서 드러난 사람의 목소리는 운반되고 분절되기를 원합니다. 그리하여 젊은 남신은 거북이를 자신의 상징으로 기쁘게 받아들이고, 바로 춤곡으로 연주합니다.[1] 《상징, 그것은 사물의 살해자입니다.》

공명통으로서의 거북이 등껍질

헤르메스는 남들이 모르도록 거북이를 마이아의 동굴에 안전하게 숨긴 후, 살을 긁어내어 죽은 등딱지로 최초의 리라를 만듭니다. 구덩이 하나가 움푹 파이고, 소리를 증폭시키는 빈 공간이 됩니다. 이 새로운 리라는 오디세우스가 시험했었던 활시위와는 다르게 여러 개의 줄 혹은 현을 가지고 있습니다. 헤르메스는 이 현을 하나하나 시험해 봅니다.[2] 그러고 나서 그는 마지막은 아니지만 처음으로, 자신의 부모가 나누었던 사랑에 대한 전설에 대해, 축제를 즐기는 사내처럼 저돌적으로 노래하기 시작합니다. 여신들과 남신들은 언제나 여신들과 남신들이 옛적에 어떻게 자신들을 만들었는지에 대해서만 노래합니다.[3] 우리 필멸자들도 마찬가지이지요.

하지만 노래와 놀이는 청자를 만나야 비로소 마법이 됩니다. 헤르메스는 이복형 아폴론에게 모든 신들이 옛적에 어떻게 태어났는지를, 리라를 연주하며 노래를 들려줍니다. 특히 자신이 따르고 있는 므네모시네와 무사들에 대해서 노래합니다.[4] 이에 아폴론은 이후에 모든 그리스인들이 놀라워하는 그 무엇을 처음으로 말합니다. 그것은 하나의 새로운 사물, 하나의 새로운 고른 소리가 세상에 태어났다는 사실이며, 요컨대 발명이 만들어졌다는 사

---

1 호메로스 찬가, 헤르메스 찬가, 30행~*. 그토록 오랜 세월을 하이픈 없이 보낸 이후, 우리에게 이것은 심볼론σύμβολον이 최초로 나타난 것으로 보입니다. *{이 찬가에서 헤르메스는 지나가던 거북이를 보고는 "내게 큰 도움이 될 상징(심볼론)"이라고 환영하며, "너는 살아서는 해로운 마법에 대항하는 부적이지만, 죽어서는 아주 아름다운 노래를 부르리라."라고 말한다. 그러고 나서 헤르메스는 거북이를 데리고 집으로 가 회색 철로 된 끌로 속을 파내어 죽인 다음 리라를 만든다.}
2 호메로스 찬가, 헤르메스 찬가, 53행. 카타 메로스κατὰ μέρος*. *{1.2.2.3.2.}
3 호메로스 찬가, 헤르메스 찬가, 58행.
4 호메로스 찬가, 헤르메스 찬가, 427~433행.

실입니다. 아폴론이 지금까지 —『일리아스』에서처럼 — 행복이라고 알고 있던 것은 오직 사랑과 잠뿐이었습니다. 이제 그는 음악을 발견합니다. 헤르메스는 아폴론에게 리라를 선물로 줍니다. 이전에 아폴론은 무사들을 그저 뒤쫓기만 했지만 이제 리라 덕분에 {무사들의 합창을} 이끌 수 있습니다.[1] 악기만으로도 젊은 남신들 또는 남자들은 다시 님프, 여자의 목소리 그리고 모음을 정할 수 있다는 것을 뜻합니다. 한편 양치기 신은 더 많은 구멍을 내어서, 즉 일곱 개의 관으로 된 시링크스 또는 양치기 피리를 발명하여 양들이 음악에 맞춰 교미하도록 합니다.[2]

1.3.2.2 아폴론

> 오 호메로스의 땅이여!
> 자줏빛 체리나무에서, 혹은 그때,
> 포도나무 언덕으로 나에게, 그대가 보냈던,
> 어린 복숭아가 푸릇푸릇해지고,
> 제비가 멀리서 날아올 때, 많은 이야기를 하며
> 우리 집 벽에다 자기들 집을 지을 때, 그
> 오월의 나날들, 별들 아래에서도
> 나는 기억한다네, 오 이오니아여, 그대의 땅이여.[3]
> 횔덜린, 방랑[4]

그대는 이것을 읽을 수 있나요?

수많은 섬으로 이루어진 키클라데스Kyklades 제도가 그런 이름으로 불리는 이유는 이 섬들이 이루는 〈원Kreis〉 한 가운데에 델로스섬이 놓여 있기 때문

---

1 호메로스 찬가, 헤르메스 찬가, 443~454행.
2 호메로스 찬가, 헤르메스 찬가, 511행~. 롱고스(다프니스와 클로에, 2권 34~37장)는 도망간 님프의 부재를 대신하기 위해 판Pan이 만든, 구멍들의 체계로서의 시링크스를 노래합니다. 시링크스를 가축의 사육에 사용한 것은 에우리피데스(알케스티스, 575~577행)를 보십시오.
3 제비들은 사월에 아프리카에서 날아옵니다. 복숭아{피르지히Pfirsich}는 이름이 말하듯 페르시아에서 왔습니다. 체리는 로마의 사령관인 루쿨루스, 브레히트의 그 루쿨루스가 동쪽에서 서쪽으로 가지고 왔습니다. {우리에게} 다가오기도 하는 신들을 부를 때, 횔덜린은 절대로 그냥 아무렇게나 꿈을 꾸는 것이 아닙니다. 괴테처럼 영혼이 아니라, 우리는 마음으로 그리스를 찾고 있습니다. 전체적으로는 빅토르 헨(1963)을 보십시오.
4 *{이 시의 제목인 독일어 반더룽Wanderung은 산책보다는 더 긴 도보 여행이나 등산, 하이킹을 뜻하며, 동시에 사람이나 동물들의 대규모 이주나 이동을 뜻한다. 이 시는 '편력'이라는 제목으로 번역되기도 하였다.}

입니다. 어느 필멸자가 아폴론에 대한 찬가를 부릅니다. 그는 찬가의 마지막 부분에 거의 자신의 이름을 댑니다. 명예를 노래해 주는 자는, 영웅과 같은 명예를 기대할 수 있습니다. 스스로가 젊은 목소리인 여자 청자들은 그가 누구인지를 짐작할 수 있을 것입니다. 그런데 델로스는 그늘 없이 탈은 폐되었다는 뜻입니다. 대신 이 섬은 풀 한 포기 없이 메말라서[1] 키클라스 제도의 섬 중 유일하게 만삭인 아폴론의 어머니가 헤라의 보복을 피해 숨을 수 있었던 곳입니다. 기나길고 고통스러운 레토의 진통 속에서 음악이 다시 한번 세상에 태어납니다. 산파는 새로 태어난 신의 피를 닦고, 아폴론은 곧바로 활과 리라를 잡습니다.[2] 영웅의 용맹과 가인의 예술은 하나이기 때문이지요. 하지만 살무사가 정상에서 우리를 기다리고 있었던 킨토스산[3]과 델로스섬은 이미 오디세우스에게 신성한 곳이며 따라서 호메로스에게도 신성한 곳입니다. 이를 알리며 노래가 끝납니다.

> 《당신에게는 집도 많고, 나무가 우거진 숲도 많이 있습니다.
> 당신에게는 모두가, 산꼭대기와 높이 우뚝 솟은 산맥도,
> 산꼭대기에서 소금 바다로 흘러 내려가는 강물들도 사랑스럽습니다.
> 그런데 당신의 마음은, 아, 포이보스여, 델로스섬에서 가장 기쁘답니다.
> 긴 옷을 입은 이오니아인들이
> 부끄러워하는 아내와 아이들과 함께 당신에게로 와서
> 권투와 춤과 노래로 당신을 생각하며
> 경기가 있을 때 마다 당신을 기쁘게 하기 때문입니다.
> 누구든 그곳에 와서 이오니아인들이 함께 모여 있는 것을 본다면
> 나이도 먹지 않고 죽지도 않는 이들처럼 보일 것입니다.
> 모든 사람들에게서 우아함이 보이고, 빠른 배들과
> 그 안에 있는 많은 보물들을 가진 남자들과 아름다운 허리띠를

---

1 햇볕에 그을린 뱃사람으로서의 브래드포드(1967, 45쪽)가 고대 델로스에서 나무, 그림자 등등을 무리하게 요구할 때, 그는 헤맬 수밖에 없습니다. 아마도 이 섬에는 여자와 아이와 함께 약 일주일 동안 섬을 방문했었던 모든 이오니아 사람들을 위한 민물이 솟는 샘이 있었을 것입니다(웨이드-게리, 1952, 17쪽). 하지만 모든 이에게 열려 있는 델로스섬은 이미 -700년경부터 바위가 많고 척박했으며, 나무도 없었습니다(호메로스 찬가, 아폴론 찬가, 53~72행).

2 호메로스 찬가, 아폴론 찬가, 113~131행.

3 *(델로스섬에 있는 산으로, 정상에서 키클라데스 제도의 섬들을 훤히 내려다볼 수 있다.)

맨 여자들을 보며 마음속으로 즐기게 될 것이기 때문입니다.
하지만 무엇보다도 위대한 경이가 있으니, 절대로 사라지지 않을 그 명예는 바로,
멀리 쏘는 신의 시중을 드는 델로스섬의 신부들입니다.
그들이 처음으로 아폴론을 찬미했기 때문입니다.
그다음에는 레토와, 화살을 뿌리는 아르테미스도 찬미했습니다.
옛 시대의 남자들과 여자들을 기억하며
그들을 위한 찬가를 부르고, 그 후손들을 호립니다.
그들은 모든 인간들의 말소리를, 심지어는 중얼거리는 소리까지
따라하여서, 저마다 자기가 내는 소리라고 생각할
정도입니다. 이토록 아름답게 노래가 그들을 함께 짜맞춥니다.

이제 아폴론과 아르테미스가 여러분에게 은총을 베풀기를 바랍니다.
모든 신부 여러분에게 안녕을 빕니다. 앞으로는 저도 기억해 주십시오.
언젠가 인간들 가운데 한 사람이 이 땅에 태어나
많은 것을 보고, 인내하여, 여러분 앞에 이방인으로 나타나
〈신부들이여, 여기에 온 자들 가운데 누가 가장 달콤하게
당신들에게 노래합니까? 누가 여러분을 가장 즐겁게 합니까?〉
하고 묻는다면, 모두 함께 한입으로 이렇게 답해 주십시오.
〈바위섬 키오스에서 살고 있는 장님이랍니다.
그의 노래는 앞으로도 승리할 것입니다.〉》[1]

폴로이 토이 네오이 테 카이 알세아 덴드레엔타·
파사이 데 스코피아이 테 필라이 카이 프로오네스 아크로이
휩셀론 오레온 포타모이 트 할라데 프로레온테스·
알라 쉬 델로이, 포이베, 말리스트 에피테르페아이 에토르,
엔타 토이 헬케키토네스 이아오네스 에게레톤타이
아우토이스 쉰 파이데시 카이 아이도이에이스 알로코이신.
호이 데 세 퓌그마키에이 테 카이 오르케트모이 카이 아오이데이
므네사메노이 테르푸신, 호트 안 스테손타이 아고나.
파이에 크 아타나투스 카이 아게로스 엠메나이 아이에이,
호스 토트 휘판티아세이, 호트 이아오네스 아트로오이 에이엔·

---

[1] 호메로스 찬가, 아폴론 찬가, 143~173행. 투키디데스(펠로폰네소스 전쟁사, 3권 104장)와 비교해 보십시오. 이것은 춤을 통한 표현으로서의 미메이스타이μιμεῖσθαι에 대한 최초의 증거입니다(콜러, 1963, 99쪽).

판톤 가르 퀜 이도이토 카린, 테르프사이토 데 튀몬
안드라스 트 에이소로온 칼리조누스 테 귀나이카스
네아스 트 오케이아스 에드 아우톤 크테마타 폴라.
프로스 데 토데 메가 타우마, 호우 클레오스 우포트 올레이타이,
쿠라이 델리아데스, 헤카테벨레타오 테랍나이·
하이 트 에페이 아르 프로톤 멘 아폴론 휨네소신,
아우티스 드 아우 레토 테 카이 아르테민 이오케아이란,
므네사메나이 안드론 테 팔라이온 에데 귀나이콘
휨논 아에이두신, 텔구시 데 퓔 안트로폰.
판톤 드 안트로폰 포나스 카이 밤발리아스튄
미메이스트 이사신· 파이에 데 퀜 아우토스 헤카스토스
프텡게스트· 후토 스핀 칼레 쉬나레렌 아오이데.

알 아게트 힐레코이 멘 아폴론 아르테미디 크쉰,
카이레테 드 휘메이스 파사이· 에메이오 데 카이 메토피스텐
므네사스트, 홉포테 퀜 티스 에픽토니온 안트로폰
엔타트 하네이레타이 크세이노스 탈라페이리오스 엘톤·
오 쿠라이, 티스 드 윔민 아네르 헤디스토스 아오이돈
엔타데 폴레이타이, 카이 테오이 테르페스테 말리스타·
휘메이스 드 에우 말라 파사이 휘포크리나스타이 아페모스·
튀프로스 아네르, 오이케 데 키오이 에니 파이팔로에세이
투 파사이 메토피스텐 아리스테우수신 아오이다이.

이 노래는 이토록 아름답고 재귀적이어서, 거의 다시는 없을 정도입니다. 노래 하나가 그에게로 다시 흘러 들어갑니다. 노래하기 위해서, 강물이 모든 산에서 흘러내립니다. 에게해의 무수히 많은 섬들에서 건너온 이오니아의 모든 남자들과 여자들 앞에서, 가인은 델로스의 순박하고 수수한 신부들을 최후로 또 최고로 찬미합니다. 다만 시녀일 뿐인 그녀들이 하나의 합창이 되고, 《경이》가 됩니다. 그녀들은 아폴론의 지상地上무사Muse들입니다(아폴론 자신이 디오니소스의 여러 가면들 중 하나일 뿐인 것처럼 말이지요). 남신은 리라로 지휘하고, 신부들은 처음에는 남신을 노래하며, 그 다음에는 그{가인}가 {앞으로} 태어날-것임Geborenwerden을 노래하여, 『일리아스』와 『오디세이아』로, 즉 옛 시대의 남자들과 여자들에게로 옵니다. 하지만 가인은 부유한 부부들이 아니라 오로지 젊은 여자들의 합창을 끝으로 작별 인사를 합니다. 소녀들의 목소리만으로도 경이를 일으키기 때문입니다. 세이렌처럼, 수많은 입에서 단 하나의 노래가 흘러나옵니다. 그렇지만 동시에 조화Harmonie가 또 다시 펼쳐집니다. 이오니아의 모든 남자들과 여자들은 아테네나 에우보이아 또는 밀레토스의 사투리를 쓴다고 하여도 신부들의 합

창에서 고향의 친근한 소리를 듣게 됩니다.

델로스의 마을 소녀들은 어디에서 그런 미메시스의 고급 예술을, 말투를 따라하는 기술을 배웠을까요? 다른 이가 아니라 바로 헬레나에게서 배웠습니다. 헬레나는 영웅들의 멀리에 있는 부인들의 목소리를 취함으로서 움푹 파인 목마 속에서는 그저 귀로만 존재할 뿐인 영웅들을 꾀어내고 해제시킬 수 있습니다.[1] 여자들의 입은 목소리{모음, 홀소리}로 부르는 노래인 동시에 계략이자 우리 그리움의 이유입니다. 호메로스는 어떻게 이것을 알고 있을까요? 오디세우스조차 델로스섬에서 벌어지는 이오니아인들의 위대한 축제를 이미 알고 있기 때문입니다.[2]

그런데 또 시인들은 모든 그리스의 방언들로 노래하는 고급 예술을, 심지어 의무이기도 한 그것을 어디에서 배웠을까요? 델로스섬의 마을 소녀들에게서 배웠지요. 누구든 언제든지 사포의 사랑 노래를 이어서 짓고자 한다면 아이올리스 방언으로 지어야 합니다. 누구든 아테네 출신 소포클레스처럼 언쟁은 고향의 이오니아 방언으로 기록한다 하여도, 합창곡만큼은 축제적인 옛 도리스 방언으로 지어서 신들을 부르도록 합니다.[3]

그런데 이 재귀는 마지막에 어떻게 멈추어버리게 될까요? 이후 오순절[4]이라고 불리게 되는 어느 안식일[5]이었습니다. 《파르티아인, 메디아인, 엘람인

---

1 오디세이아, 4권 277~279행.
2 오디세이아, 6권 162~167행.
3 쾰러, 1963, 84쪽~. 로만(1952, 47쪽)은 다음과 같이 말합니다. "유럽 문학의 문학적 게네γένη*는 그리스인이 발명한 것들 가운데 하나이다. 분명히 다른 문화권의 문학에는 '은유적'으로만 적용할 수 있을 것이다. 그리스어로 게네γένη는 외적으로도 그 '발명자'의 언어 형태에 묶여 있다. 누구든 '서사시적'으로 시를 짓고 싶다면, 가장 후기의 시기에도 시적 형식에서만이 아니라 '문법적'으로도 호메로스의 말{방언}을 사용해야 한다. 이 게노스γένος의 속박은, 그리스 문학에서 파생된 '이차적'이고 '삼차적'인 문학들에서 어떤 특정한 '언어'-형태로 와해된다." *{종, 자손, 혈족, 종족, 성, 계}를 뜻하는 명사 게노스의 복수형이다.}
4 *{오순절Pfingsten은 그리스어로 '오십 일째 되는 날'을 뜻하는 펜테코스테 헤메라πεντηκοστή ἡμέρα에서 나온 말로, 예수의 부활일로부터 50일째 되는 날이다. 이날 모인 예수의 제자들에게 기적과도 같은 일이 일어나 서로 다른 각자의 언어를 자신들의 언어로 알아듣게 되는데, 이를 "성령이 강림"했다고 여기어 오순절은 '성령강림일'이라고도 불린다. 기독교 전통에서는 이날을 기독교의 설립일로 여기며 기념한다.}
5 *{안식일Sabbat이란 히브리어로 '휴식', 또는 '(일을) 멈춤'을 뜻하는 샤밭(שבת)에서 유래한 말로, 유대교에서는 해가 진 금요일 저녁에서 다음날 토요일 저녁까지를 뜻한다. 기독교에서의 안식일은 대체로 일요일, 이슬람교에서는 금요일이다.}

들. 그리고 메소포타미아, 카파도키아 그리고 흑해 지역에서 온 사람들. 이집트인, 리비아인, 크레타인, 로마인 그리고 아랍인들》— 이들 모두는 결코 코이네κοινῆ를, 즉 국제적 대중들이 사용하는 후기 그리스어를 알아듣는 것이 아니라 《각자의 모어로 말해진 신의 위대한 업적》[1]을 듣습니다.

이러한 거만한 태도는 키오스섬 출신의 이름 없는 남자에게는 낯선 것입니다. 모든 신부들에게 작별 인사를 한 후, 그는 다시 타지에서의 방랑 또는 인내를 위해 떠납니다. 이는 그의 운명으로, 영웅의 운명이기도 하지요. 하지만 그가 다른 이름으로 델로스로 다시 되풀이되어 온다면 이미 신부들의 입술 위에 대답이 놓여 있는 질문 하나를 할 것입니다. 왜냐하면 가인들은 — 괴테는 이에 대해 정확하지 않게 맞혔는데 — "소녀들을 위해서"[2]뿐만이 아니라 소녀들에 대해서도 노래하기 때문입니다. 그리스 여자들과 그리스 남자들은 모두 키오스섬에서 온 장님의 이름을 알고 있었습니다. 그가 스스로를 다시 쓰면 쓸수록, 그만큼 더욱더 아름다워질 것이라는 것까지도 그리스인들은 예감했었습니다. 그런데 호메로스가 알려주는 바, 델로스의 젊은 소녀들의 목소리가 처음으로 알아맞혔습니다. 우리 모두 오로지 어느 한 눈먼 가인에게만 경의를 표한다는 사실을 말이지요.

1.3.2.3 어떻게 한 무사가 어느 다이몬으로부터 호메로스를 수태하였을까요

누가 또 우리 편에 서서 우리의 밤을 지켜 주냐고 묻는다면 — 그대는 제외하고 말이지요 — 그는 하드리아누스 황제입니다. 그리스에 대한 사랑으로 델포이도 방문했던 그는, 호메로스의 고향과 부모에 관해 질문하며 신탁을 구했습니다. 피티아는 답을 하기 전에 우선 되물었습니다. 《그러니까 그대는 불멸의 세이렌이 어디에서 왔는지, 알려지지 않은 그녀의 출신에 대해 알고 싶은 것인가?》[3]

---

1 사도행전, 2장 9~11절. 웨이드-게리(1952, 17쪽)는 아폴론 찬가와 오순절의 기적을 비교합니다.
2 플로도아르트 폰 비더만 남작의 판본 및 유고 덕분에 볼프강 헤르빅이 발행할 수 있었던 『괴테와의 대화』, 취리히와 슈투트가르트 1965~67년, 2권 474쪽.
3 호메로스와 헤시오도스의 겨루기, 314행.

우리도 마찬가지로 알고 싶습니다. 가인은 두 세이렌처럼 매혹하지요. 그래서 우리는 계속해서 호메로스의 삶에 관하여 읽습니다.

《아리스토텔레스는 『시학』 제3권에서 설명하기를, 코드로스의 아들 넬레우스가 이주자들을 데리고 이오니아로 왔던 당시, 이오스섬에서 그 지역 신부들(코라이κόραι) 중 하나가 무사들과 춤을 추는 다이몬 중 어느 한 명의 아이를 임신했다고 한다. 그녀의 배가 불러오자, 그녀는 부끄러움에 아이기나라는 이름의 어느 지역으로 갔다. 그곳에서 해적들은 그녀를 납치하여 당시 리디아인들의 지배 아래에 있던 스미르나고 데려갔고, 그녀를 그들에게 호의적이었던 마이온이라는 이름의 리디아인들의 왕에게 건네주었다. 왕은 그 젊은 여자와 사랑에 빠졌고, 그녀의 아름다움 때문에 그녀와 결혼했다. 그녀가 멜레스강에 있었을 때 진통이 시작되었고, 이때 그녀가 강가에서 호메로스를 출산하는 일이 일어난 것이다. 마이온은 그 아이를 데려와 자신의 아이처럼 키웠는데, 그 이유는 크리테이스[1]가 출산을 하자마자 죽었기 때문이다. 그런데 얼마 후에 마이온 또한 죽었다.》[2]

이것은 첫눈에는 그저 이름을 해석하고 시기를 특정하는 것으로만 보입니다. 넬레우스는 이민자들을 −1100년에 에게해에 있는 섬들로 이끌었습니다. 그리고 호메로스는 한편으로는 〈인질〉 혹은 〈담보〉라는 뜻으로 읽을 수 있지만 다른 한편으로는 사랑으로 아내와 이어진 남편을 의미합니다.[3]

---

1 *{크레테이스라고도 불리는 님프이다. 강의 신 멜레스와 크리테이스 사이에서 호메로스가 태어났다고도 전해진다.}

2 위 플루타르코스, 호메로스의 삶과 작품, 1권 3장. 아울루스 겔리우스(아테네의 밤, 3권 11장 6절)와 비교하십시오. — 〈토박이말로〉 에피코리오스έπιχώριος*는 '초라하다'는 뜻으로만 번역됩니다. 생전에 고향을 한 번도 떠난 적 없는 모든 여자들과 남자들에 대해서, 우리처럼 먼저 생각해 보십시오. 그다음에 크리테이스에 대해서 생각해 보십시오. 그녀는 이오스에서 가졌던 사랑의 하룻밤 때문에 아이기나를 지나 소아시아로 흘러들어 갔습니다. — 춤을 췄던 밤만을 제외하면, 호메로스의 전설도 이와 동일한 이야기를 합니다(샤데발트, 1941⑴, 5쪽~). 그럼에도 불구하고 라타치는 "행실이 바르지 못한" 어머니가 결혼 전에 "낳았다"는 사실을 불쾌하게 생각하여, 가인들은 혼인한 부모 사이에 태어난 옛 귀족 출신이라고 말합니다(라타치, 2001⑴, 35쪽~). 플루타르코스의 이름까지도 훔쳤던 후기의 서기들은 아리스토텔레스-파편의 매혹을 물리치기 위해, 그가 정확하게 인용할 수 없었으며 아리스토텔레스의 『시학』을 지금은 전해지지 않고 있는 『시인에 대하여』와 착각했다고 폄하합니다. *{'토박이, 고향'이라는 뜻이다.}

3 '인질'이라는 뜻에 대해서는 에우리피데스(바코스 여신도들, 292~297행)를 보십시오. 또 다른 어원에 따르면 호메로스라는 이름은 호모스ὁμός와 아르-ἀρ-로 이루어져 있다고 합니다. 각각 '동일한'과 '나

그러나 우리는 정확히 의사의 아들이 분명한 아리스토텔레스가 호메로스를 입양했던 의부에 대해서만 생각하려고 했다는 사실에 대해서 생각하지 않습니다. 그보다 더 많은 것에 관한 것입니다. 바로 멀리에 있는 작은 섬과 그곳의 옛 풍속에 대한 것입니다. 피티아도 호메로스가 어머니와 어머니의 섬 이오스가 있어서 행복했다고, 하지만 아버지가 없어서 불행했다고 말합니다.[1]

행복과 불행이 무겁지 않게 거론됩니다. 다이몬은 우리들에게 이름 없이 다가오는 신들을 일컫습니다. 그들은 얼굴에 가면 하나를 혹은 밤의 가면을 쓰고 있습니다. 그들은 축제에 여러 명으로 다이몬들로서 옵니다. 따라서 서로 거의 구별할 수가 없습니다.[2] 섬 마을의 신부들은 모두 무사로서 아름답게 꾸몄고, 젊은 남자들은 벌써 어느 남신의 남근 소지자로서 꾸몄습니다. 모든 이들 앞에서 모든 말뜻에서 오는 이 남신의 이름은 바로 디오니소스입니다. 축제 또는 모험의 중간세계Zwischenreich는 — 우리도 똑같이 경험하는바 — 필멸자들과 신들 사이의 경계를 양면에서 흐릅니다. 누가 누구와 자는지 아무도 상관하지 않습니다. 신들은 필멸이 되고, 사랑 속에서 인간은 신이 됩니다. 젊은 무용수이자 무사인 크리테이스는 맥주에 취했다고[3]

는 짜맞춘다, 엮는다'는 뜻입니다. 이와 동일하게 아르-가 겹쳐진 말에는 아라리스코ἀραρίσκω가 있는데, '나는 합을 센다. 만든다'는 뜻입니다. 아르-는 아레테ἀρετή와 하르모니아ἁρμονία에도 직접 나타납니다.
1   지금은 전해지지 않는 호메로스의 동상 아랫부분에 있는 육각운으로 새겨진 글입니다(파우사니아스, 그리스 이야기, 10권 24장 2절)*. 여기에 파이트 로젠버그(2001, 120쪽)도 참고하십시오. *{해당 구절은 다음과 같다. "복 받았지만 또 동시에 불행하게 태어난 그대여 / 아버지의 땅을 찾아 헤매나 어머니의 땅밖에 가지지 못했다네 / 이오섬은 그대 어머니의 아버지의 땅, 그대가 죽으면 / 그댈 받아들일 땅이지만, 그대여, 새로운 아이들의 수수께끼를 지켜주오."}
2   그래서 호메로스의 아버지라고 생각되는 이름을 담은 전승된 목록이 그토록 깁니다(호메로스와 헤시오도스의 겨루기, 313행~). 이러한 경우들이 지난 세기의 80년대까지 {독일 남서쪽 지방인} 바덴 지역에 있었습니다. 마을 카니발에서 모든 젊은 남자들은 가면을 썼고, 게다가 전부터 남성 연맹에 따라 친부 확인 절차에서 자기 이름을 누설하지 않는다고 굳건히 맹세했습니다. 우리는 카니발 기간에 생긴 아이의 아버지 이름을 모른다는 단순한 이유로 근심에 차서 소파를 방문했던 결혼하지 않은 젊은 여자를 알았습니다. 삼십 년도 채 지나지 않은 오늘날, 이 모든 것은 신화적인 옛 이야기가 되었습니다. 바덴-뷔르템베르크 입법부의 법률이 아니라 주 경찰 당국의 행정 지침이 그 {옛} 관례를 은밀하게 금지했습니다. 말하지 않은 채 금지한다는 것은 어떻게 이루어질까요? 분명 일상적으로 일어납니다. 잘 연구된 논문이 씁쓸하게도 필요합니다. 이로부터 우리가 배우는 것은 무엇일까요? 빌헬름 네스틀레의『미토스에서 로고스로』가는 길은 스스로 길을 내지 않았으며 — 경찰을 필요로 했습니다.
3   미국에 대항하기 위해서라도, 우리는 도취를 말끔하게 구분해야만 하며 또 그렇게 할 수 있습니다. 디오니소스가 포도주를 가지고 크레타섬에서 그리스 본토로 항해합니다(그레이브즈, 1965⁽⁵⁾, 1권 94쪽). 토

지어진 이름입니다. {흐려졌던} 경계는 다음날 아침에야, 아니 두 달 세 달이 지나야 비로소 다시 생길 것입니다. 이것은 철학자이자 의사의 아들이 명확하게 알아차렸습니다. 배가 부풀어 오르고, 아름답고 맑은 강가에 신의 아들로서의 호메로스를 낳습니다.[1] 이 가인이 일생 동안 무사들을 부르고, 멜레스강에서 서사시를 만들고,[2] 델로스섬에서 아폴론을 노래하여[3] 그곳에서 다시 이오스섬으로 귀향하게 될 것이라는 사실은 그가 어렸을 때부터 분명했습니다. 호메로스는 자신의 책을 크레오필로스에게 선물한 후, 감사해 하며 어머니의 땅에 잠들 것입니다.[4]

《끝없는 시간의 진행 속에서, 운명이 한번은 이랬다 한번은 저랬다하면서 거의 동일한 사건들이 자주 일어난다는 것은 어쩌면 놀라운 일이 아닐지도 모른다. 주어진 사물들의 양이 한정되어 있지 않다면, 운명은 재료의 끝없는 충만함 속에서 풍부하게 비축한 것을 조달하여, 그와 비슷한 사건들을 야기할 것이다. 그러나 한정된 재료로 엮인 사건은 종종 같은 것을 생기게 할 수밖에 없는데, 같은 것으로부터 야기되기 때문이다. [… 이렇게] 가장 향기로운 식물에 따라 이름지어진 다음의 두 도시, 즉, 제비꽃에서 온 이오스와 몰약에서 온 스미르나는, 전설에 따르면

리코스* 즈음을 지나 이카리아와 아테네로 가서 비극을 일으킵니다. 어느 완전히 다른 디오니소스는 트라키아의 북쪽에서 침입해서 보리로 만든 맥주를 가지고 북동쪽으로 (이오스 쪽으로) 갑니다(파울리 서양 고전 백과사전, 맥주 항목). *{아테네 남동쪽의 항구 도시이다.}

1 《그가 어디서 왔고 어디로 가는지라는 문제에 가려졌던, 그러나 그 자신에게는 그렇게 드러났던 이 존재자의 존재적 특징, 이 '그러하다는 사실Daß es ist'을 우리는 내던져져 있음Geworfenheit*이라고 부른다.》(하이데거, 1931⑶, 135쪽) *{'피투성被投性'이라고도 번역되는 개념이다.}
2 파우사니아스, 그리스 이야기, 8권 5장 12절~. 《스미르나의 강 가운데 멜레스강이 가장 아름다운 물이며, 그 수원 위에 있는 어느 동굴은 사람들이 말하기를 호메로스가 서사시를 만들었던 곳이라고 한다.》 멜레스에 대해서는 호메로스 찬가(제9편 아르테미스 찬가, 3행~)를 보십시오. 아르테미스는 스미르나를 지나 클라로스로 출발하기 전에 말들이 물을 마시도록 합니다.
3 호메로스와 헤시오도스의 겨루기, 325행~. 여기에서 델로스의 아폴론 찬가가 정확하게 인용되어서, 모든 찬가의 가장 아름다운 것은 호메로스 자신에서 기원한다는 사실을 우리가 서서히 깨달을 수 있게 합니다. 또 이어서 전해지는 바에 따르면, 델로스 사람들은 감사의 뜻으로 하얗게 칠해진 점토판에 그{의 노래}를 받아 적어 아르테미스 신전에 바칩니다(투키디데스, 펠로폰네소스 전쟁사, 3권 104장). 하나의 매듭이 다시 맺어졌다는 듯 말입니다. ⇐ 1.3.2.1.2*. *{1.3.2.2의 오기인 듯하다. }
4 {호메로스의 서사시를 담은 책의} 전달에 관해서는 머레이(1934⑷, 96쪽)를 보십시오. "[책 한 권은] 아들이나 가장 마음에 드는 제자에게 주어지거나 물려질 수 있다. 그리스의 전설에서 호메로스의 두루마리 책 가운데 하나인 『퀴프리아』는 딸의 지참금의 역할을 했다. 다른 책 『오이칼리아의 납치』는 그의 상속자인 크레오필로스에게 주어졌다."

시인 호메로스가 각각 태어나고 죽은 곳이다.》[1]

그리고 이제 {움베르토} 에코는, 『시학』에서 가장 즐겁고 익살스러운 부분이 중세 후기에 끊임없이 불태워졌다는 것을 장미의 이름으로 강조합니다.

1.3.3 스파르타의 코라이와 코로이

> 코라이와 코로이는 신성함을 공유한다.
> 코라이스 카이 코로이스 코이나 타 히에라.
> 플루타르코스

이제 우리는 그리스에 살고 있는 필멸자들에게 도착합니다. 어떻게 음악과 춤이 풍속을 세울 수 있었는지를, 뿐만 아니라 국가 자체를 세울 수 있었는지를 생각할 차례입니다. 이것에 대한 앎을 로마인, 기독교인, 청교도인들은 다른 그 무엇보다도 가장 많이 은폐했지요.

코라이와 코로이[2]는 텅 빈 눈으로 고전 박물관을 채우고 있는 가장 오래된 거대 석조 입상으로, 체모가 깎였는지 아닌지에 따라 분명 그 이름이 지어졌을 것입니다. 두 이름은 {코라이의 단수형} 코레에서 {코로이의 단수형} 코로스가 비롯되었지 그 반대가 아니라는 실상을 조용히 말하고 있습니다. 아테네에 있는 대리석상들에서는 그 반대처럼 나타나기는 했습니다. 이곳에서 모든 코로이는 하복부에 솜털이 나 있지만 후기의 나체 코라이나 아프로디테상에는 털이 전혀 없지요. 잠시만 더 기다려 보십시오.

우리는 적당한 말이 없다는 적당치 못한 이유로 13세에서 18세 사이의 젊은 여자들[3]인 코라이[4]를 계속해서 님프나 신부로 부르고, 젊은 남자들을 에

---

1 플루타르코스, 세르토리우스의 삶, 1장.
2 *{코레κόρη는 '젊은 여자, 소녀'를, 코로스κόρος는 '젊은 남자, 소년'을 뜻하며, 복수형은 각각 코라이κόραι와 코로이κόροι이다. 코레와 코로스는 특히 고졸기 그리스의 젊은 남녀의 조각상을 일컫는 이름으로, 코로스는 이오니아 방언인 쿠로스κοῦρος(복수형 쿠로이κοῦροι)로 더 널리 알려져 있다. 십대의 여자아이들과 남자아이들을 부르는 이 두 이름의 형태적 유사성과 차이점을 한국말로 더 잘 드러내기 위해서, 복수형은 {단수형에 '들'을 붙이는 대신} 그대로 코라이와 코로이라고 옮겼으며 단수형으로 쓰인 경우에는 코레와 코로스라고 옮겼다. 1.3.3장과 1.3.3.2.2장에서 쓰이는 코로스κόρος(koros)는 모두 '젊은 남자'를 일컬으며, 그 외의 곳에서 등장하는 코로스는 모두 '춤, 합창'을 뜻하는 코로스χορός(choros)를 가리킨다.}
3 플라톤, 법률, 8권 833절.
4 *{'젊은 여자'를 뜻하는 코레κόρη는 '눈동자, 동공'을 의미하기도 하기에, 키틀러는 두 눈이 비어 있는 코라이와 코

203

페보스라고 계속해서 부르려고 합니다. 이 둘 모두의 두 눈이 다시 빛나기를 바랍니다.

그리스의 모든 도시 가운데 스파르타가 가장 음악적인 도시였다는 사실은 모든 그리스인들이 증언하는 바이며,[1] 호메로스는 심지어 《아름다운 여자들의》 도시라고 부르기까지 합니다.[2] 그런데 이 {스파르타가 음악적이라는} 사실은 또한 스파르타를, 님프들과 에페보스들이 여러 연령층을 지나는 동안 여러 축제들에 참가하여 사랑 속에서 서로를 발견하며 좋은 결말을 맺는 도시로도 만듭니다. 그리스가 꽃피는 한, 그리스는 아이 만들기의 영원한 되풀이에 의해 지탱되고 있습니다. 우리의 국가들이 그 본질을 기술 진흥 위에 세운다면, 스파르타는 테크노포이이아τεκνοποιία에, 즉 소박한 아이 만들기 위에 세웁니다. 니체와 아직 그의 그늘 아래 있었던 고트프리드 벤은 에우로타스강의 동쪽 기슭에서 남자들이 진지로 삼고 있는 《반여성주의적》 터를 발견했다고 믿었지만[3] 인문계 김나지움[4]의 비밀이 — 신부가 한 명도 없는 그 김나지움의 비밀이 남아 있습니다.

음악과 사랑이 스파르타에서 서로를 발견하여 수와 장소, 산술과 기하학에 따라 하나의 질서를 세우듯, 그렇게 우리는 여러분들에게 델포이에서 아폴론의 신관으로 지냈던 플루타르코스를 따르며 이야기하려고 합니다. 플루타르코스가 하드리아누스 황제의 재위 시기인 +120년에 처음으로 기록했다는 이유로 플루타르코스의 증언을 믿지 못하는 이들은 그 이전 시대의 에우리피데스의 『헤르미오네』[5]를 참조하지만 스파르타와 전쟁 중인 아테네

로이 조각상을 언급하며 아이들과 젊은이들의 두 눈이 다시 빛이 나기를 기원하고 있다.}

1   위 플루타르코스, 음악에 관하여, 9장 1134b절과 42장 1146bc절.

2   오디세이아, 13권 412행.

3   니체, 1967~1993[1872], III/1 37쪽. 벤, 1969~1971, 1권 276쪽.

4   *{독일의 인문계 김나지움은 르네상스 시대의 인문주의로 거슬러 올라가는 인문 계열의 중등 교육 기관으로, 19세기 초 프로이센 개혁 시기에 교육 개혁의 일환으로 구체적으로 제도화되었다. 고대 그리스어나 라틴어와 같은 고대 언어를 유럽 문화의 근본이라고 여겨서 이를 여러 과목들 가운데 기본 과목으로 가르쳤다. 여학생은 19세기 말에 처음으로 김나지움에서 수업을 들을 수 있도록 허용되었으며, 1908년에 이르러 또한 의무 교육이 되었다.}

5   *{스파르타의 왕 메넬라오스와 왕비 헬레네의 딸이다. 키틀러는 헤르미오네를 작품 제목인 듯 이탤릭체로 언급하는데, 에우리피데스의 『안드로마케』에 등장하는 헤르미오네를 가리키는 듯하다. 펠로폰네소스 전쟁 초기에 지어지고 상영된 이 비극에서, 아테네 출신의 에우리피데스는 스파르타에 대한 적대감으로 메넬라오스와 헤르미오네를 혐오스럽게 묘사하였다.}

에서 −428년에 상영되었던 이 작품은 옛 그리스의 풍속에 대한 가장 모진 비방일 뿐입니다.

1.3.3.1 늑대 인간이 옵니다

스파르타에서 무엇이 일어나고 무엇이 일어나지 않는지는 〈늑대처럼 일하고 질주하는〉 리쿠르고스가 모두 수립합니다. 따라서 그는 분명 밖에서, 아르카디아의 황야에서 왔을 것입니다. 이렇게 그는 호메로스처럼 옛 미풍양속을 완전히 새로 살펴보아야 합니다. 리쿠르고스는 크레타로 가서 어느 한 위대한 가인의 노래를 듣습니다. 그리고 국가 결합체가 하모니와 리듬으로부터 만들어지도록 가인에게 스파르타로 와 달라고 부탁을 합니다.[1] 노모스 $νόμος$ 자체는 음악을 뜻하지요.[2] 특히 사랑받는 젊은 남자들이 그들을 사랑하는 여자들을 약탈하여 데려가도록 권하는 크레타의 옛 법률도 리쿠르고스는 거의 그대로 넘겨받습니다. 어느 꽃밭 위에서 제우스가 에우로파와 함께 자신들을 낳았는지를, 그리스인들은 아직 잊지 않았습니다.

리쿠르고스는 크레타섬에서 이오니아로 갑니다. 이오니아는 크레타보다 풍속은 더 부드럽지만 기억은 더 오래된 곳입니다. 왜냐하면 크레타에서는 노래가 마냥 불리기만 했으나 이오니아에서는 노래가 기록되어 여기저기에 흩어져 있기 때문입니다. 비록 호메로스는 죽었지만 클레오필로스[3]에게 필사본 몇 부를 물려주었지요. 리쿠르고스는 자신이 발견한 것들을 수집하고 베껴 씁니다. 전설이 책으로 이어 맞추어집니다.[4] 그는 이 보물을 가지고 배에 올라 고향으로 돌아갑니다. 신상神像을 가지고 배에 올라타 어느 모

---

1 플루타르코스, 리쿠르고스의 삶, 4장 2절.
2 *{'풍습, 법'을 뜻하는 노모스는 특정한 선율과 리듬으로 이루어진 고대 그리스의 전통적인 노래의 한 종류를 가리키는 이름이기도 한다.}
3 *{크레오필로스 $Κρεώφυλος$의 오기인 듯하다(1.3.2.3과 2.1.1.3).}
4 플루타르코스, 리쿠르고스의 삶, 4장 3절~. 이암블리코스의 『피타고라스적 삶의 방식』(2장 9절과 11절)과 비교하십시오. 반대로 아테네의 《온 아테네 축제》를 위해 페이시스트라토스가 {기원전} 530년경에 처음으로 호메로스의 모든 노래를 모으도록 했습니다(위 플라톤, 히파르코스, 228b. 키케로, 웅변가에 대하여, 3권 34장과 37장. 에거트 묄만, 1994, 11쪽과 22쪽~). 이 폭군이 불러낸 네 명의 남자들 가운데 두 명은 대그리스 출신의 피타고라스학파입니다(아르망 들라트, 1915, 134쪽). 음악이 아티케에 그렇게 늦게 도달했다는 것은 놀랄 일이 아닙니다.

도시母都市에서 새로운 바닷가를 향해 출발하는 그리스인들은 모두 알고 있습니다. 자신들이 찬양하는 신{의 조각상}보다 책이 더 가볍고 이동하기 쉽다는 사실을 말이지요.[1] 리쿠르고스는 마침내 두 전설을 두 가지 측면에서 읽습니다. 하나는 바로 『일리아스』와 스파르타 전쟁의 진지함이며, 다른 하나는 『오디세이아』와 스파르타 축제의 음악입니다.[2] 따라서 그는 호메로스의 귀족 풍속을 바탕으로 모두가 인정하는 근거를 필요로 하는 국가를 세웁니다. 적어도 리쿠르고스는 그렇게 말합니다.

스파르타가 전쟁을 좋아하는 것은 아닙니다. 아테네의 공격욕에도 불구하고, 여름의 절반을 내내 축제로 즐기는 동안에는 피가 흐르지 않습니다.[3] 리쿠르고스는 엘리스[4]의 왕 이피토스를 도와서 올림피아 경기를 다시 축제로 제정하고, 이 축제 기간에 헬라스 전역에 평화를 선포합니다.[5] 초록빛 물로 흘러나오는 알페이오스[6]는 이전처럼 여전히 흐릅니다. 그런데 {기원전} 776년 이후 올림픽 경기는 어떤 영웅과 어떤 신부가[7] 이번에 어떤 운동 경기에서 이겼는지를 작성하는 목록을 도입합니다. 알파벳으로 연도를 적을 수 있기 때문에 {우승자 목록의} 기록이 시작된 것입니다. 리쿠르고스가 언젠가 『일리아스』의 {함선} 목록을 배워 익혔다는 사실에 그리스의 모든 데이터와 역사가 의존하고 있습니다. {기록을 통해서가 아니라} 말로 전달하는 목록이란 전혀 있을 수가 없기 때문입니다.[8]

---

1 그리스의 모도시에서 시칠리아 근처로 도착했던 신들의 조각상보다 훨씬 가벼운 노래들을 선박을 통해 전송했던 것에 대해서는 핀다로스(네메아 송가 제5곡, 1행~)를 보십시오.
2 플루타르코스, 리쿠르고스의 삶, 4장 4절.
3 투키디데스, 펠로폰네소스 전쟁사, 5권 82장.
4 *{엘리스는 펠로폰네소스 반도의 북서쪽에 위치한 고대 그리스 지방의 이름이자, 이 지방 수도의 이름이기도 하다. 고대 올림픽의 개최지였던 올림피아는 엘리스 지방에 위치하고 있으며, 선수들은 경기에 참가하기 전에 도시 엘리스에서 연습을 했다고 한다.}
5 플루타르코스, 리쿠르고스의 삶, 1장 1절. 아테나이오스, 현자들의 연회, 14권 635f절. 호이벡(1979, 150쪽)도 보십시오. 버틀러(1967(2), 218쪽)의 결론을 통해 『오디세이아』를 더 이른 시기로 잡을 수 있습니다. "필로스에서 돌아온 텔레마코스가 올림피아에 대한 언급을 하지 않았다는 사실은, 올림피아가 아직 그렇게 유명하지 않았다고 가정했을 때 자연스럽게 설명된다."
6 *{알페이오스는 펠로폰네소스 반도 서쪽에 흐르는 강의 이름이자, 그 강의 신을 일컫는 이름이다. 펠로폰네소스에서 가장 긴 강으로, 아르카디아와 엘리스 지역을 가로지르며 흐른다.}
7 파우사니아스, 그리스 이야기, 5권 16장 2~4절.
8 일반적인 목록에 대해서는 잭 구디(1986, 49~54쪽)를 보십시오. 올림피아 승리자의 이름과 스파르타의 에포로스*를 담고 있는 고대의 목록에 대해서는 제프리(1990(2), 20쪽과 59쪽)를 참고하십시오. *{고대

그럼에도 불구하고 혹은 바로 그 때문에, 델포이와 『오디세이아』[1]를 본보기 삼아 리쿠르고스가 자신의 도시에 규정한 《명命Geheiss》은 필연적으로 기록되지 않은 채 남아 있습니다. 그의 명들 가운데 하나가 명을 적는 것을 금지합니다.[2] 이 밤, 그 뒤덮임 속에서 열망이 옛 미풍양속의 역전상逆轉像처럼 피어나도록 허락됩니다.

1.3.3.2   아이들과 함께하는 파이데이아

> 밤의 물결 — 흰고래와 돌고래가
> 히아킨토스의 가벼운 짐을 지고 있네
> 벤

리쿠르고스의 명命은 시작 자체와 함께 시작합니다. 그것은 바로 아이 만들기입니다.[3] 신체가 꽃피우는 나이의 두 부모가 — 로마인들처럼 열한 살, 열두 살에 벌써 결혼하는 신부들이 아닙니다[4] — 한 건강한 아이를 출산합니다. 아이가 건강한지 아닌지는, 어머니가 태어난 아이를 순수한 포도주에 목욕시키자마자 바로 알 수 있습니다. 건강한 아이들만이 포도주 목욕에서 살아남기 때문이지요. 리쿠르고스가 도입한 것은 아니었던 스파르타 {원로

스파르타에서 해마다 새로 선출되었던 관직으로, 에포로스ἔφορος는 '감시자'라는 뜻을 가지고 있다.}
1   레트라ῥήτρα*는 『오디세이아』의 14권 393행**에서 증명된 것으로 보입니다. 그 후에 크레타, 올림피아, 스파르타(마누 로이만, 1950, 295쪽~), 타라스, 헤라클레이아에 나타납니다. 따라서 미노스, 리쿠르고스, 그리고 직접 기록하지 않는 피타고라스가 지배하는 모든 곳에서 나타납니다. *{'말한 것, 약속, 계약, 협정' 등을 뜻하며, 특히 구두로 전달된 리쿠르고스의 법을 일컫는 말이다. 키틀러는 '하라고 입으로 말하여 시킨 것'이라는 뜻에서 '명命Geheiss'이라고 옮긴다.} **{20여 년 만에 고향 땅에 돌아온 오디세우스가 돼지치기 에우마이오스를 만나 거짓 이야기를 하기를, 자신은 크레타 사람이며 오디세우스의 소식을 들었고 그가 곧 돌아올 것이라고 한다. 그러나 돼지치기가 자신의 말을 믿지 않자 오디세우스가 제안하기를, 오디세우스가 돌아와 자신의 말이 옳다는 것이 증명된다면 옷을 입혀 고향으로 자신을 보내달라고, 거짓이라면 자신을 바위에서 떨어뜨려 죽이라고, 구두로 약속(레트라)하자고 말한다.}
2   플루타르코스, 리쿠르고스의 삶, 13장 1절.
3   크세노폰, 라케다이몬 정치 제도, 1장 3절: 아우티카 가르 페리 테크노포이이아스, 히나 엑스 아르케스 아르크소마이Αὐτίκα γὰρ περὶ τεκνοποιίας, ἵνα ἐξ ἀρχῆς ἄρξωμαι — {시작[아르케]에서 시작하기 위해, 우리는 곧바로 아이 만들기에 대한 이야기로 시작한다.} 플라톤의 이상 국가에서도 《모든 것》은 파이도포이이아παιδοποιία*에 달려 있습니다(플라톤, 국가, 5권 449d절). *{테크노포이이아τεκνοποιία와 마찬가지로 '아이 만들기'라는 뜻이다. 파이스παῖς는 관사의 성별에 따라 여자아이나 남자아이를 지칭하며(1.3.1.3) '자식'이라는 뜻과 함께 '어린이'를 일컫는 반면, 중성 명사 테크논τέκνον은 혈통으로서의 '자식'을 더 강조하는 말로, 소포클레스의 비극 시에서 왕 오이디푸스가 테베 사람들을 '아이들[테크나τέκνα]'이라고 부른다(1.4.3.3.1).}
4   플루타르코스, 리쿠르고스와 누마의 비교, 4장 1절.

원의} 최고 연장자들은 불구와 괴물[1]들을 도시에 있는 산골짜기에 떨어뜨리도록 허락됩니다. 그 산은 타위게토스이며,[2] 우화 속에서 언젠가 나우시카아와 님프들이 춤을 추었던 곳입니다. 이 모든 것으로부터 살아남은 아이들은 칠 년 동안 어머니 곁에 머뭅니다. 젊은 아버지들은, 적어도 꿈꾸는 시간 동안에는 밤에 헛간의 갈대 돗자리 위에서 잠을 자야 하기 때문입니다.

민족학자들이 그리스인만의 것은 아니라고 알고 있는 모든 전해 내려오는 풍속을 깨고, 리쿠르고스는 일곱 살 이상의 아이들을 어머니 곁에서 떼어 놓아 — 어린 염소나 양과 같은 동물들처럼 — 서로 무리를 지어 살며 집단 양육을 통해 길들도록 합니다.[3] {이렇게 스파르타에서는} 양성이 함께 노래와 춤을 함께 배우며, 달리기, 씨름, 원반이나 창던지기와 같은 가벼운 경기 종목들을 연습합니다.[4] 그리고 젊은 남자들만 전투 혹은 권투를 하며[5] 약탈, 사냥, 전쟁 연습을 벌써 시작합니다. 또한 양성 모두 포도주를 즐기도록 허락됩니다. 그러나 소녀들이 집의 뒤채에 갇힌 채 오로지 베 짜기만을 배우는 아네테와 같은 도시들에서는 그녀들의 모든 도취도 금지합니다.[6]

남그리스 가장 남쪽의 밝은 빛 아래, 열두 살의 아이들에게 첫 음모가 돋아나면 아이들은 단숨에 두 성으로 구분됩니다. 한쪽에는 에페보스가 있습니다. 그들은 모두가 열망하는 젊은 남자들로, 솜털 수염이 막 나기 시작합니다.[7] 다른 한쪽에는 파르테노이가 있습니다. 그들은 성적으로 성숙하기 시

---

1 *{불구는 신체적인 장애를, 괴물은 기형을 가지고 태어난 사람을 일컫는 고대의 표현으로 이해할 수 있다.}
2 플루타르코스, 리쿠르고스의 삶, 16장 1절~.
3 안젤로 브렐리크(1969, 157쪽)는 스파르타의 소녀들도 아겔라이ἀγέλαι* 속에서 살았다는 사실에 대해 이의를 제기하지만, 핀다로스(112번 파편, 스넬 편집)와 헤르미포스(8번 파편, FGH)는 이에 대한 흔들 수 없는 옛 반증입니다. *{'무리, 집단'이라는 뜻이다.}
4 크세노폰, 라케다이몬 정치 제도, 1장 4절. 플루타르코스, 리쿠르고스의 삶, 14장 2절. — 이 반대를 강조하는 플라톤은 스파르타의 젊은 여자들은 아마존의 여자들처럼 서로 겨루는 연습을 하지 않았다고 주장하며, {겨루기 연습을} 최초로 한 여자들은 플라톤이 직접 꾸며낸 파수꾼들이라고 주장하는데(플라톤, 법률, 7권 805e~806b절), 종종 그러하듯 틀렸습니다.
5 하지만 이러한 〈운동 방식들〉은 우리의 것과는 다릅니다. 첫째, 시합에 음악이 따른다는 점에서(위 플루타르코스, 음악에 관하여, 26장 1140bd절), 둘째, 여자들이 옷을 벗은 채 씨름 경기를 한다(한스 리히트, 1925~1928, 1권 107쪽)는 점에서 그러합니다.
6 크세노폰, 라케다이몬 정치 제도, 1장 3절.
7 수염과 연령층에 대해서는 플라톤(법률, 8권 833c절)을 보십시오. 홉프너(1938, 238~241쪽)와 비교도 해 보십시오. 솜털에 대한 최초의 증거는 일리아스(24권 384행)입니다.

작하는 젊은 여자들입니다. 따라서 아프로디타[1]가 다가오는데, 아직은 수줍어하는 형태인 아르테미스로서 다가옵니다. 나이의 문턱을 넘는 모든 단계들이 이 여신에게 종속되어 있으며, 젊은 남자들도 마찬가지입니다.[2] 리쿠르고스 혹은 아르테미스 앞에 모든 젊은이들을 위한 단 하나의 목표가 벌써부터 아른거리기 때문입니다. 그것은 코라이와 코로이가 한때 그들의 부모처럼, 영원한 신들처럼, 서로를 위해 아름다워지도록 만드는 것입니다. 같은 것의 되풀이로서의 미메시스이지요.

1.3.3.2.1 코로이

다음과 같은 진행은 젊은 남자들에게는 명백합니다. 첫째, 그들은 스파르타의 성문 앞에서 모든 연령대가 관람할 수 있는 나체 경기를 하고, 둘째, 몸에 난 털을 깎아서 정리하며, 셋째, 열흘에 한 번씩 연장자들 앞에 나체로 등장합니다.[3] {기원전} 720년 코로이보스의 오르시포스[4]가 올림픽 달리기 경기에서 우승한 이래로, 이 모든 것은 낯선 일이 아닙니다. 오르시포스는 뜨거운 여름 공기 속에서 최소의 저항으로 달리기 위해서 마지막으로 아랫도리에 걸치고 있던 옷을 벗어던졌습니다.[5] 그리하여 스파르타의 젊은 남자들은 나체의 관례를 이어받았고, 이것은 다른 그리스 도시들로 퍼집니다. 몸을 훈련하는 장소인 김나시온[6]은 {그 김나시온이라는} 단어가 말하는 것을 말합니다. 그것은 바로 벌거벗음이며, 따라서 오늘날의 김나지움이나 운동장 혹은 체육관과 정확히 반대되는 것입니다. 독일 교육의 고명한 그리스 사

1　*{아프로디타Ἀφροδίτα는 아프로디테의 아이올리스 방언이다.}
2　아르놀트 판 헤넵, 1909.
3　어떻게 "반라"(클로드 칼람, 1977, 1권 409쪽)나 "투니카만 입는 것"(플루타르코스, 리쿠르고스의 삶, 14장 2절)에도 이러한 검열이 일어날 수 있는지, 어떻게 털을 제거한 《살》이 《짧게 깎은 머리》로, 《벌거벗은》이 《대부분의 몸에 옷을 걸치지 않고》로 번역될 수 있는지(플루타르코스, 리쿠르고스의 삶, 14장 6절), 우리에게는 모호하고 어둡기만 합니다. 전체적인 내용은 리히트(1925~28, 1권 92~103쪽)를 참고하십시오.
4　*{메가라 출신 오르시포스Ὄρσιππος는 제15회 올림피아 경기의 우승자인데, 파우사니아스는 그가 최초로 벌거벗은 채로 달린 사람이며, (도시 메가라를 세운 영웅) 코로이보스Κόροιβος의 무덤 옆에 묻혔다고 한다.}
5　파우사니아스, 그리스 이야기, 1권 44장 1절.
6　*{단수 형태의 김나시온γυμνάσιον은 운동을 하는 장소를 가리키며, 복수 형태 김나시아γυμνάσια는 신체 운동들을 뜻한다. '벌거벗은, 나체의'라는 뜻의 형용사 김노스γυμνός에서 나온 말이다. 독일의 중고등학교에 해당하는 김나지움Gymnasium은 김나시온의 라틴어 형태에서 차용한 말이다.}

랑 전체는 체육복, 셔츠, 바지, 거짓말 그리고 체조의 아버지 {프리드리히} 얀에 의해 지탱됩니다. 이것들이 없다고 하더라도 더 나아지는 것은 없습니다. 가장 두꺼운 체육복은 텔레비전의 가림줄이기 때문이지요.

투키디데스는 《또한 스파르타인들은 최초로 자신들의 몸을 드러내었으며, 운동을 할 때 공개적으로 옷을 벗어 몸에 기름을 바른 사람들이었다》라고 역사적으로 분명하게 밝힘으로써, 이를 바탕으로 그리고 오로지 이에만 바탕을 두며 그리스인과 야만인의 대립의 근거를 세웁니다.[1] 야만인이란[2] 친구들에게 자기 자신과 자신이 가장 사랑하는 이를 절대로 나체로 보여 주지 않는 자들입니다.[3] 스파르타인은 자신들의 자부심을 정확히 반대로 설정하여 이방인 손님들에게 전라의 딸이 얼마나 아름다운지를 보여 주는 것을 자랑으로 삼습니다.[4] 따라서 이제 리쿠르고스는 이 딸들에게 자부심을 불어넣어 주어야 합니다.

스파르타에서 가장 큰 규모의 축제 가운데 하나는 이름부터 김노파이디아이[5]입니다. {기원전} 544년 티레아에서 전사한 사람들을 추모하기 위해 에페보스들이 모든 보는 눈들 앞에서 전라로 노래하고 춤추고 겨룹니다. 이 모습을 지켜보는 것은 소위 전투적이라고 하는 스파르타인들에게 큰 기쁨을 주기에, 축제의 달에는 모든 전쟁이 금지됩니다. 미노스의 옛 도시 아뮈클라이[6]에서 시작된 다른 에페보스 축제는 아름다운 소년 히아킨토스의 이름을 따라 지어졌습니다.[7] 도리스인들의 신 아폴론이 한때 사랑했던 히아킨토스

1　투키디데스, 펠로폰네소스 전쟁사, 1권 6장.
2　*{야만인Barbar이라는 말은 본래 그리스어가 아닌 알아들을 수 없는 거친 말소리를 내는 사람들의 말소리를 나타내는 의성어인 바르-바르βαρ-βαρ에서 유래한 말로, 오늘날 한국어로 '쌀라쌀라'에 상응한다고 할 수 있다. 후에야 다른 민족을 폄하하며 미개하다는 의미가 덧붙여지게 되었으나 초기 그리스적 의미에서는 '외국인' 또는 '비그리스인'이라는 뜻에 더 상응하는 말이며, 심지어 같은 그리스어도 알아들을 수 없는 다른 방언을 말하는 사람들을 가리키기도 한다. 그렇지만 전체적으로 더 일반적으로 알려진 번역어인 '야만인'으로 옮겼다.}
3　헤로도토스, 역사, 1권 8~11장.
4　아테나이오스, 현자들의 연회, 13권 566e절.
5　*{김노파이디아이Γυμνοπαιδίαι는 말 그대로 '벗은 아이들'이라는 뜻이며, 고대 스파르타에서 매년 7월 말에 열렸던 축제의 이름이다.}
6　아뮈클라이는 아멘호텝 3세의 무덤 신전에서 발굴된 이집트 상형문자 새김글에 이미 '아무클라'라고 기록되어 나타납니다. 따라서 -1352년 직후이지만(라타치, 2003, 162쪽~) 아직 오랫동안 스파르타는 아니었습니다. 그 결과 우리는 파리스가 어디에서 헬레나를 납치했는지를 알 수가 있습니다.
7　*{휘아킨티아Yακίνθια 축제는 매년 오월 말에서 유월 초에 스파르타에서 남쪽으로 수 킬로미터 떨어진 아뮈클

는 원반던지기를 하다가 다쳐서 죽었습니다. 이제 단 하나의 꽃이 피 흘리거나 혹은 피어납니다. 그 꽃은 바로 히아신스입니다.

이렇게 해서 법을 공기 중에 새기려고 하는 플라톤은 김나지움이 소년애의 장소라고 의심하게 됩니다. 그에게는 이 {크레타와 스파르타의} 두 풍속만이 본보기일 뿐임에도 불구하고, {아테네인으로서} 플라톤은 크레타인과 스파르타인에게 이렇게 말합니다.

> 《또 이 {김나시온이라는} 옛 제도는 풍속을 통해 자연을 파괴하는 듯이 보이는데, 이 자연이란 인간들에게만 있는 것이 아니라 동물들에게도 자연스럽게 있는 사랑의 즐거움을 말하오. 그리하여 당신들의 도시 {크레타와 스파르타}와 김나시온에만 집착하는 모든 사람들에게 먼저 책임을 물을 수 있을 것이니 우리는 농담으로든 진지하게든 다음과 같은 사실에 대해 생각해야 할 것이오. 여자와 남자가 아이를 만들기 위해 관계를 맺는 것은 자연으로부터 우리에게 주어진 것이라는 것으로 보인다는 사실을, 반대로 남자가 남자와 혹은 여자와 여자가 맺는 관계는 그 관계를 처음 시도한 자들의 욕망 과잉에서 기원한 것이라는 사실을 말이오.》[1]

즉, 무리를 지어 생활하는 젊은 남자들이 밤마다 서로 유희를 즐긴다는 사실은 놀라운 일이 아닙니다. 또한 거의 모든 에페보스들이 한 어른으로부터 사랑을 받게 되는 영예를 누리는 것도 놀라운 일이 아닙니다. {성인 남자에게} 사랑받는 {젊은} 남자가 스스로 욕망을 느끼는지 아닌지는 — 남자와 여자가 사랑하는 경우와는 다르게 — 고려되지 않습니다.[2] 문제가 되는 것은 구애하는 한 성인이 젊은 남자의 허벅지 사이에 쏟아내느냐 아니면 금지되었다 하더라도[3] 장腸 속에 쏟아내느냐 하는 것뿐입니다. 이것은 일찍 연습되어야 하지요. 왜냐하면 오로지 젊은 남자들만 손가락 하나보다 더 많이 밀

라이에서 열렸다.}
1 플라톤, 법률, 1권 636bc절.
2 크세노폰, 향연, 8권 21장. 플루타르코스, 옛 라케다이몬의 풍습, 7절 237bc. 이러한 경시에 대해서는 레베니히가 편집한 크세노폰(1998, 101쪽)을 보십시오.
3 크세노폰, 라케다이몬 정치 제도, 2장 13절~.

어 넣을 수 있도록 괄약근이 늘어날 수 있기 때문입니다. 요점은 바로 최초의 고통입니다. 이 고통을 견디는 것은 풋내기를 남자로 만들기 때문이지요.[1] 한 번 더, 파테인 마테인παθεῖν μαθεῖν입니다.

1.3.3.2.2 코라이

장막은 신부들 주위로 더욱 짙습니다. 우리가 여전히 알고 있는 것은 신부들이 올림피아에서 전라로 달리기를 하는 사람들을 볼 수 있었으며 또한 함께 경기를 할 수 있었다는 사실입니다.[2] 이 풍속은 태고로, 크레타섬으로 거슬러 올라갑니다. 그렇지 않았다면 아리아드네가 테세우스를 열망하는 일은 절대로 없었겠지요.[3] 결혼한 부인들에게는 두 가지가 금지되는데 {스스로가} 벌거벗는 것과 {다른 사람의 벌거벗은} 그 모습을 보는 것이며 — 이는 분명 신부들이 수많은 구혼자 중에 한 신랑을 고를 수 있는 특별한 장소를 마련해 주는 것이 올림피아 경기에 깔려 있는 생각이기 때문일 것입니다.[4] 따라서 이러한 좋은 이유로 코라이 또한 반라로 가장 아름다운 남자를 얻기 위하여 올림피아의 스타디온[5]에서 겨룹니다.

《머리는 헐렁하게 늘어뜨리고, 치마는 무릎 위에 가까스로 닿으며, 오른쪽 어깨에서 가슴까지 다 보인다. 그녀들이 달린 거리는 약간 더 짧다.》[6]

스파르타에서도 마찬가지입니다. 실러의 「두루미」에서 에로틱한 시짓기의 창시자라고 완전히 잘못 등장하는 이비코스[7]는 이미 {기원전} 540년경에 라

---

1 칼람, 1977, 1권 425쪽.
2 파우사니아스, 그리스 이야기, 6권 20장 9절과 5권 16장 2절~. 이것은 《창고가 가득한 집을 잠그고 여자들이 경기를 보는 것을 금지하는 남자》는 《도리스인》(벤, 1959~1961, 1권 276쪽)이라는 절반의 진실을 해결합니다. 왜냐하면 올림피아가 결혼한 여자들만을 금지한다는 사실에 중점이 있기 때문입니다. 축제는 신부들이 벌거벗고, 바라보고, 끝으로 남자들을 찾도록 청합니다.
3 칼라소, 1991(2), 17쪽.
4 옥스퍼드 고전 사전, 2003, 운동 경기athletics 항목.
5 *{기원전 900년경부터 그리스인들이 즐겼던 달리기 시합은 최초의 올림픽 경기에서 유일한 종목이었다. 달리기 경주의 거리는 1 스타디온이었으며, 이는 약 177.6m에서 195.6m사이에 해당한다. 이후 경기가 벌어지는 장소도 스타디온이라고 부르게 되었으며, 동시에 단거리 달리기 종목도 스타디온이라는 이름을 가지게 되었다.}
6 파우사니아스, 그리스 이야기, 5권 16장 2절~.
7 *{이탈리아 남부 칼라브리아 출신으로 기원전 6세기 중엽에 활동했으며, 나중에 아홉 서정시인 중 하나로 꼽힌

케다이몬¹의 신부들을 《허벅지가 보이는 여자들》이라고 불렀습니다. 에우리피데스는 스파르타를 지배하는 모든 옛 풍속과 헬레나에 대한 아테네적인 분노로 폭발하며, 《색광 소녀》²에 대한 적대감에 펠로폰네소스 전쟁을 운문으로 계속 이어나갑니다.

> 스스로가 원한다 하더라도
> 스파르타의 신부들은 순결할 수가 없다네.
> 그녀들은 젊은 놈들과 함께 집에서 나오는데
> 비치는 치마가 허벅지를 드러낸다네.
> 경주로와 씨름장을 ― 이것을 나는 참을 수가 없어 ―
> 그들은 함께 사용한다네.³

> 우드 안 에이 불로이토 티스
> 소프론 게노이토 스파르티아티돈 코레·
> 하 크쉰 네오이신 엑세레무사이 도무스
> 굄노이시 메로이스 카이 페플로이스 아네이메노이스
> 드로무스 팔라이스트라스 트 우크 아나스케투스 에모이
> 코이나스 에쿠시.

소녀들이 어떻게 우아하게 부모들의 집을 나섰는지를 들으니 참으로 좋습니다. 스파르타에는 성별에 따라 따로 하는 〈체조〉가 없었다는 사실을 경험하게 되니 더욱더 좋습니다. 코로이와 코라이가 신성함을 공유하듯 그들은 또한 경기장, 즉 순수한 모래밭을 공유합니다. 하지만 에우리피데스가 승리하였기 때문에 플루타르코스는 이러한 비방에 {대항하며} 소포클레스에게서 다시 한번 울리는 비은폐된 《밝은》 진실로 맞섭니다.

고대 그리스 서정시인이다.}
1   *{스파르타의 옛 이름으로, 이 지역을 다스렸던 왕의 이름에서 유래하였다.}
2   플루타르코스, 리쿠르고스와 누마의 비교, 3장 3절~. 플루타르코스는 이 모든 것을 기쁘게 널리 알리고 있지만, 문헌학자들이 스파르타의 신부들은 방자하며 여성스럽지 않다고 플루타르코스가 직접 생각하는 것이라고 해결해버립니다. 따라서 그들은 텔뤼스θῆλυς*라고 적혀 있는 단어에서 알파 프레바티붐**을 어림으로 생각해 내고는 아텔뤼스ἀθηλυς라는 비여성적이라는 뜻의 단어를 얻어내고야 맙니다(라트, 1999⁽²⁾, 4권 566쪽). *{'여자의, 여성적인'이라는 뜻의 형용사로, 은유적으로 사용되어 '부드러운, 감미로운'이라는 뜻도 가지고 있다.} **{부정 접두사 알파α를 뜻한다.}
3   에우리피데스, 안드로마케, 595~600행. ― 이비코스와 에우리피데스에서 나타나는 이른 시기의 증거들은, 플루타르코스가 처음으로 리쿠르고스의 자유로운 풍습을 날조한 것이라는 한넬로레 슐라퍼의 이의에 대한 설득력 있는 반증입니다.

《그리고 저기 젊은이들, 아직 꿰매지 않은
치마가 허벅지 둘레를
휘감네. 헤르미오네[를 보라].》[1]

카이 탄 네오르톤, 하스 에트 아스톨로스 키톤
튀라이온 암피 메론
프튀세타이, 헤르미오난.

따라서 아테네의 가장 위대한 시인이 스파르타의 가장 아름다운 신부에게 인사를 하는 것입니다. 그{소포클레스}가 그녀{헤르미오네}를 우리에게 주어서, 보고 생각하도록 합니다. 횔덜린과 하이데거 훨씬 이전에 말이지요.[2] 헤르미오네는 그냥 한 여자가 아니라 가장 아름다운 헬레나의 유일한 딸입니다.[3] 위의 시행이 명백하게 비은폐하고 있는 것은 부인들의 기율에 대비되는 신부들의 반라가 무엇으로 구별되는지입니다. 즉, 신부들의 치마는 허리띠나 금속 바늘만으로 묶여 있으며, 결혼한 여자들만 {앞뒤로 내려오는 치맛자락의} 양쪽 허벅지 솔기를 꿰매었다는 것입니다.

일상의 길거리에서 이미 이렇게 ― 반라로 ― 보입니다. 그런데 스파르타는 축제와 음악의 도시입니다. 그래서 리쿠르고스는 축제에서 좀 더 나아가 법률과 위반이 하나가 되도록 해야 합니다. 코라이가 ― 그리스 전역의 다른 도시에서처럼 코로이만이 아니라[4] ― 그 어떤 민족들의 모든 옛 풍속들보다도 자신들의 신체에 대한 영예(필로티미아φιλοτιμία[5])를 사랑《하도록》 그들은 또한 《나체로》 축제에 갑니다. 이것은 도처에 기록되어 있고,[6] 또 옛

---

1 플루타르코스, 리쿠르고스와 누마의 비교, 3장 4절 = 소포클레스, 872번 파편, 라트 편집.
2 ⇒ 1.4.3.3.3.
3 오디세이아, 4권 14행.
4 {코로이가 나체로 축제에 참가했던} 모든 증거들 가운데 가장 아름다운 것은 살라미스에서 해군의 승리를 기념하는 축제 행렬에 나타난 소포클레스(소포클레스, A 1번 증언, 3절, 라트 편집)입니다. 카이 메타 텐 엔 살라미 나우마키안 아테나이온 페리 트로파이온 온톤 메타 뤼란 귐노스 토이스 파이아니주시 톤 에피니키온 엑세르케καὶ μετὰ τὴν ἐν Σαλαμῖνι ναυμαχίαν Ἀθηναίων περὶ τρόπαιον ὄντων μετὰ λύραν γυμνὸς τοῖς παιανίζουσι τῶν ἐπινικίων ἐξῆρχε. 《아테네인들이 살라미스 해전에서 승리하여 신들에 대한 찬가로 기념했던 행렬은, 리라를 든 벌거벗은 소포클레스가 이끌었다.》 그런데 완전히 벌거벗은 젊은 여자들도, 언젠가 사라진 브라우론의 아르테미스 신전에서 발견된 도자기 파편이 보여 주고 있습니다(페트로스 테멜리스, 연도 미상, 51쪽). 2004년 아테네 올림픽 이후 이곳은 국제공항이 차지하고 있습니다.
5 *{'영예(티메τιμή)에 대한 사랑(필로스φίλος'이라는 뜻이다.}
6 아나크레온, 399번 파편, L-P. 플라톤, 국가, 5권 452a~457b절. 플루타르코스, 리쿠르고스의 삶, 14장

날부터 청동으로 만들어졌으나 계속해서 무시되고 있습니다. 그 이유는 자명합니다. 벌거벗은 코로이의 축제는 스파르타와 가까운 곳에서 열리기 때문에 키케로에서 플루타르코스에 이르는 여행객들이 직접 봅니다.[1] 하지만 벌거벗은 코라이 무리는 도시에서 멀리 떨어져 있는 촉촉한 목초지나 풀밭 위의 은폐된 곳에서 축제를 벌입니다. 여신이 직접 말하기를 《아르테미스가 도시로 가는 일은 거의 없다》라고 합니다.[2] 그렇기 때문에 신부들은 황야에서 부끄러움 없이 춤을 출 수가 있습니다.[3]

올림피아에서 출토된 고졸기의 춤추는 여자들(- 800년경)

신부들이 성숙기에 이르게 되는 장소 중 하나는 림나이Limnai라고 불리는 곳으로 메세니아의 북서쪽 경계에 있습니다. 다른 장소는 카뤼아이Karyai라고 하는데, 아르카디아의 북동쪽 경계에 있습니다. 두 장소 모두 님프들과 함께 황야에서 노는 저 아르테미스를 신성하게 모시는 곳입니다.[4] 아르테미스 외에 황야에서 노는 신은 헤르메스나 판뿐이지요. 따라서 이 두 경계 지역의 위치는 신중하게 선택된 곳입니다. 호두나무(카뤼이아이)[5]가 있는 지역은 아르카디아인들에게, 촉촉한 풀밭(림나이)으로 가득한 지역은 메세니아인들에게, 납치혼을 위한 좋은 땅이 됩니다.[6] 게다가 호두는 소녀들

2절~15장 1절. 플루타르코스, 옛 라케다이몬의 풍습, 227e. 헬레나의 들러리를 선 결혼하지 않은 젊은 여자들이 젊은 남자들처럼 몸에 기름을 바르고 경주한다는 시행(칼리마코스 찬가, XVIII 23행)에서도 벌거벗었다는 결론이 나옵니다. 그러나 오독 기술은 끝까지 버팁니다. 버나도트 페린은 〈옷을 벗은 젊은 여자들〉을 뜻하는 헤 귐노시스 톤 파르테논hē γύμνωσις τῶν παρθένων을 "짧은 옷을 입은 처녀들"이라고 번역합니다.

1   키케로, 투스쿨룸에서의 토론, 5권 26장 77절. 플루타르코스, 리쿠르고스의 삶, 18장 1절.
2   칼리마코스, 아르테미스 찬가, 19행.
3   헤시키오스의 칼라보타이καλαβῶται 항목을 보십시오. 칼람에서 재인용(2001, 172쪽).
4   파우사니아스, 그리스 이야기, 3권 10장 7절:《카뤼아이는 아르테미스와 님프들의 동네이다.》여기에 한스 발터(2001, 43~49쪽)도 보십시오.
5   *{카뤼온κάρυον은 호두나 땅콩과 같이 껍질이 단단한 견과류를 일컫는다.}
6   스트라본, 지리학, 6권 1장 6절. 파우사니아스, 그리스 이야기, 4권 16장 7~10절. 칼람, 2001, 157~160쪽.

의 단단한 가슴을 일컫는 애칭입니다.[1] 남자들이 가인 알크만처럼 신부들의 노래 소리에 귀를 기울이기 때문입니다. 스파르타에서 최초로 서정 노래를 짓고 부른 그 가인은 메세니아 전쟁이 일어났던 태고의 시대에 살았었다고 이제 증명이 되었지요. 그들이 들었던 소녀들의 노래는 이보다 더 분명할 수가 없습니다. 《슬기로운 여신의 포근한 숲에서》, 가인이 길을 잃고 헤매던 그곳에서 스파르타의 님프들은 《결혼과 그 경험에 물이 잘 흐르길 빕니다. 남자들과 여자들이 무엇보다도 가장 기쁘게 생각하는 이 결혼이란 바로 첫날밤이라는 행운이지요.》[2] 따라서 젊음의 놀이와 음악이 어디서 끝날지를, 그들은 이미 예감하고 있는 것입니다. 님프들은 에페보스들보다 더 자주 춤을 추고 함께 노래함으로써[3] 그 목표를 미리 이룹니다.

따라서 {결혼, 즉 첫날밤이라는} 끝맺음이 아직 오지 않은 이상, 신부들은 에페보스들과 똑같이 생활합니다. 더 나이가 찬 명망 있는 여자들은 님프를 애인으로 삼을 수 있습니다.[4] 그런데 이것은 상호간에 사랑놀이가 기대된다는 것이지, 허용되고 말고 하는 것이 아닙니다. 알크만의 이른바 소녀노래(파르테니아이)는 두 님프, 즉 합창 지휘자와 그녀의 여자 애인을 행복한 커플이라고 노래하며 찬미합니다. 무리의 다른 님프들은 질투심에서 이 커플을 유혹하여 서로 떼어놓으면 안 됩니다.[5] 놀라운 것은 알크만이 이러한 신부들을 거의 무사나 세이렌처럼 아름답다고 또는 무사들이라고 부른다는 사실입니다.[6] 그리고 우리가 초기의 증거를 믿는다면, {남녀의 결혼으로} 두 성性이 서로 만나기 전에 {여자 커플인} 두 세이렌에게 허락된 것이 있는데 이는 신부들을 에페보스들과 더 동등하게 하도록 하는 기술입니다. 즉, 《스파르타에서는 — 플라톤의 제자 하그논이 말하듯 — 결혼식 전의 처녀들이 사내와 같은 방식으로 관계하고 다니는 것이 풍속》[7]입니다. 딜도를 사용하던

---

1 제프리 헨더슨, 1991(2), 149쪽.
2 알크만, 4A번 파편, L-P.
3 칼람, 1977, 1권 62쪽~.
4 플루타르코스, 리쿠르고스의 삶, 18장 4절.
5 알크만, 1번 파편, L-P, 78~81행과 34번 파편. 브루노 젠틸리, 1976, 64~66쪽. 칼람, 1977, 2권 94쪽~.
6 알크만, 30번 파편, L-P.
7 아테나이오스, 현자들의 연회, 13권 602e절. 파라 데 스파르티아타이스, 호스 하그논 페신 아카데마이코스, 프로 톤 가몬 파르테노이스 호스 파이디코이스 노모스 에스틴 호밀레인 — 유일한 문장이지만 그동

아니던 말이지요. 아르테미스의 소꿉친구 혹은 도플갱어인 칼리스토는 제우스가 아르테미스로 변신하여 나타났을 때, 즉 동성애적으로 접근했을 때에서야 비로소 아르테미스의 아버지 제우스에게 빠집니다.[1]

두 성을 나누는 것은 오로지 하나뿐입니다. 코라이는 어디에서도 쿠로이[2]처럼 털을 깎은 채 등장하지 않는다는 것입니다. 이것은 젊은 남자들에게서는 음모가 보이고 신부들에게서는 보이지 않는 {각각 쿠로스상, 코레상이라고 불리는} 청동상 혹은 석상과는 정확히 반대입니다. 하지만 이것은 카뤼아이에서 춤추는 신부들을 여인상 기둥[3] 혹은 대리석 님프로 뻣뻣하게 만들려는 아티케의 망상일 뿐입니다. 이 대리석 기둥은 오늘날까지도 에레크테이온에서 신전의 지붕을 바치고 있네요.

1.3.3.3   남자아이들과 여자아이들 모두 함께

여인상 기둥

돌에서 멀어지라! 그대를 노예로
만드는 그 동굴을 터뜨려라! 들로
거침없이 나아가라! 돌림띠를 조롱하라 —
보라, 취한 실레노스의 수염 사이로
영원히 크게 부르짖는 소리와 함께
유례없이 울려 퍼지는 그의 피에서 흘러나온
포도주가 그의 치부에 뚝뚝 떨어진다!
벤

무엇을 위해 리쿠르고스는 두 성이 함께 부모의 집에서 자라도록 하지 않고, 그리 오랫동안 서로 떨어져 있도록 명하는 것일까요? 답은 벤의 시에 드러나 있습니다. 이것은 님프들과 또 그들에게 성적으로 자극받는 남자들, 즉

안 셀 수 없이 다른 의미가 부여되고, 본래의 의미가 부정되었습니다. 우리가 파르테노이를 독일어로 융프라우{처녀}라고 번역할 때 왜 거슬리는지, 여러분은 잘 알고 있을 것입니다. 가능한 기술들에 대해서는 칼라소(1991(2), 281쪽)를 참고하십시오.

1   드브뢰, 1986, 227쪽.
2   *{이 부분에서만 코로이 Koroi가 아니라 이오니아 방언 쿠로이 Kouroi로 표기되었다.}
3   *{그리스어로 카뤼아티다 καρυάτιδα는 본래 '{스파르타 지역의} 카뤼아이의 여자'라는 뜻을 가진 말로, 건축물에서 지붕을 받치고 있는 '여인상 기둥'을 가리킨다. 코로이와 코라이처럼 오늘날에는 주로 조각상의 의미만을 가지고 있다.}

실레노스와 관련되어 있습니다. 신들의 미메시스와 관련되어 있는 것입니다. 판과 헤르메스는 몰래 님프들과 뒤섞이며,[1] 따라서 이제 막 서로를 위해 성숙해진 코로이도 코라이와 뒤섞입니다. 두 부모가 이에 대해서 모른다는 사실은 제우스와 헤라 이래로 이미 놀이에 속하며, 또 이 놀이를 더 뜨겁게 달굴 뿐입니다. 게다가 리쿠르고스가 옛 관례나 풍속으로 부모의 권력을 꺾었기에 스파르타에서 이 놀이는 점차 확대될 수가 있습니다. 이렇게 법률과 위반이 한 번은 아주 분명하게 합류하게 되는데, 물론 이 위반은 끊임없이 은밀하게 법률을 고쳐 쓰고 있습니다.[2]

《게다가 결혼을 장려하는 것들이 있었다. 내가 말하고자 하는 것은 젊은 여자들의 축제 행렬인데, 그녀들은 젊은 남자들의 눈앞에서 벌거벗은 채 운동 경기를 했으며, 이 젊은 남자들은 ― 플라톤이 말하는 대로 ― 수학적인 필연성이 아닌 육감적인 필연성에 따라 이끌렸다.》[3]

남자들을 이끌기 위해서 옷을 벗는 것은, 단순하지만 오로지 클로드 칼람만이[4] 예감했던 리쿠르고스의 현명함입니다. 스파르타인들은 이방인들 앞

---

1 호메로스 찬가, 판 찬가, 1~26행.
2 라캉, 1975, 10쪽. 《자, 여러분이 침대에 있다고 가정하며 시작합시다. 여기 한 분에게는 미리 양해를 구합니다. 저는 오늘 이 침대에서 내려오지 않을 것입니다. 그렇게 해서 이 법학도 분에게 제가 오늘 말하고자 하는 법을 상기시키려고 합니다. 그 법이란 바로 주이상스입니다. 이 법은 침대를 무시하지 않습니다. 내연 관계가 근거하고 있는 나무랄 데 없는 관습법을 예로 들어봅시다. 동침을 말하는 것입니다. 저는 법에서는 가려진 채로 남아 있는 것, 즉 이 침대에서 일어나는 일, 서로 껴안는 것에서 시작할 것입니다. 저는 경계\한계에서 시작합시다. 진지하게 시작하려면, 즉 그것에 연속적으로 다가가는 무엇을 세우고자 한다면, 누구나 이 경계에서 시작해야 합니다.》
3 플루타르코스, 리쿠르고스의 삶, 15장 1절. 플라톤의 『국가』(5권 458d절)에서 직접 인용했습니다. 《그들이 벌거벗은 채 노는 놀이터나 일상생활 속에서 서로를 발견하게 된다면, 제 생각에는, 그들에게 뿌리박혀 있는 필연성을 통해 움직여져 서로 몸을 뒤섞을 것입니다. 아니면 당신에게는 제가 말하는 것이 필연적이지 않은 것처럼 보이나요? ― [글라우콘이] 답하기를, 기하학적 필연성은 아닌 것 같네요. 하지만 많은 민족을 더 엄격하게 설득하고 움직이게 만드는 듯한 육감적인 필연성으로는 보입니다.》 플라톤의 마지막 이상 국가에 있는 더 온건한 대응물과 비교해 보십시오. 그런데 플라톤의 이상적 국가의 법률 또한 젊은 남자들과 젊은 여자들의 짝짓기를 부추기기 위해서 서로 함께 춤출 때 벌거벗은 채로 서로를 바라보도록 규정하고 있습니다(플라톤, 법률, 6권 771e~772a절).
4 칼람, 2001. 그런데 동일한 연구자[칼람]가 1997년에는 굼노스 γυμνός를 관행적으로 "세미-누드"라고 번역했습니다(칼람, 1997, 1권 409쪽). 브렐리크(1969, 113~207쪽)는 서로 벌거벗고 있는 성性 Geschlecht을 서슴없이 무시하고 넘어가는 재주를 부렸습니다. 그런데 1789년 쉴러는 「리쿠르고스와 솔론의 입법」에 대한 강연에서 스파르타 신부들의 벌거벗음을 "모든 날씨에서 일어날 수 있는 사고에 대한 훈련"이라고 재해석하는 데 성공했습니다(피히테 전집, 세속적 판본, 에두아르트 폰 데어 헬렌 편집, 슈투트

에서조차 자신들의 딸을 발가벗겨 보여 줍니다. 그 반대도 저절로 진행되기에 명命을 내릴 필요가 없습니다. 즉, 코로이는 모든 이들의 눈앞에서, 코라이 앞에서도 발가벗습니다. 리쿠르고스는 한 번도 들어본 적이 없는 그것을, 나우시카아의 탈은폐Entbergung를 명하기만 하면 됩니다. 그리고 이것은 님프들끼리 목욕을 하면서 벗는 것만이 아니라 벌거벗은 젊은 남자들 앞에서도 벗는 것을 말하는 것입니다. 우리가 지금까지 알고 있는 그리스의 가장 오래된 춤추는 상像은 16명의 신부들로 이루어진 합창단과 그보다 더 적은 9명의 젊은 남자들로 이루어진 합창단이 신부들을 뒤따르는 것을 보여 주고 있습니다. 피타고라스의 정리를 에로틱하게 또는 코레오그래픽하게 증명해 보이는 듯, 총 25명의 벌거벗은 몸들이 있습니다.[1] 그리고 플라톤은 한 번은 옳습니다.

좋은 이유로 스파르타의 두 성은 신성함과 모든 신성한 장소들을 공유합니다. 코로이와 코라이를 위한 공동의 김나지움, 즉 벌거벗은 채 노는 놀이터가 있습니다.[2] 이렇게 그들은 — 주얼리나 메이크업 없이[3] 그들의 순수한 아름다움 속에서 — 서로 알아가며 열망합니다. 두 성은 이미 다른 모든 놀이들을 미리 즐겼습니다. 프로이트의 의혹 이래로 이 놀이가 유아적이라고, 또는 다형성 도착이라고 불리게 될 뿐이지요.[4] 그리스의 아이들은 나중에 {정신분석가의} 소파 위에 씁쓸하게 착륙하기 위해, 부부가 되어 처음으로 잠자리를 하지 않습니다. 따라서 그리스의 아이들이 가지고 있는 것은, 자살 시도와 외로운 만족으로 채워진 소위 사춘기Adoleszenz가 아니라,[5] 젊음Jugend

---

가르트와 베를린, 연도 미상[1904~1905], 13권 72쪽). 이른 봄 게롤리메누스는, 즉 타이나론*은 카를 오이겐의 {성城} 고독Solitude처럼 차가우며 따뜻합니다. 이러한 모순적 농담이 독일 관념론을 떠받쳤습니다. 예를 들어 김나지움(!)을 위해 고안된 거대한 세계사 같은 것이 있지요(오토 슈파머, 1893~1998, 1권 502쪽). *{펠로폰네소스 반도 가장 남쪽 끝에 위치한 곳이다.}

1 칼람, 1977, 1권 56쪽.
2 에우리피데스, 안드로마케, 499행~. 다마스쿠스의 니콜라오스(그리스 역사가의 파편들 90, 야코비 편집, 103번 파편. 브렐리크(1969, 157쪽)에서 재인용)도 보십시오.
3 플루타르코스, 스파르타인의 속담, 277f~228b절.
4 칼람, 1977, 1권 423쪽.
5 근본적으로 우리에게는 {모세스} 라우퍼와 {에글레} 라우퍼가 1984년 런던의 양성의 사춘기 재난을 그냥 정신분석을 한 것이 아니라, 마침내 묘사한 것으로도 보입니다. 그들의 책{사춘기와 발달위기, 1984}은 하나의 결말만을 허락합니다. 후後기독교의 아이들은 모든 좋은 정신들로부터, 말하자면 우리 자신들로부터 버려졌다고 말이지요. — 미셸 푸코의 파리와 그의 아테네에는 여전히 그러한 분석이 필요합니다. 다만 에

입니다. 이러한 꽃피움 끝에 음경과 질에 대한 욕망이 실현되고 채워집니다. 리쿠르고스의 보이지 않는 손이 멀리서 욕구를 조종하는 데 성공합니다.

한 여자가 멀리서 호감이 가득한 시선으로 한 남자를 바라본다면, 그는 그녀에게 자신의 운을 시도해 볼 수 있습니다. 물론 모든 시선 뒤에서만 말이지요. 이를 위해 두 헛간이 있습니다. 무리들이 함께 지내는 우리를 떠나다가 들킨 남자는 그냥 운이 없을 뿐, 다음번에 다시 시도하면 됩니다. 그가 운이 좋다면, 깊은 밤 소녀들이 지내는 깜깜한 헛간에 도착합니다. 그곳에는 그에게 호감을 지닌 그녀가 그를 기다리고 있지만 그녀 옆에는 다른 소녀들도 많이 누워 있습니다. 그는 어둠 속에서 그녀를 찾아 헤매고, 서투르게 사랑을 나누며, 첫날밤 이후에는 그녀를 {남자들의 헛간으로} 데려갈 수 있습니다. 이렇게 해서 신부는 자신만을 위한 깜깜한 곳간에서 털을 깎고 남자처럼 옷을 입습니다. 이렇게 하는 이유는 아마도 사랑에 빠진 남자가 다시 그녀에게로 다가갔을 때의 사랑놀이가 자신이 남자들의 헛간에서 경험했던 그런 사랑놀이처럼 처음에 느껴지도록 하기 위해서일 것입니다. 하지만 둘은 결국 새로운 욕망에 완전히 빠져들고, 이제부터 부모를 — 제우스와 헤라의 위대한 본을 따라 — 속이기로 맹세를 하기까지 합니다.[1] 이렇게 리쿠르고스는 끝까지 여전히 호메로스에게 신실하게 남아 있습니다.

스파르타의 일상에서는 다릅니다. 어떤 남자는 신부를 데려가는 밤에 어둠 속에서 헤매다가 가장 좋아하는 여자를 옆 침대에 있는 다른 여자와 혼동하여 첫 아이를 만들고, 열 달이 지나 출산할 때가 되어서야 그녀가 다른 여자였으며 아름답지 않다는 사실을 놀란 채 바라봅니다. 그러나 지금 바꾸기에는 늦었지요. 다름이 아닌 리산드로스가 이렇게 사랑하지 않는 여자를 제쳐놓고 가장 아름다운 신부를 원했으며, 그리하여 이러한 거친 소원에 대해 벌을 받습니다.[2] 신부는 남자에게 첫 아이를 낳아주는 순간에 비로소 귀네γυνή 혹은 여자가 되기 때문입니다. 이제 그들의 사랑이 모두에게 공개

리봉(1993, 54쪽~)은 자살 시도나 실패한 정신분석들의 표를 기록할 뿐, 그것도 언제나 불로뉴 숲 속 우리 젊은이들의 조숙한 검은 천사와 그의 남창들이 국가 공무원 기숙학교로 소환될 때에 그러합니다.

1 플루타르코스, 리쿠르고스의 삶, 15장 3절~.
2 헤르미포스, 8번 파편, FGH. 여기에 피렌-델포르쥬(1994, 206쪽)도 참고하십시오.

되었습니다.¹ 리산드로스의 부인이 자신 안에 있는 가장 아름다운 여자로서의 아프로디타를 리산드로스가 사랑하지 않는다는 사실 때문에 고통받고 있을 때, 그녀는 테라프네에서 헬레나 여신에게 제물을 바치는데 ─ 그러면 적어도 두 딸은 아름다워질 것입니다.² 따라서 『오디세이아』가 아테나의 특징으로 간주했던 모든 것을, 스파르타는 훨씬 더 진정으로 아프로디타의 덕분으로 여깁니다.

스파르타의 청춘들은 지금부터 아폴론이나 아르테미스가 아니라 아프로디타에게 경의를 표합니다. 왜냐하면 목표와 목적지, 즉 텔로스τέλος에 도달하는 모든 사랑은 사랑의 여신 자체에 종속되어 있기 때문입니다. 텔레우타오 가몬τελευτάω γάμον, '나는 첫날밤을 마친다, 이룬다, 성취한다'라고 모든 그리스인들은 말합니다. 이것은 후에 피타고라스의 청자들이 페라이노 περαίνω³라고 부르는 것이지요.⁴ 첫 아이가 태어나면 둘은 살림을 차릴 수가 있으며, 여자가 이 가정을 대표합니다. 하지만 그렇다고 해서 여자가 축제, 춤, 합창에 참가하지 못하게 배제된다는 말은 결코 아닙니다. 그리스의 자유인들에게는 손일이나 벌이가 엄격히 금지되어 있기 때문입니다. 명命과 위반을 하나가 되도록 하는 리쿠르고스의 역설은 부부에게 해당되지 않습니다. 팔랑거리는 치마가 바느질로 붙잡히고, 드러난 소녀의 머리카락이 모자 아래 놓입니다. 그리하여 둘은 ─ 일찍이 통과했던 이 모든 위반과 모험을 함께한 이후 ─ 끝까지 서로에게 충실하게 남습니다.⁵

리쿠르고스는 자신의 목표가 달성되었음을 알고는, 그리스의 유일한 이중 신전을 아프로디타에게 헌정합니다. 1층에는 잘 무장되어 있는 모습의 아

---

1   여기 우리는 여러분들을 위해서 산더미같이 많은 옛 책들을 콜라주 했습니다. 부디 우리를 믿어주시길 바랍니다. 다음과 같은 단 하나의 귀띔이 도움이 될지도 모르겠습니다. 귀네γυνή와 퀸queen은 인도게르만어로 동일자입니다.
2   헤로도토스, 역사, 6권 61장. 칼람(1977, 1권 341쪽~)도 참고하십시오.
3   *['나는 이룬다, 마친다, 끝낸다, 끝맺는다'는 뜻의 텔레우타오와 비슷하게, 페라이노도 '나는 끝낸다, 완성한다, 실행한다'는 뜻을 가지고 있다. '끝, 이룸, 채움, 끝맺음'의 뜻을 가지고 있는 텔로스에서 나온 동사인 텔레우타오와는 달리, 페라이노는 '끝, 극, 한계, 경계'(페라스πέρας)를 넘어(페라πέρα) 한쪽에서 다른 쪽으로 뚫고 지나간다(페이로 πείρω)는 뜻에서 유래한 말이다.]
4   ⇒ 2.2.2.2.2.3.
5   이 수백 년 동안의 경이와 그의 아이에 대한 사랑이라는 예외에 대해서는 플루타르코스(리쿠르고스의 삶, 14권 6~10절)를 보십시오.

프로디타 목상木像이 보이고(이것은 우리에게 또 생각할 거리를 줍니다), 2층에는 아프로디타 모르포Aphrodita Morpho로서의 모습이 보입니다. 테세우스[1]가 최초로, 그 다음에는 파리스가 제우스의 딸 헬레나를, 즉 아프로디타의 도플갱어를 전리품으로 또는 납치혼의 여자 영웅으로 고양시킨 이래로, 아프로디타는 모든 〈변화와 변신〉의 여신 또는 간통의 여신이라고 불리게 됩니다. 그런데 리쿠르고스는 역설적으로 전진하기에 그리고 거친 젊은이들에게 내린 명을 통해 오래 지속되는 커플들을 설립하기 때문에 스파르타의 신전은 아프로디타 모르페를 완전히 정반대로 보여 줍니다. 변화하는 것은 바로 속박 속에 있다고 말이지요.[2]

1.3.3.4 맺는 구절Envoi

독자 여러분은 여기서 자유롭게 선택하실 수 있습니다. 1.3.3으로 되돌아가거나 혹은 다음 1.3.3.5로 바로 넘어가시면 됩니다. 우리는 계속 이어서 전설을 이야기할 것입니다.

1.3.3.5 늑대 인간이 갑니다

그런데 어떻게 왕도 아닌 연장자가 이 모든 것을 젊은이들에게 글자도 없이 지시했을까요?

당분간 {자신이 델포이에서 돌아올 때까지} 명을 따르겠다는 위대한 맹세를 스파르타의 시민들에게서 받아내어, 델포이 신탁이 그 맹세를 승인할 수 있도록 하는 것입니다. 리쿠르고스는 스파르타와 파르나소스를 가르는 밝고 푸른 만을 가로질러 높은 산 위로 올라가 피티아에게 묻습니다. 그녀는 물론 긍정적으로 답하고, 그는 이 대답을 편지에 적어 고국의 스파르타의 시민들에게 보내고는 ─ 이 성지에서 스스로 굶어 죽습니다. 그리고 자신의 주검을 재로 만들어 바다에 뿌리도록 하여, 아무도 리쿠르고스가 송장으로라도 고향에 돌아갔다는 말을 하지 못하도록 합니다. 이 때문에 그리고 오로지 이 때문에 스파르타의 사람들은 ─ 이는 경이를 넘어선 경이인데 ─ 오백

---

1 플루타르코스, 테세우스의 삶, 1장 2절, 29장 2절, 31장 1절~.
2 파우사니아스, 그리스 이야기, 3권 15장 10절~.

년 동안이나 명을 이행합니다.[1]

이것은 기록되어 있고 검증되었습니다. 시모니데스의 시 구절이 테르모필라이에 있는 어느 묘비의 돌 속에 새겨져 있습니다. 레오니다스왕과 함께 300명의 스파르타인들이 리쿠르고스의 레트라이Rhetrai[2]를 신실하게 지키며 페르시아의 우세를 꺾었던 때가 {기원전} 490년이라고 합니다.[3] 그에 대해 우리에게는 시인의 말만 남아 있습니다.

경구(한나 아렌트를 위하여)

레오니다스와 호플리테스[4]들을 한번 생각해 보세요.
보티첼리가 그린 듯한 황금빛 머리칼을
테르모필라이에서 서로 빗겨주었을 때 — 친구들과 애인들이,
신부와 신랑이 —
그리고 죽기 위해 진지陣地로 갔을 때,
그들은 자유로 반짝입니다.

로버트 로웰[5]

---

1 플루타르코스, 리쿠르고스와 누마의 비교, 4장 8절.
2 *{레트라ρήτρα의 복수형으로, '명命Geheiss'이라고 옮긴 말이다(1.3.3.1). 리쿠르고스는 법의 기록을 금지했으며, 스파르타인들이 지켜야 할 것을 구두로 전달하도록 하였다.}
3 헤로도토스, 역사, 7권 228장.
4 *{창과 방패로 무장한 고대 그리스의 보병을 일컫는다.}
5 이 시의 2행부터 헤로도토스(역사, 7권 207장~)와 비교해 보십시오. 페르시아 왕이 보낸 어느 기마병이 성벽 앞에서 《머리를 빗는》 스파르타인들을 보았다는 소식을 듣고 돌아옵니다. 크세르크세스는 어떻게 죽음의 위협을 눈앞에 둔 남자들이 여전히 아름다움에 신경을 쓸 수 있는지를 듣고는 깜짝 놀랍니다. 포로로 붙잡힌 어느 스파르타인이 이렇게 설명해줍니다. 《우리의 삶이 위험에 처했을 때 서로의 머리를 꾸며주는 것은 우리의 풍습입니다.》 크세르크세스는 자신의 노예가 자유인과 싸우게 되리라는 것을 깨닫습니다.

1.4 가인들이 신들을 부릅니다

> 최초의 그리고 가장 아름다운 음악 작품은 신들에게 하는 감사의 대답이다.
> 위僞 플루타르코스, 음악에 관하여

《우리에게 시짓기Dichtung는 오래전부터 문학에 속했습니다. 사유하는 것Denken도 마찬가지입니다. 사람들은 시짓기와 그 역사가 문학사적으로 다뤄지는 것이 정상이라고 생각합니다. 오랜 근거를 가지고 있는 이 상태를 비난하거나 하루아침에 고치려는 것은 어리석은 일일 것입니다. 그렇지만 — 호메로스가, 사포가, 핀다로스가, 소포클레스가 문학입니까? 아닙니다! 하지만 이러한 시짓기들이 본래 문학이 아니라는 사실을 우리가 문학사적으로 증명하려고 해도 문학으로 그리고 오직 문학으로만 우리에게 나타납니다.

문학Literatur은 문자 그대로 글로 기록된 것이며 받아 적힌 것으로, 누구나 접근하여 읽을 수 있는 공공성이라는 임무를 가지고 써진 것입니다. 이러한 맥락에서 문학은 광범위하게 분산되는 흥미의 대상이 되는데, 이 흥미 자체가 다시금, 그러니까 다시 한 번 더 문학적으로 비평과 광고를 통해 자극됩니다. 하지만 개별자들이 문학적 움직임에서 빠져나와 사색적 또는 아예 교화적으로 시짓기로 향하는 것으로는 시짓기에 본질장소Wesensort를 부여하기에는 결코 충분하지 않습니다. 게다가 시짓기가 먼저 이 길을 스스로 규정하고 그 길에 이르러야만 합니다.

서구의 시짓기와 유럽의 문학은 서로 엄청나게 다른 우리 역사의 두 본질권력Wesensmacht입니다. 아마도 우리는 본질에 대해서 그리고 문학성의 사정거리에 대해서 아직 충분한 표상을 가지고 있지 않은 것 같습니다. 그런데 이 문학성을 통해서 그리고 매체로서의 문학성 안에서, 시짓는 것과 사유하는 것과 학문은 이제 서로 동등해졌습니다.》[1]

우리는 무엇이 이러한 차이를 만들었는지를 들어 보고자 합니다. 문자 자

---

[1] 하이데거, 1961(2), 154쪽~. 우리는 에른스트 로베르트 쿠르티우스(유럽의 문학과 라틴어의 중세, 베른과 뮌헨, 1948(1))에 대한 부드러운 눈짓을 듭니다. 하이데거의 다른 책(1959(2), 188쪽)도 참고하십시오.

체는 아닐 것입니다. 에우보이아에서 눈먼 가인을 기록한 이후로 그리스인들은 {이미} 시행을 쓰기 때문입니다. 학문 자체도 아닐 것입니다. 우리의 학문이 시작된 헬라스에서는 육각운으로 학문이 시작했기 때문입니다.[1] 그리고 현명함을 시짓는 이는 외워서 배우는 것이나 축제에서의 특별 강연을 원하지 기록하는 것을 원하지는 않습니다.[2]

여자 시인들이 그리고 그녀들의 흔적 안에서 또 남자 시인들이 여신들을 부르는 한, 여신들은 우리에게 옵니다. 아프로디테는 우리의 깊은 마음이 간절히 원하는 모든 소원을 들어줍니다. 하지만 이러한 사실을 생각할 수 없어 하는 에우리피데스의 공허함을 이어받은 문필가들 이후 처음으로, 소위 데우스 엑스 마키나deus ex machina — 죽마 기구를 탄 신神[3] — 가 저 절망적인 공허한 글쓰기를 설립합니다. 이 글쓰기는 로마인들 이후로 문학Literatur이라고 불리며, 더 황량하게는 허구Fiktion라고 불립니다.

그리하여 우리는 에우리피데스 이전의 시가 어떻게 소리 났었고 어떻게 소리 나는지를 사포와 아리스토파네스와 소포클레스를 통해서 들어 보도록 하려고 합니다.

---

1 플루타르코스, 델포이 신전의 피티아가 왜 더는 운율에 맞추어 신탁을 내리지 않는지에 대하여, 19장 402ef절.
2 필만, 1994, 17쪽.
3 뻔치는 팔루스로서의 연극 장치에 대해서는 필만(1995, 156쪽)을 보십시오. 이렇게 억압 자체의 실행 속에서도, 억압된 것은 되돌아옵니다. 프로이트(1946~48, 7권 60쪽~)의 다음을 참고하십시오. "억압의 수단으로 선택된 바로 그것은, — 속담 속의 쇠스랑furca*처럼 — 되풀이되는 것을 실어 나르게 된다. 억압된 것이 마침내 억압하는 것의 안과 뒤에서 득의양양하게 효력을 발휘하는 것이다. 펠리시앙 롭스의 어느 유명한 동판화**는 바로 이 사실을 묘사하고 있다. 그{가 묘사한} 사실은 누구도 그다지 주목하지 않았으며, 진가를 매우 인정할 필요가 있는 다른 많은 설명들보다 더 인상 깊은 것으로, 성자와 속죄자의 삶 속에 나타나는 억압의 전형적인 경우를 보여 준다. 어느 한 금욕적인 수도사가 — 분명 세상의 유혹 때문에 — 십자가에 못 박힌 구세주라는 이미지 속으로 도망쳤다. 그런데 이 십자가{에 매달린 구세주}가 그림자처럼 기울어 쓰러지고, 바로 그 구세주가 있었던 자리에 대신, 똑같이 십자가에 매달린 상황에 있는 한 풍만한 나체의 여인이 빛나며 우뚝 솟아 있다." *{이 인용문 앞에 프로이트가 언급한 로마 속담은 '쇠스랑을 휘둘러 쫓아내도, 자연은 다시 돌아온다Naturam furca expellas, semper redibit'이다.} **{「성 안토니우스의 유혹」(1878)이라는 제목의 작품이다.}

1.4.1 사포와 멜로스

지금 나에게 오소서
엘테 모이 카이 뉜

색색으로 홀리는 불멸의 아프로디타여,
꾀를 짜는 신의 아이여, 당신에게 외치니,
내 마음이 고통과 근심으로 괴로워하지 않게
해 주시고, 여왕이여,

당신이 내 말소리를 멀리서도 알아들었던
그때처럼, 언제나처럼 여기로 오소서.
당신은 아버지 집에서 나와
황금빛 수레에

마구를 얹었고, 예쁜 참새들이
검은 대지 위로 푸드득 날갯짓을 하며
당신을 잽싸게 이끌어, 빛나는 하늘에서
허공 한가운데로

재빨리 내려왔었지요. 행복한 그대여,
당신은 불멸의 얼굴에 미소를 지으며
내가 이번에는 어떤 고통을 겪었는지를,
이번에는 왜 불렀는지를,

그리고 미칠 것 같은 내 마음이 가장 바라는 것이
무엇인지를 물었었습니다. 《이번에는 누구를
네 사랑으로 돌아오도록 설득해 줄까, 프사포야,
너를 아프게 하는 자가 누구냐?

그녀가 떠나거든, 그녀는 너를 찾을 것이다,
그녀가 아무것도 받지 않거든, 그녀는 네게 줄 것이다,
그녀가 사랑하지 않거든, 그녀는 당장 사랑하게 될 것이다,
스스로가 원치 않는다 하여도.》

지금 나에게 오소서. 이 무거운 고뇌에서
나를 구해 주시고, 내 마음에 가득 찬
열망을 채워 주소서. 그대 몸소
나의 전우가 되어 주소서.[1]

포이킬로트론 아타나트 아프로디타,
파이 디오스 돌로플로케, 리소마이 세,
메 므 아사이시 메드 오니아이시 담나,
포트니아, 튀몬,

알라 튀드 엘트, 아이 포타 카테로타
타스 에마스 아우다스 아이오이사 펠로이
에클뤼에스, 파트로스 데 도몬 리포이사
크뤼시온 엘테스

아르므 위파스데욱사이사· 칼로이 데 스 아곤
오케에스 스트루토이 페리 가스 멜라이나스
퓌크나 딘넨테스 프테르 아프 오라노이테-
로스 디아 메소,

아입사 드 엑시콘토· 쉬 드, 오 마카이라,
메이디아이사이스 아타나토이 프로소포이
에레 오티 데우테 페폰타 코티
데우테 칼렘미,

코티 모이 말리스타 텔로 게네스타이
마이놀라이 튀모이· 티나 데우테 페이토
압스 스 아겐 에스 반 필로타타· 티스 스, 오
프삽프, 아디케에이;

카이 가르 아이 페우게이, 타케오스 디옥세이·
아이 데 도라 메 데케트, 알라 도세이·
아이 데 메 필레이, 타케오스 필레세이
코워크 에텔로이사.

엘테 모이 카이 뉜, 칼레판 데 뤼손
에크 메림난, 오사 데 모이 텔레사이
튀모스 이메레이, 텔레손· 쉬 드 아우타
쉼마코스 에소.

1 사포, 1번 파편, L-P. 포이킬로트로나ποικιλόθρονα*의 독일어 번역은 윈클러(1990, 172쪽)를 따랐습니다. *{이 시를 시작하는 첫 단어이자 아프로디테를 수식하는 형용구이다. 윈클러/키틀러의 독일어 번역(Buntzaubernd)을 따라 한국어로는 '색색으로 홀리는'이라고 옮겼다. 옮긴이에 따라 '색색으로 엮는', '눈부신 빛깔의 옷을 입은', '반짝이는 마음의', '빛나는 왕좌의', '무지갯빛 옥좌의' 등으로 번역된다.}

현재 이것은 사포의 수많은 노래들 가운데 합창곡이건 리라 연주곡의 가사이건 간에, 파편이 아닌 유일한 파편입니다. 아우구스투스 황실에서 관직을 지내며 존경을 받은 학자 할리카르나소스의 디오니시오스가 사랑 가득한 이 시를 첫 행부터 마지막 행까지 빠뜨림 없이 필사하였습니다. 파피루스 발굴품이 아닌 거의 모든 다른 파편들은 하찮은 수사 구문만 전승하고 있습니다. 플루타르코스 필사본에는 오늘날까지도 빈 페이지들이 그 위에 사포의 시행이 써넣어지기를 기다리고 있습니다. 왜냐하면 필사자가 단순하게 — 혹은 수도원장의 명령으로 — 등한시하였기 때문입니다.[1] 일찍이 사포의 사랑을 전부 필사했던 디오니시오스에게 어떻게 다 고마워할 수 있을까요? 이에 대해 우리처럼 온종일 생각해 보십시오 — 그리고 밤에도 계속해서 숙고해 보십시오. 《사포는 리라로 사랑을 했던 유일한 여자였습니다.》[2]

디오니시오스는 자신의 그 아름다운 이름에도 불구하고 이 이상은 숙고하지 못했으나 우리 둘에게는 이름 없는 어느 한 작은 호숫가에서 떠올랐습니다. 그것은 물이 이미 모두 알고 있는 것입니다. 디오니시오스가 다른 모든 시행들 위에 사포의 시행을 두 옛 언어로 드높인 근거는 순수하게 말소리의 총체에, 즉 음성, 음절, 단어들의 《조화Harmonie》에 놓여 있기 때문입니다. 오직 사포만이 꿀처럼 《달콤》[3]하고 세이렌들처럼 《꽃피며》[4] 노래합니다.

어떻게 단어들이 짜맞추어져서 아름다움이 되는지 외에는, 저 영리한 문자에 문제가 되는 것은 없습니다. 이것에 대해 우리는 여러분들에게 사포를 큰 목소리로 청자들에게 낭독했던 존 J. 윈클러보다도 더 잘 들리도록 할

---

1 플루타르코스, 사랑에 관한 대화, 18장 763a절.
2 기타 연주 중에 발기했던 지미 헨드릭스를 아직 염두에 두고 있던 후버트 피히테가, 어느 위대한 고대 그리스 연구자에 대항하여 이렇게 그리스어 원문을 재건한 것입니다(피히테, 1987, 39~55쪽). '사포 데 모네 귀나이콘 메타 뤼라스 에라스테이사Σαπφὼ δὲ μόνη γυναικῶν μετὰ λύρας ἐρασθεῖσα'라고만 필사본에 쓰여 있지만(사포, 50번 증언), 울리히 폰 빌라모비츠-묄렌도르프는 무無에서 칼로스κάλλος라는 유일한 단어를 추정 또는 횡령해 냈습니다. 그리하여 이제 사포가 리라로 '아름다운 것'을 사랑했다고, 히메리오스*가 그렇게 단순하게 말하고 있는 것이 되었습니다. 이것이 사포를 다른 모든 여자보다 드높이 존경할 충분한 이유가 될 수 있을까요? 분명, 1900년도 우리 베를린 대학교에서는 그러했습니다. *[기원후 4세기 아테네에서 활동했던 수사학자이다. 사포의 50번 증언은 히메리오스의 28번 연설의 일부이다.]
3 할리카르나소스의 디오니시오스, 데모스테네에 대하여, 40장.
4 할리카르나소스의 디오니시오스, 단어들의 조합에 대하여, 23장. 캠벨은 이 《매끄럽고 꽃피는 하모니》를 가장 순수한 학부생의 영어로 "세련되고 화려한 구성"이라고 번역합니다.

수가 없습니다.[1] 대신 우리는 독일말로 옮겼습니다.[2] 그리고 이 문장들에 대한 문장과 함께 우리는, 하이데거가 문학사Literargeschichte라고 명쾌하게 불렀던 그 덫에 또다시 빠지게 됩니다.

따라서 우리는 음악사Musikgeschichte로 갈아탑니다. 사포는 호메로스처럼 복수 형태의 몸의 마디들인 멜레아μέλεα라고만 노래하는 것이 아니라 처음으로 멜로스μέλος라고 단수로도 노래하는 가인처럼 보입니다.[3] 오디세우스의 뗏목에 있는 수많은 이음매들이 하나의 조화로 변하듯, 노래에서 마디 지어진 것이 서사시{에포스Epos}의 반대말로서의 서정시{멜로스Melos}로 이어 맞추어집니다. 이 {멜로스라는} 조어造語로부터 지상의 모든 선율, 가락, 멜로디, 노래가 생겨나는데[4] 어쩌면 사포의 《달콤한 호칭》인 멜리포노이 μελίφωνοι[5]와 같이 세이렌의 꿀에 대한 여운도 담고 있을 것입니다. 간단하게 말하자면, 서정시는 한 노래의 단일체Einheit입니다. 이 단일체는 여러 연Strophe이나 〈굽이〉[6]들이 지난 이후에야 비로소 아프로디타에 대한 부름과 그녀의 도래를 끌어내기는 하지만 멜로디와 리듬 속에서 그렇게 합니다. 이와는 달리 서사시는 새로 시작하는 매 연마다 되풀이하여 시간이 도망가는 것을 막지요.[7] 사포는 머리털이 세고 무릎이 떨리며 노년이 다가온다는 것을 알고 있기 때문입니다.[8] 그런데 그리스인이나 로마인이 사포의

---

1   윈클러, 1990, 168쪽. "[…] 우리가 알고 있는 발음에 대해서 고백을 하자면, 제 생각에는 말소리에 높낮이가 있는 언어의 음악은 말소리에 강세가 있는 언어를 사용하는 사람들이 쉽게 받아들이지 않는다는 것입니다. 게다가 아이올리스 방언에서 높낮이의 배치에 대한 불확실함뿐 아니라 모음과 자음에 관련되어 있는 근본적인 원리에 대한 깊은 불확실함도 있습니다. […] 이렇게 아주 회의적으로 운을 띄우기는 했지만 이제 저는 여러분이 한번 고대 그리스의 시 가운데 가장 아름다운 곡 하나를 큰소리로 읽어 보시기를 권합니다."
2   이에 대한 반증으로는 샤데발트(1989, 175쪽~)를 보십시오. 사포는 절대로 그렇게 소리 나지 않았습니다. 이러한 서투름은 우리는 무시하고 지나갈 것입니다.
3   사포, 46번 파편, L-P. 서사시에서는 "우리의 언어 감각에 따르면 단수 형태가 나와야 하는 곳에 복수 형태가 나타난다. '몸Körper'이 아니라 '사지Glieder'라고 말이다. 귀아γυῖα는 관절을 통해 움직여지는 사지이고, 멜레아μέλεα는 근육을 통해 힘이 있는 사지이다."(스넬, 1948[2], 19쪽)
4   더 자세한 내용은 로만(1970, 6쪽~)을 참고하십시오.
5   사포, 185번 파편, L-P. *{고대 및 현대 그리스어로 멜리μέλι는 '꿀'을 뜻한다.}
6   *{일정한 수의 시행을 한 단위로 묶은 것을 연이라고 하며, 독일어나 다른 많은 인도유럽어로는 슈트로페Strophe라고 하는데, 이는 '굽이, 꺾임, 힘'을 뜻하는 고대 그리스어 스트로페στροφή에서 유래한 말이다.}
7   사포(30번 증언, 롭 고전 문고)를 참고하십시오. 여기에 할리카르나소스의 디오니시오스(단어들의 조합에 대하여, 19장)도 보십시오.
8   사포, 58번 파편*, L-P. 이 파편은 그 사이 더 보충되었습니다. http://img.photobucket.com/

사랑 마법 혹은 노래 마법을 실행하기 위해 멜로스라는 이름의 반복을 반복할 때에는 언제나 음절 수를 지키며, (그리스인들의 경우에는) 방언도 유지합니다.

우리에게 하나의 형태가 주어졌습니다. 무엇보다도 시와 노래로서 주어졌습니다. 이것은 모든 존재사에서 그렇게 자주 일어나지는 않지만, 일어납니다. 이 형태는 장소, {신전이 있거나 축제가 벌어지는} 특별한 곳, 노래와 춤의 방식들을 엽니다. 사포는 아울로스의 소리와 〈달콤한 소리의 키타라〉에 맞추어 〈신성한 노래를 부르는〉[1] 신부들을 위해 시를 지을 수가 있습니다. 그녀는 옛적에 헤르메스가 죽은 거북이의 등껍질로 발명한 바로 저 리라로 노래를 하는 자신 스스로에 대해서 노래를 부를 수도 있습니다. 그녀는 이 모든

사포는 노래하고 알카이오스가 연주합니다

---

albums/v25/shrew/newsappho.jpg *{사포가 젊은 여자 아이들에게 하는 노년에 대한 노래로, 사포는 이 시에서 나이가 들면 아름다움은 사라지지만 음악적 능력은 남아 있을 것이라고 말한다. 작품의 전체적인 내용을 파악할 수 있는 몇 되지 않는 사포의 파편들 중 하나로, '티토노스의 시'라고도 불린다. 영원히 늙는 티토노스는 매미로 변해 영원히 노래한다(1.3).}

1 사포, 44번 파편, 24~26행, L-P. 멜로스에 대한 더 오래된 증거는 알크만(14번 파편, 롭 고전 문고)을 보십시오. 그러나 우리가 확인한 바로는 알크만은 사포만큼 멜레아μέλεα와 멜로스μέλος의 옛 다의성을 가지고 놀지 못합니다.

것으로 가장 사랑하는 이에게 연주합니다. 도시 밖 꽃 정원에서 말이지요. 사랑하는 여자들이 서로에게서 발견하는, 보통은 털, 주름, 구덩이에 의해 감춰져 있는 몸의 마디들에서 — 꽃, 과일, 산딸기들이 움틉니다.[1] 둘이 결혼을 할 시기가 되면, 사포의 정원은 한 연인을 잃는 것입니다.

> 저녁별이여, 당신은 아침놀이 반짝이며 흩뿌린 것을 모두 데려옵니다-
> 양을 데려오고,
> 염소를 데려오고,
> 아이를 어머니에게 데려옵니다.[2]
>
> 에스페레 판타 페론 오사 파이놀리스 에스케다스 아우오스,
> 페레이스 오인,
> 페레이스 아이가,
> 페레이스 아퓌 마테리 파이다.

사포의 섬, 레스보스에서도 스파르타처럼 젊은 여자들의 무리가 축제에서 돌아와 우리에서 함께 잡니다. 저녁별의 꼴을 한 아프로디타가 로고스처럼 모읍니다. 레스보스에서는 신부들이 젊은 남자의 아내가 될 때까지 어머니 곁에서 잔다는 사실이 스파르타와 다를 뿐입니다. {한 남자의 부인이 되면} 그녀들은 이제부터 사포의 정원과 님프들의 공동체 그리고 그녀들의 사랑을 그리워할 것입니다.[3] 아픔과 행복이 하나로 뒤엉킵니다. 하지만 우리가 외

---

1 윈클러(헬렌 폴리 편집, 1981, 63~89쪽). 그리스인들에게는 자지와 보지만이 중요했을 것이라는 미국 히피들의 망상을 이것이 해결합니다(헨더슨, 1991(2)). 이러한 다형도착적인 여자들의 사지 또는 여자들의 옆Eröffnung은 그리스인들 그 누구에게도 그렇게 드러내듯 나타난 적이 없다는 윈클러의 결론만이, 논노스(디오니소스의 노래, 42권 283~314행) 곁에 있는 남신을, 신부들 중 가장 부끄러워하는 이를 이끄는 신 디오니소스를 반증합니다. — 이는 아프로디타가 사포에게 남자들에 대한 사랑도 불어넣었으며, 그래서 사포에게는 한 명의 딸*도 있었다는 사실을, 전적으로 배제하는 것이 아니라 포함합니다(사포, 1~2번 증언과 98(b)번 파편, L-P). *{사포의 딸 이름은 여러 전승에서 클레이스Κλεῖς라고 전해지는데, 『수다 백과사전』은 사포의 어머니 이름 또한 클레이스라고 한다. 한편 고대 그리스어 명사 클레이스κλείς는 '열쇠'를 뜻한다.}
2 사포, 104(a)번 파편, L-P. *{본래는 2행으로 이루어진 시행이다. 키틀러는 두 번째 행을 세 줄로 나누어 총 4행이 되도록 옮겼다.}
3 칼람, 1999, 168쪽. "그것은 사포가 지은 시가 직접 입문하게 하는 기능을 얻었던 입문의 초원, 소녀들을 사랑으로 입문하도록 하는 초원이었다. 그래서 그들 중 몇몇은 다른 곳에서, 키프리스에게 바쳐진 공간 너머에 있는 침대 위에서, 자기들끼리 만족에 도달하기도 하는데, 이러한 과도기적 동성애 관계의 시간들은 지속적인 부부 관계로 대체될 때까지 계속되었다. {해당 부분 각주:} 이것은 분명히 할리카르나소스의 디오니시오스가 「단어들의 조합에 대하여」 132장에서 사포의 첫날밤과 관능적인 시를 가리키며 말했던 뉨파이오이 케포이numphaioi képoi가 뜻하는 것일 것이다."

1.4.1 사포와 멜로스

로움에 말라가고 우리의 목소리가 잠길 때, 사포는 우리 서정시의 가장 높은 목소리로써 직접 이를 찬미합니다. 다름이 아니라 멜로스라는 이름의 새로운 단일체 속에서 사랑은 달달하며 동시에 씁쓸하다는 상호 대립을 말하는 것이 가능해집니다.[1]

> 이제 달님이 기울고
> 플레이아데스도 지나가네, 깊은 밤
> 한가운데, 시간은 흐르는데,
> 난 홀로 누워 있네.[2]
>
> 데뒤케 멘 아 셀란나
> 카이 플레이아데스· 메사이 데
> 뉙테스, 파라 드 에르케트 오라,
> 에고 데 모나 카테우도.

이것은 우리들의 귀가 늘 알아들었던 그리스 방언으로 된 최초의 소리였으며, 여전히 그러합니다. 그사이 저는 예스퍼 스벤브로와 이렇게 약속했습니다. 달님[3]을 이오니아 방언으로 헤 셀레네ἡ σελήνη라고 더는 부르지 않고, 사포의 작열하는 아이올리스 방언으로 아 셀란나ά σελάννα라고만 부르리라고 말이지요.[4] 왜냐하면 그녀가, 즉 달님이 처음으로 {달력의} 달Monat들과 {위성} 달Mond들을 주기 때문입니다. 그녀가 자정에 일곱 플레이아데스 또는 〈물놀이하는 여자들〉 모두와 함께 레스보스의 바다 속으로 숨을 때는 늦은 시간 추운 계절이며,[5] 우리가 약속하여 한 주 전에 지킨 만남의 시간도 무자비하게 지나갑니다. 오디세우스나 사포의 남동생 카락소스처럼 아무도 겨울에는 돛을 올리지 않습니다. 사포는 홀로 누워 노래합니다.

---

1 사포, 130번 파편, L-P. 위 롱기노스, 드높음에 대하여, 10장 3절.
2 사포, 168B번 파편, L-P.
3 *{키틀러는 독일어로 남성 명사인 달(데어 몬트der Mond)을 여성형으로 어미 변화를 시킨 후 여성 관사를 붙여서 (디 몬딘die Mondin) 사포의 시행을 옮겼으며, 한국어로는 이를 반영할 수 없기에 '달님'으로 인격화시켜서 번역했다.}
4 *{레스보스의 아이올리스 방언이 이오니아 방언과 같은 다른 그리스 방언의 음운 체계와 다른 점 중 하나는, 단어 첫머리에 기식음이 소실되었다는 것으로, 예를 들어 저녁별은 (헤스페로스ἕσπερος가 아니라) 에스페로스έσπερος이며, 태양은 (헬리오스ἥλιος가 아니라) 아엘리오스άέλιος이다. 또, 이오니아나 아티케 방언에서는 장모음 '아'가 장모음 '에'로 변화했지만 아이올리스 방언에서는 소실되지 않고 남아 있다는 점으로, 예를 들어 어머니는 (메테르μήτηρ가 아니라) 마테르μάτηρ이다.}
5 *{고대 그리스인들과 로마인들에게 플레이아데스성단이 뜨고 지는 시간은 계절의 변화를 알리는 신호였는데, 이 성단이 자정 무렵에 지는 11월 초는 경작의 시기이자 휴항의 시기였다. 새벽에 뜨는 5월 중순은 수확의 시기였다.}

이러한 외로움 속에서 하나의 경이가 일어납니다. 죽은 양의 내장으로 된 현을 달고 있는 죽은 거북이가, 사포가 손가락 또는 플렉트럼으로 연주하고 있는[1] 그 거북이가, 외로운 이의 노래를 반주하는 목소리로써 들리며 나타납니다. 사포가 자신의 장난감에서 엿들었던 그 모든 것들 가운데, 우리에게 남아 있는 것은 슬프게도 파피루스 조각들뿐입니다. 그래도 많은 것을 읽을 수 있을 것 같습니다. 바로 그 거북이가 죽었기 때문에 거북이는 하나의 목소리가 되어 사포의 노래에 끼어듭니다. 거북이는 포나에사φωνάεσσα, 즉 목울림소리Stimmende가 되지요. 이후 음악이나 문학을 분리하거나 오인하는 저열한 학문들에 의해 울림소리Stimmlaut와 안울림소리Stummlaut라는 두 단어가 모음Vokal과 자음Konsonant이라고 표현됩니다.

> 오 신성한 거북이여, 내게 말해 주세요
> 목{울림}소리Stimme가 되어 주세요[2]
> 아기 데 켈뤼 디아 †모이 레게†
> 포나에사 †데 기네오†

---

1 『수다 백과사전』은 사포를 플렉트럼**의 발명자로 지목합니다(사포, 2번 증언, L-P). 플렉트럼이냐 딜도냐, 여기 이것이 문제입니다. 사포의 99번 파편(L-P)을 담고 있는 산산조각에 직면한 마틴 L. 웨스트는 플렉트럼으로 결정했습니다. 우리는 달도, 올리스보스ὄλισβος, 즉 《미끄러져 들어가는 것》이라고 다르게 읽습니다. 유일하게 남아 있는 손상된 필사본 하나를 둘러싼 수수께끼들은 당시에 교수 타이틀을 가져왔던 모든 인쇄본들보다 종종 훨씬 더 어렵습니다. **{현악기를 연주할 때 사용하는, 기타의 픽과 같은 보조 기구를 고대 그리스어로 플렉트론πλῆκτρον이라고 했으며, 여기서 라틴어 플렉트룸을 거쳐 영어의 플렉트럼으로 그대로 이어져 내려온 말이다. 독일어로는 플렉트론이라고 한다.}

2 사포, 118번 파편, L-P({파편에서 손상되어 확인할 수 없는 글자를 나타내는} 십자가 표시가 심하게 손상된 단어를 {앞뒤로} 감싸고 있습니다). 스벤브로(1996, 18쪽)도 보십시오. 스벤브로가 빠뜨리고 넘어간 알크만(9A번 파편)의 결정적인 원문도 함께 보십시오. 여기에서 알크만은 사포가 포네엔타φωνήεντα*와 쉼포나súμφωνα**를, 울림소리와 함께울림소리를 구별했다고 기록합니다(켐벨, 1990~93, 3권, 398쪽). 그러나 이것은 우리가 모음과 자음을 일컫는 이름으로, 늦어도 에우리피데스가 에우보이아 출신의 전설적인 알파벳 창시자인 팔라메데스에 관한 비극을 상연했던 {기원전} 415년 이후에 나타난 것입니다(에우리피데스, 582번 파편, 나욱 편집, 1~9.. 파웰(1991, 223~226쪽)과 비교해 보십시오.). 손상된 두 단어는 분명 사포에게는 《목울림소리와 함께 울리는 목소리》, 노랫소리와 {함께 울리는} 리라, 살아 있는 여자의 입과 {함께 울리는} 죽은 거북이 등껍질을 의미했을 것입니다. 그리고 만약 안티파네스가 아포나ἄφωνα***를 직접 인용한 것이라면, 안울림소리 자체는 이미 {기원전} 600년경에 증명되는 것입니다. *{포나에사와 포네엔타 모두 같은 뜻의 형용사의 활용형이나 사포가 사용한 단어인 포나에사(목울림소리)는 여성형 단수이자 아이올리스 방언인 반면, 사실상 모음을 일컫는 단어인 포네엔타(울림소리, 말울림소리)는 더 이후의 시기에 나타나는 아티케 방언으로 중성형 복수이다.} **{그리스어 쉼폰논σύμφωνον이나 독일어 미틀라우트Mitlaut는 홀로 소리를 내지 못하고 모음과 '함께(쉼-συμ-/미트-mit-)' 있어야 '울리는 소리(포네퐈νή/라우트Laut)'라는 뜻에서 자음을 일컫는 단어이다.} ***{소리(포네퐈νή)가 없다(아-ἀ-)는 뜻에서 복수형으로 쓰이며 '안울림소리 글자, 무성음 글자'를 의미한다.}

아침나라의 가장자리에서 최초로 온전히 홀로 그리스어로 노래하는 그녀에게, 어쩌면 그곳을 위해 태어났던 그녀에게[1] 모음문자의 수수께끼가 이렇게 드러납니다. 사포는 노래하며 알게 됩니다. 레스보스섬에는 사포의 남동생이 있는 이집트에서처럼[2] 안울림소리 기호가 있는 것도 아니고, 멀리 사는 사포의 연인 아낙토리아가 있는 {소}아시아에서처럼[3] 쐐기문자가 있는 것도 아닙니다. 여기 이 작은 유럽의 곶에서 울림소리가 노래하는 것을 배웁니다. 한 리라가 함께 소리를 내기 때문이지요. 여기 레스보스섬에서는 키타라의 《달달한 멜로스》가 타악기의 잡음(프소포스ψόφος)과 구별되듯[4] 바로 그렇게 모음Vokal과 자음Konsonant이 구별됩니다.

이렇게 해서 사포는 소실된 어느 아티케의 희극에서 책 제목의 영웅으로 떠오르며 우리에게 아름다운 작은 수수께끼를 하나 냅니다.

> 이것은 여성적인 본성으로, 아이들을 가슴에 품어 돌봅니다.
> 이 아이들은 목소리는 못 내지만 울리는 외침을 보내는데,
> 이 외침은 파도치는 바다와 온 세상의 땅을 건너가
> 누구든지 원하는 필멸자는, 멀리서도 들을 수 있고
> 심지어 귀먹은 사람도 알아들을 수 있습니다.[5]
> 에스티 퓌시스 텔레아 브레페 소이주스 휘포 콜포이스
> 하우테이스, 온타 드 아포나 보엔 히스테미 게고논
> 카이 디아 폰티온 오이드마 카이 에페이루 디아 파세스
> 호이스 에텔레이 트네톤, 토이스 드 우데 파루신 아쿠에인
> 엑세스틴· 코펜 드 아코에스 아이스테신 에쿠신.

희극 주인공으로서 사포가 이 수수께끼를 내자마자 또는 더 적절하게 말하자면 희극 시인으로서 안티파네스가 우리에게는 소실되었던 사포의 시행을 부드럽게 고쳐 쓰자마자 어느 아테네인에게는 수수께끼의 유일한 답이 준

---

1 사포, 1번 증언. 귄터 춘츠, 「이름 사포의 어원에 관하여」, 『무제움 헬베티쿰』 8호(1951), 12~35쪽.
2 사포, 5번 파편*과 14~16번 증언. *{5번 파편은 20행 5연으로 구성된 시로, 여기서 그녀는 이집트에 있는 남동생 카락소스가 무사히 돌아오기를 기원한다.}
3 사포, 16번 파편.
4 사포, 44번 파편, 24행~.
5 아테나이오스, 현자들의 연회, 10권 450ef절. 스벤브로(1988, 175~77쪽)와 카슨(2003(3), 98쪽~)도 함께 보십시오.

비되어 있습니다. 그 이후로 학자들이 그리스 연극의 근원을 파헤치고자 할 때면 이 해답을 떠올립니다. 즉, 어머니의 품에 있는 아기들은 분명히 시민이기 때문에 정답은 오로지 폴리스Polis일 수밖에 없다는 것입니다. 민주주의, 시장 경제, 자유 기업 제도, 2003년 {미국} 국정 연설[1]. 여기에 사포는 비웃으며 말합니다. 《그대는 언제나처럼 바보 같은 말을 하는군요!》 그리고 그녀의 수수께끼가 스스로 풀립니다.

> 그 여성적인 본질이란 하나의 편지이고,
> 그녀가 배달하는 아이들은 글자들입니다.
> 목소리가 없어도 누구든지 원하는 이들에게
> 멀리까지 말을 하며, 읽는 사람 옆에 있어도
> 아무런 소리가 들리지 않지요.[2]
>
> 텔레이아 멘 뉜 에스티 퓌시스 에피스톨레,
> 브레페 드 엔 하우테이 페리페레이 타 그람마타·
> 아포나 드 온타 〈타우타〉 토이스 포로 랄레이
> 호이스 불레트· 헤테로스 드 안 튀케이 티스 플레시온
> 헤스토스 아나기그노스콘토스 우크 아쿠세타이.

우리가 만약 위의 시행을 사포가 직접 {지어} 불렀던 하나의 노래에 바탕을 두고 있는 것으로 보아도 된다면, 자음과 모음들로 이루어진 알파벳이 이 {자음과 모음의} 분리를 직접 착수하며 청취한다는 사실이 일어나는 것으로 보입니다. 그렇게 하면 목소리가 없어{안울림소리}도 목소리가 되지요. 최초의 여자 시인으로서 사포는 자신이 쓴다고 씁니다. 우리는 그녀가 세이렌처럼 전송한다고, 그런데 종이 위에 전송한다고 말해봅니다. 다른 여자들이 아이들을 배듯, 사랑에 대한 그리움으로 이글거리는 그 먼 곳은 그녀에게 편지를 불어넣습니다. 그리고 이렇게 레스보스섬에 의해 푸른 바다를 가르며, 여자 독자들이나 남자 독자들이 생겨납니다. 그때나 오늘날이나 둘의 비밀은 제삼자에게 들리지 않도록 무성으로 기록됩니다. 리테라Littera는 편지와 문학을 구분하지 않고 {둘 모두를} 의미하게 될 것입니다.

---

1 *{조지 W. 부시 미국 전 대통령이 2003년 1월 28일에 열렸던 국정 연설을 일컬으며, 같은 해 3월 20일에 있을 이라크 침공을 정당화하는 것을 주요 내용으로 한다. 부시 전 미국 대통령은 이 연설에서 '테러와의 전쟁'을 선포했으며 사담 후세인을 '잔혹한 독재자'라고 선고했다. www.presidency.ucsb.edu/node/211931}
2 아테나이오스, 현자들의 연회, 10권 451ab절.

좋습니다. 음악사, 문학사. 이 둘은 무엇을 밝힐지를 알고 있습니다. 그저 이 둘이 어떻게 서로 뒤섞이게 되는지를 모를 뿐입니다. 사포는 사랑하고 괴로워합니다. 그 때문에 그녀는 노래하고, 그 때문에 아프로디타를 부릅니다.[1] 어느 아름다운 젊은 여자가 사포를 떠났습니다. 이름은 말하지는 않고, 그저 그녀가 여자라는 것만을 말합니다. 그리스인들은 아무도 이 때문에 격분하지 않습니다. 로마인들이 처음으로 사포를 창녀나 레즈비언이라고 불렀을 뿐이지요.[2] 내가 그대를 사랑하며 부르는데, 그 때문에 그대가 떠난다면 어떻게 해야 하나요? 나는 칼립소처럼 가장 부드러운 마법의 말들, 즉 말라코타타μαλακώτατα가 필요합니다.[3] 온갖 사랑의 여신은 위대한 님프들의 여왕처럼 풍부한 마법 목록을 가지고 있기에, 떠난 이를 다시 데려올 수 있습니다. 노래는 부름에 성공합니다.[4] 사포가 인간의 말소리(아우다αὔδα)를 보내고, 여신은 처음에는 조건문으로, 하지만 곧바로 현실에서의 과거형으로 옵니다. 부름은 눈치채지 못한 채 서사적 서술 안에서 활주하기 때문입니다. 참새들이 수레를 끄는데 은유를 제출하려는 것이 아니라 비둘기처럼 끊임없이 부화하기 때문으로, 이는 아프로디타에게 {참새들이} 신성한 이유입니다. 참새들은 밝은 아이테르에서 공기라는 매체를 통해 우리 필멸자들을 먹여 살리는 어두운 땅바닥으로 여신을 데려옵니다. 그런데 사포가 또

---

1   "따라서 인간이 그녀의 현존재를 사랑 속에서의 현존재로 경험한다는 사실 그리고 이러한 현존재에서 사랑이 진술한다는 사실은 사포에게서 처음으로 나타난다."(샤데발트, 1989, 139쪽)
2   호라티우스(편지들, 1권 19장 28행)에 대해 포르피리우스*. 오비디우스, 여걸들의 편지, 15장 201행~**. 아풀레이우스, 변론, 9장***. *{호라티우스가 '남성적인masculа 사포'라고 한 것을 두고, 포르피리우스가 사포는 레즈비언이라는 '불명예'를 얻었다고 쓴 것을 가리킨다. 여기서 포르피리우스가 언급한 호라티우스의 말 "남성적인 사포도 아르킬로코스의 박자를 따른다네"는, 사포보다 한두 세대 정도 앞서 활동했던 시인 아르킬로코스가 즐겨 사용했던 율각인 이암보스(1.2.2.3.1)를 사포가 따른다는 맥락에서 한 말이다(로리 오히긴스, 『그리스 고전 속에 나타나는 여자들과 유머』, 2003, 88쪽).} **{레스비데스Lesbides.} ***{물리에르 레스비아mulier Lesbia.}
3   할리카르나소스의 디오니시오스, 데모스테네에 대하여, 40장. ← 1.1.2.4.2.1*. *{해당 부분은 없으며, 칼립소의 부드러운 말들을 언급하는 1.1.2.3.2.1의 오기인 듯하다.}
4   아둔한 고대 후기의 웅변가들은 그저 수사학적 기교만 부립니다. 《그런데 호소하는\부르는\기도하는\간청하는(클레티콘κλητικόν) 노래는, 사포나 아나크레온 또는 다른 서정시인들[의 노래들] 대부분이 그러하듯 많은 신들에 대한 호소를 담고 있다. 이렇게 호소하는 찬가의 율각Metron은 매우 길다. 왜냐하면 이 노래는 — 사포와 알크만에서 나타나는 것처럼 — 여러 장소에 있는 여러 신들을 동시에 부르기 때문이다. 셀 수 없이 많은 산들과 도시들에서 심지어 강에서도 아르테미스를 부르고, 키프로스, 크니도스, 시리아 그리고 수많은 다른 장소에서 아프로디테를 부르기 때문이다.》(사포, 47번 증언) 이러한 길 안내의 모순은 사포의 1번 파편과 고대의 사랑 마법 파피루스(윈클러, 1990, 173쪽~) 사이의 비교가 증명합니다.

다시 그녀를 부르자, 아프로디타는 미소를 지었습니다. 불멸자들에게는 우리들의 고통이 더 깊이 와 닿지는 않지요.

그런데 이 {아프로디테의} 내려옴은 돌아옴이었으며, 당시에 이미 그 내려옴이《지금》반복될 것임을 약속했었습니다. 아프로디타는 인간의 말소리로 그냥 말만 한 것이 아니라 말소리로 마법을 걸었습니다. 그녀의 모든 문장은 멀리에 있는 연인에게 당장 그 반대를 행하도록, 즉 떠나는 것이 아니라 여신인 자신처럼 이리 오도록 명했습니다. 이것은 벌써 두 번이나 도움이 되었으며 효과가 있었는데, 따라서 증거도 있습니다. 즉, 오늘날에도 여전히 도움이 될 것입니다.[1] 필멸하는 연인들은 그들의 편에서 싸우는 여신 덕분에 열망을 채우지요. 사랑은 부름과 도래의 전쟁입니다. 시짓는 것Dichten도 마찬가지이지요. 사포는 반복 자체를 반복합니다. 아프로디타여, 우리는 그대 위에 짓습니다.

우리는 마지막 연이 누구를 부르는지 결정할 수 없기 때문입니다.《지금 나에게 오소서.》이 단어들은 아프로디타를 부르는 것일까요? 아니면 사랑받으며 또 사랑하며 되돌아온다면 사포에게 정말로 아름다운 그녀를 — 그 외에 아름다운 이는 여신밖에 없는데[2] — 저 신부를 부르는 것일까요?

우리가 예감하는 유일한 것은 고유명Eigenname의 사건입니다. 우리의 시짓

1 　사포의 15번 파편(L-P, 22~)과 17번 파편(L-P, 11행~)도 비교해 보십시오. 사랑받는 이의 되돌아옴은 또는 아예《예로부터 있었던》여신의 되돌아옴은 비로소 부름과 도래의 순환을 다시 한번 완성시킵니다. — "수브 스페키에 이테라티오니스sub specie iterationis*한" 사포의 "감각"에 대해서는 스넬(1948⁽²⁾, 72쪽~)을 보십시오. 이 시의 키워드인 데우테δηῦτε에 대해서는 카슨(2003⁽³⁾, 118쪽~)과 비교하십시오. "'데우테'는 접두사 '데'와 부사 '아우테'를 결합한 말이다. 접두사 '데'는 어떤 일이 지금 이 순간 일어나고 있다는 사실을 생생하고 극적으로 나타내며 […] 부사 '아우테'는 '다시, 또다시, 다시금'을 뜻한다. […] 접두사 '데'는 현재 이 순간에 선명하게 지각되는 것을 표시한다. '지금 저걸 봐봐!'라고 할 때처럼 말이다. 부사 '아우테'는 현재의 순간을 지나 그 뒤에 펼쳐지는 행위의 반복에 집중한다. '처음이 아니네!'라고 할 때처럼 말이다. '데'는 우리를 시간 속에 위치시키며, 이 배치를 강조한다. '지금이야.'에서처럼 말이다. '아우테'는 '지금'을 가로채어 '그때'의 역사 속으로 엮어낸다." *{직역하면 '반복이라는 모습 아래'라는 뜻이며, 스넬이 되풀이를 거듭하는 삶을 노래하는 사포의 감각을 묘사하며 쓴 말로, 스피노자의 수브 스페키에 아이테르니타티스sub specie aeternitatis, 즉 '영원이라는 모습 아래'를 바꿔 쓴 라틴어 구절이다.}

2 　*{사포, 16번 파편, 1~9행: "어떤 이는 기마대가, 어떤 이는 보병대가 / 또 어떤 이는 함대가 검은 땅 위에서 / 가장 아름다운 것이라고 하지만, 난 말하리니 / 그것은 [우리가] 사랑하는 것이라네. // 사람들에게 이를 설명하는 것은 / 어렵지 않으니, 인간 여자들 가운데 가장 / 아름다운 헬레나가 가장 좋은 / 남편을 떠나 // 배를 타고 트로이로 갔다네." (1.3.1.2)}

기에서 최초로 여신이 몸소 사포를 사포라고 부릅니다. 호메로스는 우리에게 무명으로 남아 있으며, 헤시오도스가 스스로를 {이름으로} 부르는 이유는 무사가 그를 《순전한 배때기》나 《들판의 양치기》라고만 부르기 때문입니다.[1] 이와는 반대로 사포의 노래에서 불린 아프로디타가 사포에게 고유명을 진정으로 선사할 때, 사포가 아프로디타의 이름으로 스스로에게 노래하여 준 명예가 《사방으로 빛을 발합니다》.[2] 다른 여자들은, 죽으면 《빛없이 어둠 아래로》 가거나 《죽은 자들 사이를 거닐》 뿐입니다.[3] 《이 놀라운 보물》 사포는 그렇지 않습니다. 위대한 지리학자 스트라본은 《{기록되었기에} 기억할 수 있는 모든 시대를 통틀어 사포 시의 아름다움(카리스χάρις)[4]에 조금이라도 견줄만한 다른 여자를 나는 알지 못한다》고 말합니다.[5]

그런데 왜 거의 아무것도 보존되지 않았을까요? 파피루스에 쓰인 시집들 아홉 권 중 갈기갈기 찢어진 조각들뿐이라니요? 사포의 숨통을 막은 것은, 다작多作하는 어느 기독교인[6]이 12세기에 위선적으로 유감스러워 했던 것처럼[7] 세월이 흘러서가 아닙니다. 유일 신앙 자체가 그녀를 질식시켰습니다.[8]

> 이토록 슬플 때
> 내가 아는 단 하나,
> 그대 곁을 생각하며
> 그대에게 노래하는 것.
>
> 스테판 게오르게

---

1 헤시오도스, 신들의 계보, 22~26행.
2 사포, 65번 파편, L-P. 147번 파편과 비교해 보십시오.
3 사포, 55번 파편, L-P.
4 *{'아름다움, 우아함, 복, 안녕'을 뜻하는 여성 명사 카리스를 대문자로 쓰면 여신 카리스χάρις의 이름이 된다(1.1.2.2).}
5 사포, 7번 증언 = 스트라본, 지리학, 13권 2장 3절.
6 *{고대 그리스 문헌에 대한 글을 광범위하게 썼던 비잔틴 시대의 학자 요아니스 쳇지스를 말한다.}
7 사포, 61번 증언.
8 샤데발트, 1989, 78쪽~. 윌리엄 해리스, 연도 미상, 20쪽~.

1.4.2 아리스토파네스와 희극

오세요, 영웅 디오니소스여,

엘리스의 신성한

신전으로 카리스들[1]과 함께

신전으로

수소 발로 날뛰며

값진 황소

값진 황소

<small>엘테인· 헤로 디오뉘세·
알레이온 에스 나온
아그논 쉰 카리테신
에스 나온
토이 보에오이 포디 튀온
악시에 타우레·
악시에 타우레.</small>

엘리스 여자들 16명의 노래[2]

시짓기가 본질을 보존하는 한, 시짓기는 {누군가가} 들어주는 부름으로 남아 있습니다. 취한 채 마을 사이를 행진한다는 뜻에서 이름 지어진 희극 Komödie에서도 젊은 남자들이나 신부들이 한 남신을 노래 불러서 데려옵니다. 바로 희극 자체의 남신인 디오니소스를 말이지요. 대부분의 경우 아리스토파네스에게는 합창 지휘자가 이 남신이 도착하는 것을 시늉하며 대신하는 것으로도 충분합니다. 그런데 한 번은 『개구리』에서 남신이 가면을 쓰고 친히 나타납니다. 여전히 우리에게도 빛났던 디오니소스-극장의 보름달, 이 극장으로 디오니소스가 들어오면 밀교 입문자들의 합창단이 이렇게 노래하기 때문입니다.

이악코스, 오 이악코스여,[3]

---

1 *{아프로디테의 다른 이름 카리스가 복수형으로 쓰이면 신부들을 가리키는 이름이라고 앞서 언급되었다(1.1.2.2).}
2 플루타르코스, 그리스 문제, 36번 299b절. 플루타르코스의 「이시스와 오시리스에 관하여」(35장 364a절)도 참고하십시오. 여기에 전해진 것이 그리스의 가장 오래된 합창곡이라는 사실은 르나테 슐레지어(2002, 161~191쪽)가 보여 줍니다.
3 *{이악코스 Ἴακχος는 엘레우시스 밀교에서 숭배하던 신으로, 젊은 디오니소스와 동일시된다. 미치도록 외치는 소리와 춤, 횃불을 든 모습으로 나타난다(1.4.3.3.3).}

> 이리 와서 풀밭에서 춤을 춰요!
> 섬기는 무리들의 축제에서![1]
>
> 이악크, 오 이악케,
> 엘테 톤드 아나 레이모나 코레우손
> 호시우스 에스 티아소타스

이 외침에 대한 음악은 소실되었습니다. 그러나 아울로스 하나가 큰 소리를 내며 노래를 반주했다는 것을, 우리는 알고 있습니다. 합창단이 {오라고} 유혹하는 곳은 세이렌의 풀밭입니다. 합창 지휘자로서의 그가 불러들이는 이는 어느 이름 없는 신입니다. 이아ἰά는 외침을 뜻하는 행위이자 단어이며, 이아케ἰαχή라고 {x/ㅋ라는} 안울림소리 하나를 덧붙이면 외침이 부르짖음으로 배가되기 때문입니다. 이것은 래틀이나 봉고의 소란한 소리를 의미할 수도 있지만[2] 결국 부름을 통해 직접 고유명으로 고양됩니다. 그 고유명이란 이악코스Ἴακχος로, 환호의 함성이 불러낸 엘레우시스[3]의 디오니소스입니다.[4] 그렇지만 이것이 뜻하는 바는, 그 남신이 놀이 가면 아래 다이몬처럼 나타나는 것이지, 그의 이름을 통해서 밝혀진다는 것은 아닙니다. 이렇게 무명으로 님프들과 춤을 추는 모든 젊은 남자들은 남신을 은폐하고 또 드러낼 수 있습니다. 이렇게 모든 《무사》[5] 또는 신부는 원하기만 한다면 그를 부를 수가 있는데 — 옛날 좁은 이오스섬에서도 그런 적이 있었지요.

> 박자에 맞추어 당차게
> 발 굴러 고삐를 풀고서
> 환희에 취한 축제로![6]

---

1 아리스토파네스, 개구리, 325~27행. — 루트비히 제거가 {스위스 지역} 베른식 독일어로 옮긴 아리스토파네스는 다른 모든 아리스토파네스 독일어본의 근간을 이루고 있는 걸작입니다. 그저 빈번히 훑고 넘어가지만 말이지요. 원문은 콜러(1963, 17쪽~)와 비교해 보십시오.
2 호메로스 찬가, 제14편 신들의 어머니 찬가, 3행.
3 *{아테네에서 북서쪽으로 20km가량 떨어진 마을로, 데메테르를 신성하게 모시는 제전이자 축제였던 엘레우시스 밀교(미스테리아)의 발생지이다. 9일간 이어지는 대 밀의 제전 중 하루는 아테네에서 출발하여 엘레우시스까지 노래를 부르고 춤을 추며 행렬을 하는 날인데, 이때 부른 노래 중 하나가 이악코스를 부르는 노래이다.}
4 이 별칭은 어쩌면 선형문자 B로 기록된 '이와코'로 소급될지도 모릅니다(케레니, 1994, 62쪽). 그런데 또 소포클레스가 처음으로 호격 이아케Ἴακκε를, 불리는 이에 대한〈부름〉으로서 박코스의 고유 명사로 끌어올렸을 수도 있습니다.
5 아리스토파네스, 개구리, 356행.
6 아리스토파네스, 개구리, 330~32행.

> 트라세이 드 엥카타크루온
> 포디 탄 아콜라스톤
> 필로파이그모나 티만

합창단이 신을 부르자, 그가 떠들썩하게 옵니다. 이 남신은 우리의 어두운 땅 위에 쿵쿵 발을 구르며 박자를 맞추어 모든 사람들의 다리를 묶니다.[1] 근대의 무대 위에서 처음으로 나타났다가 지휘봉으로서 공기의 제국 속으로 둥실 사라지는, 박자를 지휘하는 막대기는 필요가 없습니다. 합창으로 그 신을 부르는 사람들은 곧 아무것도 볼 수 없게 되기 때문입니다. 남신이 홀로 횃불을 들어, 밤의 축제에 빛을 가져옵니다.

> 횃불을 번쩍 일으키며 팔을 흔드는 당신이 옵니다.
> 이악코스, 오 이악코스여,
> 밤의 축제에 빛을 가져오는 별이여,
> 불꽃이 풀밭을 밝히고
> 늙은이 무릎을 떠네요.
> 그들은 회환을 떨치고,
> 긴 오랜 세월을 떨쳐서,
> 신성한 축제의 기쁨으로 나아갑니다.
> 당신은 횃불을 흔들며 앞장서서
> 꽃핀 늪을 향해 걸어가니, 아, 복 받은 이여,
> 둥그렇게 둘러서 춤추는 젊은이들을 이끌어요![2]
>
> 에게이레 플로게아스 람파다스 엔 케르시 가르 헤케이스 티나손
> 이악크, 오 이악케,
> 뉙테루 텔레테스 포스포로스 아스테르,
> 플로기 펭게타이 데 레이몬
> 고뉘 팔레타이 게론톤

---

1 헤겔, 1965[1842], 2권 276쪽. 《댄스 뮤직에서는 다리에도 옵니다.*》 *{이 인용구는 1828년 헤겔이 베를린 대학에서 했던 미학 강의의 '제2장 음악' 중 '음악의 효과' 부분에서 발췌한 것이다. 우리가 음악을 들을 때 같이 손으로 박자를 맞추거나 멜로디를 따라 부르고자 하는 마음이 생길 뿐 아니라 춤곡을 들을 때에는 다리도 같이 춤추고자 한다는 문맥의 글로, 헤겔은 이러한 음악의 힘을 "근원적인 힘elementarische Macht"이라고 불렀다. 키틀러는 1998년 베를린 예술대학이 수여하고 브라이언 이노가 수상하였던 멀티미디어상 제1회 시상식 기념 강연의 제목으로 이 인용구를 취하였다(키틀러,「댄스뮤직에서는 다리에도 옵니다」,『청각매체문화: 듣기의 기술과 소리디자인 실습』, 악셀 폴마르와 옌스 슈뤼터 펴냄, 빌레펠트: 2013, 35쪽).}
2 아리스토파네스, 개구리, 340~352행.

> 아포세이온타이 데 뤼파스
> 크로니우스 트 에톤 팔라이온 에니아우투스,
> 히에라스 휘포 티마스.
> 쉬 데 람파디 플레곤
> 프로바덴 엑사그 에프 안테론 헬레이온 다페돈
> 코로포이온, 마카르, 헤반.

그렇다고 해서 가까이에 아무것도 보이지 않는다는 말은 아닙니다. 신부들, 여자들과 함께 어둠을 가로지르며 열광하는 합창단원 중 한 남자는 자신이 모시는 남신처럼, 아름다운 여자와 함께 그녀 곁에서, 더 가까이에서 춤을 추고 싶어 합니다.

> 난 작은 여자아이를
> 힐끗 봤어. 같이 춤추는
> 이 귀여운 말괄량이,
> 작은 저고리 터진 틈으로
> 삐죽 젖꼭지가 내다보고 있었다네.[1]
>
> 카이 가르 파라블렙사스 티 메이라키스케스
> 뉜 데 카테이돈, 카이 말 에우프로소푼
> 쉼파이스트리아스 키토니우
> 파라라겐토스 툿티온 프로큅산.

따라서 엘리스에서나 아테네에서나 남신이 자신을 팔루스로서 찬미하도록 한다는 것은 놀라운 일이 아닙니다. 희극 합창단은 그냥 그렇게 춤을 춥니다. 《왜냐하면 그들이 디오니소스 축제 행렬에 참가하지 않고, 팔로이를 위한 찬가를 부르지 않는다는 것은 수치스럽고 모멸스런 일이기 때문입니다.》[2] 따라서 행렬은 자신의 목표, 즉 장미와 아프로디테의 사랑의 풀밭에 다가갑니다.[3]

---

1   아리스토파네스, 개구리, 404~407행.
2   헤라클레이토스, DK(6) 22, B 15.
3   케레니, 2001(21), 1권 51쪽. "헤시오도스가 설명하기를, 제우스가 '꽃이 만발한' 안테모에사섬을 세이렌들의 거처로 마련해 주었다고 한다. 이는 또한 세이렌들이 사랑도 주었다는 사실과 맞아떨어진다. 종아리 부분만 새의 발처럼 생긴 한 세이렌이 잠들어 있는 사티로스처럼 생긴 한 남자에게 어떻게 사랑스럽게 스스로를 내어주는지를, 후기의 어느 한 부조가 묘사하고 있다. 이는 셀레네가 엔디미온에게 그랬던 것과 비슷하다." 더 정확히 말하자면, 그녀는 위에서 아래에 있는 발기한 사지로 내려옵니다. ⇒ 2.2.2.2.2.3.

춤추러 가세, 장미 만발하는
꽃으로 가득한 풀밭으로[1]

코로멘 에스 폴뤼로두스
레이모나스 안테모데이스.

혹은 암호화를 풀면 다음과 같습니다.

비키라, 넓은 자리를
신께 마련하라.
단단하게 솟아올라 분출 바로 직전의 신이
가운데를 가로질러 나아가고자 하니.[2]

아나게트, 에우뤼코리안
토이 테오이 포이에이테·
텔레이 가르 호 테오스 오르토스 에스퓌도메노스
디아 메수 바디제인.

1.4.3 소포클레스와 가슴을 찢는 그 무엇

그런데 비극Tragödie은 에페보스의 겨드랑이나 서혜부에서 흘러나오는, 젊은 여자들에게서도 마찬가지로 흘러나오는 염소 냄새에 따라 이름이 지어졌습니다.[3]

우리는 두 눈을 치켜뜹니다 ─ 그리고 잘 보십시오, 써져 있습니다. 이렇게 젊은 남자 열다섯 명이 하나의 합창단을 이룹니다. 그들은 가장자리에 있다가 춤추는 장소로, 즉 오르케스트라Orchestra로 나아갑니다. 그리고는 아

---

1 아리스토파네스, 개구리, 448행~.
2 아테나이오스의 『현자들의 연회』(14권 622c절)에서 인용된 델로스의 세모스가 전하는 이튀팔로스*들의 노래입니다. 여기서 이튀팔로스들은 속이 비치는 타라스 풍의 옷**을 입고 있는데, 따라서 분명 대그리스 전역에 퍼져 있었을 것입니다. *(이튀팔로스 ἰθύφαλλος는 음경(팔로스)이 곧추(이튀스) 섰다는 뜻의 이름이다. 고대 그리스에서 번식과 다산을 의미했던 상징으로, 특히 디오니소스 축제에서 거대하고 돌출된 성기 모양의 붉은 가죽을 아랫도리에 맨 남자들이 행진을 하며 노래를 불렀을 때, 이 남자들과 그들이 부르는 노래를 이튀팔로스라고 불렀다. 이 노래의 율격은 이튀팔리코스 ἰθυφαλλικός라고 한다.} **{타라스 사람들이 즐겨 입었기에 타란티논 ταραντῖνον이라고 불리는 얇고 투명한 옷이다(1.5.2와 1.5.2.3).}
3 윈클러(『디오니소스와 상관이 없다고요? 사회적 맥락에서 본 아테네 드라마』(윈클러/자이틀린 펴냄), 1990, 61쪽)는 아리스토텔레스(동물의 생성에 대하여, 5권 7장 787b32~788a2절)를 따릅니다. 그런데 오토(1996(6), 152쪽)도 보십시오.

울로스의 소리에 맞춰, 큰 禍로 인해 자신들의 도시가 더럽혀졌다고 한탄합니다. 그리하여 합창단은 — 마치 이 합창곡의 시인(소포클레스)이 사포의 말을 아테네인들에게 반복하여 들려주려는 듯 — 신들을 부르며 가까이 와서 도시를 다시 한번 깨끗하게 해달라고 노래합니다. 당신들이 이미 오신 적이 있으시다면, 지금도 오소서!

> 옛날에도 당신들이 이 도시 위를 뒤덮었던 재난의
> 불길을 나라 밖으로 몰아낸 적이 있으시다면,
> 지금도 오소서![1]
> 에이 포테 카이 프로테라스 아타스 휘페르 오르뉘메나스 폴레이
> 에뉴사트 엑토피안 플로가 페마토스, 엘테테 카이 뉜.

그런데 비극에서 이렇게 {신에게} 되돌아오라고 외치는 지점에서 {소원이} 실현되지 않는다는 사실도, 우리는 알고 있습니다. 오히려 합창단은 남자 영웅이나 여자 영웅들이 어떻게 최고의 행복에서 죽음과 비참함으로 추락하는지를 보고 듣습니다. 심지어 인식 자체가 오싹함으로 흘러 모이며, 영웅의 운명이 禍를 향해 꺾이고 있다는 사실을, 낮에서 밤으로 뒤집힌 뫼비우스의 띠라는 사실을 보고 듣지요. 레싱이 그렇게 능숙하게 경시했던 것과 같은 두려움이나 연민 같은 것이 아니라 오르케스트라에서 들어야만 하는 충격과 경악이 덮칩니다.[2] 그렇다면 합창단은 신들을 정말 부를 수 있을까요, 신들이 여전히 우리에게로 올까요? 오늘 여기 우리는 소포클레스를 듣는 데에 있어서 {마음과 귀가} 열려 있나요? 아니면 그리스인들 덕분으로 남아 있는 최고의 시짓기가, 우리가 여러분에게 이야기하는 그 모든 것을 부정하고 있나요? 불멸자들의 도래를 믿기엔 필멸자들이 터무니없이 큰 고통을 받고 있나요? 만약 그렇다면, 소포클레스는 시짓기Dichtung에 속하는 것이 아니라 에우리피데스와 이 이후의 모든 사람들처럼 문학Literatur에 놓일 것입니다.

---

1 소포클레스, 오이디푸스왕, 165행~.
2 샤데발트, 1966, 16~60쪽.

1.4.3.1 삶

아이스킬로스는 마라톤 전투와 살라미스 해전에 참가하여 전사 중의 전사로서 야만인에 대항했다고들 말합니다. 에우리피데스는 작은 살라미스섬에서 해전에서 승리한 위대한 날에 태어났다고 합니다.[1] 그 둘 한가운데에 부유한 귀족의 아들 소포클레스가 서 있습니다.[2] 그는 한 손에는 리라를 들고 살라미스로 향하는 승리의 행진을 홀로 이끌며, 축제 행진 속의 다른 모든 사람들 앞에서 몸에 기름을 바르고 벌거벗은 채 나타날 정도로, 젊은 남자로서 그가 엄청나게 아름다웠기 때문입니다.[3] 자신들의 아들과 딸들의 몸을 축제로 찬미하는 사람들이 스파르타인들만 있는 것은 아니지요.

소포클레스는 시짓는 것, 리라 연주하는 것, 춤추는 것 그리고 공을 높이 던지는 것을 배워서 자신이 나우시카아가 될 수 있도록 합니다.[4] {나우시카아의} 공놀이는 아티케의 여자들과 남자들을 위한 연극으로서 반복됩니다. 그는 비극을 상연하고, {기원전} 468년 이후로는 ─ 나이 든 아이스킬로스에 맞서 ─ 위대한 디오니소스 축제에서 가장 많은 담쟁이 화관을 수상합니다. 아이스킬로스는 두 주인공 중 하나를 {연기하며} 17000쌍의 모든 귀들이 디오니소스-극장의 거대한 조개[5] 속에서 알아들을 수 있도록 직접 남자답게 큰소리로 말하지만 소포클레스는 세계 역사상 최초의 마이크로폰입니다. 풀어서 말하자면, 여전히 우리에게 도달하는 최초의 조용한 목소리입니다.[6] 따라서 그는 귀청이 떨어질 정도로 큰 소리를 내는 아울로스뿐 아니라 조

---

1 살라미스를 둘러싼 연도 설정 놀이는 〈문학사〉라기보다는 세 위대한 비극시인들을 동시에 기억하기 위한 학생들의 기억술입니다(데이비드 코박, 『에우리피데스』, 1994~2002, 1권 5쪽~).
2 소포클레스, A 1번 증언, 3절, 라트 편집.
3 소포클레스, A 1번 증언, 3절, 라트 편집 ⇐ 1.3.3.2.2.
4 아테나이오스, 현자들의 연회, 1권 20ef절.
5 *{아테네 아크로폴리스 남쪽에 위치한 디오니소스 극장은 무대의 소리가 관객에게 잘 들리도록 음향학적으로 설계되었는데, 조감도로 보면 조개껍질 모양을 하고 있다. 이곳에서 디오니소스 축제가 매년 3월에서 4월 사이 8일 동안 열렸으며, 축제 셋째 날부터 다섯 째 날까지 사흘간은 비극 경연 대회가 열렸다. 비극 삼부작과 함께 사티로스극이 이 경연 대회에서 상연되었다.}
6 소포클레스, A 1번 증언, 4절*, 라트 편집. 디아 텐 이디안 미크로포니안διὰ τὴν ἰδίαν μικροφωνίαν ─ 마이크로폰과 같은 매체를 고대 그리스 연구자들도 알았더라면 말이지요… *{소포클레스는 아이스킬로스에게 비극을 배우기는 했으나 비극 경연 대회에 새로이 도입한 것도 있는데, 그것은 바로 자신의 목소리가 작고 여린 소리(마이크로폰)만을 내기에 시인이 직접 연기하던 관행을 깨고 배우를 대신 내세워 연기하게 했다는 내용이다. 소포클레스는 또한 합창단의 구성원을 열두 명에서 열다섯 명으로 늘렸으며, 무대 위에 세 번째의 배우도 들였다고 한다.}

용한 키타라도 합창대에 도입합니다.[1] 그래서 그는 직접 등장하지 않습니다. 세 명의 연기자들이 시인이 써준 것을 더 큰 목소리로 다시 말해야 하지요. 이렇게 그들이 보여 주는 것은 연극에서의 배우의 역할이며, 동시에 파피루스 위에 쓰진 것, 즉 말, 리듬, 음높이를 외워서 연기하는 역할이 어떻게 {연극의} 아름다움으로 이끄는가입니다. 다른 사람들은 이와 함께 천천히 읽는 법을 배웁니다.[2]

최고의 시인은 죽은 후에도 주위가 밝고 조용합니다. 소포클레스의 합창단은 방금 화환을 내려놓으며 에우리피데스를 애도하고 있었습니다. 음악에 대해 더는 아무것도 이해하지 못하는 경쟁자{에우리피데스}에 대한 음울한 존경심으로 합창대 없이 이십 년을 보낸 후, 소포클레스는 다시 세상에서 가장 아름다운 합창으로 오이디푸스를 노래하였습니다. 스파르타인들이 소포클레스의 도시{아테네}를 육지와 해상 양쪽에서 죄어오고 있기 때문입니다. 모든 희망이 사라졌습니다. 하지만 {기원전} 404년,[3] 같은 해에 백발의 소포클레스는 자신이 시인 대회에서 다시 한번 승리하였다는 소식을 전해 받았고, 기쁜 마음으로 죽음을 맞이합니다.[4] 그리고 다음날 밤, 비극 자체의 신인 디오니소스가 아티케의 정복자에게 다가옵니다. 스파르타의 장군 리산드로스는 죽은 가인들에게 속하는 온 영예를 소포클레스와 그의 작품에 표하라는 남신의 명령을 듣습니다. 심지어 {디오니소스는} 귀들에게 가장 높고 가장 아름다우며 가장 밝은 시인으로, 즉 《새로운 세이렌》으로 소포클레스를 모시라고 합니다.[5] 다가오는 신에게 저항할 수 있는 자는 아무도 없습니다. 가장 적대적인 적일지라도 말이지요. 리산드로스는 봉쇄된 아테네에서 {소포클레스의} 고향 콜로노스로 돌아가는 장례행렬을 위해 포위망을 열어줍니다. 하지만 무엇보다도 리산드로스는, 도시 성벽에서 11 스타디

1　소포클레스, A 1번 증언, 라트 편집.
2　스벤브로, 1988, 198~206쪽과 제니퍼 와이즈, 1998.
3　*{펠로폰네소스 전쟁이 스파르타의 승리로 종결된 해이다.}
4　소포클레스, P 87번 증언, 라트 편집.
5　파우사니아스, 그리스 이야기, 1권 21장 2절. 플루타르코스{누마의 삶, 4장 6절}와 비교해 보십시오. 디오니소스가 리산드로스에게 나타났을 때 그가 꿈을 꾼 것이라고 번역가들이 어쩌면 그리도 당연하게 끼워 맞추는지 말이지요. 하지만 이는 신들이 어떻게 그리스인들에게 다가왔는지를 보여 주는 것이라고 우리는 보아도 될까요?

온[1]만큼 떨어진, 아테네에서 데켈레이아[2]로 가는 길에 소포클레스의 묘지와 묘비를 세우도록 합니다. 세이렌으로서 말이지요.[3]

따라서 남자들도 높이 오른다면 세이렌처럼 노래할 수 있습니다. 세이렌들은 우리가 학창 시절부터 들어왔던 것과 같은 괴물이 아닙니다. 그런 얘기는 그저 대단한 비겁함의 피드백Feedback일 뿐이지요. 밝은 무사들의 목소리를 들으세요. 세계를 있는 그대로 (필롤라오스와 함께든[4] 아니든) 단순하게 생각하세요. 여자들과 남자들로 이루어져 있지요. 그렇지 않다면 리산드로스가 어떻게 마지막 학살 현장에서 비극의 신을 듣고 따를 수가 있었을까요?

1.4.3.2 사티로스극

사티로스는 커다란 가죽 팔루스를 매달고 있는 무대 위의 남자들을 일컫습니다. 디오니소스의 수행단은 모두 늘 흥분해 있었습니다. 이 가죽이 사티로스들을 우리 남자들로부터 구분하지요.

기독교인들은 분명 이것을 전승하고 싶어 하지 않았습니다. 따라서 기독교인들은 히포크리테스ὑποκριτής, 즉 호메로스에서는 〈꿈의 해석자〉[5]이며 아이스킬로스 이후로는 〈연기자〉인 이 말을 위선적이게도 〈위선자〉로 고쳐서 해석했습니다.[6] 이와 같이 그들은 소포클레스의 비극은 일곱 편만을 필사했으나 에우리피데스의 것은 21편을 필사하여 전했습니다. 이와 같이 {중세 기독교인들의

코린토스 사티로스(-530년경)

---

1 *{스타디온στάδιον은 고대 그리스에서 사용되었던 길이 단위로, 시대와 지역에 따라 그 길이가 다르지만 헤로도토스에 의하면 600 푸스의 길이이며, 이때 11 스타디온은 약 2km의 거리가 된다.}
2 *{데켈레이아는 아테네와 에우보이아의 무역을 연결했던 아티케 북쪽의 고대 마을이다.}
3 소포클레스, A 1번 증언, 15절, 라트 편집.
4 *{2.2.2.2.2.}
5 오디세이아, 19권 535행.
6 마태복음, 6장 2절, 23장 12절, 23장.

247

코덱스가 아니라 고대} 파피루스 두루마리들이 그리고 오로지 이 두루마리들만이 우리가 두 사티로스극, 즉 에우리피데스의 『키클롭스』와 소포클레스의 『이크네우타이』[1]를 다시금 읽을 수 있도록 건네줍니다.

에우리피데스는 자신의 시짓기가 헛소리라는 것을 말하려는 듯, {자신의 사티로스극에서} 큰 소리의 사티로스 합창단이 그저 포도주의 취기와 발기된 남자의 음경으로 정신없이 날뛰며 축제를 벌이는 상황만 보여 줍니다. 아울로스는 부르짖고, 사티로스들과 키클롭스는 벌컥벌컥 마십니다. 소포클레스는 반대로, 바로 그 동일한 황량한 숲에 사는 무리들을 정신없는 날뜀으로부터 끌고 나와 이름 없는 님프들에게로 이끌어서 무궁하게 지속되는 놀라움의 고요한 순간으로 데려갑니다.[2] 소포클레스의 사티로스극은 단 하나의 질문만을 세웁니다. 음악은 어디에서 왔으며, 어디로 흘러가는가? 이 모든 것은 마치 조용한 듣기, 조용한 말하기, 조용한 리라연주가 ― 즉, 소포클레스가, 시인이 ― 어느 한 메아리 공간을 지으려고 하는 것처럼 들립니다. 옛적에 헤르메스는 찬가Hymnos의 심장부에서 키타라를 발명했었는데 그 찬가가 이렇게 시각적 극{연기}이자 청각적 극{소리극}이 됩니다.

그런데 {바로 그} 동일한 헤르메스가 태어난 지 엿새째 만에 벌써 아폴론의 소와 송아지들을, 씨수소만은 제외하고 모두 훔쳤습니다. 따라서 이 남신은 솟구치는 분노로 크게 소리치며, 자신의 심부름꾼들을 숲에서 불러냅니다. 사티로스 합창단과 함께 실레노스가 {남신의} 말을 잘 따르며 냉큼 나옵니다.[3] 그들은 스파르타의 수색견(더 정확히는 암수색견)[4]처럼 살피고 킁킁 냄새를 맡으면서 빼앗긴 소떼의 발자국을 따라 그들이 부르짖는 소리와 숨

---

1 *{이크네우타이Ιχνευταί는 '찾는 이들, 수색자들, 추적자들'이라는 뜻으로, 소포클레스의 이 사티로스극 제목은 그 외에도 『수색견들』이나 『추적하는 사티로스들』이라고 번역되기도 한다. 1912년 이집트의 옥시링쿠스에서 발굴되었던 파피루스 두루마리들 가운데 포함된 소포클레스의 『이크네우타이』는 약 450행 정도가 전해지고 있으며, 등장인물은 아폴론, 실레노스, 사티로스들과 실레노스의 아들들로 구성된 합창단, 킬레네, 헤르메스이다.}

2 콜러가 어디에서도 이 두 사티로스극을 구분하지 않는다는 사실을(콜러, 1963, 104~110쪽) 우리는 이해하기 어렵습니다.

3 소포클레스, 이크네우타이, 32~72행. 우리의 독일어 번역은 『소포클레스』(2003(4))에 의지하고 있습니다.

4 아리스토텔레스(동물론, 8권 1장 608a27절)에 따르면 스파르타의 암캐들은 수캐들보다 더 잘 배우며 똑똑하다고 합니다.

은 장소를 찾아 나섭니다. 그런데 이 외진 산골에서 발견되는 것은 아무것도 없고, 사티로스들에게 갑자기 깊은 침묵이 덮칩니다. 아르카디아의 가장 높은 산, 킬레네의 움푹 파인 동굴에서 현악기를 연주하는 소리가 들리기 시작했기 때문입니다. 그 어떤 소도 음매하지 않고, 그 어떤 사람의 목소리도 노래하지 않는데 — 그런데도 음악이 흐릅니다.

합창단   어서 귀를 기울여봐!
실레노스   아무런 목소리도 들리지 않는데 어떻게 귀를 기울이니?[1]

야수 같은 울부짖음과 팔루스적인 부르짖음으로만 채워졌었던 어느 황야에, 움푹 파인 굴에서 나와 땅바닥으로 깊게 밀고 들어가는, 움푹 파인 리라에서 흘러나오는 조용한 음흅Ton이 작용합니다. 경이 그 자체이지요. 모든 눈들은, 무엇이, 누가 소리를 내는지를 보고 싶어 합니다. 실레노스와 사티로스들이 쿵쾅 발을 구르며 시끄럽게 거친 춤을 이끕니다. 이 춤으로 그들은 예감된 남신{디오니소스}을 동굴에서 나오도록 불러냅니다. 하지만 남신이 아니라 님프 또는 〈품고 숨기는 이Bergende〉 킬레네가 자신의 산에서 나와서, 부르짖음을 잠재우고 그들이 미친 듯이 날뛰고 있다고 말합니다.[2] 이러한 고요함 속에서 비로소 그녀는 신의 이야기를 하는 말소리들[3]이 어디에서 비롯된 것인지를 말합니다.[4] 바로 제우스와 마이아의 비밀스런 사랑에서 왔다고 합니다.[5] {이 사랑을 통해} 헤르메스가 태어났고, 죽은 짐승의 움푹함 속에서 그의 리라가 태어났습니다. 합창 지휘자는 여러 질문들을 하고, 킬레네는 여러 수수께끼들로 답하여, 주고받는 말 속에서 소리의 비밀이 드러나도록 합니다.

---

1   *{소포클레스, 이크네우타이, 132~133행, 「소포클레스」(2003(4)).}
2   소포클레스, 이크네우타이, 211~236행*. 텅 빔, 굴, 움푹함에 대해서는 하이데거(1959(2), 170쪽)가, 포도주를 감추고 있는 잔에 관해 쓴 부분을 보십시오. *{킬레네는 동굴에서 나와 시끄러운 실레노스와 사티로스들을 "야수들(테레스θῆρες)이여"라고 부르며 말을 시작한다(이크네우타이, 215행).}
3   *{리라의 부드럽고 맑은 소리를 일컫는다. 그리스어 본문의 테스핀 아우단θέσπιν αὐδάν을 키틀러가 '신의 이야기를 하는 말소리들gottsagende Laute'이라고 옮긴 것이다. '신의 이야기를 하는gottsagend' 또는 '신들의 이야기를 하는göttersagend'이라는 형용구(테스페시오스θεσπέσιος)는 여기 리라 외에는 세이렌을 수식하는 데만 쓰인다(1.1.2.2).}
4   소포클레스, 이크네우타이, 244행.
5   *{1.3.2.1.}

합창 지휘자	소리가 나는 것이 무엇인가요? 안에냐 나나요, 밖에서 나나요? 알려 주세요!
킬레네	[그 동물의 한 부분은] 산처럼 솟아 있고, 조개껍질과 비슷하단다.
합창 지휘자	당신은 어떤 이름으로 부르나요? 더 많이 알고 있다면 알려 주세요!
킬레네	사내아이는 그 동물을 거북이라고 부른단다. 그런데 소리가 나는 부분은 리라라고 불리지.[1]

따라서 이후의 아리스토텔레스에서처럼 외부와 내부, 질료와 형상이 문제가 되는 것이 아닙니다. 움푹함이 문제입니다. 그것은 모든 시끄러운 말소리들을 잠재우며, 그 텅 빔으로부터 이제껏 들어본 적 없는 어느 조용한 목소리를 선사합니다. 디오니소스-극장의 조개가 접혀서 조개 자체가 됩니다. 이렇게 소포클레스는 사티로스극의 탄생을 음악의 정신들로부터가 아니라 산Berg 혹은 숨김Bergen의 심연으로부터 끌어냅니다.[2] 왜냐하면 신을 낳은 님프 마이아는 작품 전체에서 한 번도 무대의 빛으로 직접 등장하지 않기 때문입니다. 그녀는 산의 님프 킬레네를 앞으로 보냅니다. 필멸자들의 모든 부름은 이러한 고요함 앞에서 처음으로 울립니다.

---

1 *{소포클레스, 이크네우타이, 302~305행, 「소포클레스」(2003(4)).}

2 숨김, 산, 산맥에 관해서도 하이데거(1959(2), 177쪽)를 참고하십시오.

1.4.3.3 비극

각 사티로스극의 타자das Andere는 같은 날에 먼저 상연된 세 편의 비극입니다. 조화Harmonie는 언제나 상반되는 것으로부터 생겨나지요. 그러므로 소포클레스의 비극은 거친 사나이들에게 리라라는 이름의 풍속을 가르쳐주는 것이 아니라 이미 음악적 훈련을 받은 님프들과 에페보스들을 {삶의 다음 단계로 넘어가는} 마지막 문턱으로, 아울로스 소리를 통해 이끄는 것입니다. 트라키스의 젊은 여자들이 여왕 데이아네이라에게 바치는 최초의 합창대석 노래가 이를 아름답고 분명하게 말합니다.

> 환호성을 질러요, 그대 아궁이 주위의 소녀들이여,
> 꿀 같은 신부의 노래를 불러요!
> 남자들도 함께, 지켜 주는
> 신 아폴론께
> 소리를 높이 올려요!
> 파이안 파이안, 그대 신부들이여, 노래를 시작해요!
> 동일한 씨에서 태어난
> 오르티기아의 아르테미스께,
> 주위에 횃불을 밝히는 사슴 사냥꾼께,
> 그리고 그녀 곁에 있는 모든 님프들에게 불러요!
> 난 공중에 떠오르네, 아울로스에
> 저항할 수 없어요, 내 횡격막의 폭군이여.
> 엉클어진 날 보세요, 에우오이
> 담쟁이가 박코스 같은 이글거림을 일으켜요.
> 이오 이오 파이안!
> 보세요, 사랑하는 마님.
> 똑똑히 얼굴을 맞대고
> 이제 보세요.[1]
>
> 아놀롤릭사토 도모이스 에페스티오이스
> 알랄라가이스 하 멜로뉨포스, 엔 데

---

[1] 소포클레스, 트라키스 여인들, 205~223행.

> 코이노스 아르세논 이토
> 클랑가 톤 에우파레트란
> 아폴로 프로스타탄· 호무 데
> 파이아나 파이안 아나게트, 오 파르테노이,
> 보아테 탄 호모스포론
> 아르테민 오르튀기안
> 엘라파볼론 암피퓌론,
> 게이토나스 테 뉨파스.
> 아에이로마이 우드 아포소마이
> 톤 아울론, 오 튀란네 타스 에마스 프레노스.
> 이두 므 아나타라세이,
> 에우이 므
> 호 키소스 아르티 박키안
> 휘포스트레폰 하밀란. 이오 이오 파이안.
> 이드, 오 필라 귀나이,
> 타드 안티프로이라 데 소이
> 블레페인 파레스트 에나르게.

스파르타의 젊은 남녀들의 무리가 아티케의 극장으로 들어가듯, 합창곡이 노래하며 춤춥니다. 소녀들은 문턱의 여신 아르테미스를 부르며, 아궁이에서 데리고 나와서 여자로 이끌어 달라고 합니다. 젊은 남자들도 그들의 신 아폴론에게 동일한 것을 큰 소리로 말합니다.[1] 우리의 두 발이 절대적으로 순종해야 하는 폭군으로서의 아울로스는, 두 성을 서로에게로 이끕니다.[2] 두 외침 이후에 비로소 한 남신이 보이고 그리고 정말로 옵니다. 디오니소스는 자신을 기리는 축제에서 최초의 거침없는 이글거림을 허락합니다. 이 중의 비극이 아니라면, 스파르타에서 발견되고 의무 지워진 것과 비슷한 한 쌍이 마지막에 서 있을 것입니다. 바로 헤라클레스와 데이아네이라입니다.

바로 이 반대로-뒤집힘Gegenwendigkeit이 비극입니다. 합창곡이자 디오니소스의 축제로서 비극은 아티케의 젊은이들을 시민 존재가 되는 문턱으로 이끕니다. 소녀들은 신부들이 되고, 에페보스들은 전우들이 됩니다. 비극은 그 반대로 진행되며 — 이렇게 우리는 아리스토텔레스의[3] 아주 경솔한 미

---

1 『트라키스 여인들』의 207행(본문에 인용된 부분의 셋째 행)에 있는 아르센ἄρσην은 번역할 수 없는 방식으로 남성적인 것을 표시하는데, 남자들뿐 아니라 동물과 나무들의 남성성을 나타냅니다. 이와 마찬가지로 그리스인들은 암짐승이 새끼를 낳는 것과 여자들의 분만을 구분하지 않습니다.
2 위 롱기노스, 드높음에 대하여, 39장 2절.
3 아리스토텔레스의 『시학』을 전체적으로 참고하십시오.

토스μῦθος를 번역합니다 — 결합체를 — 그것이 우정의 결합체이든, 믿음의 결합체이든 혹은 더 자주 있는 남자와 여자 사이의 사랑의 결합체이든 간에 — 무자비하게 떼어 놓아, 오직 죽음만이 그 결합을 다시 설립할 수 있도록 합니다.

1.4.3.3.1 오이디푸스왕

> 남자의 욕망은 느껴졌지만 마비되었고, 도덕론자들에 의해 잠재워졌으며, 교육자들에 의해 길들여졌고, 대학이나 연구소académie들에 의해 배신되었는데 이러한 역사적 기간을 통틀어 그 남자의 욕망은 단순히 도피하였거나 아니면 오이디푸스의 이야기가 보여 주듯, 가장 미묘하고 맹목적인 열정 속에서, 앎에 대한 열정 속에서 억압되었다고 저는 생각합니다.
> 라캉, 정신분석의 윤리

따라서, 언제나 다시금 강조되기는 하지만 오이디푸스가 폭군으로서 테베를 통치한다는 사실이 비극을 일으키는 것은 전혀 아닙니다. 왜냐하면 비극은 아울로스가 폭군으로서 지배하고 있기 때문입니다. 신이 물러났을 때 합창단이 어느 신을 위해 계속 춤을 추어야 하는지를 모른다면, 그때 비로소 화禍가 닥치는 것입니다.[1]

테베의 사람들과 짐승들과 식물들 사이에 역병이 돌고 있습니다. 신들은 더는 동물을 재물로 받아들이지 않습니다. 최고의 신관에서부터 사내들까지 하나의 합창단을 이루어 왕의 성으로 나아가 간청합니다. 그리스의 반원형 극장을 격리하는 스케네[2]에서 오이디푸스가 등장하며, 그의 시인은 내지 못하는[3] 지배자의 목소리로 크게 말합니다.

> 오 아이들이여, 옛 카드모스의 새 자식들이여![4]
> 오 테크나, 카드무 투 팔라이 네아 트로페

---

1 소포클레스, 오이디푸스왕, 894~910행.
2 *{고대 그리스의 극장에서 합창단이 춤을 추고 노래를 부르는 무대인 오르케스트라ὀρχήστρα('춤추는 곳')는 원이나 반원 모양이며, 배우들이 무대 등장 전에 준비하는 공간인 스케네σκηνή('천막')는 오르케스트라 뒤편에 가벼운 천막이나 1~2층으로 이루어진 건물로 되어 있다.}
3 *{1.4.3.1.}
4 소포클레스, 오이디푸스왕, 1행.

이렇게 아버지처럼 들리는 말일지라도, 모음 알파벳의 아버지의 혈통을 잇는 남자들 위를 이토록 장엄하게 떠다닙니다. 카드모스는 옛 사람이고, 우리 테베인들 혹은 그리스인들은 그의 새로운 자식들이라고 합니다. 미케네 테베의 옛 요새, 카드메이아에서 당당하게 말이 흘러나옵니다. 이렇게 함으로써 오이디푸스는 정말로 새내기인 자신을 잊습니다. 그는 처음에는 자신이 코린토스에서 온 이방인이라고 하며, 마지막에는 어느 이름 없는 님프가 디오니소스에게 선사한[1] — 마이아가 헤르메스의 아이를 낳았던 것처럼 — 산에서 태어난 거친 아이라고, 자신을 왕으로 받들었던 모든 사람들에게 말합니다. 왜냐하면 이미 오래전에 이 이방인이 자신의 아들과 자신의 남편이라는 것을 알아본 이오카스테는, 오이디푸스가 자신의 아이이자 남편이라는 것을, 즉 새로운 네 마리의 새끼들이 그가 태어났던 동일한 배에 씨 뿌려졌다는 것을 그가 스스로 알아채지 못하도록, 순전한 거짓과 기만으로 막으려 했기 때문입니다.[2]

진리로 탈은폐하듯 비극의 시작을 조율하는 말인 테크나 τέκνα[3]는 마침내 심연을 드러냅니다. 이 단어는 오직 두 아이들만을 말하는 것입니다. 이오카스테는 신부 침대 위에서 목을 매달았고, 오이디푸스는 그 시신을 발견하자 그녀의 옷에 달린 장식 핀으로[4] 자신의 두 눈을 찔러버립니다. 그는 문을 벌컥 열어 온 세상에 대고 한마디의 말을 소리치지만, 전령은 부끄러움에 마지막 두 음절은 빼고 소식을 전합니다.

그분께서 외치시기를, 《문을 열어젖혀

---

1 소포클레스, 오이디푸스왕, 1104행~.
2 이와는 반대로 푸코가 어느 무해한 가톨릭 브라질 사람을 끌어내리면서, 거의 오류에 나자빠지는 것을 보십시오. 《나는 소포클레스가 오이디푸스왕이라고 불리는 이 비극에서 기본적으로 근친상간에 대해서는 이야기하지 않았다는 사실을 말했다. 그리고 이것은 사실이다! 그는 오로지 아버지의 살해에 대해서만 이야기를 했다.》(푸코, 1994, 2권 626쪽 또는 순 거짓말) 게다가 그는 소포클레스의 어머니-아들 근친상간을 비극 작품 하나에서만이 아니라 세 비극에서 비난합니다. 부디 세 증거(오이디푸스왕, 콜로노스의 오이디푸스, 안티고네)를 직접 찾아보시고, 대가의 사유를 내다 버리십시오.
3 *{테크논 τέκνον의 복수형으로 '아이, 자손, 새끼'라는 뜻이다(1.3.3.2).}
4 따라서 안티고네뿐 아니라 그녀의 어머니도 솔론의 여자들에 대한 법Frauengesetz을 위반합니다. 아테네인들은 다른 그리스인들이 깜짝 놀랄 만한 일을 하는데, 그것은 바로 -500년경에 여자들의 옷에 달린 장식 핀을 남자 살해 가능성이 있는 무기라고 금지했던 것입니다(헤로도토스, 역사, 5권 87장~. 피스만, 2001, 100쪽~).

> 모든 카드모스인들에게 알리라. 아버지의 살해자,
> 어머니의 …》― 이 불경스런 소리를 난 말하지 않겠어요.¹

<small>보아이 디오이게인 클레이트라 카이 델룬 티나
토이스 파시 카드메이오이시 톤 파트록토논,
톤 메테르 ― 아우돈 아노시 우데 레타 모이.</small>

이로써 큰 목소리가 잠기고 숨 막혀 흩어집니다. 그 목소리에는 이제 마지막으로 할 조용한 말만 남아 있습니다. 오이디푸스의 네 아이들 가운데 두 아들은 이미 오래전에 다 커서 멀리에 있습니다. 따라서 말하는 장소에는 오로지 넷이 서 있습니다. 왕위 계승자, 눈먼 아버지 그리고 아직 너무 어려서 말해서는 안 되는 두 딸입니다.² 이렇게 다시 한번 또는 마지막으로 《오 아이들이여》라는 인사말이 들립니다. 이제는 단순하게 다음 세대의 혈족이라는 진실로 들릴 뿐이지요. 다른 말로 하자면, 영웅{오이디푸스}은 끝으로 자신의 시인{소포클레스}처럼 부드럽고 조용하게 말한다는 것입니다.

> 《오 아이들아, 어디에 있느냐? 이리 걸어오너라.
> 너희들의 오라비 같은 이 손으로,
> 너희들을 키웠던 아비의 이 눈을 처리한 두 손으로,
> 한때는 밝았던 두 눈을 지금 이렇게 만든 이 손으로.

<small>1 소포클레스, 오이디푸스왕, 1286~1289행. ― 따라서 '도어스'의 짐 모리슨이 1965년 12월부터 덴스모어의 드럼이 낮게 울리며 그 말을 끊었을 때까지(존 덴스모어, 1991⁽²⁾, 67쪽~) 미국의 귓구멍에 외쳤던, 문자 그대로 소포클레스의 인용구입니다. 《아버지, 당신을 죽이고 싶어요. 어머니, 당신은 …》 이에 대해서, 한때 캘리포니아 대학교 로스앤젤레스 캠퍼스(UCLA)의 연극영화학부 학생이었던 모리슨은 모범적으로 최대한의 정보를 갖추며, 잡지 「롤링 스톤즈」 인터뷰에서 이렇게 말합니다. 《오이디푸스는 그리스 신화에요. 소포클레스가 오이디푸스에 관해 썼지요. 소포클레스 이전에 오이디푸스에 관해 쓴 사람도 있나 모르겠네요. 어쨌든 그건 의도치 않게 자기 아버지를 죽이고 자기 어머니와 결혼한 한 남자에 관한 이야기에요. 네, 확실히 거기엔 유사성이 있었던 것 같아요.》(짐 모리슨, 1974⁽⁵⁾, 225쪽) 하지만 이 유사성은 {사람들의} 반응 때문에 중단됩니다. 옛날 아테네인들이 우리의 넋을 잃게 했던 그 모든 것들은 미국에서 경찰을 불러냅니다.

2 소포클레스는 현재 남아 있는 자신의 모든 비극 일곱 편에서 이 단어를 변성기 이후에야 비로소 허락합니다. 트라기조τραγίζω*도 '내 목소리가 갈라진다'라는 뜻이기 때문입니다(윙클러, 「디오니소스와 상관이 없다고요? 사회적 맥락에서 본 아테네 드라마」(윙클러/자이틀린 펴냄), 1990, 61쪽). 오이디푸스는 덜 큰 딸들에게 이렇게 말합니다. 만약 그녀들이 다 커서 이미 성숙했더라면 자신이 더 많은 것을 가르쳐줄 수 있었을 것이라고 말이지요(소포클레스, 오이디푸스왕, 1511행~). *{'비극'을 뜻하는 그리스어 트라고이디아 τραγῳδία는 '염소(산양)'를 뜻하는 트라고스τράγος에서 나온 말인데(1.4.3), 트라고스는 '염소 냄새'와 '(염소처럼) 갈라지는 변성기의 목소리'도 뜻하게 된다.}</small>

1.4.3.3.1 오이디푸스왕

오 아이들아, 나는 아무것도 보지 못하고 알지 못하는 채로
나 자신을 낳아준 여인과 함께 너희들의 아버지가 되었구나.
나는 너희들을 볼 수는 없는 이 두 눈으로,
사람들 앞에서 너희들이 살아가야 할
쓰디쓴 삶을 생각하며 슬피 운다.
너희들이 어떤 시민들의 모임에 갈 수 있을 것이며
어떤 축제에서 행진에 참가하기는커녕
울면서 집으로 돌아오지 않을 일이 있을 터이냐?
언젠가 너희들이 혼인을 앞둔 꽃피는 나이가 되었을 때
[…] 누가 너희들을 기쁘게 할 것이냐?
아무도 없을 것이다. 아이들아, 분명 너희들은
결혼하지 못한 채 말라 시들어 갈 것이다.》[1]

"오 테크나, 푸 포트 에스테; 데우르 이트, 엘테테
호스 타스 아델파스 타스데 타스 에마스 케라스,
하이 투 퓌투르구 파트로스 휘민 호드 호란
타 프로스테 람프라 프룩세네산 옴마타·
호스 휘민, 오 테크느, 우트 호론 우트 히스토론
파테르 에판텐 엔텐 아우토스 에로텐.
카이 스포 다크뤼오· 프로스블레페인 가르 우 스테노·
노우메노스 타 로이파 투 피크루 비우,
호이온 비오나이 스포 프로스 안트로폰 크레온.
포이아스 가르 아스톤 헥세트 에이스 호밀리아스,
포이아스 드 헤오르타스, 엔텐 우 케클라우메나이
프로스 오이콘 힉세스트 안티 테스 테오리아스
알 헤니크 안 데 프로스 가몬 헤케트 악마스,
[…] 카이타 티스 가메이·
우크 에스틴 우데이스, 오 테크느, 알라 델라데
케르수스 프타레나이 카가무스 휘마스 크레온."

첫 번째 행에서 {이리 오라는} 세이렌 시행의 첫 행을 듣는 것은 어려워 보이지 않습니다. 그리고 마지막 행에서 꽃으로 가득한 섬의 반대를 들을 수 있습니다. 그곳은 씨가 민물처럼 흐르지 않고, 젊은 여자들이 나이가 들 때까지 메말라 시드는 곳입니다. 신부들의 밤에 신부들에게 흐르는 체액 없이는, 시짓기는 시짓기가 아닐 것입니다.

---
1 소포클레스, 오이디푸스왕, 1480~1502행.

부친 살해의 비극[1], 모범적인 민주주의의 아테네를 지배한 독재자의 비극[2], 죽음이라는 중간세계에 있는 고독한 자[3], 또는 스스로 사형 선고를 내리는 판관이자 담론 소유자[4]의 비극은 이렇게 들려야 합니다.

우리는 이 모든 것에 대해 어떤 말도 할 수가 없습니다. 눈물을 흘리는 말 없는 두 딸들에게, 눈물샘 없는 눈을 가진 아버지 한 명이 말하고 있을 뿐입니다. 그는 {두 딸의} 아버지와 어머니에 대해 말하면서 {왕위 계승자} 크레온에게 그가 {오이디푸스의 두 딸} 이스메네와 안티고네에게 남자들을 구해주지 않는다면 이 둘은 《남자 없이 구걸하며》 죽을 수밖에 없다고 말합니다.[5] 아가모스ἄγαμος와 아난드로스ἀνάνδρος는[6] 『오이디푸스왕』만이 아니라 비극 자체의 두 핵심어입니다. 심지어 이 두 단어는 그리스인들의 한 핵심어입니다.[7]

따라서 마지막 구절이 복을 부르거나 위로의 말을 하는 것은 아니지만 하나의 부름이 됩니다. 오이디푸스는 눈이 멀어 데려올 수는 없는 자신의 어린 두 딸들을 크레온이 부르도록 합니다. 이런 가장 단순한 상응 속에서, 아버지를 죽인 자가 이미 절반은 죽은 채로 서 있습니다. 그의 딸들이 결국엔 가뭄이 들고 열매를 맺지 못한다고 하더라도 언젠가 아름다운 님프들로서 꽃을 피우도록 약속할 수 있는 신이 아니라 말이지요. 하지만 부름과 도래의 옛 놀이가 몸짓 속에서 계속 진행됩니다. 여신들과 남신들을 따라하는 미메시스는 여전히 인간의 운명입니다. 이 미메시스가 비극을 가장 부드럽게 명명하는 바, {어머니의} 아기집에서 모든 것이 태어납니다.

소포클레스는 그전의 아이스킬로스처럼 시를 짓는 것이 아닐 뿐입니다. 최

---

1 프로이트, 1946~68, II/III, 268~271쪽.
2 에곤 플라이크, 『오이디푸스, 고전기 아테네의 비극적 부친 살해』, 뮌헨: 1998.
3 장 볼락, 『소포클레스, 오이디푸스왕』, 총 2권, 프랑크푸르트: 1994.
4 푸코, 1994, 2권 553~569쪽.
5 소포클레스, 오이디푸스왕, 1503~1506행.
6 *{'사랑을 나누는 밤, 결혼'을 뜻하는 가모스γάμος와 '남자, 남편'을 뜻하는 (아네르ἀνήρ의 소유격) 안드로스 ἀνδρός 앞에 각각 부정 접두사 아α가 붙어 이루어진 단어이다. 각각 '첫날밤을 보내지 않은, 결혼하지 않은' 그리고 '남자가 없는, 남편이 없는'이라는 뜻이다.}
7 ⇒ 1.4.3.2.3*. *{해당 부분은 없으며, 꽃피우지 못하고 죽음을 맞이하는 안티고네에 대한 그리스인들의 슬픔은 1.4.3.3.3에서 다루어진다.}

초로 비극을 남긴 자는 (여전히 『오레스테이아』만이 보여 줄 수 있는 바) 높은 왕가가 옛적에 맞닥트린 모든 화禍를 세 번의 공연을 통해 단 하루 만에 벌써 복福으로, 텔로스Telos로 전개시킵니다.[1] {아이스킬로스의 비극에서} 아폴론은 그 성性이 여러 번 눈속임된 이후, 어머니 없이 태어난 처녀 아테나의 이름으로 아트레우스가家의 마지막 후손[2]을 에리뉘에스의 저주로부터 풀어줍니다. 어떠한 이유에서든, 이것은 당연히 치욕입니다. 어머니의 아기집은 아버지의 순수한 씨가 열 달 동안 사라져 있는 중간 거처이자 그릇일 뿐이라는 그런 헛소리를,[3] 아이스킬로스가 철학자 아낙사고라스 옆에서 베껴 적습니다.[4] 메마를 수도 있는 젊은 아기집을 위해 밝은 눈물을 슬피 흘리는 이들이라면 그런 해법들은 무시해야 합니다. 그래서 소포클레스에게서는 오직 끝에 복이 싹틀 때에만 {같은 날에 상영되는 세 편 중} 한 극의 끝맺음이 수십 년을 뛰어서 다른 극의 끝맺음 — 밀교극에서도 이렇게 끝맺음이라고 부르지요 — 으로 춤을 추며 넘어갈 수가 있습니다. 그리고 이것은 아버지 오이디푸스와 마찬가지로 그의 막내 여동생이자 딸인 안티고네에도 적용됩니다.

1.4.3.3.2　콜로노스의 오이디푸스

> 죽음은 존재의 산맥이다.
> 하이데거, 사물

크레온은 그의 모도시에서 오이디푸스를 추방했습니다. 젊은 영웅으로서의 오이디푸스가 스핑크스의 수수께끼에서 세 번째 다리라고 알아맞힌 저 지팡이는, 이제 안티고네가 이 노인을 위해 대신해주어야 합니다. 안티고네

1　*{아이스킬로스의 『오레스테이아』는 기원전 458년 디오니소스 축제의 비극 경연 대회에서 차례로 상연하여 우승한 세 편의 비극을 함께 일컫는 제목으로, 다른 비극 삼부작들과는 달리 그 내용이 하나의 흐름으로 연결되어 있다.}

2　*{아트레우스의 손자이자 아가멤논과 클뤼타임네스트라의 아들인 오레스테스를 말한다. 『오레스테이아』에서 어머니를 살해하여 천륜과 자연법을 어긴 오라스테스는 응징의 세 여신 에뤼니에스에게 쫓기지만, 신들과 인간들이 모인 아테네에서의 재판에서 아폴론의 변호와 함께 아테나의 마지막 표를 얻음으로써 무죄 판결을 받는다.}

3　*{극 중 아폴론이 오레스테스를 변호하며 부친 살해가 모친 살해보다 죄가 더 무거운 이유를 대며 하는 말이다. 또 아폴론은 어머니 없이도 아이가 태어날 수 있으며, 그 증거가 아테나라고 변론한다(아이스킬로스, 자비로운 여신들, 663~664행).}

4　아이스킬로스, 자비로운 여신들, 657~666행. 아낙사고라스, DK(6) 59, A 107. 플루타르코스, 향연 문제, 3권 4장 651c절.

는 이 장님에게 방랑의 길과 장소를 암시해야 하는데 ― 이는 언젠가 키르케가 오디세우스에게 했던 눈짓과 다르지 않습니다.

《눈먼 늙은이의 사랑하는 아이야, 말해 보거라. 우리는 어디에 있느냐?》 그의 첫마디입니다.[1] 안티고네가 뜻Sinn과 감각들Sinne을 열어젖히지요. 저 멀리 도시에 탑들만 보일 뿐이기는 합니다. 하지만 그녀는 남신들 혹은 여신들에게 바쳐진 것이 틀림없는 수풀에서 아버지와 함께 피곤함에 휴식을 취하며, 월계수와 포도 덩굴과 올리브 나무 사이에서 노래하는 많은 꾀꼬리들의 목소리에 귀를 기울입니다.[2] 다른 말로 하자면, 비극이 진행되는 최고의 장소는 어느 이름 없는 무사들의 잔디이며, 이곳은 (곧 드러나게 될 것처럼) 콜로노스 근처에 있는데, 바로 백발의 노인 소포클레스가 태어난 고향입니다. 이 작품은 아테네에서 멀리 떨어진 이곳에서 {소포클레스의 사후에} 춤추어지고, 노래 불리고, {배우들에 의해} 연기演技될 것입니다.

합창단이 등장합니다. 그리고는 이방인들의 순전한 현존재가 하나의 장소를 모독하는 것을 보고는 깜짝 놀랍니다. 이곳은 필멸자들이 발을 디뎌서는 안 되는 장소이기 때문이지요.[3] 이토록 어두운 여신들에게 신성한 곳입니다. 아테네의 왕 테세우스가 다가왔을 때야 비로소 이 비밀은 할 말을 찾습니다. 이 {합창곡의} 말은 매우 아름다워서, {번역된} 모든 독일어가 무너져 버릴 정도입니다.

> 이방인이여, 말馬이 좋은 땅,
> 이 세상에서 가장 아름다운 곳으로
> 그대는 왔도다. 이곳은
> 빛나는 콜로노스,
> 꾀꼬리가 가장 좋아하여
> 밝은 소리로 흐느끼는 곳,
> 푸른 숲 속 마을
> 포도주빛 담쟁이 속,

---

1 소포클레스, 콜로노스의 오이디푸스, 2행.
2 소포클레스, 콜로노스의 오이디푸스, 16~18행.
3 소포클레스, 콜로노스의 오이디푸스, 14~18행.

밟히지 않는 신의 낙엽 아래에
햇빛도 바람도 닿지 않아
서리를 맞지 않기에
천 배의 열매가 맺는 곳이라네.
언제나 취해 있는
디오니소스가 활보하며
신과 같은 유모 님프[1]와 함께
떠돌아다니는 곳이라네.

꽃이 하늘의 이슬로 하루하루,
아름다운 송이송이로 피는 곳,
위대한 두 여신[2]의 태곳적 화관,
나르키소스와
황금빛 크로코스가 꽃피우는 곳이라네.
잠든 적 없는 샘은 마르지 않아
케피소스의 강물을 하루하루
언제나 채워 주며,
빨리 열매 맺도록
들을 가로질러
섞인 것 없는 순수한 물을
가슴 부푼 땅에 붓는 곳,
무사들의 합창단도,
황금 고삐를 가진 아프로디타도,
무시하지 않는 곳이라네.[3]

<small>에우입푸, 크세네, 타스데 코라스
히쿠 타 크라티스타 가스 에파울라,</small>

---

1 *{디오니소스Διόνυσος를 돌본 유모의 이름은 니사Νύσα이며, 이는 디오니소스가 태어난 산골짜기의 이름이기도 하다(일리아스, 6권 132행과 호메로스 찬가, 제26편 디오니소스 찬가, 5행). 디오니소스의 이름이 니사에서 유래했다고도 한다.}
2 *{데메테르와 딸 페르세포네를 가리킨다.}
3 소포클레스, 콜로노스의 오이디푸스, 668~693행. 독일어로는 샤데발트(1996, 45행~)를 참고하여 자유롭게 옮겼습니다.

톤 아르게타 콜로논, 엔트
하 리게이아 미뉴레타이
타미주사 말리스트 아에돈
클로라이스 휘포 바사이스,
톤 아이노폰 에쿠사 키손
카이 탄 아바톤 테우
필라다 뮈리오카르폰 아넬리온
아네네몬 테 판톤
케이모논· 힌 호 박키오타스
아에이 디오뉘소스 엠바테우에이
테아이스 암피폴론 티테나이스.

탈레이 드 우라니아스 휘프 아크나스
호 칼리보트뤼스 카트 에마르 아에이
나르키소스, 메갈라인 테아인
아르카이온 스테파놈, 호 테
크뤼사우게스 크로코스· 우드 아옵노이
크레나이 미뉴투신
케피수 노마데스 레에트론,
알 아이엔 에프 에마티
오퀴토코스 페디온 에피니세타이
아케라토이 쉰 옴브로이
스테르누쿠 크토노스· 우데 무산
코로이 닌 아페스튀게산 우드 하
크뤼사니오스 아프로디타.

어떻게 우리 같은 야만인의 혀가 이 최고의 아름다움을 전할 수 있을까요? 수고를 아끼지 않고 시행을 더듬더듬 말하는 것으로 충분합니다. 어떻게 우리 같은 야만인의 귀가 시인처럼 꾀꼬리 소리를 들을 수 있을까요? 잠시 쓰기를 멈추는 것으로 거의 충분합니다.

필멸자들과 시인들은 밟을 수 없을 정도로 아름답게, 콜로노스의 신성한 숲이 — 신전처럼 — 고향 자체를 보여 줍니다. 그 숲은 다름이 아니라 꾀꼬리의 음악입니다. 그 숲은 여신들에게 은폐성을 베푸는데, 모든 남신들 중 오로지 한 남신만 그곳을 방문할 수 있습니다. 바로 디오니소스이지요. 그러므로 그녀들의 이름을 부름에 있어서는 여전히 부끄러움이 남아 있습니다. 이름 없이 언급된 두 위대한 여신은 데메테르와 코레이지요. 코레는 죽음의 땅으로 납치된 데메테르의 딸입니다. 그녀는 좋은 결말을 위하여 오이디푸스를 그녀의 왕국으로 불러낼 것입니다.

합창단은 다른 여신들 가운데 아프로디타만 이름을 부르며 찬양합니다. 아프로디타는 옛적에 오이디푸스와 이오카스테에게 사랑스럽고 믿음직한 아이, 안티고네를 선사하였습니다. 안티고네는 이제 눈먼 아버지를 마지막 문턱으로 이끌고 있지요. 하지만 이것은 그녀가 이 문턱 넘어서까지 동행해도 된다는 것을 의미하는 것은 아닙니다. 그런데 모든 신성함을 곁에 둔 페르세포네의 숲이, 저 〈놓인 자 혹은 입양된 자〉 테세우스의 지배 아래에 있습니다. 안티고네는 그의 탑이 저 멀리 높이 솟아 있는 것을 {극의} 시작부에 보았었지요. 그리하여 합창곡은 명백하고 지속적으로 아테네를 수호하는 두 신격을 계속해서 노래하는 것입니다. 우선 아테나는 그리스의 전 지역들 중 오로지 아티케에만 올리브 나무를 선사했습니다. 또 합창단이 도입부에 노래하는 아름다운 말馬들은 포세이돈에게서 유래한 것으로, 이로써 아테네가 전 그리스의 지배권을 주도했던 자신들의 위대한 시대를 있게 한 선박이나 뗏목도 노래하는 것이지요.¹ 테세우스는 왕으로서 이 — 기병대에서 해전까지의 — 모든 힘을 보증합니다. 하지만 그는 아티케의 은폐된 땅 위에 우선 그 힘을 세워야 합니다.

오이디푸스는 죽음을 통해서, 테베를 떠나고 화禍에서 벗어나 아테네의 밝은 세계로 나아갑니다. 그는 테베의 사정을 위해서 자신의 축복 혹은 주검을 남용하려고 하는 모든 사람들을 분노와 거부감으로 거절합니다. 하지만 이것은 오이디푸스의 열망 자체가 변화해야 한다는 것을 의미합니다. 오이디푸스는 눈멀고 늙은 채 앓아 여위어 가는 삶을 계속 살아가는 대신에, (합창단이 그를 부르듯이) 보이지 않는 하데스 전령이 《합창대와 리라가 없는 결혼식》으로 부르는 소리에 귀를 기울여야 합니다.² 한 남신이 번개와 천둥으로 그에게 명하자 거지 왕은 이를 행합니다. 그는 돌 위에서 일어나 두 딸들에게 부축 받지 않은 채 눈먼 발걸음을 옮겨, 발을 디딜 수 없는 신성함 속으로 들어갑니다. {이제} 그곳에서 말해지는 것은 전령만이 전할 수 있습니다. 오이디푸스는 《〈나는 너희들을 사랑한다〉라는 말 한마디가 모

---

1 소포클레스, 콜로노스의 오이디푸스, 694~719행.
2 소포클레스, 콜로노스의 오이디푸스, 1220~1223행.

든 괴로움들을 녹일 것》이라고 하며 두 딸들을 달랩니다.¹ 그러고 나서 셋은 웁니다. 마지막 눈물이 잦아들자, 침묵을 뚫고 어느 한 목소리 부르는 소리가 들립니다. 신성함이 직접 오이디푸스에게 말합니다. 《무엇을 주저하는가?》² 오이디푸스는 평생 복을 빌었습니다. 부름에 {응하여} 도착한 헤르메스와 페르세포네는³ 이제 아티케의 새로운 영웅을 가려져 있는 신성한 숲의 무덤으로 이끕니다. 비극은 들어주기Erhörung입니다. 비극은, 영웅들이 다른 사람들처럼 빌거나 한숨을 쉬거나 저주하며 죽는 것이 아니라, 위대한 두 여신이 자신의 고유한 죽음으로 초대하는 소리를 들었다는 사실에 경의를 표하는 것입니다.

바로 이 지점에서 기독교적 입김이 불어진 비애극Trauerspiel들과 {그리스의} 비극Tragödie이 무엇이 다른지를 헤아릴 수가 있습니다. 《우리는 그가 무엇보다도 스스로의 생각에 빠져 있었고, 자신의 긍지를 경시했으며, 자비를 구했다고 요구할 것이다. 신들은 이런 것을 요구하지 않는다. 그 반대이다. 그의 헤아릴 수 없는 고통과 그럼에도 불구하고 그에게 남아 있으며 그가 가지고 태어난 위대함이 그를 신들 곁으로 데려다 준다는 것이다. 그리고 그 최고의 것이 일어나며, 언젠가 한 보고를 통해 증명되었다. 그것은 바로 그를 비밀스럽게 되불러내는 소리에서, 신적인 것에서 흘러나오는 하나의 목소리를 들을 수 있다는 것이다.》⁴

1.4.3.3.3 안티고네

약혼은 한 번만 하는 것이다.

안티고네는 수수께끼로 남아 있습니다.

『엠페도클레스의 죽음』⁵에 있는 어느 한 토론 속에서 휠덜린은 우리를 그 수수께끼로 더 가까이 데려갑니다. 피타고라스의 대大그리스에서는 젊은

---

1 소포클레스, 콜로노스의 오이디푸스, 1611~1619행.
2 소포클레스, 콜로노스의 오이디푸스, 1620~1627행.
3 소포클레스, 콜로노스의 오이디푸스, 1547행~. 플루타르코스(사랑에 관한 대화, 15장 758b절)도 함께 보십시오. 《죽는 사람도 홀로 남겨지지는 않는다. 어느 신이 곁에서 그를 보살피며 저승으로 데려간다.》
4 오토, 1962, 222쪽.
5 *{프리드리히 휠덜린의 미완성 비극으로 1797년에서 1800년 사이에 쓰였으며 저자의 사후에 출판되었다.}

263

여자들이 엠페도클레스와 같은 시인-사유자Dichterdenker들에게 사랑을 불태우지만, 아테네의 시인-사유자들에게는 사정이 매우 다르게 진행됩니다.

          우리들도
위대한 남자들에게 욕망을 가집니다. 그리고 그중 <u>한</u>
<u>남자</u>는 지금 아테네 여자들의 태양이지요.
그는 소포클레스! 모든 필멸자들 중 그에게
가장 먼저 젊은 여자들의 가장 빼어난 본성이
나타났고, 순수한 기억으로
그의 영혼 속에 맡겨집니다. ―
… 누구나 바랍니다. 빼어난 이의
생각이 되기를 말이지요. 그리고
늘 아름다운 젊음을, 어차피 시들 테니,
시인의 영혼 속에서 지키고 싶어 하지요.
누구나 묻고 궁금해 합니다. 도시의 처녀들 가운데
가장 애정 어린 마음을 받고 있는 여주인공이 누구인지,
소포클레스의 영혼에 아른거리며 그가
안티고네라고 부르는 여자가 누구인지를 말이지요. 그리고
이는 신들의 친구인 그가 명랑한 축제의 날에 극장으로
들어오면, 우리의 이마에 밝게 떠오를 것입니다.[1]

이것은 아크라가스[2]의 젊은 여자들은 존재하는 한 남자를 열망하지만 아테네 여자들은 그저 시인의 이미지로만 만족한다는 것이 아닙니다. 그녀들이 뜨겁게 사랑하는 그 시인, 여자들과 사내들을 똑같이 사랑하는[3] 소포클레스도 그렇게 {이미지로만 만족}하지는 않습니다. 그리스인들이 그리스인으로 남아 있는 한, 젊은 신부들이 아름다움을 겨루는 대회가 있습니다.[4] 이는 미스 USA 선발과 분명히 구분되지요. 이 {그리스인들의} 아곤Agon[5]은, 무엇이

---

1 휠덜린, 엠페도클레스의 죽음, 최초 원고(휠덜린, 연도 미상, 329쪽~).
2 *{엠페도클레스가 태어난 도시로, 시칠리아섬 서남부 해안가에 있다. 현재의 지명은 아그리젠토이다.}
3 샤데발트의 아름다운 맺음말을 보십시오(소포클레스, 비극, 1968).
4 알카이오스, 130B번 파편, L-P.
5 *{1.1.2.4.1.}

우리 남자들에게 아름다운 여자들을 선사하는지를 묻는 최초의 방식입니다. 그런데 최고의 여자는 안티고네라고 합니다.

다른 말로 하자면, 하이데거의 말로 하자면 다음과 같습니다.

> 《시인 소포클레스에게 처음으로 젊은 아테네 여자들의 존재가 〈자연〉, 즉 피시스φύσις 위로 반짝거렸다. 그는 이 존재를 시적으로 구상했으며, 이 존재의 본보기를 꼴로 나타내어 변함없는 기억 안에 보존하였다. 즉, 이 존재를 영원히 건립했다.》[1]

이는 사실을 말하고 있기는 하지만 충분치 않습니다.

그렇기 때문에 우리에게는 ― 피타고라스 이래의 모든 사유처럼 ― 본질 문제가 나타납니다. 무엇이 신부의 본질Wesen일까요 혹은 무엇이 신부의 발현Aufgehen일까요?

오이디푸스가 존재의 산맥으로 들어가는 동안, 안티고네는 성숙해집니다. 그래서 이제부터 소포클레스는 그녀에게 말을 허락합니다. 눈먼 아버지가 체액이 바싹 말라버릴 것이라고만 예견했던 그 말 없는 딸이, 성숙해짐과 동시에 술술 말을 합니다. 《다 커서 짝을 찾지도 못하고 모든 남자들에게 약탈당하네》[2] ― 이렇게 말하며 크레온은 『콜로노스의 오이디푸스』에서 그녀에게 벌써 자신의 더러운 연민을 증명하려고 감행합니다. 그리스 신부들의 본질을 건립한 비극 『안티고네』는 이에 대한 역습으로, 크레온의 아들 하이몬은 안티고네를 신부로 선택하는 것으로 그리고 그녀의 두 오빠들은 서로에 대한 전쟁과 죽음을 준비하는 것으로 {극을} 시작합니다. 크레온은 한 오빠의 장례는 허용하지만 다른 오빠는 자신의 모도시를 공격했다는 이유로 들개나 들새들에게 던지게 합니다. 영웅시대와 해적시대에서 유래한 역겹지만 고의적인 것은 아니었던 이 죽음의 방식이 정치가 되어 버립니다. 그리하여 테베의 제단들은 썩어가는 시신의 살덩이로 ― 크레온의 말에 의하면 안티고네처럼 ― 더럽혀집니다.[3]

---

1 하이데거, 1989[1934/35], 216쪽.
2 소포클레스, 콜로노스의 오이디푸스, 751행~.
3 소포클레스, 안티고네, 1017행~.

우리는 모두 알고 있습니다. 어제오늘 만들어진 것이 아닌,[1] 그 기록되지 않은 법률의 이름으로 죽은 오빠를 한 줌의 먼지로 얇게 덮어 주기 위해, 안티고네는 크레온에 의해 새로 선포된 명령을 위반했다는 사실을 말이지요. 그렇게 하지 않는다면 키르케가 말하는 {세이렌들이 있다는} 공포의 마술섬에서처럼 태양이 남자들의 시신에 닿을 것입니다. 하지만 우리가 모두 알고 있는 것은 아닙니다. 장례식에서 곡함에 있어서 여자들을 매우 제한하였던 아테네에서 기록된 법률은 {기원전} 422년에 150년도 채 되지 않은 법률이었으며,[2] 따라서 철회 가능하다는 사실을 말이지요. 안티고네는 이미 자신의 아버지를 아래에 있는 코레Kore[3]에게 넘겨 주었어야 했습니다. 죽을 때까지 《계집Göre》[4]으로 남아 있는 안티고네가 그렇게 맞서면서 자신의 오빠도 묻어준다면 아마 죽은 이들에게도 그 도가 넘어설 것입니다. 헤겔은 그녀의 행위와 고통을 읽었습니다.[5] 그런데 누가 이것을 측정하려고 했을까요?

오빠의 무덤에 대한 걱정이 갑자기 전복되기 때문입니다. 오이디푸스가 아이들을 부르는 소리가 {비극 『오이디푸스왕』의} 시작 부분에서는 {카드모스의 후손이자 테베 시민으로서의} 합창대 전체를 포함했다가 마지막 부분에서야 비로소 말 없는 두 딸만을 포함했었던 것처럼 말이지요. 나의 이 몸뚱이보다도 더 낯선 것은 없습니다. 비극의 끝에는 늘 그리고 느닷없이 고유의 무덤이 무방비로 벌거벗겨진 채 놓여 있습니다. 안티고네는 죽음을 불러들였고, 따라서 먹을 것도 마실 것도 없이 동굴 속의 지하에 그녀를 묻으라고 하는 크레온의 명령이라는 꼴로 죽음이 다가옵니다. 이것은 자신들의 손에는 피를 묻히지 않는 지배자들의 방식입니다.

---

1 소포클레스, 안티고네, 450~460행.
2 플루타르코스, 솔론의 삶, 21장 4절.
3 *{저승의 여신 페르세포네를 말한다(1.4.3.3.2).}
4 라캉, 1986, 293쪽. 《『안티고네』에는 무엇이 있나요? 우선 안티고네가 있습니다. — 여러분은 이 작품 전체에서 그 이름이 결코 불린 적이 없으며 '헤 파이스ἡ παῖς'라고만 불렸다는 것을 눈치채셨나요? '여자아이'란 무엇일까요?》 *{독일어 괴레Göre는 말을 잘 듣지 않고 얌전하지 않은 여자아이를 일컫는 말로, 자주 쓰이는 말은 아니며 종종 폄하의 의미를 담기도 한다. '말괄량이'라고 옮길 수도 있으나 여자아이를 뜻하는 고대 그리스어 코레Kore와의 음성적 연관성을 드러내기 위해 사용된 말이기에 '계집'으로 옮겼다.}
5 헤겔, 1952(6), 319~342쪽.

그런데 크레온의 막내아들은 화를 부르는 이름 하이몬을 가지고 있습니다. 하이몬은 〈이해하여 훤히 잘 안다〉는 뜻도 있지만 또 동시에 〈피를 본다〉는 뜻도 있습니다. 크레온이 안티고네에게 내려진 사형 선고가 정당하다는 것을 자신의 아들도 이해하여 잘 알도록 {설득}했더라면 하이몬은 자신의 신부를 단념하고 요구된 대로 크레온의 씨를 다른 고랑에 뿌릴 준비가 되었을 것입니다.[1] 하지만 크레온은 하이몬을 설득하는 것에 실패하고 — 그와 함께 헤겔의 위대한 해석도 실패합니다. 분노에 사로잡힌 폭군은 사형 선고의 강도를 높입니다. 안티고네는 이제 하이몬의 눈앞에서 존재에서 무無로 사라져야 합니다.[2]

그리하여 {기원전} 442년 여기 아크로폴리스의 남쪽 산허리에서 {『안티고네』를 처음으로} 상연하며 비극 자체와 함께 테베 위로 떠오른 태양에게[3] 안티고네가 마지막 인사를 전합니다. 크레온은 안티고네를 다시금 묶어서 태양 아래로 끌고 가 더욱더 깊이 파묻도록 명령합니다. 그동안 합창단은 눈물로 안티고네에게 작별 인사를 합니다. 안티고네는 합창단에게 에로스이자, 열망 또는 히메로스이며, 최고로는 사랑의 여신 그 자체입니다.

> 에로스여, 싸움에서 지지 않는 그대여, 그대는 재물 위로 떨어져,
> 젊은 신부의 부드러운 뺨 위에서 밤을 지새우다가,
> 바다 위로, 황야의 집들로 떠돌아다닙니다.
> 불멸자도 그대에게서 도망갈 수 없고,
> 우리 하루살이 인간들도 마찬가지, 그대를 가진 이는 미쳐버리지요.
>
> 그대는 올바른 자들도 부정하게 만들어 치욕스럽게 합니다.
> 혈족끼리의 이 전쟁을 그대가 직접 부추겼지요.
> 욕망의 침대 위에 있는 신부의 열망이 속눈썹 아래로 반짝이며
> 이제 승리합니다. 예로부터 내려온 위대한 법 옆에 앉아,
> 아프로디타 신이 싸움 없이 함께 움직입니다.[4]

---

1 소포클레스, 안티고네, 569행.
2 소포클레스, 안티고네, 760행.
3 소포클레스, 안티고네, 101행~.
4 소포클레스, 안티고네, 781~800행. 유감스럽지만 샤데발트의 독일어는 거절합니다(샤데발트, 1968,

에로스 아니카테 마칸, 에로스, 호스 엔 크테마시 핍테이스,
호스 엔 말라카이스 파레이아이스 네아니도스 엔뉴케우에이스,
포이타이스 드 휘페르폰티오스 엔 트 아그로노모이스 아울라이스·
카이 스 우트 아타나톤 퓍시모스 우데이스
우트 하메리온 세 그 안트로폰· 호 드 에콘 메메넨.

쉬 카이 디카이온 아디쿠스 프레나스 파라스파이스 에피 로바이,
쉬 카이 토데 네이코스 안드론 크쉬나이몬 에케이스 타락사스·
니카이 드 에나르게스 블레파론 히메로스 에울렉트루
뉨파스, 톤 메갈론 파레드로스 엔 아르카이스
테스몬· 아마코스 가르 엠파이제이 테오스, 아프로디타.

이 엄청난 합창곡은 {이야기의} 비극적인 진행 속으로 그 진실만큼 파고듭니다. 모든 싸움과 전쟁은 권력들이 불러일으킵니다. 바로 그 때문에 권력은 정복할 수가 없는데, 권력은 그 자체로는 절대로 다투거나 싸우지 않기 때문입니다. 에로스는 안티고네의 뺨 위에서 하룻밤을 보내고 갑니다.[1] 안티고네이며 빛을 발하는 이 열망이 승리합니다. 그 외에 이기는 것은 오로지 엠페도클레스의 아프로디테뿐 ─ 다른 세 원소들 위에 있는 불로서 그리고 명명된 모든 것들 위에 있는 이름 없이 가려져 있는 것으로서, 그 결정을 내린 이가 제우스든 크레온이든 모든 결정들 위에 있는 쓰이지 않은 법으로서 승리하는 것입니다. 사랑을 위해 그가 느꼈었던 바로 이 사랑을 위해, 아테네의 《아이들》은 소포클레스를 사랑했습니다. 소크라테스, 에우리피데스, 끝으로 {사도} 파울로스 {시대가 오기} 이전에 최후로 모든 사람들은 {소포클레스와 함께} 삶에서 문제가 되는 것이 무엇인지를 들을 수가 있었습니다. 왜냐하면 우리는 디오니소스 극장에서 여자들도 엿들었다는 것은 확실히 알고 있지만 어떤 계기로 소포클레스가 아프로디타 자체를 노래로 예찬했는지는 모르기 때문입니다.

    오 아이들아, 키프리스는 말이지, 그냥 키프리스가 아니란다.
    그녀는 수많은 이름으로 불리지.
    그녀는 하데스이자, 무궁한 삶이고,

98쪽~).

[1] 소포클레스는 페리클레스에 따르면 전략가로 행동했다고는 하지만, 키오스의 이온은 에페보스의 뺨도 붉고 아름답게 달아오르도록 하기 위해 소포클레스가 무엇을 견디고, 느끼며, 행했었는지를 설명합니다(소포클레스, N 75번 증언 = 아테나이오스, 현자들의 연회, 13권 603e~604d절).

광란의 분노이자, 순수한 열망이며
비통의 울부짖음이니, 그녀 안에서 모든 것은
절박하고, 모든 것은 고요하며, 그 힘으로 이끌려 온단다.
이런 진통은 영혼을 녹여버리게 하기 때문,
그 누가 이 여신의 길을 따르지 않겠느냐?
그녀는 헤엄치는 물고기 무리에 들어가고
땅 위의 네발 달린 존재의 종족에 속하며
새의 날갯짓 속에 그녀의 날개가 머무른단다.

* * *

동물들 속에, 필멸자들 속에, 저 위의 신들 속에 말이지.
그녀가 세 번 안에 넘어뜨리지 못하는 신이 어디 있겠느냐?
만약 나에게 신들의 법이라면[1] — 진실을 말할 수 있는 법이라면,
키프리스가 바로 제우스의 움직임을 지배한단다. 창도 없이,
철도 없이 말이다. 필멸자들이건 신들이건 그 누가 그 어떤
결정을 했든 간에, 모든 것은 키프리스가 산산조각을 낸단다.[2]

오 파이데스, 헤 토이 퀴프리스 모논.
알 에스티 폴론 오노마톤 에포뉘모스
에스틴 멘 하이데스, 에스티 드 압티오토스 비오스,
에스틴 드 뤼사 마니아스, 에스티 드 히메로스
아크라토스, 에스트 오이모그모스, 엔 케이네이 토 판
스푸다이온, 헤쉬카이온, 에스 비안 아곤.
엔테케타이 가르 플레우모논 호소이스 에니
프쉬케· 티스 우키 테스데 테스 테우 보로스;
에이세르케타이 멘 익튀온 플로토이 게네이,
에네스티 드 엔 케르수 테트라스켈레이 고네이,
노마이 드 엔 오이오노이시 투케이네스 프테론.

* * *

---

1 *{키틀러가 신들의 법 Göttersatzung이라고 옮긴 소포클레스 원문의 그리스 단어는 테미스θέμις이다. "만약 내가 진실을 말하는 것이 '옳다면'"과 같이 의역되기도 한다. 테미스는 도시나 국가가 기록하고 지정한 고정된 의미에서의 법이 아니라, 관습이나 풍습으로 전해 내려오는 법, 자연법을 뜻한다. 대문자로 표기하면 법의 여신 테미스Θέμις의 이름이다. 키틀러는 유일신 종교의 율법과 구분하기 위해 특별히 '신들Götter'의 법이라고 신을 복수 형태로 쓰고 있는데, 문장이 복잡해지는 다음 문단에서는 '신들의 법' 대신 '신법神法'이라고 번역하였다.}

2 소포클레스, 941번 파편, 라트 편집 = 스토바이오스, IV 20, 6. 플루타르코스(사랑에 관한 대화, 13장 757a절)도 참고하십시오. 그리스의 씨름 경기에서 이긴다는 것은 상대방을 세 번 쓰러트리는 것을 뜻합니다. 신들, 필멸자들 그리고 동물들, 즉 살아갈 수 있는 모든 이 세 요소를 지배하는 아프로디테의 힘은 호메로스 찬가-아프로디테 찬가(1~6행)를 보십시오.

> 엔 테르신, 엔 브로토이신, 엔 테오이스 아노.
> 틴 우 팔라이우스 에스 트리스 엑발레이 테온;
> 에이 모이 테미스 - 테미스 데 탈레테이 레게인 -,
> 디오스 튀란네이 플레우모논, 아네우 도로스,
> 아네우 시데루· 판타 토이 쉼템네타이
> 퀴프리스 타 트네톤 카이 테온 불레우마타.

따라서 호메로스 훨씬 이전에 인도게르만{어로 시를 짓는} 시인이 이미 노래하는 불후의 명성 뒤에는, 더 불후하게 삶이 간직되어 있습니다. 그리하여 아테네의 모든 젊은 여자들의 본질은 안티고네라고, 안티고네의 아프로디테라고 불립니다. 그녀의 신명神名은 그저 울려 퍼지기만 하면 됩니다. 그러면 비극 속에서 뒤따르게 될 모든 죽음의 방식들이 그 어두운 빛 앞에서 벌어지지요. 자신은 사랑의 잠자리를 가져보지 못한 채 남편과 아이 없이,[1] 사랑 받지 못한 채 신혼의 첫날밤도 없이[2] 그렇게 죽는다는 말로, 안티고네의 모든 슬픔과 괴로움, 모든 이글거림이 표현됩니다. 그런데 소포클레스가 {위의} 찬가에서 아프로디테의 신법神法 아래에 자신의 고유한 비극적 전설을 두었기 때문에 마지막 진실을 알릴 수가 있었고 또 그렇게 해야만 했습니다. 아프로디테가 가진 여러 이름들 중에는 심지어 하데스도 있기에, 안티고네는 생매장 존재의 동굴을 신혼 방으로 맞이할 수가 있습니다.

> 오 무덤이여, 오 신혼 방이여[3]
> 오 튐보스, 오 뉨페이온

바로 이 어둡고 모호한 동일성이 합창곡이 봉인하고 있는 것입니다. 이 노래가 안티고네의 생무덤과 동일시하고 있는 것은, 제우스의 아이를 뱄던 둘이 지하 세계로 떠났었던 일입니다. 그 둘이란 다나에[4] 그리고 최고로는 세멜레입니다. 이것은 테베와 그리스의 태곳적 장면입니다. 세멜레의 아이 디오니소스에게서 사랑의 밤과 어머니의 죽음이 뒤섞인 것처럼, 죽음의 밤과 사랑의 침대는 서로 뒤섞여 나타납니다. 이러한 밤은 이미 키르케와 칼

---

1   소포클레스, 안티고네, 917행~과 869행.
2   소포클레스, 안티고네, 877행.
3   소포클레스, 안티고네, 891행. 우리는 종종 이 행이 무슨 뜻인지를 질문해 보았습니다. 긴 대답이 나중에 어렵게 떠오릅니다.
4   소포클레스, 안티고네, 944행~.

립소 이래로 모든 동굴들 속에서 되돌아옵니다. 왜냐하면 안티고네가 자신의 옷을 묶어 목을 매달자마자, 하이몬은 사랑의 침대에서 하듯이 그녀의 시신을 꼭 껴안고 검 위로 몸을 던져 《신부의 밤을 끝맺음》[1]합니다. 팔루스, 검, 필기구, 모두 함께 작용합니다. 그러나 화禍는 말 없는 은폐성 속에서, 즉 실재계 속에서만 일어나기 때문에 이별을 도래로서 노래하는 것은, 즉 사랑의 죽음을 한 남신과 그 신부의 결혼식으로 찬미하는 것은 바로 합창단에서입니다.[2] 게다가 여자 영웅보다 더 어마어마하게, 이 합창단은 테베에서 모시는 신이며 동시에 비극 그 자체인 남신을 불러들입니다. 그 신은 아프로디테처럼 이름이 없거나 또는 많은 이름을 가지고 있습니다. 하지만 우리 모두는 알고 있지요. 오로지 한 다이몬만이 이렇게 온다는 것을 말입니다. 바로 디오니소스입니다.

> 수많은 이름을 가진, 카드모스 님프의 보물이여,
> 당신은 또한 강력한 천둥 제우스의 자손,
> 당신은 이름난 이탈리아를 돌보고,
> 데메테르의 만에서
> 온 그리스인들의 엘레우시스를 다스립니다.
> 하지만 박코스여, 당신은 여기에 살고 있습니다.
> 박코스적인 박카이의 모도시 테베에,
> 이스메노스의 젖은 물길 옆에 그리고
> 사나운 용의 씨 위에 살고 있습니다.
>
> 제물을 태우는 연기가 쌍봉우리 너머로
> 당신을 보았습니다. 그곳에서 코뤼키온의
> 님프들, 박카이가 춤추며 발맞춰가고,
> 카스탈리아의 샘물도 당신을 보았습니다.
> 당신이 불멸의 말로 환호를 지르며

---

1   소포클레스, 안티고네, 1240행~.
2   『안티고네』의 합창곡과 신화를 읽는 라캉의 매력적인 방식이 앎의 한계에 부딪힌다는 사실에 대해 라캉 자신도 안타깝게 여깁니다. 아마도 이 때문에 라캉에게는 신랑과 신혼 방에 대한 안티고네의 열망이 "범법자-존재의 파수꾼 그 자체로서" 존재하기 위한, 묘하게 존재론적인 "선택"이 됩니다(라캉, 1986, 326~329쪽).

테베의 골목길들을 내려다보면,
니사 산기슭의 담쟁이가
당신을 보내고, 물가에 파랗게
가득 매달린 포도가 당신을 보냅니다.

하지만 다른 모든 도시들 중 테베가, 번개 맞은
그대의 어머니와 함께 당신을 가장 드높이 모십니다.
지금은 또 폭력으로
온 시민들이 병들어 있으니,
파르나소스 기슭에서, 아니면 신음하고 있는 해협에서
이리로 오소서. 깨끗하게 하는 그 발로 오소서!

이오! 불을 숨 쉬는 별들의 합창 지휘자여,
밤에 울리는 소리를 망보는 이여,[1]
제우스에게서 태어난 아이여, 이리와 모습을 나타내소서!
왕이여, 당신의 시녀들과 함께,
당신을 위해 밤새 미치도록 춤을 추는 튀아[2]들과 함께,
아, 왕이여, 이악코스여![3]

폴리오뉘메, 카드메아스 뉨파스 아갈마
카이 디오스 바뤼브레메타
게노스, 클뤼탄 호스 암페페이스
이탈리안, 메데이스 데
팡코이노이스, 엘레우시니아스
데이우스 엔 콜포이스, 박케우, 박칸
호 마트로폴린 테반
나이에톤 파르 휘그론
이스메누 레이트론 아그리우 트 에피 스포라이 드라콘토스·

---

1 횔덜린의 제정신이 아닌 독일어 번역은 이 부분을 《비밀스러운 말의 수호자》라고 합니다(횔덜린, 연도 미상, 910쪽~). 그렇게 해서 밤은 비밀이 되고, 소리는 말이 되며, 망보는 이는 수호자가 됩니다. 끝으로 카타르시스는 참회가 됩니다. — 신들이 밤을 지새우는 소리를 의미로 풀어쓰지 않는 것, 즉 음향학Akustik을 의미론Semantik으로 바꾸지 않는 것은 독일 목사의 아들들에게는 분명히 어려웠던 것입니다.

2 *{튀아Θυία는 디오니소스를 숭배하는 아티케와 델포이 지역의 여자들을 가리키며, 파르나소스산의 나이아데스 중 하나인 튀아에서 유래한 이름이다. 디오니소스를 모시는 여자들을 부르는 다른 이름으로는 마이나데스나 박카이가 있으며 이들을 서로 구분하지 않고 사용하기도 하지만, 튀아의 경우는 특히 티아소스θίασος의 구성원을 가리키며, 이들은 2년마다 파르나소스산에서 축제를 열었다.}

3 소포클레스, 안티고네, 1220~1251행. 독일어 번역은 오토(1996(6), 77쪽)를 보십시오.

세 드 휘페르 딜로푸 페트라스 스테롭스 오포페
리그뉴스, 엔타 코뤼키아이
스테이쿠시 뉨파이 박키데스,
카스탈리아스 테 나마·
카이 세 뉘사이온 오레온
키세레이스 옥타이 클로라 트 악타
폴뤼스타퓔로스 펨페이,
암브로톤 에페온
에우아존톤 테바이아스 에피스코푼트 아귀아스·

탄 에크 파사이 티마이스 휘페르타탄 폴레온
마트리 쉰 케라우니아이·
카이 뉜, 호스 비아이아스 에케타이
판다모스 폴리스 에피 노수,
몰레인 카타르시오이 포디 파르나시안 휘페르 클리튄
에 스토노엔타 포르트몬.

이오 퓌르 프네이온톤 코라그 아스트론, 뉘키온
프테그마톤 에피스코페,
파이 디오스 게네틀론, 프로파네트,
오낙스, 사이스 하마 페리폴로이스
튀아이신, 하이 세 마이노메나이 판뉘코이 코레우우시
톤 타미안 이악콘.

계속 빛나소서, 그대 미친 다이아몬드여[1]

{기원전} 442년 아티케의 시민들 혹은 마을 사람들이 『안티고네』의 이 마지막 합창곡을 들었을 때, 그들은 아픔과 기쁨으로 어쩔 줄을 몰라 했을 것입니다. 그들은 소포클레스를 드높이 받들었으며, 다음해의 장군으로 뽑았고, 그리스인들이 느꼈던 가장 깊은 괴로움에 소포클레스가 말과 노래를 부여하여 지속되도록 했다는 사실을 절대로 잊지 않았습니다.

여기 우리 참고 문헌들의 서늘한 영어로 쓰인 아픔이 있습니다. "그들은 혼기가 찼으나 결혼하지 못하고 죽은 여자들에게 특별한 연민을 느꼈었다. 그들의 파토스를 강조하기 위해 루트로포로스(즉, 신혼 목욕에 쓰인 항아리) 모양의 돌로 된 표지물을 무덤 위에 놓았다."[2]

그리고 저기 이집트의 오아시스 파이윰에서 발굴된 후기의 묘비 위에{도 그

---

1   *{핑크 플로이드가 1975년에 발표한 앨범에 실린 곡의 제목이다.}
2   옥스퍼드 고전 사전, 2003, 죽음death에 대한 태도 항목.

아픔이} 있습니다. 스무 살 정도의 여자가 무덤 속으로 가라앉으며 이렇게 씁니다. 《나는 신혼 방의 부부 침대에 오르지 못했으며, 침실에서 내 몸은 매끄럽게 움직이지도 않았고, 내 여자 친구들이 개잎갈나무로 만들어진 문짝이 밤새 덜컹거리도록 내버려 두{는 기회를 갖}지도 않았다. 나의 숫처녀 세이렌은 망했다.》[1]

이러한 가뭄을 해소하기 위해, 젖게 하는 남신[2] 디오니소스가 있습니다. 그래서 그는 이렇게 나타나며, 그래서 그는 많은 이름을 가지고 있습니다. 모두가, 마이나데스나 무사들도 외치며 부르는 이름인 이악코스Iakchos, 포도주에 취한다는 뜻의 박코스Bakchos, 합창 지휘자, 망보는 이[3] 그리고 보물 — 모두 디오니소스입니다. 그가 원하는 곳을, 그는 다스립니다. 촉촉한 풀밭의 엘레우시스에서도, 높은 파르나소스의 종유석 동굴 속에서도 그리고 저 아래 깊은 델포이의 매끄러운 님프 샘 카스탈리아에서도, 그가 자신의 고유명 속에 이미 가지고 있는 니사[4] 산줄기의 비탈길에서도 다스리지만 — 그중 최고의 곳은 번개라는 사건이 일어난 그의 모도시, 즉 세멜레의 테베입니다.[5] 그리스 문자가 언젠가 모습을 드러냈었던 곳 카드메이아, 남신은 처음부터 그곳에서 춤을 추고 소리를 냅니다.

그렇기 때문에 사포가 아프로디타를 불렀던 것과 같이 {소포클레스의} 합창단은 디오니소스를 부를 수 있습니다. 《지금 나에게 오소서.》 델포이의 높은 산줄기 너머 북쪽에서 오건, 푸른 바다를 건너 동쪽에서 오건 — 최고의 위기를 뒤엎기 위해서 이런 것은 중요하지 않습니다. 부름은 절대적입니다. 디오니소스와 미쳐 날뛰는 젊은 여자들의 무리 — 박카이, 튀아, 님프들 — 만이, 도시를 깨끗하게 할 수 있습니다. 크레온 혹은 〈폭력〉이 가하기를 멈추지 않는 사체의 독, 제단 모독, 전염병 그리고 쏟아져 흐르는 자살의 피와

---

1   호프슈테터, 1990, 31쪽. 세이렌의 어근이 밧줄이나 시리우스별을 말하는 것이 아니라면, 마지막 문장이 뜻하는 것은 오로지 아프로디테뿐입니다.
2   오토, 1996(6), 146~149쪽.
3   기독교에서는 하필이면 디오니소스를 수식하는 이 단어로 〈주교Bischof*〉를 칭했습니다. *{'망보는 이, 파수꾼, 감시자'를 뜻하는 고대 그리스어 에피스코포스 ἐπίσκοπος에서 유래한 단어이다.}
4   *{1.4.3.3.2.}
5   *{디오니소스의 어머니 세멜레는 조화의 여신 하르모니아와 테베를 건립한 영웅 카드모스 사이에서 태어났으며, 카드메이아는 테베의 언덕 위에 있었던 요새(아크로폴리스)였다.}

같은 더럽히는 것들로부터 말이지요. 이 때문에 소위 소포클레스 행간 번역본[1]에서 독일어로 순전하게 번역한 "걸음Schritt"이 깨끗하게 하는 것이 아닙니다. 왜냐하면 그 남신이 멀리에서 가까이로 {걸어서} 다가오고 있는 동안에는 아직 춤을 출 수가 없기 때문이지요. 그가 도착해서 오르케스트라 바닥에 쿵쾅하고 발을 굴러야 비로소 합창단이 노래의 박자 속으로 빠져듭니다. 마이나데스로서의 춤추는 열다섯 명이 미쳐 날뜁니다. 그리고 아리스토텔레스에 맞서, 깨끗하게 하는 것이 성공합니다.

이렇게 신을 불렀을 때, 정말로 신이 왔습니까? 별 질문을 다 하는군요. 비극이 직접 매년 깨끗하게 합니다.[2]

---

1 횔덜린, 1988, 16권 64쪽.
2 아리스토텔레스, 시학, 6장 1449b24~28절. 단 한 문장의 차이가 『안티고네』와 『시학』 사이의 심연을 가릅니다. 누가 또는 무엇이, 더럽힘에 대항하여 순수함을 실행하는가입니다. 소포클레스에서는 디오니소스가 직접 카타르시스κάθαρσις*를 테베로, 즉 자신의 모도시로 이끕니다. 철학자들에게는 비극이 카타르시스를 실행하는데(아리스토텔레스, 시학, 17장 1455b15절) — {이 철학자들의 카타르시스는} 미메시스를 취할 수 있는 여러 방법 중 하나로서, 순전한 (사유에 의해 더럽혀지지 않은) 관객들에게 덧없는 관장제 하나를 줄 뿐입니다. 우리는 이 문제로 되돌아올 것입니다. *{'나는 깨끗하게 한다, 씻어낸다'라는 뜻의 동사 카타이로καθαίρω에서 나온 명사다.}

1.5 대大그리스에서

> 마그나 그라이키아는 지금 전부 파괴되었으나 당시에는 번영을 누렸었다.
> 키케로, 우정에 관하여

옛 그리스에서는 특정한 도시, 산, 샘, 여자들의 무리들만 디오니소스에게 신성하지만, 새로 이름이 알려진 이탈리아에서는 대륙 전체가 디오니소스에게 신성하다고 소포클레스가 노래했습니다.[1] 다가오는 이 신은 어떻게 그렇게 이스키아섬{피테쿠사이}에서 타라스까지, 포세이도니아{파에스툼}에서 시라쿠사이까지 지배하게 되었을까요? 누가 혹은 무엇이 이탈리아 남부를 대그리스[2]라고 부르는 명예를 부여했을까요?

물론, 한순간일 뿐이었습니다. 로마인들이 대그리스를 폭파하고 파괴하기 전까지 말이지요.

1.5.1 점거

> 정신은 식민지와 용감한 망각을 사랑한다.
> 횔덜린, 빵과 포도주

토지는 많은 것들에게 풀을 먹인다고, 세이렌들이 노래했습니다. 이제는 필멸자들도 이 토지를 취하여 거주하기 시작합니다.[3]

1.5.1.1 키르케와 칼립소의 거친 아들들

『오디세이아』는 이탈리아를 드러내지만 이것이 어떤 결과를 일으키는지는 그 자신도 알지는 못합니다. 이탈리아라는 이름조차도 모르지요. 님프신들 옆에서 보낸 여러 밤을 통해 아이들이 세상에 태어났지만 영웅은 그들을 떠났고 잊어버렸습니다. 하지만 후대의 우리들은 잊지 않았습니다.

---

1 소포클레스(안티고네, 1118행~)에 대한 부르케르트(1999, 65쪽)의 글을 참고하십시오.
2 *{라틴어로 마그나 그라이키아Magna Graecia, 그리스어로 메갈레 헬라스Μεγάλη Ἑλλάς는 '대그리스'라는 뜻으로, 기원전 8세기경부터 남부 이탈리아로 이주, 정착하기 시작한 그리스인들이 건설한 도시들과 그 문명을 일컫는 말이다. 키틀러가 앞으로 다루는 세 도시(크로톤, 메타폰티온, 타라스)가 자리한 타란토만에서부터, 시칠리아섬과 나폴리 북쪽의 쿠메에 이르는 해안가를 따라 대그리스의 도시들이 세워졌다.}
3 슈미트, 1958, 489~504쪽.

헤시오도스는 -700년에 이미 키르케가 오디세우스와 사랑을 나누어 낳은 세 아들을 알고 있었습니다. 그들은 아그리오스Agrios, 라티노스Latinos 그리고 텔레고노스Telegonos입니다.[1] 따라서 영웅은 일 년보다는 더 긴 시간을 그녀의 침대에서 머물렀을 것입니다. 신성한 섬의 가장 깊은 구석에서 이 세 아들이 함께 에트루리아인들을 그리고 이름이 말하고 있는 그 라틴인들을 다스립니다.[2] 다른 사람들은 키르케가 아이아이아에서 오디세우스와 함께 직접 로마누스Romanus를 낳았다고 이야기합니다.[3] 로마누스는 {키르케의 집에서} 멀지 않은 곳에 있는 로마의 건국자이지요. 그렇다고 해서 키르케가 포세이돈과도 아들을 낳는 것을 결코 막을 수는 없습니다. 그들의 아들은 파우누스Faunus로, 덕분에 온 이탈리아의 파우네Faune 혹은 팔로이 Phalloi[4]가 있지요.[5]

칼립소도 다르지는 않습니다. 오디세우스와 사랑에 빠진 칼립소가 나우시토오스Nausithoos와 나우시노오스Nausinoos라는 이름의 두 아들을 뱄다는 이야기가 『신들의 계보』에서 가까스로 이어집니다.[6] 그러고 나서 〈신들의 생성〉[7]은 갑자기 멈춥니다. 마치 할아버지의 이름이 나우시토오스인 나우시카아[8]와 칼립소가 은밀하게 하나라는 듯 말이지요.

그리고 리코프론이 묘사하는 후기의 『알렉산드라』[9]에서 트로이아를 적으로 삼는 모든 그리스인들에게 무리하게 요구하는 바, 암담하도록 살벌하게 죽음을 바라는 카산드라의 소원 속에서만 오디세우스의 씨가 이탈리아에

---

1 투스쿨룸(호라티우스, 송가, 3권 29장 6~8행) 또는 프라이네스토스(위 플루타르코스, 나란히 모은 그리스와 로마 이야기, 41장 316a절)를 세운 텔레고노스가 오디세우스와 칼립소에게서 태어났다고도 할 수 있다는 사실(텔레고네이아, 2번 파편, 롭 고전 문고)은 {칼립소의} 키르케와의 새로운 동일성을 입증합니다.
2 헤시오도스, 신들의 계보, 1011~1016행.
3 플루타르코스, 로물루스의 삶, 2장. 항공로로 몬테치르체오와 로마는 90킬로미터도 채 떨어져 있지 않습니다.
4 *{'발기한 남근, 음경'을 뜻하는 팔로스φαλλός의 복수형이다.}
5 논노스, 디오니소스 노래, 13권 332행, 37권 56~69행.
6 헤시오도스, 신들의 계보, 1017행~.
7 *{헤시오도스의 『신들의 계보(테오고니아)』의 다른 번역이다(1.2.1.1). 무사와 함께 시작하는 『신들의 계보』의 마지막 부분에는 여신들이 인간 남자들과 함께 낳은 아이들이 나열되는데, 그중 가장 마지막으로 언급되는 필멸자가 오디세우스이며, 그가 각각 키르케 및 칼립소와 함께 낳은 아이들이 언급된다.}
8 오디세이아, 7권 62행.
9 *{기원전 196년에서 90년경 사이에 쓰인 독백극으로, 알렉산드라는 카산드라의 다른 이름이다.}

277

뿌렸던 반半야만족 전체가 곧바로 다시 스스로를 말살합니다.

《오디세우스가 죽으면, 티레니아 해에 있는 언덕인 에트루리아의 페르게가 그의 재를 코르토나의 땅에 받아들일 것이다. 그리고 그는 숨을 거두는 동안 아들 텔레고노스와 아내 키르케의 운명을 한탄할 것이다. 키르케는 자신의 남편 텔레마코스로부터 살해당할 것이며, 그 다음에 그{텔레마코스}가 하데스로 뒤따라 갈 것인데, 그의 목을 자신의 누이이자 키르케와 오디세우스의 딸인 카시포네가 벨 것이기 때문이다.》[1]

실제로, 참으로, 이야기는 카산드라의 눈먼 광란이 철회하려고 했던 것과 다르게 진행되었습니다. 말해진 말은 말해졌고, 일어난 일은 일어났습니다. 아리스토텔레스도 이미 알고 있었듯이, 텔레마코스는 나우시카아와 결혼합니다.[2] 같지 않은 나이 혹은 운명이 그의 아버지{오디세우스}에게 금지했던 그것은, 아들에게는 단번에 주어지지요.

오디세우스의 씨를 퍼트렸던 에트루리아인, 로마인 그리고 라티움인들은 이제 모두 그들의 어머니인 무시무시하게 위대한 두 넘프신 키르케와 칼립소보다는 덜 야만적입니다. {이 두 여신의} 아들들이 그리스인의 알파벳을 넘겨받았기 때문이지요. 곧이어 오피키아인과 메사피아인, 베네티아인과 팔레리이인들도 동일하게 넘겨받는데 — 이것은 문자 역사에 전례가 없는 일입니다. 반대로 오디세우스가 검은 배로 지나가고 있을 당시에는 — 신화적으로 또 금석학적으로도 — 이탈리아의 어디에서도 문자의 흔적을 찾을 수가 없습니다.[3] 하지만 이미 –780년경 에우보이아 출신의 그리스인이 페

---

[1] 리코프론, 알렉산드라, 805~810행. 카시포네*라는 이름은 수수께끼를 내고 있습니다. 오디세우스의 딸이{주석의 땅Zinnland}**이라고 〈말하고〉 있나요? 콘월Cornwall***과 같은 말을요? *{오빠/형/남동생(카시스κάσις)의 살해자(포네우스φονεύς)라는 뜻의 이름으로 알려져 있다. 카산드라의 이름에서도 카시스를 읽을 수 있다고도 여겨진다(쳇지스, 리코프론의 알렉산드라 주석집, 271).} **{카시테로스κασσίτερος는 주석을 뜻하며, 카시테리데스Κασσιτερίδες는 헤로도토스(역사, 3권 115장)가 언급한 주석이 가득한 전설의 섬 이름이다.} ***{영국 남서부 끝자락에 위치한 지역으로 청동기 시대부터 주석으로 유명하였다. 오늘날 콘월 지방의 상징기에서도 검은색과 하얀색에서 각각 석탄과 주석을 나타내고 있음을 볼 수 있다.}

[2] 아리스토텔레스, 506번 파편, 로제 편집. 말킨(1998, 125쪽)에서 재인용.

[3] 옥스퍼드 고전 사전, 2003, 이탈리아의 알파벳들alphabets of Italy 항목. 동일한 것은 무타티스 무탄디스mutatis mutandis*로 트로이아에도 적용됩니다. 그 사이에 새김글이 하나 발견되기는 했지만(라타치, 2003, 67~91쪽), 『일리아스』는 그저 알려지지 않은 불길한 기호**들만을 알고 있습니다(파웰, 1997, 26~28쪽). *{"바꿀 것을 바꾼다면"이라는 뜻의 라틴어 구절로, '필요한 수정사항이나 변경사항을 적용한 후'라는 조

니키아인들과 연합하여 최초로 이스키아섬에 정착해 엘바섬의 철을 (아테나처럼) 교환하고 제련 기술을 높이기 전에,[1] 로마 동쪽에 있는 도시 가비에서 발견된 어느 여자의 무덤 속에 — 지금까지 발굴된 바로는 — 판독 가능한 가장 오래된 모음문자 새김글이 간직되어 있습니다. 이 도자 파편들 가운데 하나에는 에울린ΕΥΛΙΝ이라고 쓰여 있는데 에울리논εὔλινον으로 읽히는 단어로, 좋은 아마포로 만들어졌다는 뜻입니다. 더도 아닌 다섯 개의 자모로 이루어져 있는데, {기원전} 780년과 770년 사이의 것으로 그 연대를 확실하게 확인할 수 있습니다. 이 부장품은 문자 역사상 최초의 광고 문구라고 과소평가되었기는 하지만[2] 알아들을 수 있는 소리를 전해줍니다. 오로지 두 개의 자음 그리고 그보다 많은 세 개의 모음이 의미라는 이름의 말소리 순서를 분명하게 짜맞추지요. 그런데 {알파벳이라는 당시의} 기술적 매체는 그 좋은 의도에도 불구하고, 시간차 없이 바다와 세대를 건너뛸 수는 없었을 것입니다.

따라서 에우보이아에서 눈먼 가인을 받아 적었던 시기는, 다른 말로 하자면 우리의 『일리아스』가 받아 적혔던 시기는, {기원전} 810년 이전에 일어났었을 것입니다. 오로지 이렇게 하여 『오디세이아』라는 이름의 아름다운 최초의 두루마리 책이 극서 지역에 도달합니다. 네스토르의 잔은 이것을 베껴 쓰지요.

송아지의 나라, 이탈리아는 단순히 아들, 딸, 손자 손녀들 그리고 디오니소스에만이 아니라 기록된 말에도 점차 밝아 옵니다.

건을 달 때 쓰는 상용구이다.} **{세마타 뤼그라σήματα λυγρὰ(일리아스, 6권 168행).}

1   체르키아이, 2004, 39쪽~.
2   요아힘 라타치가 2004년 7월에 구두로 말했습니다.

1.5.1.1 키르케와 칼립소의 거친 아들들   279

1.5.1.2 오디세이아의 여파

> 그대의 노래는 별 모양 아치 천장처럼 도네,
> 시작과 끝이 언제나 동일하지,
> 가운데가 가져오는 것은, 분명히
> 그것, 끝까지 남는 것 그리고 처음에 있었던 것.
> 괴테, 서동시집

용감한 선원들이 극서 지역을 발견하기 위해서는 그리고 동시에 이것이 의미하는 바 극서라는 이름을 부르기 위해서는 옛 이름을 필요로 합니다. 이타카는 오늘날까지도 아이비리그의 한 대학을 뜻합니다. 선원들은 그런 이름들을 극동에서 가져와 만들어 냈는데, 이 극동은 크레타의 미노스왕 — 기술적으로 말하자면 미노스의 제해권[1] — 이 처음으로 개척했습니다. 왜냐하면 오스발트 슈펭글러가 의심할 여지없이 증명했던 것처럼 극서는 극동의 거울상이며, 그 중심축은 −1800년 이래로 크레타로 불렸던 곳이기 때문입니다.

헬리오스와 페르세이스에게는 세 아이들이 있다고 한결같이 전해집니다. 아이에테스는 옛 아이아Aja에서 지배하는데, 따라서 흑해 동쪽 연안에 있는 캅카스의 콜키스를 지배하는 것입니다. 그의 누이 키르케는 아이아이아Ajaja라고 새로 이름 지은 지역을 지배하는데, 그곳은 이탈리아의 서해안가에 있습니다. 그런데 이 둘의 여동생 파시파에는 크레타의 여왕입니다. 가운데에 있는 그녀를 중심으로 비로소 동쪽이 무엇이고 서쪽이 무엇인지 측정됩니다. 아르고 호의 선원들은 오로지 아이에테스의 마법을 부리는 딸 메데이아가 있는 극동에서 꺾어 집으로 돌아갑니다. 오디세우스와 마지막 남은 배는 키르케의 덕으로 극서에서 고향길로 향합니다. 그리고 이 모든 것이 거울상으로 뒤섞여 소용돌이치기 때문에, {서쪽의} 아이아이아도 헬리오스가 아침에 《떠오르고 에오스가 춤을 추는 장소가 있는》 곳이라고 불립니다. 바로 이렇게 크레타에서 배로 출발하여 경험하는 그 엘리시온Elysion이란[2] 바닷가의 어느 한 정해진 장소가 아니라 단순히 동쪽 방향을 가리킵니

---

1 크레타의 배들은 에게해에서 동쪽 카리아 땅까지 지배했을 것입니다(투키디데스, 펠로폰네소스 전쟁사, 1권 4장). 그런데 고고학적 증거들은 훨씬 더 멀리까지 — 동쪽으로 남쪽으로 서쪽으로 — 다다릅니다.
2 오디세이아, 4권 563행.

다.[1] 반대로 『오디세이아』의 저승 세계인 타르테소스Tartessos는 가장 멀리에 있는 서쪽입니다.[2] 그리고 끝으로 제우스와 함께 아름다운 남쪽에서 크레타의 왕 미노스, 즉 파시파에의 남편을 낳은 에우로파는, 셈어로 단순히 케뎀qedem, 즉 서쪽을 뜻합니다.[3] 반대로 티로스에서 누이를 찾아 나섰다가 헛수고하지만 대신 그리스에 문자를 선물한 에우로파 오빠의 이름 카드모스는 에렙ereb 또는 동쪽을 의미합니다.[4]

지중해는 항해상 세 부분으로 나뉩니다. 극동에서는 헬레스폰토스 조류가 흑해와 극동, 즉 캅카스와 크림 반도를 막고 있습니다. 극서에는 지브롤터 해협이 있는데, 이는 대서양으로 향하는 헤라클레스의 이중 기둥 문이 있는 길입니다. 그런데 지중해의 한가운데에는, "풀리아, 칼라브리아, 시칠리아 그리고 튀니스로 이루어진 장벽이 두 통로를 완전히 차단하며 동쪽을 향해"[5] 솟아 있습니다. 흑해는 이아손의 아르고 호나 아가멤논의 트로이아에 대한 최종 승리를 통해 한때 열렸었습니다. 이제 오디세우스는 예감하지 못한 채, 그저 신들, 바람들, 폭풍들에 몸을 맡긴 채로, 지중해를 서쪽에서 나누고 있는 이 두 장벽도 뚫고 지나가고, 이로써 그를 따르는 선원들은 일찍이 이 엄청난 모험이 지속될 수 있도록 합니다. 바로 이것은 극서로 내딛은 오디세우스의 큰 걸음이 이전 {영웅들의} 극동으로의 진출과 구별되는 지점입니다. "위대한 만이 이오니아의 식민화와 시칠리아의 식민화를 분리한다고 거의 모든 역사가들(투키디데스를 제외한 옛날과 오늘날의 역사가들)이 보았던 이유는 분명 알파벳의 발명이 둘을 분리한다는 사실 때문일 것이다."[6]

이리하여 항해자들이 가인의 작품을 계속해서 서쪽으로 이끌어 나가는 것입니다. 그들은 새로 개척된 장소에 가인의 노래를 덧붙이지요. 오디세우스

1 　오디세이아, 4권 563행.
2 　⇐ 1.1.2.1.2.
3 　*{'이 모든 것이 거울상으로 뒤섞'이듯 키틀러도 동과 서를 (실수로든 의도적으로든) 뒤섞는데, 키틀러가 참고한 에드워즈를 바탕으로 이를 정정하자면 (유럽이라는 이름을 준) 에우로파Europa의 셈어계 어원이 (어근 ㄹㅂ에서 유래한) 서쪽을 뜻하는 에렙ereb이고, 카드모스Kadmos의 셈어계 어원은 (어근 ㅋㄷㅁ에서 나온) 동쪽을 뜻하는 케뎀qedem이다(에드워즈, 1979, 79쪽).}
4 　루스 B. 에드워즈, 1979, 78쪽~.
5 　슈펭글러, 1937, 271쪽.
6 　웨이드-게리, 1952, 8쪽.

의 말에 따르면, 여태 배도 법도 없는 키클롭스 나라 앞에 있는 염소 섬에 좋은 배를 타고 이주하여 이들의 땅, 항구, 샘물 등의 재산을 그리스식으로 개척하는 것은 매우 쉬울 것이나 아직 시도되지 않았다고 합니다.[1] 이것은 역사상 최초의 식민자 광고 문구 — 니체는 《배 위에서요, 철학자 여러분!》이라고 줄여 말했을 것입니다[2] —, 에우보이아의 과감한 왕에게 말해진 것입니다. 유감스럽게도 카르타고에서 온 경쟁자가 이번에는 더 재빨리 행동하여, 키클롭스 나라를 서시칠리아로 개척하고 산속의 성지인 아프로디테의 에릭스를 차지합니다.

선원들에게 하는 오디세우스의 말에는 세이렌섬의 이름은 따로 없고 그냥 《꽃이 많은》 곳이라고만 불립니다. 그런데 70년 후 헤시오도스의 『여인 목록』에서는 제우스가 직접 세이렌들에게 할당한 어느 이탈리아 섬이 고유명 안테모에사를 가지고 나타납니다. (거의 마치 온갖 꽃의 여왕인 아프로디테가 {꽃이 가득한} 그 자리에서 물러난 것처럼 말이지요.) 보통은 이주자들이 가지고 있는 출신을 세이렌들도 갑자기 가지게 됩니다. 아켈로오스라는 그리스의 강들 가운데 가장 큰 강이 아버지이고, 어머니는 당연히 무사 신들 가운데 한 명입니다.[3] 게다가 세이렌들은 더 이상 둘이 아니라 (대부분의 도기화에서처럼) 세 명이 되어, 혼란스러운 마법의 고유명으로 덧칠되었습니다. 마치 누군가가 헤시오도스에게 리갈리섬을 모두 다시 세어서 알려 주었다는 듯 말이지요. 세 개의 고유명이 세 개의 작고 아름다운 섬을 나타내어 보여 주게 됩니다.[4] 그리고 물가로 떠밀려온 사체를 기리는 희생제를 중심으로 그리스의 세 도시가 성장합니다. 바로 파르테노폴리스/나폴리, 포세이도니아/파에스툼 그리고 세 번째 도시는 아마도 아말피일 것입니다.[5]

---

1 오디세이아, 9권 125~141행. 파웰, 1991, 231쪽.
2 니체, 1967~1993[1887[2]], V/2 210쪽.
3 헤시오도스, 롭 고전 문고, 2000[3], 618~19쪽. 안테모에사Anthemoessa는 아폴로니오스 로디오스*(아르고나우티카, 4권 891행) 이전까지 세이렌섬의 이름이었습니다. 그 이후에는 로마인들이 담론폭력을 넘겨받습니다. *{기원전 3세기에 활동한 고대 그리스의 시인이자 학자이다.}
4 헤시오도스, 여인 목록, 47번 파편. "세이렌섬은 이미 헤시오도스 때부터 서쪽에 놓여 있었다"고 호프슈테터(1990, 306쪽)가 문제를 삼기는 합니다. 그러나 안테모에사가 키르케의 《티레니아해》와 칼립소의 《서쪽 섬》 사이에 놓여 있는 것(헤시오도스, 여인 목록, 48번 파편)이 아니라면 도대체 어디에 있는 것일까요? 말킨(1998, 86쪽~)에 따르면 세이렌들은 -700년경에 이미 서이탈리아에 정착했습니다.
5 리코프론, 알렉산드라, 718~737행. 스트라본, 지리학, 6권 1장 1절.

그리고 시야에 있는 건너편 육지에 — 이에란토 만灣의 깊은 품속에 — 이주자들이 세이렌에게 소박한 신전을 지어 바칩니다. 이 신전은 이미 고대에 자리를 잡고 있었으며, 또한 발굴되어 증명되었지요. 이로써 다시 한번 밝혀지는 것은 오디세우스가 거짓말을 한다는 사실입니다. 아무도 화禍를 불러일으키는 존재에게 진실로 과잉의 희생물을 바치는 제식Kult을 설립하지는 않습니다.[1] {오디세우스의 거짓말과는} 반대로 세이렌들이 자신들을 위해 지어진 신전에서 셀 수 없이 많은 숭배자들을 맞이한다면 어떻게 노래와 음악이 아닌 다른 무엇으로 맞이할 수가 있을까요?

『오디세이아』에 의하면 무시무시한 키르케의 섬이 저 육지에서 멀리 떨어진 바다 위 어딘가 알 수 없는 곳에 있다고 합니다. 하지만 『여인 목록』에 의하면, 첫째, 그 섬은 말하자면 헤스페리아Hesperia 혹은 서쪽Westen이라고 이후의 우리 서구Abendland[2] 전체와 같이 불리며, 둘째, 그 섬은 티레니아 해의 해안가에 있기에 그녀가 헬리오스의 태양 전차만 타고 콜키스의 극동에서 아이아이아로 올 수가 있었다고 합니다.[3] (우리 모두 암컷 매를 따라 이름 지어졌다는 사실을 알게 되어 다행입니다.) 따라서 대양항해에 주춤하는 농부의 자존심을 가진 헤시오도스가[4] 극서로부터의 응답이라는 방식으로 이해할 수 있게 하는 것은 바로 이탈리아로, 『오디세이아』와 헤시오도스의 시대 사이에 명명하고 명명되면서 비로소 처음으로 드러납니다. "[~에사-essa 라는] 새로운 명명법을 가지고 온 이주자들은 함선 목록 시인의 활동을 어느 정도 계승하고 있다. 그 시적인 표현 방식은 더 정착하여 사는 삶에 필요한 것들을 위한 한 방편이 된다."[5] 우리는 항상 전설{이야기}의 공간

---

1   위 아리스토텔레스, 들어 보았던 진기한 것들에 대하여, 103절. 호프슈테터(1990, 310쪽)에서 재인용.
2   *{'서구'(서西구라파, 서유럽)라고 옮긴 독일어의 문자 그대로의 뜻은 '저녁나라(Abendland)'이다. 역시 '해가 지는 곳, 서쪽'이라는 뜻을 가지고 있는 라틴어 오키덴스occidens를 16세기경 독일어로 번역한 말로, 특히 기독교 지역을 지칭하며 사용되기 시작하였다. 오키덴스는 라틴어로 말하지 않는 사람들이 있던 서유럽에 있는 옛 로마 제국의 땅을 라틴어로 말하는 로마인들이 부르는 말이었다. 세계화 이후인 오늘날 서구Abendland라고 하면 서유럽뿐 아니라, 동방 정교회가 우세한 러시아, 동유럽, 남유럽도 포함하게 되었으며, 아메리카 대륙 또한 지칭하며 그 범위가 확장되었다.}
3   헤시오도스, 여인 목록, 46번 파편. 조반니 풀리에서 카라텔리(1993(4), 15쪽)도 함께 보십시오.
4   헤시오도스, 일과 날, 649~653행.
5   로이만, 1993, 302쪽. 이 아름다운 책의 초판 1쇄본은 1950년에 출간되었는데, 안타깝게도 미노스*의 {선형문자} B가 해독되기 직전이었습니다. 따라서 웹스터(1960, 130쪽~)도 보십시오. *{선형문자 B는 인도유럽족어인 미케네어를 기록했던 문자이지만, 마이클 벤트리스가 존 채드윅과 함께 이 문자를 해독했던 해인 1952년 이

속에서만 발견합니다.

이렇게 세이렌의 섬들이 이후 바로 세이레누사이Seirenusai라고 불리게 되는 것은 놀랍지 않습니다. 마찬가지로 원숭이 섬 이스키아도 피테쿠사이Pithekusai라는 이름을 가지게 되지요. 지중해 전역에 ~우사이-usai라는 이름의 발송을 따라가는 것 그리고 이러한 방법으로 빽빽한 섬들의 사슬을 추론해 내는 것은 심지어 성공했습니다. 이 사슬은 저 식민 시대, 즉 크레타의 멸망 이후에 처음으로 키메나 밀레토스와 같은 근동에서 크레타와 대大그리스를 지나 대서양까지 선원들을 이끌고 갔었습니다.[1]

따라서 그리스인들은, 특히 에우보이아의 알파벳 창시자는 떠나서 먼 땅을 밟습니다. 정착한다는 것이 동시에 뜻하는 바는, 초기에는 아직 페니키아의 배들과 함께 나누어 썼었던 최초의 무역소가 이제 곧 대그리스의 도시들이 될 것이라는 사실입니다. 알키노오스의 아버지 나우시토오스는 극서에서 살고 있었던 파이아케스인들을 동쪽 멀리 떨어진 스케리아로 이끌고 갔으며, 그곳에 도시 하나를 세워 농토를 분배했습니다.[2] 피테쿠사이는 성장하고 또 성장하여서, 칠십 년 후에는 이주자들이 이탈리아 본토로 옮겨 최초의 딸 도시로서 쿠메Kume를 나폴리 북쪽에 세울 정도가 됩니다.[3] 우리는 오디세우스의 광고 문구가 이와 상관없지 않다는 의혹을 놓지 않을 것입니다.[4] 그리고 쿠메의 모도시母都市인 에우보이아섬의 칼키스는 그라이아Graia라는 옛 이름을 가지고 있었을 것이기에, 로마인들에게 (그리고 마찬가지로 우리들에게도) 그리스인을 일컫는 단어인 그라이키Graeci가 알려지게 됩니다.[5]

딸 도시라는 말은 로마가 원정과 정복 그리고 강탈을 통해 수취했던 음침한 의미에서의 식민지라는 말과는 반대입니다. (포르투갈과 스페인, 영국

전까지는 비-인도유럽어족인 미노스어를 기록했다고 여겨졌었다.}

1   풀리에세 카라텔리, 1993(4), 21쪽~과 89~92쪽.
2   오디세이아, 6권 2~20행. 월터 돈란, 1997, 660쪽.
3   체르키아이, 2004, 22쪽과 39쪽.
4   체르키아이, 2004, 36쪽. "지리적 무대에 대한 이 최초의 시도가 근거하고 있는 신화적 모델이 트로이아에서 돌아오는 오디세우스의 귀환을 형성한다. 그 주요 구간은 라티움과 캄파니아의 해변에 달한다."
5   파웰, 1991, 15쪽~.

과 미국{에 의한 식민지라는 말과 반대임}은 말할 것도 없지요.) 왜냐하면 그리스 도시는 로마처럼 이주자들에게 그들의 어머니{모도시}의 풍속과 법에 순종하라고 강요하지 않기 때문입니다. {그리고 로마와 같은 제국의} 황제는 노련한 병사들 가운데 그 누구에게도 새로 약탈한 땅을 경작과 목축을 하도록 할당해 주지 않기 때문입니다.[1] {하지만 대그리스의} 이민자들이 오디세우스의 수수께끼 가득한 해안가에 닿았을 때, 그들은 이것{경작과 목축}을 자유롭게 합니다. 그들은 스스로 법을 만들고, 심지어는 이 법을 기록합니다. 이것은 어머니의 나라에서 알파벳이 노래{를 기록하는 것}에서 국가와 무역{일을 기록하는 것}으로 전이되기 훨씬 이전의 일이지요.[2] 그들은 {또한 각} 도시가 신성하게 모시는 신들의 형상과 그들에게 들리는 도시의 이름자를 동전으로 주조합니다. 타라스, 메타폰티온, 크로톤의 이름이 새겨진 이 동전들은 오늘날까지도 세상에서 가장 아름다운 동전이어서 {오늘날의} 미술 시장에서 원래의 가치보다 수천 배의 값을 지니고 있습니다. 우리는 동전의 한 면에서 한 여신이나 남신을 보고, 다른 면에서는 도시 이름을 읽습니다. 그림과 글자가 매체로 묶여, 무역에도 척도Mass를 들여옵니다. (하지만 인플레이션을 일으키는 로마의 화폐가치-수는 아직 아닙니다.) 노모스[3]에서 노미스마νόμισμα가, 즉 돈을 뜻하는 최초의 단어가 유래하기 때문입니다.[4] 이러한 좋은 이유들로 이탈리아에 있는 그리스 도시들에서 음악이 스스로 셈하기/사유하기 시작하고, 또 이 사유Denken가 시행Vers들로 이어 맞추어지기 시작합니다.

일찍이 책을 써 본 사람이라면 시간과 사랑이 얼마나 많이 드는지를 알 것입니다. 전체 운율에서 떨어져 나간 문장들은 더 이상 노래할 수가 없지요.

---

1 아울루스 겔리우스, 아테네의 밤, 16권 13장 8절~. 이에 대해 체르키아이(2004, 11쪽~)도 보십시오.
2 아리스토텔레스, 정치학, 2권 12장 1274a22~25절(로크로이 에피제퓌리오이, 카타니아 그리고 대그리스의 다른 도시들에 대해 참고하십시오).
3 *{1.3.3.1.}
4 알프레트 존-레텔, 1978, 124~127쪽. 무엇보다도 로만(1968/69, 415~420쪽)을 보십시오.

1.5.1.2 오디세이아의 여파   285

1.5.2 도시, 제식, 학문을 세웁니다

> 메타폰툼의 황야에는 주춧돌 15개만 우울하게 솟아 있다. 바닷가에 쓸쓸하게 있는 유일하게 남은 도리스 양식의 기둥 하나만이 크로톤의 {옛} 장관을 말해 주고 있다. 타라스에는 도시 성벽과 극장 그리고 마레 피콜로에 가라앉은 빌라 기초석의 잔여물들이 약간 있는 것 이외에는, 고대를 떠올리게 하는 것은 하나도 남아 있지 않다.
> 그레고로비우스,[1] 이탈리아에서의 방랑 세월

음악과 수학을 하나로 생각했었다는 명예가 이탈리아 남부 세 도시 크로톤, 메타폰티온, 타라스에 남아 있습니다. 이들은 로마보다 수백 년 전에 이미 그 안에서 음악이 일어나는 석조 극장을 지었습니다.[2] 남서쪽의 크로톤에서 가운데에 있는 메타폰티온을 지나 가장 바깥 북동쪽에 있는 마레 피콜로의 경이로운 천연 항구{를 가진 도시 타라스}까지, 세 도시들은 한 커다란 바다의 품에 걸쳐 있기에 활처럼 리라처럼 본토 그리스인들이 상륙하도록 그야말로 권합니다. 전에 그 지역에 아무도 살고 있지 않았던 것은 아닙니다. 메사피아인, 브레티아인 그리고 루카니아인들은 이미 수 세기 전부터 대부분 내륙 지역에 정착하여 그곳을 차지하고 있었습니다. 땅의 품에 꼭 안겨 있는 아름다운 트룰로[3]가 오늘날까지도 증명하고 있지요. 점거란, 가장 비옥한 대지를 약탈하는 것도 의미합니다.

오이노트리아[4]라고 불리는 지역에서,[5] 포도주의 신을 진정으로 신성하게 모시는 풍요로움 속에서 포도가 자랍니다. 장미가 피고 곡식도 여뭅니다.[6] 꿀

---

1 *{19세기 독일의 저술가이자 역사가이다. 그는 1852년 이탈리아로 떠나 22년간 머무르다 독일로 돌아왔는데, 이 시기에 쓴 『중세 시대 도시 로마의 역사』와 『이탈리아에서의 방랑 세월』로 가장 잘 알려져 있다.}
2 비트루비우스, 건축에 관하여, 5권 5장 8절. 메타폰티온에서 시청과 극장이 완전히 하나로 모였습니다(체르키아이, 2002, 137쪽).
3 *{트룰로Trullo는 메사피아인들이 살고 있었던 이탈리아 동남부의 풀리아 지역 특유의 전통적 건축물로, 지붕이 고깔 모양이 되도록 메쌓기 방식으로 돌을 쌓아 지은 둥근 평면의 단층집이다.}
4 *{오이노트리아Οἰνότρια는 현재의 이탈리아 칼라브리아주 남부 지역에 그리스인들이 이주하여 지은 지명으로, 포도주와 포도를 뜻하는 오이노스οἶνος에서 유래한 이름이다. 오이노트론οἴνωτρον은 포도나무 지지대를 뜻한다.}
5 스트라본, 지리학, 6권 1장 13절. 타라스와 우리의 브린디시 중간에 놓인 만두리아 지방의 프리미티보*로 만든 모든 검붉은 포도주에 감사를 표합니다. {베를린} 크로이츠베르크에 있는 {식당} 바르 첸트랄레에서 우리들이 생각을 해 내는 데 도움을 주었었지요. *{포도의 한 품종이다.}
6 호라티우스, 대화집, 2권 6장.

은 강처럼 흐릅니다.[1] 수천 마리의 소가 풀 뜯을 수 있고, 수천 마리의 말은 타라스에서 당시 최대의 기병대로 이어 맞추어집니다.[2] 그리고 셀 수 없이 많은 양 떼가 가늘고 부드러운 최고의 양털을 주기에,[3] 로마의 어느 벼락부자는 자신의 양털 공장을 오직 타라스의 숫양들로만 채우고 싶어 합니다.[4] 스파르타, 아르고스, 그리고 아카이아를 포함할 수 있는 그런 모든 비좁음은 자유로운 이주자들을 떠나도록 만듭니다. (오로지 아테네만 딸 도시를 세우지 못했지요.) 타라스의 여자들은 양털로 돈을 버는 것이 아니라 양털로 짠 천 사이로 몸이 비치는 얇은 여름 드레스를 입었습니다.[5]

1.5.2.1 크로톤

{기원전} 710년 두 이민자는 우선, 마땅히 구해야 하는 델포이의 조언을 얻으러 갑니다. 피티아는 부富를 갈구하는 한 남자에게 시라쿠사이를 할당합니다. 반대로 몸과 마음의 안녕에 신경을 쓰는 다른 남자에게는 크로톤을 부여합니다.[6] 따라서 이 도시는 메사피아인의 추방 이후 그리고 히포크라테스 훨씬 이전에 우리 의료인들의 원천이 됩니다.[7] 하지만 우리는 코스섬[8]에서만 그 흔적을 발견할 수 있으며, 로마인들은 크로톤의 학문과 아름다움을 파괴했습니다.

이 도시는 전염병과 치료의 신 아폴론에게 신성한 곳이라고 합니다. 그런데 거대한 헤라 신전[9]이 크로톤 외곽 바닷가에 높이 솟은 곳에서 선원들

---

1 소포클레스, 600번 파편, 라트 편집 = 플리니우스, 박물지, 18권 65장.
2 베르길리우스, 농경시, 2권 195~197행.
3 피에르 뷔예미에르, 1939, 214쪽.
4 페트로니우스, 사티리콘, 38절.
5 고대 그리스어 대사전, 746장 15절: 타란티논, 레프톤 카이 디아파네스 이마티온, 카이 타란티나이 바파이,Ταραντινόν, λεπτὸν καὶ διαφανὲς ἱμάτιον, καὶ Ταραντιναι βαφαί.* 뷔예미에르(1939, 220쪽)와 슈나이더(1992, 123쪽)도 함께 보십시오. *{"타란티논. 얇고 투명한 옷. 타라스식 {자주색} 염색."}
6 스트라본, 지리학, 6권 2장 4절.
7 헤로도토스, 역사, 3권 746장. 마리아 팀파나로 카르디니(1969(2), 1권 4쪽)도 함께 보십시오. 다만 그녀에게는 연도나 사실에 대한 감각은 거의 남아 있지 않습니다.
8 *{히포크라테스(기원전 460년경~기원전 370년경)가 태어나고 자란 섬으로, 에게해 남동쪽 아나톨리아반도 해안가에 있다.}
9 *{크로톤에서 동남쪽 오늘날의 콜로나곶에 있는 헤라 라키니아Hera Lacinia 신전을 말한다. 바다가 내려다보이는 높이 솟은 절벽에 자리한 이 신전은 기원전 6세기에 세워졌으며, 피타고라스학파가 살았던 시기인 기원전 5세기경 증

크로톤의 헤라 신전에 마지막으로 남은 기둥

을 멀리서부터 반깁니다. 여신에게 경의를 표하기 위해 해안가의 모든 도시에서 온 그리스인들이 헤라 신전에서 모여 연맹을 맺습니다. 이는 타라스가 직접 시바리스를 멸망시켰던 것이 아니라면, 크로톤이 시바리스를 절멸시켰던 이후였지요. 여신에게 경의를 표하기 위해 크로톤의 순결한 여자들은 — 타라스와는 매우 달리 — 장신구도 걸치지 않고 자주색 드레스도 입지 않습니다.[1] 여자들과 남자들은 헤라에게 제물로 바치기 위해서 옛날 오디세우스의 처참한 선원들이 헬리오스에게서 훔쳤던 만큼이나 많은 소를 잡습니다.[2] 피타고라스가 자신의 이름이 붙은 삼각형 정리를 증명했을 적에 그 역시 이 풍속에 따르며 {헤라 여신에게} 백 마리의 소를 제물로 바쳤었지요.[3] 크로톤이 {기원전} 570년에서 480년 사이에 그리스에서 가장 이름난 운동선수들로 꽃을 피웠으며, 이들이 올림피아와 델포이에서 열린 경기에

축되어 16세기까지도 대부분 온전한 상태로 남아 웅장한 모습을 하고 있었다고 전해지나, 어느 주교가 성당을 지을 재료로 쓰기 위해 약탈하고 파괴한 이후 현재 도리스식 기둥 하나만 남아 있다.}

1   리코프론, 알렉산드라, 859~864행.
2   마우리초 잔줄리오, 1989, 73쪽.
3   디오게네스 라에르티오스, 이름난 철학자들의 삶과 가르침, 8권 12절.

서 가장 많은 승리의 월계관을 땄다는 사실은[1] 틀림없이 그들이 하루에 열여섯 근[2]의 고기를 먹었다는 것을 전제합니다.[3] 그런 까닭에 크로톤의 의사들은 운동선수들이 무엇을 얼마나 많이 먹어야 하는지를 적어 줍니다.[4] 원소Element들이 일상으로 — 즉, 문자로 스며듭니다.

크로톤의 알파벳은 시키온 혹은 코린토스에서 온 아카이아식 알파벳입니다.[5] 이 크로톤의 알파벳이 먼저 이웃 야만인들에게로 퍼져나갑니다. 그리하여 이들은 {기원전} 500년경 자신들의 언어를 기록하는 법을 배우게 되는데, {야만인들이 직접 알파벳을 배우고 받아들여 취한 것이지} 그리스인이 {자신의 신들과 문화를 받아들이라고 홍보하고 권하는} 선교사라는 직업으로 스스로를 낮춘 적은 없기 때문입니다. 타라스는 처음에 모도시 스파르타처럼 도리스식 알파벳으로 기록했었지만 결국에는 아카이아식 글자가 타라스까지 밀고 들어갑니다.[6] 이렇게 해서 {그리스 전역에서} 공동으로 사용되는 하나의 아름다운 글자 모양이 생겨나게 될 것입니다. 그리고 이 글자 모양은 피타고라스로 하여금 사유할 수 있게끔 했을 것입니다. 반대로 이 모든 것들 가운데 우리에게 전해지고 있는 것은 — 파피루스 발굴품이라는 우연을 제외하면 — 오로지 중세 시대의 대형 서적[7] 속에 실려 있는 후기 고전기 필사본뿐입니다. 생각할 거리를 주는 최초의 수數가 단어로 적혔었는지 숫자로 적혔었는지, 우리는 이렇게 다시 한번 알지 못하고 맙니다. 아무튼 옛날에 크로톤은 《이탈리아를 이끄는 유서 깊은 도시였으며, 성을 쌓은 언덕 위에》 있었습니다. 반대로 {황제} 네로 지배하에서는 그리스 숫자가 그저 유산 사냥꾼들에게만 쓰였을 정도로 크로톤이 타락했었습니다.[8]

---

1 파우사니아스, 그리스 이야기, 6권 8장 5절. 이암블리코스, 피타고라스적 삶의 방식, 8장 44절.
2 *{독일어권의 옛 무게 단위인 '푼트Pfund'를 임의로 '근斤'으로 옮겼다. 시대와 지역에 따라 푼트의 값은 달랐으나, 오늘날에는 500g의 무게를 지칭한다. 리트벡(2002, 24쪽)의 추측에 따르면 크로톤의 씨름 선수 밀론은 하루에 고기 8kg을 먹었다고 한다.}
3 크리스토프 리트벡, 2002, 24쪽.
4 요한 루트비히 하이베르크, 1925, 93쪽.
5 제프리, 1990, 42쪽.
6 카펜터, 『알파벳. 그리스 문자의 발생과 발전』(폴 펴냄), 1968, 38쪽.
7 *{'대형 서적'이라고 옮긴 폴리안트Foliant는 폴리오 판형으로 인쇄된 책을 일컫는 말이다. 폴리오 판형은 중세 유럽에서 만들어진 서적에서 사용된 가장 큰 크기이며, 오늘날의 A3 용지의 크기와 비슷하다.}
8 페트로니우스, 사티리콘, 116절.

1.5.2.2 메타폰티온

메타폰티온이라는 이름이 말하듯, 개척하기 위해 이주하는 아카이아의 기준에서 본다면[1] 이 도시는 바다 건너에 있습니다. 메타폰티온은 아르테미스/아폴론 남매에게 신성한 곳이며,[2] 따라서 도시의 젊은 여자들과 남자들이 스파르타에서와 거의 비슷하게 나이의 문턱을 넘을 수 있도록 이끕니다. 이따금 신부들이 젊은 숫양으로서의 디오니소스에게 미쳐 날뛰곤 할 뿐입니다.[3]

메타폰티온은 제도판 위에서 생각해 낸 도시들 가운데 하나였습니다. 새로운 것을 세운다는 것은 새로운 것을 감행하는 것이었지요. 항공 사진 고고학자가 지금까지 볼 수 있었던 바에 의하면, 길과 들이 끊임없이 직각을 이루고 있었습니다. 따라서 이 도시 자체와 그 주변 지역은[4] 피타고라스가 순수한 학문으로 끌어올릴 수 있었던 기하학을 이미 제시하고 있습니다.

메타폰티온의 아고라에는 아폴론을 기리고 모셨던 제단과 입상이 있는데, 이는 헤로도토스 시기까지 이어집니다. 7년 동안 이미 두 번이나 저승으로 사라진 적이 있었던 비밀 가득한 아리스테아스가 한번은 메타폰티온에 돌연 나타나서 명하기를, 이 새로운 신{아폴론}에 경의를 표하는 이탈리아의 유일한 도시가 되라고 하고는 그 후 곧바로 세 번째로 무無로 향했습니다. {아리스테아스가 내린} 이 명命이 델포이에서 재차 승인되자, 메타폰티온 사람들은 문자 그대로 모든 것을 이행했습니다. 이렇게 해서 그들은 오랫동안 잘 살았고,[5] 또한 심연으로 사라지는 피타고라스의 삶이 {아리스테아스의 나타남과 사라짐을 통해} 일찍이 미리 한 번 살아졌습니다. 한니발이 최후의 위기에 빠진 카르타고를 로마로부터 보호하기 위해서 {기원전} 204년 그가 충실히 여겼던 대그리스를 떠나야만 했을 때, 그는 메타폰티온의 모든 그리스인들

---

1 *{바다(폰토스πόντος) 건너/한가운데(메타μετά)에 있다는 뜻이다. 크로톤과 메타폰티온은 펠로폰네소스 반도 북쪽에 살던 아카이아인들이 이주하여, 타라스는 같은 반도의 남쪽에 살던 스파르타인들이 이주하여 세운 도시이다.}
2 플루타르코스, 델포이 신전의 피티아가 왜 더는 운율에 맞추어 신탁을 내리지 않는지에 대하여, 9장 398f절.
3 바킬리데스, 11번 파편, 롭 고전 문고. 킹슬리, 1995, 265쪽. 오토, 1996(6), 153쪽.
4 플루타르코스, 스파르타인의 속담, 17, 233ab절.
5 헤로도토스, 역사, 4권 14장~.

메타폰티온의 헤라 신전

을 배에 태워서 {카르타고로} 데려갔습니다. — 처음으로 텅 비게 된 도시는 몰락했고[1] 지금은 신전의 하얀 기둥 열다섯 개만 남아 있습니다. 삼니움의 야만인이 모든 다른 것을 파괴해버렸지요.[2]

어쨌든 다음과 같이 말할 수가 있습니다. 처음에는 야만인들에게, 그 다음에는 로마인들에게 패배하여 굴복하기 전까지의 대그리스 전역은 — 디오니소스에서 페르세포네에 이르는 — 어둡고 모호한 신들 또는 저승의 신들이 지배하고 있었지만 오로지 메타폰티온과 크로톤에서만은 또한 아폴론의 밝은 한낮이 지배하고 있었다는 사실입니다.[3] 아마도 바로 그 때문에 피타고라스는 어둠이 빛을, 음악이 마테시스를 마주했던 바로 그 땅으로 갔었을 것입니다.[4]

---

1 왜 메타폰티온을 둘러싸고 있던 성벽에서부터 극장에 이르기까지 모든 것이 완전히 사라졌는지 모르겠다는 파우사니아스의 의문은 {이렇게} 부분적으로 대답될 수 있습니다.
2 스트라본, 지리학, 6권 1장 15절.
3 부르케르트, 1962, 178쪽~.
4 *{2.1.1.7.}

1.5.2.3 타라스/타란토[1]

> 벌거벗어도 사랑은 여전히 무장했네.
> 비너스의 경야

그런데 가장 모험스러운 것은 타라스의 기원입니다.[2] 미케네 문명이 세워졌던 자리에는, 아마도 일리리아에서 건너왔었던 민족인 이아퓌기아인들이 수 세기가 넘도록 살고 있었습니다. 도리스인들이 이아퓌기아인들을 추방 또는 아예《몰살》[3]을 해 버렸을 때, 이에 관해 우리에게 남아 있는 것은 기독교인들로부터 수치스럽게 윤색된 그저 혼란스러운 지식뿐입니다. 그럼에도 불구하고 우리는 옛적에 모도시와 딸 도시 사이에 있었던 자유란 무엇이었는가를 그럭저럭 판단할 수 있습니다. 왜냐하면 타라스의 기원은 스파르타였고, 그래서 두 도시가 명을 듣고 따랐기 때문입니다.[4]

우리는 우선 난잡하고 혼탁한 기독교 버전의 기원으로 시작합니다. 그러면 이주자를 선택함에 있어서 발휘되었던 스파르타의 분별력이 더 밝은 빛으로 발산할 수 있을 것입니다. 후기의 모유 제품과도 같은 오싹한 이름을 가진 — 루키우스 코엘리우스 락탄티우스 피르미니아누스는 +320년 스파르타의 아프로디타를 포함한 모든 이교도 신들이 그저 {신이라고} 부풀려진 인간들일 뿐이었다고 조작할 수 있는 증거를 찾아 나섭니다. 그래서 이 교회의 아버지{교부敎父}는 사랑의 문제에 대해서도 예외적으로 침묵할 수가 없었습니다.

리쿠르고스가 {법을 제정하여} 스파르타를 존재로 불러왔던 직후인 −720년, 스파르타는 메세니아 북쪽의 비옥한 평야를 정복하여 그곳에 거주하고 있던 민족들을 언제나처럼 노예화하려는, 끝내 성공적이었던 세 시도들 가운데 첫 시도에 착수했습니다. 《라케다이몬인들이 포위하고 있었던 도시 메세네의 주민들은 몰래 도주하여 여자들만 남아 있었던 스파르타를 약탈

---

1 *{이 도시의 이름은 그리스어로 타라스Τάρας, 이탈리아어로 타란토Taranto이며, 라틴어로는 타렌툼Tarentum, 독일어로 타렌트Tarent라고 한다. 키틀러는 대체로 그리스어 지명을 사용하는데, 가끔 독일어 지명을 사용하는 경우 타란토로 옮겼다.}
2 슈펭글러(1966, 377쪽)는 이 설명하기 어려운 장소 이름을 타르타로스처럼 〈서쪽〉과 관련짓습니다.
3 스트라본, 지리학, 6권 3장 2절.
4 로이만, 1993, 295쪽.

했다. 그러나 그 여자들은 적을 물리치고 쫓아냈으며 남편들을 향해 나아갔다. 그동안 스파르타인들은 그 계략을 발견하고는 적을 추적하였다. 여자들은 무장한 채로 도시 밖 멀리까지 그들을 쫓아갔다. 그런데 그들은 자신의 남편들이 전투를 준비하고 있는 것을 보았고, 그 남자들이 메세니아인들이라고 착각하고는, {스파르타} 여자들은 벌거벗었다. 그리고 그들의 부인들을 알아본 남편들은 그러한 모습에 뜨거운 욕망에 가득 차 무장한 채 뒤섞여 성교했다. 젊은 남자들과 처녀들의 이러한 관계를 통해서, 소위 파르테니아이들이 태어난다. 이 사건에 대한 기념으로 스파르타인들은 후에 〈무장한 아프로디테〉를 위하여 신전을 하나 세웠다.》[1]

락탄티우스는 이토록 맹목적이고 혼란스럽게 스파르타의 두 종족, 라코니아인과 메세니아인 사이에서, 무장함과 벌거벗음 사이에서 헤매고 있지만 스트라본의 『지리학』은 그리스적으로 견고하게 맹세하며 동일한 이야기를 다음과 같이 전개합니다.

스파르타인들은 제1차 메세니아 전쟁에 참전하면서 《도시 메세네가 파괴되거나 함께 전멸하기 전에는 차라리 집으로 돌아오지 않겠다고 맹세하였다. 그리고 그들은 도시를 보호하기 위해 가장 어린 아이들과 가장 나이가 많은 노인들만을 남겨두고 떠났다. 그런데 나중에, 전후 십 년째 되던 해에 스파르타의 여자들이 모여 결정하기를, 자신들 중 몇몇을 전쟁터로 파견하여 남편들에게 그들이 메세니아인들과 동등하지 않은 조건에서 싸운다고 불만을 제기하기로 하였다. 왜냐하면 메세니아인들은 자기들의 땅에서 싸우고 있었기에 여자들과 함께 아이를 만들 수 있었지만, 반대로 자기 스파르타인들은 부인을 과부로 선고해 둔 채 멀리 적의 땅에 서 있었기 때문이다. 그리하여 그녀들은 남자들 없이 지내는 것이 고향을 위험에 처하게 한다며 항의하였다. 라케다이몬인{스파르타인}들은 자신들의 맹세를 지키는 동시에 아내들의 주장과 근거를 명심하며 따르고자 했기에, 가장 힘이 넘치며 동시에 가장 젊은 남자들을 스파르타로 보냈다. 왜냐하면 이들은 병역

---

1 락탄티우스, 신성 교리, 1권 20장 29~31절. 아프로디타 아레이아* 신전에 대해서는 파우사니아스(그리스 이야기, 3권 15장 10절)를 보십시오. ⇐ 1.3.3.3. *{아레이아 Ἀρεία는 '아레스 같은'이라는 뜻으로, 아레스와 같이 완전히 무장한 모습으로 아프로디테를 묘사하는 수식어이다.}

의무가 있는 성인 남자들과 함께 처음 전쟁터로 나왔을 당시에 어린이였기 때문에 아직 맹세를 하지 않았다는 것을 알고 있었기 때문이다. 이제 그 젊은 남자들과 모든 처녀들이 섞이도록 명이 내려졌는데, 그렇게 해야지만 처녀들이 더 많은 아이들을 가질 수 있다고 생각했기 때문이다. 이 모든 것이 이루어졌을 때 {그렇게 태어난} 아이들에게 파르테니아이라는 이름이 주어졌는데, 처녀의 아이들이라는 뜻이다.》[1]

이로부터 우리는 세 가지를 배웁니다. {첫째} 그리스의 처녀들은 기독교의 처녀들과는 뚜렷하게 구별된다는 것입니다. 그리스에서 {여자들이} 처녀라고 불리는 것은 상처 나지 않은 막 때문이 아니라 아이를 임신하기 때문입니다.[2] {우리가 배우는} 다른 것으로는, 남자들이 여자들과 잇달아 잠자리를 같이 하면 할수록 여자들이 아이들을 많이 낳는다는 그리스인의 믿음입니다.[3] 세 번째의 것이 결정적인데, 남자들이 평화 혹은 전쟁의 의무를 다하는 동안 스파르타의 여자들은 (명命에 따라) 집과 마당만을 다스리기는 합니다. 그렇지만 사랑과 투쟁 그리고 죽음으로 가득한 사나운 세상에서 남자들\남편들 혹은 아들들이 전시에 순종해야만 하는 사람은 여자들\아내들이라는 것입니다.[4]

색색의 뒤섞임 이후 팔 년이 지나자 메세네는 마침내 함락되었습니다. 십 년이 더 흐르자 파르테니아이들이 반란을 일으켰는데, 정실 아들들과 같은 권리를 누리지 못했기 때문이지요.[5] 그들은 이 전투에서 패배한 후 (우리처럼) 포세이돈의 높은 곳과 집, 타이나론으로 도주했습니다.[6] 그런데 스파르타는 그들에게 검은 배를 내놓으며, 거친 젊은이들에게 이주할 자유를 주었

---

1   스트라본(지리학, 6권 3장 3절)이 인용한 {고대 그리스의 역사가} 키메의 에포로스의 글입니다. 독일어 번역은 시사(1990, 81쪽)를 보십시오. 결혼이라는 의무에서 오는 이 모든 상처들을 바흐오펜(1956[(2)], 481쪽과 615쪽)은 뻔뻔하게 무시하고 지나가서, 타라스에도 헤타이라적\매춘적-모권적 기원을 날조합니다.
2   시사, 1990. 드브뢰, 1986, 90~97쪽.
3   헤시오도스, 신들의 계보, 53~62행. 아리스토텔레스, 동물론, 6권 33장 579b31~580a4절(헤라클레스와 이피클레스의 신화적 예시들입니다)*. *{인용된 헤시오도스는 아홉 명의 무사들이 태어나는 부분이고, 아리스토텔레스의 해당 부분은 토끼들이 어떻게 번식하는가에 대한 내용을 담고 있다.)
4   아리스토텔레스, 정치학, 2권 9장 1269b12~1270a15절. 플루타르코스, 리쿠르고스와 누마의 비교, 3장 5절. 플루타르코스, 아기스의 삶, 7장.
5   아리스토텔레스, 정치학, 5권 7장 1306b26~31절.
6   파우사니아스, 그리스 이야기, 3권 12장 6절.

습니다. 이렇게 후일 이탈리아의 가장 큰 도시가 −707년에 세워졌습니다.[1] 가장 아름다운 김나시온과 가장 멋진 아고라와 함께 타라스는 더 빛을 발휘했고[2] 다른 모든 것들을 견뎌 냈습니다.

따라서, 타란토를 그토록 아름답게 만드는 피콜로 마레[3]에서 강의 이름을 한 어느 님프가[4] {스파르타에서 건너오는} 파르테니아이 혹은 포세이돈의 착륙을 기다리고 있고, 그와 함께 다시금 거친 아이를 낳아 그 이름을 타라스라고 짓습니다.[5] 존재사는 결코 진보Fortschritt가 아니라 재귀Rekursion입니다. 바로 이러한 기원 때문에 이 도시는 — 무엇보다도 금은 동전에서 — 포세이돈을 신성하게 모십니다.[6] 그럼에도 불구하고 {기원전} 600년이 조금 지나 지어진 이탈리아의 가장 오래된 석조 신전은 {포세이돈이 아니라} 어느 여신에게 바쳐졌는데, 분명 아프로디테에게 바쳐졌을 것입니다.[7] 어쨌든 오로지 타라스와 스파르타만이 아프로디타를 《여왕》으로 경배합니다.[8] 그녀는 다스리고, 이로써 모두에게 모든 것을 자유롭게 합니다. 특히 {타라스에서} 여자들은 가벼운 생활을 했고 이주의 자유를 가졌습니다. 그 외에는 모도시 {스파르타}에서만 그러하지요. 절제 없이 적포도주에 취한 타라스에서 디오니소스가 아프로디타와 함께 얼마나 위세를 떨치는지를 보고는 스파르타인들조차 놀랍니다. 디오니소스를 기리기 위해 도시 전체가 취했지요.[9] 요컨

---

1 아리스토텔레스, 정치학, 5권 7장 1306b29~31절. 파우사니아스, 그리스 이야기, 10권 10장 8절.
2 스트라본, 지리학, 6권 3장 1절.
3 *{마레 피콜로Mare Piccolo는 이탈리아어로 '작은 바다'라는 뜻으로, 타라스(타란토)의 항구이자 육지로 둘러싸인 내해의 이름이다. 정박지가 있는 그 앞바다는 '큰 바다'라는 뜻의 마레 그란데Mare Grande라고 한다.}
4 *{타라스는 그 길이가 2km 정도인 작은 강의 이름에서 유래했다고 전해지는데, 오늘날 이 강의 이름은 타라Tara이다.}
5 베르길리우스 농경시 주석집, II 197. 라슨(2001, 224쪽)에서 재인용.
6 호라티우스, 송가, 1권 28장 29행.
7 체르키아이, 2004, 149쪽.
8 우제너, 1948(3), 228쪽. 뷔예미에르, 1939, 493쪽. 체르키아이, 2004, 152쪽. — 그러나 그와 동시에 엠페도클레스가 키프리스를 태초의 《여왕》으로 기린다는 것, 따라서 다시 한번 피타고라스적인 남이탈리아와의 연관성이 성립된다는 것은 간과된 채 남습니다.
9 플라톤, 법률, 1권 637b절. 메길로스*에 따르면 《{흥청거리며 취하는} 이러한 일들은 우리 스파르타에서는 일어나지 않는다》고 하는데, 분명 메길로스{라는 등장인물}는 플라톤 자신을 숨기고 있을 것입니다. 플라톤은 아르키타스가 초청한 손님으로서 {기원전} 389년 이후 타라스를 여러 번 방문했었지요. *{플라톤의 『법률』에 등장하는 스파르타인으로, 실존 인물로서는 펠레폰네소스 전쟁 기간인 기원전 408년에서 407년경 사이에 아테네를 방문했던 스파르타의 외교관이라고 알려져 있다.}

대 (플라톤이 비웃으며 고수하듯) 타라스뿐 아니라 시라쿠사이에서도 《행복하게 산다》는 것은 다음과 같은 두 가지를 뜻합니다. 아무도 낮에는 (아테네에서처럼) 그냥 한 끼를 때우지 않는 것이며, 아무도 밤에는 (소위 철학자들처럼) 홀로 잠들지 않는 것입니다.[1]

따라서 타란토인들은 가능한 한 자주 만나고 술잔치를 벌이기 위해서[2] 서로서로 아름답게 합니다. 여자들은 (이른 시기 우리의 축제에서처럼) 몸이 비칠 정도로 곱게 짠 양털로 만든 드레스를 입습니다. 나중에는 남자들도 따라하면서 옛 영웅처럼 보이기 위해 장식 핀 한 개로만 고정시킨 타란티논이라는 이름의 클라미스[3]를 입었습니다.[4] 그리고 타란토인들은 스파르타의 풍속에 따라 머리를 아름답게 기르는 것에만 만족하지 않고, 음모를 자르고 몸에 향유를 발라 빛을 발하고 반짝였습니다.[5] 베나프룸에서처럼 올리브기름이 흐르고, 팔레르누스산에서처럼 포도주가 흐르며, 꿀은 히메토스에서처럼 흐르기 때문입니다.[6]

삶의 이 모든 행복이 처음부터 《과잉과 탐닉》으로 나타난 것은 아니었으며, 타라스를 지배하는 아르키타스 훨씬 이후인 후고전기에[7] 그렇게 변했습니다. 아르키타스와 함께 피타고라스의 수왕국은 맥이 끊기게 되었지요. 플라톤의 진본이라고 밝혀진 일곱 번째 편지가 그 반대를 증명합니다. 아르키타스가 살아서, 아르키타스가 다스리는 동안 (사포처럼) 아무도 밤에 홀로 잠들지 않습니다.

이렇게 나는 밤을 바라보며 그대의 눈을 찾습니다.

---

1 플라톤, 편지들, 일곱째 편지, 326bc절. 호라티우스(대화집, 2권 4장 43절)와 비교하십시오.
2 아테나이오스, 현자들의 연회, 4권 166ef절.
3 *{어깨에 망토처럼 두르는 겉옷이다.}
4 뷔예미에르, 1939, 231쪽.
5 아테나이오스, 현자들의 연회, 12권 522d절. 518ab절과도 비교해 보십시오.
6 호라티우스, 송가, 2권 6장 9~20행.
7 스트라본, 지리학, 6권 3장 4절 ⇐ 1.3.3.5. 호라티우스(대화집, 2권 4장 43절)에 나오는 《몰레 타란툼 molle Tarentum*》도 함께 보십시오. *{라틴어로 '부드러운 타란토'라는 뜻으로, 호라티우스가 타란토는 전쟁을 싫어한다고 묘사하며 쓴 말이다.}

1.5.3   수數 알파벳

> 수數는 모든 방식으로 본질로 이끈다.
> 플라톤, 국가

질서가 대大그리스를 지배합니다. 투리오이[1]의 모든 길들은 — 메타폰티온의 들처럼 — 피타고라스적으로 엄격하게 수직으로 놓여 있습니다.[2]

측정 그 자체를 측정하고 동시에 {그 값을} 말하기 위해서는 두 번째의 무언가가 필요합니다. 바로 수數이지요. 언젠가 누군가 나타나 숫자를 발명합니다. 유일한 모음 알파벳 자체에서 이끌어 낸 숫자이지요. 그렇지만 그리스인들에게 이 사건은 — 말소리 알파벳과는 달리 — 용사나 건국 영웅의 {이야기를 붙일 만큼} 가치는 거의 가지지 않았습니다. 수 또는 숫자(이 둘은 서로 모호하게 남습니다)를 《모든 앎의 핵심》으로 도입했다는[3] 영예는, 글자도 발명했다고 여겨졌던 팔라메데스와 프로메테우스에게만 주어졌습니다. {그리스 알파벳을 숫자로도 사용하기 시작한 것이} 언제인지 그리고 누구인지는 오늘날에도 여전히 불확실합니다. 하지만 나중에는 {그리스의} 소리글자에서 사라지는 북시리아의 두 기호가 새로운 {글자} 오메가와 함께 사모스섬에서 동시에 입증되었다는 사실이 말하는 것은, 초기라는 시기와 사모스섬이라는 장소입니다. 이곳은 위대한 무역상들의 섬이자 피타고라스의 섬이지요.[4]

어쨌든 이러한 숫자 집합이 의심할 바 없이 증명되는 최초의 장소는 대그리스입니다. {기원전} 580년과 570년 사이에 포세이도니아, 즉 옛 관광 엽

---

1   *{투리오이Θούριοι는 타란토만에 위치한 대그리스의 도시 중 하나이다. 폭군의 독재하에 있던 도시 시바리스가 기원전 510년 올림피아 우승자이자 피타고라스의 사위였던 크로톤의 밀론에 의해 무너진 이후(2.1.1.6.1), 이때 살아남아 포세도니아(파에스툼)로 탈출했던 시바리스 사람들의 후손이 기원전 443년 옛 시바리스 근처로 돌아와 세운 도시이다(2.2.2.2).}
2   디오도로스 시켈로스, 역사 총서, 12권 10장.
3   아이스킬로스, 결박된 프로메테우스, 456~461행. 고르기아스, 팔라메데스 변론, 30절 = DK(6) 82, B 11a, 30. 이와 함께 미하엘 프란츠(1999, 143쪽), 그리고 플라톤의 『파이드로스』(274c절)와 『국가』(7권, 522c절)도 함께 보십시오. 숫자 외에도 팔라메데스가 발명한 것이라고 여겨지는 것에는 주사위(파우사니아스, 그리스 이야기, 10권 31장 1절)는 물론 크기와 무게를 재는 단위도 있습니다(고르기아스, 팔라메데스 변론, 30절). 따라서 세상의 모든 것은 수數이며 척도라는 위대한 명제는 필롤라오스 훨씬 이전에 시작되었습니다. 『지혜서』의 11장 21절은 말할 것도 없습니다.
4   마르게리타 구아르두치, 1967, 1권 422쪽.

서에 등장하는 파에스툼 신전의 벽 위에 돌연 {그리스 알파벳 숫자가} 나타납니다.[1] 존재하는 무엇이, 스파르타나 아테네 같은 비좁은 곳에서보다도 더 일찍 훨씬 더 자유롭게 대그리스의 넓은 공간에서 이렇게 계획하고 계산합니다. 이탈리아의 신전들은 또한 수를 훨씬 더 엄격하게 따릅니다.[2] 이렇게 해서 마침내 타라스에서 유일본 하나가 나타났습니다. 그것은 바로 유일한 그리스의 테라코타-주사위로, 이 주사위의 여섯 면에는 점이 아니라 알파벳 숫자로 적혀 있습니다.[3]

스파르타에 패전한 이후 {기원전} 403년까지 관료적으로 고집스럽게 견지했었던 낙후한 아테네의 아둔한 숫자 집합[4]은 『오디세이아』에서의 프로테우스만큼이나 오래된 것처럼 보이기는 하지만[5] {사실} 대그리스에서 처음으로 증명됩니다. 그것은 {기원전} 500년경[6] 크로톤의 딸 도시 가운데 하나인 카울로니아의 건축 테라코타 위에 기록된 것으로, 그리스어 단어의 첫소리를 기입하는 방식인데 다섯을 뜻하는 그리스어 펜테πέντε의 파이Π나 열을 뜻하는 데카δέκα의 델타Δ처럼 씁니다. 이렇게 손쉽게 천까지 계속됩니다.[7] 그러나 다섯 묶음으로 작은 돌이 분배되어 있는 주판으로 계산할 때를 제외한다면,[8] 그러한 조잡한 약자略字로는 거의 셈을 할 수가 없습니다. Π + Π는 간신히 Δ가 됩니다. 수를 나타내는 단어의 첫소리에 따라 이름이 지어진 이 숫자들, 즉 두음 서법으로 써진 숫자들은 그리스인들의 알파벳이 직접 이끌

---

1   구아르두치, 1967, 1권 424쪽. 따라서 출토품들은 할리카르나소스의 -450년이라는 후기의 연도 설정 문제를 해결합니다(토마스 히스 경, 1921, 1권 32쪽).

2   베를린의 볼프강 뢰슬러에 감사를 표합니다.

3   뷔예미에르, 1939, 235쪽.

4   이 {첫소리로 수를 표시하는 아테네의} 국가 공식 숫자가 있었지만, 페리클레스 치하 때 이미 아테네인이 무역상 알파벳 숫자를 사용하는 데 방해가 되지는 않았습니다(마커스 N. 토드, 1979, 95쪽).

5   〈바다의 노인〉은 암컷 바다표범의 합(아리트모스άριθμός)을 구하기 위해 다섯 손가락(펨파제이 πεμπάζει*)으로 꼽아 봅니다(오디세이아, 4권 451행과 4권 412행). 반대로 오디세우스는 자신이 받은 선물들을 이미 수를 나타내는 단어로 끝까지〈세어〉 봅니다(오디세이아, 13권 215행). *{'나는 세다'라는 뜻의 펨파조πεμπάζω는 다섯을 뜻하는 아이올리스 방언 펨페πέμπε에서 유래한 말로, 손가락으로 하나하나 세는 행위를 나타낸다.}

6   구아르두치, 1967, 1권 424쪽.

7   *{이 두음 숫자로 백, 천, 만은 각각 헤카톤, 킬리오이, 뮈리오이의 첫 글자인 H(에타), X(키), M(뮈)이다.}

8   『일리아스』와 『오디세이아』가 다섯 묶음으로 {세면서} 입증하는 {다섯에 대한} 그 선호는 일찍부터 사용되었던 주판을 말해 주고 있습니다. 플루타르코스(신탁의 쇠퇴에 관하여, 35장 429d)와 비교해 보십시오.

었던 {표음의} 원리를 재귀적으로 수의 왕국에 응용하고 있습니다. 그 밖에 이 두음 숫자는 단순하게 미노스의 크레타에 이미 있었던 선형문자 A와 선형문자 B{의 원리}를 계승합니다. 이 두 문자는 (오늘날의 위상 수학자들처럼) 모든 항아리들을 {지시하는 글자들을} 손잡이나 구멍의 개수에 따라 정렬했었지요.[1] {항아리라는 글자를} 음절문자로 완성하는 것이 아니라 말이지요. 언제인지도 알 수 없는 먼 옛날에 한 자리 수를 표시했던 막대기 물표의 새김 자국 이외에도 십, 백, 천 그리고 만 단위를 나타내는 특별 기호나 종합 기호는 −1800년 이래로 있었습니다.[2]

호메로스를 기록하기 위해 생겨났던 모음 알파벳이 바로 이렇게 진실로 끝을 맺습니다. 삼발이라고 읽을 수 있도록 {소리글자가} 주어져 있기에 삼발이는 더 이상 그림을 필요로 하지 않습니다. 아이올로스의 열두 아이들은 {수를 셀 때} 부드러운 점토 위에 선을 긋지 않으며, 가인은 단어로 수량을 말합니다. 크레타가, 하필이면 크레타가 서로 다른 언어 세 개와 도시 아흔 개를 간직하고 있으며, 오디세우스는 그 수를 셀 때 선으로 새기는 것이 아니라 차례로 {단어로} 헤아립니다.[3] 이렇게 그리스의 알파벳은 오랫동안, 그러니까 아둔한 로마인들 이전까지 그림·글자·수를 하나로 녹입니다. 수많은 착오 이후, 글자들·그림들·음들 등등이 오로지 0과 1로만 이루어진 튜링의 멋진 은하에 착륙한 우리가 비로소 이것이 뜻하는 바가 무엇인지를 다시금 예감할 수 있게 되었습니다. 왜냐하면 헤스페리아{중세 이후 서유럽}는 헬라스{고대 그리스}와는 반대로, 이미 그 시작에서부터 이 기호 집합들을 따로, 즉 말소리들·수數들·음音들을 위한 각각의 기호로 떼어놓았기 때문입니다. 에트루리아인에게서 우리의 문자가,[4] 인도인들과 아랍인들에게서 우리의 숫

---

1   *{아티케의 두음 숫자에서 1에 해당하는 기호는 I(이오타)인데, 이는 예외적으로 하나를 뜻하는 그리스 단어와는 상관이 없으며, 이오타의 개수에 따라 그에 해당하는 수를 나타내기 위해 사용되었다. 이 점은 로마의 기수법과 비슷하여, 예를 들어 3은 이오타를 세 번 나열하여 III로 쓴다. 그리스의 두음 숫자가 로마의 기수법과 다른 점은 더하는 방식만 쓴다는 것인데, 따라서 4는 IIII로 쓰지 IП라고는 쓰지 않는다.}
2   라타치, 2003, 293쪽. (훨씬 덜 정확하십시오) 다음도 참고하십시오. 오스월드 A. W. 딜케, 『고대의 수학과 측정법』, 라인하르트 오트웨이 옮김, 슈투트가르트: 1991, 22쪽.
3   오디세이아, 19권 174행.
4   *{에우보이아섬의 칼키스식 그리스 알파벳에서, 이탈리아의 이스키아섬과 쿠메의 에트루리아 알파벳이 유래했으며, 이 에트루리아 문자에서 오늘날 가장 널리 쓰이는 문자인 로마자(라틴 알파벳)가 유래했다.}

자가 유래하였으며, 악보는 한 가난한 수도사[1]가 고안해 냈습니다. 대수학과 그 결과에 관해서는 말할 것도 없지요.

그런데 이것, 이 알파벳 수는 무엇일까요? 그리고 그것은 무엇을 입력했을까요? 답은 이미 알파벳으로부터 나옵니다. 이 {그리스의} 글자는 말소리의 마디를 나눌 뿐 아니라 스토이케이아στοιχεῖα로서의 고정된 순서로 전개됩니다.[2] 그리스인들이 {직접} 그 〈순서〉를 발명한 것이 아니라 바로 완성되어 있는 상태로 넘겨받았기 때문에 그리스인들은 예를 들면 엡실론E이 다섯 번째 자리에 있다는 것을 처음으로 알아채게 되었습니다.[3] 바로 알파벳의 이러한 서수성{순서성}Ordinalität이 이제 수체계를 기수성{으뜸성}Kardinalität으로 인도합니다. {기원전} 580년 이래로 첫 아홉 글자는 하나에서 아홉까지 일의 자리 수로, 다음 아홉 글자는 열에서 아흔까지의 십의 자리로, 그 다음 아홉 글자는 백에서 구백까지의 백의 자리 수로 읽습니다. 따라서 열두 살 아이들이 말소리 글자를 배운 직후에는 수에 대한 질문에 답할 수 있어야 했습니다. 《네가 읽은 단어 소크라테스SOKRATES에 몇 개의 글자가 있느냐?》 선생님에게 말해야 할 답은 {여덟을 가리키는 알파벳 숫자} 에타H였을 것입니다. 그런데 알파벳의 서수성이 질문의 범위를 전체적으로 열어 두었기에 다음과 같은 선생님의 질문이 뒤따르게 됩니다. 《그리고 소크라테스SOKRATES라는 이름에서 글자들은 어떤 순서로 나타나느냐?》[4] 따라서 알

---

1   *{11세기 이탈리아의 음악 이론가이자 수도사였던 귀도 다레초를 말한다. 그는 이전에 있었던 두 개의 선으로 기보하는 방법에 선 두 개를 더 추가하여, 오늘날 오선보의 기반이 된 기보법을 고안하였다. 그는 또한 노래의 음을 잘 기억할 수 있도록 음높이에 한 음절의 계이름을 붙이는 방법도 만들었는데, 이 계이름은 오늘날에는 '도레미파솔라시도'이지만, 6음 음계를 사용했던 당시 그가 만든 이름은 '울레미파솔라'였다.}

2   *{1.2.2.2. 스토이케이아는 처음에 '순서대로 나열된 글자들'을 뜻하다가, 이후 이오니아 철학자들의 자연과 우주에 대한 사유를 통해 '우주를 구성하는 원소 또는 요소들'이라는 뜻도 얻게 되었다고 키틀러는 강조한다(키틀러, 『데이터→수→코드』, 율리아 블루메와 귄터 카를 보제 펴냄, 그래픽 및 책 예술 대학교 강의 4, 책 예술 연구소, 라이프치히: 1998, 8~9쪽). 그 때문에 우주(코스모스Kosmos)라는 말에서 페니키아 문자를 그리스로 가져왔다고 하는 카드모스Kadmos의 이름이 울린다고 말이다(1.3.1.2). 그리고 이러한 사실은 글자 엘, 엠, 엔(l, m, n)이 차례로 나열되어 이루어진 라틴어 단어 엘레멘툼elementum에서도 특히 잘 확인할 수 있다고 말한다.}

3   이에 관해 상세한 내용은 플루타르코스가 「델포이 신전의 E에 관하여」(3장 385f절)에서 다루고 있습니다.

4   크세노폰, 오이코노미코스, 8장 14절. 크세노폰, 소크라테스 회상록, 4권 4장 7절. 여기에 히스(1921, 1권 19쪽)는 반짝이며 덧붙입니다. 따라서 플라톤이 단순히 일요담화만을 전승하는 동안, 우리는 크세노폰 곁에서, 읽기, 세기, 셈하기, 노래하기로 이루어진 기록체계가 어떻게 실습되었는지를 읽습니다.

파벳 숫자 집합은 두음 서법 숫자 집합과는 달리, 서수Ordinalzahl를 제시합니다. {알파벳 숫자로 넷인} 델타Δ는 네 번째이며 동시에 넷이지만 {두음 숫자로 열인} 델타Δ는 절대로 열 번째가 될 수 없습니다.[1]

따라서 이러한 숫자 집합은 글자 24개가 아니라 삼 곱하기 구 또는 27개를 필요로 하기에, 하지만 또 이렇게 많은 알파벳은 언제 어디서에서도 사용되고 있지 않기에 번안자는 나아가 더 이상 말소리를 기록하는 데 사용되지 않는 기호 셋을(6으로 디감마F를, 90으로 코파Ϙ를, 900으로 삼피ϡ를) 분명한 수학적 의도에서 재가동시키고[2] — 자, 보시지요. 1과 999사이에 있는 모든 수들을 그리스 알파벳으로 쓸 수가 있습니다. 늦어도 유럽이 1202년에는 넘겨받는 인도-아라비아의 자릿값 체계와는 달리, 십과 백의 글자 모양이 일과는 다릅니다. 하지만 그리스인들은 200과 같이 매끈하게 떨어지는 수에서 두 개의 영이나 빈 자리를 생략하지 않고 써야 하는 모든 수고를 아낄 수 있습니다. 시그마Σ 홀로 이미 이백을 뜻하기 때문이지요.

따라서 모든 문자 역사상 최초로 기호 집합 하나가 자기 자신에게로 몸을 굽혔습니다. 즉, 재코드화되었습니다. 재귀는 학문을 그 자체로 가능하게 하며, 그리스 정신은 사유를 가능케[3] 합니다. "알파벳 글자를 숫자로 사용한 것은 그리스인들이 최초이며, 페니키아인들에게서 물려받은 것이 아니다. 페니키아인들은 자신들의 알파벳을 숫자로 기록하려는 목적에서 사용한 적이 없었으며, 수를 위한 기호를 따로 가지고 있었다."[4]

그런데 그리스인들은 읽을 때 어떻게 본문 속에서 갑자기 수數가 나오는지, 아니면 평소대로 그저 다음 단어가 나오는지를 알 수 있을까요?[5] 간단하게

---

[1] 토드, 1979, 87쪽. 알파벳으로 된 숫자들이 가지고 있는 이러한 더 높은 권능이, 왜 보수적인 아테네조차 결국 스파르타에 완전히 패배한 직후에 이 숫자를 수용했는가를 설명하는 한 이유가 될 수 있을 것 같습니다(토드, 1950, 132쪽).
[2] 아이보 토마스, 1980[2], 1권 43쪽.
[3] 헤로도토스의 역사{이야기} 서술은 이렇게 수 기호를 서수적이며 동시에 기수적으로 읽을 수 있다는 가능성 위에 바탕을 두고 있었습니다(클라인쿤터, 1933, 47쪽).
[4] 히스, 1921, 1권 32쪽. 히브리어에서는 이 {숫자를 기록하는 페니키아식} 특수기호가 이미 이른 시기부터 잊힌 상태였으며, 모세오경에서 {단어로} 풀어쓴 수로 넘어갑니다.
[5] 샹트렌이나 다른 학자들과는 반대로 스벤브로(1988, 183쪽~)는, 아나기그노스코ἀναγιγνώσκω, 즉 〈나는 읽는다〉가 개별 글자를 알아보는 것Erkennen이 아니라, 그 뜻을 깨우친다Erfassen는 의미임을 보

도 대부분의 수들은 발음할 수가 없다는 사실로 알 수가 있습니다. 바로 이 것을, 즉 말해질 수 있는 것과 말해질 수 없는 것(알로곤ἄλογον)을 구분하는 것을 피타고라스학파는 배웁니다. ΧΞΣ라는 기호의 연속 어디에서도 울림소리가 들리지 않기에, 어느 누구의 입술 위에도 올라올 수 없습니다. 따라서 그것은 666만큼의 양을 가리킵니다. 따라서 우가리트{의 자음 쐐기문자}에서가 아니라 {그리스의} 모음 알파벳에서 처음으로 전이 확률 혹은 마르코프 연쇄 이외의 — kt로 시작하는 독일어 단어가 존재하지 않는다는 것과 같은 — 불가능성 또한 생겨납니다. 게다가 육백육십육은 괜한 예시가 아닙니다. 이것은 어떻게 그리스의 앎이 순전한 프로파간다의 희생물이 되었는지를 깜짝 놀랄 정도로 분명하게 보여 줍니다. 왜냐하면 헬레니즘 시기에, 즉 알렉산더의 세계 정복 이후 언젠가 그리스인이, 오직 그리스인만이 고안해 냈던 수數 알파벳이 역수입되어 다시 셈 문자에 들이닥쳤던 것이기 때문입니다.[1] 그로부터 육 세기 전에 {그리스 문자는} 이 셈 알파벳의 자음 글자를 모음 발음이 가능하게 번안했었지요. {셈 문자가 그리스의 수 알파벳을 역수입한} 이후로 게마트리아Gematria는 비할 데 없는 경건한 망상을 지시하고 있습니다.

물론 후기 그리스인들에게도 어떤 숫자들의 연속은 예외적으로 한 단어로 발음될 수 있다는 사실이 우습게 느껴졌을 것입니다. 가령 네일로스ΝΕΙΛΟΣ는[2] 나일강이 이집트에 선사하는 한 해가 그리스어로는 365일을 가지듯, 각 자릿수의 합으로 읽혔던 단어입니다. 50 + 5 + 10 + 30 + 70 + 200 = 365이지요.[3] 그런데 플루타르코스가 쓰는 바, 이것은 수수께끼 놀이나 술잔치와 같이 저녁 식사 후의 순진한 즐거움이었습니다.[4]

여 주고 있습니다.
1 토드, 1950, 136쪽. 도른자이프, 1922, 134쪽. 달리, 1967, 12쪽~. 심지어 다음과 같은 소위 실용서(그러니까 그냥 짜깁기한 편집서들)조차도 이에 동의합니다. 조르주 이프라, 『수의 보편사』, 프랑크푸르트/뉴욕: 1991(2), 303~306쪽. 고유명을 인코딩하고 있는 단어의 글자 연쇄에서 이렇게 자릿수 합을 구하는 것을 그리스인들의 "수학적 점치기divination mathématique"라고 뒤집어씌우려는 시도(오귀스트 부셰-레클레, 『고대 점술사』, 파리: 1879, 브뤼셀 재판본: 1963, 1권 258~265쪽)는 훨씬 후기의 증거들에서 실패합니다.
2 *{그리스어로 '나일강'을 뜻한다.}
3 헬리오도로스, 아이티오피카, 『에로스의 제국에서. 고대의 사랑 및 모험 소설 전집』(킷츨러 펴냄), 2001, 1권 471쪽.
4 플루타르코스, 향연 문제, 5권 1장 673b절.

유대인, 기독교인, 영지주의자들은 이러한 이중 코드화의 놀이를 씁쓸하고 경건한 진지함으로 만듭니다. 그들은 (구약 성경의) 히브리어든 (신약 성경의) 그리스어든 글자 이미지로 만들 임의의 단어를 선택합니다. 그리고 각각의 소릿값을 숫값으로 — 알레프는 1로, 베트는 2로 등등 — 대체하여 백의 자리 수와 십의 자리 수를 한 자리 수로 위조하고,[1] 이 수들을 모두 더하면 다른 단어들에도 있는 그런 각 자릿수의 합이 도출됩니다. 여기에서 도출되는 결론이라고 하는 것은 자릿수 합이 동일한 모든 단어들은 가장 깊은 의미에서, 즉 신의 앎 속에서 동일한 의미를 가진다는 사실입니다. 이렇게 해서, 그리고 오직 이렇게 해서만 기독교인들을 고문하고 괴롭힌 최초의 황제 네로의 이름에서 666이라는 지옥 바닥에 있는 짐승의 수가 『요한 계시록』에 나타나게 됩니다. 이 수는 바로 옛 성경 필사본이 《육백육십육》이라고 열심히 적는 것을 결코 소홀히 하지 않았던 것이지요.[2]

그런데 이로부터 무엇이 나왔나요? 앎인가요? 아닙니다. 헛도는 학식, 단어 자릿수 합계, 책 한 권의 자기 지시입니다. ㄱㅁㅌㄹ,[3] 즉, 게마트리도 나왔군요. 부인하려는 모든 시도에도 불구하고,[4] 이 {게마트리아라는} 차용어

---

1 이프라, 1991⁽²⁾, 339쪽.
2 요한 계시록, 13장 18절. 소설 속에 체계적으로 거짓을 부어 넣는 하리 물리쉬의 『수속 절차』(라인벡: 2000, 16쪽)에 반대하는 카를 메닝어(1958⁽²⁾, 2권 73쪽)도 보십시오. — 그러나 이미 플로리안 카조리의 수학적 기보법에 대한 선구적인 연구가 모든 역사적인 연속을 다음과 같이 뒤집어 엎습니다. 먼저 그리스의 두음 서법으로 쓴 숫자 체계와 그리스 알파벳으로 쓴 숫자 체계 다음에야 최초의 히브리 숫자 알파벳이 나왔습니다(카조리, 1928~1929, 1권 19~23쪽). {하지만} 그 안에서 카조리는 다음과 같은 해로운 역설을 봅니다. "앞의 숫자들은 오로지 여섯 개의 기호만을 가지고 있었으나 십만 이하의 수를 쉽게 표현할 수 있었다. 뒤의 것들은 천 이하의 수를 나타내기 위해 기호가 스물일곱 개나 필요했다! 그러한 기호들의 나열을 기억하기 위한 정신적인 수고는 비교적 큰 편이었다. 이것은 그토록 수많은 다리를 가지고 있지만 전진하기 어려워하는 지네와 같은 절지동물들을 생각나게 했다."(카조리, 1928~1929, 1권 25쪽~) {카조리는} 마치 그리스의 모든 어린이들이 이 24개의 기호를 — 게다가 이 기호들의 순서를 — 읽기와 쓰기를 통해 이미 배워 익히지 않았다는 듯이 말합니다.
3 *{원문에는 게마트리(גמטר)가 히브리 문자로 쓰여 있는데, 여기서는 자음만을 기록한 이 히브리 단어를 그대로 한글 자음으로 음차하였다. 게마트리 또는 게마트리아는 한 단어에 있는 각 글자에 부여된 수를 모두 합하여 그 의미를 찾는 신비론이다. 가장 잘 알려진 예가 본문에 언급된 네로 황제와 666으로, 네로 카이사르를 히브리 문자로 음차했을 때 (נרון קסר, נרון קסר) 각 글자에 부여된 수를 합하면 666이 된다고 하여 요한복음에서 짐승의 수라고 언급된다.}
4 이프라(1991⁽²⁾, 335쪽)는 그리스인들의 기하학, 즉 수數가 없는 기하학을 그리스인들의 다른 학문인 산술과 헷갈려 하여서 이목을 끌 정도입니다. 그는 이러한 자신의 혼동을 숨기려고 게마트리아도 어원상으로 게오메트리코스 아리트모스γεωμετρικὸς ἀριθμός에서 파생되었다고, 그러니까 나무로 된 철{과 같이 성립할 수 없는 단어}에서 파생되었다고 말하기를 감행하는데 — 하나의 분명한 뜻을 온전히 가지고 있지만 게

는 분명하게 그리스인의 기하학Geometrie에서 비롯된 단어로 남아 있습니다. 그렇지만 피타고라스학파는 기하학이라고 했을 때, 그것이 우주Kosmos에서건 작도Diagramm에서건 점, 선, 면, 입체를 생각했지 — 정반대로 알파벳으로 말할 수 있는 정수를 생각한 것은 아닙니다. 필멸자들을 삶 속으로 불러오고 다시 삶으로부터 데려가는 조화가 무엇인지를 필멸자들이 경험하고자 할 때, 단어 자릿수 합계는 도움이 되지 않습니다. 우리는 산술Arithmetik이 필요합니다. 스스로 발현하는 그것 — 자연Physis — 을 세면서 생각하는 그러한 산술이 말이지요. 알파벳은 바로 이 산술을 선물했습니다.

이렇게 {기원전} 530년에서 512년 사이에 사모스섬의 피타고라스가 등장하는 — 행복과 수 한가운데에서 — 무대가 열립니다. 그는 음악과 수학을 둘의 조화로 (이제부터 우리에게 사유를 뜻하는 그 조화로) 짜맞춥니다. 우리는 거기에 올지도 모를 신들에게 조용한 첫 장소를 마련해 주려고 했었습니다.[1]

오메트리아ΓΕΩΜΕΤΡΙΑ를 모음파괴적으로 모사한 ㄱㅁㅌㄹGMTR라는 단어를 앞에 두고 그러한 감행을 합니다. 이와는 반대로 미레이유 아다스-르벨(1991, 720쪽)과 비교해 보십시오.
1 하이데거, 1967, 169쪽.

음악이 수학을 부릅니다

일어난 일이란, 단순합니다.
분위기, 임의는 버려지고,
법칙이 발견됩니다.
세계가 이음매로 되맞추어집니다.

잉에보르크 바흐만, 야릇한 음악

2 음악이 수학을 부릅니다

어머니의 몸 안에 있었던 우리가 노이즈율 높은 최초의 이미지를 경험하기 몇 달 전, 우리에게 피와 살 속으로 이미 몰려왔던 음악은, 그럼에도 불구하고 그렇게 당연한 것이 아닙니다. 정말 글자 그대로 수학을 음악이 불러내었습니다. 중세 음악으로 넘어가거나 헬름홀츠처럼 순정률로 조율된 풍금 앞에서 저녁 시간을 보내는 이가 아니라면,[1] 인기가요 프로그램에서건 콘서트홀에서건 우리는 항상 동일한 간격으로 나뉜 열두 반음을 듣습니다. 그리고 그 이유는 오로지 시몬 스테빈이 1595년에 $\sqrt[12]{2}$의 값을 구하는 데 성공했기 때문입니다. 그 값은 아시다시피 1.059463094…이지요. 우리는 심지어 (데카르트 이래로 이렇게 불리는) 이 실수實數를 비싼 MF 저항기로 번역해서, 헬름홀츠의 친숙한 풍금을 오늘날의 일렉트로닉 신디사이저로 재무장하려고 한 적도 있는데 — 그 소리는 그대를 그토록 괴롭게 했었지요.

그런데 열두제곱근은 그리스인들에게 헤카베{처럼 별 상관이 없는 일}입니다.[2] 대부분의 여러분들에게도 마찬가지겠지요. 스스로 가능한 한 아둔하게 남기 위해 각자 가장 아둔한 자를 뽑는 선거자들에게는, 유감스럽지만 그런 식으로 흘러갑니다. 음악을 가르치는 것은 오직 사랑뿐입니다.[3] 그 때문에 우리는 또한 언제나 우리가 그리워하는 바로 그곳에서 처음으로 셈하기를 배웁니다. 음악이 무엇인지 어떤 말로도 설명할 수가 없기는 하지만, 한 걸음 한 걸음 우리가 함께 음, 수, 방정식들 사이에서 춤추기를 연습한다면, 신들이 원할 때 열두제곱근조차 천천히 더 가까이 다가올 것입니다. 춤추는 시간Tanzstunde은 이것을 지칭하는 아름다운 단어가 될 것입니다.

---

1 헤르만 폰 헬름홀츠, 1913(6), 511~516쪽.
2 *{헤카베는 트로이아의 마지막 왕비로, 전쟁에서 승리한 그리스인들에겐 패전한 트로이아 왕비의 운명은 별 상관이 없는 일이라고도 읽을 수 있다. 또 독일어에서 무엇이 누구에게 '헤카베이다'라는 말은 '아무래도 좋다', '상관없다'라는 뜻으로 드물게 사용되는 문학적 표현이기도 한데, 셰익스피어 『햄릿』의 2막 2장에서 유래한 것으로 여겨진다. 햄릿을 방문한 극단의 한 배우가 트로이아의 왕 프리아모스가 살해되는 장면과 이를 목격하는 헤카베 부분을 연기하는데, 이를 본 햄릿은 이후 홀로 남아 자괴하며, 헤카베와 서로 아무런 관련도 없는 저 배우는 온갖 열정으로 그 고뇌를 표현하는 반면 왕이자 아버지라는 가족의 죽음을 목격했다는 점에서 헤카베와 같은 처지인 자신은 노예처럼 비굴하며 겁쟁이처럼 아무 말도 못 하고 있음을 한탄한다. 따라서 『햄릿』을 염두에 둔다면, 헤카베는 배우에게는 별 상관이 없지만 햄릿에게는 중요하다는 반대의 의미도 포함할 수 있는 표현이다.}
3 플루타르코스, 향연 문제, 1권 5장 622c~623d절.

더 쉬운 것은 언제나 그 반대를 생각해 보는 것입니다. 사포가 아프로디타를 부르듯 — 음악이 수학을 부릅니다. 그 때문에 우리는 그리스에서 시작했지요. 아름답게 지어진 것과 불린 것{시와 노래}은 사랑의 아픔과 죽음의 방식들을 견뎌 내고 싶어 합니다. 음악은 이렇게 수학을 부릅니다.[1]

2.1 피타고라스

> 그 정신의 유일한 본보기이지만 또한 으뜸이 되는 본보기는 — 바로 그리스{이다. […][2] 그리스}가 기하학을 세웠다. {[…]} 무엇이 이러한 환상적인 창조를 일으킬 수 있었을까? — 이집트인도, 중국인도, 칼데아인도, 인도인도 그것에 이르지 못했다는 것을 생각해 보라. 그것이 얼마나 흥미진진한 모험이었는지를, 황금 양털보다도 수천 배 더 소중하며 또 훨씬 더 시적인 정복이었는지를 생각해 보라. 피타고라스의 황금 비율보다 더 값진 양털은 없다.
>
> 발레리, 정신의 위기

2.1.1 삶과 죽음

피타고라스의 삶에 대해 덧붙여 말하는 것은 리쿠르고스가 절망적이면서도 아름답게 말했듯이 《논쟁의 여지가 없이 말할 수 있는 것은 아무것도 없습니다.》[3] 하지만 기독교인들에게와는 달리, 그리스인들에게 희망이란 모욕일 뿐이었으며 — 우리에게도 마찬가지입니다.

우리는 이암블리코스의 막연한 도움과 함께 시도해 보려고 합니다. 여러분

---

1 고전 문헌학자들과 관례적인 수학사가들 대부분은 피타고라스적인 음악수학을 일반적인 연산법의 수많은 응용 가운데 하나라고 평가 절하합니다. 그러나 수학의 〈응용〉이란 없으며 — 우리가 존경하는 선생님 요하네스 로만이 지치지 않고 증명했던 것처럼 — 들Feld{분야, 장場, 밭}이 있을 뿐입니다. 그 들 위에서 늘 그리고 느닷없이 수학이 활짝 피어나지요. 그래도 유일하게 어느 한 수학사 학자가 수에 따른 그리스의 음흅이라는 명성을 존재사적 사건으로서 들어준 적이 없었다는 사실에 대해 다음과 같이 용서를 구했습니다. "산술, 기하학, 삼각법, 구적법 그리고 대수학에 대한 그리스인들의 공헌은 가능한 한 온전히 주목되었으나, 천문학과 음악은 그리스인들이 수학이라는 이름 아래에 포함시키고 있었음에도 불구하고 {그리스인들의 천문학과 음악에 대한 공헌이} 거의 완전히 배제되어야만 했었다."(토마스, 1998(2), 1권 서문 xvi쪽)

2 *{「정신의 위기La Crise de l'Esprit」는 1919년 폴 발레리가 제1차 대전의 폐허 속에서 쓴 편지 형식의 에세이이다. 다음과 같은 부분이 생략된 채 인용되었다. "지중해 전 연안을 유럽에 넣어야 하기 때문이다. 스미르나와 알렉산드리아는 아테네나 마르세유처럼 유럽의 일부이다. 그리스가 기하학을 세웠다. 이것은 미친 기획이며, 우리는 아직도 그러한 터무니없는 일이 어떻게 가능했는지를 묻고 있다."}

3 플루타르코스, 리쿠르고스의 삶, 1장 1절.

들은 배우고, 우리는 가르칩니다. ― 그런데 언제나 이러하거나 저러한, 존재의 보냄Seinsgeschick이 주는 것만을 배우고 가르칠 뿐이며, 언제나 음악을 들음에 있어서 우리에게 부족한 수의 예술Zahlenkunst을 배우고 가르칠 뿐입니다. 수학은 포크나 화장지 그리고 콘돔과 같은 많은 것들처럼 단순하게 역사를 가지고 있는 것이 아니기 때문입니다. 수학은 사건Ereignis으로서 역사를 만들기 때문입니다. 그래서 로만이 자주 그리고 부드럽게 경고하기는 했음에도 불구하고 하이데거가 어떻게 평생 피타고라스를 우회할 수 있었는지는 알 수 없는 일입니다. 그는 대大그리스를 경험하지도, 새로이 사유하지도 않았을 뿐만 아니라 심지어는 아테네의 모든 산술이 교양 없는 속물이라고 뒷말만 할 뿐입니다.[1]

피타고라스와 그를 들었던 이들이 없이는 거의 아무것도 할 수가 없습니다.

2.1.1.1   피타고라스는 피타이스로부터 세상에 태어납니다

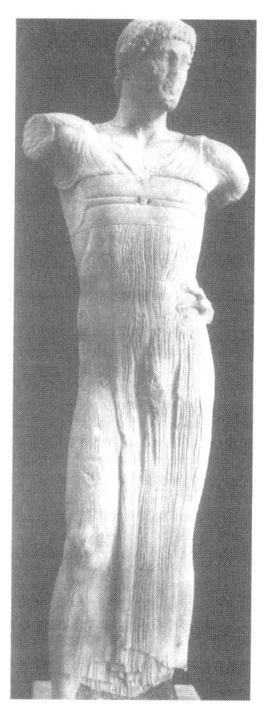

피타고라스

{기원전} 570년 어느 한 석공과 아직 아이가 없는 그의 신부가 ― 부유한 섬 사모스에서 출발해 사업상 여행을 떠나며 ― 델포이에 도착합니다. 크리사 항구에서 델포이 신전으로 향하는 오솔길은 우리가 알고 있듯이 가파릅니다. 그 남자 그리스인의 이름은 므네사르코스 혹은 므네마르코스이며, 따라서 기억을 관리하지요. 그 여자 그리스인은 신부들에게는 드문 이름인 파르테니스, 즉 〈처녀〉라는 이름으로 불립니다. 그런데 더 잘 알고 있는 피티아는 아직 모르고 있는 파르테니스에게 아름다움과 앎에 있어서 살아 있는 다른 모든 사람들을 능가하게 될 아이를 그녀가 몸속에 배고 있다는 사실을 알려 줍니다. 그러자 므네마르코스는 자신의 신부를 바로 피타이스라고 바꿔 부릅니다. 마치 그녀

---

1   하이데거, 1994, 144쪽~.

가 피티아라도 되는 것처럼 말이지요. 달님이 여러 번 지나간 후 — 마리아를 비웃기라도 하듯 — 시돈에서, 즉 이전의 자음 알파벳이 만들어졌던 페니키아에서 약속된 신동이 세상에 옵니다. 그는 바로 사모스의 피타고라스입니다.[1]

{피타이스나 피타고라스에 나타나는} 퓌트−πυθ−는 세이렌처럼 모든 땅Grund과 심연Abgrund의 어둠 속에 닿는, 어머니의 아기집{델퓌스}과 여자 용龍{피티아}에 이르는 저 어둡고 모호한 어간입니다.[2] 반대로 아고라Agora는 장터와 토론마당에서 말을 울려 퍼지게 하는 모임[3] 혹은 밝힘이라는 뜻입니다. 숨겨진 것을 드러내는 것 — 이것이 아니라면 다른 무엇에 피타이스와 므네마르코스가 좋을 수 있을까요? 피타고라스가 아버지의 석공업을 지시하기 위해 세상으로 온 것은 분명히 아닙니다. 그는 모호한 어머니의 이름을 진리로서 밝게 드러낼 것입니다.

2.1.1.2 사모스섬에서 살다가

따라서 그 당시 존재Sein가 스스로를 드러낸 가능성이 가장 큰 곳은, 그가 자란 에게해의 섬, 사모스입니다. {이 섬은} 아버지와 아들이라는 두 폭군의 지배하에 크레타의 미노스 이래 처음으로 다시 {지중해의} 제해권을 획득합니다.[4] 폴 발레리가 그리도 좋아했던 에우팔리노스는 바위를 관통해 흐르는 최초의 수도 시설을 짓습니다.[5] 청동 주물을 우리에게 물려준 테오도로스[6]와 같은 건축가는 수직기, 먹줄, 끌 그리고 수준기를 건축술에 도입합니다.[7] 수입했을 뿐이라고 말하는 것이 더 정확할 수도 있습니다. 그러나 우리에게는 큰 상관이 없습니다. 직각은 어쨌든 표준이 되고, 헤라 신전은 활짝 피

---

1   이암블리코스, 피타고라스적 삶의 방식, 2장 5절~.
2   *{1.1.2.1.6.}
3   그리스어 아고라ἀγορά는 〈나는 불러서 모은다〉라는 뜻의 아게이로ἀγείρω에서 나왔으며, '떼, 무리'를 뜻하는 라틴어 그렉스grex에 상응하는 말입니다. 따라서 아고라Agora도 아폴론Apollon과 {점호를 뜻하는 독일어} 아펠Appell의 의미장에 속하지요.
4   투키디데스, 펠로폰네소스 전쟁사, 1권 13장 3절.
5   헤로도토스, 역사, 3권 60장. 폴 발레리, 1957~60, 2권 79~147쪽.
6   파우사니아스, 그리스 이야기, 3권 12장 10절.
7   플리니우스, 박물지, 7권 198장. 부르케르트(1962, 394쪽)도 보십시오.

었습니다.¹ 쉴러가 살짝 다르게 묘사했던 폭군 폴리크라테스는 심지어 파피루스 두루마리를, 즉 책을 모으도록 합니다.² 이로써 그는 {기원전} 522년 자신을 십자가에 잔혹하게 처형했던³ 오리엔트적 전제 군주의 풍속만 그대로 넘겨받기는 합니다. 하지만 앎Wissen이 그리스에서 처음으로 호출 가능하게 통일됩니다. 로고스는 약속한 바를 실행합니다. 로고스는 모으지요. 폭군들은 아둔하지 않습니다. 그들은 옛 귀족 출신임에도 불구하고 무역상들에게 활동 공간을 제공합니다. 하지만 두 세기 반 후 그리스 알파벳은 여전히 하나의 매체 혹은 매체들 간의 거래가 되는데, 그 때문에 우리의 학문이 그리스 알파벳을 얕보게 됩니다.

2.1.1.3 고대 동양으로 가서

그렇지만 전설은 사모스섬에서도 잊히지 않은 채 남아 있습니다. 피타고라스는 입술 위 『일리아스』 시행에서처럼 언젠가 죽을 것입니다.⁴ 크레오필로스 이래로 호메로스의 두루마리 필사본을 보관해 왔던 혈족 출신의 한 친구와 함께, 젊은 피타고라스는 사모스섬의 폭정에서 도망쳐 밀레토스를 향해 항해를 시작합니다. 그런데 백발의 탈레스는 이상하게도 — 시돈으로 가라고, 피타고라스에게 자기 고향으로 가라고 합니다.⁵ 거기서 시작한 항해는 이집트를 향해 수년간 이어지고, −528년 왕 캄비세스의 지휘 아래 페르시아인들이 {이집트로} 쳐들어 와서 피타고라스를 포함한 다른 많은 사람들을 바빌론으로 강제로 끌고 갈 때까지 계속됩니다.⁶

동쪽으로 향하는 피타고라스의 세 단계의 항해는 지난 천 년의 모든 앎의 형태들이 가리키고 있으며, 위대한 최후의 로마 황제가 처음으로 진실되며 아름답게 요약합니다. 율리아누스가 갓난아기 때부터 벌써 주입되는 기독

---

1 발터, 2001⁽²⁾, 40쪽. 페터 베르츠, 2007.
2 아테나이오스, 현자들의 연회, 1권 4ab절. 필만, 1994, 12쪽.
3 헤로도토스, 역사, 3권 125장.
4 이암블리코스, 피타고라스적 삶의 방식, 14장 63절*. *{피타고라스가 『일리아스』의 한 구절(17장 51행~)을 읊으면서 자신은 전생에 메넬라오스에게 죽은 에우포르보스였다고 하며, 다른 사람들도 스스로 자기의 옛 삶을 기억해 낼 수 있도록 훈련을 시켰다고 하는 내용이다.}
5 이암블리코스, 피타고라스적 삶의 방식, 2장 11절~3장 14절.
6 이암블리코스, 피타고라스적 삶의 방식, 4장 19절.

교와 함께 페르시아 제국을 영원히 근절하려는 이유로, 바로 그 이유만으로도 … 이 아포스타타(라고 세례자들은 율리아누스를 부릅니다)는 기독교인들에게 씁니다. 이것은 그가 마란가에서 페르시아의 유목민들의 독이 묻은 창에 우연히 스쳐서 죽기 바로 직전이었습니다.[1]

이 황제의 글쓰기는 하나의 질문입니다. 비잔티온[2]이 아니라 로마에서 반포된 황제의 편지는 특히 명령과 법을, 요컨대 임페리움imperium[3]을 전달하는 것이었기에[4] 더욱 놀랍습니다. 율리아누스는 {임페리움을 전달하는 것과는} 반대로 두 귀를 열고 — 그가 묻고 있는 기독교인들보다 더 멀리 듣습니다.

《그런데 신이 너희 기독교인들에게 학문의 시작이나 철학 지식을 안겨 주었느냐? 어째서 이것을 묻느냐고? 천구 이론은 바빌론에서 야만인들이 처음으로 관찰하기 시작한 후 그리스인들이 끝맺었기 때문이다. 기하학 이론은 이집트에서 땅을 측정하며 시작되어 오늘의 위대함에 이르기까지 성장하였다. 수의 학문은 페니키아의 상인들에게서 태어났으나 그리스인들이 받아들여 엄격한 학문의 꼴을 갖추게 되었다. 그리스인들이 이 세 학문을 음악으로 묶어 유일한 학문으로 만들었다. 그들이 천문학을 기하학과 엮었고, 이 둘을 수로 이어 맞추어서 그 안에서 조화로움을 읽어냈기 때문이다. 이리하여 그들은 음악에 법칙들을 세웠는데 조화로운 음정비와 들리는 감각 사이에서 하나의 유비[5]

---

1 *{아포스타타Apostata는 '배교자, 변절자'라는 뜻으로, '변절, 배신, 반란'을 뜻하는 그리스어 아포스타시아 ἀποστασία에서 나온 말이다. 그리스 시대를 부활시키려는 노력과 함께 반기독교 정책을 내세웠던 로마 황제 플라비우스 클라우디우스 율리아누스를 기독교에서 부를 때 쓴 말이었다. 율리아누스는 사마르에서 사산조 페르시아에 대항해 싸우다가, 티그리스 강가의 마란가에서 복부에 창을 맞아 (적군 페르시아 병사가 아니라, 기독교인 로마 병사가 찔렀다고도 전해지기에 키틀러는 '우연히'라고 묘사하는 듯하다) 363년 사망했다. 이후 로마 제국은 기독교를 국교로 삼게 된다.}
2 *{오늘날의 이스탄불을 일컫는다.}
3 *{라틴어 임페리움은 '나는 명령한다, 나는 지배한다'는 뜻의 동사 임페로impero에서 나온 말이며, '명령, 법, 지시사항, 규정, 제국'을 의미한다.}
4 베른하르트 지거트, 2003, 43쪽.
5 *{키틀러가 유비Analogie라고 번역한 이 단어의 고대 그리스어는 호몰로기아ὁμολογία로, '같은(호모) 말/이야기(로고스)'라는 뜻에서 '일치, 동의, 공통된 생각'이라는 말뜻을 가지고 있다. 오늘날의 유비Analogie라는 단어와 말소리 형태가 유사한 고대 그리스어 아날로기아ἀναλογία는 '위에 있는/관통하는(아나)'과 로고스가 합쳐진 말로 '수들 사이의 관계, 비율, 정수비'를 뜻하며, 이를 라틴어로 번역한 프로포르티오proportio를 거쳐 '비율'을 뜻하는 유럽의 여러 단어(proportion)로 이어지는 말이다(2.2.2.1.1).}

를 발견했기 때문이다. 이 유비는 틀림이 없었거나 사실에 가까웠다.》[1]

우리는 이와 동일한 것을 더 아름답게 말할 수 있을까요? 아닙니다. 기독교인들이 우리의 질문들에 응답한 적이 있던가요? 다시 한번 아닙니다. 그렇게 오 년이 지났습니다… 우리가 거의 2400년 후에 다시금 율리아누스의 질문을 할 수밖에 없도록 만든 것은 어떠한 암담한 이유들일까요?

{율리아누스의} 질문은 (존재사적인 다른 말로 하자면) 다음을 뜻합니다. 기독교는 학문과 고급 문화와는 거의 아무런 관계가 없다는 것입니다. 그런데 왜 그것은 승리했었나요? 우리는 유럽을 (제안된 대로) 플라투스 보치스flatus vocis{가벼운 바람} 위에 세워야 할까요? 아뇨. 수학적 거래의 시작들은 옛 고급 문화에서 비롯되어, 그리스인들에 의해 이론Theorie이 되었습니다. 그 이후로 그리고 그 이후에야 처음으로, 자기 자신의 시작\시원Anfang에 대하여 질문하는 것 자체가 학문의 일부가 됩니다.[2]

첫째, 이집트에서 기하학Geometrie이 발생했다는 사실, 하지만 실용적인 토지 측량, 요컨대 게오메트리아γεωμετρία로서만 발생했다는 사실은 모든 그리스인들에게 알려져 있는 것입니다. 나일강이 매년 흘러넘치고, 농지는 경계 지어져 있기를 멈춥니다. 그리하여 파라오는 이른 가을 큰물이 다시 빠지거든 진흙탕 위에 새로 직각을 그리라고 토지 측량사에게 명령합니다.[3] 이렇게 모든 수력 경제가, 실용 기하학과 제국적 문자 체계 위에 바탕을 둔 관료적 장치를 가졌던 오리엔트적 전제정에 이르게 되었습니다.[4] 아리스토텔레스의 유명한 말에 따른다면 — 무사Muse 여신들이 아니라 — 이집트의 사제들이 직접 겨를Musse을 발명했다고 하는 그 시기보다 훨씬 이전의 일이었지요.[5]

---

1 율리아누스, 갈릴래아인들에 반대하며, 178ab. 피타고라스가 직접 이집트와 페르시아로 여행하는 내용을 담고 있는 율리아누스(찬사 7권: 견유학파 헤라클레이오스에게, 236d~237a)와도 비교해 보십시오. 율리아누스의 학문사는 분명 그의 죽은 스승, 《신적인》이암블리코스를 따른 것일 테지만(율리아누스, 찬사 7권, 222b) 더 아름답고 음악적입니다. — 그리스 음악수학의 틀림없음에 관해서는 아리스테이데스 코인틸리아노스(음악에 대하여, 1권 4장~12장)도 보십시오(올리버 스트링크(1998[2], 48쪽)에서 재인용).
2 클라인쾬터, 1933.
3 헤로도토스, 역사, 2권 209장.
4 비트포겔, 1962.
5 아리스토텔레스, 형이상학, 1권 1장 981b23~25절*. {아리스토텔레스의} 이러한 오류가 얼마나 막중

그리스인들은 천문학과 역법이 메소포타미아 지역에서 유래하였다는 사실도 알고 있습니다. 마찬가지로 이 오리엔트적 전제정은 농부들에게 흘러가는 유프라테스와 티그리스의 강물에서 갈라져 나온 셀 수 없이 많은 급수 운하를 감시하기도 하지만 동시에 별에서 달{계절}과 신들만 읽어내는 것이 아니라 자신들의 권력도 읽어내는 필사자, 성직자 그리고 왕들에게 도움이 되는 잉여 가치 혹은 십일조도 감시합니다. 왜냐하면 문자가 그 자체로는 한 여신에게 귀속되어 있음에도 불구하고, 바빌론에서는 쓰기 행위를 오직 남신들만 하기 때문입니다. 따라서 쐐기문자 점토판은 천문학적이고 기하학적인 문제들을 그리스인들보다 훨씬 더 많이 풀지만 — 일반적인 수학적인 문제는 하나도 풀지 못합니다. 오늘날까지도 피타고라스의 이름이 붙은 정리 대신, 피타고라스 수의 목록[1]만이 있을 뿐입니다.

셋째, 페니키아인이라는 붉은 자줏빛뿔고동에서 비롯된[2] 이름을 가진, 지중해 전역을 화려하게 항해하는 무역상들은 결국은 세고, 셈하고, 합해야 합니다. 이득은 얼마고 손해는 얼마인지 오직 이렇게 해서 앎에 이르렀습니다. 그리하여 가장 오래된 셈계의 문자들은 특별히 수를 위한 기호를 가지고 있었으며, 이것은 구약에서 처음으로 사라지게 됩니다.

다른 말로 하자면, 피타고라스가 실용 수학을 추진하는 태고의 세 방법들을 그리스인들에게 전해 준다는 것입니다. 하지만 이로써 그리스인들이 도달하는 땅은 신권 정치나 무역을 토대로 하는 앎이 아닌, 노래의 은혜를 입은 앎의 땅입니다. 글자와 수에서 전제專制적인 것das Despotische이 떨어져 나가서 자유롭고 순수한 이론Theorie이 됩니다.[3] 모든 그리스인들은 바로 이것

했는지를, 자크 데리다가 『플라톤의 약국』(『흩뿌림』, 파리: 1972, 77~213쪽)에서 가장 비자발적으로 보여 줍니다. *{아리스토텔레스는 이집트의 사제 계층이 한가한 시간을 가질 여유가 있었기에 이집트에서 수학이 유래했다고 설명한다.}

1 *{미국 컬럼비아 대학 플림톤 컬렉션의 322번 점토판을 말한다. 기원전 1800년경에서 1650년경 사이에 만들어진 것으로 추정되는 이 바빌론 점토판은 60진법의 쐐기문자 숫자로 기록되어 있는 피타고라스 수(피타고라스의 정리를 만족하는 자연수 세 쌍)의 목록을 담고 있다.}

2 *{페니키아의 지명은 고대 그리스어로 포이니케Φοινίκη이며, 페니키아인들은 포이닉스Φοῖνιξ라고 불렸다. 페니키아인들은 뿔고동으로 만든 값비싼 자줏빛 염료로 유명했기에, 그 이름은 진홍색을 뜻하는 그리스 단어 포이닉스 φοῖνιξ와 관련이 있는 것으로 여겨진다.}

3 로만(1970, 105쪽)은 이것을 "초기 그리스 폴리스Polis"의 "세계사적 기능"이라고 부릅니다. 그리고 "이 폴리스 안에서 그리고 이 폴리스를 통해서 더 높은 교육, 문화 또는 문명이 '독재'와 동일시되는 것이 인

을 피타고라스와 그의 청자들이 이룬 것이라고 여기지요. 그리고 가장 청렴한 로도스의 에우데모스가 가장 분명하게 다음과 같이 말합니다.

> 《이제 피타고라스는 스스로 기반을 찾아내고, 정리/이론소Theorem들[1]을 순수하게 개념적으로 검토하여 비율{수들 간의 관계}(아날로기아이 ἀναλογίαι)의 사실 관계를 발견함으로써 이 모든 앎이 자유로운 교육(파이데이아 엘레우테라παιδεία ἐλευθέρα)이라는 꼴을 갖추도록 이끌었다.》[2]

그런데 옥좌의 황제들 중 최후의 반그리스도였던 율리아누스는 계속해서 더 많은 것을 말합니다. 그리스 이전에 행해졌던 기하학, 천문학 그리고 산술이라는 실습이 교육Bildung이라는 이름의 단일체로 함께 합쳐질 수 있었던 것은 그리스의 음악 덕분이라는 것입니다. {바로} 키타라에서 수입된 앎을 새로 발견된 앎과 짝짓는 그 화성Harmonie을 말할 수가 있습니다. 따라서 로고이는 음악뿐 아니라 수와 측정을 생각하는 네 학문의 순회고리Kreislauf도 함께 붙입니다. 이로써 수학적으로 엄격하여 전혀 《틀림이 없는》 법칙이, 음악과 수학을 포괄하는 그 법칙이 최초로 발견됩니다.《그리스의 모든 옛 현명함은 음악에 바쳐졌다》[3]는 이유만으로도 쓸모나 전제 군주에 봉사하지 않습니다. 순수한 겨를Musse 덕분에 우리의 학문 체계가 있습니다. 그렇다고 해서 이것은 결코 그 학문 체계를 키타라에서 실제로, 현실적으로 들을 수는 없다는 것을 의미하지는 않습니다.

젊은 사람들은 많은 것을 배울 수 있고, 심지어는 모든 것을 배울 수 있다고들 합니다.《하지만 당신이 그리스인-임[4]을 그 자체로 가르쳐줄 수 있냐고

류역사상 최초로 지양되었다"고 합니다.

1　*{타 테오레마타τὰ θεωρήματα는 '나는 본다'는 뜻의 동사 테오레오θεωρέω에 행위의 결과를 나타내는 중성형 접미사 -마-μα가 붙어 만들어진 명사 토 테오레마το θεώρημα의 복수형이다. 증명해야 하는 수학적 명제인 '정리Theorem'라는 말로 이어지는 단어이며, 같은 계통의 테오리아θεωρία에서는 '이론Theorie'을 뜻하는 말이 나왔다. 테오리아의 말뜻이 바라보는 행위 자체, 즉 '바라봄'이라면(2.1.1.5), 테오레마는 그 행위의 결과를 말한다.}

2　피타고라스, DK[6] 14, 6a.

3　아테나이오스, 현자들의 연회, 14권 632c절.

4　*{키틀러가 독일어로 '그리스인-임Grieche-Sein' 또는 '그리스인-존재'라고 옮긴 단어는 헬레니제인ἑλληνίζειν으로, '나는 그리스인이다', '나는 그리스어를 말한다'라는 뜻의 동사 헬레니조ἑλληνίζω의 현재형 능동태 부정사이다. 대부분의 다른 번역들은 후자의 뜻만을 취하여 '그리스어를 말하는 것'이나 '그리스어' 또는 '모국어'라고 옮긴다.}

2.1.1.3 고대 동양으로 가서　315

묻는다 해도, 당신은 어떤 선생님도 찾을 수 없을 것입니다.》[1] 이제 우리는 학문도 땅에 딛고 있다는 사실을 다시 배워야만 합니다.

율리아누스가 그토록 우아하게 묘사하듯, 최후의 위대한 피타고라스학파인 아르키타스 이후에야 처음으로 그리스인들도 이 사실을 알게 되기 때문입니다. 아르키타스는 산술, 기하학 그리고 천문학을 음악과 함께 아델페아ἀδελφεά[2]라고 부릅니다. 동일한 어머니의 배에서 태어난 이 네 자매들에게 존재자 전체가 나타납니다.[3] 따라서 그것은 모두에게 주어진 채로 남습니다. 학교에 가는 (즉, 의무 교육으로 가는 것이 아니라 겨울을 보내러 가는) 젊은 그리스인들은 음악에서 정수를 다루는 산술로, 기하학적 도형에서 별과 행성으로 떠오릅니다. 이것은 엥키클리오스 파이데이아ἐγκύκλιος παιδεῖα,[4] 즉 네 학문의 순회고리, 한 젊은 남신이 이끄는 원무圓舞의 미메시스라고 불리지요.[5] 네 학문은 음악으로 짜맞추어진 이 조화 속에서 처음으로 완전히 일반적으로 학문으로서의 마테시스에 도달하며, 말뜻 그대로 수학으로서의 마테시스에도 도달합니다.

그리고 이는 우리의 철학부가 셉템 아르테스 리베랄레스septem artes liberales{자유칠과}를 충실하게 지키는 한에서 그렇게 남을 것입니다. 왜냐하면 아르키타스가 네 자매 학문의 사분四分 또는 테트락티스Tetraktys[6]라고 처음으로 떠올린 그 무엇이, 보이티우스가 라틴어로 콰드리비움Quadrivium이라고 명명하여 서구에 물려주기 때문입니다. 중세 성기 이후의 대학에서 학술 라틴어 자체 — 문법, 변증법 그리고 수사학 — 라는 삼중三重의 또는 '진부한trivial' 입회식을 한 후에, 수학적인 사과四科{콰드리비움}로 나아가지 않은 학자는 아무도 없었습니다. 자신들은 절대로 셈하지 않아도 된다는 막

---

1 플라톤, 프로타고라스, 327e~328a절.
2 *{'자매들'이라는 뜻이다(1.1.2.1.6).}
3 아르키타스, DK(6) 47, B 1.
4 *{고대 그리스 자유인 아이들의 기초교육을 일컫는 이 말에서 근대의 '백과사전(encyclopaedia)'이라는 단어가 만들어졌다.}
5 헤르만 콜러, 1963, 93쪽. 칼람, 1977, 1권 390쪽.
6 *{'사분'이나 '넷으로 나눔'으로 번역한 테트락튀스τετρακτύς(2.1.1.4)는 넷(테트라-τετρα-)에 행위의 결과를 뜻하는 접미사 -튀스-τύς가 더해진 말로, 문자 그대로의 뜻은 '넷으로 행해진(나뉜/묶인/이루어진) 것'이다. 키틀러는 이를 독일어로 그대로 반영하여 넷을 뜻하는 명사(Vier)에 접미사 -응-ung을 결합한 단어(Vierung)로 옮겼다.}

중한 망상은 딜타이의 "정신과학Geisteswissenschaft"이 처음으로 떠받기 시작한 것입니다.

2.1.1.4 사모스섬으로 되돌아옵니다

하지만 피타고라스가 사모스로 되돌아와 보니 (우리가 후고전기의 전기를 계속 따라도 된다면) 수입된 새로운 앎에 {관심을 가지고} 다가오는 사람이 거의 없습니다. 교육Bildung이라는 이름의 환생을 몸소 증명하듯 종종 똑같이 피타고라스라는 이름으로 불리는 어느 한 젊은이만이 설득되어 3오볼로스[1]를 받고 수학을 배웁니다. 피타고라스는 수학을 가르치며 그에게 동전만 준 것이 아니라 장난감 하나를, 즉 주판Abakus도 줍니다.[2] 따라서 그는 작은 돌멩이를 바닥에 놓으면서 이 돌멩이에서 수들 사이의 단순한 관계\비율들을 보여 줍니다. 배울 수 있다고들 하는 학생은 물론 다시 한번 {반복}해야 하는데, 예를 들어 세어야 합니다. 다음은 그리스입으로 보존된 유일한, 수학적 가르침의 대화입니다.

피타고라스　이 모든 것 다음에는 세는 것을 배우지요.
아고라스테스[3]　셈은 이미 할 수 있습니다.
피타고라스　어떻게 세나요?
아고라스테스　하나 둘 셋 넷 …
피타고라스　알겠나요? 그대가 말한 것은 넷四인데, 이것은 열十과 동일한 것이자 완전한 삼각형이며 동시에 우리의 맹세입니다.[4]

1　*{고전기 아테네에서 1오볼로스는 3리터 정도의 포도주 한 병을 살 수 있는 가치를 가졌다. 망각의 강을 건널 때 뱃사공 카론에게 뱃삯으로 주라고 그리스인들이 죽은 사람 혓바닥 밑에 물려주었다고 하는 동전도 1오볼로스이다.}

2　주판의 어원과 기능에 관해서는 조만간 나올 글로리아 마이넨의 박사학위 논문(베를린 훔볼트대학교, 2005년)을 보십시오. {주판의} 근본적인 뜻은 〈다리 없는 상〉일 것입니다. 물론 『고대 그리스어 대사전』에 따르면, 사포의 120번 파편(L-P)에 나오는 아바코스ἀβάκος는 단순히 '말 없는'의 뜻을, 즉 소리 없이 조용하다는 의미를 가지고 있는데*, 이러한 사실은 생각할 거리를 줍니다. 이것은 어쨌든 셈돌이나 작도가 아닐까요? *{『고대 그리스어 대사전』(2장 43절)에서 '나는 말한다'라는 뜻의 동사 바조βάζω에서 형용사 아바케스 ἀβακής가 나왔으며, 이는 '말하지 않는', '조용한', '부드러운'의 뜻을 가진다고 설명한다.}

3　*{아고라스테스Ἀγοράστης는 '모이는 곳, 장터'를 뜻하는 아고라ἀγορά(2.1.1.1)에서 파생된 이름으로 '상인, 구매자'라는 뜻을 가지고 있으며, 키틀러는 고유 명사로 옮겼다.}

4　루키아노스, 철학자 경매*, 4절. *{기원후 2세기경 로마 시대의 작가 루키아노스의 『철학자 경매』는 고대 그리

열 개의 돌멩이를 놓아보니 바로 명확해집니다. 동그라미 또는 공이 쌓인 밀도가 다른 모든 것을 능가합니다.

숨은 것을 드러내는 피타고라스는 가르침Lehren과 모임Versammlung의 빛을 받는 아이 아고라스테스와 놀이를 합니다. 마치 어린이처럼 자유롭다는 듯, 이 둘은 모랫바닥 위에 돌멩이를 놓습니다. 그리스어로 이러한 각각의 돌멩이를 프세포스ψῆφος라고 하고, 라틴어로는 칼쿨루스calculus입니다.[1] 독일어로는 선생과 제자가 계산한다{칼쿨리어렌kalkulieren}고 말하지요. 쓸모가 문제가 아니라, 순수한 놀이가 헤아려집니다. 그렇기 때문에 순전한 셈이 뜻밖에도 전진하여 덧셈이 되고, 곧 기하학적 꼴 하나를 이루게 되는데, 이 꼴은 열 개의 셈돌로 된 정사각형으로서 상징력을 획득합니다. 테트락티스Tetraktys가 나타났지요. 이 신성한 이름으로 둘은 방금 그들이 했던 바로 그것을 맹세합니다. 제자는 무지했던 이전의 가상Schein에서 존재Sein으로 이끌어지고, 스승과 제자는 함께 배우는 기호 속에서 하나가 됩니다. 선생이 넷에서 셈을 멈추었음에도 불구하고 혹은 멈추었기 때문에 그들은 1 + 2 + 3 + 4 = 10을 만들었습니다. 로고스처럼 존재하는 것을 모으는 단순한 셈하기를 통해서 수들의 모임이 재귀적으로 합계가 되었습니다. 따라서 피타고라스의 위대한 청자들 가운데 한 명인 필롤라오스는 마땅히 알고리듬Algorithmus을 직접 기입할 수 있습니다.

《끝맺는 것은 열이다. 그리고 우리, 즉 그리스인과 다른 모든 사람들이

스의 대표적 학파를 이끌었던 철학자들이 경매 대상으로 등장하는 풍자적 작품으로, 피타고라스는 맨 처음 등장하는 경매 대상이다. 여기에 인용된 부분은 '구매자' 아고라스테스가 만약 자신이 그를 산다면 그는 자기에게 무엇을 가르쳐주냐고 묻는 질문에서 시작하여 이어지는 대화의 한 부분이다.)

1 셈돌들(이오니아 방언으로 프세포이ψῆφοι, 도리스 방언으로는 프사포이ψᾶφοι)은 피타고라스학파인 에피카르모스가 증명하는데, 따라서 -480년경입니다(DK[(6)] 23, B 2, 11).

의도하지 않아도 어떠한 방식으로든 이 {열이라는} 수에 이르게 된다는 사실은 옳으며 또 자연Physis에 따른 것이다.》[1]

이 가르침은 비록 그렇게 아름답게 전승되지 않았더라도 삼각수에서 사각수로 전진하고 있다고 추측할 수 있습니다. 사각수를 대칭으로 놓으면 정사각형입니다. 작은 돌멩이 하나가 넷이 되고, 넷에서 아홉이 생겨나며, 아홉에서 열여섯이, 열여섯에서 스물다섯이 생깁니다. 그리고 피타고라스가 스물다섯 개{의 돌멩이로 된 정사각형}에서 오른쪽과 아래쪽에 놓인 아홉 개의 직각 모서리, 즉 그노몬Gnomon을 다시 뺀 후 이것을 평면에 다른 방식으로 놓으면, 즉 사각수 아홉으로 놓으면, 그는 학생에게 자신의 위대한 정리를 증명할 수 있습니다. $3^2 + 4^2 = 5^2$입니다. 이렇게 하나의 밧줄이 직각삼각형 자체를 경계 없는 나일강의 모래 위에 그릴 것입니다. 이미 이집트에서 {일정한 간격으로 묶은} 매듭 열두 개가 있는 밧줄을 말뚝 세 개에 걸쳤을 때, 첫째, 다섯째, 여덟 번째 매듭이 {직각을 이루는} 각 말뚝에 정확하게 맞닿았던 것이 보여 주는 바대로 말이지요.[2]

토지 측량과 수론, 기하학과 산술 사이의 놀이에서 마지막으로 모든 배움의 경이가 일어납니다. 피타고라스는 자신의 마지막 동전까지 모두 다 써 버려서 더 이상 줄 동전이 없는 체를 하며, 쓸모없는 자유로운 놀이가 이제 끝났다고 합니다. 그러자 학생은 자진하여 자기가 이제 매시간 3오볼로스를 내겠다고 합니다.[3] 앎이 그에게 박히고, 불꽃이 튀었습니다. 피타고라스는 또한 이것을 일반적으로 가르칩니다. 아름다운 두 부모는 자신들의 아름다움

---

1   필롤라오스, DK(6) 44, A 13.
2   "이집트인들은 신전의 방향을 정함에 있어서 매우 신중하였는데, 경계, 즉, 신성한 구역의 모서리를 그리는 데 사용되었던 밧줄 및 기둥을 사용하는 모습이 신전의 주춧돌을 놓는 모든 그림에 묘사되어 있다. '밧줄 당기기'의 운영에 대해서는 베를린 박물관에 있는 가죽 새김글에 언급되어 있는데, 아메넴헤트 1세의 시기(기원전 2300년경)에 사용된 것이다. 고대 인도인들 그리고 아마도 또한 고대 중국의 기하학자들은 예를 들어 세 부분으로 나뉜 밧줄을 당겨서 직각을 만들었는데, 그 세 부분의 길이는 정수비 직각삼각형의 각 변의 길이로, 예를 들어 3, 4, 5의 비율로 나뉘었으며, 물론 직각은 더 짧은 변이 만나는 곳에서 형성되겠지만, 세 부분이 삼각형을 형성하는 그러한 방법으로 직각을 만들었다. 가장 긴 변의 정사각형이 다른 두 변의 정사각형의 합과 같을 정도로 서로 연관되어 있는 세 변을 가진 삼각형(3, 4, 5)이 직각이라는 것을 이집트인들이 알고 있었다는 사실은 의심의 여지가 없다. 그리고 만약 그러하다면 이집트인들은 피타고라스의 유명한 정리의 적어도 한 가지 예는 숙지하고 있었다."(히스 경, 1921, 1권 122쪽)
3   이암블리코스, 피타고라스적 삶의 방식, 5장 23절~.

을 아이들에게 전해 주기가 그토록 어렵다고 합니다. 어른들은 도시와 국가에서 자신들이 지니고 있는 권력을 젊은이들에게 넘겨주기가 그토록 어렵다고 합니다. {하지만} 아이들과 함께하는 일, 파이데이아Paideia는 비길 바 없이 쉽고 행복하다고 합니다. 어른은 {자신보다} 더 오래된 앎을 전달하고, 젊은이는 새로운 앎을 전해 받습니다. 어느 쪽에서도 손실이 없지요.[1] 이렇게 교육Bildung은 무사의 선물입니다. 피타고라스도 삼각형 정리를 발견한 후에 무사 여신들에게 제물을 바쳤지요.[2]

2.1.1.5 다시 극서로 떠나고

따라서 이제부터 앎, 아는 것, 즉 타 마테마타τὰ μαθήματὰ[3]는 혼자에게가 아니라, 둘에게 적합합니다. 둘은 이렇게 어른 피타고라스와 어린 피타고라스[4]라는 동일한 이름으로 새로운 목표를 향해 혹은 『오디세이아』의 여파에 있는 학생들을 향해 헤쳐 나갈 수 있으며, 마침내 극서의 남이탈리아에서 학파를 형성합니다. 그들은 우선 배를 몰아, 모든 생식력과도 같이 매년 태어나고 죽는 제우스의 동굴이 있는 크레타로 향합니다.[5] 그 다음엔 델로스를 지나서 올림피아와 플레이우스를 향해 스파르타로 갑니다. 그런데 이것은 근본적으로 피타고라스를 (그 이후의 플라톤처럼) 앎의 길Wissensweg로 보내는 것과 관련되어 있습니다. 이 길은 옛적에 리쿠르고스가 크레타, 이오니아, 스파르타를 지나며 이끌었던 길이며,[6] 이것이 바로 태고로 향하는 귀향으로서의 방법Methode 혹은 메토도스μέθοδος입니다.

플레이우스의 왕이 이방인 손님에게 묻기를, 어떠한 능함Können을 가지고 있기에 세상을 가로질러 이렇게 멀리서 왔느냐고 합니다. 피타고라스가 답

---

[1] 이암블리코스, 피타고라스적 삶의 방식, 8장 43절.
[2] 비트루비우스, 건축에 관하여, 9권 서문 7절.
[3] 이암블리코스, 피타고라스적 삶의 방식, 5장 25절. 포르피리오스, 피타고라스의 삶, 17절.
[4] 사모스섬의 유일한 학생이 아고라스테스가 아니라, {스승 피타고라스의 이름과 똑같이} 피타고라스라고 불렸다는 사실은 이암블리코스(피타고라스적 삶의 방식, 5장 25절)가 전승합니다. 따라서 영혼의 환생보다는 앎의 환생에 더 가깝습니다.
[5] 디오게네스 라에르티오스, 이름난 철학자들의 삶과 가르침, 8권 3절과 5절. 포르피리오스, 피타고라스의 삶, 17절.
[6] 이암블리코스, 피타고라스적 삶의 방식, 5장 25절.

하기를, 자신은 『오디세이아』의 가인이나 목수, 치료사, 예언자같이 어떤 특정한 앎을 땅과 바다 너머 가져온 것은 아니라고 합니다. {자신이 가지고 있는 능함이란} 반대로 올림피아의 경기에서도 그러하듯 가장 아름다운 것이라고, 하지만 그곳의 경기자들처럼 명예를 위해 하는 것도 아니고 또는 상인들처럼 돈을 벌기 위한 것도 아니라고 합니다. 이 가장 아름다운 것이란 주로 알페이오스 강가에서 하듯이 그냥 바라보는 것이라고 합니다. 그리고 이 순수한 이론, 즉 바라봄을[1] 앎 혹은 능함에 대한 사랑이라고, 즉 필로소피아 φιλοσοφία라고 그가, 피타고라스가 불렀다고 합니다.[2]

모든 옛 문헌이 피타고라스가 새로 만들어낸 말이라고 지적하는[3] 이 단어가 뜻하는 바는, 당시 폭군 아래에서 일곱 현인들이 가르치며 살았을 때나[4] 이후 헤겔이 《학문》이라고 갱신하였을 때의[5] 현명함 Weisheit보다 철학 Philosophie이 못하다는 말은 분명 아닙니다. 반대로 철학은 학문의 전 영역에 걸쳐 있다는 것을, 즉 수학의 네 가지 방식으로 펼쳐진다는 사실을 말하는 것입니다. 기하학과 산술, 천문학과 음악으로 말이지요.

피타고라스는 이 앎을 퍼뜨리기 위해서 펠레폰네소스반도에서 남이탈리아 서쪽으로 건너갑니다. 전해지는 바에 의하면, 그는 처음에 크로톤과 우세를 겨루는 시바리스에 도착하지만[6] 앎에 대한 사랑이 아니라 그저 에트루리

---

1 *{2.1.1.3.}
2   이소크라테스, 부시리스, 28절. 아풀레이우스, 변론, 9장 6절. 이지도르 레비(1926, 28~31쪽)도 참고하십시오.
3   칼 허프만(1993, 98쪽)에 반대하며, 다음의 옛 문헌들을 봅시다. 헤라클레이토스, DK(6) 22, B 35(나쁜 《박학다식》이라고 《철학자들》을 나무라며, 다른 곳에서는 또 피타고라스를 그렇게 나무랍니다). 키케로, 투스쿨룸에서의 토론, 5권 4장 10절. 《피타고라스가 그 이름[즉, 철학]을 발명했을 뿐 아니라, 그것을 확장* 했다.Nec vero Pythagoras nominis [scil. philosophiae] inventor, sed rerum etiam ipsarum amplificator fuit.》 이암블리코스, 피타고라스적 삶의 방식, 8장 44절과 7장 58절 그리고 24장 159절. 아우구스티누스, 신의 나라, 8권 2장. 〈증폭기**〉라는 아름다운 단어가 키케로 덕분에 세상으로 나왔다는 듯 말이지요. *{암플리피카토르는 '나는 확장한다/발전시킨다/확대한다'는 뜻의 동사 암플리피코amplificō에서 나온 명사이다. 주어진 문장을 직역하면 다음과 같다. '피타고라스는 [철학이라는] 이름의 발명자inventor일 뿐 아니라, 그것의 확장자amplificator이기도 하다.'} **{전자 신호의 강도를 높이는 증폭기를 가리키며, 라틴어에서 직접 파생된 영어단어(amplifier)를 줄여 앰프라고도 한다. 독일어로 증폭기(Verstärker)는 '강화하는 것'이라는 말뜻을 가지고 있다.}
4   디오게네스 라에르티오스, 이름난 철학자들의 삶과 가르침, 8권 21절. 들라트, 1988, 113쪽.
5   헤겔, 1952(6), 12쪽.
6   이암블리코스, 피타고라스적 삶의 방식, 8장 36절.

아인들 간의 우정, 폭식과 성욕만 발견할 뿐입니다. 그래서 피타고라스는 의사들이 좋은 삶에 대한 {특정한} 앎을 돌보고 있는 도시 크로톤으로 방향을 바꾸고, 그들에게 {일반적인} 앎을 가지고 옵니다. 게다가 이곳 크로톤에서는 아폴론을 피티오스라는 이름으로 부르기에,[1] 피타고라스는 피타이스의 아들로서 언제나 환영받을 수밖에 없었을 것입니다.

전해지는 바에 따르면, 그 이후 처음으로 남이탈리아 전체를 피타고라스와 그의 위대한 철학에 따라 메갈레 헬라스Μεγάλη Ἑλλας, 즉, 대**大**그리스라고 부르기 시작했습니다. 《이러한 생활 방식으로 인해 이탈리아 전체가 철학자들로 가득하게 되었다. 이전에는 잘 알려지지 않은 곳이었으나 후에는 피타고라스를 위하여 대그리스라고 불리게 되었는데, 왜냐하면 그곳에 철학자, 시인 그리고 입법자들이 가장 많이 있었기 때문이다.》[2] 우리의 역사에서 처음 혹은 마지막으로 사유Denken가 땅에 이름을 지어주었습니다. 실리콘 밸리는 그저 원료나 원소에 따라 지어진 이름일 뿐이지요.

2.1.1.6 크로톤을 홀리며

《{헤르미포스에 따르면} 이탈리아에 도착한 피타고라스가 지하에 작은 집을 지어 어머니에게 부탁하기를, 자신이 다시 나타날 때까지 {지금부터} 일어나는 일을 시간과 함께 밀랍판에 기록하여 이 판을 내려놓아 달라고 했다고 한다. 어머니는 그렇게 했다고 한다. 오랜 시간이 지나서 피골이 상접한 채 올라온 피타고라스는 시민들의 모임으로 갔고, 자신이 하데스{저승}에 다녀왔다고 말하며 {그동안 지상 세계에서} 무슨 일이 일어났는지를 사람들 앞에서 읽었다고 한다. 그의 말에 홀린 사람들은 동요하며 탄식하였고, 피타고라스가 신적인 존재라고 믿어서 피타고라스에게 배울 수 있도록 자신들의 부인들도 데려다 주었다고 하는데 이들은 여자 피타고라스학파라고 불렸다.》[3]

---

1 이암블리코스, 피타고라스적 삶의 방식, 9장 50절과 10장 52절. 클라우디오스 아일리아노스의 『다채로운 이야기들』(2권 26절) 필사본에 등장하는 아리스토텔레스도 보십시오. 팀파나로 카르디니(1969[(2)], 1권 34쪽)와 반대됩니다.
2 이암블리코스, 피타고라스적 삶의 방식, 24장 166절. 풀리에세 카라텔리(1993[(4)], 5쪽)도 보십시오.
3 헤르미포스(그리스 역사가의 파편들, 펠릭스 야코비 편집, 1945~59), 23번 파편 = 디오게네스 라에르

칼리마코스 학파 헤르미포스를 불신하거나 패러디로 읽기에는[1] 이 전설은 너무 오래되었습니다. 게다가 피타고라스가 크레타섬에 있는 제우스의 동굴과 이후 거의 에트루리아의 문디mundi{세계}에 가까운 곳을 방문했다는 사실은, 그가 얼마나 아래의 여신들과 가까이 있었는지를 증명합니다. 부재하기 위해서 그리고 {다시} 태양 아래 새로운 것 위로 나타나기 위해서 코레, 즉 딸처럼 피타고라스도 하데스로 사라집니다. 코레의 어머니 데메테르처럼 《어머니》가 피타고라스에게 소식을 전해줍니다. 분명 친어머니는 아닐 것입니다. 아무도 나이 든 부모를 데려가기 위해 멀리 있는 딸 도시로 이주하지는 않습니다. 그런데 남자들만이 아니라 크로톤의 여자들도 청자로서 유혹하려면, 바로 그 어머니의 앎이 도움이 됩니다. 피타고라스도, 그 이전의 모든 그리스인들도 이 어머니의 앎을 신뢰하지요. 그의 양쪽 뇌가 서로 교류합니다.

오디세우스는 더 이상 {무엇을 어떻게 해야 할지} 모를 때, 언제나 아테나에게 귀를 기울입니다. 그 여신은 가끔은 변장한 채로, 다른 때에는 새-여자로, 또 가끔은 그녀 자신으로서 나타나 그에게 조언하지요. 에피메니데스는 크레타섬에 있는 제우스에게 바쳐진 동굴에서 알레테이아[2]가, 즉 신들의 진실이 직접 다음과 같이 말하는 것을 듣습니다. 크레타인들은 죽지 않는 신에게 동굴 묘지를 마련하기 때문에 모든 크레타인은 거짓말쟁이라고 말이지요.[3] 피타고라스는 바로 이러한 동굴을 찾고, 이탈리아에서 딱 그런 동굴 묘지에 스스로 들어갑니다. 따라서 그가 크로톤에 도착하였을 때, 이 모든 것은 옛 그리스인들에게서와 같아 보입니다. 우리 남자들은 여자들이 우리

티오스, 이름난 철학자들의 삶과 가르침, 8권 12절. 전체적으로는 부르케르트(1962, 136~141쪽)와 바흐오펜(1956(2), 593쪽)을 비교하십시오. 피타고라스가 사모스섬으로 돌아와서 홀로 생각하기 위해 동굴을 판다는 사실도 확인하십시오(이암블리코스, 피타고라스적 삶의 방식, 5장 27절).

1 레비, 1926, 37~41쪽. 부르케르트, 1962, 136쪽.
2 *{알레테이아Ἀλήθεια는 제우스의 딸이자 진실과 진리의 여신이다. '나는 잊는다, 감춘다, 숨긴다'는 뜻의 동사 레토λήθω에 부정 접두사 알파α가 더해진 이름으로, 잊혀지고 감추어진 것을 드러낸다는 뜻이 담겨 있는 말이다. 첫 글자를 소문자로 쓰면 '진실, 진리'라는 뜻의 여성 명사가 된다.}
3 칼리마코스, 제우스 찬가, 8행~. 사도 바울, 디도서*, 1장 12절. *{원문에는 디모데서(Tim.)로 표기되어 있으나, 디도서(Tit.)의 오기인 듯하여 수정하여 옮겼다. 『디도서』의 1장 12절은 어느 크레타인이 "우리 크레타 사람들은 언제나 거짓말쟁이이고…"라고 말하는 내용을 담고 있다. 키틀러에 따르면 이것은 가장 오래된 거짓말쟁이의 역설인 에피메니데스의 역설을 가장 최초로 전승하고 있는 문헌이다(키틀러/피스만, 2001, 14쪽).}

에게 속삭여 주는 것만을 압니다. 그녀들이 세이렌이든 님프들이든 또는 무사 여신들이든 간에 말이지요. 《왜냐하면 당신들은 여신들이고, 곁에 있으며, 당신들은 모든 것을 알고 있기 때문입니다.》[1] 여자들 속에서 무엇-존재 Was-Sein{무엇-임}(여신으로서 본질적으로 존재함)가 사실-존재 Dass-Sein{있다는-사실}(언제나 곁에 현존함)와 소박하게 하나로 모입니다. 존재 Sein는 앎이고, 앎 Wissen은 존재입니다. 무엇이었고, 무엇이며, 무엇일 것을 여신들이 말로 풀어내지요. 모음 알파벳이 드러난 이후로, 여자들의 목소리에서 진리가 소리 냅니다.

그럼에도 불구하고 피타고라스가 크로톤에서 한 것은 완전히 새로운 것입니다. 그는 여자에게서 말이 아니라 글자를 수신하는 최초의 남자로서 등장합니다.[2] 어머니는 동굴에 있는 그에게 공책을 건네주는데 이 필기용 밀랍 서판은 그리스어로 글자 델타Δ에 따라 이름 지어졌으며,[3] 바로 그 때문에 또 그토록 남자들을 여자들에게로 끌어당기는 어둡고 모호한 삼각형을 의미할 수도 있습니다.[4] 하지만 그 밀랍 서판 위에는 언제나 진실이면서 존재하는 채로 남아 있는 무엇은 새겨져 있지 않습니다. 무사 여신들처럼 어머니는 바로 개별자만을 보존합니다. 오는 것이 무엇이고 가는 것이 무엇인지 그리고 아직 한 번도 써진 적 없는 것이 무엇인지를 말이지요. 그리하여 피타고라스가 하데스-동굴에서 나와 모여 있는 시민들 앞에서 어머니의 기록을 큰 소리로 읽을 때, 크로톤 사람들은 자신들이 했던 행위나 말을 듣습니다. ─ 그리고 이것은 가인{의 노래}에서처럼 시간 순서대로 나열되어 있지요.

---

1   일리아스, 2권 485행.
2   이와 유사한 유일한 것은 위僞 호메로스의 『개구리 생쥐 싸움』*(1~3행)으로 아마도 -480년경에 처음 지어진 것일 것입니다. 무릎 위에 {밀랍} 서판을 마련한 한 시인이 무사 여신들 부르며 자신이 받아 적을 노래를 들려 달라고 부탁하지요. *{호메로스의 서사시를 패러디하여 개구리와 생쥐 사이의 전쟁을 다룬 작품으로 300여 행의 육각운으로 이루어져 있는 노래다. 서사시 전통에 따라 헬리콘산 위의 무사 여신들 부르며 시작하는데, 이어 시인은 자신의 무릎 위에 놓인 밀랍판을 언급하며 자신이 받아 적을 준비가 되어 있음을 간접적으로 알린다.}
3   아카드어에서 차용한 단어인 델티온 δελτίον*에 대해서는 호이벡(1979, 157쪽)을 참고하십시오. *{델티온은 고대 그리스어로 '밀랍 서판'을 뜻하는 델토스 δέλτος의 지소사이다. 델티온은 또한 쓰인 '글'이나 '편지'를 뜻하기도 하며, 비잔틴 그리스어로는 '책'을 가리키는 말이다.}
4   헨더슨, 1991⑵, 130쪽*. *{여성의 성기를 가리키는 고대 그리스어들을 단어별로 정리한 내용이 이 문헌의 해당 부분에서 시작된다. 그 단어들 가운데 첫 번째 항목은 퀴스토스 κύσθος로, 헨더슨은 아마도 이 단어가 '나는 감춘다, 숨는다, 숨긴다'라는 뜻의 케우토 κεύθω에서 유래했을 것이라고 한다.}

따라서 어머니의 글이 심연 속에 직접 므네모시네에게 남겨둔 것을 피타고라스가 목록으로서 아고라{시민들의 모임}에 가져오는 것이며, 이로써 모든 귀들 앞에서 자신의 이름을 진실되게 만듭니다. 뜻밖의 것, 딸려 오는 것은 기록되지 않기를 멈추게 되는데 — 이것은 우연Kontingenz의 정의입니다.[1] 따라서 그리스의 {모}도시들은 훨씬 이후에야 시작한 것을, 피타고라스가 {남이탈리아에 있는 대그리스에서 먼저} 시작합니다. 이것은 바로 역사 기록이지요.[2]

피타고라스가 (그 이전의 오디세우스처럼) 신적인 것의 영광을 가지고 왔던 바로 이 하데스로부터의 되풀이{되돌아옴}Wiederkehr에서 의견이 먼 옛날부터 갈라지게 됩니다. 어두운 헤라클레이토스가 피타고라스를 — 아마도 피타고라스 생전에 — 요술과 사기라고 처음으로 비난했던 것으로 보입니다. 《므네사르코스의 아들 피타고라스는 모든 사람들 가운데 가장 많은 탐구를 추진했으며, 이러한 글들을 함께 모음으로써 자신만의 현명함과 박식과 요술을 만들었다.》[3] 존재자 전체를 유일한 하나의 로고스에 종속시켜 사유했던 최초의 사유자의 입이 하는 비난이란 물론 뻔한 것이지요. 하지만 이것은 순간적인 것, 소멸하는 것을 글자로 저장해서 보존하는 것이 옛날에는 어떤 의미였는지 생각해 보도록 합니다. 피타고라스가 사라지려는 것을 쓰기 시작하지 않았더라면, 몸속 깊숙한 곳에 가라앉아 있는 것 — 춤과 클럽 조명 — 외에 우리가 음악에 대해 아는 것이란 아무것도 없었을 것입니다. 그리고 피타고라스가 마치 머리로 기억하고 있는 것처럼 밀랍판을 낭독했으며, 따라서 거짓 증거를 끌어들인 것이라는 비난[4]과 관련해서 말하자면, 고대 그리스의 수많은 새김글들을 가지고 있는[5] 크로톤에서 {그리스}

---

1   라캉, 1975, 132쪽.
2   쿠르트 폰 프리츠, 1940, 66쪽. "{기원전} 5세기 전반부터 몇몇 종류의 공식적인 기록이 그리스의 모든 주요 도시에서 보관되기 시작했다."
3   헤라클레이토스, DK(6) 22, B 129*. 피타고라스의 박학다식Polymathie에 대해서는 B40/41과 딜스 (1920(2), 6~9쪽)를 비교해 보십시오. 이러한 박식은 사모스섬에서 고급 기술에 속하는 것일 수가 있었다는 아름다운 힌트를 염두에 둔 채 말이지요. *{이 파편에서 '탐구'로 번역된 고대 그리스어는 히스토리아ἱστορία이며, '현명함'은 소피아σοφία, '박식'은 폴뤼마티아πολυμαθια이다. 키틀러가 '요술/흑마술Schwarzkunst'로 옮긴 단어는 카코테크니아κακοτεχνία인데, '나쁘다'는 뜻의 카코스κακός와 '기술'을 뜻하는 테크니아의 합성어로 보통은 '사기'나 '기만'으로 번역되는 말이다.}
4   카코테크니아κακοτεχνία라는 비난을 부르케르트(1962, 141쪽)는 이렇게 법률적으로 읽습니다.
5   제프리, 1990, 410쪽.

2.1.1.6 크로톤을 홀리며   325

알파벳이 여전히 비밀스러운 것이었는가에 대해서는 우리가 의심해도 좋을 것 같습니다.

오히려 그 반대가 들어맞습니다. 크로톤은 피타고라스를 신과 인간의 중간물Mittelding로서 우러러봅니다.[1] 피타고라스는 리쿠르고스처럼 쓸 수 있음에도 불구하고 쓴 적이 없기 때문입니다.[2] "신들은 불멸한다. 그리스인의 관점에서 보자면, 그렇기 때문에 신들은 문자가 필요 없다. [···] 피타고라스가 쓰지 않았다면, 그의 태도는 인간의 조건을 극복하여 신과 같게 하려는 하나의 노력을 뜻하는 것이다."[3]

크로톤의 귀족정을 꾸리는 천인 의회는 이러한 존경심에서 {쓰지 않고} 말만 하는 스승을 네 번의 연설을 하도록 초청합니다.[4] 첫 연설은 의원들에게 하는 조언이며, 두 번째는 에페보스들에게, 세 번째는 사내들에게, 끝으로 네 번째 연설은 구별 없이 모든 여자들에게 하는 것입니다. 피타고라스가 의원들에게 하는 조언은 무사 여신들을 기리는 신전을 수립하여 도시 안의 모든 것을 조화Harmonie 아래에 두라는 것입니다. 또한 대외적으로 계약 기록을 남기듯, 첩을 두는 관습을 폐지하여 대내적으로는 정식 혼인 관계에서 태어난 아이들을 바탕으로 도시를 견고하게 하라고 합니다. 피타고라스는 또 에페보스들이 다니는 김나시온과 남자-아이[5]들이 다니는 아폴론 신전에서 단순하게 조언하며, 파이스παῖς라는 말에 뒤따르는 것이 무엇인지를 말하는데, 그것은 또한 정신Geist들의 파이데이아라고 합니다.[6] 그리고 끝으로

---

1 이암블리코스의 『피타고라스적 삶의 방식』(31절)에서 아리스토텔레스가 이렇게 말합니다. 인간과 신 사이에 있는 리쿠르고스에 대해서는 헤로도토스(역사, 1권 65장)를 보십시오. 마르셀 드티엔(1959, 27쪽)과도 비교해 보십시오. 디오게네스 라에르티오스(이름난 철학자들의 삶과 가르침, 8권 6절)의 이의는 헤라클레이토스(DK(6) 22, B 129)를 오해한 것에서 비롯되었습니다.
2 플루타르코스, 알렉산드로스 대왕의 운 혹은 덕, 1권 3장, 328a.
3 스벤브로, 2000, 24쪽.
4 발레리우스 막시무스, 8권 15장. 잔줄리오(1889, 22쪽)에서 재인용.
5 *{1.3.1.3.}
6 *{피타고라스가 김나시온에서 남자아이들에게 한 이 연설은 (시작이 끝보다, 아침이 저녁보다, 신이 인간보다 높듯) 아이들(파이데스παῖδες)은 자신보다 더 높은 부모를 잘 모셔야 한다는 말에서 시작하며, (인간을 동물보다, 그리스인을 야만인보다, 자유인을 노예보다) 철학자를 일반인보다 높게 하는 것은 교육(파이데이아παιδεία)이라고 하는 말로 끝난다(이암블리코스, 피타고라스적 삶의 방식, 37~44절).}

피타고라스는 널리 알려진 헤라 신전에서[1] 여자들을 기립니다. 여자들은 각 연령별로 여신의 이름을 지니고 있다며 오직 여자들만을 찬양하지요. 남자{를 경험하기} 이전의 젊은 여자는 코레Kore, 아이 없는 신부는 님프Nymphe 그리고 아이가 있는 여자는 데메테르Demeter, 끝으로 아이의 아이가 있는 여자는 마이아Maia라는 옛적에 헤르메스를 낳았던 여신의 이름을 가지고 있습니다. 여자들은 신들에게 더 가까이 있기 때문에(라고 스승은 자신의 마지막 연설을 마치며 말하기를), 페넬로페를 저버리지 않기 위해 자신을 신으로 만들어 주겠다는 칼립소의 제안을 거절했던 오디세우스의 적합함과 힘(아레테ἀρετή)을 여자들도 본받아야 한다고 합니다.[2]

따라서 크로톤의 남자들과 여자들은 스파르타에서와 같이 명命Geheiss을 듣습니다.[3] 피타고라스는 옛 풍속을 폐기한 것이 아니며, 새로운 풍속을 도입한 것도 아닙니다. 마치 기록되었다는 듯, 모든 풍속이 명시적으로 들리며 확고하게 됩니다. 제식Kult이 허용하고 넘어간 두 위대한 예외들, 즉 기쁨이나 아픔의 과잉은 추방되었습니다.[4] 황홀경 제식Orgie이나 애도가 행렬Nänie 대신, 하루하루 튼튼하게 정해진 질서가 등장합니다. 그래서 그리스인들이 생각하는 피타고라스의 이미지가 그렇게도 흔들거리는 것입니다. 어떤 사람들은 피타고라스가 사모스섬의 폭정을 피해 달아나 남이탈리아의 폭정을 근절했기에 그를 존경합니다.[5] 반대로 다른 사람들은 그의 음침한 의도에 대해 말하며, 피타고라스가 스스로 폭군으로서 지배한다고 합니다.[6] 모든 권력은 이러한 야누스의 얼굴을 보여 주기는 하지만[7] "크로톤은 물론 다른 남부 이탈리아에 있는 피타고라스학파들은 한동안 성공적으로 폴리스Polis의 선두를 이끌었다"[8]는 사실은 거의 확실합니다.

---

1 *{크로톤의 헤라 라키니아 신전을 말한다(1.5.2.1).}
2 이암블리코스, 피타고라스적 삶의 방식, 37~57절. 디오게네스 라에르티오스는 그리스 여신의 삼위일체에 따라서 여자들 삶의 나이를 셋으로 나누어, 코레, 님프, 어머니(8권 11절)라고 부릅니다.
3 *{1.3.3.1과 1.3.3.5.}
4 이렇게 이미 부르케르트(1962, 174쪽)가 말합니다.
5 이암블리코스, 피타고라스적 삶의 방식, 33절과 133절. 아리스토텔레스, 수사학, 2권 23장 1398b14절.
6 아테나이오스, 현자들의 연회, 5권 213ef절. 디오게네스 라에르티오스, 이름난 철학자들의 삶과 가르침, 8권 39절.
7 부르케르트, 1962, 184쪽~.
8 부르케르트, 1962, 109쪽.

2.1.1.6.1   시바리스를 정복하고

{기원전} 510년 직전 크로톤의 이웃 도시 시바리스에 텔리스라는 폭군이 권력에 손을 뻗습니다. 시바리스는 무역을 통해 얻은 부에 빠져 있습니다. 포도주가 관을 따라 언덕에서 지하실과 저장소로 흐릅니다.[1] 따라서 님프들도 없습니다. 대신 포도주 압착 공장과 수도교가 있습니다. 그리하여 대그리스의 아카이아 도시들 — 크로톤, 시바리스, 카울로니아 그리고 메타폰티온 — 의 동맹이 늦어도 텔리스와 함께 깨지게 됩니다.[2] 그전에 이 동맹은 함께 단일한 동전까지 만들 정도였지요. 텔리스는 귀족 대부분을 죽였으며, 그중 오백 명만이 시바리스에서 가까운 크로톤으로 탈출하는 데 성공합니다.[3] 또 텔리스는 크로톤의 가장 아름다운 남자이며 올림피아 우승자인 밀론과 이미 사랑에 빠진 자신의 딸이 그와 결혼하는 것을 금합니다.[4] 요컨대, 기록되지 않았기에 가장 엄격한 그 법률이 폐기된 듯이 보입니다. 피타고라스가 도착하지만 않았다면 말이지요. 텔리스가 크로톤으로 전령을 보내서 탈출한 귀족들을 인도할 것을 요구하며,[5] 그렇게 하지 않는다면 전쟁을 선포할 것이라고 할 때에도 피타고라스는 보호를 간청하는 자들이 손님으로서 변함없는 권리를 누릴 수 있도록 {크로톤} 시민들을 설득합니다. 시바리스로 돌아간 삼십 명의 사신이 피타고라스의 대답을 전하였지만 텔리스는 그들을 모두 학살하여 도시 밖의 맹수들에게 던지도록 합니다.[6]

시바리스 사람들이 이 폭군과 그 일당들을 헤라 신전의 제단에서 죽였던 것도 도움이 되지는 않았습니다.[7] 와야 할 것이 왔던 것입니다. 그사이 피타고라스의 딸들 가운데 한 명과 결혼한 밀론은[8] 두 번째{로 세상에 나타난}

---

1 알렉산더 솅크 그라프 폰 슈타우펜베르크, 1963, 77쪽.
2 피터 고먼, 1979, 89쪽.
3 디오도로스 시켈로스, 역사 총서, 12권 9장 2절.
4 헤로도토스, 역사, 5권 47장.
5 이암블리코스, 피타고라스적 삶의 방식, 177절.
6 아테나이오스, 현자들의 연회, 12권 521d절.
7 아테나이오스, 현자들의 연회, 12권 521ef절.
8 이암블리코스, 피타고라스적 삶의 방식, 267절. 아마도 그 동일한 딸*이 결혼하지 않은 여자로서 크로톤에서 신부들의 춤을 이끌었고, 후에는 여자{아이를 낳은 어머니}로서 제물을 바치는 행렬을 이끌었을 것입니다(피타고라스적 삶의 방식, 30장 170절). *{이암블리코스에 따르면 밀론과 결혼한 피타고라스의 딸의 이름은 뮈아Muĩa이다.}

헤라클레스로서 크로톤의 군대를 결전으로 이끌었습니다. 시바리스가 압도적 다수였고,[1] 게다가 에트루리아인들과 연합했음에도 불구하고,[2] 밀론은 최초의 군사 전략 덕분에 승리합니다. 이 군략에 대해 우리가 알고 있는 것은 — 피타고라스처럼 — 음악을 투입했다는 사실입니다. 시바리스의 기병대 — 5000명으로 아테네의 다섯 배[3] — 는 교미시킬 때 항상 아울로스를 불어 동일한 멜로디를 들려주었던 암말을 탔습니다. 적군의 연주가 들리자 이 암말들은 뒷다리로 우뚝 서서 태우고 있던 병사들을 떨어뜨린 후, 춤추듯 크로톤의 병사들에게로 건너갔습니다.[4] 이렇게 승리가 보장되었지요. 밀론의 군대는 약탈하고 살해하며 시바리스로 진군했고, 텔리스와 그의 무리들을 헤라의 신전에서 학살하여[5] 패륜 자체의 상징이었던 도시를 무너뜨립니다. 크로톤 군은 시바리스에 있었던 크라티스강의 흐름까지 바꿔 무너진 도시의 마지막 잔해들 위로 강물이 흐르게 하여서 "최근까지 진행된 오늘날의 연구조차 그 정확한 위치를 파악할 수 없을"[6] 정도가 됩니다. 멀리에 있는 밀레토스의 동맹자들조차 그 {패배의} 고통에 스스로의 머리카락을 잘랐습니다.[7] 그런데 밀론은 이 전투에서의 승리에 결정적인 것을 덧붙입니다. 그는 자주색 옷에 발에는 하얀 샌들을 신고 머리에는 황금빛 관을 쓴 채[8] 승리의 행렬에서 앞장서서 걸었습니다.

2.1.1.7 메타폰티온으로 달아나 죽습니다

사실 축제를 하는 데에는 온갖 이유가 있습니다. 시바리스의 통치 아래 네 가문과 25개의 도시가 전성기를 누렸으나[9] 이제 모두 크로톤에 함락되었

---

1 디오도로스 시켈로스, 역사 총서, 12권 9장 5절.
2 라리사 본판테, 「고대 사회에서의 여성에 대한 생각들」(헬렌 P. 폴리 펴냄), 1981, 331쪽.
3 아테나이오스, 현자들의 연회, 12권 519c절.
4 아리스토텔레스, 583번 파편, 로스 편집 = 아테나이오스, 현자들의 연회, 12권 520cd절. 마르틴 포겔, 1973, 1권 382쪽. 이포토로스 노모스 $ἱππόθορος\ νόμος$*에 대한 일반적인 내용은 플루타르코스(향연 문제, 7권 5장 704절~)를 참고하십시오. *{말들이 교미할 수 있도록 욕구를 북돋아주는 노래를 말한다.}
5 슈타우펜베르크(1963, 79쪽)가 이렇게 말합니다.
6 포겔, 1973, 1권 369쪽. 체르키아이(2004, 116~119쪽)도 보십시오.
7 헤로도토스, 역사, 6권 21장. 여기에 슈펭글러(1929~30(2), 2권 488쪽과 370쪽)도 참고하십시오.
8 아테나이오스, 현자들의 연회, 12권 522a절.
9 스트라본, 지리학, 6권 1장 13절.

습니다. 승리 후 피타고라스학파의 권력이 남쪽 메드마와 카울로니아에서부터 북쪽 메타폰티온 문턱에까지 이르게 되는데,[1] 이는 이탈리아의 양쪽 바다에 걸쳐 있다는 뜻입니다. 그런데 무엇보다도 에트루리아에 대한 시바리스의 무역 독점이 붕괴되고,[2] 그 비옥한 농지가 이제 도시{크로톤}에 귀속됩니다.

하지만 이것은 민중과 귀족으로 시바리스를 분열했던 바로 그 싸움을 크로톤으로 가져오게 됩니다. 이 싸움은 민중들도 염두에 두어야[3] 하지만 귀족들의 천인 의회로부터는 권력을 앗아갈 새로운 대규모 토지 추첨을 둘러싸고 일어납니다.《출신, 명예 그리고 재산에 있어서는 일인자 중의 한 명이나 성품에 있어서는 곧잘 성을 내며 아무렇게나 지배하고 억압하는 폭군 같은》,[4] 그래서 피타고라스가 꾸준히 거리를 둔 크토톤의 킬론이 이 시민전쟁을 앞장서서 이끌었습니다. 킬론은 이러한 목적으로 공모자 니논에게 비밀스런 글을 {일부러} 오독하게 하여 혹은 심지어 위조하여 피타고라스가 순전히 폭정을 촉구했다고 오명을 씌웁니다.[5] 그런데 또 히파소스, 디오도로스 그리고 테아게스와 같은 제자들까지도 스승의 의회를 떠나 크로톤에 민주주의를 도입하도록 요구합니다.[6]

피타고라스는 이 모든 시민전쟁이 싫어서서 이십 년을 지낸 크로톤을 떠나 대그리스의 도시들 가운데 크로톤 외에는 유일하게 아폴론과 죽음의 여신을 경배하는 다른 도시로 이주합니다. 그는 메타폰티온으로 가지요.[7] 크로톤과 메타폰티온을 정치적으로 또 지리적으로 나누는 시바리스는 더는 권력을 가지고 존속하지 않습니다. 아름다운 바닷가가 자유롭게 놓여 있습니다. 피타고라스는 {기원전} 494년과 485년 사이에 메타폰티온에서 죽습니다. 어떤 사람들은 옛적의 리쿠르고스처럼, 피타고라스도 사십 일 동안 굶

---

[1] 슈타우펜베르크, 1963, 214쪽.
[2] 체르키아이, 2004, 114쪽.
[3] 이암블리코스, 피타고라스적 삶의 방식, 255절.
[4] 이암블리코스, 피타고라스적 삶의 방식, 248절. 디오게네스 라에르티오스, 이름난 철학자들의 삶과 가르침, 8권 49절.
[5] 이암블리코스, 피타고라스적 삶의 방식, 260절.
[6] 이암블리코스, 피타고라스적 삶의 방식, 257절.
[7] 부르케르트, 1962, 178쪽~.

주렸다고 합니다.¹ 어쩌면 그는 자신의 명Geheiss도 {리쿠르고스의 명처럼} 똑같이 지속되게 만들려고 했을지도 모릅니다. 어쨌든 메타폰티온 사람들은 자신들이 맞이한 가장 위대한 죽음을 경탄해 마지않아서 피타고라스가 죽은 집을 데메테르 신전으로 바치고, 그 집 앞에 있는 골목길을 무사들의 성역으로 헌납할 정도입니다.² 이로써 옛날 하데스 집에 있던 피타고라스에게 받아쓰게 했던 위대한 어머니가 승리하고, 그가 정리했던 음악은 말하기{연설}Reden를 잔소리로 만듭니다. 이제부터 피타고라스가 대그리스 전역을 지배하기 때문입니다.

2.1.2 가르침과 학파

> 영광은 망각의 한 형태이다.
> 보르헤스

피타고라스를 들었던 사람들은 반대로 아무도 아르키타스의 가르침을 아르키타스 고유의 가르침이라고 간주하지 않습니다. 《이른바 피타고라스학파들》— 이라고 아리스토텔레스가 부릅니다³ — 은 생각될 수 있는 모든 것을 스승{피타고라스}에게 귀속시킵니다.⁴ 《그가 말했습니다》⁵라고 하지요. 우리는 이 입장을 (그리고 마찬가지로 철자법도)⁶ 그대로 따를 것입니다. 우리는 모두 그에게 빚지고 있지요.

왜냐하면 우리의 역사에서 최초로 학파가 생기기 때문입니다. 많은 이들이 한 남자를 들음으로써 말이지요.⁷ 피타고라스의 앞과 옆에 존재하는 방식들은 반대로 — 아버지가 장남에게{만} 주듯⁸ — 항상 한 남자에게만 자신

---

1 디카이아르코스, 53번 파편, 베를리 편집. 리트벡(2002, 36쪽)에서 재인용.
2 이암블리코스, 피타고라스적 삶의 방식, 30장 170절. 키케로, 최상에서 최악으로, 5권 2장. 부르케르트, 1962, 120쪽.
3 아리스토텔레스, 형이상학, 1권 5장 985a22절.
4 이암블리코스, 피타고라스적 삶의 방식, 31장 198절.
5 이암블리코스, 피타고라스적 삶의 방식, 18장 88절. 발레리우스 막시무스, 8권 15장. 잔줄리오(1889, 22쪽~)에서 재인용.
6 *{피타고라스를 이름으로 부르지 않고 대명사로 지칭하며 이를 대문자로 표기한 철자법을 일컫는다. 한국어로는 굵은 글씨로 표시하여 나타내었다.}
7 자크 브룬슈빅/조프리 로이드, 2000, 201쪽.
8 부르케르트, 1984, 46쪽. "비밀에 부쳐진 앎을 자신의 아들에게만 전달해야 한다는 것은 연금술 문헌

의 통찰을 넘겨주려고 합니다. 그 한 명의 제자란 종종 가장 사랑을 받는 자이기도 했습니다. 이런 식으로 파르메니데스는 엘레아의 제논에게, 엠페도클레스는 파우사니아스에게 전달하였지요.[1] {하지만} 삼백 명 혹은 심지어 육백 명의 제자들이 **그**를 기립니다.[2] 그 때문에 소크라테스는 스스로가 선생으로부터 아무것도 배우려고 하지 않아 아둔한 채로 남아 있으면서 그저 피타고라스가 많은 제자들을 모았던 것만 질투하며 그냥 소년애를 흉내 낼 뿐입니다.[3] 이에 관해서 소크라테스가 가르치기를, 호메로스는 오직 한 사람 한 사람만을 즐겁게 하기 때문에 나쁜 선생이었지만 반대로 피타고라스는 지금까지도 자신의 규칙을 따르는 유명한 제자들을 가지고 있었다고 합니다.[4]

학파Schule를 우리가 보냈던 암흑과도 같은 시간이나 노동 또는 더 나쁘게는 국가로부터 선고된 의무 교육으로만 이해해서는 안 됩니다. 스콜레σχολή는 스콜라schola의 정반대로서, 처음에는 {중세의} 수도사들에게, 그 다음에는 {근대의} 중산층 아들들에게 정신노동을 강요했던 {라틴어} 스콜라와는 달리 {고대 그리스어로} 스콜레는 쉼, 조용함, 겨를 그리고 음악을 뜻합니다. 여기에는 크세노파네스가 이미 언급했으며 오직 소크라테스만 오인할 수 있었던 단순한 이유가 있는데 《그리스인들은 모두 처음부터 호메로스에게서 배웠기》[5] 때문입니다. 그런데 그중에서도 언제나 리라 반주에 맞춰 호메로스를 노래하는[6] **그**가 가장 많이 배웠습니다. 그리하여 페이시스트라토스는

전체와 마법 파피루스에서도 나타나는 하나의 규약이었다." 또는 우리에게 더 걸맞은 인용문은 다음과 같습니다. "그 유명한 '히포크라테스 선서'는 학생들에게 의무를 부과했는데, 그 의무란 사실상 양자가 되는 것과 다름없는 것이었다."(위의 책)

1　머레이, 1934⁽⁴⁾, 97쪽. "고대의 현자는 — 중세에도 마찬가지로 — 보통 소년이나 제자를 한 명씩 데리고 있었다. 그리고 이 제자가 스스로도 '현명하게' 되고자 한다면, 그가 처음으로 배우는 것은 스승의 책을 정독하는 것이다. 그냥 아무 책을 읽는 것이 아니다. 물론 시간이 주어진다면 매우 똑똑한 사람은 다른 책들도 정독할 수 있을 것이다. 그러나 그것은 특별한 작업이 될 것이다."

2　이암블리코스, 피타고라스적 삶의 방식, 35장 260절과 6장 29절. 디오게네스 라에르티오스(이른난 철학자들의 삶과 가르침, 8권 15절)는 600명의 제자들을 언급합니다.

3　플루타르코스, 호기심에 대하여, 2장, 516c절.

4　플라톤, 국가, 10권 600b절.

5　DK⁽⁶⁾ 21, B 10. 《엑스 아르케스 카트 호메론 에페이 메마테카시 판테스ἐξ ἀρχῆς καθ᾽ Ὅμηρου ἐπεὶ μεμαθήκασι πάντες…》

6　이암블리코스, 피타고라스적 삶의 방식, 14장 63절.

드디어 아테네에도 『일리아스』와 『오디세이아』의 두루마리로 국가 기록을 완전히 갖추기 위해서 이방인들 가운데 피타고라스의 청자 두 명도 초대하는 것입니다.[1] 그리하여 리쿠르고스는 스파르타에서 자유 시민들에게 모든 형태의 노동이나 수작업을 금지하는 것이고,[2] 그리하여 **그**와 그의 제자들은 남이탈리아에서 동일한 겨를이나 쉼을 퍼뜨리기 위해 특히 신전이 있는 숲 잔디에서 가르치는 것입니다.[3] 토끼풀이 꽃 필 때, 우리는 파에스툼으로 갑니다. 거기에서 모든 것은 분명해질 것입니다.

2.1.2.1 배우기, 노래하기, 음악 만들기

청자들의 모임에 들어가기란 쉽지 않습니다. 피타고라스는 새내기들을 삼 년 동안 무시합니다. 소수만이 이를 견뎌 내고, 그래서 응답을 받습니다. 그러나 오 년 동안 더 침묵해야 하고, 보이지 않게 장막에 가려진 스승의 가르침에 귀를 기울이는 법을 배워야 합니다.[4] 이렇게 가르침은 말 그대로 아쿠스마타Akusmata 안에서 이루어집니다. 스승은 노이즈를 일으키며 두렵게 둘러싸고 있는 존재처럼 귀에만 나타납니다. 수습 기간을 통과하면 — 우리의 학교[5]에서처럼 팔 년 후에 — **그**는 얼굴을 드러내고, 서로 다 같이 말하는 모임에 그들을 — 남자건 여자건 — 받아들입니다. 여기서 새내기들에게 그리스의 모든 방언이 허락됩니다. 야만인들도 들어올 수 있으나 그리스어를 해야만 합니다.[6] 그뿐만 아니라 스승은 동물들과도 말할 수 있습니다.[7]

말이나 행동으로 이 믿음을 저버린다면 — 그중 최악의 경우는 《신성한 말》[8]을 모임 밖에 퍼뜨릴 때입니다 — 그 사람은 그 자리에서 제명됩니다.

---

1 들라트, 1915, 134쪽.
2 플루타르코스, 리쿠르고스의 삶, 24장 2~4절.
3 이암블리코스, 피타고라스적 삶의 방식, 21장 96절과 30장 185절. 아르키타스(DK(6) 47, A 9)도 보십시오.
4 이암블리코스, 피타고라스적 삶의 방식, 17장 72절. 아울루스 겔리우스, 아테네의 밤, 1권 9장 1~7절.
5 *{한국의 중고등학교 과정에 해당하는 독일의 김나지움을 말한다. 시대와 지역에 따라 8년 또는 9년 과정이며, 이를 마친 후 한국의 수학능력시험에 해당하는 대학 입학 자격시험인 아비투어Abitur를 치르게 된다.}
6 이암블리코스, 피타고라스적 삶의 방식, 34장 241절.
7 이암블리코스, 피타고라스적 삶의 방식, 13장 61절~.
8 이암블리코스, 피타고라스적 삶의 방식, 28장 146절.

학파는 침묵할 줄을 모르는 자들을 묵살하며, 마치 이들의 현명함이 사멸했다는 듯 배신자들이 아직 살아 있는 동안에도 그들의 묘비를 세웁니다.[1] 그러니까 그들은 언젠가는 일어나야만 하는 그것을, 즉 배신을 언제나 이미 기다리고 있습니다.

하지만 겨를, 침묵, 조용함이 목적 자체는 아닙니다. 이것들은 최고의 교육 수단으로서의 음악[2]이 울릴 수 있는 바탕을 마련해 주고 있을 뿐입니다. 피타고라스학파는 스스로를 단순히《듣는 사람들》[3]이라고 불렀지, 후기의 학설기록가Doxograph들이 부른 것처럼 학파라고는 하지 않았습니다. 그들은 음악을 듣습니다. 왜냐하면 음악은 — 오래전부터 그리고 소포클레스에게서처럼 그러하듯 —《놀라운 방식으로 깨끗하게 하기》[4] 때문이지요.

청자들의 하루는 해돋이와 함께 노래나 현악기 연주로 시작하며 취해 있는 잠에서 깨어납니다. 저녁에 잠을 자러 갈 때에는 음악이 하루의 어지러운 메아리를 풀어 주고, 좋은 꿈을, 심지어는 예언하는 꿈을 불어넣습니다.[5] 아침에 잠에서 깬 청자들은 저마다 홀로 고요한 숲 잔디나 성역으로 가서 어제의 꿈과 생각들을 정리합니다.[6]

그런 다음에야 비로소 청자는 신전이 있는 숲 잔디에 모인 다른 사람들을 만나 대화를 통해 배웁니다. 스파르타에서처럼 운동 경기와 목욕이 뒤따르며, 그 다음에는 꿀이나 벌집을 바른 빵을 점심으로 먹습니다. 오후는 도시에 관련된 일을 하는데, 도시의 운영에 대한 문제 그리고 어떻게 다른 도시들과 관계를 맺어야 할지에 대한 문제를 다룹니다. 두 번째 목욕으로 하루를 마치며, 포도주, 채소, 빵 그리고 이미 신들에게 바쳐진 희생 동물의 고기를 저녁으로 먹습니다. (피타고라스가 자신의 무리들에게 육식을 금하고 채식을 하도록 했다는 다수의 출처를 우리는 믿지 않습니다.) 마지막으로, 청

---

1 이암블리코스, 피타고라스적 삶의 방식, 17장 73절~과 35장 252절.
2 이암블리코스, 피타고라스적 삶의 방식, 25장 110~114절.
3 이암블리코스, 피타고라스적 삶의 방식, 17장 73절.
4 일리아스 주석집, 10권 391행. 팀파나로 카르디니(1969(2), 3권 292쪽)에서 재인용.
5 이암블리코스, 피타고라스적 삶의 방식, 15장 65절. (로마적으로 회의적인) 키케로(점술에 관하여, 2권 58장 119절과 투르쿨룸에서의 토론, 4권 2장 3절)도 보십시오.
6 이암블리코스, 피타고라스적 삶의 방식, 21장 96절.

자들이 잠잘 때가 되어 — 커다란 헛간에 모여 자는 스파르타의 아이들과는 다르게 — 홀로 집으로 가기 전에, 모인 사람들 중 가장 어린 사람이 옛 두루마리 책을 다른 사람들에게 읽어 줍니다.[1] 신들이 우리에게 준 하루가 이렇게 매일 아침의 현악기 연주에서 늦은 저녁의 노래와 춤으로 미끄러져 돌아오는데 — 이 모든 것은 호메로스가 옛적에 건립하고 찬미했던 것입니다.[2] 피타고라스학파는 계절의 순환도 마찬가지로 따릅니다. 그들은 태양의 은혜를 따르며, 매년 타라스에서 메타폰티온으로 갔다가 돌아옵니다.[3]

이 모든 의례들이 기록되었는지 아닌지 우리는 알지 못하지만 아마도 그랬을 것이라고 추측합니다. 왜냐하면 대그리스에서도 문서화되었던 첫 법처럼,[4] 그 의례는 그렇게 예외 없이 유효했을 것이기 때문입니다. 기록은 무해한 것처럼 보이지만 전혀 그렇지 않습니다. 《매일매일》[5] 규칙이 지켜졌으면 하는 피타고라스는 아주 옛날부터 그리스에 축제가 있었다고 속이고 넘어갑니다. 교단 계율이 떠맡아서 하기에 그가 직접 기록할 필요도 없습니다. 이{렇게 규칙을 기록하는}것은 {예로부터} 전해져 내려오는 애도의 과잉, 심지어는 사랑 욕망의 과잉에 그렇게 좋게 작용하지는 않습니다.[6] 그럼에도

---

1   이암블리코스, 피타고라스적 삶의 방식, 21장 99절. 웨스트(1992, 31쪽)도 함께 보십시오.
2   이암블리코스, 피타고라스적 삶의 방식, 21장 95~99절.
3   이암블리코스, 피타고라스적 삶의 방식, 31장 189절.
4   들라트, 1922.
5   이암블리코스, 피타고라스적 삶의 방식, 30장 171절.
6   부르케르트, 1962, 173~175쪽. "아쿠스마타와 연관되어 있는 의례는 빠짐없이 예외적 규정을 다루고 있다. 이 규정들은 사람들에게서 밀교 예식, 엔코이메시스*, 카타바시스**, 회복기간을 요구하지만, 그 이후 그 사람은 이전처럼 계속 살아갈 수가 있다. 축제와 일상, 즉 히에라이 헤메라이ἱεραί ἡμέραι***와 호시아이 헤메라이ὅσιαι ἡμέραι의 주기적인 되풀이는 모든 원시적이고 천진한 종교의 특징이다. 그 안에서 대립되는 것들이 동등한 자리를 차지한다. 에우페미아εὐφημία와 아이스크롤로기아αἰσχρολογία****, 순수함과 방종, 진지함과 즐김, 그 시대의 모든 것이 말이다. […] 아쿠스마타를 진지하게 받아들인다는 것은 [반대로] 삶 속에서 움직임의 자유를 당황스러울 정도로 제한한다는 의미를 가진다. 어느 피타고라스학파가 일어나든 잠자러 가든, 신발을 신든 손톱을 자르든, 불씨를 일으키든, 냄비를 올리든 먹든 간에, 이를 지킨다는 보증과 함께 위반의 가능성이 동시에 존재하는 것이다." 진실된 이 문장은 글자와 규약집을 혼동하게 하는 모든 것에 대한 반증입니다. *{그리스어로 엔코이메시스ἐγκοίμησις는 라틴어에서 넘어온 독일어로 인쿠바치온Inkubation이라고도 하는데, 꿈속에서 신으로부터 직접 적절한 치료법에 대한 계시를 받고자 신전에서 잠을 청하던 고대의 관례이다. 그리스에서는 지역마다 모시는 치료의 신이 달랐는데, 병든 자가 그 치료의 신을 모시는 신전에서 잠을 청하여 꿈을 꾸면 신관이 해석해 주었다.} **{카타바시스κατάβασις는 '(아래로) 내려감'을 뜻하며 '올라감'을 뜻하는 아나바시스에 대립되는 말이다. 여러 문맥에서 사용되는 단어로, 특히 서사시적 전통에서 주로 오르페우스나 오디세우스와 같은 영웅의 '지옥행'을 일컫는다. 또한 고대 그리스에서 군사적 '후퇴'나 강을 따라 '내려가는 여행길'을 의미하

우리는 그가 얼마나 오랫동안 존속될 수 있는지를 도취 속에서 잊고자 합니다. 다른 말로 하자면, 피타고라스가 또한 적을 출현시켰다는 것입니다.

2.1.2.2   아쿠스마타[1]

청자들이 가르침에서 수신하는 모든 것은 들은 것Gehörtes이며 또한 그러한 이름으로 불리는데, 그리스어로는 아쿠스마Akusma입니다.[2] 들리는 것을 마음에 새기는 것 그리고 들리는 것을 더 어린 청자들에게 전달하는 것은 앎을 위해 모인 이들이 언제나 새롭게 맺어지도록 합니다. 그리하여 이 아쿠스마들은 상징Symbol들이라고도 불립니다.[3] 왜냐하면 아쿠스마는 두 조각난 파편처럼 {남남인} 객을 가문이나 혈통을 넘어 서로 묶기도 하지만 또한 (오디세우스가 이미 그랬듯) 풀어야 할 많은 수수께끼를 다른 사람들에게 주기 때문이기도 합니다.[4]

피타고라스는 학생들에게 생각할 거리를 주는 아쿠스마들을 모두 질문으로 제시합니다. 이 질문들은 다음과 같은 세 가지 방식으로 이루어져 있습니다.

《첫째는 어떤 것이 무엇이냐이고,
둘째는 가장 어떠한 것이 무엇이냐이며,
셋째는 무엇을 해야 하고 무엇은 하지 말아야 하는지이다.》[5]

음악과 수학이 무엇인지 알고자 하는 우리는 세 번째 질문으로 괴로워할

기도 했으며, 음악이나 시에서는 '하강'하는 내용의 노래와 그에 따른 음악적 표현을 뜻한다. 근대 심리학에서 젊은이들의 우울증을 표현하는 말로 사용하기도 한다.} ***{축제를 일컫는 이 말의 문자 그대로의 뜻은 '신성한 날들'이다.} ****{각각 '좋은 말소리, 복된 말'과 '더러운 말, 욕'을 뜻한다.}

[1] *{아쿠스마ἄκουσμα는 '나는 듣는다'는 동사 아쿠오ἀκούω에 중성 접미사 -μα가 붙어 '들은 것, 들린 것'을 뜻하는 말이며, 아쿠스마타ἀκούσματα는 복수형이다. 키틀러는 복수형을 사용할 때 경우에 따라 그리스식 아쿠스마타Akusmata나 독일어식 아쿠스마들Akusmen을 사용하였으며, 옮길 때 이를 반영하였다.}

[2] 이암블리코스, 피타고라스적 삶의 방식, 6장 30절과 18장 81절.

[3] 이암블리코스, 피타고라스적 삶의 방식, 29장 161절. 플루타르코스, 202번 파편, 롭 고전 문고. 부르케르트(1962, 159쪽)도 보십시오.

[4] 이암블리코스, 피타고라스적 삶의 방식, 34장 247절. [엔] 아이니그마시 […] 카이 그리포이스[ἐν] αἰνίγμασι […] καὶ γρίφοις — 따라서 말 그대로 고기잡이 그물입니다. 그물에 잡힌 불쌍한 물고기처럼, 수수께끼 답을 찾는 자의 감각이 붙잡힙니다.

[5] 이암블리코스, 피타고라스적 삶의 방식, 18장 82절.

필요가 없습니다. 하지만 두 번째 질문은 사태의 심장Herz에 있습니다.[1] 피타고라스는 무엇이 가장 아름답냐는 질문에 조화Harmonie라는 답을, 무엇이 가장 현명하냐는 질문에는 수數라는 답을 내놓습니다. 그러므로 우리가 유념해야만 하는 것은, 첫째 《…은 무엇인가?》라는 질문의 형태를 직접 발명하고, 둘째 또한 그 질문에 대한 답을 내놓은 사람이 스승{피타고라스}이라는 것입니다. 그 이래로 철학은 《무엇인가》라고 질문하는 것을 한 번도 멈추지 않았습니다. 다른 말로 하자면, 그 이래로 존재Sein가 있다는 것입니다. 다름 아닌 아리스토텔레스가, 존재론 자체를 티 에스틴τὶ ἐστιν[2]에 대한 응답이라고 규정한 바로 그 아리스토텔레스가 명쾌하고 분명하게 말하기를, 피타고라스학파가 처음으로 《무엇이-무엇-임에 대해 이야기하고 규정하기를 시작했다》[3]고 합니다.

그는 또한 이렇게 말합니다. 존재하는 모든 것들 가운데 수數가 최고의 것으로 남아 있기는 하지만 그 다음으로 최고의 것은 피타고라스 자신이 질문하고 사유하며 행하고 있는 바로 그것, 즉 이름을 지어주는 것이라고 합니다.[4] 예를 들어, 사랑과 앎의 단일체 또는 이음매라는 뜻에서 피타고라스가 지은 이름인 《철학Philosophie》이 있습니다. 그가 지은 다른 이름으로는 여자들의 장신구와 {남자들의} 무기 장신구의 옛 말이며, 피타고라스 덕분에 존재자 전체를 가리키는 말로 떠오른 《우주Kosmos》가 있습니다.[5] 셋째, 끝으로 피타고라스는 그의 도리스 방언으로 완전히 새로운 말, 이전에는 들어본 적이 없는 말, 학문 역사상 최초의 전문 용어를 만듭니다. 그것은 하 테트락티스ἁ τετρακτύς로, 독일어로 옮기면 피어룽Vierung이며, 사분四分, 즉 넷으로 나눔을 뜻합니다.

---

1 *{이암블리코스가 전하는 아쿠스마들 가운데 "가장 ~한 것(말리스타μάλιστα)은 무엇인가?"와 같이 최상급의 형태로 이루어진 것에는 다음과 같은 것들이 더 있다. "가장 정의로운(디카이오스δίκαιος) 것은 무엇인가? 희생하는 것(튀에인θύειν)이다.", "우리가 할 수 있는 것 중에 가장 현명한 것은? 의술 및 약(이아트리케ίατρική)이다.", "가장 강력한 것은? 통찰(그노메γνώμη)이다.", "가장 좋은 것은? 행복(에우다이모니아εύδαιμονία)이다."(DK 58, C 4)}

2 *{"~은 무엇인가."}

3 아리스토텔레스, 형이상학, 1권 5장 987a20절.

4 이암블리코스, 피타고라스적 삶의 방식, 18장 82절.

5 이암블리코스, 피타고라스적 삶의 방식, 39장 162절과 아에티오스, 철학자들의 학설들에 관하여, 2권 1장 1절: 《피타고라스가 처음으로 모든 것을 아우르는 것을 우주Kosmos라고 불렀는데, 우주 안에 있는 질서 때문에 그렇게 불렀다.》 이와 함께 오토(1962, 66쪽)를 참고하십시오.

《델포이에서 속삭이는 것이 무엇이냐? 테트락티스이다. 이것은 바로 하르모니아와 같으며, 이 안에서 [두] 세이렌이 [노래한다].》[1]

《티 에스티 토 엔 델포이스 만테이온; 테트락튀스· 호페르 에스틴 헤 하르모니아, 엔 헤 아이 세이레네스.》

우리는 그가 우리에게 준 모든 수수께끼 가운데 가장 모호하고 가장 긴 이 것을 비행 중에는 풀지 못합니다. 이 수수께끼가 밝은 분명함 속에서 빛날 수 있기까지, 우리 앞에 임박한 어둠과 얽힘 속의 수많은 우회로를 지나야 합니다.

2.1.2.2.1 오싹하게 다가오는 존재

계곡물이 졸졸 흐르고, 나는 그대에게 사랑을 말합니다.

《그리스인들은 오로지 자연 대상에 귀를 기울이고 그것의 의미에 대한 내적인 질문을 함으로써 그 자연 대상을 예감한다. 철학은 경이에서 시작한다는 아리스토텔레스의 말처럼, 자연에 대한 그리스의 직관 역시 이러한 경이에서 시작한다. 이는 정신이 비범함을 마주하여 일상적인 것과 비교한다는 의미가 아니다. 주기적인 자연의 순환에 대한 오성의 견해나 비교를 하는 성찰은 아직 없기 때문이다. {그리스의 정신이 자연에 대한 경이에서 시작한다는 것이 의미하는 바는} 격양된 그리스의 정신이 오히려 자연의 자연적인 것에 대하여 경이로워 한다는 것이다.》[2]

나는 그대를 예감하고 그대에게 귀를 기울입니다. 헤겔이 그토록 맑게 일깨우며 언급한 모든 격양된 정신들 가운데 피타고라스가 가장 격양된 정신인 듯이 보입니다. 왜냐하면 그가 고유명으로 부르는 우주Kosmos, 존재자 전체의 조화인 바로 그 우주는 저절로 당연하게 짜맞추어지는 것이 아니기 때문입니다. 우주는 오싹함, 속삭임, 졸졸거리는 노이즈의 타자이며 — 끝

---

1 이암블리코스, 피타고라스적 삶의 방식, 18장 82절. 헤겔(1992(3), 12권 289쪽)을 믿고 우리는 만테이온μαντεῖον*을 독일어로 옮기려고 시도했습니다. 《자연과 자연스러운 변화를 풀이하고 설명하는 것, 그 안에 있는 뜻과 의미를 보여 주는 것, 이것은 주관적{주체적}인 정신의 행위이며, 그리스인들은 이에 만테이아μαντεία라는 이름을 부여하였다.》*{고대 그리스어로 '신탁'을 뜻하는 말로, 키틀러는 '속삭이는 것das Raunende'이라고 옮겼다.}

2 헤겔, 1992(3), 12권 288쪽.

없이 깊고 어두운 은폐성의 타자인데, 우주는 언제나 이 은폐성으로부터 우선 빠져나와야만 하는 것이지요. 그래서 어둡고 모호한 질문들과 아쿠스마타가 이렇게나 많이 있습니다.

《복 받은 섬들은 무엇인가? 해와 달이다.》[1]

《행성들이란 무엇인가? 죽음의 여신 페르세포네의 암캐들이다.》[2]

《영혼들이란 무엇인가? 은하수에 모인 꿈의 민족들이다.》[3]

《순수하지 않으며 이질적인 바다란 무엇인가? 크로노스의 눈물 한 방울이다.》[4]

《영혼들이란 무엇인가? 햇빛에 비쳐 보이는 공기 중의 모든 먼지들이다.》[5]

이렇게 피타고라스는 먼저, 하늘이나 공기 중에 있는 불특정한 다수가 만들어내는 노이즈, "어슬렁거림", "우글거림"[6]을 발견하고 놀라워합니다. 은하수의 셀 수 없는 별들은 햇빛 먼지들과 거의 일치합니다. 이 둘은 모두 죽은 자들의 무리들이 그 무덤들 사이에서 꽃을 피우고 있는 우리보다 얼마만큼이나 더 많은지를 생각하도록 하기 때문입니다. 이 둘은 또한 피타고라스가 그의 대답을 통해 오직 {옛 호메로스의} 노래에서 유래한 수수께끼만을 푼다는 사실을 생각하도록 하기도 합니다. 『오디세이아』가 이미 페르세포네와 플레이아데스에 대해서, 엘리시온 평원[7]과 꿈의 민족들[8]에 대해서 노래를 했었기 때문입니다.

---

1   DK(6) 58, C 4. *{그리스어 원문에서 '해'와 '달'은 각각 헬리오스ἥλιος와 셀레네σελήνη이다.}
2   DK(6) 58, C 2.
3   포르피리오스(피타고라스의 삶, 41절)가 인용한 아리스토텔레스.
4   포르피리오스, 오디세이아의 님프 동굴에 관하여, 23.
5   아리스토텔레스, 영혼에 관하여, 404a17~21절과 404a2~4절. 부르케르트(1999, 107쪽~)와 비교하십시오.
6   부르케르트, 1962, 300쪽. 같은 책 163쪽의 다음의 내용과도 비교해 보십시오. "눈에 띄는 것은 죽은 자의 세계, 영웅과 다이모네스δαίμονες의 세계로 관심을 돌리는 것이다. 지진과 천둥, 소리 나는 청동과 귀에 울리는 소리, 식탁에서 떨어지는 빵부스러기 ― 사람은 언제나 신체적으로 뒤섞여 있고 '더 강한' 권력으로 둘러싸여 있다. 햇빛에 비쳐 보이는 먼지가 '영혼'이라는 문장 속에도 이러한 현존재의 느낌이 놀란 채 당황스러워하는 표현으로 나타나 있다. 햇빛이 비치는 곳은 어디에나 영혼들로 북적거린다는 것이다."
7   오디세이아, 4권 563행.
8   오디세이아, 24권 12행.

그러나 이오니아의 첫 자연사상가가 언제나 매료시켰던, 즉 단순하게 현혹시켰던 바와는 달리, 이 수수께끼들 대부분이 눈을 어지럽히는 것은 아닙니다.[1] 수수께끼는 우리의 귀를 어지럽힙니다. 그대가 나에게 말하는 것, 말하지 않는 것, 그것은 자연 과학의 모든 원소들 이상의 의미를 갖습니다. 나는 그대의 문장이 끝날 때까지 기다리고, 그대에게 매혹된 채 귀 기울입니다. 끝내 써 보내기 위해서 듣기를 듣는 것은, {자신의 언어에 귀를 기울이며 모음 글자를 발명하여 소리글자를 완성했던} 그리스 알파벳에서처럼 예술입니다. 많은 청자들이 다시금 귀 기울이는 아쿠스마 하나가 마침내 답을 내놓을 때까지 귀 기울이고, 예감하고, 뜻하는 것. 따라서 음악을 사유하게 하는 피타고라스는 노이즈로부터 이 음악을 힘들게 얻어 내었을 것입니다. 사랑 앞에서 우리의 귀가 윙윙거립니다. 황야에서도 마찬가지입니다. 따라서 우리는 판, 피타고라스 그리고 헤겔을 함께 듣습니다.

> 《판의 전체적인 이미지는 예감으로 가득한, 귀를 기울이는, 의미를 열망하는 태도로 우리에게 표상된다. […] 그는 숲의 고요함 속에 있는 일반적인 구경꾼이다. 그래서 판은 특히 숲이 울창한 아르카디아에서 숭배되었다(판적인 공황{패닉}은 깊이를 알 수 없는 경악에 대한 통상적인 표현이다). 그 다음에 이 구경꾼을 일깨우는 자, 판은 피리의 연주자로 나타나게 된다. 그저 내적인 예감에만 머무는 것이 아니라 일곱 개의 관으로 된 피리로서 판을 들을 수 있게 되는 것이다.》[2]

피타고라스가 《…은 무엇인가?》라는 질문으로 고안해 낸 대부분의 아쿠스마타는 그를 듣고 있는 구경꾼에게 판의 피리처럼 {들리는} 답을 줍니다. 왜냐하면 테오프라토스가 말하듯, 귀는 《보는 것, 맛보는 것 그리고 만지는 것보다 더 열정적이기 때문이다. 거칠게 날뛰는 큰 소리, 치는 소리, 메아리치는 소리가 청각을 덮치면 깜짝 놀람, 당황스러움 그리고 소스라침이 영혼을 붙든다.》[3] 바로 여기에 피타고라스는 자신의 가르침을 지탱하고 있습니다.

---

1 헤라클레이토스, DK(6) 22, B 101. 오프탈모이 가르 톤 오톤 아크리베스테로이 마르튀레스. 《눈은 귀보다 더 정확한 증거이기 때문이다.》 (이보다) 더 그릇된 것은 없습니다.
2 헤겔, 1992(3), 12권 289쪽.
3 플루타르코스(듣는 것에 관하여, 2장 38절)가 인용한 에레소스의 테오프라스토스.

《천둥은 타르타로스에 있는 자들을 겁주기 위한 위협이다.》[1]

《귀에 여러 번 들리는 소리는 더 막강한 자의 목소리이다.》

《그는 지진을 죽은 자들의 회합이라고 불렀다.》[2]

《청동을 치면 나는 소리는 청동에 갇힌 어느 다이몬의 목소리이다.》[3]

이렇게 피타고라스에게 듣기와 귀의 세계가 떠오릅니다. 그 외에는 오직 사포에게만 그렇게 사랑이 떠오르지요. 사포가 자신이 사랑하는 여자가 어느 남자에게 미소를 짓는 것을 보고 듣자, 그녀에게서 모든 감각이 사라집니다.

> 그저 그대를 바라보는데,
> 목소리가 잠기네요.
> 혀가 단단히 굳고, 내
> 살갗 아래로 불이 가늘게 흐르며,
> 눈으로는 아무것도 볼 수가 없는데,
> 귀만 윙윙거립니다.
>
> 땀이 흐르고, 떨림이
> 나를 완전히 붙들어, 풀보다
> 더 푸르게 질린 나는 거의
> 죽은 듯합니다.[4]
> 오스 가르 에스 스 이도 브로케, 오스 메 포나이-
> 스 우드 엔 에트 에이케이,
> 알라 캄 멘 글로사 므 아게, 렙톤
> 드 아우티카 크로이 퓌르 위파데드로메켄,
> 옵파테시 드 우드 엔 오렘므, 에피르롬-
> 베이시 드 아쿠아이,

---

1   아리스토텔레스, 분석론 후서, 2권 11장 94b33절.
2   클라우디오스 아일리아노스, 다채로운 이야기들, 4권 17절.
3   아리스토텔레스, 196번 파편, 로제 편집. 포르피리오스, 피타고라스의 삶, 41절 = DK[6] 58, C 3에 언급되었습니다. 들라트(1915, 277쪽)도 보십시오.
4   사포, 31번 파편, L-P. 독일어 번역은 샤데발트(1989)를 보십시오. 거의 읽을 수 없는 213B번 파편과도 비교해 보십시오. — 사포 이래 그리스의 자음과 모음 사이의 차이 속에서 갈가리 찢기는 욕망의 달콤씁쓸함에 대해서는 카슨(2003[3], 3~5쪽과 52~61쪽)을 보십시오.

2.1.2.2.1 오싹하게 다가오는 존재

> 카드 데 므 이드로스 칵케에타이, 트로모스 데
> 파이산 아그레이, 클로로테라 데 포이아스
> 엠미, 테트나켄 드 올리고 피데우에스
> 파이놈 엠 아우타이.

모든 말을 앗아가는 그 무엇에 대해서, 어떻게 우리는 계속 말할 수가 있을까요? 오직 사포와 그녀의 사랑을 끝까지 따라가면서만 말할 수 있습니다. 귀에 웅웅거리는 소리를 말하는 것 — 그대여 내가 들리나요, 그대여 노래하나요?

피타고라스가 귀를 열 때는 언제나 존재자 전체가 그를 오싹하게 둘러쌉니다. 도처에서 둔중하게 울리는 낮은 소리가 들립니다. 스트롬볼리섬에서 오디세우스가 철썩이는 파도와 뿜어져 나오는 불꽃 소리를 들었을 때처럼 말이지요. 무수한 죽음이 천둥 속에 있으며, 보이지 않으나 고문당하듯 들으면서 알 수 있습니다. 무수한 죽음은 모든 떨림 속에 있으며, 이 떨림은 포세이돈처럼 땅을 흔듭니다. 눈에는 아무것도 나타나지도 않고, 곁에 있지도 않으며, 꼴을 보여 주지도 않기에(오늘날까지도 그러함에 주목하시길 바랍니다), 공포는 더 깊이 다가옵니다. 청각에만 발현하는 죽은 자들이나 신들은 절대로 이름을 가질 수 없기에 테오이θεοί라고 불립니다. 그들은 다이몬으로서 돌아다니며, 다스리고, 노이즈를 내며, 모호하고 숨겨져 있는 방식으로 우리보다 더 강력하게 존재합니다.

소포클레스가 아울로스는 우리의 합창에 있어서 폭군이라고 괜히 노래하는 것이 아닙니다. 귀의 왕국에는 오직 두 권력만이 있습니다. 폭군들이거나 아프로디테입니다.

> 《시칠리아 아크라가스의 폭군 팔라리스는 자신의 땅을 밟고 지나가는 이방인들에게 가장 고약한 고문과 고난을 가했었다. 청동 주조공 페릴로스가 청동 암소를 만들어 왕에게 바쳐서 이방인들을 산 채로 태울 수도 있게 하였다. 팔라리스는 이번에는 자신이 옳다는 것을 증명했는데, 그 예술가를 그 안에 던져 넣은 것이었다. 암소가 음매하고 우는 것처럼 보였다.》[1]

---

[1] 위 플루타르코스, 나란히 모은 그리스와 로마 이야기, 39장 315d절. 「불가타」 성경에 등장하는 화덕 불

《나는 거의 죽은 듯합니다.》 설명은 매우 간단합니다. 폭군의 희생자들이 피할 수 없도록 그들을 감금하고 있는 황소의 배 아래에 불이 활활 타오르고 있습니다. 희생자들은 살려 달라고 비명을 지릅니다. 즉, 살기 위해 숨을 쉽니다. 그들이 만들어 내는 온갖 소리가 {청동} 송아지에서 뜨거운 공기를 쥐어짜 내보냅니다. 그런데 출구는 두 개만 있습니다. 팔라리스가 미리 아울로스를 끼워둔 오른쪽 왼쪽의 양쪽 콧구멍이지요. 생사의 투쟁이 이렇게 멜로디가 됩니다. 매체세계사Medienweltgeschichte상 최초의 주크박스는 지금까지 우리가 추적할 수 있는 한, 고문 기술이었습니다.

그 때문에 페릴로스가 청동을 부어 만든 소가 결코 황소가 아니라 암소라는 사실은 이토록 무겁습니다. 배우다 만 시칠리아의 행정관 키케로가 처음으로 그것은 팔라리스의 황소였다고, 로마인으로서 스스로를 속이며[1] 여자들을 무자비하게 무시합니다. 나우시카아처럼 정복된 적도, 태워진 적도 없다는 점에서 시칠리아 폭군의 암소는 분명히, 그리스 최초의 예술가 다이달로스가 파시파에의 욕망을 위해 만들었었던 그 암소를 따라서 만들어진 것입니다.[2] 《그리고 신들은 사랑을 나눴다네.》 오로지 이렇게 해서만이 황소신으로서의 제우스가 두 번째로 암소에 올라탈 수 있었습니다. 그 암소는 에우로파와 파시파에로, 신의 아들 미노스의 재귀적인 어머니/부인이지요. 이렇게 우리는 정교하게 만들어진 속 빈 암소에서 어떤 종류의 음성·욕망·외침이 울리는지를 예감합니다. 팔라리스와 페릴로스가 죽음의 호흡 곤란에 대한 욕망을 누설했던 것보다 훨씬 전의 먼 옛날 헤르메스의 속 빈 거북이-리라에서 울렸던 것처럼 말이지요. 여자들 혹은 무사들이 음악을 건립했던 바, 음악의 기원에는 여러분들이 《예스 예스 예스》[3]를 지속하고 있습니다.

피타고라스가 크로톤에 도착하기 훨씬 전, 아크라가스의 폭군이 잔혹하게

의 세 남자(다니엘서, 3장 24~93절)와 슈톡하우젠의 초기 대작과도 비교해 보십시오.
1 키케로, 투스쿨룸에서의 토론, 2권 7장 17절. 다말리스δάμαλις{어린 암소} 대신에 타우루스taurus{황소}가 등장합니다. 세네카(도덕에 관한 편지, 7권 4장 16절 (66번))에서도 마찬가지입니다. 로마인들은, 로마의 어린 남자들이 결심하지 못하고 머뭇거릴 때면, 한 번 음란해지라고 언제나 협박합니다.
2 오비디우스, 변신이야기, 8권 136행과 9권 735~742행. 칼람(1977, 412쪽~)도 보십시오.
3 제임스 조이스, 1997, 735쪽. 이 책{조이스의 『율리시스』}의 모든 다른 페이지들은 — 무엇보다도 더블린의 홍등가에 있는 세이렌에 대한 것들은 — 헛소리입니다. 어떻게 우리는 선생님들이나 친구들로부터 그토록 긴 세월을 〈고전적인 근대〉에 바치도록 그렇게 잘못 인도되었을까요?

살해됩니다. 이암블리코스는 이 폭군의 파멸을 자신의 영웅 {피타고라스의} 덕으로 돌리고 싶어 하지만 말이지요.[1] 그 때문에 아쿠스마에서 벌거벗은 오싹함이 나타납니다. 청동 주물은 사모스의 테오도로스가 처음 발명했던 바, 속 빈 청동을 손가락이나 망치로 칠 때면 언제나 그의 고향 {사모스} 사람들은 한 다이몬이 갇혀서 도와 달라고 외치지만 풀려나지 못한 채 내는 낮게 울리는 소리를 듣습니다. 피타고라스의 목소리는 수많은 말 없는 청자들의 귀에 공명을 일으키며, 그는 이렇게 공명Resonanz을 사유하는 데 성공합니다. 속 빈 모든 것이 — 귀의 미궁에서 죽은 자들을 지나 청동 주물에 이르기까지 — 진동하기 시작합니다.

2.1.2.2.2 하르모니아는 옥타브를 뜻합니다

그런데 가끔은 많이 진동하는 것이 아름답게 들립니다. 경이가 우리를 덮칩니다. 괜히 노이즈로 가득한 귀울림이 있는 것이 아니며, 저승에 있는 죽은 자들조차 그냥 천둥소리 때문에 벌벌 떠는 것은 아닙니다. 별 하나가 뜹니다. 하나의 빛이 말이지요. 그리고 더 분명하게 말하자면 그것은, 이 별은, 마지막에 이르러서야 알아볼 수 있게 될 때까지 되풀이됩니다. 우리는 밤새도록 서로 곁에 누워 있기 때문이지요. 저녁별과 새벽별, 헤스페로스와 포스포로스 — 동일한 이 두 별을[2] 피타고라스가 최초로 아프로디테라고 이름 짓습니다. 바로 우리가 부르는 이름인 비너스로, 저녁에 가장 처음으로 뜨는 별이자 새벽에 가장 마지막으로 사라지는 별이지요.

> 《저녁의 가장자리 … 첫 별에 소원을 빌려고 나온 사람들이 이루는 긴 곡선 … 육지와 바다를 따라 수천 마일을 서 있는 이 남자들과 여자들을 항상 기억하라. 그림자의 진정한 순간은 하늘에서 빛 한 점을 보는 그 순간이다. 단 한 점 그리고 그대들을 휩쓸어 모은 그 그림자 … 항상 기억하라.》[3]

---

1 이암블리코스, 피타고라스적 삶의 방식, 215~222절.
2 디오게네스 라에르티오스(이름난 철학자들의 삶과 가르침, 7권 14절)가 언급한 아리스톡세노스. 반대로 페니키아인들은 새벽별{샛별}과 저녁별{개밥바라기}을 카드모스와 에우로파, 동쪽과 서쪽처럼 구분했습니다(에드워즈, 1979, 58쪽).
3 토머스 핀천, 1980(9), 886쪽~.

이렇게 청명한 여름밤에 오디세우스가 항해하는 데 도움이 되었던 바로 그 일곱 개의 별로 이루어진 별 무리가 또한 되풀이됩니다. 바로 플레이아데스이지요. 피타고라스는 이제 일곱이라는 숫자에서 페르세포네의 무서운 암캐들을 보는 것이 아니라 훨씬 더 아름다운, 저녁 하늘에 빛나는《무사들의 리라》[1]를 봅니다. 그리고 사실은 다음과 같습니다. 우리는 호메로스 노래를 읊을 때의 포르밍크스가 4현이었을 것이라고 어림잡아 보았습니다.[2] 반면 고졸기 서정시에 사용된 리라는 한결같이 7현으로 헤아려지는데,[3] 이는 두 테트라코드에 걸쳐 있기 위해서이며, 우리가 임시로 이 두 테트라코드를 옮겨 본다면 각각 G3~D3과 D3~A2이 될 수 있을 것입니다.[4] 전설에 따르면 어느 날 헤르메스가 직접 리라를 암피온에게 선물했으며, 암피온은 그 현의 수를 네 개에서 일곱 개로 확장했고,[5] 리라를 연주해서 테베의 성벽을 쌓았으며, 일곱 울림소리 기호 A·E·H·O·Y·Ω가 일곱 음을 {기록하도록} 서로 짝지어 주었다고 합니다.[6] 오싹하게 다가오는 존재의 노이즈 속에서 음악이 질서 혹은 우주로서, 카드모스의 테베로서 발현합니다. 건축은 얼어붙은 음악입니다. ― 프리드리히 슐레겔 이후에야 처음으로 그런 것이 아닙니다.

그런데 리라의 현을 일곱 개에서 여덟 개로 늘렸다고 지목되는 사람은 피타고라스 외에는 없습니다.[7] 팔 현으로 늘린다는 것이 동시에 뜻하는 바는, 그리스인들이 말하는 것처럼《모든 것{현} 위에》있는 음 공간Tonraum[8]을 서로 분리되어 있는 두 테트라코드로 확장한다는 것을 뜻합니다. A3에서 E3

---

1 포르피리오스, 피타고라스의 삶, 41절. = DK⁽⁶⁾ 58, C 2.
2 디오도로스 시켈로스, 역사 총서, 3권 16장. 이에 덧붙여 니체(1967~1993[1869~79], II/1 172쪽)와 루트비히 도이프너(1982, 348~354쪽)를 참고하십시오. 반대로 미케네의 필로스에 있는 포르밍크스 프레스코는 다섯 개의 현*을 보여 줍니다. *{128쪽.}
3 핀다로스, 피티아 송가 제2곡, 70행~.
4 *{현대 음악에서와는 반대로 고대 그리스 음악의 음계는 높은음에서 낮은음으로 내려오는 순서로 배열되어 있다.}
5 파우사니아스, 그리스 이야기, 4권 16장 3절~.
6 스벤브로, 1996, 23쪽.
7 위 아리스토텔레스, 문제들, 19권 25장. 아네마리 J. 노이베커의『고대 그리스 음악 입문』(증보재판본, 다름슈타트: 1994, 101쪽)에서 재인용. 이 책은 입문이 아니며 아리스톡세노스만을 선전하기 때문에, 그것{칠 현 리라}이 그림자의 왕국으로 추방당했다고 말합니다. 반대로 피타고라스는《옥타브 밖으로 나가는 것을》(위 플루타르코스, 음악에 관하여, 37장, 1144f절) 금지했다고 합니다. 이것은 {고대} 그리스의 음악수학을 중세와 근대의 음악수학과 구분하는 가장 엄격한 기준입니다.
8 *{모든 현 위에(디아 파손) 있는 음 공간이란 이어 설명되는 바대로 한 옥타브 공간을 뜻한다.}

까지의 높은 4화음과 D3에서 A2까지의 낮은 4화음으로 말이지요. 다른 말로, 라틴어의 차가운 數 단어로 말하자면, 피타고라스 때부터 키타라와 리라에 걸쳐 있는 것은 하나의 옥타브oktave입니다.[1] 왜냐하면 모든 인간들의 귀, 우리가 땅 위에서 들을 수 있도록 하는 이 귀는 옥타브에서 그냥 〈여덟 번째〉의 음을 듣는 것이 아니라 처음에 들린 음의 놀라운 되풀이를 듣는 것이기 때문입니다. 첫 음보다 두 배 높이 들릴 뿐이지요. 그리스 단어 디아파손은 (프랑스어에서처럼) 이를 더욱 진실되게 표현합니다.[2] 즉, 피타고라스적 옥타브가 하나의 전체, 하나의 단일체 혹은 이음매를 형성한다는 것입니다. 바로 이 때문에 피타고라스는 이 옥타브에 하르모니아라는 이름을 부여합니다. 이 단어의 복수형은 『오디세이아』에서 뗏목을 이어 맞추는 데 사용되었으며,[3] 단수형은 아프로디테의 아름답고 필멸하는[4] 딸을 부르는 이름이었지요.[5]

《델포이에서 속삭이는 것이 무엇이냐? 테트락티스이다. 이것은 하르모니아와 같으며, 이 안에서 [두] 세이렌이 [노래한다].》

유일하게 이 아쿠스마는 그냥 두 마디가 아니라 네 마디로 되어 있습니다. 그리고 이 아쿠스마는 모든 그리스인들이 제식과 전설을 통해 이미 알고 있는 뒤의 두 마디{세이렌}를, 새로운 수에 대한 사유가 이제 막 건립한 앞의 두 마디{하모니}에 연결합니다.[6] 옥타브라는 이름의 하모니가 귀 한 쌍에게 드러내는 바, 테트락티스에 있는 첫 돌멩이 세 개는 하나가 둘로 두 배가 될

---

1 *{옥타브는 '여덟 번째'라는 뜻의 라틴어 서수 옥타부스octavus에서 유래한 말이다. 북한에서는 옥타브를 '돌이'라고 하는데, 이 낱말에서는 곧 본문에서 언급되는 두 배가 되어 돌아오는 '첫 음의 되풀이'라는 뜻이 잘 드러나 있다.}
2 *{디아 파손διὰ πασῶν은, 고대 그리스에서 옥타브를 이르던 말이며, 헤 디아 파손 코르돈 쉼포니아ἡ διά πασω ν χορδω ν συμφωνία라는 그리스어 표현에서 유래한 말이다. '모든(파스) 현(코르데)을 아우르는(디아) 화음(쉼포니아)'을 뜻한다. 프랑스어에서 디아파종diapason은 (바이올린이나 기타와 같은 현악기의) 줄베개에서 줄받침까지의 현 길이, 악기의 기준음, 소리굽쇠, (440Hz와 같은) 연주회 표준음, 피치 파이프 등을 함께 의미한다.}
3 *{1.1.2.3.2.3.}
4 *{하르모니아가 두 신 아프로디테와 아르스의 딸이라는 후기 신화를 키틀러는 앞서 인용한 바 있다(1.3.1.2). 여기서 하르모니아가 필멸하는 인간 카드모스와 결혼했다고 말하는 것이 그의 의도인지, 불멸의 오기인지는 불분명하다.}
5 로만, 1970, 103쪽~.
6 팀파나로 카르디니, 1969⁽²⁾, 3권 253쪽. "따라서 이 '아쿠스마'는 다른 것과 구조적으로 구별된다. 그것은 네 부분으로 이루어져 있는데, 가장 마지막의 것은 종교와 신화에 속하며, 중간의 것은 밀교적인 것과 같은 것이다." 브렐리아 풀치 도리아(1995, 57쪽)는 아리스토텔레스의 티 에스티τὶ ἐστι가 이암블리코스의 마지막 원천이라고 잘 지목합니다.

수 있다는 경이를 가리키고 있습니다. 델포이에서 대지의 목구멍이 열리며 삼발 의자에 앉아 있는 피티아에게 어두운 심연으로부터의 말을 입력합니다. 질문자들은 (피타고라스의 부모처럼) 자신들의 미래를 보여 주는 이 말을 애태우며 듣습니다. 이와는 반대로 태양의 섬에서 비은폐된 채 밝게 소리 내는 두 세이렌의 입에서, 꿀처럼 달콤한 하나의 목소리로서 하모니가 울려 퍼집니다.[1] 현 하나를 같은 길이의 두 부분으로 나누어 보세요. 그리고 그 한가운데를 그대의 왼손가락으로 짚어 나무판에 닿게 꼭 눌러 보세요. 오디세우스가 오른손으로 활을 당기듯이 이 현을 튕기면 정말로 옥타브의 경이가 울립니다. 세이렌들에게도 리라에도, 둘이라는 수 말고는 더 필요한 것이 없습니다. 그래서《신과 같은 피타고라스는 그냥 듣고서만 음악을 판단하기를 거부했다. 우리는 음악의 힘을 마음속에서 파악해야만 했다. 따라서 피타고라스는 청각이 아니라 화성의 비율에 따라 음악을 측정했으며, {한} 옥타브까지 아는 것으로 충분하다고 정했다.》[2] 옥타브와 세이렌, 델포이와 테트락티스가 모두 함께 동일자일 때 이것들은 우주Kosmos의 심장으로, 즉 우리의 마음으로 이끕니다.

오래되었지만 믿을 만한 후기의 전승 가운데 하나인 『호메로스의 삶과 작품』에 간결하고 적절하게 다음과 같이 전해집니다.

> 《음악은 영혼에 아주 가까이 다가간다. 왜냐하면 음악은 다양한 기원에서 나온 것들로 뒤섞인 하모니이기 때문이며, 긴장이 풀린 영혼을 선율과 리듬으로 팽팽하게 하거나 반대로 격해진 영혼을 편안하게 풀기 때문이다. 이렇게 피타고라스학파는 음악을 높이 여겼다. 그전에는 호메로스가 음악을 높이 여겨 그 역시 음악에 대한 찬양의 노래를 불렀는데 다음과 같이 세이렌들을 기리며 말하기를, 세이렌을 듣는 자는 〈즐거움을 가득 채우고 더 많이 알아서 집으로 간다〉고 하였다.》[3]

---

[1] 어떻게 옥타브에서 또는 아쿠스마의 이중단일체Zweieinheit에서 플라톤의 천구 음악을 구성하는 여덟 세이렌이 도출되는지 이렇게 여전히 우리에게 수수께끼로 남아 있습니다(부르케르트, 1962, 170쪽~과 마테이, 2002[2], 155쪽). 이와는 반대로 잔줄리오(『마그나 그라이키아에서의 종교성의 형태와 앎의 전통』(카시오/포체티 펴냄), 1996, 16~21쪽)를 보십시오.
[2] 위 플루타르코스, 음악에 관하여, 37장 1144f~1145a절.
[3] 위 플루타르코스, 호메로스의 삶과 작품, 2권 147장.

이렇게 세이렌에 대한 두려움 같은 것은 없습니다. 그 반대입니다. 그들의 노래는 우리 필멸자들에게 세상에서 가장 높은 것·가장 아름다운 것을 약속합니다. 그것은 바로 앎이며, 동시에 음악입니다. 모든 것을 아는 것 Allwissen은 저항할 수 없을 만큼 마음을 사로잡아서 키케로가 유달리 여덟 행의 세이렌 시행을 번역했을 정도이며, 또 자기 자신을 위해 근동에서 극서까지 항해를 하였던 영웅들이 세이렌에 대한 그리움을 말할 정도입니다. 그 영웅들은 바로 오디세우스, 플라톤 그리고 ― 피타고라스입니다.[1]

2.1.2.2.3 마테마타[2]

크로톤이라는 이름은 대장장이를 가리키는 그리스의 단어에서 유래했습니다. 망치가 모루 위를 내리칩니다. 이웃한 시바리스에서는 도시의 호화로움을 방해하지 않도록 모든 소음이 엄격하게 금지되어 성 밖으로 추방되었지만[3] 아쿠스마들이 증명하듯 크로톤에서는 철과 청동이 둔탁하게 울리는 대장간의 소리를 일상 속에서 들을 수 있었던 것으로 보입니다.

옛 전승에 따르면 피타고라스는 이렇게 음악에서 더 많은 아름다움을 발견했다고, 즉 그가 옥타브Oktave{완전8도} 외에도 우리가 라틴어에서 유래한 독일어로 크빈트Quint{완전5도}와 크바르테Quarte{완전4도}라고 부르는 두 음정을 발견했다고 합니다. 은총을 베푸는 다이몬이 피타고라스를 대장간으로 데려가 그곳에서 다양한 음높이를 내는 망치질 소리를 전송했다고 합니다. 피타고라스가 그리스인들에게 발송했었던 음악, 이 음악의 포착하기 힘든 소리 공간, 이 소리 공간을 처음으로 분명하게 측정하고자 하는 피타고라스의 소원은 대장간에서 싹트기 시작했을 것입니다. 이집트에서건 사모스섬에서건 이미 오래전부터 수평기와 컴퍼스로 신전 건축물의 공간을 측정할 수 있었던 것처럼 말이지요. 그리하여 피타고라스는 대장간에 들어가 망치

---

1 키케로, 최상에서 최악으로, 18권 49장~19권 50장.《아무도 이 푸른 항로를 그냥 지나간 적이 없었기에 달콤한 목소리에 붙잡힌 그는 차라리 상륙했고, 떠도는 길에 생긴 열망하는 마음을 채워 더 많이 아는 채로 고향 바닷가에 도착했다.》로마인들의 온갖 회의주의에도 불구하고, 이것은 사랑 가득한 마음으로 번역되었습니다. 두 입에서 하나의 목소리가 나온다는 것은 상실되었기는 하지만 말이지요.

2 *{마테마μάθημα는 '배워서 알게 된 것, 앎, 아는 것'을 뜻하며(2.1.1.5), 복수형 마테마타μαθήματα는 이후 산술, 기하학 등의 개별 학문을 함께 아울러 부르는 말로서의 '수학'을 뜻하게 된다.}

3 아테나이오스, 현자들의 연회, 12권 518cd절.

를 달라고 부탁하고는 옛적에 오디세우스가 자신의 활을 가지고 그랬던 것처럼 많은 시도를 한 후, 하나의 법칙을 드러냅니다. 음높이의 차이는 망치질의 세기나 망치로 때리는 철의 형태 또는 위치와는 상관없으며, 오직 망치 무게의 차이에만 관련되어 있다는 것입니다. 그리하여 절반의 질량은 완전8도, 삼분의 이의 질량은 완전5도 등이 된다는 것입니다.[1]

이렇게 피타고라스가 옛적에 배웠듯이, 그렇게 우리는 배웁니다. 그는 혼란스러운 대장질 소리라는 유일한 현상을 만들어 내는 여러 가능한 원인들을 하나하나 검토하여, 하나를 남겨 두고 다른 모든 것을 버립니다. 두 테트라코드가 으뜸음\완전1도, 완전4도, 완전5도 그리고 옥타브\완전8도로 분리될 때 음악이 그토록 아름다울 수 있는데, 피타고라스는 그러한 근거 또는 로고스를 찾기 시작합니다. {그리하여} 그는 키타라 중 가장 오래된 4현 키타라에 {넷이라고} 산술적으로 헤아려진 본질을 부여합니다. {따라서 그의 로고스나 근거에서는} 유일하게 망치나 현의 무게만이 음높이를 규정합니다.

하지만 이것은 마랭 메르센이 르네 데카르트와의 우정에서 수고를 아끼지 않으며 실험을 통해 증명했던 바, 이제는 완전히 틀렸습니다. {우선} 진동방정식에서 현의 길이(l)가 선형성을 가지는 것과는 달리, 현의 장력(P)은 제곱근 안에 들어가 있습니다.[2] 그래서 우리는 으뜸음을 한 옥타브 높이기 위해서 현을 네 배나 더 팽팽하게 조여야만 했지요. 게다가 또 속세의 거친 매개변수가 $\mathbb{R}$1{실수 집합}만큼 진동방정식에 작용하는데, 그 변수란 물질의 밀도(D)와 현의 두께(σ)입니다. {함수} $f = g(x, y, z, w)$를 생각하는 것은 우리에겐 낯설지 않습니다. 심지어 우리의 귀는 더 이상 무사들에게 열리지가 않습니다. 따라서 우리는 끝으로 경험적 앎Empirie 혹은 실재계Reelle에 여유 공간(c)을 넣습니다. 그러면 다음과 같이 메르센의 방정식이 나옵니다.

$$f = c\frac{1}{l}\sqrt{\frac{P}{D \times \sigma}}$$

---

1   이암블리코스, 피타고라스적 삶의 방식, 115절~.
2   부르케르트, 1962, 354쪽.

따라서 피타고라스가 기초를 세웠다고 하는 《조화로운 학문》으로부터[1] 남는 것은 옥타브 그리고 다음과 같은 사실뿐입니다. 바로 그가 수를, 그 최고의 것을 가장 아름다운 것인 조화의 근거로서 탐구했었다는 사실입니다. 그는 분명 삼각형과 사각형에서는 성공했지만 키타라와 리라에서는 헛수고였습니다. 높은 관직에 있어서 겨를이 없는 나이가 많은 청자들에게는 스승 스스로가 이미 사유의 결과물들만을 전달했다고들 하기 때문입니다. 하지만 배울 시간이 있는 젊은이들에게는 가능하면 근거들, 증명들 그리고 일반적 수론數論들을 그가 제시했다고 합니다.

그래서 피타고라스학파들은 스스로를 — 스승 때부터 그랬을 수도, 초기의 제자인 히파소스부터 그랬을 수도 있는데 — 듣는 이Hörer와 제자\학파Schüler로, 즉 청자Akusmatiker와 수학자Mathematiker로 구분합니다. 이 분열에서 가장 가혹한 점은 후기의 수학자들은 그래도 청자들도 피타고라스학파라고 인정했었으나 반대로 그냥 {듣기만 할 뿐인} 청자들은 그때부터 근거들 또는 수들에 바탕을 두고 있는 새 앎을 인정하지 않았다는 사실입니다.[2] 근거들을 포기하는 그들의 근거는 거의 분명합니다. 수학자의 로고이는 — 키케로가 깜짝 놀랐던 것처럼 — 지나치게 상세한 설명이 아니었기 때문입니다. 고르기아스와 소크라테스 이래의 궤변론Sophistik과 그 결과인 문외한들의 변증론Dialektik은 그런 길고 긴 설명으로 문외한들을 설득하려 했지만 수학자의 로고이는 짧고 간결하게 셈돌이나 작도 증명 속에 불어넣어졌습니다.

> 《그런데 옛 [피타고라스] 학파로 다시 되돌아오자면, 그들은 수와 작도로 전개할 것이 있을 때 외에는 자신들의 명제에 거의 근거를 대지 않았다.》[3]

---

1 이암블리코스, 피타고라스적 삶의 방식, 115절.
2 이암블리코스, 피타고라스적 삶의 방식, 88절, 81절, 87절. 포르피리오스, 피타고라스의 삶, 37절. 아울루스 겔리우스, 아테네의 밤, 1권 9장 4~6절.
3 키케로, 투스쿨룸에서의 토론, 1권 17장 38절.

2.2 피타고라스학파

하지만 피타고라스학파는 청자든 수학자든 서로가 모두 위대한 맹세로 연결되어 있다는 것을 알고 있었습니다.

> 아니합니다. 우리 혈족에 테트락티스를 건네준 그분의 이름으로 맹세합니다.
> 테트락티스는 언제나 흐르는 자연이 뿌리를 내리고 있는 원천입니다.[1]
> _{우, 마 톤 하메테라이 게네아이 파라돈타 테트락튄,}
> _{파간 아에나우 퓌세오스 리조마트 에쿠산.}

피타고라스가 덧셈 놀이에서 신성한 테트락티스와 이미 동일시했었던 이 맹세는 {피타고라스라는} 고유명을 명시적으로 부르지 않습니다. 《아니합니다.》 이 맹세는 스승을 부를 때 그가 준 선물로 부릅니다. 학문적인 전수 — 유럽의 전통 — 를 최초로 불러일으킨 테트락티스의 기하학적-산술적인 두 얼굴로 말이지요. 따라서 그는 님프나 무사와 마찬가지로 우리의 원천입니다. 테트락티스에서 흘러나오는 것은 — 게다가 언제나 흐르는 그것은 — 헤르메스의 몰리에서 나오는 것과 동일자입니다.[2] 우리의 앎은 마법초처럼 치료하며 건강하게 하는 좋은 효능이 쌓여 있는 그 뿌리에서 나와 자란 것입니다. 꽃피며 자라는 모든 것, 자연Physis은 세상에서 최고의 것, 즉 수數에서 열립니다. 라틴어를 쓰는 사람들은 질이나 아기집을 뜻하는 단어인[3] 나투라natura로 자연을 부릅니다. 맹세를 따르기 위해서는 피시스를 차라리 식물Gewächs{자라는 것}이라고 번역해야 합니다.

이 맹세는 — 무시무시한 두 여신 키르케와 칼립소에게서처럼 — 가장 강력한 것이며 따라서 가장 어려운 것이라고 하는데,[4] 그렇기 때문에라도 우리

---

1   이암블리코스, 피타고라스적 삶의 방식, 162절. 로만, 1970, 74쪽. — 약간 다른 판본(이암블리코스, 피타고라스적 삶의 방식, 150절)은 혈족 대신 현명함을, 즉 게네아γενεά 대신 소피아σοφία를 언급합니다. 따라서 철학Philosophie이라는 이름에 더 가까워집니다. 위대한 맹세의 세 번째 판본에 대해서는 DK(6) 58, B 15절과 비교해 보십시오. 율리아누스가 『찬사 7권: 견유학파 헤라클레이오스에게』(169c)에서 인용한 다음과도 비교해 보십시오. 엔 스테르노이신 에모이스ἐν στέρνοισιν ἐμοῖς*. *{'우리 가슴속에'라는 뜻이다. 율리아누스가 인용한 맹세의 전문은 다음과 같다. '우리 가슴속에 테트락티스를 건네준 그분의 이름으로 맹세합니다.'}

2   *{1.1.2.1.4.}

3   샤데발트, 1978, 202쪽. 윈클러, 1990, 217~220쪽.

4   오디세이아, 10권 299행과 5권 184~197행.

는 맹세를 이행해야 합니다. 맹세를 다짐한 자는 장차 스스로에 대해 마음대로 결정할 수 없습니다. 말 없는 참된 앎보다 더 높은 것이 그리스에 맹세했기 때문입니다. 그리하여 대大그리스에서의 모든 초기 사유들처럼 서약은 〈가죽 없는 말〉 — 산문이 곧 이렇게 불리게 될 것입니다 — 이 아니라[1] 육각운으로 이루어진 화성Harmonie입니다. 피타고라스에게 믿음을 맹세하는 것은 호메로스를 노래하는 것과 같습니다. 그는 메타폰티온의 무사들의 숲 잔디에 묻혀 잠들어 있고 — 우리는 이렇게 노래하거나 셈할 수 있습니다. 이 둘{노래하기와 셈하기}은 님프들이 사랑스러워 하지요.

---

1   아리스토텔레스, 시학, 1장 1447a29절. 춤추기를 멈추고 가는 다른 그림에서는 산문이 《걸어갑니다》(플라톤, 소피스트, 237a절. 할리카르나소스의 디오니시오스, 단어들의 조합에 대하여, 11장).

2.2.1 청자

2.2.1.1 아크라가스의 엠페도클레스

> 여기 그 선택된 봄날의 해안가에서
> 풍요로움이 돋보이고 영원이 부드럽게 웃는다…
> 산에서 피어오르는 연기만이
> 그 안에 있는 불을 힘차게 알린다…
> 불타오르는 귀여운 그대여, 이 땅의 어린 학생이여,
> 옛 금빛 청동 천사상
> 간절히 기도하는 두 발 앞으로
> 강가의 신전으로 부끄러워 말고 네 모습을 드러내어라!
> 슈테판 게오르게, 바다의 아이들에게

아리스토텔레스가 놀라워했듯이[1] 대그리스의 사상가들은 (이오니아의 사상가들과는 다르게) 육각운을 굳게 지켰으며, 이는 심지어 루크레티우스[2]까지도 이어집니다. 대그리스의 사상가들은 엠페도클레스라는 이름이 말하듯 〈이 땅 위에 견고하게〉 서 있습니다. 이 사상가들의 행렬은 크세노파네스에서 에피카르모스와 파르메니데스를 지나 엠페도클레스까지 이어지지요. 시칠리아의 아크라가스 출신 엠페도클레스는 부지런히 움직여 아크라가스가 폭군으로부터 자유로워지도록 힘썼습니다. 그는 일찍이 오천 행의 운문을 지어 아무것도 쓰지 않겠다는 피타고라스의 청자들의 맹세를 깨트리지만[3] 이로써 맹세가 바치고 있는 모든 자라남의 뿌리에 오늘날까지도 지속되는 새로운 명예를 부여하게 됩니다. 엠페도클레스는 더 이상 그 자체로 분해할 수 없는 최후의 현실성들을 단순하게 네 뿌리 또는 네 마디[4]라

---

[1] 아리스토텔레스, 시학, 1장 1447b16~20절.
[2] *(기원후 1세기경 고대 로마 시대의 시인이자 철학자로, 그의 저서 『사물의 본성에 관하여』는 7400여 행의 육각운으로 이루어져 있다.)
[3] 디오게네스 라에르티오스, 이름난 철학자들의 삶과 가르침, 8권 77절과 55절. 아울루스 겔리우스, 아테네의 밤, 4권 2장 9절. 티마이오스(디오게네스 라에르티오스, 이름난 철학자들의 삶과 가르침, 8권 54절)와 헤르미포스(42번 파편, FGH 1권) 그리고 다른 이른 시기의 문헌들은 엠페도클레스를 피타고라스학파로 분류합니다. 엠페도클레스는 이오니아의 두 원소인 물과 불을 사 원소의 테트락티스로 확장했지요(비트루비우스, 건축에 관하여, 2권 2장 1절).
[4] 빌헬름 슈바베, 1980, 68쪽. 이것은 피타고라스학파의 서약에서 두 번째 행에 있는 육각운(⇐ 1.6.2*)이 엠페도클레스에게 빚지고 있다는 부르케르트의 명제(부르케르트, 1962, 172쪽)를 무력화합니다. 전승에서 스스로를 드러내는 피시스에 대고 맹세하는 것이 아니라 — 누가 전승 그 자체에 대고 맹세하

고 부르기 때문입니다. 후기 그리스인들[1]과 로마인들[2]이 이후 이것을 사 원소라고 부르게 됩니다. 엠페도클레스는 또한 자신의 수많은 후계자들처럼 산문으로 {사 원소를} 그냥 불, 물, 땅, 공기라고만 부르지는 않았습니다. 그는 높은 네 신들의 이름으로 원소들을 불러들입니다.[3]

> 먼저 모든 것의 네 뿌리를 듣거라.
> 빛나는 제우스와 삶을 나르는 헤라, 아이도네우스[4]와
> 눈물로 지상의 샘물을 채워 주는 네스티스이니라.[5]

테사라 가르 판톤 리조마타 프로톤 아쿠에·
제우스 아르게스 헤레 테 페레스비오스 에드 아이도네우스
네스티스 트· 헤 다크뤼오이스 텡게이 크루노마 브로테이온.

엠페도클레스가 살과 피로 사랑한 청자{제자}인[6] 파우사니아스는 나중에야 비로소 이 두 쌍의 신들{제우스/헤라, 아이도네우스/네스티스}이 우주Kosmos 안에 있는 네 본질성Wesenheit들, 즉 에테르와 땅, 불과 물에 상응한다고 {엠페도클레스의} 시에서 듣게 됩니다.[7] 그리하여 어떤 남신과 어떤 여신이 어떤 원소를 의미하는지에 대한 싸움이 벌써부터 시작됩니다. 피터 킹슬리는 자신의 감각들을 열어붙였기에 〈단식하는 자〉로서의 네스티스는 명백하게 코레[8] 혹은 지하 샘물이며, 따라서 그녀의 남편은 하데스로 우리 아래에 있는 불

고자 할까요? 그러나 문헌학자들이란 이렇습니다… *{해당 부분은 없으며 2.2의 오기인 듯하다.}
1   아리스토텔레스, 형이상학, 1권 8장 989b29절.
2   루크레티우스, 사물의 본성에 관하여, 2권 392행. 딜스(1899, 7쪽)도 함께 보십시오.
3   킹슬리는 엠페도클레스의 원소들에 있는 신적인 것에 대해서 거의 니체만을 참고했습니다. 그러나 니체는 그토록 공공연한 네스티스의 고유명은 완전히 그냥 지나칩니다(니체, 1967~1993[1869/76], II/4 325쪽). 모든 어머니들의 어머니인 데메테르가 죽음의 신에 의해 납치된 딸을 위해 단식했기 때문에(호메로스 찬가, 데메테르 찬가, 197~201행), 페르세포네는 단순하게 딸을 의미하는 코레 또는 단식을 뜻하는 네스티스Νῆστις라고 불립니다. 이렇게 우리의 모든 이름들이 알려주는 것은 두 부모가 왜, 어디로, 무엇을 위해 우리에게서 갈망했는가입니다.
4   *{아이도네우스는 하데스의 다른 이름이다. 호메로스의 서사시에서는 아이스Ἄϊς, 아이데스Ἀιδης 또는 긴 이름으로 아이도네우스Ἀϊδονεύς라고 불리다가 아티케 방언에서 '이'가 묵음이 되고 '아'는 기식음이 되어 오늘날에도 친숙한 이름인 하데스Ἁδης가 되었다.}
5   엠페도클레스, DK(6) 31, B 6.
6   디오게네스 라에르티오스, 이른난 철학자들의 삶과 가르침, 8권 60절.
7   B 17, 18행. 킹슬리(1995, 24쪽~)는 딜스-크란츠에 반대하며 에에로스ἤερος* 대신 아이테레스 αἰθέρες**로 읽는 보증된 방식을 되살립니다. *{'공기, 바람'을 뜻하는 명사 아에르의 여격이다.} **{'하늘, 에테르'를 뜻하는 명사 아이테르의 여격이다.}
8   칼리마코스, 데메테르 찬가, 3~12행.

이라는 것을 처음으로 증명하였습니다. 이 둘은 말하자면 샘물과 화산, 바로 시칠리아의 지참금{재산}인 것입니다. 바로 이 동일한 섬에서 죽음의 신이 단식하는 데메테르의 딸을 멀리 사라지게 하는 땅의 틈새가 벌어집니다. 이처럼 제우스는 호메로스에서처럼 구름 없는 하늘로 남아 있으며, 그의 누이이자 부인인 헤라는 우리의 땅으로 남아 있습니다.[1]

엠페도클레스는 모든 것으로 오로지 **그**를 계속해서 시짓습니다. 이미 페레키데스가 자연 전체는 공기, 불 그리고 물로 짜맞추어져 있다고 피타고라스에게 가르쳤습니다.[2] 하지만 {여기에 땅을 더하여} 신성한 수인 넷으로 채운 것은, 스승{피타고라스}이 직접 한 것이 아니라면,[3] 엠페도클레스입니다. 엠페도클레스는 아리스토텔레스가 우리를 설득하려고 시도하는 바와는 달리 땅을 그냥 다음에 오는 원소로서 《덧붙인》[4] 것이 아니라 셀 수 있는 뿌리들을 바탕으로 — 우리가 멘델레예프 덕분에 다시 할 수 있듯 — 원소들의 주기적인 체계로서 최초로 우주를 사유한 것입니다. 이 땅 위의 모든 민족들이 알고 있듯이 장례를 치르는 방법에는 네 가지의 방법들이, 오로지 네 가지만이 있습니다. 바로 불{화장}, 땅{매장}, 물{수장} 그리고 공기{천장}입니다.[5] 따라서 영웅들은 개, 새, 물고기들을 두려워하며,[6] 자신들의 사체를 — 엠페도클레스처럼 — 불 속에 바치도록 합니다. 그런데 시인-사유자는 처음으로 이것을 {직접} 실행합니다.[7]

또한 엠페도클레스는 크로노스의 눈물에서 바다가 생겨났다는 {피타고라스의} 아쿠스마에서 신들의 이름만 바꾸어, 우리 필멸자들의 삶이 땅의 선물

---

1   킹슬리, 1995, 348~356쪽. 이와는 반대로 위 플루타르코스(철학자들의 의견들에 대하여, 1796, VII 12)와 엠페도클레스(DK[6] 31, A 1과 A 33)를 참고하십시오.
2   고먼, 1979, 26쪽~.
3   디오게네스 라에르티오스, 이름난 철학자들의 삶과 가르침, 8권 25절. 엠페도클레스의 사 원소에서 넷이라는 수는 피타고라스의 테트락티스가 음악에서 자연학\물리학으로 전이된 것이라고 딜스(1899, 15쪽)가 이미 보여 주었습니다. 비트루비우스(건축에 관하여, 2권 2장 1절)의 다음과도 비교해 보십시오.《그런데 피타고라스학파가 물과 불에 공기와 땅을 더하였다.》
4   아리스토텔레스, 형이상학, 1권 3장 984a9절.
5   40년이 지난 후라 개별적으로 증명할 수는 없지만, 이것은 우리가 프라이부르크의 하슬라흐에서 다섯 권의 바슐라르의 책을 통해 사 원소에 대해 배운 것입니다.
6   오디세이아, 14권 133~36행.
7   *{엠페도클레스는 시칠리아섬에 있는 화산인 에트나산 분화구에 스스로 몸을 던져 죽었다고 전해진다.}

과 지하에서 흘러나오는 민물의 선물 덕분이라고 합니다. 이 민물은 피타고라스학파의 맹세나 무사들을 부르는 노래에서처럼 솟아나지요.[1] 하지만 무엇보다도 엠페도클레스는 피타고라스가 옥타브와 세이렌의 일치Einklang에서 들었었던 바로 그 조화\화성Harmonie을 테트락티스의 네 뿌리 혹은 마디로[2] 전이합니다. 엠페도클레스는 자신의 단어들을 아쿠스마로서 귀로만 수신하지 말고, 이를 통해 이끌어 낸 우주를 눈으로도 보면서 발견하라고 파우사니아스에게 일러둡니다.[3]

그제서야 하르모니아와 그녀의 여신 어머니 아프로디테가 모든 사 원소들을 사랑으로 한데 모으고 있다는 것이 드러나기 시작했기 때문입니다.[4] 모든 그리스의 귀는 이 뒤섞임이 성적인 뜻을 가지고 있다는 사실을 알고 있습니다. 제우스와 헤라, 하데스와 코레, 아레스와 아프로디테의 신성한 결혼이 달리 이루어지지는 않을 테지요. 그리하여 모든 원소들 한가운데에 아프로디테가 현전한다고 엠페도클레스가 시를 짓고 또 그의 상대자 엘레아의 파르메니데스도 다음과 같이 시짓습니다.

> 그런데 이 한가운데에서 어느 다이몬이 모든 것을 조종하고 있네.
> 그녀가 미움 받는 분만을 그리고 짝짓기를 일으키기 때문,
> 남자에게 여자를 보내어 뒤섞게 하고, 또 반대로
> 남자를 여자에게 보낸다네.[5]
>
> <small>엔 데 메소이 투톤 다이몬 헤 판타 퀴베르나이·
> 판타 가르 〈헤〉 스튀게로이오 토쿠 카이 믹시오스 아르케이
> 펨푸스 아르세니 텔뤼 미겐 토 트 에난티온 아우티스</small>

---

1 멜레아μέλεα는 DK(6) 31, B 31과 B 27, 그리고 B 30, 1행과 B 25, 11을 보십시오. 슈바베(1980, 68쪽)도 함께 보십시오.
2 고먼(1979, 146쪽)이 인용한 스미르나의 테온. 딜스(1899, 15쪽)와 비교해 보십시오. 로만(1970, 107쪽~)도 참고하십시오.
3 엠페도클레스, 1999, 291쪽~.
4 B 27과 B 122에 하르모니아. B 66, B 73, B 86~, B 98에 아프로디테*. 아프로디테의 압도적인 현전은 필리아φιλία를 그냥 우정이라고 번역한 무수한 독일어 번역본을 해결합니다. 왜냐하면 《성생활은 [엠페도클레스에게] 가장 좋은 것이자 가장 우아한 것으로, 불화 충동에 대항하는 가장 위대한 대립물 》이기 때문입니다(니체, 1967~1993[1869/76], II/4 322쪽). 브룬슈빅/로이드(2000, 448쪽. DK(6) 31, B 125~130에 대한 부분)도 함께 보십시오. *{엠페도클레스의 파편(B 73, 98)에는 아프로디테의 다른 이름 키프리스로 나타난다.}
5 DK(6) 31, B 12, 3~6행. 부르케르트(1962, 263쪽)와도 비교해 보십시오. 하이데거는 이것을 한 번도 인용하지 않았습니다.

아르센 텔뤼테로이.

파르메니데스는 우리가 만약 존재로 향하는 자신의 길을 스스로 따르지 않는다면 아프로디테가 이토록 무시무시하게 우리를 속인다고 합니다. {하지만} 엠페도클레스는 그 반대를 노래합니다. 나쁜 것은 싸움이며 — 따라서 아프로디테의 상대자이자 은밀한 연인 아레스입니다. 왜냐하면 아레스는 넷으로 나눔{테트락티스}을 뜯고 풀어헤쳐서, (호메로스가 온전히 알고 있었듯이) 흉악한 개, 물고기, 새 혹은 순수한 불에 우리의 죽은 몸뚱이를 넘겨주기 때문입니다. 반대로 아프로디테는 짜맞춥니다. — 사 원소뿐 아니라 우리들도 그렇게 짜맞추지요.

> 불 그리고 물 그리고 땅 그리고 빛의 보드라운 높이,[1]
> 또 이것들에서 떨어져 있는 싸움, 모두 무게가 같은데,
> 이것들 안에 있는 사랑은 길이와 넓이가 같다네.[2]
> 그녀는 그대의 정신[3]을 들여다보며, 눈으로는 놀라지 않는다네.
> 필멸자들은 자신들의 마디마디 뿌리내려 있는 그녀를 영광스러워하며,
> 그녀는 이들에게 사랑을 꾀하고, 그녀가 짜맞추는 작업들을 끝마치네.
> 그들은 그녀를 기쁨이라는 이름으로 부르고, 아프로디테라고 부른다네.[4]
>
> 퓌르 카이 휘도르 카이 가이아 카이 아이테로스 아플레톤 휩소스,
> 네이코스 트 울로메논 디카 톤, 아탈란톤 하판테이,
> 카이 필로테스 엔 토이신, 이세 메코스 테 플라토스 테·
> 텐 쉬 노오이 데르케우, 메드 옴마신 헤소 테테포스·
> 헤티스 카이 트네토이시 노미제타이 엠퓌토스 아르트로이스,
> 테이 테 필라 프로네우시 카이 아르트미아 에르가 텔루시,
> 게토쉬넨 칼레온테스 에포뉘몬 에드 아프로디텐.

---

1 *{이 엠페도클레스의 파편에서 사 원소 중 셋은 각각 퓌르πῦρ(불), 휘도르ὕδωρ(물), 가이아γαῖα(땅, 흙)라는 명사로 언급되었다. 마지막 원소는 세 단어로 이루어진 구절(아이테로스 아플레톤 휩소스)로 나타나는데, 킹슬리(1995, 24쪽~)를 따라 이 구절의 첫 단어를 아이테르αἰθήρ(하늘, 에테르)로 읽는 키틀러는 독일어로 빛/빛냄/밝힘/트임(Lichten)으로 옮겼다. '빛의 보드라운 높이'는 이를 따른 것이다. 딜스는 아이테로스가 아니라 아에르ἀήρ(공기, 바람)로 보았으며(DK 31, B 17, 18행), '공기에게 한없는 높이'라고 이 구절을 번역했다. 이를 바탕으로 '공기의 광대한 높이'라고 하는 번역도 있다.}

2 *{사 원소를 서로 떨어뜨리는 '싸움'은 네이코스Νεῖκος이며, 서로를 묶는 '사랑'은 필로테스Φιλότης이다.}

3 *{인간의 겉모습에는 놀라지 않는 아프로디테가 들여다본다고 하는 인간의 '정신Geist'는 그리스어 본문에서는 노오스νόος이다. 누스νοῦς는 노오스의 단축형이다. 키틀러는 이 노오스라는 고대 그리스의 개념을 헤라클레이토스에서는 '뜻Sinn'으로(2.2.1.2), 필롤라오스에서는 '생각, 사유Denken'로(2.2.2.2.2.3) 옮겼다.}

4 엠페도클레스, DK(6) 31, B 17, 18~24행.

2.2.1.1 아크라가스의 엠페도클레스

느껴보세요. 다른 이 아닌 아프로디테가 우리를 조율했다는 것을 말이지요. 그대가 가장 사랑하는 사람과 잠을 자세요. 그녀의 딸, 하르모니아를 완성하세요. 우리가 빌라모비츠, 딜스 그리고 누구보다도 크란츠를 그저 잊기만 한다면, 그리고 단어들을 그대로 믿는다면 모든 것은 모두 이미 거기에 있습니다. 바라봄 따위는 무시하세요. 그대의 몸 마디마디에 귀를 기울이세요. 우리 모두를 아프로디타가 밑받침하고 있습니다. — 그리고 짜맞추는 작업들이 무엇인지는… 그대의 제자\학파의 호기심에 맡기렵니다.

따라서 엠페도클레스가 말하는 것은 결코 {파르메니데스가 노래하듯} 규정 불가능한 어느 감각적인 열망이 우주 한가운데에서 지배하고 있다는 것이 아닙니다. {파르메니데스와는} 완전히 반대로, {엠페도클레스가 말하는} 네 뿌리에서 나온 모든 존재자가 조화롭게 짜맞추어져 있다는 사실이란,[1] 피타고라스에서와 같이 모든 존재자가 단순하고 아름다운, 수들 사이의 관계\비율 속에 있다는 사실을 의미합니다. 그리스어로 로고이λόγοι 또는 아날로기아이ἀναλογίαι라고 하는 이 관계들에는 숫자가 부여될 수 있습니다. 엠페도클레스가 가르치기를, 뼈는 불 네 부분과 땅 두 부분 그리고 바다와 공기가 각각 한 부분씩으로 통일된 것이라고 합니다.[2] 이것은 (우리가 쓰는 방식으로는) 제곱수 $2^0, 2^1, 2^2$이며, 함께 모여 — 테트락티스에서 세어진 것과 같이 — 여덟 개의 뼈 부분이 됩니다. 즉, $4 + 2 + 1 + 1 = 2^3$입니다.

피타고라스학파들 중에 비극시인 아이스킬로스와 같은 다른 청자들은[3] 알파벳을《무사들의 어머니인 기억》이라고 찬양하며, 피타고라스를 따라 엄격하게《수》를《모든 것들 가운데 가장 현명한 것》[4]이라고 찬양하기는 합니다. 하지만 이들은 글자만 쓰지, 음높이나 수는 되도록 쓰지 않습니다.

---

1 DK⁽⁶⁾ 31, B 122, 2행. ⇒ 2.2.2.2.2.3.
2 DK⁽⁶⁾ 31, B 96. 아리스토텔레스(영혼에 관하여, 1권 5장 410a1~7절)도 보십시오. 여기서 숫자로 된 뼈의 로고이λόγοι는 필연적으로 네 스토이케이아στοιχεῖα라고 불립니다. 알파벳적인 원소들과 그리스 알파벳에 배당된 숫자의 협력을 증명할 수 있을 또 다른 예들은 유감스럽지만 엠페도클레스에서 전승된 바가 없습니다. — 그렇기는 하지만 그리스인들은 포도주와 물도 조화롭게 섞습니다. 최고의 비율은 완전5도(물 3에 포도주 2)입니다[플루타르코스, 향연 문제, 3권 9장 657d절].
3 시칠리아섬에서 죽었던 아이스킬로스는《시인이었을 뿐 아니라 피타고라스학파》였습니다(키케로, 투스쿨룸에서의 토론, 2권 10장 23절).
4 아이스킬로스, 결박된 프로메테우스, 456~461행.

이와는 반대로 엠페도클레스는 말할 수 있고 셀 수 있는 모든 것을 바탕으로 스승의 음악수학Musikmathematik을 확장함으로써 물리학\자연학Physik 그 자체의 기초를 세웁니다. 우리는 오일러가 뉴턴의 저능을 극복하기 전까지는, 즉 음악과 물리학이 새로이 통일되기 전까지는 이 분기점을 계속해서 추적하지는 않을 것입니다. 횔덜린조차도 자신의 비극 영웅이[1] 무엇을 이룩했는지를 거의 이해하지 못했습니다. 넷으로 헤아려진 원소를 전체라고 부른다는 것은 결코 통속적인 일이 아닙니다. 왜냐하면 그리스인들이 {호메로스} 노래 전체가 분실됨 없이 글자 스물네 개에 위탁되었다는 혹은 전개되었다는 사실을 깨달은 이후에야 비로소 존재사는 어두운 마지막 네 뿌리에서 자연Physis 전체를 탈은폐하도록 하기 때문입니다.[2] 불이 이글거리고, 하늘이 빛납니다. 두 세이렌들이 모든 더 아름다운 것을 스스로 노래한 이래로, 땅과 민물은 언제나 더 아름다운 것을 이렇게 세상으로 가져옵니다. 어느 누가 {처음부터 끝까지 하나하나} 헤아려진 알파벳이 없이,[3] 다가오는 무수한 신들과 다이몬들의 오싹함을 견뎌낼 수 있었을까요?

---

1   *{1.4.3.3.3.}
2   스벤브로, 1988, 194쪽~. 따라서 프리스키아누스의 『문법 교육』(1.2.4)과 같은 문법서가 물리적인 요소에서 소리글자적인 요소를 도출해낼 때(해리스, 1986, 114쪽~*), 로마적 아둔함만을 증명하는 것입니다. 반대로 루크레티우스가 그의 제자 멤미우스에게 우주 원소를 배우는 목표를 믿을 수 있는 글자-원소 또는 자모에 두는 것이 가장 좋다고 설명할 때, 그 시인-사유자Dichterdenker{루크레티우스}에게 한 번 더 그리스가 열립니다(루크레티우스, 사물의 본성에 관하여, 1권 817~829행). 이 문제로 우리는 되돌아옵니다. *{로이 해리스가 인용한 프리스키아누스의 구절은 다음과 같다. "원자/원소들이 모여 모든 유체 사물을 만들어내는 것처럼, 말소리도 물질적인 실체인 듯이 말을 구성한다."}
3   *{1.2.2.2.}

2.2.1.1 아크라가스의 엠페도클레스

2.2.1.2   에페소스의 헤라클레이토스

전해지는 바에 의하면, 《어두운 자》 헤라클레이토스도 《피타고라스학파 히파소스를 들었을》 것이라고 합니다.[1] 아리스토텔레스는 반대로 이 둘은 동시대 사람들이며 태초로서의 불을 가르쳤었다고 논합니다.[2] 어쨌든 −500년경에 꽃핀 헤라클레이토스는 히파소스의 스승 피타고라스보다는 훨씬 어렸을 것인데, 그는 피타고라스의 이름은 대지 않고 그냥 〈철학자 Philosoph〉라고 비웃었을 뿐 아니라[3] 피타고라스의 이름도 세 번이나 언급하였기 때문입니다.

> 《많이 아는 것{폴뤼마티에 πολυμαθίη}이 뜻{노오스 νόος}[4]을 가지도록 가르치지는 않는다. 만약 그랬다면 그것은 헤시오도스를 가르쳤을 것이며, 피타고라스도, 또 크세노파네스와 헤카타이오스도 가르쳤을 것이기 때문이다. 현명한 것은 하나{헨 ἕν}[5]이기 때문이다. 그것은 모든 것으로 모든 것을 조종하는 것으로서의 통찰{그노메 γνώμη}을 이해하는 것이다.》[6]

헤라클레이토스가 시합의 탈락자로 보고 싶어 하는 이들 가운데[7] 피타고라스가 포함되어 있다는 사실은 놀랍지 않습니다. 호메로스와 헤시오도스와 같은 가인들은 많은 남신들과 여신들을 찬양했지만 헤카타이오스와 같은 역사 저술가들은 많은 사실들을 서술했기 때문입니다. 헤라클레이토스는 바로 이런 식으로 피타고라스가 《모든 인간들 중 가장 많은 연구를 하기 위해》[8] 많은 글들을 골라 읽었다고 조롱합니다. 하지만 무엇보다도 수를 가장 좋은 것이라고 말했던 이는 피타고라스였습니다. {악기의} 현에는 필연적

---

1   헤라클레이토스, DK⁽⁶⁾ 22, A 1a.
2   DK⁽⁶⁾ 22, A 5.
3   DK⁽⁶⁾ 22, B 35. 킹슬리(1995, 339쪽)의 다음도 참고하십시오. "음tone이 투명하게 아이러니하다."
4   *{인간이 어떠한 것을 의식적으로 인식하고 파악하며 생각하는 정신적 능력을 일컫는 말로, 시대에 따라 조금씩 다른 의미로 사용된 개념이다. 문맥에 따라 '정신, 지성, 이성' 등으로도 번역되기도 한다. 키틀러는 노오스를 여기 헤라클레이토스의 인용 글에서 '뜻, 감각, 이해력'(Sinn)으로 번역하였으며, 엠페도클레스의 파편에서는 '정신Geist'으로, 필롤로오스의 글에서는 '사유Denken'로 옮겼다(2.2.2.2.2.3).}
5   *{'하나'를 뜻하는 기수사의 중성형으로, 남성형과 여성형은 각각 헤이스 εἷς와 미아 μία이다.}
6   DK⁽⁶⁾ 22, B 40~. 스넬(1965⁽⁵⁾, 16쪽)의 교정본과 함께 보십시오.
7   DK⁽⁶⁾ 22, B 42.
8   DK⁽⁶⁾ 22, B 129. 피타고라스가 《사기꾼들의 우두머리》라고 불리는 B 81번 파편도 함께 보십시오.

으로 여러 개의 관계\비율들이 있습니다. 그 때문에 그리스인들은 모든 것의 시작인 하나Eins를 수數로 여기지 않습니다. 헤라클레이토스가 일자das Eine를 제우스라고, 심지어 제우스를 일자一者라고 부를 때[1] 그는 {복수형} 로고이λόγοι를 {단수형} 로고스λόγος로[2] 대체하는 것이며, 수들 사이의 비율\관계들을 하나의 단일성Einheit으로, 개념들의 개념이 스스로 유추되는 그 단일성으로 대체하는 것입니다. 따라서 {헤라클레이토스에게서는} 아프로디테가 더 이상 존재자 전체를 조종하는 것이 아니라 우리가 존재론적으로, 논리적으로 들을 수도 있는 하나의 아는 통찰Einsicht이 조종하는 것입니다. 그리하여 다이몬들, 숨겨진 신들은 우리들 주위에서 더 이상 다스리지 않으며, 저 고유한 방식이 지배하게 됩니다.[3]

그런데 아프로디테와 딸 하르모니아 대신 들어선 이러한 통찰은 무엇을 드러내고 있을까요? 새로운 것도 아니고, 가르칠 수 있는 것도 아닙니다. 피타고라스의 음악수학을 그냥 벌거벗은 말로 바꾸어 썼을 뿐 — 수를 언급하지도 않습니다. 게다가 바로 그 때문에 {피타고라스학파의 앎을 풀어썼을 뿐인 자신의} 증명되지 않은 문장\명제들을 이해하지 못한다고 다자多者를 비난하기까지 합니다.

《그들은 서로 어긋나 있는 것이 어떻게 스스로 조율되는지를 이해하지 못한다. 그것은 활과 리라에서처럼 반대로 뒤집히는 조화{팔린토노스 하르모니에παλίντονος ἁρμονίη}이다.》[4]

그렇지만 우리는 그것을 아주 잘 듣고, 아주 잘 이해합니다. 우리가 헤라클레이토스에 맞서며 맨 먼저 듣는 것은 호메로스가 제비처럼 아름답게 들리는 영웅의 반사궁을 다시 찬미한다는 사실입니다. 그 다음으로 우리가 듣는 것은 피타고라스가 세이렌을 키타라에서 다시 찾기 위해 귀를 기울였을 때의 화성Harmonie입니다. 두 음이 울립니다. 이 두 음은 한 음이지요. 어떻

---

1   DK(6) 22, B 22.
2   DK(6) 22, B 1과 B 2.
3   DK(6) 22, B 119. 에토스 안토포 다이몬Ἦθος ἀνθώπῳ δαίμων*. *{"사람의 성격(특징, 에토스)은 그의 다이몬(운명)이다."}
4   DK(6) 22, B 51*. B 48번**과 비교해 보십시오. *{반대로 뒤집히는 비극의 성질에 대하여도 언급되었다 (1.4.3.3).} **{"따라서 활의 이름은 삶(비오스βίος)이지만, 활의 작업(작용)은 죽음(타나토스θάνατος)이다."}

361

게 〈가인과 같은 능력을 가진〉 오디세우스가 구혼자들을 춤과 죽음으로 연주하기 위해 활을 당기는지, 어떻게 으뜸음과 한 옥타브 위의 음{완전8도}을 내는 현의 길이가 1 : 2의 관계라고 말해질 수 있는지 {헤라클레이토스는} 한 마디도 하지 않습니다. 헤라클레이토스는 엄격하게 피타고라스를 따르며, 소크라테스 이후 미래의 청자들에게 조화Harmonie가 모든 것들 가운데 〈가장 아름다운 것〉이라는 사실dass은 말할 수 있기는 합니다.[1] 그러나 그는 왜warum 그러한지는 더 이상 말하지 않습니다. 일자의 사유는 {이렇게} 어둡고 모호하게 남습니다. 왜냐하면 일자의 사유는 피타고라스학파와는 반대로 수학을 경시하며 뿌리치고, 결국에는 수학과 작별하기 때문입니다. 키타라라는 이름의 인식론적 사물은 계속 지배할 수는 있지만 오직 사유이미지Denkbild로서만 그리고 결국 자연 자체와 일치하게 되는 은폐성Verborgenheit 속에서만 지배합니다.

《빛나지 않는 조화Harmonie는 빛나는 조화보다 더 강력[하다].》[2]
하르모니에 아파네스 파네레스 크레이손.

《자연Physis은 숨기를 좋아한다.》[3]
퓌시스 크륍테스타이 필레이.

이렇게 모든 고양이들이 회색이 되는 밤이 철학에 드리우기 시작합니다. 그렇지만 만약 헤라클레이토스가 히파소스를 들었다고 가정한다면, 우리는 이 어두움을 밝힐 수가 있습니다. 스스로를 숨기기 좋아하는 것은 완전히 일반적인 의미에서의 자연Physis이 아니라 현들 사이의 특정한 비율\관계입니다. 이 비율이 산술적으로 말해질 수 없다는 사실Unsagbarkeit은 히파소스의 위대한 발견이었지요. 우리는 파네레스φανερής{빛나는 것}와 크레이손κρείσσων{더 강력한 것} 사이에 에스티ἐστι{이다/하다}만 집어넣기만 하면 됩니다. 그렇게 하면 이 유명한 구절은 육각운으로 화성\조화Harmonie에 도달합

---

1 DK(6) 22, B 8.
2 DK(6) 22, B 54*. *{키틀러는 '나는 빛난다'라는 뜻의 파이노φαίνω에서 유래한 형용사 파네레스φανερής를 '빛나는, 나타나는aufscheinend'이라고 옮겼지만, 딜스-크란츠를 포함한 다른 여러 번역은 '눈에 보이는sichtbar'이라고 번역했다.}
3 DK(6) 22, B 123*. *{크륍테스타이는 '나는 숨는다'는 뜻의 동사 크륍토κρύπτω의 현재형 중간태 및 수동태 부정사로, 암호(Kryptogramm)를 뜻하는 단어도 이 동사에서 비롯되었다.}

니다. 우리는 이렇게 하지만, 그는 아니합니다. 헤라클레이토스는 음악수학적인 로고이가 아니라 기껏해야 《높고 낮은》 {음처럼} 대립자들의 조화만을 들었던 것처럼 보입니다.[1] 그러나 {음의} 높고 낮음은 이 땅 위의 모든 아이들이 구별할 수 있는 것입니다. 이것을 구별하는 데 그노메γνώμη도, 단 하나의 로고스도 필요치가 않습니다.

《이렇게》 ― 대그리스의 가장 이른 시기의 역사 저술가인 타우로메니온의 티마이오스를 따라 말하자면 ―《진정한 사기꾼의 우두머리는 헤라클레이토스가 비난하는 것처럼 피타고라스가 아니라 그렇게 비방하고 있는 헤라클레이토스 자신이다.》[2]

---

[1] DK(6) 22, A 22. 덧붙이자면 이 구절에는 헤라클레이토스가 피타고라스적인 《여자와 남자의 대립자》도 《조화》라고 규정한 유일한 증거가 있습니다.
[2] DK(6) 22, B 81. 이에 카를 라인하르트(1960, 98~101쪽)는 거짓 이야기를 하는 오디세우스가 최초의 《많은 고통의 사기꾼》이라고 비난합니다.

2.2.2 수학자

수학자Mathematiker들은 그리스어로 오이 마테아티코이οἱ μαθηματικοί라고 하는데, −400년 아르키타스가 처음으로 우리가 사용하는 그 엄격한 말뜻에서 만들어 낸 전문 용어입니다. 그들은 더 이상 오디세우스처럼 삶을 더 영리하게, 더 뛰어난 계략으로, 더 충실하게 버티기 위해서 그냥 고통으로부터만 배우는 것이 아닙니다. 수학자들은 처음으로 글자와 수를 하나로 생각합니다. 그 때문에 히파소스와 같은 몇몇 사람들은 고통을 받거나 죽게 됩니다.

2.2.2.1 메타폰티온의 히파소스

> 하나의 수는 그 자체로는 없으며, 있을 수도 없다. 있는 것은 여러 개의 수 세계들인데, 여러 개의 문화들이 있기 때문이다.
> 슈펭글러, 서구의 몰락

히파소스의 삶에 관해서 우리가 아는 것은 거의 없습니다. 그저 〈말타는 자〉라는 뜻을 가진 이름에서 말 사육을 하는 부유한 귀족 출신일 것이라고 추측할 수 있을 뿐입니다.[1] 그렇기에 크로톤의 모든 분야에서 자유로이 활동하며 결정권을 가지고 있는 천인 의회에 히파소스도 앉아 있습니다. 히파소스가 크로톤 출신이든 혹은 대부분의 출처들이 전승하고 있듯이 스승의 마지막 은신처였던 메타폰티온 출신이든 간에 말이지요.[2] 어쨌든 이 두 도시는 모두 히파소스가 ─ 전 시대의 선원들처럼 ─ 비참하게 끝을 맞이하게 되는 푸른 바닷가에 위치하고 있습니다. 초기의 제자{학파}들 가운데 그가 가장 격렬하게 피타고라스에게 맞섰기 때문입니다. 히파소스는 직접 『신비로운 말』이라는 책을 써서, 피타고라스의 것으로 떠넘길 정도로 멀리까지 갔습니다.[3] 스승은 치욕스럽게도 비밀스러운 말이 공개적으로 낭독되는 것을 도시 서기의 입으로 듣는데, 그가 민주정이라는 구실로 폭정에 손을

---

1 믿을 만한 아리스토텔레스(형이상학, 1권 3장 984a7절)가 출생지로 메타폰티온을 지목합니다. 후기의 문헌들은 히파소스가 시바리스 또는 크로톤(이암블리코스, 피타고라스적 삶의 방식, 18장 81절) 출신이라고 합니다. 히파소스의 이름도 종종 손상된 채로 전승되었습니다.
2 디오게네스 라에르티오스, 이름난 철학자들의 삶과 가르침, 8권 51절(엠페도클레스에 대하여).
3 디오게네스 라에르티오스, 이름난 철학자들의 삶과 가르침, 8권 7절 = DK(6) 18, 3.

뻗치기 위해 자신의 제자들을 끌어들인다는 내용입니다.[1] 히파소스와 공모자들은 이렇게 음흉하게 크로톤의 옛 귀족정을 몰락시킵니다. 그해에 크로톤은 다른 도시들처럼 민주적이 되고, 스승을 메타폰티온으로 유배 보냅니다. 그런데 이것으로는 충분치 않다는 듯, 크로톤의 내전이 이론Theorie 자체로 번집니다.

이렇게 {기원전} 500년경 이래로 피타고라스학파를 청자와 수학자로 둘로 나눈 분열을 처음으로 초래한 것은 피타고라스가 아니라 히파소스일 가능성이 큽니다. 그리고 수학자가 그냥 청자들도 학파의 한 동료로서 인정하지만 수학자들이 스승이 아니라 히파소스를 듣는다[2]는 바로 그 이유로 반대{청자들이 수학자를 인정하는 것}가 중단될 때, 앎 자체에 이 분열이 기입됩니다. 이것은 단순한 질문을 이끌어 냅니다. 얇디얇은 문헌들이 아직 증명하고 있는 바에 따른다면, 히파소스가 그와 다르게 한 것은 무엇이고 새로이 한 것은 무엇일까 하는 것입니다. (우리는 모든 것을 어느 정도 다르게 합니다. 아무도 알아차리지 못할 뿐이지요. 그래서 존재사가 필요합니다.)

2.2.2.1.1 완전8도, 완전5도, 완전4도

후기의 것이기는 하지만 확실한 출처 하나가 히파소스와 그의 제자들이 어떻게 물병에 물을 조금씩 채워 가며 아울로스에서처럼 다양한 음높이를 만들었는지를 묘사합니다. 여러분은 물뿌리개 통에 천천히 물을 채울 때 생기는 글리산도를 모두 알고 있을 것입니다. 이와 거의 마찬가지로 고대 중국에서 음정이 드러난 적이 있었는데, 그것은 바람이 불었을 때 소리가 나는 서로 다른 길이의 대나무 통에서였습니다.[3] 이와 같이 그리스에서 마침내 해결됩니다. 《히파소스는 수에서 어울림음을 찾을 수 있을 것이라고 생각했기 때문에 항아리를 가지고 계산을 시도했다. 그렇게 해서 빈 항아리에서

---

1 이암블리코스, 피타고라스적 삶의 방식, 35장 259절. 여기에서 말\연설은 로고스 히에로스λόγος ἱερός라고 불리며, 피타고라스는 여기 외에서는 알려지지 않은 이름인 니논에 의해 위조되었습니다. 하지만 이것은 피타고라스의 측근들 사이에서 {그의} 말\연설이 기록되어 돌려 읽혔다는 사실에 대해서 많은 것을 말하지는 않습니다.

2 이암블리코스, 피타고라스적 삶의 방식, 18장 81절.

3 조지프 니덤, 1962, 6부 1권, 153~156쪽.

절반이 채워진 그릇은 2대 하나의 완전8도{디아 파손}가 되고, 3대 2는 완전 5도{디아 펜테}가 되며, 4대 3은 완전4도{디아 테사론}가 되었다.》[1]

[…] 우세스 테스 케노세오스 프로스 텐 헤테란 엔 멘 테이 디아 파손 호스 B 프로스 헨, 엔 데 토이 디아 펜테 호스 Γ 프로스 B, 엔 데 토이 디아 테사론 호스 Δ 프로스 Γ.

서로 다른 높이의 공기 기둥으로 한 이 실험은 여러 번 말해진바 물리학적으로 옳습니다. 음높이는 아울로스의 공기 기둥 높이나 키타라의 현 길이에 대해 선형 종속입니다. 하지만 피타고라스가 가르쳤던 것처럼 대장장이 망치의 무게에 대해서는 그러하지 않습니다.[2] 그러므로 피타고라스가 키타라에 여덟 번째 현을 추가한 이래로, 이 {팔 현} 키타라에 걸쳐 있는 두 테트라코드를 완전히 측정하는 데 처음으로 성공하는 것은 히파소스입니다. 그는 자신의 스승처럼 완전8도\옥타브의 경이를 세이렌의 하모니로서 찬미할 뿐 아니라 테트라코드의 두 부분 혹은 두 단계도 설명합니다. 먼저 A3에서 E3로 완전4도를 내린 후, 그 다음 E3에서 A2로 완전5도를 내리는 것입니다. 그런데 이로써 그리스인들이 수학적으로 음악에 매혹되도록 한 모든 것의 밑받침이 세워집니다. 로고스는 말Rede로서, 또 동시에 사려 깊은 말이라면 끊임없이 내놓아야 하는 객관적인 근거[3]로서만 지배하는 것은 아닙니다. 로고스는 복수형 로고이 덕분에 수에 따라 조율된 관계\비율들 속에서도 지배합니다. 피타고라스학파는 이 관계\비율들을 새로 만들어낸 말인 아날로기아이ἀναλογίαι라고도 부르는데,[4] 키케로는 이 단어를 프로포르티오네스proportiones라고 힘겹게 번역합니다.[5] 그릇들에서 측정된 세 비율을 키

---

1   스미르나의 테온, 플라톤 독해에 유용한 수학적 앎, 59쪽 = 팀파나로 카르디니, 1969(2), 1권 100쪽.
2   부르케르트, 1962, 356쪽. 유르겐 프레델(1998, 113쪽)도 이를 갈며 말합니다.
3   로곤 디도나이λόγον διδόναι과 라티오넴 레데레rationem reddere에 대해서는 하이데거(1958(2), 168~181쪽)를 보십시오.
4   정수 비율을 뜻하는 로고이λόγοι가, 즉 유리수의 이름으로서의 로고이가 복리複利 계산에서 유래했다고 보려는, 따라서 순수한 수학을 상업적인 수학으로 소급하려는 부르케르트의 무모한 시도(부르케르트, 1962, 415쪽~)는 아르파드 서보(1969, 197쪽)가 반증합니다. 만약 딜스의 교정본이 정확하다면, 프로클로스는 피타고라스가 직접 이 유비Analogie라는 단어를 처음으로 만들었다고 씁니다(DK(6) 14, A 6a).
5   키케로, 티마이오스, 4장 12절*. 서보(1969, 193쪽)에서 재인용했습니다. 유비Analogie의 개념사에 대해서는 테클라 호로비츠(1978)를 전체적으로 참고하십시오. *{플라톤의 『티마이오스』를 키케로가 라틴어로 번역한 문헌으로, 그리스 원문에서의 27d절부터 47b까지 그 일부만 전해지고 있다.}

타라의 현으로 옮기는 것은 어린이들의 놀이입니다.

우리가 눈이나 귀를 열기만 한다면 우주Kosmos는 많은 유비Analogie들을, 정수 비율들을 분명하게 보여 줍니다. 그러면 우리 필멸자들은 이것들을 다시 재고, 고르게 하고, 지을 수 있습니다. {유비, 정수 비율은} 조개, 해바라기, 신전의 기둥, 삼각형에서 나타나며, 그리고 어쩌면 인체에서조차 나타납니다. 이 인체의 비율은 폴리클레이토스가 히파소스 직후에 조각에서의 캐논으로 헛되이 증명하고자 했었지요.[1] 하지만 수학을 일반적인 앎으로서 구축하기 위해서 중요한 것은 오직 음악뿐입니다. 히파소스는 음높이를 측정했고, 그로 인해서 그리스 음악이 전적으로 근거하고 있는 두 테트라코드가 처음으로 로고이로 옮겨질 수가 있습니다. 오디세우스가 오른손으로 활을 당겼을 때처럼 우리가 키타라의 현 하나를 한가운데로 나눈 다음에 이 절반의 현을 {팅겨서} 소리가 나게끔 한다면, 현은 제비처럼 밝고 아름다운 소리를 정확히 한 옥타브만큼 더 높이 냅니다. 이렇게 길이의 비율 2 : 1은 완전8도를, 3 : 2는 완전5도를, 4 : 3은 완전4도를 만듭니다. 풀지 않은 이 아름다운 팽팽함을 우리가 알고 있는 나눗셈으로 다시 파괴한다는 것은 {고대 그리스인들에게는} 상상도 할 수 없는 일입니다. {정수비} 4 : 3은 시몬 스테빈의 『십분의 일에 관하여』에서 소개된 우리의 소수 1.33333…과는 존재사적으로 전혀 다른 것입니다.[2]

그리스인들은 일상생활 속에서 일반적인 분수들을 쓸 수 있음에도 불구하고, 즉 이집트인들처럼 $\frac{1}{2}$이나 $\frac{1}{3}$ 등과 같은 단위 분수뿐 아니라 예를 들어

---

[1] 폴리클레이토스, DK(6) 40. 키타라와 같은 악기가 수학적으로 다룰 수 있는 인식론적 사물이라는 사실, 하지만 가능한 모든 운동선수들의 머리, 몸통, 다리의 길이는 수학적으로 다룰 수 있는 것이 아니라는 사실은, 프레델의 미술사적인 『측량 미학』이 인정해야 합니다(프레델, 1998, 2쪽과 118쪽). 하지만 이 책은 무리수성과 기하 평균 사이의 음악적인 관련성을 부인하는데 — 정사각형의 가시적인 대각선을 위해서입니다(프레델, 1998, 165~169쪽).

[2] 로만, 1970, 11쪽. "따라서 그리스 수학의 목표는 계산하여 답을 구하는 것Ausrechnen이라기보다는, 칸트식으로 말하자면 계산하여 답을 구하는 것의 가능성의 조건을 탐구하는 것에 더 가깝다. 이렇게 그리스의 수학은 '비율{관계}'들, 즉 로고이λόγοι가 있도록 하며 또 스스로를 들여다본다. 그리스인들은 '순수한 이론Theorie', 즉 '순수하게 관찰하는' 태도의 창시자이다. 그런데 이 순수 이론의 '효과{영향}' 속에서 모든 순수한 실습Praxis이 끝없이 그 순수 이론을 추월한다. 왜냐하면 오늘날 땅 위에서 일어나며 지구를 근본부터 변화시키고 있는 모든 것은, 탈레스와 피타고라스에서 플라톤과 아리스토텔레스에 이르는 그리스인들에 의해 형성되었던 그리스 이론의 효과이기 때문이다."

$1 + \frac{1}{3} = \frac{4}{3}$도 쓸 수 있음에도 불구하고 그리스인들의 음악수학은 그런 모든 소상인 같은 일을 피했습니다. 알파벳에서와 마찬가지로 이익과 거래에 관한 문제가 아니기 때문입니다. 로고이Logoi는 다름이 아니라 두 현이며, 서로 다른 두 개의 자연수가 팽팽한 긴장 관계에 있는 것입니다. 그 때문에 히파소스는 나눗셈을 표시하는 기호나 심지어는 나눗셈이라는 단어조차 가지고 있지 않았습니다. 그냥 단순한 수나 피연산자 자체가 아닌, +나 −와 같이 수들의 연산을 기입하는 연산자Operator들, 즉 자소Graphem들은 존재사적으로 1489년 이후로 존재합니다. 요한 비드만이 『상인들을 위한 재빠르고 깔끔한 계산』에서 《−인 것은 모자라는 것이고, +인 것은 남는 것》이라고 규정할 것입니다.[1] 하지만 그리스의 수학은 연산자를 모르기 때문에 히파소스는 (우리가 필사본을 믿어도 된다면) 완전4도를 4대 3의 비율이라고 썼으며, 오직 《대》로만, 즉 이음매 자체로만 이어 맞출 수 있습니다. 필롤라오스와 같은 다른 사람들은 두 수의 덧셈인지 곱셈인지와는 상관없이 더 단순하게 《그리고》라고 썼습니다. 바로 + 와 −, × 와 ÷ 기호 덕분에 아담 리제 이후 잘 정리된 기본적인 사칙 연산을 있게 하는 그 차이가 아직은 만들어지지 않은 것입니다. 따라서 그리스 아이들의 연습장에는 〈여덟 그리고 여덟〉이 〈여덟 그리고 둘〉과 동일한 값이라고, 즉 둘 모두 답이 열여섯이라고 (우리는 이해할 수가 없게) 적혀 있습니다.[2]

히파소스가 도입한 이러한 음악 기록 방법은 단 하나의 예외를 반짝이고 있습니다. 그는 옥타브의 비율을 《2대 1》이라고 쓰는 것이 아니라 그리스의 수 알파벳과 모음 알파벳을 섞어서 《2대 하나》라고 씁니다. 영零이{라는 수의 존재가 그리스인들에게} 말도 안 되는 것인 한, 가장 작은 수인 하나를 모욕적으로 줄여 쓸 까닭이 없습니다. 히파소스는 모든 수의 기원에 경의를 표하며, {베타Β, 감마Γ, 델타Δ로 표기한} 다른 수와는 달리 {1이라는 수를 알파Α가 아니라 헨ἕν이라고} 단어로 온전히 풀어서 씁니다. 이후에는 아르케ἀρχή가 다른 모든 것을 시작하고 이끌어 내며 기초를 세우는 한, 아르케의 존재지위 Seinsrang는 {아르케에서 나온 다른 모든 것들인} 다자Viele들보다 위에 있다고 말

---

1   카조리(1928~1929, 1권 234쪽)에서 재인용.
2   에른스트 치바르트, 1913(2), 29쪽.

해지게 될 것입니다. 그녀{아르케}는 완전5도나 완전4도와 같은 다른 수의 쌍들을 아름다운 화성Harmonie으로 묶고 모으는 로고스 자체로서 지배합니다. 우리 같은 중세 후기의 아이들은 완전5도의 간격으로 매어진 두 개의 현이 초기 그리스에서 동시에 (우리의 말로는 다성적polyphon으로) 튕겨졌었다고 꿈꾸도록 절대로 허락되지 않습니다. 현을 시간의 흐름에 따라 차례로 튕기며 (우리가 단성적monophon이라고 부르는바) 음들의 화성Harmonie을 꼈습니다.

그런데 현의 길이를 다시 측정하고 또 절반이 채워진 그릇의 소리에서 확인하며 따라하려는 이 모든 수고는 무엇을 위한 것일까요? 피타고라스와 히파소스 이전의 미메시스란 오로지, 우리 필멸자들은 젊은이들의 모든 수줍음에 맞서며 신들의 사랑을 따라해야 한다는 사실 그리고 어떻게 그렇게 따라할 수 있는지를 파악하는 것을 뜻했습니다. 그렇게 수많은 춤과 노래가 뒤따랐지만 리라나 키타라를 만드는 방법은 없었습니다. 그런데 어느 한 우아한 추측이 가정하는 바에 의하면, 피타고라스는 이집트 여행 중에 하프도 보았을 것이며,[1] 하프라는 악기에 설치되어 있는 앎을 그리스인들에게 넘겨주었을 것이라고 합니다. 왜냐하면 모든 이집트 문법이나 더 단순하게는 상형문자 참고 사전이 이미 글자 모양에서 보여 주는 바, 하프는 가장 낮은 음의 현에 대해 절반의 길이를 가지는 (옥타브로서의) 가장 높은 음의 현으로 완전8도를 연주하는 연주 기구Spielwerk이기 때문입니다. 중세 초기의 아일랜드 하프에서 현재에 이르는 모든 하프들은 이 선사 시대의 옛 설계도를 따르고 있습니다. 이렇게 완전5도와 완전4도의 더 작은 비율들로 나누어지는 2 : 1의 옥타브-비율은 하프 자체의 지어짐Bau 속에 읽을 수 있게끔 주어져 있었습니다. 키타라와 리라는 완전히 다릅니다. 그리스의 이 뻣뻣하게 네모난 공명 구조물Resonanzgebilde에서 모든 현은 동일한 길이를 가집니다. 따라서 처음으로 {현의 길이가 아니라} 양의 내장으로 만

---

[1] 권터 빌레, 『아크로아시스. 후기 고전기까지의 그리스 문헌에서 청각적 감각 영역』, 전2권, 튀빙엔/바젤: 2001 (= 튀빙엔 현상학 도서관, 디트마 코흐 편집), 1권, 443쪽. "이리하여 피타고라스에게 관찰 기준이었던 망치와 무게에서 작별하며, 피타고라스가 했다고 알려지는 이집트로의 여행에서 또는 이집트와 활발하게 교류했던 사모스섬에서 피타고라스가 그리스의 리라와는 달리 서로 다른 길이의 현으로 이루어진 이집트의 하프를 익혔다는 사실은 이렇게 객관적으로 그리고 역사적으로 가능하다."

들어진 현의 서로 다른 굵기나 장력이 완전8도\옥타브를 〈조율〉하거나 또는 더 정확하게 말하자면 〈팽팽하게 당깁니다〉. '나는 팽팽하게 당긴다'는 뜻의 테이노τείνω에서 토노스τόνος라는 말이 비롯되었는데 — 마음으로 또는 하이데거와 함께 잘 생각한다면 이렇게 모든 것이 쉽습니다. 바로 {팽팽하게 당기는} 이것을 그리스어로, 즉 독일어로 〈톤Ton{소리, 음音}〉이라고 합니다. 그런데 또 현을 올바르게 조율하는 것을 어렵게 만드는 것이 바로 이 음Ton입니다. 음音을 수數로, 즉 수학적으로 규정하는 것은 히파소스의 새로운 해결법입니다.

 이집트 하프를 나타내는 상형문자 (자음가 ㅂ-ㄴ-ㅌ)

우리는 그것이 얼마나 원칙적이었는지를 아르키타스에게서 직접 듣습니다. 먼저 아르키타스는 음악에 대한 모든 《아름다운》 통찰은 수학자들, 즉 히파소스와 그 일당들의 공로라고 씁니다.[1] 아르키타스는 그들이 음악적 화성들의 총체를 평균론이라는 형태로 발전시켰으며, 이것은 세 개의 서로 다른 방법으로 옥타브를 절반으로 나누는 것을 뜻한다고 이어서 말합니다.

> 《수학자들이 구별했던 것은 내게 아름다워 보인다 […]. 음악에는 세 가지의 평균이 있다. 첫째는 산술 평균이며, 둘째는 기하 평균이고, 셋째는 대립 평균인데 이것은 조화 평균이라고도 부른다.》[2]
>
> 칼로스 모이 도쿤티 토이 페리 타 마테마타 디아그노메나이 […]. 메사이 데 엔티 트리스 타이 무시카이, 미아 멘 아리트메티카, 데우테라 데 게오메트리카, 트리타 드 하 휘페난티아, 한 칼레온티 하르모니칸.

이렇게 아르키타스는 우리가 이미 로고이{비율들}라고 알고 있는 것을 가운데{평균}들[3]이라고 부릅니다. 히파소스 이래의 수학자들은 옥타브의 가능한

---

[1] 아르키타스, DK(6) 47, B 1.
[2] DK(6) 47, B 1~. 이와는 차이가 나지만 더 숙고된 순서로 《산술, 조화, 기하》 평균을 위 플루타르코스의 『음악에 관하여』(22장 1138d절)가 제시합니다.
[3] *{위에 인용된 아르키타스의 두 번째 문장은 좀 더 이해하기 쉽게 오늘날의 수학 용어로 옮겼는데, '평균'을 가리키는 말로 아르키타스가 썼던 그리스어는 '가운데'라는 뜻의 메소스μέσος로, 복수형은 메사이μέσαι이다. 직역하면 다음과 같다. "음악에는 세 가지의 가운데들이 있는데, 첫째는 산술적이며, 둘째는 기하학적이고, 셋째는 대립적인데, 이는 또한 조화롭다고도 불린다."}

모든 분할들을 알고리듬적으로 산출해 내었습니다. 그들은 이 평균(이라고 우리가 말하는 그 값)을 오늘날의 거의 모든 해설자들이 설명하는 바와 같이 오각형[1]이나 오각성(펜타그램)[2] 그리고 정사각형에서 찾는 것이 아니라 바로 키타라와 현에서 찾습니다. 음악은 수수께끼 문제를 들려주는 것이지, 기하학이나 심지어는 — 플라톤 이래로 그래왔듯이 — 그냥 산술을 들려주는 것이 아닙니다. 우리는 너무도 경솔하게 우리의 매우 다른 초등학교 시절의 학문사에 기반하고 있습니다. 음악이 참으로 그리스의 수학을 불러냈다는 사실은 너무 뜻밖의 일이어서, 현재까지의 가장 풍부한 사료집도 이를 완전히 배제하고 있습니다.[3]

히파소스는 음악에 세 가지의 평균이 있다고 정의합니다. 첫째는 산술 평균인데 우리에게 오래 전부터 친숙한 평균치를 그저 다르게 쓴 것일 뿐입니다.[4]

우리는[5] 이 두 쓰기 방식의 차이를 명확하게 하기 위해서라도 다음과 같이 씁니다.

$$m = \frac{a+b}{2}$$

a = 1이고 b = 2일 때, 즉 완전8도일 때 다음과 같습니다.

$$\frac{3}{2} = \frac{1+2}{2}$$

이렇게 우리는 순수한 완전5도가 쓰여 있는 것을 듣거나 봅니다. 그리고는 더 이상 생각하지 않습니다. 하지만 아르키타스는 {이어서} 밝혀 나갑니다.

---

1 이암블리코스, 피타고라스적 삶의 방식, 18장 88절.
2 부르케르트, 1962, 160쪽.
3 ⇐ 2.
4 *{일상적으로 쓰이는 말인 평균Durchschnitt(영어의 average)과 이것을 수학적으로 지칭하는 산술 평균arithmetisches Mittel(영: arithmetic mean)에서의 평균Mittel(영: mean)을 특별히 구분하는 단어가 한국어에는 없기에 전자는 평균치로, 후자는 평균으로 옮겨 구분하였다.}
5 토이브너, 1996, 1권 37쪽.

《산술 평균이란 세 개의 수 개념들(호로이ὅροι)[1]의 관계에 있어서 다음과 같이 뛰어넘을 때이다. 즉, 첫째 수 개념이 둘째 수 개념을 뛰어넘는 만큼, 둘째 수 개념이 셋째 수 개념을 뛰어넘을 때를 말한다. 그리고 이러한 유비들{아날로기아이}에서는 더 큰 수 개념들의 음 간격이 더 작고, 더 작은 수 개념들의 음 간격은 더 크다.》[2]

$$6 - 4 = 4 - 2 \text{ 이지만, } 4 : 2 > 6 : 4 \text{ 입니다.}$$

우리는 이것을 그저 음악으로 번역하기만 하면 됩니다. 그러면 완전8도에서 완전5도라는 이름의 비율이 생겨납니다. 완전8도를 나누어 완전5도가 나왔기 때문에, 완전5도는 피타고라스적 음악의 전 음高 공간[3]보다 더 작아야 한다는 것입니다.

아르키타스는 선배에게서 배운 세 번째의 가운데{대립 평균}에 새로운 이름을 지어 줍니다. 하지만 어쩌면 그보다 오래전에 이미 히파소스가 그 이름을 지었을 가능성도 큽니다. 즉, 더 이상 (완전5도에 대해서)《대립 상태》에 있는 것이 아니라 조화롭다고 일컫습니다.[4] 테트라코드로서의 완전4도가 모든 키타라에 걸쳐져 있는 현을 규정한다는[5] 사실을 극적으로 분명하게 하자면, 이 {조화 평균의} 수 개념은 다음과 같습니다.

《그들이 조화롭다고 부르는 대립 [평균]이란[6] 첫째 수 개념이 둘째 수

1　*{'경계, 표시, 경계를 표시하는 돌, 개념, 개념의 정의' 등을 뜻하는 명사 호로스ὅρος의 복수 형태로, 키틀러는 '수 개념Zahlbegriff'이라고 옮겼다. 완전히 일치하지는 않지만 오늘날 수학에서의 '항' 개념에 상응하는 것으로도 이해할 수 있을 듯하다.}
2　아르키타스, DK(6) 47, B 2.
3　*{'피타고라스적 음악의 전 음 공간'이란 옥타브(디아 파손δια πασῶν)를 말하는 것으로, 피타고라스는 음악을 한 옥타브 내에서만 만들도록 하였다(2.1.2.2.2).}
4　이암블리코스, 니코마코스의 산술 입문에 대하여, 100쪽, 19행~, 피스텔리 편집 = 팀파나로 카르디니, 1969(2), 1권 104쪽, 15번 파편.
5　이렇게 아리스토텔레스가 팔 현 리라를 사유하기 위하여 하르모니아에 두 개의 평균만이, 즉 산술 평균과 조화 평균만이 있다고 쓰게 된 것입니다(아리스토텔레스, 47번 파편, 로제 편집 = 위 플루타르코스, 음악에 관하여, 23장 1139b절).
6　*{키틀러는 아르키타스의 세 가지 평균에 대한 글을 번역하면서, 산술 평균만 평균Mittel으로 옮기고 나머지 조화 평균과 기하 평균은 가운데Mitte로 옮겼다. 일상어의 평균치Durchschnitt가 산술 평균을 지칭하기 때문인 듯하다. 그리스어 원문에는 평균을 지칭하는 말이 '가운데들'(메사이μέσαι) 외에는 없는데, 이는 모두 일괄적으로 '평균'으로 옮겼다. 아르키타스의 글이 아닌 키틀러의 글에서는 가운데와 평균을 구분하여 옮겼다.}

개념을 뛰어넘는 부분이 평균수가 셋째 수 개념의 부분을 뛰어넘는 만큼일 때[이다]. 이러한 유비들에서는 더 큰 수 개념들의 음 간격이 더 크고, 더 작은 수 개념들의 음 간격은 더 작다.》[1]

(6 − 4) : (4 − 3) = 6 : 3 이지만, 4 : 3 < 6 : 4 입니다.

따라서 히파소스를 따르는 수학자의 셈법은 완전8도에서 먼저 완전5도를 그리고 완전5도에서 다시 완전4도를 이끌어 내어, 완전4도가 완전5도의 부분[2]임을 증명합니다. 반대로 우리 근대인들은 (a = 1이고, b = 2인) 완전8도에서 직접 조화 평균을 다음과 같이 도출해 낼 것입니다.

$$h = \frac{b}{\frac{1}{a}+\frac{1}{b}} = \frac{2}{\frac{2+1}{3}} = \frac{4}{3}$$

지금까지는 모든 것이 순조롭습니다. 그리스적으로 들었을 때, 한 옥타브\완전8도를 분할하는 서로 다른 두 개의 방법은 완전5도와 완전4도라는 두 어울림음을 이끌어냅니다. 이제 키타라 하나에 매달린 만질 수 있는 현 여덟 개 없이 생각하며, 카논Kanon 혹은 모노코드Monochord와 같은 유일한 현 하나로 연구하는 것은 어렵게 느껴지지 않습니다.[3] 이렇게 두 평균이 눈앞에 펼쳐지도록 할 수 있습니다. 우리의 현 하나를 열두 개의 동일한 부분으로 나누어 봅니다. 우선 현 전체를 튕기고, 그 다음에는 처음 여섯 구간 부분만 튕깁니다. 그러면 모든 아이들은 완전8도\옥타브를 듣습니다. 아홉 구간 부분을 튕기면 산술 평균으로서의 완전5도를 내고, 여덟 구간 부분은 조화 평균으로서의 완전4도를 냅니다.

그런데 아르키타스가 이어서 설명하기를, 수학자들은 음악에서 또 다른 평균을, 즉 두 번째 평균 또는 기하 평균을 검토했다고 합니다. 유사-그리스적 쓰기 방식으로는 (왜냐하면 그리스인들은 글자로 미지수를 지정한 것이 아

---

1 *{아르키타스, DK(6) 47, B 2.}

2 *{그리스어로 '부분'을 뜻하는 말은 메로스μέρος이다(1.2.2.3.2).}

3 학자들은 모노코드의 역사적 유래에 대해 논쟁 중입니다. 분명한 것은 모노코드의 존재가 –325년 에우클레이데스의 『카논의 분할』에서 처음 나타난다는 것입니다(웨스트, 1992, 240쪽). 하지만 《일 현 카논》을 피타고라스의 공로라고 쓰고 있는 디오게네스 라에르티오스(이름난 철학자들의 삶과 가르침, 8권 12절)도 보십시오.

니라 정반대로 구체적인 수들을 글자로 썼기 때문입니다)

$$a : b = b : c$$ 입니다.

그리고 이것을 전개하면

$$b^2 = ac$$ 입니다.

아르키타스는 이렇게 정의합니다.

《기하 평균이란 첫째 수 개념이 둘째 수 개념에 대해 [가지는 관계가] 둘째 수 개념이 셋째 수 개념에 대해 [가지는 관계와] 같을 때이다. 이러한 유비에서는 더 큰 수 개념들이 더 작은 수 개념들과 같다.》

그리스적 예시는 빠르고 가볍게 주어지는데, 그것은 바로 수 1, 2, 4, 8에서 생겨난 테트락티스입니다. 기하 평균에서는 두 개의 연속 값 사이에 가능한 모든 비율 세 가지가 두 배 또는 완전8도\옥타브로 이끕니다. 기하 평균을 보여 줄 수 있는 다른 네 수의 연속은 1, 3, 9 그리고 27로 이루어진 테트락티스를 형성합니다.[1] 바로 이것이 유비Analogie를 뜻합니다. 수의 비율들 사이의 비율이지요.

$$1 : 2 = 2 : 4 = 4 : 8$$

이로써 두 번째 평균이 왜 기하 평균이라고 불리는지도 분명해집니다. 그리스적으로 생각했을 때, 제곱과 세제곱은 수가 아니라 공간 속에 놓인 형상물입니다. 2의 제곱으로서의 4는 정사각형에서 같은 길이의 네 변으로 {2차원} 평면에 펼쳐지고, 3의 세제곱으로서의 27은 정육면체에서 같은 길이의 열두 모서리로 {3차원} 공간에 펼쳐집니다.

그런데 아르키타스는 이제 기하 평균도 음악에서, 즉 하나의 유일한 옥타브라는 피타고라스적 음 공간 안에서 발견할 수 있다고 말합니다. 하지만 이로써 비에트와 데카르트가 발명했던 대수학에서 곧 화禍를 인식할 수 있게 됩니다.

---

[1] 스미르나의 테온, 플라톤 독해에 유용한 수학적 앎, 2장 37절. 마테이(2002⁽²⁾, 46쪽)에서 재인용.

우리는 다만 (또다시 a = 1이고, b = 2일 때) 다음과 같이 쓰기만 하면 됩니다.

$$g \equiv a : x = x : b$$

그러면 x^2 = 2 이며, 따라서 $x = \pm\sqrt{2}$라는 답이 도출된다는 사실을 알아챌 수가 있습니다. 2의 제곱근도 키타라나 모노코드에 있는 하나의 구간으로, 옥타브를 두 부분으로 나누고 있다는 것은 분명합니다. 더군다나 이 제곱근이 표시하는 곳은 다른 두 개의 가운데{평균} 혹은 분할 사이에 놓여 있습니다.[1] 짐작컨대, 바로 그 때문에 아르키타스가 기하학적 가운데{기하 평균}를 두 번째 가운데라고 헤아렸을 것입니다. 우리의 손가락은 어려움 없이 이것을 짚어서 이해할 수 있습니다. 그러나 기하 평균은 그리스적 말뜻에서의 로고스로서는, 즉 네 정수비로서는 옥타브를 나눌 수가 없습니다. 왜냐하면 기하 평균의 두 번째 마디[2]는 예외적으로 세 번째의 마디와 하나가 되어야

---

1 알렉산드레이아의 헤론이 기하 평균을 {세 평균의 마지막이 아니라} 바로 이렇게 가운데에 두었습니다. 그리하여 그는 주어진 기수법 내에서 더 이상 반올림의 오류를 범하지 않을 때까지, 산술 평균과 조화 평균으로부터 재귀적으로 기하 평균에 근접하게 합니다(디트마르 헤르만, 1992, 36쪽). 따라서 헤론의 알고리듬은 다음과 같은 부등식을 완전히 측정합니다.
$$\frac{2}{\frac{1}{a}+\frac{1}{b}} < \sqrt{a \times b} < \frac{a+b}{2}$$
옥타브의 경우에는, 즉 $b = 2a$일 때에는 더 단순하게 다음과 같은 결과가 나오며,
$$\frac{4}{3} < \sqrt{2} < \frac{3}{2}$$
$\sqrt{2} \sim 1.41421356237\cdots$를 도출합니다.
하지만 이것은 이미 그리스의 수학과는 다른 수학이었을 것입니다(슈펭글러, 1929~30(65), 1권 95~98쪽). 우리는 심지어 오늘날 리눅스로 알고리듬을 프로그래밍할 수가 있습니다. 여러분, heron.c라는 텍스트 파일을 만들어서 《gcc -oheron heron.c -lm ENTER》로 컴파일하여 명령어 《heron ENTER》를 입력해 보세요. — 완전8도에서 완전5도와 완전4도를 지나 기하 평균에 이르는 모든 피타고라스적 음정이 나타납니다. 이렇게 헤론은 오늘날 실리키움{규소} 속에서 돌아다니고 있습니다.
출력 값을 누설해 보자면, 이렇게 생겼습니다.
x = 2.000000, y = 1.000000 [완전8도]
x = 1.500000, y = 1.333333 [완전5도와 완전4도]
x = 1.416667, y = 1.411765
x = 1.414216, y = 1.414211
x = 1.414214, y = 1.414214 [기하 평균]
x × y = 2.00000 증명 끝.

2 *{아르키타스의 글에서는 '수 개념'이라고 표현되었다. 1, 2, 4, 8의 예시에서 두 번째 마디(둘째 수 개념)란 2 : 4를 가리키며, 세 번째 마디(셋째 수 개념)이란 4 : 8을 가리킨다.}

하기 때문입니다. 으뜸음과 옥타브 사이에 이 비율을 건립할 수 있었던 유리수有理數가, 더 오래된 말로 표하자면 분수分數가 발견될 수가 없습니다.

"이 기하 평균의 '무리수성\비합리성'은 음악을 가능하게 하는 조건이며(근대 실증주의자들이 주장하는 것처럼 다른 기술적 장치나 심리학적인 동기 또는 물리주의적인 공식들이 아니다), — 음악이 하는 것이란 이 무리수적\비합리적 지점을 근사치로 '변주하는' 것 외에는 없다 — 음악의 '존재의 이유'이다. 만약 이 무리수적\비합리적 지점이 근사치의 끊임없는 놀이에서와는 다르게 '주어져 있다면', 음악은 단 한 번의 타격에도 무너질 것이다!"[1]

사실은 이러합니다. 기하 평균은 콤마, 셋온음, 음악 속 악마diabolus in musica 혹은 플랫 5도flatted fifth, 즉 블루스 5도라는 이름들 아래 그 행패\비본질Unwesen의 흔적을 수천 년간 이끌어 갈 것입니다…

2.2.2.1.2   익사

… 또는 {기하 평균이 그 횡포/비본질을} 이미 오래전에 야기했습니다. 아르키타스가 그것의 엄격한 정의를 최초로 내놓았을 때였습니다. 그는 심지어 직접 말합니다. 자기가 아니라 {선배} 수학자들이 처음으로 음악에서 세 가지의 평균을 찾았다고 말이지요. 그런데 후기 그리스의 신피타고라스학파에서 유래한 엄청나게 뒤얽힌 증거들은 이미 스승{피타고라스}이 살아 있었을 때 수학적 파국이 피타고라스학파를 뒤덮쳤다고 전합니다. 이 모든 증거들은 히파소스라는 이름을 둘러싸고 있습니다. 한 출처가 전하는 바에 의하면, {피타고라스} 학파가 자신들의 의례에 따라 히파소스를 파문했으며, 그의 생전에 묘비를 세워 주었다고 합니다. 그가 금기를 깨고 스승의 가르침을 기록했기 때문이라고 말이지요.[2] 다른 출처도 히파소스가 제명을 당했다는 동일한 내용을 담고 있는데, 그 이유는 그가 무리수와 유리수의 본질을, 즉 기하 평균과 다른 두 평균들 간의 차이를 그러한 통찰{을 이해하고 받아들이기}에

---

1   로만, 1970, 77쪽
2   히파소스, DK(6) 18, 4. 헤르베르트 메쉬코프스키(1960, 8쪽)도 보십시오.

적합하지 않았던 청자들 앞에서 발설했기 때문이라고 전합니다.[1] 그런데 피타고라스학파들 사이에서도 무리수를 처음으로 발견한 어느 미지의 사람이 실제로 정말 생명을 잃었다고, 즉 난파하여 죽었다는 말이 나돌았을 것입니다.[2] 이암블리코스에 따르면 그 미지의 사람이 히파소스이며, 그가 정십각형의 대각선들은 정말 정수로 쓸 수 없다는 것을 드러냈기 때문에 《비밀 누설자》로서 익사했다고 합니다. 하지만 이러한 사실은 후기의 그리스 수학자들이 히파소스가 받아 마땅한 발명자로서의 영예를 표하는데에 방해가 되지는 않았을 것입니다.[3] 끝으로, 이 밀고자를 집어삼킨 한없이 깊은 바다의 심연은 {무리수의} 발견과 하나라고 합니다.

> 《피타고라스의 학파는 [수들의 아름다운 비율에 대한] 자신들의 숭배에 감동하여 다음과 같은 말이 막힘없이 흘러나올 정도였다. 무리수에 대한 깨달음을 드러내어 일반 군중에 퍼뜨렸던 최초의 사람이 물에 빠져서 목숨을 잃었다는 것이다. 이것은 그들의 확신을 선명하게 표현하려고 했던 하나의 우화일 가능성이 가장 높다. 그 확신이란 첫째, 우주의 모든 무리수적인 것\말할 수 없는 것들이나 생각할 수 없는 것들은 감추는 것이 더 낫다는 것이며, 둘째, 자신이나 우주에 있는 무리수적인 존재\말할 수 없는 존재에 관한 무언가를 미망이나 경솔함 때문에 발견하거나 드러내는 영혼들은 비동일자Nichtselbe의 바다에서 이리저리 헤매게 된다는 것이다. 다시 말하자면, 질Qualität과 우연성Akzidenz의 모든 유사성을 상실한다는 것이며, 척도 없는, 생성과 소멸의 흐름 속에서 익사한다는 것이다.》[4]

이 전언은 이토록 모호하고 혼란스러우며 아마도 서로 베껴 쓴 것일 테지만, 단 하나의 소식만은 그만큼 명쾌하게 울려 퍼집니다. 로고스Logos 속에

---

1   이암블리코스, 피타고라스적 삶의 방식, 34장 246절. 플루타르코스, 누마의 삶, 22장 3절, 74. 반대로 부르케르트(1962, 433쪽)는 "히파소스가 무리수성(비합리성)을 발견했다는 또는 누설했다는 전승은 전혀 없다"는 용감한 명제를 감행합니다.
2   에우클레이데스의 원론 10권 주석집, 1부. 토마스(1980⁽²⁾, 1권 216~217쪽)에서 재인용.
3   이암블리코스, 피타고라스적 삶의 방식, 247절과 88절.
4   파포스(아랍어로만 전승되었습니다)*. 부르케르트(1962, 434쪽)에서 재인용. 메쉬코프스키(1960, 8쪽)와 비교해 보십시오. *{에우클레이데스의 원론 10권 주석집, 1부 2절.}

서, 말Rede 속에서 나타낼 수 없는 것을 언급하는 것이 금지되어 있습니다. 예의에 따라 언급이 금지되는 것과 같은 바로 그러한 것들을 호메로스 이래의 옛 단어 아레톤ἄρρητον으로 일컫습니다. 그것은 벌거벗은 영웅이 나우시카아를 마주쳤을 때 집어 들었던 나뭇가지처럼 가립니다. 이 때문에 포도주에 취하는 것이나 사랑의 욕망만이 그 금지를 뛰어넘을 수가 있습니다.[1] 어느 다이몬이 피타고라스에게 요구한 것은 다름이 아니라 신들에 대한 부끄러움과 두려움Scheu을 가지고 《수학적으로 말해질 수 없는 것》을 기록하지도 말고, 위엄을 손상하는 것들을 드러내지도 말라는 것입니다.[2]

하지만 히파소스는 책으로 글줄을 기록하지 않는 한에서만 이 아레톤의 명을 따릅니다.[3] 새로운 개념이며 분명 그가 만들어낸 말인 알로곤ἄλογον 혹은 〈말할 수 없는 것〉은 학문적으로 정확한 의미를 가지고 있습니다. 알로곤이라는 개념이 증명하는 것은 히파소스가 기하 평균에서 모든 음정이 정수로 기록할 수 있는 것이 아니라는 사실을 발견했다는 것입니다. 다르게 말하면, 그리스의 수들은 {그리스 알파벳} 글자들과 일치하기에 모든 음정은 알파벳으로 기록할 수 있는 것이 아니라는 것입니다.[4]

히파소스의 신조어는 존재사에 일찍이 들린 적 없었던 하나의 통찰로 남아 있습니다. 왜냐하면 모든 것이 동일한 잣대로 측정될 수 없다는 것은 절대 자명한 것이 아니었기 때문입니다. 바빌론인이나 이집트인은 무리수 π를 필요로 했던 원형 건축물을 세우기 위해 근사치 유리수 $\frac{25}{8}$나 혹은 더 대담하고 정확하게 $\frac{2^8}{3^4}$에 의지했습니다.[5] 그에 반해 솔로몬왕이 예루살렘을 원형 신전으로 꾸미라고 명했을 때 특별히 페니키아에서 불러온 구리 대장장이 티로스의 히람은 모든 고급 문화를 비웃듯 π를 정수 삼으로 반올림했습니다.[6] 그리스의 수학이란, 이 모든 것에도 불구하고 계산하기 편리한 임

---

1 오디세이아, 19권 462~466행.
2 플루타르코스, 누마의 삶, 22장 3절. 디오게네스 라에르티오스(이름난 철학자들의 삶과 가르침, 8권 3절)도 보십시오.
3 디오게네스 라에르티오스, 이름난 철학자들의 삶과 가르침, 8권 84절.
4 서보, 1969, 118쪽.
5 콘웨이/가이, 1996, 237쪽.
6 열왕기상, 7장 23절.

시 해결책 대신 근본적으로 해결할 수 없음을 먼저 규명하고 이를 일반적으로 말하는 것입니다. 이러한 점에서 신의를 져버린 피타고라스학파 히파소스와 함께 수학이 전적으로 시작합니다.《숨기를 좋아하는》것은 헤라클레이토스가 오해한 것과는 달리 자연Physis이 아니라[1] 《모든 것 속의 모든 말할 수 없는 것\무리수적인 것Alogisches과 형태 없는 것Formloses》입니다.[2]

원주에 있는 동일한 것{무리수}이 정사각형에서 서로 맞은편에 놓여 있는 꼭짓점을 연결하는 선, 즉 대각선에서도 문제가 됩니다. 플라톤의 『메논』에서 소크라테스는 노예가 스스로 — 그 노예의 전생에서 기억해 낸 것이라고 합니다 — 이 놀라운 선을 기억해 낼 수 있도록 하는 데 성공합니다. 이 선은 힘들이지 않고도 그을 수가 혹은 그릴 수가 있지만 정사각형에서는 결코 측정할 수 없습니다. 우리는 대각선에서 한 변{의 길이}을 뺄 수 있고, 이 남은 선{의 길이}을 다시 한 변에서 뺄 수도 있으며, 이것을 언제까지나 계속할 수가 있습니다. 그런데 언제나 나머지가 남습니다. 따라서 알로곤은 그리스어로 또한 아쉬메트론ἀσύμμετρον[3] 이라고도 불립니다. 즉, (산술 평균이나 조화 평균과는 달리) 나란히 측정하는 것이 불가능한 두 선분 사이의 비율입니다. 더군다나 기하 평균의 무리수성은 수학사적으로 기하학과 산술이 두 개의 서로 다른 학문이라고 생각하게끔 하는 데 결정적이었습니다. 그리스인들은 우리들이 자연수라고 부르는 수들만을 인정하였기에 기하학은 산술에서 분리되어야만 했습니다. 그리고 바로 이렇게 하는 것은 피타고라스학파의 영광이자 비참이었습니다.

이 무리수의 발견이라는 문제를 이암블리코스는 황금 분할의 기하학적 문제로, 플라톤과 아리스토텔레스도 마찬가지로 대각선의 기하학적 문제로 미루어서 다뤘을 것입니다.[4] 우리의 증인 아르키타스는 {무리수의 문제를 기하학으로 미루지 않고 음악 안에서 사유하며} 히파소스가 피타고라스 가르침의 심장Herz 속에서, 즉 키타라에서 무리수를 발견했었다는 사실에 머뭅니다. 수도

---

1 헤라클레이토스, DK(6) 22, B 123.
2 에우클레이데스의 원론 10권 주석집, 1부. 팀파나로 카르디니(1969(2), 3권 136쪽)에서 재인용.
3 *{공통의(쉰-σῦν-) 잣대(메트론μέτρον)가 없다(아-ά-)는 뜻에서 '같은 표준으로 잴 수 없는, 서로 맞지 않는, 공약수가 없는'의 의미를 가지는 말이다.}
4 플라톤, 메논, 85b절. 아리스토텔레스, 형이상학, 1권 2장 983a20절.

회의 신성한 음악과 같은 제삼의 영역에서만 기하학과 산술이 따로 분리될 수 있었습니다. 그렇지 않았다면 〈말할 수 없는〉 알로곤, 로마인들이 우리에게 〈비합리적irrational〉이라고 전승한 이 알로곤이 스캔들을 일으키는 일은 한 번도 없었겠지요.

예를 들면 사랑받는 두 취미-철학자가 정말로 진지하게 표현했던 것과 같은 다음의 스캔들이 있습니다.

> "자연Natur은 양자론 이전에도 이후에도 수학적으로 파악될 수 있는 것[계몽]이다. 이에 맞지 않는 것, 미해결성과 비합리성\무리수성 Irrationalität조차도 수학적 정리들로 둘러싸여 있다."[1]

우리의 안과 밖에 있는 녹색인 것을 보호하기 위해 이렇게 개념들이 모조리 무너지고 있습니다. 첫째, 정수의 로고스입니다. 정수는 피타고라스에 따르면 전 우주에서 가장 현명한 것이며, 다른 모든 것을 정하는 것입니다. 그래서 무리수라는 비율\비합리적인 관계가 있어서는 안 되는 것입니다.[2] 둘째, 무리수가 엄격하게 수학적으로 발견되었다는 사실입니다. 그의 적이자 청자였던 히파소스가 성공했던 것이지요. 셋째, 우리 근대의 생각 없는 비합리적인 것이 심리학적 비개념Unbegriff과 저 본질의 징후Merkmal와 같은 것으로 침몰했다는 존재사적인 불운입니다.[3] 하지만 그 본질은 로고스와 말을 가지고 있지요. 마치 알로곤ἄλογον이 수학적으로만 발견될 수 있었던 것이

---

1 막스 호르크하이머와 테오도르 아도르노, 『계몽의 변증법』, 해적판, 리히텐슈타인: 1955, 37쪽.
2 이렇게 부르케르트(1962, 382쪽)는 피타고라스가 직접 무리수를 발견했다고 하는 프로클로스에 반대합니다.
3 하이데거, 1966(3), 136쪽. 《로고스λόγος와 피시스φύσις가 따로 떨어지는 일이 일어난다. 그러나 로고스가 떨어져 나오는 일이 일어난 것은 아직 아니다. […] 그러한 일은 나중에 처음 일어나는데, 존재가 피시스로서 숨겨져 있고 그에 다른 새로운 뜻이 주어져서 로고스가 자신의 시원의 본질을 포기할 때 그리고 오로지 이 포기를 통해서만 일어난다. 그렇게 하여 인간의 현존재는 변화하게 된다. 우리가 오랫동안 그 한가운데에 있었던 이 이야기의 느릿한 끝은 존재자의 존재를 라티오ratio로서 (지성Verstand뿐 아니라 이성Vernunft으로서) 지배하는 사유이다. 이 지점에서 모든 가능한 위장의 순간까지 가장 모순되는 제목 아래에 진행되는 〈합리주의와 비합리주의〉의 상호작용이 시작된다. 이 비합리주의는 합리주의의 공공연한 약점이자 완전한 거부일 뿐, 이로써 비합리주의 자체도 그러한 합리주의의 하나이다. 비합리주의는 합리주의에서 자유로운 공간으로 빠져나가는 출구로 이끄는 것이 아니라, 더욱더 합리주의 속으로 빠져들게 한다. 왜냐하면 이제는 고작 부정하기만 하면 이것이 극복될 것이라는 의견이 일깨워지기 때문이며, 게다가 합리주의는 더 위험해지기 시작하는데, 숨겨진 채로 그리고 방해받지 않은 채로 자신의 놀이를 추진하기 때문이다.》

아니라는 듯 {호르크하이머와 아도르노는} 말합니다.

어느 고전 문헌학의 "거인"도 스캔들을 일으키기 위해서가 아니라면 {그냥} 생각 없이, 자기가 보는 것보다 더 멀리 보기 위해서 다음과 같이 씁니다. 그 이래로 피타고라스학파의 연구자들은 이 거인의 어깨 위에 난쟁이처럼 웅크리고 앉아 있어야 합니다.[1]

> "누설되었다고 하는 수학적 비밀의 전승은 내적으로 있을 법하지 않다는 어려움을 앓고 있다. 타네리는 이미 이것을 보았다. 더 많은 대중의 기대 가득한 관심에 부응한다면, 하나의 발견은 명예 그리고 심지어는 이득을 가져온다. 이렇게 하나의 수학적 발견은 수학적으로 흥미를 가진 무리들만을 움직일 수 있다. 마테마티카 마테마티키스 스크리분투르{수학은 수학자를 위해 기록된 것이다}."[2]

당시 대그리스의 위치를 인식하기 위해서는 부르케르트의 주장을 그저 뒤집기만 하면 됩니다. 한 스승이 지배합니다. 폭군인지 아닌지는 의견이 분분합니다. 어쨌든 **그**는 (자연수이며 정수인) 수가 세상에서 최고라는 사실 위에 그리고 이것을 인식하여 새로운 단어로 표현한 **그**가 수들이 발하는 빛에 따라 모든 것을 가지런히 했다는 사실 위에 자신의 지배권을 세웁니다. 변증법을 세계 지배권을 돕기 위한 학문으로 만들려고 했던 카를 마르크스나 저 오리엔트의 전제 군주들조차 그렇게 거리낌 없이 가르치지는 않았습니다. 일찍이 권력에 도달했던 유일한 수 이론이 한 번의 타격으로 — 게다가 그것을 가장 잘 아는 사람 때문에 — 몰락할 때, 충격은 더 크게 작용합니다. 왜 임금님이 벌거숭이인지를 보기 위해서는, 타네리와 부르케르트가 크로톤의 평균 시민들에게는 허락하지 않았던 더 높은 수학이 분명 필요합니다. 그러나 임금님이 벌거숭이라는 사실을 듣는 것은, 큰 소리로 외치는 단어 하나로도 충분합니다. 민중들은 일어서고, 피타고라스를 밖으로 내몹니다. 우리가 아는 대로 그는 낯선 메타폰티온에서 죽습니다.[3] 그리스어로

---

1 허프만, 1993, 서문, xiii쪽. "내 작업은 발터 부르케르트의 훌륭한 저서 『현명함과 학문. 피타고라스, 필롤라오스, 플라톤에 대한 연구』라는 거인의 어깨 위에 서 있다."
2 부르케르트, 1962, 438쪽.
3 *{2.1.1.7.}

아리트모스άριθμός와 아레테άρετή, 아리스토스ἄριστος와 하르모니아ἁρμονία는 모두 동일한 어간에서 나왔는데 — 수와 귀족정, 이 최고의 통치권이 일격에 몰락합니다. 모든 증거들이 말하기를, 히파소스가 스승의 뜻에 맞서서 크로톤에 민주주의를 도입했다고 합니다. 무자비하게 파괴된 시바리스로부터 약탈하였던, 풍요로운 도시 외곽이 — 들, 목장, 잔디, 모든 것이 — 민중들에게 분배되었습니다.

두 수학적 혁명은 역사상 유일한 혁명일 수도 있습니다. 하지만 이 둘은 사유할 만한 가치가 있다는 분명한 소식을 전합니다. 정수는 권력을 잡았고, 정수는 바다의 파도 속에 녹아 사라집니다. 오늘날 우리가 여기서 더 나아간 것은 없습니다. 플라톤이 쓰고 하이데거가 사유했던 바, 무엇인 것{존재}was ist을 둘러싼 거인들의 싸움이 기승을 부립니다.[1]

그러나 오랫동안 그 싸움은 타네리와 부르케르트가 의심의 여지 없이 가정했던 바와는 달리 "이득"을 위해 기승을 부린 것은 아니었습니다. 알파벳에서도 그러했던 것처럼 교수들은 언제나 그저 봉급과 이득만을 떠올립니다.[2] 반대로 무리수를 발견한 자가 후일 그리스의 모든 수학자들에게 있어서 최고의 명예를 누리게 되었다는 이암블리코스의 아름다운 문장은 발견을 발견자로부터 분리합니다. 우리의 문헌들 중 어떠한 문헌도 히파소스가 말할 수 없는 것을 말했기 때문에 죽어야 했으며 심지어 익사해야 했다는 사실에서 부당함을 느끼지 않습니다. 히파소스의 새로운 앎은 마땅히 있어야 했지만 플라토닉하게 무해하지는 않았습니다. 히파소스가 그 가장자리에서 거주했었던 바다의 만은 항상 푸르지만은 않으며, 그가 탈은폐했었던 수의 존재는 아이들의 놀이가 아닙니다. 오디세우스는 옛적에 그리스인들에게 극서를 열어 주었으며, 그의 거짓말 덕분에 두 세이렌들에게서 거짓되게 벗어났습니다. 피타고라스는 이 거짓말을 철회했으며, 세이렌들을 하르모니아라는 이름으로 옥타브의 동음이자 델포이의 수수께끼로 찬미했습니다.

---

1   플라톤, 소피스트, 244a절. 하이데거, 1931(3), 1쪽.
2   《이러한 세계-바라봄은 쇼펜하우어의 다음과 같은 유명한 문장에 잘 나타난다. 〈삶이란 손실을 메울 수 없는 장사다.〉 이 문장은 〈삶〉이 결국 비용을 충당하기 때문에 틀린 것이 아니라 (거기-있음으로써의) 삶이 장사가 아니기 때문에 틀렸다. 지난 수 세기 동안 그렇게 되어버렸기는 하지만 말이다. 따라서 그리스적인 현존재는 우리에게도 낯설다.》(하이데거 1966(3), 136쪽)

히파소스는 이 철회를 철회하고,[1] 존재자를 불협화음 속에서 메아리치도록 내버려 두며, 배의 갑판으로 나와 이탈리아의 먼바다 속으로, 하나의 척도를 헛되이 열망하는 수많은 이들처럼 익사합니다. 이렇게 그는 헤매면서 생성과 소멸의 바다에서 죽습니다. 말馬과 물결Wogen의 신 포세이돈이 말 타는 자 히파소스를 데려갑니다. 우리 사유에서 사유되지 않은 것을 찬미하기 위해 내가 수들 속으로 가라앉아야만 할 때, 날 떠나지 말아요. 다른 방법이 없거든요. 그럼에도 불구하고 우리의 푸른 바다는 푸르게 남아 있습니다.

2.2.2.2   크로톤의 필롤라오스

> 바이올린 현이 신음할 수 있다면, 내가 바로 그 현이었다.
> 나보코프, 롤리타

히파소스가 어떤 상황에서 경계 없는\한없는 바다에서 목숨을 잃었었는지, 우연히 난파했던 것인지 혹은 내란과 해전 중에 살해를 당했던 것인지 우리는 알지 못합니다. 우리가 아는 것은 살라미스 해전 직후({기원전} 480년) 레기온과 로크로이가 의기양양한 크로톤을 패배시켰고, 곧바로 이 도시는 다시 피타고라스학파에게 함락되었다는 것뿐입니다.[2] 이러한 혼란 속에서 맹세가 충실하게 지키라고 명했던 전승이 한 세대 동안 중단되었을 것입니다. 한편으로는 멀리 있는 에페소스의 헤라클레이토스를 제외하고는 히파소스의 청자들 중 이름이 알려진 자가 없으며,[3] 다른 한편으로는 크로톤의 필롤라오스가 {기원전} 450년경 무無로부터 갑자기 나타나기 때문입니다. 하필이면 가르침과 전승을 처음으로 책 속에 간직했던 이 한 명의 피타고라스학파에 대해서, 그의 아버지나 선생이 누구인지에 대해서 알려주고 있는 전승은 하나도 없습니다. 마치 그를 낳은 사람도 없고, 그를 기르고 가르친 사람도 없다는 듯 말이지요. 우리가 아는 것이라고는 아테네 철학자들의 연대기가 필롤라오스와 소크라테스를 동시대인이라고 기록하고 있다는 사실뿐입니다. 하지만 소크라테스가 사후 강직 직전에 아직 큰 소리로 필롤라오스에 맞서 싸웠다는 사실은 그 반대를 말합니다. 바로 필롤라오스가 더 나이가

---

1 보르헤스, 1966, 7권 91~101쪽. 보르헤스 독일어본, 1980~82, 3부 2권 75~84쪽.
2 고먼, 1979, 183쪽.
3 히파소스, DK(6) 18, 1a.

많았고, 더 유명했다는 것입니다.[1] 싸움은 항상 더 젊은 사람들이 일으키는 것이며, 우리는 필롤라오스나 철학자들과 같이 침묵합니다. 소크라테스에 빠져 있었을 때의 플라톤과, 필롤라오스의 위대한 제자 아르키타스 사이의 나이 차이에도 동일한 것이 적용됩니다. 더 어린 사람들이 더 나이가 많은 사람들을 인용하지 그 반대는 아닙니다. 오직 아테네의 서적 독점만이 이러한 낙차를 성공적으로 위장하여, 필롤라오스는 가르치고 셈하고 저술한 적이 한 번도 없다고 엉터리 문헌학자들을 설득하는 것에 성공했습니다.[2]

그러므로 히파소는 {기원전} 475년에 태어났을 것이며,[3] 어떤 경우든 {기원전} 453년에 청년으로서 학파의 화재를 피해 달아날 수 있었을 정도로 충분히 일찍 태어났을 것입니다.[4] 이 화염으로부터 오로지 하나의 강령만이 남았습니다. 바로 하르모니아Harmonia이지요.

크로톤의 권력과 세력은 멈추지 않고 사그라들기 때문입니다. 그리하여 포세이도니아의 보호 아래로 망명했었던 시바리스 출신 사람들은[5] 되돌아와 자신들의 도시를 새로 건설하기를 감행합니다. 크로톤은 {기원전} 453년 마지막으로 시바리스를 완전히 파괴합니다. {하지만} 칠 년 후에는 시바리스

---

1 부르케르트는 자신이 왜 필롤라오스를 "아마도 소크라테스보다 조금 어리다"라고 하는지 우리에게 설명해 주지 않습니다(부르케르트, 1962, 213쪽). 반대로 허프만의 대칭 분노Symmetriewut는 모든 것을 유린합니다. "따라서 필롤라오스는 소크라테스와 동시대인일 것이며, 소크라테스가 플라톤과 관련되었던 것처럼 필롤라오스는 아르키타스에 대해 연대기적으로 동일한 관계를 가지고 있을 것이다."(허프만, 1993, 4쪽)
2 이 문헌 위조는 독일적으로 냉정하게 처리하거나("필롤라오스 위조설은 필롤라오스가 왜 그렇게 유명했는지 반문하게끔 한다"(부르케르트, 1962, 212쪽)), 다음과 같이 사이버네틱스적-천재적으로 처리할 수 있습니다. "피타고라스학파가 이러한 관점을 가졌다는 것은 이미 아리스토텔레스에 나타나 있기에 또 증명한다는 것은 불필요한 상태에서, 누가 도리스 방언으로 된 필롤라오스의 파편을 아리스토텔레스에서 떼어내어 위조하려는 고생을 감수할 것인가? {에리히} 프랑크는 자신의 이론을 통해 이에 대한 답을 제시하려고 할 것이다. 그렇다면 프랑크와 {존 얼} 레이븐의 관점을 결합해서 완전히 새로운 재구성을 해볼 수 있을 것이다. 스페우시포스는 피타고라스 수에 대한 책을 쓰기 위해 아리스토텔레스를 베껴 썼다. 아리스토텔레스는 자신의 글을 알아보지 못한 채 스페우시포스의 피타고라스학파에 관한 책을 인용했다. 그러자 스페우시포스는 아리스토텔레스를 계속해서 위조했다. 이 문필가들 간의 피드백[!]이라는 최초의 사례가 초래한 결과가 필롤라오스라고 불린다. 이것이 초비판적 학파를 달래지 못한다면 다른 어떤 것이 도움이 될 수 있을지 우리는 모르겠다."(핏츠/드 산틸라나, 1951, 118쪽)
3 허프만, 1993, 6쪽~.
4 슐로모 버거, 1992, 20쪽.
5 체르키아이, 2004, 62쪽.

가 세 번째로 건설되는 것을 그저 물러서서 볼 수밖에 없습니다. 시바리스는 {기원전} 443년 투리오이라는 새로운 이름으로 세워지는데, 심지어 크로톤에 맞서 번영하기 위해 이제는 멀리 아테네의 철벽같은 보호를 받습니다. 이렇게 혼란스러운 시기에 피타고라스학파들은 함께 모여 정치에 관해 자주 많이 이야기해야 했습니다. 그들이 모임을 가졌던 곳은 밀론과[1] 피타고라스의 딸이 함께 나누어 썼던 집으로, 만약 그의 글들이 있었다면 바로 이 집에서 그 둘의 뜻에 따라 여자 쪽에서 보존하고 전승했었을 것입니다.[2]

2.2.2.2.1 불새

그대는 스트라빈스키의 「불새」가 어떻게 울렸었는지 아나요? 그 음악이 흘러나왔던 오디오 시스템은 모노였습니다.[3] 그대의 기대, 나의 열망. 새 탄생의 불바다로서의 음악. 그대는 말러의 호른이 어떻게 아름다운 트럼펫을 모방하는지 아나요?[4] 우리가 음악을 사랑하도록 도와주는 그곳에서, 우리는 늘 그리고 느닷없이, 오로지 그렇게만 끊임없이 셈하기를 배웁니다. 이로써 땅에 딛지 않고 있는 신문헌학[5]은 무너집니다. 신문헌학은 마치 최후의 호메로스주의 시인 괴테를 통해 호메로스에 도달하는 것이 가능하다는 듯이 여겼지요.

테미스토클레스는 가난했고, 모계 쪽은 아테네 출신조차 아닙니다. 그는 리라 연주에 관해서는 아무것도 이해하지 못했습니다.[6] 그럼에도 불구하고 그는 살라미스의 비좁은 해협에서 페르시아의 함대를 격파했습니다. 후기 그리스에서는 비호메로스적이자 여성 혐오적으로 지참금이 요구되었는데,

---

1 이암블리코스, 피타고라스적 삶의 방식, 35장 249절.
2 이암블리코스, 피타고라스적 삶의 방식, 23장 104절. 디오게네스 라에르티오스, 이름난 철학자들의 삶과 가르침, 8권 42절~.
3 *{모노로 소리가 난다monophon는 말은 여기에서는 스테레오stereo 오디오에 대비하여 쓰였지만, 다성polyphon 음악에 대비하여 단선 음악을 지칭할 때에도 사용되는 말이기도 하다.}
4 구스타프 말러, 연도 미상, 2악장 84쪽~.
5 *{신문헌학Neuphilologie은 고전 문헌학Klassische Philologie이라고도 불리는 고문헌학Altphilologie에 대비되는 학문 분야이다. 고문헌학이 고대 그리스어나 라틴어와 같은 더 이상 사용되지 않는 언어와 이 언어로 기록된 문헌들을 다루는 반면, 신문헌학은 현재 사용되고 있는 근대의 언어, 문헌, 문학을 다룬다.}
6 플루타르코스, 테미스토클레스의 삶, 2장.

테미스토클레스의 딸들은 가난 때문에 그 지참금을 준비할 수 없었습니다. 대신 그는 두 딸들에게 이탈리아와 시바리스라는[1] 흔치 않은 이름을 주었습니다. 이 두 음란한 전리품은, 시칠리아의 채석장이 {아테네의} 과대망상을 피로 진압했던[2] {기원전} 413년까지 아테네가 아직 이끌어야만 했던 모든 해전을 통해 얻은 것입니다. 마치 미국이 유럽의 앎을[3] 차지하려는 원정을 오래전부터 준비했다는 듯이 말이지요.

정치적 상대자를 제거하기 위한 방법은 많이 있습니다. 검에서부터 피타고라스학파들을 돌로 쳐 죽이도록 근처에 사는 야만인들을 유인하는 방법까지 있지요.[4] 모든 죽음의 방식은 살해입니다.[5] 그런데 우리의 모든 출처에 의하면, 크로톤 사람들은 자신들의 주인을 뿌리 뽑기 위해 팔라리스가 했던 최고의 잔혹함을 선택했습니다. 크로톤 사람들은 모든 피타고라스학파들이 밀론의 집에서 정치를 논하는 동안, 이들을 가둔 집을 화염 속에 몰아넣었습니다.[6] 이것은 분명 실재계에서 시체를 제조하는 것, 그 이상입니다. 상징계에서도 글, 수, 우정의 기호가 연기와 재가 되었을 것입니다. 그저 앎을 뿌리 뽑기 위해 아둔함이 정도를 넘어섭니다. 그래서 어쩌면 필롤라오스가 {피타고라스}학파의 첫 저서를 쓴 것이 아니라 우리가 아테네의 무자비함으로부터 파편으로나마 이어받은 첫 책을 쓴 것일지도 모릅니다. 어쨌든 테미스토클레스와 페리클레스는 플라톤보다 더 오래전에 이탈리아에 손을 뻗습니다.

그렇게 크로톤에 있는 밀론의 집은 화염에 완전히 불타 버리고, 이와 함께 피타고라스의 학파들도 사라집니다. 충분히 어린 둘만이 탈출하여 도망갑니다. 이 둘 중 한 사람의 이름은 모든 출처에서 리시스라고 언급되는데, 타라스 출신인 그는 옛 테베로 피난을 갑니다.[7] 그곳에는 사백 년 동안 계속된

---

1 플루타르코스, 테미스토클레스의 삶, 1장~과 32장.
2 투키디데스, 펠로폰네소스 전쟁사, 7권 60~87장.
3 존 김벨(1990)을 전체적으로 참고하십시오.
4 이암블리코스, 피타고라스적 삶의 방식, 35장 252절.
5 바흐만(1993(5), 3권)을 전체적으로 참고하십시오.
6 이암블리코스, 피타고라스적 삶의 방식, 35장 248절.
7 파우사니아스, 그리스 이야기, 10권 13장 1절.

스파르타의 패권을 꺾으려고 시도하는 어느 가난한 젊은 영웅이 자라고 있습니다. 리시스는 {이 영웅} 에파메이논다스에게 노래하기, 사유하기, 셈하기를 가르칩니다.[1] 테베의 옛 성을 스파르타의 {관리직인} 하르모스테스들이 지배하며 아직 몰락하지 않은 한 이 가르침은 계속됩니다. 리시스는 필롤라오스를 따라 엄격하게 증명하며 그 젊은 장군에게 강하게 단련된 왼쪽 날개도 경이를 일으킬 수 있다고 가르칩니다. 에파메이논다스가 승리로 이끈 레욱트라 전투({기원전} 371년) 이전에 그리스인들은 최고의 전투자들을 항상 팔랑크스[2]의 오른쪽 날개에 배치했었는데, 그곳에 있는 대열 가장자리의 병사만 유일하게 왼쪽에 있는 동료의 방패로 보호를 받지 못한 상태로 전투하였고, 그래서 가장 큰 용기를 필요로 했기 때문입니다. 그러나 오른쪽 왼쪽은 필롤라오스 우주에서의 위아래와 같이 상대적인 것이기에[3] 에파메이논다스는 전쟁사 최초로 뜻밖의 승리를 얻습니다. 소년애로 이어 맞추어진 테베의 신성한 무리는 왼쪽 날개로 공격하여, 스파르타의 군대 위로 날아오릅니다.[4] {그런데} 필롤라오스를 가장 잘 아는 사람으로 유명한 한 사람은 이에 대해 말하기를, 그의 영웅은 — 명백한 두 개의 증거들에도 불구하고 — 전술에 대한 그 어떠한 말뜻이나 작도도 이해하지 못했다고 하는군요.[5]

---

1   키케로, 웅변가에 대하여, 3권 34장. 파우사니아스, 그리스 이야기, 10권 13장 1절. 볼프강 머프(1037[3], 2쪽)의 다음도 함께 참고하십시오. "정직한 코르넬리우스 네포스는 그의 『훌륭한 장군들의 삶』에서 에파메이논다스를 공경할 만한 가치가 있는 로마 시민이자 준수하지만 가난한 가문 출신의 용감하고 의무를 잘 수행하는 장교라는 덕의 외투로 잘 포장한다. 이렇게 이외에는 넉넉하지 않은 개요로만 전해지는 이 위대한 그리스인의 상이 후세들을 위해 확립된다. 하지만 다음과 같은 그의 교육과정에 대한 수기가 라틴어로 기록된 전기에 주의를 끌게 한다. 〈오늘날 로마인들의 관점에 따르면 상관이 없으며 중요하지 않지만, 당시의 그리스인들의 관점에 따르면 귀중한 것〉으로, 그{네포스}는 {에파메이논다스가} 소년 시기에 배운 음악, 춤 그리고 체육을 제외하면 정신적인 교육은 피타고라스학파인 리시스를 통한 것이라고 강조하는데, 하지만 바로 이 선생{리시스}과 깊이 연결되어 있다는 것이 무엇을 뜻하는 것인지는 이해하지 못하고 있다."
2   *{팔랑크스φάλαγξ는 긴 창과 대형 방패 등으로 무장한 시민군인 중장보병(호플리테스ὁπλίτης)들이 밀집대형을 이루어 적을 상대하는 고대 그리스의 전술 형태를 말한다.}
3   필롤라오스, DK[6] 44, B 17. 피에르 비달-나케(1989, 76쪽)도 함께 참고하십시오.
4   헤르만 슈테게만, 1939[3], 1권 91~94쪽.
5   필롤라오스, 증언, A 30B. 이에 대한 허프만의 이의와 함께 참고하십시오(허프만, 1993, 419쪽~)*. 키레네의 시네시오스(선물에 대하여, 2절)의 다음과 같은 말과도 비교해 보십시오. 그는 알렉산드레이아의 최후의 아름다운 여자 수학자인 히파티아의 제자입니다. 에스트라테군 데 아르키타이 카이 필롤라우ἐστρατήγουν δὲ Ἀρχῦται καὶ Φιλόλαου. 《아르키타스와 필롤라오스도 군대를 이끌었다.》 부르케르트(1962, 212쪽)와 허프만(1993, 419쪽~)은 이 두 증거를 필롤라오스와 아르키타스를 혼동한 것으로 간주하고 모두 제쳐두며 전쟁에 대해서는 생각하지를 않습니다. *{허프만은 필롤라오스가 군사학과 기하학을 결합했다

에피메이논다스는 그의 연로한 선생 리시스를 아직은 피타고라스학파의 풍속대로 장례를 치를 수가 있습니다. 학파가 보낸 사신 한 명이 이 축일에 참석하기 위해 몸소 이탈리아에서 옵니다.[1] 그 후 테베의 장군은 {기원전} 362년, 지상 병력에서 스파르타의 우세를 최종적으로 꺾었던 두 번째 만티네이아 전투에서 전사합니다.

화염 바다로부터 탈출한 두 사람 중 다른 이름은 모든 필사본이 저마다 다르게 전하고 있습니다. 우리는 필롤라오스라는 독법을 선택하겠습니다. 플라톤이 소 그리스에서 체류한 필롤라오스에 대한 증거를 가지고 있기 때문입니다.

불새 필롤라오스는 리시스와 함께 방화 살해자로부터 탈출합니다. 둘이서가, 혼자서 도주하는 것보다는 더 쉽다는 것을 우리는 알지요. 이 둘이 장차 필롤라오스가 법률을 제정했던 도시인[2] 테베로 간다는 사실은 새파랗게 젊은 두 친구가 증명합니다. 이들은 그곳에서 필롤라오스의 가르침을 듣고, 이들은 것{아쿠스마}을 독배를 받기 직전의 소크라테스에게 설명하려고 시도하지만 소용없었지요. 두 테베인은 고향에 대한 자부심에서 음악과 수 글자의 화합을 하모니와 카드모스라고 부르지만, 가장 공공연한 이 아테네의 속물{소크라테스}은 음악과 수 글자에 대해서 아무것도 이해하지 못합니다.[3]

반대로 하르모니아 자체의 철학자 필롤라오스는 모든 증거들에 따르면 수다쟁이가 죽은 해인 {기원전} 399년 이전에 이미 대그리스로 되돌아갔을 것이라고 합니다. 어떤 사람들이 말하기를, 필롤라오스가 어느 군대를 이끄는 지휘관의 위치에 올랐으며, 이 군대는 피타고라스학파의 적들을 다시 크로톤 밖으로 추방했다고 합니다.[4] 다른 사람들은[5] 필롤라오스가 폭정을 시

고 하는 전승에 대하여, 필롤라오스가 전쟁에 참가했다는 증거가 발견되지 않기 때문에 근거가 없는 것이라고 말한다.}
1 플루타르코스, 소크라테스의 수호신에 대하여, 13장 582e절.
2 아우구스트 뵈크, 1819, 10쪽~.
3 플라톤, 파이드로스, 95a절. 소크라테스가 사망한 해인 {기원전} 399년에 필롤라오스가 더 이상 테바이에서 《우리 곁에》 머무르지 않았다는 사실(플라톤, 파이드로스, 61de절)을 케베스도 (부르케르트(1962, 220쪽)에 반대하며) 분명하게 합니다.
4 이암블리코스, 피타고라스적 삶의 방식, 35장 264절(우리의 교정본).
5 디오게네스 라에르티오스, 이름난 철학자들의 삶과 가르침, 8권 84절. 들라트(1922, 260쪽)도 보십시오.

도했기에 심지어 살해되었다고 전합니다. 어쨌든 확실한 것은 필롤라오스가 {기원전} 389년에는 이미 죽었다는 것입니다. 그렇지 않았다면 플라톤은 필롤라오스의 말에 {직접} 귀를 기울였을 테지, 그가 알고 지내던 부유한 시칠리아인에게 필롤라오스의 책들을 사 달라고 부탁하지는 않았을 것입니다.[1] 이것은, 우리가 지금까지 아는 바로는 역사상 최초의 책 구매였습니다.[2] 아름다운 젊은 남자들을 높이 찬양하는 소크라테스가 자신의 텅 빈 삶을 떠났을 때 아름다운 플라톤은 반대로 멀리에 있었습니다. 그는 지병 때문이었다고 썼지요.[3]

그러나 필롤라오스는 단지 가난이라는 이유로 저술하는 것이 아닙니다.[4] 자신의 이름으로 세 책을 전승한다는 것은 피타고라스에 대한 위대한 맹세를 깨는 일입니다. 사유의 업적을 그에게 그리고 오직 그에게만 돌리는 대신, 필롤라오스는 새롭게 시작합니다. 대그리스의 첫 사상가로서 (모든 육각운으로 이뤄진 맹세들과 세계가-만들어진-이야기들[5] 이후에) 그는 찾아 읽을 수 있는 산문을 씁니다. 이렇게 청자들과 함께 입에서 입으로의 모든 전승을 문자 그대로 질식사시켰던 화재로부터, 사유에 게으른 우리들에게

---

[1] 디오게네스 라에르티오스(이름난 철학자들의 삶과 가르침, 8권 15절)와 이암블리코스(피타고라스적 삶의 방식, 199절)는 과도하게 100므나*라고 전합니다. 그런데 헤르미포스도 시대착오적으로 알렉산드리아에서 통용되던 40므나라고 합니다. 이에 대해서는 부르케르트(1962, 210쪽)를 보십시오. 이것은 오늘날의 은값으로 따지면 약 2000유로 정도입니다. 시칠리아에서 쓴 플라톤의 편지들은, 이것들이 진짜이든 가짜이든 간에 원거리 화폐 교환으로 가득 차 있는데 — 이에 대한 연구가 필요합니다. 그러한 연구가 있다면 분명 피타고라스의 이탈리아에서 일어난 모든 앎에 대한 아테네적 상품화가 덧없이 기쁨을 주지 않았다는 결론에 도달했을 것입니다. *{고대 그리스의 화폐단위로 대체로 은화로 주조되었다. 1므나는 시대에 따라 70~100 드라크마 정도의 가치였으며, 일상생활에서 사용하기에는 큰 통화 단위여서 흔히 볼 수는 없었다고 한다.}

[2] 쾰만, 1994, 1권 19쪽. 플라톤의 책구매에 관한 더 많은 내용은 아울루스 겔리우스(아테네의 밤, 3권 17장 1~6절)를 보십시오. 아테네에 익명의 책거래는 나중에 나타납니다(쾰만, 1994, 1권 109쪽).

[3] 플라톤, 파이드로스, 59b절.

[4] 이암블리코스, 피타고라스적 삶의 방식, 31장 199절. 필롤라오스의 가난함은 {기원전} 425년 공동재산으로서 피타고라스학파들에게 귀속되었던 부유함을 언급하는 모든 전승들과 모순됩니다(플루타르코스, 소크라테스의 수호신에 대하여, 13장 583c절).

[5] *{길게 풀어 옮긴 이 구절은 본래 한 단어(Weltungssage)이다. '세계창조의 전설'이라고도 번역될 수 있으나, 특히 기독교에서 유일신이 세계(천지)를 창조(Schöpfung)한 이야기와 같은 맥락에서 읽히는 것을 피하기 위해 독일어 벨퉁Weltung을 '세계가-만들어짐'으로 풀어 옮겼다. 키틀러가 사용하는 벨퉁이라는 말은 독일어에서 일상적으로 사용되는 단어는 아닌데, '세계, 우주'를 뜻하는 명사 벨트Welt를 우선 벨텐welten이라고 동사화시킨 다음, 동사의 동작과 그 행위의 결과를 나타내는 접미사 ~웅(-ung)을 붙여 명사화시킨 말이다. 이 같은 방식으로 만들어진 다른 연관된 두 개념 '세계자Weltende'와 '두루-세계가-만들어짐Durchweltung'이 다음 장에 언급된다(2.2.2.2.2).}

일반적으로 가장 일반적인 것이라고 보이는 것이 생겨납니다. 바로 책 형태의 음악과 수학입니다.

《스스로는 아무것도 기록하지 않았던 피타고라스가 무엇을 말했는지는 후세들을 통해서만 알 수 있기 때문이다. 내가 보기에 그들 중 가장 위대한 자는 타라스에서 꽃피웠던 필롤라오스이다.》[1]

《기록에 있어서 당시 경쟁을 벌였던 사람들 중 헤라클레이아에는 클레이니아스와 필롤라오스가, 메타폰티온에는 테오리데스와 에우리토스가 그리고 타라스에는 아르키타스가 있다.》[2]

헤라클레이아라는 이름은 필롤라오스의 삶을 짐작하기 위해서 우리가 놓치지 말아야 할 하나의 눈짓입니다. 이 도시는 메타폰티온과 타라스의 중간에 위치하고 있으며, 이름이 이미 말하듯 모든 도리스인들의 영웅{헤라클레스}에게 신성한 곳이지만[3] {오래된 도시가 아니라} 타라스가 {기원전} 432년에 처음 세운 도시로 — 분명 이탈리아에 있는 아테네의 전초 기지 투리오이에 대한 대항 기지로 지어졌을 것입니다. 게다가 헤라클레이아는 곧 연방 성지Bundesheiligtum로 떠오르고 — 엘레아와 나폴리까지도[4] 포함한 대그리스의 모든 도시들은 계속해서 더 격렬하게 일어나는 야만인들의 돌격에 대항하여 점차 연맹을 형성합니다. 그 야만인들의 입장에서는 남이탈리아에 가해지고 있는, 자급자족하는 로마의 폭력을 {남이탈리아에} 전달하는 것일 뿐이지만요. 이 {대그리스} 도시 연맹은 필롤라오스의 가장 위대한 제자, 아르키타스를 지배자이자 군사령관으로 선택합니다. 그리고 이들은 그리스인들을 야만인들로부터 구분하는 하나의 장소를, 즉 셈하는 사유Rechendenken 혹은 로고스가 일어나는 하나의 장소를 필요로 하게 됩니다. 우리는 클레이니아스와 테오리데스에 관해서는 아무것도 모르지만 에우리토스에 대해서는 약간을, 필롤라오스에 대해서는 (스토바이오스 덕분에) 많은 것을 알게 됩니다. 우리는 아르키타스가 타라스를 지배했었다는 것을 압니다.

---

1 클라우디아누스 마메르투스, 영혼의 실체에 관하여, 2권 3장. 허프만(1993, 410쪽)에서 재인용.
2 이암블리코스, 피타고라스적 삶의 방식, 36장 266절.
3 뷔예미에르, 1939, 62쪽.
4 뷔예미에르, 1939, 70쪽~.

옛 소小그리스로의 망명 후 {피타고라스의 사후에} 다시 대大그리스에 있는 고향으로 돌아올 수 있도록 아르키타스가 헤라클레이아 신전이 있는 숲 잔디에 자신의 스승을 위한 장소를 하나 마련한 것이라고, 우리는 지나치게 과감히 추측하지는 않을 것입니다. 만약 그랬다면 플라톤이 이탈리아에 있는 상속자에게서 필롤라오스의 책들을 구입한 일은 없었을 것이며, 한때 그의 선생 소크라테스가 그랬던 것처럼 귀동냥로 정확하지 않은 이야기들로 가까이에 있는 테베에서 먹고 살아갈 수 있었을 테지요. 우리는 우리가 태어난 곳에서 가장 잘 쓸 수 있고 또 가장 잘 사유할 수 있습니다. 이것은 무사들이 처음부터 우리에게 약속했습니다. 필롤라오스는 테트락티스를 후세에게 《전하겠다》는 위대한 맹세를, 이제는 《글로 전하겠다》고 이해했을 뿐입니다.[1]

2.2.2.2.2 하르모니아 문디[2]

필롤라오스는 이렇게 우리처럼 하나의 책을 사유하고 씁니다. 따라서 얼마나 아름답게 음악과 수학이 결혼하는지 서로에게 이야기하는 데에 성공하지 못한다면 이 전달은 스스로 멈출 것입니다.

그런데 필롤라오스가 {기원전} 410년 헤라클레이아에서 썼던 이 책의 단편斷片들만 우리에게 도착했습니다. 1903년 헤르만 딜스는 거의 모든 이 〈파편들〉을 정성스럽게 모아서 나열하고 번역했으나 그와 동시에 또한 흐트러뜨렸습니다. 1993년 칼 허프만은 더 나아가 {그가 1981년에 박사 학위를 받았던} 텍사스대학교에 있는 혼란스러운 학과들의 혼란스러운 관점으로, 딜스가 가정한 파편들을 서로 연결되지 않은 개별 문장들로 해결하려는 시도까지 했습니다.[3] 반대로 헤라클레이아에서 진리는 글자와 수로 나타났지, 아리스토텔레스가 분부했던 개별 과학의 다양성에서 처음으로 나온 것은

---

[1] 필롤라오스, DK(6) 44, A 8. 여기에 부르케르트(1962, 220쪽~)의 다음도 참고하십시오. "이렇게 필롤라오스의 삶에 대한 넉넉하지 않은 기록들은 학설지Doxographie를 통해 그의 글이라고 추론할 수 있는 것으로 수렴한다. 필롤라오스의 글은 피타고라스의 가르침에 대한 가장 오래된 서술이자 한편으로는 결정적인 서술로서 아리스토텔레스 앞에 놓여 있었다."
[2] *{라틴어로 '세계의 조화'라는 뜻이다.}
[3] 허프만, 1993, xvii쪽.

아니라고 생각했습니다. 따라서 스토바이오스가 우리에게 전해 주었던 여러 개의 파편들은 첫째, 하나의 유일한 제목 아래 묶여 있으며, 둘째, 한 구절 한 구절이 서로 연결되어 있습니다.[1] 마케도니아의 스토비 출신 요하네스가 +400년경 단순히 아들 셉티미우스를 교육하기 위해서 필롤라오스를 전문으로 필사하지 않았다면, 어떤 말도 남아 있지 않았을 것입니다. 때때로 전승은 경이에 가깝습니다.

우리는 다시 우리를 믿을 수 있도록, 이미 크세네폰이 했던 것처럼 이렇게 시작Anfang에서 시작하려고 합니다. 셀린이 말했던 것처럼 한 성城에서 다른 성城으로, 딜스-크란츠 파편 B 1에서 B 6으로 시작합니다.

《책 『자연에 관하여』는 이렇게 시작한다. 〈우주 속의 자연은 경계 지어지지 않은 것들과 경계 짓는 것들로 짜맞추어져 있는데, 우주 전체는 물론 그 안에 있는 모든 것들도 {그렇게 짜맞추어져 있다.}.〉》[2]

이와 같이 우리는 책 제목 하나를 읽습니다. {『자연에 관하여』라는 제목으로 책을 지은 것은} 그가 처음은 아니지만, 필롤라오스는 저기 꽃 피우고 자라는 것의 전체로서의 자연Physis에 자신의 책을 헌정합니다. 이후에 우리는 이 전체가 수들로 이루어진 하나의 테트락티스라는 것을 경험하게 될 것입니다.[3] 불, 공기, 바다와 같은 물리적 원소들로 이루어진 것이 아니라 말이지요. 이런 설명들은 이오니아의 자연철학자Naturphilosoph들이 필롤라오스 훨씬 이전에 다양하면서도 역설적으로 이미 고안해 냈던 것이기 때문입니다. 때는 어느 페르시아의 왕이 {기원전} 494년 {이오니아의} 그리스 도시들을 모두 점령하여, 아리스토텔레스가 부른 《자연이론가Physiologe들》[4]을 아테네로 쫓아내기 전이었습니다. 이들은 모두, 키르케의 섬 근처에 있는 먼바다는 한없고\경계 없고,[5] 이 섬의 여왕은 애인에게 이루 말할 수 없이 많은 고기와

---

1 이것은 B 2, B 4~ B 7, 그리고 B 17~에 적용됩니다. 이와 비슷하게 스미르나의 테온의 B 11과 B 12도 서로 관련되어 있습니다.
2 필롤라오스, DK(6) 44, B 1.
3 필롤라오스, DK(6) 44, B 6.
4 아리스토텔레스, 형이상학, 1권 9장 992b4절*. *{아리스토텔레스는 이오니아의 철학자들을 퓌시올로고이 φυσιολόγοι라고 부르며, 키틀러는 이 형태를 그대로 옮겨 오늘날 '생리학자'를 뜻하는 독일어 단어를 사용하였다.}
5 오디세이아, 10권 195행. 폰토스 아페이리토스πόντος ἀπείριτος.

함께 달콤한 포도주를 대접하였다는[1] 사실을 호메로스를 읽어서 알고 있었습니다. 그리하여 {이오니아의 자연철학자들은} 우주 속에 아름답게 마디지어진 채 앞에 놓여 있는 이 모든 것이, 그렇게 마디지어져 있음에도 불구하고 아페이론Apeiron[2]에서, 즉 경계 지어지지 않은 것에서 시작하며 기원했었는가라는 질문을 처음으로 던지게 됩니다.

반대로 필롤라오스에게 자연Physis이란 피타고라스 이래의 완전8도\옥타브처럼 짜맞추어져 있는 것, 오로지 이것뿐입니다. 라케다이몬에서 하르모스테스 또는 짜맞추는 자란 ― 테베처럼 ― 멀리에 있는 도시들에게 스파르타의 점령 통치를 강제하는 {관리자 위치에 있는} 사람들을 뜻합니다.[3] 따라서 예부터 경계 지어지지 않은 것Unbegrenztes과 경계를 이루는 것Begrenzendes이 다스립니다. 사 원소로 이루어진 우주가 경계 지어지지 않은 것으로부터 벗어날 수는 없습니다. 처음부터 일자das Eine와 타자das Andere에 관한 것이지, 같은 것Gleiches에 대한 것인 적은 한 번도 없습니다. 그렇기 때문에 필롤라오스는 우주 전체뿐 아니라 우주 안에 있는 각각의 존재자에서도 두 대립자를 구분합니다. 이 대립자는 하르모니아가 우선 함께 팽팽하게 당겨서, 우주Kosmos도 그렇게 아름다울 수 있게끔 해야 하는 것입니다. 피타고라스가 이름을 지은 우주라는 {'장신구'라는 뜻의} 단어가 말하고 있듯이 말이지요.[4] 그 두 대립자는 어떨 때는 경계 없는 것Grenzenloses과 경계 짓는 것Grenzendes이라고, 다른 때는 짝수Gerades와 홀수Ungerades라고 불리며, 끝으로 여성적인 것Weibliches과 남성적인 것Männliches이라고 불립니다. 왜냐하면 짝수pair와 홀수impair의 놀이는 마침내 (우리가 이미 예감하듯) 여자femmes/남자hommes라는 라캉의 수수께끼로 이끌기 때문입니다.[5]

《필연적으로 모든 존재자는 경계 짓거나 경계 지어지지 않거나 또는 경계 지으면서 동시에 경계 지어지지 않는다. 그러나 경계 지어지지 않

---

1 오디세이아, 12권 30행. 크레아 트 아스페타 카이 메튀 헤뒤κρέα τ᾽ ἄσπετα καὶ μέθυ ἡδύ.
2 *{아페이론ἀπείρων은 '끝, 경계, 한계' 등을 뜻하는 페라스πέρας(1.3.3.3)에 부정 접두사가 붙은 아페이로스ἄπειρος의 여격 복수형이다. '경계 지어지지 않은 것' 외에 '한정되지 않은 것, 무한정자' 등으로도 번역되는 개념이다.}
3 플루타르코스의 「리산드로스의 삶」(15장)이나 「클레오메네스의 삶」(37장)을 참고하십시오.
4 *{1.1.2.5.2.}
5 라캉, 1966, 499쪽과 11~61쪽.

기만 하거나 또는 경계 짓기만 할 수는 없다. 이렇게 존재자는 모두 경계 짓는 것에서만 드러나지도 않으며, 모두 경계 지어지지 않은 것에서만 드러나지도 않은 것으로 보이는바, 우주와 그 안의 모든 것은 경계 짓는 것과 경계 지어지지 않은 것으로 함께 짜맞추어져 있다는 사실은 분명하다.》[1]

경계 짓는 것과 경계 지어지지 않은 것 외에는 아무것도 없습니다. 카미유 조르당은 장차 이것을 수고를 아끼지 않으며 수학적으로 증명할 것입니다.[2] 차이Unterschied란 이렇게 경계\한계Grenze 그 자체입니다. 필롤라오스는 처음부터 엄격하게 차이의 빛 속에서 존재자를 사유하여 세 가지의 경우로 구분될 수 있다고, 또는 차라리 첫 두 경우를 배제하기 위해서라도 세 가지의 경우로 구분되어야만 한다고 합니다. 모든 존재자가 경계 짓기만 하든 경계 지어지지 않기만 하든, 그 어떤 것이든 간에 동일한 방식으로만 존재한다면 조화Harmonie가 끼어들 여지는 없을 것입니다. 우주Kosmos는, 가능성Möglichkeit들이라는 헛된 약속보다 더 아름답고 더 특정합니다. 따라서 보여지듯 탈은폐된 것 자체 속에서 하나의 두 겹Zwiefalt[3]이 다스립니다. 이 두 겹은 더 정확하게는 피타고라스와 함께 세상에서 최고의 것으로서 규정될 수 있는데, 바로 수數입니다.

《그런데 수는 두 개의 고유한 모습Anblick[4]을 가지고 있다. 그것은 짝수와 홀수이며, 이 둘의 뒤섞임을 통해 수의 세 번째 모습인 홀짝수가 생

---

1   필롤라오스, DK⁽⁶⁾ 44, B 2. 엠페도클레스는 아프로디테가 《함께 짜맞추었다》(쉬나르모스테이사 συναρμοσθεῖσα)라고 노래합니다(DK⁽⁶⁾ 31, B 71).
2   *{프랑스의 수학자 카미유 조르당이 1887년 처음으로 증명을 시도했던 조르당 곡선 정리를 말한다. 평면 위에 그려진 닫힌 곡선은 평면을 안(경계 지어진 부분)과 밖(경계 지어지지 않은 부분)의 두 부분으로 나눈다는 내용이다.}
3   *{다양함Vielfalt이라는 독일어 단어를 응용한 키틀러의 조어이다. '많은 모양'이라는 다양함이라는 말뜻에 있는 복수성이 아니라 '두 모습'이라는 쌍수성을 강조하는 말로, '모습Anblick'이라는 개념이 따로 강조되고 있기에 한국어로는 접는다falten나 주름Falte이라는 의미가 드러나도록 '두 겹Zwiefalt'으로 옮겼다. 키틀러는 이후 디오니시오스의 글에서 '차이'를 뜻하는 그리스어 디아포라διαφορά도 '두 겹'이라고 옮긴다(2.2.2.4.3.3).}
4   *{에이도스εἶδος의 문자 그대로의 뜻은 '보인 것'이다. 키틀러는 에이도스를 독일어로 '바라보다blicken'라는 동사에서 나온 명사인 '모습Anblick'이라고 옮겼으며, 이어 등장하는 개념 모르페μορφή는 '형태Form'라고 번역했다. 키틀러는 이후 에이도스와 모르페라는 두 개념을 필롤라오스와 하이데거를 따라 근본적으로 구분해야 함을 강조한다. 그리스적 모르페에 담겨 있는 음악적인 뜻에 대해서는 1.2.1.1의 각주와 2.2.2.2.2.2의 본문에서, 에이도스의 본질적인 면에 대해서는 2.2.2.2.2.1의 각주에서 언급된다.}

겨난다. 각 모습에는 각자 스스로 가리키고 있는 수많은 형태Form들이 있다.》[1]

필롤라오스는 이로써 단지 수를 연산하는 것이 아니라 수를 사유하는 수학의 정리를 존재사적으로 최초로 씁니다. 히파소스가 처음으로 알로곤ἄλογον을, {무리수도 수 개념에 포함되기에} 근대의 수 개념에서는 아니지만 그리스의 수 개념에서 분리해 낸 이후로, 모든 수를 두 가지 종류로 구별할 수 있는 가능성이 생겨납니다. 수는 가장 작은 경우인 셋과 같이 홀수이거나 가장 작은 경우인 둘과 같이 짝수입니다. 게다가 모든 수에는 대립되는 종류의 수가 뒤따라옵니다. 짝수 뒤에 홀수가 따르고, 그 반대도 마찬가지이지요.[2] 이렇게 우리는 축제가 성공적인지 아닌지를 알기 위해서 여자들과 남자들이 몇 명이나 무도회에 있는지를 일일이 셀 필요가 없습니다. 모두 짝을 이루는 경우가 있는데, 이것은 아르티온ἄρτιον, 알맞은, 짝수라고 불리며, 조화 Harmonie와 동일한 어근을 가지고 있습니다. 또는 사람들이 서로 짝을 맺으며 필롤라오스가 말하듯《뒤섞이자》마저 짝을 이루지 못하는 사람이 남아 있는 경우가 있습니다. 이것은 페리손περισσόν, 남아도는, 여분의, 홀수라고 불립니다. 침대 한 개, 여자 두 명, 남자 세 명. 이렇게 해서는 절대로 잘 될 리가 없으며, 좋지도 않습니다. 우리는 이렇게 더 이상 — 물표 막대기, 이집트인들 그리고 아시리아인들처럼 — 열심히 세지 않아도 됩니다. 밝은 눈길 한 번이면 홀수와 짝수라는 두《모습》이 단숨에 구별되지요. 수학이 순수해집니다. 수들은 언제나 (아리스토텔레스가 강조한 대로) 사물들, 물질들, 원소들에만 매달려 있는 것이 아니라 스스로 차이의 겹을 펼칩니다.

예를 들어 {필롤라오스가 '홀짝수'라고 부르는} 여섯과 같은 수들이 있다는 세 번째의 경우도 동일한 차이에서 비롯되기 때문입니다. 여섯은 (우리들의 말로 하자면) 짝수 인수와 홀수 인수의 곱으로 생겨나는 수들 가운데 가장 작은 예입니다.[3] 그런데 필롤라오스는 자신이 분류한 {수의} 종류에서 하나{라

---

[1] 필롤라오스, DK(6) 44, B 5. {그리스어 모르페는} 아마도 라틴어 포르마forma와 같은 계통일 것이기에, 우리는 모르페μορφή를 독일어로 '형태Form'로 번역합니다.
[2] 에피카르모스, DK(6) 23, B 2.
[3] 위 플루타르코스, 음악에 관하여, 24장 1140a절.

는 수}는 분리해 냅니다. 하나는 수가 아니며, 따라서 홀수도 짝수도 아니고,[1] 모나스Monas,[2] 〈하나임Einsheit〉[3]입니다. 시작으로부터 생겨나듯, 모나스로부터 수들이 생겨났으며, {훗날} 라이프니츠는 이 모나스에게로 되돌아올 것입니다.

그런데 수가 존재하는 모든 것 속에서 지배하고 있다면, 수학은 (다비트 힐베르트에게처럼) 고유의 기호로 즐거운 시간을 보내는 한가한 놀이가 아닙니다. 모든 존재자가 자신이 짝수나 홀수 또는 짝-홀수 중에 무엇으로 어떻게 짜맞추어졌는지, 그 방식을 스스로 가리켜 보입니다. 오디세우스가 키르케의 입에서 나온 세마타σήματα[4]를 따라서 배를 몰아가는 것처럼, 우리도 존재자의 이러한 눈짓을 그대로 따를 필요가 있습니다. 우주와 그 안의 모든 것은 형상 속에서 우리에게 드러나는데 이 수많은 형상들이 마침내 하나의 차이로 거슬러 올라갈 것이기 때문입니다. 반대로 이 하나의 차이는 언제나처럼 이미 몇 배가 되었지요. 존재론Ontologie과 존재현상Ontik 사이의 놀이, 단일한 모습들(에이데εἶδη)과 무수한 형상들(모르파이μορφαί) 사이의 놀이 속에서, 그리스어로 세계가 확장합니다. 아리스토텔레스가 이 두 차이를 지워서 없애 놓을 때까지 말이지요. 그렇기 때문에 아리스토텔레스의 존재론은 절대로 작동하지 않을 것입니다.

그와는 반대로 필로라오스가 존재자Seiende들과 세계자Weltende[5]들 속에서

---

1 바로 이 때문에 근대 수학은 필로라오스로 귀향합니다. "1이라는 수는 소수*라고 여겨졌었다. 예를 들어 데릭 노먼 레머의 소수 목록에는 1이 포함되어 있다. 그러나 1은 여러 면에서 완전한 소수와는 달라서, 이제 수학자들은 1을 특별한 종류로 분류한다."(콘웨이/가이, 1995, 130쪽) 모나스μονάς는 이렇게 다시 진실이 됩니다. *{소수Primzahl는 1과 자기 자신으로만 나눌 수 있는 1보다 큰 자연수이다. '최초의 수'라는 뜻의 라틴어 누메루스 프리무스numerus primus에서 유래한 유럽어를 근대 일본에서 번역한 말이며, 북한에서는 '씨수'라고 한다.}
2 *{고대 그리스어로 모나스μονάς는 '단위'를 뜻하는 여성 명사로, 쌍수형과 복수형은 각각 모나데μονάδε와 모나데스μονάδες이다.(2.2.2.3.3). '홀로 있는', '유일한'의 뜻을 가진 형용사 모노스μόνος의 여성형을 특별하게 명사로 사용한 단어이다. 홀수나 짝수가 아니기에 그냥 '하나'라는 수가 아니라 '하나라는 성질'을 뜻하는 개념이며, 동시에 모든 (자연)수에 공통으로 있기에 '단위'이다. 보통 독일어로는 '단위, 단일체, 단일성Einheit'으로 번역되는 모나스를 키틀러는 하나라는(Eins-) 성질(-heit)이라는 뜻에서 '하나임Einsheit'으로 옮겼다. 「단자론」으로 번역된 라이프니츠의 모나돌로기Monadologie는 이 모나스를 바탕으로 한 조어이다.}
3 필로라오스, DK(6) 44, A 10. 플루타르코스, 델포이 신전의 E에 관하여, 14장 391a절*.*{2.2.2.2.2.3.}
4 *{'표지, 신호, 기호' 등을 뜻하는 단어 세마σῆμα의 복수형이다.}
5 *{존재자와 세계자는 모두 동사의 현재 분사를 다시 명사화하여 만든 개념으로, 각각 '존재하는 것'과 '세계를 만드는 것'으로 풀어서 이해할 수 있는 말이다. 하이데거의 개념을 옮길 때 후자는 종종 '세계화'라고도 번역되기도 한다.}

인식한 수학은 모든 아이들에게 설명할 수 있습니다. 가장 간단하게는 셈 돌로, 가장 소리 나게끔 하면서는 기타나 키타라로, 가장 아름답게는 사랑으로 설명할 수가 있지요. 역설적으로 들리겠지만 다름 아닌 아리스토텔레스가 우리에게 이를 약속합니다.

《[자연철학자들과] 동시에, 심지어 그들 이전에도 이미 소위 피타고라스학파가 수학{마테마타}에 열중하였고 최초로 이 학문을 발전시켰으며, 이 학문과 함께 성장하면서 수학의 시작{아르케}들이 모든 존재자들의 시작들이라는 것을 알게 되었다. 왜냐하면 수{아리트모스}들은 그 본성상 최초의 시작들이며, 불이나 땅이나 물에서보다 수에서 더 많이, 존재하는 것 그리고 존재하게 될 것과의 비슷함을 보았다고 생각했기 때문인데 — 그들은 수들의 어떤 겪음[1]은 정의로움{디카이오쉬네}이라고 불렀고, 다른 겪음은 영혼{프시케}과 뜻{누스}이라고, 또 다른 겪음은 순간{카이로스}이라고 불렀으며, 다른 것들도 각자 이렇게 비슷한 식으로 불렀다 — 게다가 그들은 화성{하르모니아}들의 겪음{파토스}들과 관계{로고스}들을 수에서 알아보았기 때문에, 그리고 그들에게는 자연 속의 다른 모든 것들도 수들을 따라 만들어졌지만 동시에 수들이 자연에서 나온 최초의 것이라고 보았기 때문에 수들의 원소들이 모든 존재자들의 원소들이며 온 하늘{우라노스}도 화성과 수라고 생각했다. 또한 그들이 하늘의 겪음과 부분들과 온 우주가-두루-만들어짐[2]에서 수들과 화성들이 일치함을 발견했다면, 그들은 그 일치 속에서 발견했던 모든 것을 이끌었고 함께 짜맞추었다.》[3]

---

1 *{오늘날에는 '격정, 정열'의 뜻으로 더 널리 쓰이는 개념인 파토스πάθος는 특히 어렵고 힘든 일을 '겪는다'는 수동성이 담긴 동사 파스코πάσχω에서 나온 중성 명사이다. 키틀러는 파토스를 경험 자체를 뜻하며 동시에 견뎌내어야 하는 고통도 의미하는 독일어(Erleidnis)로 옮겼고, 이를 '겪음'으로 번역하였다. 다른 번역본은 수들의 '변형'이나 '특징' 또는 '양태' 등으로 의역하기도 한다. 필롤라오스는 파토스의 아오리스트 분사형 동사(파톤티παθόντι)를 사용하며 다음과 같이 말한다. 수들이 절반으로 나뉘는 과정을 '겪는다'면 (나머지 없이 떨어지는) 짝수와 (하나라는 나머지가 남는) 홀수라는 두 가지의 모습으로 구분된다(2.2.2.2.2.3)고 말이다.}

2 *{길게 풀어 옮긴 이 단어는 디아코스메시스διακόσμησις이며, 키틀러는 우주(코스모스)를 두루(디아) 만들고 세운다는 뜻을 반영하여 독일어(Durchweltung)로 옮겼다. 특히 철학적 문맥에서 사용되는 독일어 벨트Welt는 코스모스에 상응하는 '우주'를 뜻한다. 다만 이 책의 다른 곳에서는 벨트Welt의 일반적이고 일상적인 번역어인 '세계'를 계속 유지하였다(1.1.2.5.2). 다른 번역본에서는 디아코스메시스를 '우주의 질서'나 '우주의 전체 짜임새'라고 옮기기도 한다.}

3 아리스토텔레스, 형이상학, 1권 5장 985b23~986a6절.

2.2.2.2.2.1 돌멩이들에서 세계의 조화

우리는 근원, 아르케ἀρχή와 함께 시작하며 돌멩이 하나를 놓습니다. 그리고 그 아래에 돌멩이 두 개를 놓습니다. 그러면 우리는 둘{이라는 수}에서 짝수들도 경계 없이 있다는 사실을 봅니다. 이 둘을 가운데로 나누면, 즉 두 돌멩이를 치우면 아무것도 남지 않기 때문이지요. {두 개의 돌멩이 아래에} 돌멩이 세 개를 내려놓은 다음 {다시} 둘로 나누어 봅니다. 반대로 우리는 이제 오른쪽과 왼쪽의 돌멩이가 경계 지어져 있었다는 사실을 봅니다. {두 돌멩이를 치우면} 가운데에 돌멩이 한 개가 남아 있기 때문이지요. 이제 치웠던 돌멩이들을 다시 내려놓고, 피타고라스를 충실히 따르며 신성한 사분四分 또는 테트락티스로 하는 우리의 놀이를 끝냅니다. 필롤라오스와 아르키타스는 이 테트락티스에 대해서 《많이》 기록했습니다.[1]

아리스토텔레스와 함께 말하자면, 우리는 이렇게 《수의 두 원소 가운데 홀수는 경계이며 짝수는 경계 지어지지 않았다》[2]는 것을, 즉 수학에 하나의 차이가 떠오르는 것을 봅니다. 칼립소의 단순한 길쌈은 이러한 차이를 알지도, 필요로 하지도 않습니다.[3] 그런데 우리는 피타고라스로부터 필롤라오스로 더 나아갈 수도 있습니다. 두 번째 짝수인 넷을 둘로 나누면, {즉, 네 돌멩이를 둘로 나누어 위아래로 나란히 두면} 둘과는 달리, 평면으로 놓이는 선 두 개가 됩니다. 우리는 그리스적으로 하나의 정사각형을, 근대적으로는 2의 거듭제곱을 봅니다[그림 ㄴ]. 한편 홀-짝수로서의 여섯을 마찬가지로 둘로 나

---

1 필롤라오스, DK(6) 44, B 11.
2 아리스토텔레스, 형이상학, 1권 5장 986a17~19절. 이 증거에 대한 허프만의 의혹(1993, 37~53쪽)은 필롤라오스의 기반을 앗아갑니다. 아리스토텔레스(자연학, 3권 4장 203a11~15절)와도 비교해 보십시오.
3 엘렌 하를리치우스-클뤽(2004)은 수의 사유자 필롤라오스에 대한 플라톤의 약탈 행각에는 스스로 "발전\전개"할 것이 없기 때문이라는 바로 그 이유만으로도 이 지점을 그냥 지나칩니다.

누{어 위아래로 나란히 두}면 직사각형이라는 이름의 다른 평면이 됩니다[그림 ㄷ]. 모든 정사각형들은 서로 비슷하게 보입니다. 하지만 하나의 수와 그 다음 수로 펼쳐지는 직사각형들은 언제나 다시금 새로운 형태들을 만들어냅니다. 3 × 2는 4 × 3과 다르게 보이며[그림 ㄹ], 이 두 그림은 서로 비슷하지 않습니다. 이렇게 단 두 개의 모습Anblick에서 이토록 형용할 수 없이 많은 형상Form들이 생겨납니다. 우주가 우리에게 볼 것, 들을 것, 사유할 것을 주듯이 말이지요. 필롤라오스의 열렬한 독자이지만 수에 대해서는 거의 더는 사유하고 싶어 하지 않는 아리스토텔레스와는 반대로,[1] 필롤라오스는 에이도스Eidos와 모르페Morphe를 잘 구분합니다. 오로지 두 개의 수 본질만이 있지만 바로 그 때문에 셀 수 없이 많은 형태들도 있습니다.

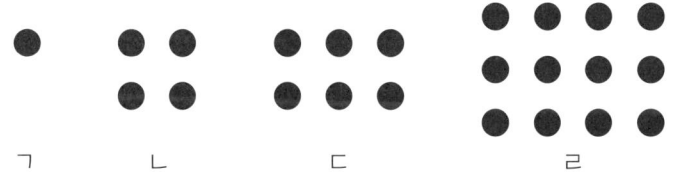

만약 돌멩이가 구球가 아니라 정육면체라면 우리는 더 나아가 심지어 작은 탑을 지을 수가 있습니다. {모든 모서리의 길이가 같아} 예쁜 정육면체나 {모서리의 길이가 서로 달라} 불규칙한 직육면체를 말이지요. 그러면 우리 눈앞에서 선들, 면들 그리고 공간 입체들이 자라납니다. 우리는 반대로 무엇이 이 모든 것 ― 선, 면, 입체 ― 을 자라나게 하는지를 묻습니다. 작도에서의 첫 번째 돌멩이가 이미 우리에게 명확한 답을 줍니다. 이 첫 돌멩이는 점이라고 불리며, 필롤라오스에게는 기하학적 형상물의 테트락티스를 개시한다는 명성을 가지고 있습니다.[2] 우주 속에 이 넷보다 ― 점, 선, 면, 입체 ― 더 많이 있다는 사실은 그리스인들에게나 그들의 제자 프랑수아 비에트에게나 이 넷을 무시할 수 없을 정도로 완전히 상상할 수 없는 일이기 때문입니다. 따라서 네 개의, 오로지 네 개뿐인 거듭제곱들(뒤나마이δύναμαι)로만 이루어

---

1 아리스토텔레스가 《소위 피타고라스학파들》(형이상학, 1권 5장 985b23절)이라고 말할 때는 줄곧 필롤라오스를 뜻하는 것이며, 또 아리스토텔레스는 필롤라오스의 책을 손에 쥐고 있었다는 사실에 대한 근거 있는 증거는 부르케르트를 보십시오(부르케르트, 1962, 219~221쪽).
2 필롤라오스, DK(6) 44, A 13.

진 기하학적 테트락티스는 온전히 하나로 머뭅니다.[1] 우리는 더도 말고 이렇게 쓸 것입니다. x^0, x^1, x^2, x^3.

하지만 짝수 혹은 홀수의 두 모습들에 대해 생각할 수 있고 쓸 수 있는 가능성들의 다양성은 아직 이렇게 멈추지 않습니다. 딜스에 의해 그저 유감스럽게도 의미 없이 둘로 나뉜, 필롤라오스 단편斷片 중 가장 긴 글은 사실은 분리되지 않은 채로 많은 형상들의 두 모습을 연결하면서 시작합니다.

《자연{피시스}과 조화{하르모니아}는 이러하다. 사물의 영속하는 존재{하에스토}와 또한 자연 자체는 신적인, 즉 인간적인 것이 아닌 인식{그노시스}을 요구하는데 이는 경계 짓는 것은 물론 경계 지어지지 않은 것으로도 이루어진 우주를 이루는 사물의 존재가 앞에 놓여 있지 않다면 존재자에 관한 어떤 무언가를 우리가 인식할 수 있다는 사실은 전혀 아니기 때문이다. 그러나 이 시작{아르케}들은 같지도 않고 동족이지도 않은 것으로서 기초하고 있었기에 언제나처럼 조화가 끼어들지 않았다면, 그것들{같지도 동족이지도 않은 시작들}로부터 [세계가] 확장되었다는 것은 불가능했을 것이다. 같은 것{호모이아ὁμοῖα}과 동족인 것{호모필라 ὁμόφυλα}은 조화를 필요로 하지 않았을 것이며, 반대로 같지 않은 것, 동족이지 않은 것, 같이 질서 지어지지 않은 것은 필연적으로 조화들로 묶여 있을 것이다. 우주 안에 잠가 둘 수 있는 그러한 조화로 말이다. 그런데 조화의 크기는 완전4도와 완전5도이다.》[2]

우리가 이 마지막 문장을 우주 속의 조화에 관한 그전 문장으로부터 (편집자가 했던 것처럼) 활자적으로 분리하지 않는다면,[3] 경계 짓는 것과 홀수의

---

1   슈펭글러, 1929~30(65), 1권 89쪽. "플라톤, 아르키타스 그리고 에우독소스는 우리가 제곱과 세제곱이라고 말하는 것을 각각 평면 수와 입체 수라고 하는데, 더 큰 정수의 제곱이라는 개념은 존재하지 않는다는 사실이 자명하게 된다. 이러한 표현이 즉시 사차원적이고 질적인 확장성을 깔고 있는 조형적 근본 감각에서 네제곱이란 무의미한 것이 된다. 우리의 공식에는 끊임없이 나타나는 e^{-ix}와 같은 표현이나, 니콜라스 오렘이 이미 14세기에 개정한 $5^{\frac{1}{2}}$과 같은 표기법은 그들에게는 완전히 이치에 어긋난 것으로 보였을 것이다."
2   필롤라오스, DK(6) 44, B 6. 허프만 훨씬 이전에 딜스가 이미 마지막 문장에서 생각 없이 깨닫습니다. "이 파편은 앞선 파편과 연결되는 것 같지 않다." 반대로 활자적 구분선을 몰래 들여놓는 팀파나로 카르디니(1969(2), 2권 207쪽)를 참고하십시오.
3   *{딜스는 "조화의 크기는 완전4도와 완전5도이다."라는 문장부터 새로운 문단으로 시작하여, 필롤라오스의 6번 글을 두 문단으로 분리하였다.}

동일성, 경계 지어지지 않은 것과 짝수의 동일성이 제일 먼저 눈에 띕니다. 이것은 허프만이 언제나 건성으로 대충 지나갔지만, 아리스토텔레스가 증명했습니다.[1] 우주 속의 모든 대립쌍들은 — 오른쪽/왼쪽에서 여성적/남성적 그리고 정지하고/움직이는 것을 지나 밝고/어두운 것에 이르기까지 — 결국 수의 두 본질양상으로 거슬러 올라갑니다. 그러므로 우주 속에 있는 각각의 모든 것이 (양자-우주에서도 마찬가지인 것처럼) 신들의 앎에 의해 우주에 지정된 하나의 정수를 가지고 있지 않았다면, 우리 필멸자들은 아무것도 사유할 수도, 인식할 수도 없었을 것입니다.[2]

그러나 이것은 태고에 언젠가 {한 번} 일어난 적이 있었던 일이 아니라 언제나 이미 그러합니다. 필롤라오스와 아마도 그 이전에 피타고라스가 이미 그렇게 {여성형으로} 부른 《존재\~임\~함\있음 die Sein》은,[3] 학파가 하는 맹세 속의 《언제나 흐르는 자연의 뿌리들》처럼 그렇게 《영원히》 앞에 놓여 있습니다.[4] 적어도 그리스인의 귀에는 말이지요. "그리스어 '이전'의 다른 언어들에는 [...] 에스티ἐστι(\~이다\~하다\있다)의 토 온τὸ ὄν(존재자\~인 것\~한 것\있는 것)과 같이 그 동사에 딸린 '분사'가 없었지만"[5] 필롤라오스는 분사 타 에온타τὰ ἐοντα{존재자들\~인 것들\~한 것들\있는 것들}뿐 아니라 명사 하 에스토ἁ ἐστώ{존재\~임\~함\있음}에서도 순전한 계사 에스티ἐστι{\~이다\~하다\있다}로 돌아올 수 있기 때문입니다.[6] 사유한다는 것은 단어들을 재귀적으로

---

[1] 아리스토텔레스, 형이상학, 1권 5장 986a24~26절. — 아리스토텔레스가 이러한 대립문장쌍 열 개를 정확하게 세웠다는 사실, 즉 테트락티스를 직접 적용했다는 사실은, 마테이(2002(2), 47쪽)가 정당하게 강조합니다.

[2] 필롤라오스, DK(6) 44, B 11.

[3] 에스토ἐστώ*는 피타고라스가 이미 만든 말이라는 사실을 이암블리코스(피타고라스적 삶의 방식, 29장 162절)가 가르칩니다. *{피타고라스와 필롤라오스의 '존재' 개념은 여성형 정관사가 붙은 형태의 하 에스토ἁ ἐστώ라는 단어에 담겨 있는데, 키틀러는 이를 옮길 때 본래 중성형인 독일어(das Sein)에 여성형 관사를 붙이는 것(die Sein)으로 해결하였다.}

[4] *{이 문단에서는 고대 그리스어로 '존재한다, ~이다, ~하다, 있다'라는 뜻의 3인칭 현재 능동형인 에스티ἐστι의 여러 활용을 다루며 그 뜻에 대해 생각하고 있기에, 예외적으로 최대한 풀어서 옮겼다. 예를 들어 독일어 자인Sein은 '존재, ~임, ~함, 있음'이라고 가능한 모든 뜻을 옮겼는데, 이 문단 이외의 다른 곳에서는 '존재'라고만 번역하였다.}

[5] 로만, 1970, 89쪽~.

[6] *{고대 그리스어에서 동사가 분사-명사-3인칭 계사로 연결되는 이러한 관계는 독일어로도 거의 그대로 호환되기에 각각 '~인 것'(존재자Seiende)-'~임'(존재Sein)-'~이다'(ist)로 옮겨질 수 있다. 영어로는 현재 분사와 동명사가 형태상 동일하기 때문에 '존재자, ~인 것'(being)과 '존재, ~임'(being)을 단어로 구분할 수 없다.}

사용하는 것을 뜻합니다. 이와 같이 필롤라오스는 〈~이다\~하다\있다〉를 모든 가능한 경우들로 활용하여, 《존재는 존재한다\~임은\~이다\~함은 ~하다\있음은 있다》[1]는 기쁜 소식을 알리는데 — 게다가 피타고라스적으로 새로 건립된 이름으로, 여성성을 간직한 자연Physis{하 에스토}의 일반적인 이름으로 존재한다고 말합니다. 필롤라오스는 파르메니데스처럼 아프로디테를 증오하면서 두 성의 차이에 대해 중성형 부정사로 에스티 가르 에이나이ἔστι γὰρ εἶναι, 《그것es은 존재이기 때문에》[2]라고 시짓지 않습니다. 필롤라오스는 계속해서 아프로디테의 딸 하르모니아를 대립자의 사랑 결합으로서 사유합니다.

세계가-만들어져-있음Geweltetwordensein은 《존재die Sein》가 앞에-놓이는 Vorliegen 또는 모두에게-밑받침으로-놓이는Allem-zum-Grund-Liegen 한 시간 양태입니다. 다시 말하자면, 이것은 우주의 생성을 {어느 옛날에 한 번 일어난 적이 있었던 일처럼} 과거형으로 이야기하는 것이 아닙니다. {현재까지도 영향을 미치는 상태인} 끝맺어져-있음Vollendetsein으로서의 현재 완료로, 우리 우주의 이음매로서의 현재 완료로 또렷하게 말하는 것입니다. 우주는 언제나 이미 대립자들을 잇고 있으며, 조화 없이는 없었을 것입니다. 필롤라오스는 자신의 청자 아르키타스보다 앞서서 한, 거의 최초의 수학적 귀류법[3]인 없이-생각하기Wegdenken를 통해서 자신의 고유의 가르침으로는 근거를 댈 수 없는 다음과 같은 명제를 감행합니다. 신들의 생각이 우리 필멸자들에게도 다가와서 — 힘없다는 뜻인 아듀나톤ἀδύνατον의 대립자 뒤나미스δύναμις 로서의 — 조화가 가진 힘으로 함께 묶어 두도록, 우주Kosmos 안에는 오로지 같게-자란-것Gleichgewachsenes(짝수와 홀수가 같은 양만큼)만이 있다는 명제를 말이지요.

---

1 부르케르트(1962, 238쪽)는 다음과 같이 아주 정확하게 알아봅니다. "에스토ἔστω는 플라톤적-아리스토텔레스적 조건들의 물질원리로 파악할 수 있는 것이 아니다. 에스토가 직접 말하고 있는 유일한 것은 휘파르케인ὑπάρχειν*이다. 즉, 존재das Sein가 존재한다는 것이다." 유감스럽게도 {그리스어의} 여성형 단어들을 독일어로 중성으로 번역한, (그래서 필롤라오스의 성화性化된 우주 속의 고유한 통찰을 잃어버린) 부르케르트의 오류는 그를 그릇된 방향으로 이끌어서, 그는 다음 문장에서 이렇게 결론을 내립니다. "이것은 엘레아 학파의 근본 입장이다." *{'존재함, ~에 속함, 생겨남, 시작함'을 뜻한다.}

2 파르메니데스, DK[6] 28, B 6, 1행.

3 *{하나의 명제가 모순과 오류로 귀결됨을 증명하여 그 명제가 거짓임을 밝히는 방법이다(2.2.2.4.3.1).}

2.2.2.2.2.2 소리에서 세계의 조화

그런데 피타고라스학파는 언제나 음악도 사유하기 때문에 수많은 형태들은 최고로 조화로운 특징을 가지고 있습니다. 이 여러 형태들 안에서 짝수와 홀수라는 두 모습이 서로 갈리며 나타지요. 형태들은 후대의 아리스토텔레스에게서처럼 필연적으로 우리의 눈에 보이는 것이 아니라 호메로스에게서처럼[1] 우리의 귀에 들리는 것입니다. 그러므로 짝수와 홀수 사이에 조화가 지배하고 있다는 것에 대한 참으로 결정적인 증거가 음정비의 비율들 속에 놓여 있습니다. 필롤라오스는 《조화의 크기》가 《완전5도와 완전4도이다》라고 규정합니다. 따라서 옥타브\완전8도는, 우리가 이미 피타고라스와 히파소스를 통해 아는 것처럼 그 자신 안에서 2 : 1의 로고스로 펼쳐지는 것만은 아닙니다. 그렇습니다. 옥타브의 크기는 또한 두 비율의 비율\관계로서 산술적으로도 쓸 수 있습니다. 바로 다음과 같습니다.

$$2 : 1 = 3 : 2 \times 4 : 3 = 12 : 6$$

하지만 이로써 테트락티스는 자신의 본질을 바꿉니다. 우리가 알고 있는 최초의 인조어Kunstwort가 순수한 기표로서 나타납니다. 이 기표는 — 코스모스κόσμος, 에스토ἔστω, 필로소피아φιλοσοφία 그리고 다른 피타고라스적인 조어들과는 달리 — 그냥 새롭지만 단순한 기의에 상응하는 것이 아니라 가능한 연산\작동Operation들의 열린 다양성에 상응합니다. "유명한 테트락티스τετρακτύς가 뜻하는 것은 — 사람들은 빈번히 잊곤 하는데 — 그냥 단순한 '네 묶음Tetrade'이 아니라 '네 묶음을 통해 작동\연산하는 것'이다."[2] 피타고라스가 자신의 제자들을 놀래게 해 주기 위해서 어떻게 수에서 덧셈으로 한 걸음 나아갔는지를 돌이켜 생각해봅시다. 그렇게 이제 우리는

---

1 테오스 모르펜 에페시 스테페이θεὸς μορφὴν ἔπεσι στέφει — 《아폴론이 말에 형태를 씌운다》고 오디세우스가 자신에 대해서 말합니다. 그것은 어느 우쭐대는 젊은 파이아케인이 그에게 겉모습의 아름다움(에이도스εἶδος의 카리스χάρις)이 없다고 비난한 직후였습니다(오디세이아, 8권 166~173행).

2 로만, 1970, 107쪽. 안드레아스 슈파이저(1956⑷, 6쪽)의 다음도 함께 보십시오. "그리스인들은 준군Gruppoid에서 군Gruppe으로의 이행에 […] 현저한 어려움을 겪었을 것으로 보인다. 이에 대한 전형적인 예로는, 그들이 2화음에서, 예를 들면 다C-사G 또는 마E-나B의 완전5도에서 {화음으로서 하나의 음을 듣는 것이 아니라} 음정이 분리되는 것을 느꼈다는 것이다. 그리하여 그리스인들의 비율론은 4 : 2와 6 : 3에서 공통된 것에서 하나의 음정을 보았으며, 그들은 우리가 두 몫의 곱이라고 부르는 것에 합이라는 이름을 부여한다. 완전5도 + 완전4도 = 완전8도와 같이 말이다. 하지만 $\frac{3}{2} \times \frac{4}{3} = \frac{2}{1}$이다."

필롤라오스가 동일한 열 개의 돌멩이들로 덧셈에서 곱셈으로 한걸음 나아가는 것을 봅니다.

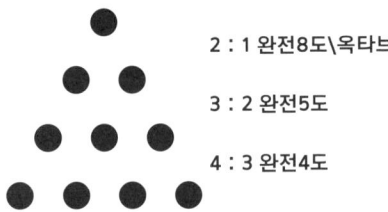

{이 테트락티스를} 비율 또는 로고스로 읽는다면, 가장 위에 있는 돌멩이 쌍은 옥타브\완전8도를 나타내며, 가운데에 있는 돌멩이 쌍은 완전5도를, 가장 아래의 쌍은 완전4도를 보여 줍니다. 가운데의 두 줄과 아래의 두 줄의 곱은 가장 위에 있는 두 줄을 답으로 내놓습니다. 다른 말로 하자면 테트락티스는 연산\작동상 폐쇄되어 있습니다. 혹은 (필롤라오스가 쓰듯이)《잠겨 있습니다.》 다섯째 줄은 있을 수도 없고, 있어서도 안 됩니다. 그 이유를 알아채기 위해서는 계속 읽어 나가기만 하면 됩니다.

《조화{2 : 1}의 크기는 완전4도{4 : 3}와 완전5도[1]{3 : 2}인데, 완전5도는 완전4도보다 팔분의구[2]{9 : 8}만큼 더 크다. 왜냐하면 히파테[3]에서 메세까지는 완전4도이며, 메세에서 네테까지는 완전5도, 네테에서 트리테까지는 완전4도, 트리테에서 히파테까지는 완전5도[4]이기 때문이

---

1 *{필롤라오스의 파편에서 완전8도(옥타브)는 조화(하르모니아ἁρμονία) 또는 도리스 방언으로 디아 파산διὰ πασᾶν이라고 불린다. 그리고 완전5도와 완전4도의 이름은 각각 디 옥세이안δι᾽ ὀξειᾶν과 쉴라바συλλαβά이다. 이와는 달리 후기 그리스어로 완전5도와 완전4도를 일컫는 디아 펜테διὰ πέντε와 디아 테사론διὰ τεσσάρων라는 말은 운지법과는 상관없이 각각 4와 5라는 기수법에 따라 지어진 이름이다.}

2 *{고대 그리스어로 '팔분의 구'는 에포그도온ἐπόγδοον으로, 하나를 여덟 부분으로 나누었을 때 여덟 번째(오그도스)의 부분(팔분의 일이라는 단위 분수)에 하나를 더하여 하나보다 넘치는(에피-) 값, 즉 팔분의 구라는 가분수를 뜻하는 말이다. 키틀러는 이 그리스 단어에 대응하는 독일어(Überachtel)로 옮겼으며, 한국어는 근대적으로 분수를 읽는 방식을 그대로 사용하되 띄어쓰기는 하지 않고 번역하였다. 이렇게 일에 단위 분수를 더한 수는 앞으로 '단위가분율'(에피모리오스 로고스)이라는 개념으로 언급된다.}

3 *{고대 그리스의 음이름 히파테ὑπάτη, 메세μέση, 네테νητή, 트리테τρίτη를, 정확히 일치하지는 않지만 이해할 수 있도록 오늘날의 음이름으로 표기해본다면 각각 마(E), 가(A), 높은 마(E'), 나(H/B)이다. 이 음이름들은 키타라에서의 현의 위치에 따라 지어졌기에, 히파테와 네테의 말뜻은 각각 '가장 위(의 현)'과 '가장 아래(의 현)'이지만, 각각 '가장 낮은 음'과 '가장 높은 음'을 내는 현의 이름을 일컫는다. 트리테는 '셋째'를 뜻한다.}

4 *{그리스어 원문에는 디 옥세이안, 즉 완전5도라고 쓰여 있으나, 키틀러는 헤미올리온에 해당하는 독일어 일과이분의일ein Anderthalbes(이분의 삼, 즉 3 : 2)이라고 옮겼다. 더 읽기가 수월한 그리스어 원문을 따라 옮겼다.}

다. 트리테와 메세 사이에는 팔분의구{에포그도온}가 놓여 있다. 완전4도는 삼분의사{에피트리톤}, 완전5도는 일과이분의일{헤미올리온}, 완전8도는 두배{디플로온}이다. 이렇게 조화는 다섯 개의 팔분의구들과 두 개의 나머지{디에시스}들[1]로, 완전5도는 세 개의 팔분의구와 한 개의 나머지로, 완전4도는 두 개의 팔분의구와 한 개의 나머지로 구성되어 있다.》

이제 우리는 필롤라오스가 어떻게 히파소스와 구별되는지도 이해합니다. 첫째, 필롤라오스는 키타라의 네 현에 이름과 비율을 할당하는데, 두 테트라코드에만이 아니라 테트라코드의 가장 낮은 음을 내는 현과 가장 높은 음을 내는 현에도 각각 할당합니다. 가운데의 현에서 가장 낮은 음의 현까지, A_3에서 E_3까지의 완전4도는 한 손으로 겨우 동시에 짚을 수 있는 바로 그 간격입니다. 따라서 완전4도의 그리스 이름은 쉴라바συλλαβά라고 하는데, −410년경 이 단어는 아직 우리의 〈음절Silbe〉이라는 비음악적인 의미로 들리지 않았습니다. 필롤라오스의 제자 아르키타스는 말소리와 글자의 본질을 완전히 반대로 음악에서부터 사유하며 {말소리와 글자가}《음악에 종속되어 있다》고 합니다.[2] 이렇게 완전4도는 {자음과 모음이 '함께' 울리는} 음절처럼, 언어로 말하기에서 서로 뜯어낼 수 없는 모든 것들의 음악적 모델이 됩니다. 필롤라오스는 가장 높은 음의 현에서 가운데의 현까지, E_4에서 A_3까지의 완전5도를 〈날카로운 음을 가로지르는〉[3]이라고 부르는데, 이제는 어떠한 손도 (우리의 말로 하자면) 이 높이의 음정을 짚을 수가 없기 때문입니다. 따라서 〈전체를 가로지르는〉[4] 음 공간, 즉 완전8도Oktave 또는 조화Harmonie는 (그리스인들이 항상 하듯이) 메세 또는 〈가운데〉[5]에서 두 테트라코드로 나뉘고, 사유되며, 팽팽하게 당겨집니다.

---

1 *{딜스는 음정의 비율이 9 : 8인 에포그도온(복수형: 에포그도아)과 256 : 243인 디에시스(쌍수형: 디에시에스)를 각각 온음Ganzton과 반음Halbton으로 옮겼다. 키틀러는 연속되는 두 정수의 비율(단위가분율, 에피모리오스 로고스)로 표현되지 않는 디에시스δίεσις는 나머지Rest라고 옮겼다.}
2 아르키타스, DK(6) 47, {A} 19b.
3 *{날카로운(옥쉬스όξύς) 음이란 그리스어로 높은음을 뜻하며(2.2.2.4.3.3), 필롤라오스의 도리스 방언으로 완전5도를 일컫는 말인 디 옥세이안δι' όξειᾶν은 '날카로운(옥세이안) 음/현을 가로지르는(디아)'의 뜻에서 붙은 이름이다.}
4 *{도리스 방언으로 '(현) 전체(파산/파손)를 가로지르는(디아)'의 뜻에서 완전8도의 이름이 지어졌다(2.1.2.2.2).}
5 *{'가운데'는 현대적으로 A_3이라고 표시한 음이름 메세μέση의 본래 말뜻으로, 키타라의 한가운데에 있는 현이 내는 소리이기에 붙은 이름이다. 메세는 평균을 지칭하는 다른 가운데라는 뜻의 남성형 단어 메소스μέσος(2.2.2.1.1)의 여성형이다.}

그런데 이 가운데로 나누기가 이제 두 번째로 그리고 더 결정적으로 증명하는 것은, 바로 두 운지법이 서로 같지 않기 때문에 서로 나란히 측정할 수 있게 된다는 사실입니다. 완전5도는 완전4도를 하나의 온음만큼 뛰어넘습니다. 또는 수학적으로 말하자면, 완전5도는 두 음정{완전4도와 온음, 즉 팔분의구}의 곱입니다.

$$3 : 2 = 4 : 3 \times 9 : 8 = 36 : 24$$

이렇게 필롤라오스는 네 번째 현과 다섯 번째 현에 그냥 각각 정수비를 지정하는 것이 아니라 모든 아름다운 음정비에서 공통되는 것을, 즉 이것들이 만들어지는 법칙을 파악합니다. 이것을 말로 표현하기 위해 피타고라스학파는 완전4도에는 삼분의사, (큰) 온음[1]에는 팔분의구라는 개념을 새로이 만듭니다. 그리고 마침내 음악에서 연주되는 이 모든 비율들에 — 주어진 모든 일반성 속에서 — 〈단위가분율〉[2](에피모리오스 로고스 ἐπιμόριος λόγος)이라는 새로운 개념을 만듭니다. 분자에 있는 수가 (우리가 말하듯) 분모를 매번 단위만큼 넘어섭니다. 이로써 단위가분율은 — 수들 사이에 있는 임의의 비율과는 달리 — 그리스적으로 말하자면 하나의 유일한 고유명을 가능하게 합니다. 이로써 단위가분율은 모던하게 쓰자면 다음과 같은 공식을 만족합니다.

$$(n + 1) : n$$

어떻게 음악수학적 사유 과정이 철학적 사유 과정을 분명하게 하는지가, 이토록 불가항력적으로 분명하게 끝내고 끝맺습니다. 자연수열에서는 짝수와 홀수가 끊임없이 교대로 이어지기에 키타라 위의 모든 음정비는 하나의 이음매를 따로따로 떼어 놓으면서도 동시에 함께 모아 팽팽하게 당깁니다. 짝수와 홀수, 경계 지어지지 않은 것과 경계 짓는 것을 말이지요.[3] 이는

---

1 *{처음에는 9 : 8(에포그도온)의 온음만을 사용했으나, 온음 간격을 9 : 8과 10 : 9로 세분화하게 된 이후로 이 두 음정은 각각 큰 온음과 작은 온음이라고 불리게 된다.}

2 *{일과 단위 분수의 합 또는 연속되는 두 자연수의 비율로 정의할 수 있는 이 개념을 지칭하는 한국어는, 확인한 바에 의하면 아직 만들어지지 않은 듯하여 여기에서는 '단위가분율' 또는 '단위가분수'라는 임시의 단어를 만들어 옮겼다. 영어에는 이 개념을 지칭하는 그리스에 뿌리를 둔 말(epimoric ratio)과 라틴어에서 유래한 말(superparticular ratio)이 모두 있으며, 독일어로는 그리스어를 순수하게 옮긴 말(überteiliges Verhältnis)을 쓴다.}

3 이것은 허프만의 다음과 같은 그로테스크한 독해와는 반대됩니다. 그의 독해는 분명 연속적인 기하학

옥타브 또는 하르모니아 자체의 인수因數인 완전5도와 완전4도에서 최고로 나타나지만 더 작은 비율들에서도 마찬가지로 적용됩니다. 아르키타스는 앞으로 여덟 개의 모든 현에서 이 비율을 규정할 것입니다. {하지만} 그의 스승{필롤라오스}은 완전4도를 두 개의 온음으로 분할하고, {분할 후} 남아 있는 {음의} 간격은 수학적으로 규정하지 않은 채 나머지Rest로 표시하는 것으로 만족합니다.[1] 이렇게 그는 하나의 키타라를 연주하는 데 필요한 여덟 개의 현들 사이에서 다섯 개의 온음과 두 개의 (우리들이 쓰는 말로는) 반음에 도달하게 됩니다. 우리가 앞으로 아르키타스에게서 배우게 되는 바, 누군가가 키타라를 소리 낼 때는 언제든, 필롤라오스가 이름으로 부르는 네 현만이 하르모니아처럼 변치 않고 영원하게 남기 때문입니다. 반대로 현을 조율할 때 {한 손으로 짚을 수 있는 쉴라바, 즉 완전4도 간격의} 히파테와 메세, 또는 트리테와 네테 사이에서 일어나는 것은, 그리스 음악의 잊힌 경이 가운데 하나입니다.

옥타브-하모니Oktavharmonie라는 경이에 관해서는 세계가 확장되었던 이래로 바뀐 것이 아무것도 없으며, 세계들이 확장되고 있는 한 아무것도 바뀌지 않을 것입니다. {유일신교의} 세 사기꾼이 우리 둘의 귀에 모질고 끈덕지게 말하는 영원함이란 {사실} 오로지 노래와 현악 연주로써만 존재합니다. 이렇게 필롤라오스는 음악을 근거로, 호메로스 이래로 빛나며 나타나는 모든 존재자들을, 바로 인간들, 신들 그리고 다이몬들을 이끌어 냅니다.

《다이몬적이고 신적인 사물들에서만 수의 본질과 힘이 강력하게 작용하는 것을 볼 수 있는 게 아니라 모든 인간적인 작업들과 말들 곳곳에

과 이산\불연속인 산술 사이의 대립에서 영감을 받았을 것입니다. "예를 들어 모노코드를 생각해본다면(그러한 악기가 {기원전} 5세기에 사용되었는가 하는 선결문제가 있기는 하지만) 현과 그 현이 만들어낼 수 있는 무한한 수의 음높이들은 무한정자(경계 지어지지 않은 것)에 비교될 수 있는 반면, 현을 따라 놓여 있는 지판은 특정한 음높이들을 결정하는 한정자(경계 짓는 것)에 비교될 수 있다."(허프만, 1993, 44쪽) 필롤라오스에게서 수는 "그저" "인식론적인" 문맥에서만 나타난다는(허프만, 1993, 39쪽), 그러니까 2와 9 사이의 수가 우리를 향해 외치고 있는 {DK 44} B 6번 파편의 음악적인 문맥에서가 아니라는 근거 없는 주장을 통해서 허프만은 홀수/짝수와 경계 짓는 것/경계 지어지지 않은 것 사이의 동일성을 사유하게끔 하는 모든 가능성들을 가로막고 있습니다.
1 디에시스Diesis를 수 단위로 분류하지 않는 근거는 (온음에 대한 필롤라오스의 명시를 가늠해 보자면) 256 : 243이 더는 단위가분율이 아니기 때문일 것입니다. 따라서 이 비율은 언제나 두 개의 수를 동시에 부르는 그러한 고유명으로 말해질 수가 없습니다.

서 또 모든 손일들과 기술들에서도 그리고 무엇보다도 음악에서도 볼 수 있다.》[1]

필롤라오스가 이 본질들을 부르는 순서는 분명 신들과 다이몬들에 대한 필멸자들의 경외감의 충고에 따른 것일 테지요. 하지만 이 발견의 순서는 반대의 방향에도 적용됩니다. 피타고라스의 청자들은 음악을 근거로 존재자 전체를 이끌어 내지요. {그러나} 우리는 이렇게 필롤라오스의 가르침에서 모든 행성들의 테트락티스를 의미했었던 신적인 사물들을 계속해서 추적하지는 않을 것입니다. 웅장하게 들리는 그의 가르침에는 지구, 반대쪽 지구, 달, 해 그리고 다섯 개의 행성들이 우주 가운데에 있는 보이지 않는 불 주위를 엠페도클레스에서처럼 원을 그리며 움직인다는 명제가[2] 있는데, 이는 코페르니쿠스의 천동설 또는 하늘 공전Himmelsrevolution의 혁명Revolution을 초래했습니다.[3] 그렇지만 학문사에 맞대고 할 말은 남아 있습니다. 뉴튼의 천체 역학이 오늘날 사소한 것으로, 심지어 그릇된 것으로 여겨지듯 그리스인들의 천문학-수학적인 법칙도 이미 그릇되고 또 증명할 수 없는 것이었지요. 또한 우리는 더는 옛적의 필롤라오스처럼 행성들을 모두 열 개로, 즉 테트락티스로 세지 않습니다. 하지만 이와는 반대로 키타라가 제대로 조율되어 소리 나는지 아닌지는 모든 아이들이 듣고 있으며, 들었습니다. 음악이 수학을 내놓았으며, 수학이 음악을 《틈림이 없이》[4] 들을 수 있게끔 하였다고 마지막 위대한 황제가 썼습니다.

2.2.2.2.2.3 사랑놀이 속에서 세계의 조화

> 끝까지 밀고 나가 말하자면, 시초의 과학은 일종의 성적 기술입니다
> 라캉, 세미나 11

다음의 내용은 (독일 영화의 자기 검열을 자율적으로 하며 말하자면) 18세 이하의 청소년들에게는 적합하지 않습니다. 하지만 지금 FSK[5]가 ― 어

---

1 필롤라오스, DK⁽⁶⁾ 44, B 11.
2 필롤라오스, DK⁽⁶⁾ 44, A 16~과 B 7. 이와 함께 킹슬리(1995, 172~194쪽)도 참고하십시오.
3 니콜라우스 코페르니쿠스, 1975[1543], XVIII 8~24와 LIV 28~LVI 3.
4 *{2.1.1.3.}
5 *{영화산업의 자율적 자기검열(Freiwillige Selbstkontrolle der Filmwirtschaft)의 줄임말로, 1949년 독일 비

느 이름 모를 고등 검사가 만든 조항 덕분에 — 진실로 괴물처럼 기본법으로 서 있습니다. 바로 그 때문에 그러한 업무에 가장 관련된 사람들은 계속해서 다음을 읽어야 합니다.

> 마지막 이야기는 가르치기에 부끄러우나 아프로디테께서 몸소 말씀하시기를,《부끄럽게 하는 바로 그것이 우리에게 관련된 일이니라.》[1]

아리스토텔레스는 피타고라스학파가 짝수를 여성적인 것과 홀수를 남성적인 것과 동일시한다는 사실을, 심지어 그들이 사랑의 행위 자체(가모스 γάμος)를 수의 비율\관계로 사유한다는 사실을 우리에게 알려 주기는 합니다.[2] 그럼에도 불구하고 그는 그저 그러한 사실Dass에만 머무르며, 왜Warum 그러한지는 비밀에 부칩니다. 그의 좋고 나쁜 이유들이란 안타깝지만 뻔합니다. 아낙사고라스와 아이스킬로스 이래 아테네의 사유자와 시인들에게는 오로지 아버지-안의-인간der Mensch-im-Vater만이 새로운 인간들을 탄생시킨다는 것이 관례적인 생각이었습니다.[3] 좋은 경우에는 아버지에 버금가는 한 아들이 다시금 탄생하지만 나쁜 경우에는 아버지의 모습과는 다른 딸이 태어나 다시금 아들을 내놓을 때까지, 그렇게 {아버지-안의-인간을 통해} 새로운 인간들이 태어난다고 여겨졌습니다. 아이스킬로스{의 비극}에서 어머니가 없다고 당당하게 등장하는 아테나처럼, 어머니들은 반대로 그저 질

스바덴에 세워진, 영상매체의 등급 지정을 주요 활동으로 삼는 자율 심의 조직이다. 현재 FSK 등급은 0, 6, 12, 16, 18의 다섯 단계에 따라 구분, 지정되어 있다. 각각의 수는 나이를 의미하며 FSK 등급 0과 18은 우리나라의 전체관람가와 (만 18세 미만의) 청소년관람 불가에 해당한다.}

[1] 오비디우스, 사랑의 기술, 3권 769행~.
[2] 아리스토텔레스, 형이상학, 13권 4장 1078b23절. 다음과 같은 플라톤의 정치가(262e절)도 보십시오.《그가 수를 짝수와 홀수로 나눈다면, 또한 마찬가지로 인간들의 성性(게노스γένος)도 남성적인 것과 여성적인 것으로 나눈다면 종류들(에이데εἴδη)에 따라 더 잘 절반으로 나눈 것입니다.》{아리스토텔레스와 플라톤의} 이 두 지점은 필롤라오스가 — 그의 책 내용 중에 아마도 기독교에서는 검열되었을 부분일텐데 — 두 성性Geschlecht을 수의 비율로 사유했다는 가장 이른 그러나 또한 가장 신뢰할 수 있는 증거입니다. 부르케르트(1962, 442쪽~)와 프레델(1998, 251쪽~)도 함께 보십시오. — 이러한 조화의 말뜻은 라틴어로도 보존되어 있습니다. 《남 물툼 하르모니아이 베네리스 디페레 비덴투르nam multum harmoniae Veneris differre videntur》(루크레티우스, 사물의 본성에 관하여, 4권 1248행)는 (영어처럼) 결혼 생활에서의 화합이 얼마나 중요한가를 의미하는 것이 아니라, 여자가 다양한 자세로 {얼마나} 더 낫냐나 더 나쁘게 받아들이는가를 말합니다.
[3] 아리스토텔레스, 형이상학, 7권 9장 1034a33~1034b3절.

료만을 그리고 또 음력 열 달 동안 아이 만들기의 그릇만을 내놓을 뿐이라고 합니다.[1] {하지만} 소크라테스 이전 철학자들은, 특히 피타고라스, 엠페도클레스 그리고 데모크리토스는 여자는 특정한 관들을 그저 다른 위치에 가지고 있을 뿐, 그녀들도 생식을 할 때 {남자와} 마찬가지로 하나의 씨를 내뿜는다고 {아테네에서와는} 정반대로 가르칩니다. 그리고 이것이 여자도 성욕을 가지고 있는 원인이라고 합니다.[2] 사랑놀이는, 즉 그리스어로 뒤섞임은 싱거운 농담에서처럼 두 표피가 서로 문지르는 것이 아니라 축축하고 부드러운 점막이 서로 문지르는 것입니다. 남자와 여자를 각각 사유하는 형태Form와 단순한 질료Stoff로 구분하려고 시도하는 아리스토텔레스는 성화性化되어 있는 삶의 이 이중원천을 분명히 숨겨야만 할 뿐입니다.

크로톤의 필롤라오스는 그리고 아리스토텔레스에도 불구하고 필롤라오스를 따르려고 감행하는 소수의 사람들은 아주 다릅니다. 우리는 이들의 말을 듣습니다. 〈철학자들〉의 말이 아니라요. 필롤라오스는 자연Physis을 자라는 것으로서 사유하기 위해 자연이라는 제목의 자신의 책에 테트락티스를 하나 더 덧붙입니다. 신체 구역을 넷으로 나누지요. 크로톤은 알크마이온 이래 초기 의사들의 고향이었음을 우리는 잊지 않습니다.

> 《로고스 안에 있는 동물[3] 속에는 ― 필롤라오스가 또한 이렇게 자연[에 관한 책]에서 말한다 ― 네 개의 시작{아르케}들[4]이 있다. 뇌{엔케팔로스}, 심장{카르디아}, 배꼽{옴팔로스}, 치부{아이도이온}[5]가 그것이다. 뇌는 사유{노오스}[6]의 시작이며, 심장은 생명{프쉬케}과 지각{아이스테시스}의, 배꼽은 태아의 뿌리내림{리조시스}과 자라남{아나퓌시스}의 시작이고, 치부는 씨{스페르마}의 배출과 또한 생성{게네시스}의 시작이다. 그런데 뇌는

---

1 ⇐ 1.3.3.3.1*. *{해당 부분은 없으며 1.4.3.3.1의 오기인 듯하다.}
2 엠페도클레스(DK(6) 31, B 63)와 함께 위 플루타르코스(철학자들의 의견들에 대하여, 905c절)도 보십시오. 여기에서는 계속해서 다음과 같이 말합니다. 제논과 아리스토텔레스에 따르면, 여자는 운동하면서 땀을 흘릴 수는 있지만 씨와 같은 것은 만들어낼 수 없다고 말입니다. 아이고, 김나지움의 옛 영광이여!
3 *{로고스 안에(로기코스λογικός) 있는 동물Tier, 즉 말하는 동물이란 인간을 뜻한다. 인간이 아닌 동물은 '짐승Getier'으로 옮겼다.}
4 *{1.3.3.3.2와 2.2.2.1.1과 2.2.2.2.1.}
5 *{1.1.1.}
6 *{2.2.1.1과 2.2.1.2.}

인간의 시작을 [뜻하며], 심장은 짐승의, 배꼽은 식물의 시작을 그리고 치부는 반대로 이 모두의 시작[을 뜻한다]. 씨에서 모든 것이 싹트고 가지를 내밀기 때문이다.》[1]

필롤라오스에게 인간 존재Menschsein란 아리스토텔레스에서처럼 《말\담화Rede를 가진》 자들이 결코 아니며, 네 개의 모든 신체 구역에 의해 조율되어 있는 이들을 말합니다. 반대로 필멸자들이란 《말\담화를 들은 짐승》입니다. 《우리보다 더 강력한 로고이가 있기》[2] 때문에 음악은 오로지 우리들에게만 산술로서 또는 음정비로서 떠오릅니다. 반대로 귀를 가진 다른 어떤 동물들에게 음악은 그저 지각으로서만 발현하지요.[3] 이렇게 짐승들에게는 네 개의 시작들 가운데 세 개만 남아 있고, 식물에는 두 개만 있기는 하지만 엠페도클레스에서처럼 뿌리를 내리고 있습니다. 끝으로 치부가, 자연으로서 자라났고 새로운 자람을 시작했던 우리 모두를 테트락티스로 함께 짜 맞춥니다. 자연Physis은 어머니 쪽의 탯줄과 아버지 쪽의 씨에서 스스로 열리지요. 존재자 전체가 그 조화 속에서 신들을 따라하며 서로 함께 잡니다.

동물들이 뇌를 가지고 있지 않다는 사실은 그 자체로는 틀립니다. {하지만} 바로 그 때문에 하나에서 넷까지의 테트락티스에서 이음매 또는 조화가 마침내 말하는 것이 무엇인지를 더 쉽게 읽어 낼 수 있습니다. 테트락티스는 현악기 연주를 규정할 뿐 아니라 두 성의 사랑놀이도 규정합니다. 오로지 남자들만 있다면 또는 오로지 여자들만 있다면, 단지 홀수들만 있다면 또는 단지 짝수들만 있다면 조화는 필요가 없었겠지요. 이에 대해서는 하르모니아의 어머니 아프로디테가 이미 증명합니다. "델포이에서 아프로디테가 가지고 있는 이름은 같은 어원의 하르마Harma이며,[4] 이는 명백하게 사랑의 결합을 지시한다."[5]

---

1 필롤라오스, DK(6) 44, B 13. 딜스는 조이온ζῷον*을 피조물이라고 번역하여, 위대한 문헌학자들이 존재사적으로 얼마나 귀가 먹었는지를 그렇게 증명합니다. 《기독교 신학에서 아직 오랫동안 내쫓지 않은 나머지들》을 사유에서 몰아내는 것에 관한 일입니다(하이데거, 1931(3), 229쪽~). 독일어 번역은 부르케르트(1962, 249쪽~)를 보십시오. *{'동물, 짐승'이라는 뜻이며, 키틀러는 동물Tier로 옮겼다.}
2 필롤라오스, DK(6) 44, B 16.
3 아리스토텔레스, 형이상학, 1권 1장 980ab21~25절.
4 *{1.1.2.3.2.3과 1.3.1.2.}
5 오토, 1947(3), 103쪽.

보이오티아에 있는 도시 카이로네이아 출신의 플루타르코스는 젊은 시절부터 피타고라스학파의 수에 관한 지혜를 모두 전수받았으며,[1] 그러한 옛 가르침을 「델포이의 E에 관하여」라는 대화편에 보존했습니다. 그가 제목에서 하고 있는 질문은 (소크라테스와는 달리) 바로 왜 아폴론의 신전에 그 유명한 《너 자신을 알라》라는 경구 외에도, 옛 이름이 에이였던 글자 엡실론E이 단독으로 쓰여 있는가 하는 것입니다. 그리하여 대화 상대자들이 차례로 내놓는 아름다운 대답들 중 하나는, 글자 에이E를 《당신은, 아폴론, 이다》[2]라는 뜻에서 에이εἶ의 명사형이라고 보는 것입니다.[3] 다른 대답들 중 하나는 반대로 알파벳에서 다섯 번째의 글자가 언제나 다섯을 의미한다고 가정합니다. 따라서 델포이 신탁소의 가장 유명한 신관이었던 플루타르코스는 무엇이 다섯을 신성하게 만들기에 자신이 지키고 있는 신전을 장식하고 있는지를 묻습니다. 소크라테스처럼 항상 텅 빈 자기 인식만을 숙고하는 대신, 플루타르코스는 수로서의 다섯에 대한 질문을 던집니다. 그리고 대답은 또다시 필롤라오스와 테트락티스에서 나옵니다.

《나는 이렇게 말했다. 〈모든 수는 짝수와 홀수로 나뉠 수 있기에 그리고 하나임{모나스μονὰς}[4]은 그것을 첨가하면 짝수를 홀수로, 홀수를 짝수로 만드는 그 힘 때문에 양쪽에 공통된 것이기에, 그래서 짝수들의 시작은 둘이고 홀수들의 시작은 셋이며 다섯은 이 둘을 섞는 것에서 생겨나기에, 이렇게 다섯을 최초의 수들에서 나온 최초의 끝맺음된 수로서 기리는 것은 매우 적절했다. 이렇게 해서 그것{다섯}은 사랑의 밤(가모스γάμος)[5]이라는 별칭을 얻었는데, 짝수는 여성적인 것과 비슷하며, 홀수는 남성적인 것과 비슷하기 때문이다. 왜냐하면 수를 분할하면 짝

---

1 플루타르코스(1979~80, 1권 464쪽)에서 콘라트 치글러.
2 플루타르코스, 델포이 신전의 E에 관하여, 17절 392a. 《존재》는 풀어서 말하자면 아폴론 신에게 적절한 유일한 호칭이라고 합니다.
3 *{고대 그리스어 에이εἶ가 명사로 쓰일 때는 그리스 문자 엡실론(E)의 옛 이름을 뜻하고, 동사일 때는 '이다, 있다, 존재하다'라는 뜻의 동사 에이미εἰμί가 2인칭 단수 현재형으로 활용된 형태를 말한다.}
4 *{키틀러는 '하나라는 성질'이라는 뜻에서 독일어로 드물게 쓰이는 단어(Einsheit)로 모나스μονὰς를 옮겼다 (2.2.2.2.2).}
5 *{가모스는 보통 '결혼'이라고 번역되지만, 가족 공동체에 의해 허락되고 법적으로 신고된 혼인 관계를 일컫는 이름은 그리스에는 없으며(1.1.2.4.1) 한 쌍의 연인이 맺는 사랑의 결합만을 뜻하기에 키틀러는 사랑의 밤(리베스나흐트 Liebesnacht)이라고 옮겼다.}

수는 완전히 나누어떨어지며, 받아들이는 시작이자 빈 공간(덱티케 아르케 카이 코라δεκτικὴ ἀρχὴ καὶ χώρα)을 자신 안에 남기는데 반해, 홀수가 동일한 과정을 겪는다면 나눌 때 항상 {태아나 열매를} 맺게 하는 가운데(메손 고니몬μέσον γόνιμον)를 남기기 때문이다.》》[1]

그러니까 다섯은 — 우리가 상징화시키려고 하는 것처럼 — 사랑의 밤의 결과인 아이를 가리키는 것이 아니라 사랑의 밤 자체를 일컫는 것임에 주의하시길 바랍니다. 둘이서 함께 잠을 잘 때,《그들은》신神들뿐 아니라 수數들도《따라합니다》. 이것은 특히 대그리스가 장려했었던 바, 포르노그래피 제작자가 쓴 것이 아니라 어느 한 신관이 다섯이 새겨져 있던 유명한 신전에서 {다섯이 지시하는} 의미Deutung들을 이끌어 내기 위해 쓴 것임에 주의하시길 바랍니다. 왜냐하면《델포이의 신탁으로 존재하는 주인{아폴론}은 드러내지도 숨기지도 않으며, 지시하기》[2] 때문입니다. 아폴론 신관은 이 부름과 필롤라오스를 따릅니다. 플루타르코스는 둘을 {둘로} 나누어, 기꺼이 받아들이는 한 여자의 질을 발견합니다. 테트락티스의 두 번째 열에 있는 짝수 개의 두 돌멩이가 정말로 텅 빔을 경계 짓고 있기 때문입니다.[3] 영은 다행히 아직 정수가 아니라 이루 말할 수 없이 부드러운 구멍 그 자체입니다. 다섯은 다행히 아이가 아니라 이 밤을 말합니다. 그리고 나서 플루타르코스는 홀수 셋을 {둘로} 나누고, 그 중앙에서 경계 짓고 있는 가운데Mittel[4] 하나를, 즉 발기된 음경으로서 기꺼이 맺게 하는 돌멩이 혹은 존재하는 것 하나를 발견합니다. 필롤라오스에 따르면 경계 짓는 것과 홀수는 하나이기 때문입니다. 그리하여 마지막으로 그리스인들이 말했던 것과 같은 도식 혹은 자세로서의 테트락티스가 여기 있습니다. 한 여자 혹은 세이렌이, 둘로서 위에서 내려옵니다. 셋으로서 한 남자는, 꿈꾸듯 아래에 누워서 그녀를 이미

---

1 플루타르코스, 델포이 신전의 E에 관하여, 8절 387e~388b절. 플루타르코스, 로마 문제, 102번 288d절. 위 플루타르코스, 호메로스의 삶과 작품, 2권 145장. 필롤라오스, DK(6) 44, A 20a. — 이 모든 것을 슈펭글러는 오역합니다(1929~30, 1권 111쪽).
2 헤라클레이토스, DK(6) 22, B 93*. *{'그는 […] 지시한다'고 옮긴 그리스어는 세마이네이σημαίνει로 '기호, 신호, 표지'를 뜻하는 세마σῆμα에서 나온 동사이다. 키틀러는 독일어로 '가리키다, 지시하다, 의미하다, 해석하다'는 뜻의 동사(deuten)를 사용했다.}
3 덱티코스δέκτικος는 〈그것은 자신을 보낸다〉는 뜻의 라틴어 데케트decet와 같은 어근에 속합니다.
4 *{아르키타스의 파편에서는 평균을 지칭하는 메소스μέσος와 같은 뜻의 낱말이다(2.2.2.1.1).}

2.2.2.2.2.3 사랑놀이 속에서 세계의 조화

기다리고 있습니다. 그의 팔루스는 ― 헤라클레이토스가 예언한 것과 꼭 같이 ― 그녀의 질을 직접 지시하고 있습니다.

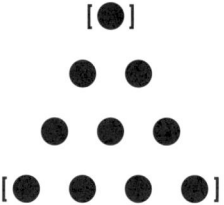

이것을 우리는 필롤라오스의 생전에 대그리스에서 만들어지고 최근에야 땅 밖으로 나온, 이 책의 표지에 실린 작은 적회식 도기 그림[1]으로부터 끌어내고, 안타깝게도 다시 사라진, 그러니까 지독하게 불명확한 세이렌 부조에서 끌어내며, 루크레티우스의 마르스와 베누스, 즉 아레스와 아프로디테의 사랑의 행위에 대한 애정 어린 시로부터 끌어내며,[2] 마지막으로 아테네의 사창가 방문자들에게 가장 비싼 체위였다는 벌거벗은 사실로부터 끌어냅니다.[3]

우리는 밤새 공원 주위를 돌며, 끝없이 서로 함께 잡니다…

한 세이렌이 위에서 내려옵니다

1　*[독일에서 출판된 이 책의 표지에는 남이탈리아 로크리에서 발굴된 작은 포도주 항아리(오이노코에)에 그려진 그림이 실려 있는데, 이 그림은 발기된 채 앉아 있는 젊은 남자 위로 젊은 여자가 다가가는 모습을 묘사하고 있다. 베를린 구 박물관에 전시되어 있으며 소장번호는 F 2414이다.}
2　루크레티우스, 사물의 본성에 관하여, 1권 31~40행.
3　제임스 N. 데이빗슨, 『창녀와 해물, 고전기 아테네의 정열에 대한 소비』, 독일어로 젠나로 기라르델리 옮김, 다름슈타트: 1999, 141쪽.

…하지만 우리는 발터 부르케르트 덕분에 동일한 것을 필롤라오스에서 직접 읽어 냈었을 수도 있었을 것입니다. 홀수 혹은 경계 짓는 것을 뜻하는 현재 분사 타 페라이논타 περαίνοντα는 '나는 끝맺는다, 경계 짓는다, 마무리한다'는 뜻의 페라이노περαίνω에서 유래하는 말입니다.[1] 그런데 이것은 우리 모두가 이와 함께 떠올리는 바로 ― "{이러한} 언급을 용서해 주시기를 ― 외설적인 의미"의 그것을 말합니다. 남자인 나는, 그대가 도달할 때까지 신경을 씁니다.[2] 괜히 사포가 아프로디테를 부르며 오라고 하는 것이 아닙니다. 괜히 사포가 유일하게 그녀의 리라에서 사랑을 하는 것이 아닙니다.

이에 관해 바뀐 것은 없습니다. 홀/짝은 여자 그리고 남자와 같습니다. 프로이트의 현란한 소파 위에 이름 없는 한 젊은 남자가 누워 고백하는데, 분명 프로이트 자기 자신을 얼버무리는 것일 겁니다.

> 《어느 한 여름 별장의 정원, 그는 자기에게 글자를 가르치려고 애쓰는 고모 옆 작은 의자 위에 앉아 있다. 그는 엠m과 엔n의 차이에서 어려움을 느껴서 고모에게 이것은 무엇이고 저것은 무엇인지 알려달라고 부탁한다. 고모는 그에게 엠에는 엔보다 셋째 획이 하나 더 있다는 사실을 환기시킨다.》[3]

2.2.2.2.2.4 그리고 죽음까지

자연Physis에 대한 필롤라오스의 가르침은 우리들에게, 여자들과 남자들 모두에게 마음이 열망하는 모든 것을 베풀어 줍니다. 삶, 사랑, 행복, 음악과 아이들을 말이지요. 그리하여 어떤 부모가 그에게 삶을 가져다주었고 어떤 선생이 그를 사유하도록 이끌었는지, 우리는 그런 시민전쟁 같은 것에 대해서는 더는 알지 못하기는 하지만, 그의 사후의 명성에 관하여는 그만큼 더 많이 알고 있습니다. 후에 유명해진 수많은 청자들은 필롤라오스를 들었습니다. 크로톤, 헤라클레이아 그리고 얼마간은 테베가 명료한 사유의 장소가 되었습니다. 죽음은 탄생보다 더 오래 지속됩니다.

---

1   *{1.3.3.3.}
2   부르케르트, 1962, 32쪽.
3   프로이트, 1946~1968, 4권 57쪽.

한편으로는 필롤라오스에 대한 존경을 표하기 위해 제자라고 스스로를 칭한 청자들이 있었습니다. 그들 가운데에는 플라톤의 이른바 친구였던 영웅 아르키타스와, 소크라테스가 독배를 마시는 것을 볼 수 있었던 테베 출신의 두 사람 시미아와 케베스 그리고 플레이우스 출신인 에케크라테스, 판톤, 디오클레스, 폴림나스토스[1] 그리고 끝으로 분명히 다른 제자들보다 나이가 많았을 것이며 아마도 필롤라오스의 친구였을 타라스[2] 혹은 메타폰티온[3] 출신의 에우리토스가 있습니다.[4]

다른 한편으로는 자신들의 명예를 드높이기 위해 필롤라오스의 동시대인이라고 주장하는 자칭 제자들이 있었습니다. 단지 그들이 아테네 출신이었다는 이유로 철학사는 이들을 믿음으로 계승하였습니다. 로마군은 대大그리스의 문서실, 신전, 책들을 불태워 버렸고, 우리에게 남아 있는 것은 아티케의 위조품들뿐이기 때문입니다. 따라서 참고 문헌 목록 속에 당연하게 포함된 소크라테스는 필롤라오스와 동일한 올림픽에서 한창이었는데 ― 이 둘의 가장 위대한 제자인 플라톤과 아르키타스도 마찬가지로 동시대인이었을 것입니다. 하지만 소크라테스는 이제 필롤라오스가 시미아스와 케베스에게 가르쳤던 것에 대해 반박하고, 플라톤은 이제 이탈리아에서 직접 아르키타스에게서 배웠던 것에 대해 자신의 글 속 매 행간마다 반박합니다. ― 우리는 고등 교육 기관에서 그 반대를, 즉 표절 불안 없는 좋은 선생이 자신들의 제자들을 공격했다고 듣지 않았던가요? 암담하게도 그 반대가 사실입니다. 필롤라오스는 소크라테스에 대해서 한마디도 언급하지 않으며, 아르키타스는 플라톤에 대해서 한마디도 언급하지 않습니다. 그저 반대 방향으로 장황한 말들이 범람할 뿐입니다. 그러니까 이탈리아 출신의 두 사람이 더 나이가 많습니다. 우리가 의미를 지시하기 전에 그들이 명예와 은혜를 상냥하게 주는 것 때문만으로도, 일단 이 햇수는 틀림없을 것입니다.[5]

---

1 디오게네스 라에르티오스, 이름난 철학자들의 삶과 가르침, 8권 46절.
2 필롤라오스, DK⁽⁶⁾ 44, A 4.
3 이암블리코스, 피타고라스적 삶의 방식, 36장 266절~.
4 디오게네스 라에르티오스, 이름난 철학자들의 삶과 가르침, 8권 46절. 팀파나로 카르디니(1969⁽²⁾, 2권 250쪽)도 이렇게 말합니다.
5 따라서 "플라톤이 처음으로 시칠리아섬을 여행했던 시기인 고대 올림픽 제97회 4년 차*에" 필롤라오스는 "더 이상 살아 있지 않았다"라는 단순한 구절을 쓴 아우구스트 뵈크는 경탄할 만한 가치가 있습니다

2.2.2.3 메타폰티온의 에우리토스

청자 에우리토스와 그의 선생 필롤라오스에 관한 멋진 전설이 하나 있습니다. 부르케르트와 허프만이 그것을 간단하게 숨겨 버린다는 이유만으로도 우리는 무엇보다도 그 이야기를 좋아합니다. 여기 그 전설이 《우리를 위해서도》 무사처럼 다가옵니다.

2.2.2.3.1 죽은 스승이 노래합니다

여러분들은 우선 한 가지만 알고 있으면 됩니다. 그리스인들은 (특히 아풀리아인들은) 노래하고 리라를 연주했던 것만큼이나 죽은 자들을 사유하고, 보여 주고, 그리는 것을 단연 가장 좋아했습니다. 무덤에서도 음악이 울렸습니다. 언제나 죽은 자들만이 직접 만들어 낸 것이지요. 남겨진 자들은 귀를 기울였고, 소리에서만 유일하게 위안을 얻었습니다. 이 경이가 나타날 때는 언제나, 노이즈를 내며 다가오는 오싹함의 비非장소인 타르타로스Tartaros가 노래하는 세이렌의 엘리시온Elysion으로 변하였기 때문입니다.[1] 이에 대해서는 유일하게 보존된 문장-파편이 셀 수 없이 많은 조용한 도기들과 함께 증명합니다. 죽은 필롤라오스가 무덤으로부터 노래했다고 말이지요.[2]

우리가 그를 믿는다는 사실을 이암블리코스는 아주 정성껏 우리에게 가까이 가져옵니다. 그는 『피타고라스적 삶의 방식』에서 다음과 같이 씁니다. 《그들(피타고라스와 피타고라스학파)이 금지한 것들의 대부분은 밀교에서 유래했는데, 그들은 이것을 믿었기 때문이며 속임수가 아니라 어느 한 신이 건립한 것이라고 여겼기 때문이다. […] 그들은 마치 신적인 것과 관계되는 것은 아무것도 의심하지 않았다는 듯, 그 모든 것을 믿으며 직접 시도하기도 하고, 신화로 보이는 것들을 기억 속에 간직하였다. 누군가가 이야기하기를,

---

(뵈크, 1819, 21쪽). 이미 키케로는 플라톤이 이탈리아에서 필롤라오스를 독해한 것과 그의 아르키타스와의 친분을 엄격하게 분리합니다(키케로, 국가론, 1권 10절). *(기원전 389/388년을 말한다.)
1 들라트, 1913, 318~332쪽. 저승에서 (혼을) 달래며 세이렌으로 날아오르는 오르페우스에 대해서는 부르케르트(1999, 75쪽)도 보십시오.
2 들라트, 1913, 329쪽~. 들라트는 자신의 삶에서 사랑을 뜻밖에 경험했던 젊은 남자였을 것입니다. 우리는 그에게 감사를 표하고 싶습니다.

필롤라오스의 청자인 크로톤의 에우리토스가 다음과 같이 말했다고 한다. 어느 양치기가 밝은 한낮에 필롤라오스의 무덤 위로 양들을 풀어 풀을 뜯게 했는데 무덤에서 흘러나오는, 마치 노래를 부르는 듯한 필롤라오스의 목소리를 들었다고 말이다. 필롤라오스가 죽은 지 이미 몇 해가 지났는데 말이다.》 양치기는 서둘러 에우리토스에게 새로운 경이 또는 아쿠스마를 전하러 갔습니다. {에우리토스가 양치기에게 묻기를}《〈그런데 신들에게〉, 그가 말했다, 〈어떠한 순서의 음으로 불렀느냐?〉, '카이 티나, 프로스 테온καὶ τίνα, πρὸς θεῶν', 에이펜êἶπεν '하르모니안ἁρμονίαν?'》[1]

우리가 여기에서 먼저 경험하는 것은 +315년 필롤라오스 이후 칠 세기가 지난 이 시기에 이암블리코스와 같은 신피타고라스학파가 로고스와 미토스의 헬레니즘적 분리를 다시 지양하는 것을 얼마나 어려워했는가입니다. 사랑과 죽음의 비밀\밀교Mysterien는 {기원후 306~337년에 재위했던} 콘스탄티누스 {1세} 이후의 기독교인 황제가 점차 더 강하게 금지한 바로 그것입니다. 하지만 이암블리코스는 우리처럼 율리아누스가 왕좌에 있는 것을 꿈꿉니다.[2] 율리아누스는 우리가 그리스인으로서 살도록 했지요. 사랑하는 여러분들, 분리 그 자체는 그래서 사라져야 합니다.

우리는 알아차리지 못한 채 하나의 듣기 놀이Hörspiel, 하나의 그림Bild에 빠져듭니다. 여름이며, 한낮입니다. 한 사유자의 묘비가 탁 트인 곳에 있습니다. 필롤라오스는 대그리스의 어느 도시에 묻혀 있는 것이 아니라 타라스 또는 헤라클레이아에 묻혀 있다고 합니다. {그냥 이름 모를 어느 도시라고 말하기에} 그는 너무 유명하지요. 해가 빛나고, 장미가 꽃피며, 양들을 위해서는 잔디와 토끼풀도 있습니다.[3] 그리고 — 이암블리코스와는 반대로[4] — 분명한 것은 그 양치기가 경이의 순간에 에우리토스와 같은 필롤라오스의 청자는 아니라는 것입니다. 그랬더라면 양치기의 귀가 깜짝 놀라는 일은 없었을 테

---

1 우리의 독일어 번역은 이암블리코스의 아름다운 문장들(피타고라스적 삶의 방식, 28장 138절~과 148절)*이 겹쳐지도록 시도하고 있습니다. *{키틀러는 여기서 하르모니아을 '조화'로 번역하는 대신 '음의 순서 Tonfolge'로 옮겼으나, 다음 장에서는 조화/화성Harmonie으로 옮긴다(2.2.2.3.2).}
2 미하엘 폰 알브레히트가 이암블리코스(1963, 10쪽~)에서 씁니다.
3 테오크리토스(목가, 5장 31~34행)는 대그리스의 전원풍경을 찬미합니다.
4 이암블리코스, 피타고라스적 삶의 방식, 38장 139절.

지요. 양치기는 한낮에 노래하거나 시링크스를 연주해서는 안 됩니다. 그렇게 한다면 위대한 판을 잠에서 깨워 놀래게 할 것이고, 그가 거칠게 폭소하는 것을 듣게 될 것이며, 이로 인해 밝은 공황{패닉}에 빠지게 될 것입니다.[1]

시링크스 연주자 판이 아니라 필롤라오스가 무덤으로부터 노래합니다. 필롤라오스는 자신의 제자들 또는 더 정확하게는 자신의 청자들에게 음악이 무엇인지, 들을 것을 줍니다. 아울로스 혹은 심지어는 시링크스에서 어떻게 조화롭고 아름다운 음들을 끌어낼 수 있는지에 대한 최초의 책을 쓴 사람이 필롤라오스의 제자\학파 가운데 하나인 아르키타스인 것은 괜한 일이 아닙니다.[2] 양치기 신 대신 필멸자의 목소리가 등장하고, 무사와 세이렌 이래로 그리스인들에게 울려 퍼졌던 많은 여자들의 목소리 대신 한 남자의 목소리가 등장합니다. 피타고라스는 더 이상 자신의 어머니 또는 여신을 듣는 것이 아니라, 그 대신 죽은 자의 동굴에서 어머니로 하여금 기록하도록 했던 최초의 사람입니다. 그의 제자 필롤라오스는 자신의 죽음 밖으로 나와서 ― 엄격하게 제인스를 따르며 ― 한낮의 꿈속에 있는 다른 남자에게 울린 최초의 남자 목소리입니다. 이로써 피타고라스적 음악수학은 그리스인들이 아는 저 유일한 불멸성을 획득합니다. 이암블리코스는 에우리토스 및 그의 죽은 선생과 직접 관련하여 다음과 같이 기록하기 때문입니다.

> 《어느 날 누군가가 피타고라스에게 자신은 잠에서 이따금 죽은 아버지와 이야기를 하는 것 같다고 말했다고 한다. 그는 스승에게 이것이 어떤 조짐\신호(세메이온σημεῖον)인지를 물었다. 〈아무런 조짐도 아니다. 그대는 정말로 그대의 아버지와 이야기한 것이다.〉》[3]

꿈꾸는 자에게 말로써 또는 목소리로써 나타나는 아버지들이 살아 있는 자들보다 못한 존재가 아니라면, 문제가 되는 것은 부재Abwesen에서 나오는 이 현전Anwesen을 지속되게 만드는 것입니다. 스승의 우수한 제자 에우리토스는 양치기에게 그냥 감사해 하는 것만으로 만족하지 않았습니다. 선생의 이름이 제자들에게 머무르며 유효한 한, 선생은 불멸이며, 제자에게 새로운

---

1 테오크리토스, 목가, 1장 15~18행.
2 아르키타스, DK(6) 47, B 6.
3 이암블리코스, 피타고라스적 삶의 방식, 38장 139절. 148절과 비교해 보십시오.

것을 말하지 않기 때문입니다. 이것은 우리도 우리의 고등 교육 기관을 통해서 알 수 있지요. {양치기에 대한 감사에만 만족하는 것이} 아닙니다. 에우리토스가 하는 것은 모든 신들을 불러서 화성을, 다른 말로 하자면 정확한 음의 순서를 양치기로부터 알아내는 것입니다. 오디세우스가 자신의 모험을 올바른 순서로 낭송했다고 데모도코스를 칭찬하는 것처럼, 죽은 필롤라오스의 입에서 나오는 모든 음절들이 마찬가지로 신성해집니다. 다른 말로 하자면, 양치기에게 하는 질문을 통해 에우리토스는 그에게 화성Harmonie들을 가르치기 시작한다는 것이며, 이것이 뜻하는 바는 어떻게 그가 직접 수들로 또는 음표들로 기록하는가를 가르친다는 것입니다. 그렇게 한 후에야 비로소 필롤라오스가 무덤으로부터 노래했던 모든 음절이 불멸로 남을 것입니다. 언젠가 크로톤에서 《어머니》가 무덤과 죽음 속으로 사라진 피타고라스에게 기록해 주었던 수많은 우연들처럼 말이지요. 이렇게 무덤 목소리의 경이가 두 번째의 경이를 일으킵니다. 음악은 스스로 기록하지 않기를 멈춥니다.

세계 최초의 소리글자[1]를 정말로 우리는 들을 수도 있었을 것입니다… 하지만 아리스토텔레스는 한을 풀었습니다. 그의 제자들이 알렉산드리아의 무세이온에 있는 책들에서 모든 음높이 기호들을 지워 버렸지요.[2] 화성Harmonie은 우리 고등 교육 기관의 건조한 본문으로 쇠퇴해 버렸습니다.

2.2.2.3.2   음음 알파벳

우리는 늦어도 에우리토스에서 수수께끼로 가득한 한 사건에 부딪치게 됩니다. 그리스인들이 핀다로스와 에우리피데스 사이의 고전기 언젠가에 모음 알파벳에 세 번째 전환점을 일으켰다는 것은 그동안 분명한 사실이 되었습니다. 말소리와 정수整數 외에도 그리스 알파벳으로 노래하는 목소리

---

[1]   *{소리글자Phonogramm 또는 표음문자는 보통 말소리를 기록하는 문자를 일컫는 말이지만, 키틀러는 여기서 '음높이를 기록하는 문자'의 개념으로 사용하였다.}

[2]   샤데발트, 1989, 63쪽. "다른 아리스토텔레스의 제자인 아리스톡세노스는 특히 처음으로 옛 문헌을 바탕으로 음악을 연구하였다. 흥미로운 것은 음악 이론에 대한 이 작업에서의 바로 이 분기점을 통해 옛 음악이 사라지게 되었다는 것이다. 왜냐하면 핀다로스와 옛 합창곡은 전승되었었지만 그것{음높이 기호}들은 빼고 읽었기 때문이다. 그렇지 않았다면 이것들은 지금까지 남아 있었을 것이다. 그러나 이제 이것은 우연이든 그렇게 되어야 했던 것이든, 음악이 고유의 시적인 단어의 전승으로부터 분리되었던 세계사적 섭리 중 하나일 뿐이다."

와 키타라의 음높이를 기록할 수 있게 되었지요. 존재하는 모든 기호 체계들 — 그림, 글자, 수, 음악 — 을 디지털 컴퓨터로 0과 1의 이진수로 코드화하는 우리의 유일무이한 문화와 거의 비슷하게 그리스인들은 그리고 오직 그리스인들만이[1] 자신들의 알파벳에 하나의 매체를, 모임으로서의 또는 하나로서의 로고스를 직접 실현했었던 매체를 가지고 있었습니다.

이와 같이 학문과 기술에 있어서 우리 문화가 기반을 둔 그리스 문화는 모음 알파벳이 전부가 아닙니다. 소리글자적으로 충실하다 해도, 훗날의 에디슨처럼 호메로스를 붙들고 있다고 해도 경이를 설명하지는 않습니다. 그리스의 기호 혹은 음성 스물네 개로 이 세상에서 오로지 단 한 번 하나의 입말{에서 사용되는 모든 말소리들}을 다 끄집어내기는 했습니다. 하지만 일본어와 같은 언어가 그저 열린음절만 알고 있다면, 이 음절문자도 처음의 우리 알파벳처럼 (선형문자 B와는 반대로) 매우 충실하게 발음을 반영합니다. 그런데 우리가 아는 한 다른 어떤 고급 문화도 언제나 다시금 스스로를 불러내는 데에 자신들의 글자를 사용하여 존재자 전체가 — 말소리, 수 전체 그리고 사 원소와 끝으로 옥타브 공간에 이르는 전체가 — 하나의 글자를 열어 내도록 한 적은 없습니다. 그리고 바로 그 때문에 존재자das Seiende를 존재하는 것Seiendes으로서 사유하는 것이 분명 가능했을 것입니다.

그리스의 음높이 기호에는 두 가지 종류가 있습니다. 하나는 {노래하는} 목소리를 위한 것이고, 다른 하나는 {연주하는} 장난감을 위한 것으로 우리는 이 장난감을 라틴어에서 유래한 단어인 악기Instrument[2]라고 부릅니다. 노랫소리 글자Vokalschrift는 아마도 아르고스의 옛 알파벳 가운데 하나에서

---

[1] 로만, 1970, 24쪽. "(음의 진행을 '글자'로 재현하는 형태의) '음표'도 그리스의 발명이다." 다음도 참고하십시오. "그러나 이러한 '작곡'과 같은 예술을 위한 '마지막' 전제는, 핀다로스가 최고로 완성했던 것처럼, 폴리스πόλις-문명의 '시작'에서 있었던 그리스어의 소리몸통*에 대한 분석이다. 이 분석은 하나의 언어를 위해 최초로 음운론적으로 정확한 '알파벳'으로 이끌었을 뿐 아니라, 이 글자를 사용하여 또한 인간의 역사에서 '최초로' (심지어 오늘날 가장 최근의 물리적 인식의 관점에서도 절대적으로 '청각적으로' 정확한) '기보법'을 만들게끔 했다!" *{소리몸통Lautkörper은 언어학에서 언어 기호를 기표와 기의로 나누었을 때 기표에 속하는 개념이다. 한 단어가 나타내는 개념이 기의라면, 그 단어의 소리 덩어리가 기표이다. 학자에 따라 이 소리 덩어리를 물리적 청각인 소리몸통Lautkörper과 심리적 표상인 소리이미지Lautbild 둘로 구분하기도 하고, 소리몸통을 소쉬르의 청각 영상image acoustique(소리 이미지)과 같은 뜻으로 쓰기도 한다.}

[2] *{'기구, 도구'를 뜻하는 라틴어 인스트루멘툼instrumentum에서 유래하였다.}

유래했을 순전한 자음들로 하나의 옥타브를 펼칩니다.[1] 반대로 악기 글자 Instrumentalschrift는 두 옥타브 전체를 기록하기 위해 A부터 N까지의 옛 도리스식 글자 형태로 거슬러 올라갑니다.[2] 게다가 노랫소리 글자에만 각각의 음길이를 지시하는 기호들이 (아마도 후기에) 추가되었습니다.[3] 그래서 이것은 음 전체의 길이를 한꺼번에 지정하는 중세 성기盛期 이후의 기보법과는 다릅니다. 끝으로 악기 글자의 자모들만 90도 또는 180도 회전이 허용됩니다. 이렇게 돌려진 글자들은 테트라코드에서 반음 또는 딴이름한소리로 물들여진 음들을 가리킵니다. 레우키포스와 데모크리토스와 같은 원자론자들이 ― 아마도 동시대에 ― 사유하거나 기록하는 것은 다름이 아닙니다. 텅 빈 속의 원자들은 ― 형태와 순서는 제외하고 말하면 ― 그 놓임새만으로도 서로 구별되지요. 파피루스 위의 Z는 넘어진 N입니다.[4]

이렇게 그리스인들은 글자로 노는 것을 점점 더 많이 배우게 됩니다. 첫째, 셈계 글자들의 원형에서 완전히 벗어나는 기하학적 크기와 대칭[5]에서 그리스인들은 배웁니다. 뉘N와 제타Z에서 처음으로 회전 대칭이지, 눈ﬢ과 자인ﬨ에서는[6] 그렇지 않습니다. "지구상의 어떠한 글자도" 이렇게 급진적으로 글자들이 "기본적 기하학적 형태들 ― 직선과 원호, 직각과 예각 ― 에"[7] 대응할 수 있음을 제시한 적은 없었습니다. 그런데 누가 그리스 글자에 이 전대미문의 기하학을 선사했을까요? 기하학이 근거하고 있는 그 외에는 아무도 없습니다.

> 《피타고라스는 글자의 아름다움에 신경을 쓰며 기하학에 의거하여 모서리, [원]둘레, 직선들로 글자의 획을 이었다.》[8]

---

1 *{노랫소리의 음높이를 기록했던 그리스 알파벳은 한 옥타브 내의 음들에 주요 글자가 할당되어 있으며, 그 밖의 음높이들은 주요 구간의 글자를 바탕으로 짧은 선을 더하거나 뒤집는 등의 변형을 하거나 또는 완전히 다른 새로운 기호로 기록했다.}
2 푈만, 1960, 5쪽~. 웨스트(1992, 261쪽)는 매우 다르게 합니다.
3 *{전해지는 악보 중에 가장 오래된 것 중 하나로 여겨지는 기원전 2~3세기경 세이킬로스의 비석에 노랫소리 글자 위에 쓰인 음길이 기호가 나타난다. 대문자로 쓰인 노랫말 위에, 그보다 작게 새겨진 음높이 및 음길이 기호가 있다.}
4 아리스토텔레스, 형이상학, 1권 4장 985b28절.
5 스벤브로, 1988, 31쪽.
6 *{눈ﬢ과 자인ﬨ은 각각 히브리 문자의 열넷째와 일곱째 글자이다.}
7 로만, 1970, 23쪽.
8 디오니시오스 트락스 주석집. 카슨(2003(3), 56쪽)에서 재인용.

이것이 의미하는 바는 첫째, 단순히 실용적인 기하학이 아니라 순수한 기하학을 유럽에 — 피타고라스에게도 마찬가지로 — 선사했던 글자들이 무엇보다도 바로 그 기하학을 얻게 되었다는 것입니다. 이것은 재귀의 재귀입니다. {하지만} 폴리클레이토스의, 우리 몸의 조형적 카논 그리고 르 코르뷔지에의, 우리 건축물의 콘크리트 모듈 — 이 둘은 환영Phantasma이며, 알파벳의 과대 확장입니다.

둘째, 돌 새김글들이 보여 주는 바, 그리스인들은 자신들의 이 글자들을 점점 더 전체적인 그림으로 배열한다는 것입니다. 즉, 그리스 문자는 "나란히 열 지어 서 있는 병사들처럼 옆 사람 옆으로 정렬"되어 있을 뿐 아니라 — {기원전} 550년경 이후로 아티케에서는 — "또한 앞사람 뒤로"[1]도 정렬되어 있습니다. 마치 피타고라스적으로 순수한 기하학이 글자에 옮았다는 듯, 이러한 글자들이 마침내 춤추기 시작한다는 사실은 얼마나 경이로운지요. 무사들의 알파벳이 존재한 이래 처음부터 노래로 불리는 음절이나 단어들을 포착했던 것처럼, 그렇게 그들은 또한 마지막으로 축제나 극장의 합창단이 어떤 음으로 조율해야 할지를 포착합니다. 음악은 말Wort이며, 음악은 수Zahl입니다. 따라서 두 번째의 재귀에서 말소리 알파벳과 수 알파벳의 짝짓기가 성공해야만 합니다. 단순한 글자-수數들Letternzahlen이,[2] 우리가 {노래할 때} 음을 얼마나 높고 또 낮게 소리 내야 할지를 말해 줍니다. 각지고 복잡한 글자-수들은, 아울로스나 리라가 어떻게 {반주되어} 우리를 감동시켜야 할지를 말해 줍니다. 신들에 대한 사랑은 《만취한{박코스적인}》것을 뜻하며, 《마디마다 어느 하나 취하지 않은 곳이 없는, 비틀거림》[3]을 뜻

---

1 리하르트 하르더, 『알파벳. 그리스 문자의 발생과 발전』(폴 펴냄), 1968, 322쪽. 하르더는 이와 같은 적절한 공식을 1943년 독일 국방군이 막 점령했던 아테네에서 발견했습니다. 하지만 근대 인쇄 기술에서는 반대로, 하르더가 베풀었던 이름인 대오 글자Rottenschrift를 소위 급류*가 흐른다고 하여 피하려 할 것입니다. *{활자 인쇄와 타이포그래피에서 (독일어로) 급류Gießbach나 (영어로) 강river이 흐른다는 것은 가로쓰기로 인쇄된 한 문단의 글에서 띄어쓰기 여백이 우연히 여러 차례 겹쳐서 위에서 아래로 하나의 연속되는 세로 줄기가 형성되는 것을 일컫는다. 글을 읽을 때 시선의 흐름을 방해하기에 활자 인쇄에서 조판을 할 때나 현대식 인쇄에서 편집 디자인을 할 때 피해야 하는 것들 가운데 하나로 여긴다.}
2 *{'단순한 글자-수'란 위에서 '노랫소리 글자'로 언급된 기호 집합을 말하며, '각지고 복잡한 글자-수'는 '악기 글자'를 가리킨다. 옛 도리스식 알파벳을 바탕으로 만들어진 악기 글자는 현재의 그리스 알파벳과 모양이 많이 달라 낯설기에 각지고 복잡하게 보인다고 하였다.}
3 헤겔, 1962(6), 39쪽.

합니다. 왜냐하면 《우리가 신들을 모시는 예식에서 춤을 춘다는 것은, 우리 몸의 더 큰 어느 마디에서도 신들과의 재결합(렐리기오religio)[1]을 느끼지 않는 부분이 없었으면 좋겠다고 우리의 조상들이 원했다는 사실의 분명한 이유일 것》[2]이기 때문입니다.

번쩍이며 쏟아지는 디스코 조명을 맞는 우리에게 — 파랑 노랑 그리고 빨강 — 마르쿠스 테렌티우스 바로의 옛 현명함은 사실이 되었습니다. 《모조 씨가 일어서네, 일어서네.》[3]

행복 다음으로 지구상에서 가장 사라지기 쉬운 것인 음악이 이렇게 그리스에서 지속에 도달했습니다. 알파벳 중의 알파벳이 음악을 기록했지요. 에우리토스는 어느 이름 없는 양치기에게 《신들에게 있어서, 어떤 화성 Harmonie》으로 필롤라오스가 무덤에서 노래 불렀는지를 물을 수가 있으며, 양치기가 그것을 다시 찾아내자마자 글자로 포착합니다. 그 연속되는 음들이 피타고라스 음률로 들렸던 것인지 아니면 노래 글자로 기록되어 있었던 것인지는 — 신들만 알고 있습니다.

왜냐하면 음높이 글자가 언제 생겨났는지는 그리스인들이 글자로 포착하지 않은 유일한 것이기 때문입니다. 말소리에서의 카드모스나 수에서의 팔라메데스처럼, 존재사적으로 들어본 적이 없는 이 {음높이를 기록하는} 행위를 했다고 여겨지는 이가 아무도 없습니다. 그렇게 우리는 에우리피데스의 『오레스테스』에 있는 합창곡이 우리에게 전해진 세상에서 가장 오래된 음악인 듯 보인다고 말할 수밖에 없습니다. 찢겨진 파피루스 조각이[4] {기원전} 408년 합창단과 아울로스를 위해 지어진 시와 붙여진 곡이 무엇이었는지를 저장합니다. 악기 글자와 노랫소리 글자가 아름다운 질서 속에서 서로

---

1 *{렐리기오는 '조심스러움, 경건한 마음, 신성하게 느낌'을 뜻하는 라틴어의 여성 명사로, 여기에서 많은 언어에서 종교를 뜻하는 단어가 유래하였다. 키틀러는 취함과 춤을 통해 우리가 다시(레-re-) 신들과 하나로 묶인다(리가레 ligare)는 뜻에서 '신들과의 재결합die Rückbindung an Götter'이라고 옮겼다.}

2 마우루스 세르비우스 호노라투스의 『베르길리우스의 전원시에 대한 주해집』(5권73절)에 인용된 마르쿠스 테렌티우스 바로. 콜러(1963, 26쪽)에서 재인용. «Sane ut in religionibus saltaretur, haec ratio est quod nullam maiores nostri partem corporis esse voluerunt, quae non sentiret religionem.»

3 도어스, 1971, 5번 트랙.

4 *{이집트의 헤르모폴리스에서 발견된 기원전 200년경의 필사본으로, 당시 미라의 관을 만들었던 재료 중 하나였던 파피루스로 사용되었던 것에서 복원한 것이다.}

포개집니다. 에페보스 열다섯 명의 입에서 나오는 하나의 목소리가 가끔 침묵하면, 아울로스는 소리를 계속 이어 나갑니다.[1] 그 외에는 합창단과 악기들이 동일한 음을 함께 냈습니다. 우리가 모든 것을 착각하고 있는 것이 아니라면 말이지요. 그런데 최후의 비극 작가 에우리피데스가 최초로 음높이

악기 음표

를 기록한 것일 수는 없습니다. 그보다 전에 기록된 것이 아니었다면 어떻게 근본 요소로서 음과 반주를 가지고 있던 시들이 그 시를 쓴 가인들보다 더 오래 살아남을 수 있었을까요? 테베의 핀다로스는 언젠가 이렇게 노래합니다. 무거운 신상神像들과는 정반대로 자신이 지은 승리의 노래는 이민자의 배들처럼 가볍게 지중해의 모든 항구 도시에 닿는다고 말이지요. 그래서 핀다로스는 아름다운 작은 섬에서 태어난, 아직 자신처럼 흰머리가 나지 않은 어느 전신 격투기 우승자의 명예를 그리스 전역에 알릴 수 있도록 자신의《달콤한 노래》가《아이기나에서 먼 곳으로 나아가도록》기원합니다.[2] 이것은 적혀 있는 음 없이는 힘든 일이지요.

{플라톤처럼 폭군의 부름을 받았을 때 지병으로 가지 못한 일이 있었던} 다른 한 번은 {기원전} 470년 핀다로스가 심하게 아팠을 때였습니다. 그는 초청을 받았지만 히에론을 만나러 바다를 건너 시라쿠사이로 갈 수가 없습니다. 이렇게 그는 폭군에게 유일하게 자신의《찬가》만을《보내고》, 이 찬가를 세이렌의 두 목소리를 일컫는 동일한 단어인《꿀처럼 윙윙거리는》이라고 부릅니

---

1 필만, 1970, 80쪽. 공연 연도는 옥스퍼드 고전 사전(에우리피데스 항목)에 따랐습니다.
2 핀다로스, 네메아 송가 제5곡, 1~5행. 샤데발트(1989(1), 69쪽~)도 함께 보십시오.

다. 이후 노년의 플라톤이 꺼려하듯[1] 마찬가지로 핀다로스도 꺼려하여 시칠리아로 가는 배 한 척 대신[2] 화물선이 가볍게 운송할 수 있는 "그냥 편지 한 통"[3]이 나섭니다. 하지만 목소리들은 그냥 단순하게 말할 때가 아니라 오로지 노래할 때에만 꿀처럼 윙윙거립니다. 이렇게 그 긴 찬가를 시칠리아에서 누군가가 대신 부르기 위해서는 ― 그렇게 하지 않았다면 핀다로스는 그에게 시를 지어 주지도, 곡을 붙여 주지도 못했을 텐데 ― 음절과 함께 음높이도 테베의 핀다로스에서 극서까지 화물선으로 전달되었을 것입니다.

최후의 모호함이 가장 가슴 아픕니다. 왜냐하면 핀다로스와 동시대에 최초의 비극시인 아이스킬로스도 자신의 극을 상영하기 위해 시칠리아를 방문하기 때문입니다. 심지어 그는 {시칠리아의} 겔라에서 죽는데, 이 도시는 그에게 묘비를 세워 줍니다. 훨씬 이후의 에우리피데스처럼, {하지만 아테네에} 신실한 소포클레스와는 반대로, 왜 아이스킬로스가 아테네를 떠났는지가 그저 모호하게 남아 있을 뿐입니다. 키케로가 그를 《시인일 뿐 아니라》, 《또한 피타고라스학파》라고 불렀다는 사실은 어쩌면 하나의 눈짓을 주고 있을지도 모릅니다. 이전의 수 알파벳처럼 음높이 글자도 대그리스에서 고안해 낸 것일까요? 피타고라스가 자신의 일당들에게 그 흔적을 쫓도록 했을까요?

질문들에 대한 질문들은 많지만 우리가 아는 것은 거의 아무것도 없을 뿐입니다. 로마군은 시칠리아 전역을 함락시켰습니다. 노래가 음표 글자와 어떤 식으로 연결되어 있는지를 보여 주는, 델포이 신전에서와 같은 새김글은 없습니다. 그리스인들이 심지어 음까지도 기록하는 법을 배웠던 이후에야 처음으로 비극이 있는 것일까요?[4] 많은 것이 그렇다는 사실을 뒷받침합니다. 아이스킬로스와 히파소스, 에우리피데스와 에우리토스 ― 그들은 정말 동시대인들이었을 것입니다.

---

1 플라톤, 편지들, 일곱째 편지, 338c절.
2 핀다로스, 피티아 송가 제3곡, 61~69행. 핀다로스의 첫 두 행은, 우리는 예감하지 못했지만 발레리가 「해변의 묘지」의 표어를 만드는 데에 도움을 주었습니다(발레리, 1957, 1권 147쪽).
3 샤데발트, 1989(1), 337쪽.
4 베를린에서 곧 출판될 마르틴 카를레도 보십시오.

악보를 보고 악기 연주를 배우기

"{아이스킬로스의} 『페르시아인들』의 언어적이고 운율적-음악적인 어려움이 있는 무대 극본을 하나하나 빠짐없이 자세하게 기록한 저자의 판본이 없이 연습하여 익힐 수 있었을까라는 질문을 하는 것은 이미 아니라고 대답하는 것과 같다. 이것은 또한 합창곡과 독창곡의 선율에서도 마찬가지인데, 이것을 연습하여 익히는 것 역시 독립적인 합창 시에서와 같은 동일한 문제를 품고 있다."[1] 따라서 우리는 초기 고전기 이래의 모든 연기자와 독창가수 그리고 합창단은 새로운 음높이 글자를 읽을 수 있었다고 짐작할 수 있습니다. 도기화들이 그 가능성을 높여 줍니다.[2] 심지어 후기의 마그네시아와 테오스에서 증명되는 것은, 학생들이 자신들 가운데 누가 키타라와 아울로스의 선율을 그리고 또 비극과 희극의 합창곡 가사를 가장 알맞게 기록할 수 있었는지 대회에서 서로 겨루었다는 사실입니다.[3] 따라서 "극소수"만이 제한적으로 읽을 수 있도록 남아 있는 서구Abendland에서와는 달리,[4] 이 {그리스의} 악보 읽기는 의심할 바 없이 피타고라스의 청자들도 할 수 있었을 것입니다.

---

1 푈만, 1994, 23쪽. 27개의 악기 음표Instrumentalnoten가 27개의 고대 수 글자Zahlbuchstaben에 상응하기에, 로만(1980, 185쪽)도 늦은 나이에 "음표-글자"를 알아챕니다.
2 푈만, 1960, 10쪽.
3 푈만, 1960, 11쪽.
4 마르쿠스 파비우스 퀸틸리아누스(웅변가 교육론, 1권 12장 14절)를 따르는 웨스트(1992, 272쪽).

2.2.2.3.3 존재자의 글자-수-그림 Schriftzahlbild

그러므로 에우리토스에 의해 문자의 영역에서 두 번째의 행위가 이루어졌다는 증거는 것은 앞뒤가 맞습니다. 그의 스승 필롤라오스는 피타고라스처럼 우주 속의 모든 것은 수라고 가르칠 뿐 아니라 또한 셀 수 없이 많은 형상들, 그 안에서 존재하는 것이 스스로를 보여 주는 그 수많은 형상들은 오로지 짝수와 홀수라는 두 모습만을 품고 있다고도 가르칩니다. 이러한 형상들을 프세포스{돌멩이}-수로 이해하는 것보다 더 수긍이 가게 하는 것은 없습니다. 돌멩이로 삼각형이나 사각형을 만드는 것이 이미 가능하다면, 우리이자 우리가 보는 존재자도 마찬가지로 가능할 것입니다. 레스보스섬 에레소스 출신의 테오프라스토스는 비웃음이나 비난이 전혀 없이 다음과 같이 전합니다.

《성숙하고 현명한 남자에게는 앞으로 나아감에 있어서 멈추지 않는 것이 어울리기 때문이다. 아르키타스가 말하기를, 에우리토스가 그는 셈돌을 배치하고 다음과 같이 말함으로써 이것을 실천했다고 한다. 그는 이것은 사람 한 명의 수이고, 그것은 말馬 한 마리의 수이며, 저것은 다른 무언가의 수가 된다고 말했다.》[1]

사실 이렇게 함으로써 에우리토스는 자신의 선생이자 아르키타스의 선생{필롤라오스}을 이어 나아가는 것입니다. 필롤라오스가 처음으로 정육면체의 모서리와 꼭짓점 그리고 면 같은 것들에 수를 부여했으며,[2] 테트락티스에 점, 선분, 삼각형, 각뿔을 지정하기는 했지만, 즉 (우리의 단어로 말하자면) 영차원에서 삼차원으로 나타냈기는 하지만 필롤라오스는 언제나 피타고라스적 기하학Geometrie과 음악산술Musikarithmetik의 경계에 멈추어 있었기 때문입니다. 우리는 정육면체에 대한 필롤라오스의 정리를 오일러의 다면체 공식[3]으로 이행하는 과정으로 읽으려고 할 테지만 반대로 필롤라오스

---

1   에우리토스, DK(6) 46, 2.
2   필롤라오스, DK(6) 44, A 24.
3   *{오일러의 다면체 정리는 임의의 한 다면체에서 그 다면체를 구성하는 꼭짓점(v), 모서리(e), 면(f)의 개수가 일정한 관계를 가진다는 것을 보여 준다. 다음과 같은 공식으로 표현된다. $v - e + f = x$. 여기서 x는 오일러 지표를 나타내는데, 정다면체를 포함한 모든 볼록 다면체는 이 값이 2이다.}

는 모서리 12개, 꼭짓점 8개 그리고 면 6개를 완전4도 속에서 울리는 소리가 되는 조화 평균의 새로운 증거로 파악합니다.[1]

그럼에도 불구하고 에우리토스는 ― 그리고 바로 그 때문에 테오프라스토스는 자신의 『형이상학Metaphysik』에서, 즉 하나의 존재론Ontologie에서 에우리토스를 다루는데 ― 존재하는 것을 그 자체로서 씁니다/그립니다. 최후의 두 모습뿐 아니라 두 모습 사이의 조화들에서 발현하는 모든 수많은 형태들은 숫자로 부호화할 수 있습니다. 인간으로서 우리의 형태는 그 자체로서의 말馬과 똑같이 수학적입니다. 우리가 이 말을 그냥 보든지, 타든지 또는 히파소스의 아버지처럼 사육하든지 간에 말이지요.

> 《인간의 개념 경계(호로스ὅρος)[2]가 250이고 식물의 개념 경계가 360이라고 하자. 그러면 그는 어떤 것은 초록색이고 어떤 것은 검거나 붉은 색인, 말하자면 모든 색깔을 가진 돌멩이 이백오십 개를 집어 들었다. 그런 다음 벽에 촉촉하게 석회 반죽을 바른 후, 인간이나 식물의 그림자를 따라 윤곽선을 그렸고, 그 위에 얼굴 윤곽선 안에 돌멩이를 이리 붙이고, 팔 윤곽선 안에 저리 붙였으며, 다른 것들 안에도 이리저리 붙여서, 그렇게 돌멩이를 통해 인간을 베낀 그림을 끝맺었다. 이 돌멩이의 수는 단위들(모나다이μονάδαι)[3]의 수와 같았는데, 그가 말했듯이 이 단위들은 인간을 규정한다.》[4]

무명의 아리스토텔레스 주석가[5]가 묘사하듯, 존재론자 또는 수학자로서의 에우리토스는 ― 우리는 도무지 이해하기가 어려운 ― 그리스의 그림 기

---

1 필롤라오스, DK(6) 44, A 13.
2 *{호로스ὅρος는 에우리토스의 이 글에서는 '개념 경계Begriffsgrenze'라고 번역되었지만, 히파소스의 세 평균을 다룬 아르키타스의 글에서는 복수 형태 호로이로 쓰였으며 '수 개념Zahlbegriff'으로 번역되었다(2.2.2.1.1).}
3 *{단수형 모나스는 앞선 필롤라오스의 글에서 '하나임Einsheit'으로 번역된 바 있다(2.2.2.2.2.3). 고대 그리스어 (아티케 방언) 모나스의 복수형은 모나데스μονάδες이다. 키틀러의 모나디아는 고대 그리스어의 다른 방언의 형태가 아니라면, 에우리토스 글에서 여격 복수 형태로 사용된 모나신μονάσιν를 주격 복수 형태로 잘못 복원한 것으로 보인다. 모나스 개념은 오늘날 철학이나 수학에서 모나드(독: Monade, 영: monad)로 부르기 때문에, 모나스의 현대 그리스어 모나다μονάδα를 원형으로 취하여 고대 그리스식 복수형 제1변화 형인 -아이-αι를 잘못 붙인 것으로 추측된다. 현대 그리스어 모나다의 복수형도 모나데스이다.}
4 에우리토스, DK(6) 46, 3.
5 *{아프로디시아 출신 알렉산드로스를 일컫는다. 그의 아리스토텔레스 주석집에서 위에 인용된 에우리토스의 (이론에 관한) 글이 발췌되었다.}

법과 겨룹니다. 플라톤이 기겁한, 원근법적 단축법을 처음으로 시도했던 이 기법은 이집트의 정면 그림과는 반대로 그림자 글자(스키아그라피아 σκιαγραφία)[1]라고 불렸습니다. {하지만} 우리에게는 그 반대가 중요한 문제로 보입니다. 에우리토스는 핀다로스처럼 우리가 석회 벽에 있는 《꿈의 그림자》[2]라는 사실을 보여 주는 것이 아니라 개념들 — 필롤라오스에게서의 홀수들처럼 — 이 존재하는 것을 각각의 경계들 안에 닫아 넣는다는 사실을 그리고 이로써 {개념들이 존재자를} (오늘날까지도 키케로를 따라 이렇게 불리는데) 정의한다definieren는[3] 사실을 보여 주는 것입니다. 에우리토스에게 문제가 되는 것은 근대의 선형 원근법과 같은 눈속임이 아니라 그리스적인 규정하기Bestimmen에 관한 것이며, 이것은 둘로 나누기Zweiteilung에 관한 것이라는 뜻입니다. 이렇게 필롤라오스에서처럼 수의 두 모습인 홀수와 짝수가 직접 둘로 나누기를 수행하듯, 그 다음 수들을 두 번째로 둘로 나누면 남자와 여자의 차이가 주어지듯, 바로 그렇게 에우리토스도 본질성Wesenheit들을 구분합니다. 인간인지 혹은 말인지, 인간인지 혹은 식물인지를 말이지요. 왜냐하면 그려진 선을 채우고 있는 저 색색의 돌멩이들과 함께 모든 형태에 서로 다른 수가 나타나기 때문입니다. 이 수는 그냥 합계가 아니라 테트락티스처럼 면 위에 하나의 밑그림으로 펼쳐져 있습니다. 그렇지 않다면 《인간 = 250》이란 너무 바보 같은 이야기이겠지요.

그런데 바로 이렇게, 분명히 악의적으로, 아리스토텔레스가 에우리토스를 오해합니다. 끝없이 긴 시간 동안 아리스토텔레스의 존재론은 유일하게 진지한 질문을 미뤄 왔습니다. 그것은 말하자면 수에 대한 사유가 존재론 자체에 포함되는가 아닌가 하는 질문입니다. 아리스토텔레스는 아니라고 말하기 위해서 그리고 우리가 기도해야만 했던 바 존재사적으로seinsgeschichtlich 피타고라스학파의 수학에 반대하며 존재론적인 것das Ontologische을 관철시키기 위해서 자신의 『형이상학』 맨 마지막에야 비로소 유일하게 거명된 적 에우리토스에 대해 이야기합니다.

---

1 플라톤, 국가, 10권 602d절.
2 핀다로스, 피티아 송가 제8곡, 95행~.
3 *{정의하다definieren는 동사는 '나는 경계(피니스finis) 짓는다'는 뜻의 라틴어 데피니오definio에서 유래하였다.}

《그런데 수들이 다음 두 방식 중에 어떤 방식으로 본질성들의 원인이며 존재의 원인인지는 규정되지 않았다. {첫째,} 점들이 크기들의 [경계]라는 것 그리고 에우리토스가 [모든 존재자에게] 하나의 수를, 즉 인간에게 하나의 수를 부여하듯 말에게도 하나의 수를 부여했던 것과 같은 방식이 있다. 수들을 삼각형이나 사각형과 같은 도형들(스케마타 σχὴματα)로 {펼쳐}놓는 이들처럼, 에우리토스는 셈돌로 동물이나 식물과 비슷한 형태들(모르파이μορφαί)을 만들었기 때문이다. 아니면 {둘째,} 조화\화성이 수들의 비율(로고스)이듯이 인간과 다른 모든 것들도 그렇게 수들의 비율이라는 방식이 있다. […] 하지만 수들은 에이도스도 아니고 형태(모르페μορφή)의 원인도 아니라는 것은 분명하다. 로고스는 본질성(우시아οὐσία)이지만 수는 질료이기 때문이다. 왜냐하면 살 또는 뼈에서 에이도스는 세 부분이 불이고 두 부분은 땅이라는 의미에서 수이기 때문이며, 수는 그것이 불이든 땅이든 혹은 단위이든 언제나 무언가의 수이기 때문이다. […] 따라서 수는 생산해 내는 […] 원인도 아니고 질료도 아니며 사물의 로고스나 에이도스도 아니다. 의지의 이유(토 후 헤네카τὸ οὗ ἔνεκα)¹도 아니다.》²

이런 자제심 없는 거친 공격의 이유는 분명합니다. 아리스토텔레스는 자신이 에이도스의 동의어로 변형했던³ 모르페라는 자기 고유의 개념을 구제해야 했기 때문입니다. 모든 존재자가 바로 눈앞에 보이는 대로 보이며, 그 이상은 존재자의 본질이 아니게 됩니다. 존재론은 존재하는 것이 소리 난다는 사실을 신경 쓰지 않습니다. 하지만 이로써 수는, 짝수든 홀수든 간에 에이도스⁴라고 더는 불릴 수가 없게 됩니다. 아리스토텔레스가 말한 《소위 피타고라스학파》란 바로 고유명 필롤라오스를 무명으로 돌려서 언급한 것이기에 이 철학자는 수학자와 그의 학파를 모조리 추방하고 있습니다.⁵ 에우

---

1 *{'의지(Willen)의 이유(Worum)'는 키틀러의 독일어를 의역한 말로, '무엇을 위해서/무엇 때문에'(독: Worumwillen, 그: οὗ ἔνεκα)라는 뜻의 말에 중성형 정관사(독: das, 그: τὸ)가 붙어 있는 형태의 개념이다.}
2 아리스토텔레스, 형이상학, 14권 5장 1092b8~25절.
3 아리스토텔레스, 형이상학, 5권 8장 1017b25~26절.
4 *{에이도스εἶδος는 필롤라오스의 글에서 '모습Anblick'으로 옮겨진 개념이다(2.2.2.2.2).}
5 부르케르트, 1962, 220쪽~과 438쪽.

리토스는 바보이고, 수는 그저 질료Stoff일 뿐이며, 그래서 수는 모습Anblick, 형태Form, 꼴Gestalt의 반대라는 것입니다. 필롤라오스는 짝수와 홀수를, 모든 존재자들에게 그토록 아름다운 형상들을 부여하는 두 개의 최후의 에이데εἴδη라고 부릅니다. 이와 반대로 존재사에서의 화禍는 아리스토텔레스가 짝수와 홀수에서 단지 수들의 질료적 원소들만을 보았다는 사실과 함께 시작됩니다. 스토이케이아 투 아리트무στοιχεῖα τοῦ ἀριθμοῦ.[1] 이보다 더 영리하게 처리했던 위조자는 드뭅니다. 왜냐하면 어떻게 {아리스토텔레스의} 『형이상학』이 직접 에이도스를 모르페의 다른 이름이라고 정의하는지 그리고 이를 정의하기나 하는지 오늘날까지도 아무도 묻지 않고 있기 때문입니다. 다른 말로 하자면, 『형이상학』의 근본 개념은 공기 중에 위태롭게 부유하고 있습니다.

무엇을 위해서worumwillen 아리스토텔레스는 이렇게 자신의 도식Schema들로 에우리토스를 배척하려고 할까요? 모든 것의 목적인 의지의 이유 Worumwillen가 당장 다음을 의미하도록 하기 위해서입니다. 나, 아리스토텔레스는 언제까지나 옳을 것이다. 더도 덜도 아닙니다.

이렇게 해서 에우리토스의 진본 파편은 전혀 전해지지 않게 되었고, 듬성듬성 흩어진 증거들뿐만 남아 있습니다. 아리스토텔레스와 그의 후계자들이 그야말로 생각을 금지하는 곳에 황무지가 자랍니다. 미술사학자들은 어느 "에우리토스"[2]라는 사람이 당시에 인간과 말을 구별하는데 사용하며 내려놓았던 돌멩이들이 "우습다"고 생각합니다.

그러는 사이 (말하자면 실수實數들과 컴퓨터가 세상에 존재한 이래로) 서구에 있는 우리는 더 잘 알게 되었습니다. 장미들은 꽃피우기 때문에 꽃을 피우는 것만은 아닙니다. 아리스티드 린덴마이어는 로사 센티폴리아[3]를 만들기 위해서 심지어 재귀 알고리듬을 제시하였지요. 고사리는 {실처럼} 풀리

---

1 아리스토텔레스, 형이상학, 1권 5장 986a18절*. *{"그들(피타고라스학파)에 의하면, 수의 원소들(스토이케이아 투 아리트무)은 짝수와 홀수이다."}
2 프레델, 1998, 83쪽. 이와 같은 {에우리토스에 대한} 경멸은 부르케르트(1962, 78쪽)와 허프만(1993, 70쪽) 이후로 창궐합니다.
3 *{장미꽃의 한 종류로 16세기 말에서 17세기 사이에 네덜란드인에 의해 개량된 교배종이다. 꽃잎이 풍성하여 근대 플랑드르 화가들이 정물화에 즐겨 그렸기에 '화가들의 장미'라고 불리기도 했다.}

알고리듬으로 그린 고사리

기 때문에 풀리는 것만은 아닙니다. 마이클 반슬리는 고사리를 반복 적용된 아핀 변환으로 분류할 수가 있었지요. 식물을 사랑하는 테오프라스토스는 ― 그의 선생 아리스토텔레스에 거역하며 ― 에우리토스를 분명 좋아했을 것입니다.

```
bild.ifs:

farn
0       0.2     -0.15   0.85
0       -0.26   0.28    0.04
0       0       0       0
0       0.23    0.26    -0.04
0.16    0.22    0.24    0.85
0       1.6     0.44    1.6
0.01    0.07    0.07    0.85
-4      14      46      41

#define ITER 65000
```

2.2.2.3.3 존재자의 글자-수-그림   433

```
int
prompt_name (int s1,int z,int s2,char *titel,char *name,uint length,COL c)
{
  int ret;
  textout (s1,z,titel,LIGHTRED,bg_old);
  gotoxy (s2,z);
  fg_old = c;
  ret = get_str (name,length);
  textout (s1,z,titel,c,bg_old);
  return ret;
}

static void
strlwr (char *s)
{
  register char *c;
  for (c = s; *c; c++)
    *c = tolower (*c);
}

static int
barnsley(void)
{
  int   i,j,k,sp,zl;
  double x,y,xn,yn,z,s,ax[3][4],ay[3][4],p[4],q[4];
  char name[81],buf[81];
  FILE *fi;
  double bscal = (double)((SPALTEN/ZEILEN)*1.1);

  textout(0,0,"Baum Farn Koralle Spirale Binary Koch Test",GELB,BACK);
  while (!prompt_name(0,1,5,"IFS: ",name,sizeof(name),GELB));
  if (!(fi = fopen("bild.ifs","rt")))
    {
    LastError = ENOENT;
    return FALSE;
    }
  strlwr(name);
```

```
    while (fscanf(fi,"%80s",buf) != EOF)
      if (strstr(buf,name) != NULL)
        break;
    if (strstr(buf,name) == NULL)
      {
      LastError = EINVAL;
      return FALSE;
      }
    for (j = 0; j < 3; j++)
      fscanf(fi,'%lf %lf %lf %lf",&ax[j][0],&ax[j][1],&ax[j][2],&ax[j][3]);
    for (j = 0; j < 3; j++)
      fscanf(fi,'%lf %lf %lf %lf",&ay[j][0],&ay[j][1],&ay[j][2],&ay[j][3]);
    fscanf(fi,'%lf %lf %lf %lf",&p[0],&p[1],&p[2],&p[3]);
    fscanf(fi,"%lf %lf %lf %lf",&q[0],&q[1],&q[2],&q[3]);
    faerben(BACK);
    fclose(fi);
    for (x = y = 0, i = 1; i < ITER; i++)
      {
      z = (double)(rand() % RAND_MAX)/(double)RAND_MAX;
      k = 0, s = p[0];
      while (s < z)
        s += p[++k];
      xn = ax[0][k]*x + ax[1][k]*y + ax[2][k];
      yn = ay[0][k]*x + ay[1][k]*y + ay[2][k];
      x = xn, y = yn;
      if ((sp = (int)((x-bscal*q[0])*bscal*q[2])+SPALTEN/4) < 0)
        sp = 0;
      if ((zl = (int)((bscal*q[1]-y)*bscal*q[3])) < 0)
        zl = 0;
      acolset(sp % SPALTEN,zl % ZEILEN,i « 1);
      }
    return TRUE;
}
q.e.d.{증명끝}
```

2.2.2.4 타라스의 아르키타스

하지만 다행스럽게도 아르키타스가 있습니다. 소크라테스가 죽자마자 플라톤은 아테네의 학파를 위해 아르키타스를 발견합니다. 플라톤은 거의 오디세이아적으로 많은 곳을 여행하며 이탈리아에 있는 아르키타스도 찾아갔고, 그에게 경탄하여 피타고라스가 우리에게 가르쳐 준 모든 것에 대해 굳게 입을 다물고 있을 수가 없었습니다. 세계를 셈하며 사유하는 것 그리고 사랑을 위하여 조화를 더 아름답게 하는 것에 대해서 말이지요. 이렇게 {두 권으로 이루어진} 이 책{음악과 수학 제1부 헬라스}의 첫 절반{제1권 아프로디테}이 아르키타스와 함께 끝납니다.

2.2.2.4.1 장군으로서의 철학자

> 철학자는 자신의 고향을 보호하고 지킨다.
> 니체, 그리스 비극 시대의 철학

《아르키타스에게》 그리고 야만인들이 남겨둔 것

그리스인들은 영웅들의 고향을 통해 영웅들을 사유합니다. 우리도 그렇게 해 보는 게 어떨까요?

그래서 언젠가 크로톤에서 어느 한 아르키타스가 《백발의 피타고라스》를 아직 듣고 있었다는 사실을 들을 수 있어서 기쁩니다. — 재귀, 절망, 되풀이. 《더 나이 든 아르키타스》[1]는 {수학자 아르키타스의} 할아버지일 수밖에 없습니다. 보통 두 세대 후에 다시 손자에게 고유명을 줄 수 있었고 — 운이 좋은 경우에는 — 이 고유명이 새로운 명예의 화관을 쓰게 되었습니다.[2] 이렇게 아르키타스는 공연히 그 이름을 가지고 있었던 것이 아니었을 테지만 우리에게는 (아르키타스가 언급된 적이 있다면) 그의 선생 필롤라오스의 침묵만 남았습니다. 왜냐하면 분명 피타고라스에 대한 경의를 표하기 위해서 더 나이 든 아르키타스가 자신의 아들을 므네사고라스라고 불렀을 것이기 때문입니다.[3] 마치 아들의 이름으로 {피타고라스의} 아버지의 이름 므네사르코스를 피타고라스적으로 아름답게 이어 맞추고자 했던 것처럼 말이지요. 어쨌든 므네사고라스는 아르키타스의 아버지라고 전해집니다.

영웅이 대그리스에서 가장 큰 도시에서 태어났다는 사실은 의심의 여지가 없습니다. 그의 가족은 한때 크로톤의 천인 의회의 구성원이었으며, 따라서 귀족이었을 것이라는 사실은 우리가 짐작해 볼 수 있습니다. 그렇지 않았다면 아리스토텔레스와 다른 사람들이 아르키타스가 민주정Volksherrschaft을 옹호했다는 사실에 대해 그토록 경탄해 하지는 않았을 것입니다.[4] 그런데 후에 도시의 지도자이자 전장의 장군이 된 그가 언제 세상에 태어났는지에 대해서는 그저 추측해 볼 수밖에 없습니다. 왜냐하면 후기의 전승들은 과도하게 뒤죽박죽이어서, 예를 들어 아르키타스는 두 수학자와 동시대인이며, 플라톤학파라고 불리기도 합니다.[5] 하지만 반대로 플라톤이 아르키타스에게서 수학 전체를 배워서 익혔습니다. 따라서 플라톤은 {기원전} 427년에 태어났기 때문에 아르키타스는 그보다 열 살에서 열다섯 살 정도 더 나이가 많아야만 합니다. {그래서} 우리는 아르키타스가 {기원전} 440년부터 살았으며,[6]

---

1 이암블리코스, 피타고라스적 삶의 방식, 23장 104절.
2 스벤브로, 1988, 81쪽.
3 아르키타스, DK(6) 47, A 1.
4 아르키타스, DK(6) 47, A 4.
5 아르키타스, DK(6) 47, A 6(아르키타스, 타소스의 레오다마스 그리고 아테네의 테아이테토스에 대해서 프로클로스가 한 말입니다).
6 팀파나로 카르디니(1969(2), 2권 114쪽)도 이렇게 말합니다. {기원전} 400년경에 아르키타스의 삶은

플라톤의 증언에 따르면[1] {기원전} 360년까지 싸우고, 사유하며, 셈했을 것이라고 말해 보려고 합니다.

도시 타라스는 {기원전} 473년까지는 모도시 스파르타와 거의 비슷한 왕국이었습니다. 스파르타에서는 두 명의 왕이 지배했지만 적으로 둘러싸인 남이탈리아에서는 한 명의 유일한 왕이 다스렸습니다. 하지만 메사피아의 야만인들 이십만 명이 타라스를 기습했을 때, (왕은 물론이고) 수많은 귀족들이 정복당하고 피를 흘려서 타라스에는 민주정만 남게 되었습니다.[2] 동시대인인 헤로도토스는 이를 《우리가 아는 한 가장 큰 규모의 그리스 전투》[3]라고 했는데, 따라서 마라톤 전투나 살라미스 전투보다 더 규모가 컸다는 것입니다. 하지만 가혹한 패전과 성공적인 보복 원정의 시대에 민주정은, 옛 왕정처럼 계속해서 두 어깨 위에 지탱되고 있습니다. {홀로 지배한다는 뜻에서} 그리스어로 아우토크라토르Autokrator라고 하는 독재자가 매년 민중들에 의해 직접 뽑히는데, 따라서 이 독재자는 멀리 로마에 있는 집정관처럼 연말에 자신의 지위 혹은 자신의 짐을, 피타고라스를 따르며 자유롭게 써 보자면, 더 젊은 사람들에게 물려주어야 했습니다. 하지만 이 {아우토크라토르 스트라테고스라는} 칭호를 로마인들이 승리로 이끈 장군을 가리키는 경칭인 임페라토르Imperator라고 번역했다는 이유만으로도 아우토크라토르 스트라테고스는 그 긴 칭호가 말하듯 타라스의 군대를 승리로 이끌어야 하는 책임을 지고 있었습니다. 아테네의 전략가 페리클레스는 열다섯 차례나 연속해서 이 관직을 지냈지만[4] 타라스에서는 레기온과 시라쿠사이 같은 이웃에 있는 동맹 도시들처럼 폭군을 양성하지 않도록 연임을 법으로 금지했습니다.[5]

그 결과는 현명한 사유가 성공했음을 알려 주었습니다. 타라스의 부유한

정점에 이르렀으며, 그리스인들에게 (남자들의) 정점이란 35세 또는 40세를 뜻하는 것이었다고 말이지요. 참고 문헌 목록은 들라트(1915, 183쪽)를 보십시오.

1 플라톤, 편지들, 일곱째 편지, 350ab절과 아홉째 편지, 357e~358b절.
2 아리스토텔레스, 정치학, 5권 3장 1303a1~6절. 버거(1992, 53쪽)도 함께 참고하십시오.
3 헤로도토스, 역사, 7권 170장.
4 {기원전} 444년부터 429년까지입니다(플루타르코스, 페리클레스의 삶, 16장).
5 아르키타스, DK(6) 47, A 1 = 디오게네스 라에르티오스, 이름난 철학자들의 삶과 가르침, 8권 79절. 적대적인 이웃 도시 투리오이에서도 과두정치가들에 의해 간직되어 온 법률이 통용되고 있었습니다. 즉, 장군은 재선을 위해서 오 년을 기다려야 했었지요(아리스토텔레스, 정치학, 5권 7장 1307b7절).

말 사육가들은 전략가들의 지휘 아래 이탈리아에서 가장 큰 기병대가 되었고 처음에는 야만인들을,[1] 그 다음에는 그리스의 군대를 물리쳤습니다. 그들은 완전 무장을 하고서도 우아하게 윤승[2]하는 것으로 유명했습니다.[3] 타라스에 대한 반란을 일으키기 위해 브린디시움의 야만인과 부정한 동맹을 맺었으며 페리클레스와 아테네인들의 조용한 위탁을 받아 크로톤의 권력을 꺾었던 투리오이조차 결국 이렇게 {다시 타라스에게} 패배합니다. 타라스는 — 아마도 피타고라스학파가 다시 지배했다는 표시로서 — 메타폰티온과 크로톤 사이에 헤라클레이아라는 딸 도시를 세웠고, 필롤라오스는 이 도시의 성벽에 자신의 학파의 음악적-수학적 앎을 최초의 책으로 부어 넣었습니다. 알키비아데스와 아테네인들은 자신들의 함대를 창시한 테미스토클레스가 {두 딸의 이름으로 지어 주며} 약속했던 비옥한 약탈물, 즉 시바리스와 이탈리아를 쟁탈하는 시도를 {기원전} 427년과 413년 사이에 했었지만 성공하지 못했습니다. 타라스는 이들에 저항했으며, 이것만으로도 스파르타에 도리스적 충성을 지키는 일이 되었습니다.

옛 법을 계속해서 파묻어 버리는 시민전쟁이 계속되는 이 시기에, 오로지 아르키타스만이 고향을 한 번도 떠나지 않았습니다.[4] 더군다나 그는 이 고향을 위해 사유하고, 셈하고, 싸웠습니다. 플라톤에게는 평생의 텅 빈 꿈으로 남아 있던 그것을, 즉 철학자가 자신의 앎으로 또한 국가를 전쟁과 평화로 이끈다는 그 꿈을,[5] 아르키타스는 이렇게 구체화했습니다.

시칠리아의 스트라테고스 아우토크라토르 디오니시오스 1세는 {기원전} 389년 이후로 대그리스의 도시들을 하나하나 정복합니다. 그는 이렇게 정복을 하려는 목적에서 {시칠리아}섬에서 카르타고인들을 다시 몰아낸 지 얼마 되지도 않아 심지어 야만인들과 동맹을 맺습니다. 남쪽과 북쪽에서 동

1　파우사니아스, 그리스 이야기, 10권 10장 6절. 뷔예미에르(1939, 58쪽)는 이 전투를 {기원전} 460년으로 잡습니다.
2　*{승마 연습 중 하나로, 마장 내에서 원을 그리며 행진하는 것을 일컫는다.}
3　뷔예미에르, 1939, 188쪽.
4　이암블리코스, 피타고라스적 삶의 방식, 35장 250절~.
5　플라톤, 편지들, 일곱째 편지, 328a절. 플루타르코스(아이들의 교육에 관하여, 10절 8b)와도 비교해 보십시오.

시에 움켜쥐고 있는 하나의 집게에 맞서는 방어는 없습니다. 먼저 레기온이 함락되고, 그 다음에는 기나긴 점령전 이후에 레기온, 카울로니아 그리고 투리오이로 이루어진 도시 국가 연합이 무너지고, 끝으로 크로톤마저 쓰러집니다. 이토록 거대한 권력은 플라톤에게는 분명 경탄할 만한 것으로 보였을 것입니다. 그렇지 않았다면 그가 폭군에게 환심을 사려고 그렇게 애를 쓰지는 않았었겠지요.

그와는 완전히 반대로, 아르키타스는 대그리스를 최초로 통일합니다. 필롤라오스가 새로운 연방 성지 헤라클레이아에서 책을 써서 조화를 얻어 내는 동안 {시칠리아의 폭군에 의해 정복되지 않은} 아직 자유로운 모든 도시들이 조화로 이어집니다. 우리가 짐작컨대, 타라스, 메타폰티온 그리고 헤라클레이아 사이에 깊은 우호 관계가 형성됩니다. 이것이 뜻하는 것은 아우토크라토르 스트라테고스로서의 한 유일자가 타라스인들뿐만 아니라 온 그리스인들을 이끌고 출전한다는 것입니다. 그의 이름은 (비잔티온의 건조한 참고 문헌들이 쓰는 바) 아르키타스라고 합니다.

《타라스의 아르키타스는 헤스티아이오스 또는 므네사르코스 또는 므네사게테스 또는 므네사고라스의 아들이며, 피타고라스학파 철학자였다. 그는 폭군 디오니시오스에 의해 죽음의 위험에 빠져 있었던 플라톤을 구해 주었다. 시민들과 모든 그리스인들에 의해 홀로 지배하는 장군으로 뽑혔기에 이탈리아 지역에 있는 모든 그리스인들의 연맹을 대표하였다. 동시에 그는 철학을 가르쳤으며, 유명한 제자들을 양성했고 또 수많은 책을 저술하였다.》[1]

《타라스의 아르키타스는 므네사고라스의 아들 또는 (아리스톡세네스에 따르면) 헤스티아이오스의 아들이며, 피타고라스학파이기도 하다. 그는 플라톤을 죽이려고 했던 디오니시오스[2세]에게 편지를 보내 플라톤을 구하였다. 그의 덕은 많은 이들의 경탄을 자아냈다. 그뿐만 아니라 법률이 금지했기에 아무도 이 관직에 일 년 이상 있을 수 없었음에도 불구하고, 그는 시민들에 의해서 일곱 번이나 군사령관으로 뽑혔

---

1   아르키타스, DK(6) 47, A 2 = 수다 백과사전, 아르키타스 항목.

다. 그리고 끝으로 플라톤도 그에게 두 편의 편지를 썼었다…》[1]

이렇게 영웅의 명예가 괜한 필자들의 위조작인지 아닌지도 모르는 편지로 축소되어 나쁜 끝을 맺습니다. 더 황량한 것은, 하이데거가 예감했던바 학문사가 매음한다는 것입니다. 하지만 우리는 타라스 사람들이 아르키타스를 전략가로 칠 년 동안 임명하기 위해서 법률을 직접 바꿔야 했다는 사실을 견지합니다. 리쿠르고스가 한때 스파르타에 {기록하지 않는} 명령을 내려 모든 풍속을 위반하여도 되게끔 했었던 것처럼, 사백 년이 지나 아르키타스는 스파르타의 위협받는 딸 도시에서 그렇게 합니다. 폴리스Polis가 걸린 문제라면 예외 상태와 법률이 합류합니다. 아르키타스 덕분에 타라스는 이탈리아 최후의 그리스 도시로 남았습니다. {기원전} 272년 그들의 함대가 로마에 저항했던 때까지 말이지요.

《옛날에 타라스 사람들은 민주적으로 함께 살면서, 정도 이상으로 강해졌다. 그들은 또한 피타고라스적 철학과 특히 오랫동안 도시를 대표하였던 아르키타스를 따랐다.》[2]

《아리스톡세노스가 쓰기를, 이 피타고라스학파[아르키타스]는 군사령관으로서 한 번도 진 적이 없었는데 언젠가 한 번은 적대시되는 바람에 군대를 지휘하는 관직에서 물러났다고 한다. 그리고 [타라스는] 뒤이은 전투에서 바로 패배했다고 한다.》[3]

이것은, 그 전투에서의 타격 이후 대그리스의 연맹은 승리를 이끄는 이 장군을 곧바로 다시 임명해야만 했다는 것을 의미할 수밖에 없습니다. 플라톤이 (다만 그 진위는 의심스러운 어느 편지에서) 쓰기를, 아르키타스는 사유하는 것이 다스리는 것보다 더 달콤하지만 아버지 나라의 부름은 기꺼이 받들고자 했다고 합니다.[4] 우리는 또한 {기원전} 360년 아르키타스가 죽었을 때에 타라스는 아직 전성기에 있었다는 사실을 확실히 알고 있습니다. 이 위대한 정치가가 똑같이 강력한 시칠리아의 지배자와 연맹을 맺는 데 성공

---

1   DK(6) 47, A 1 = 디오게네스 라에르티오스, 이름난 철학자들의 삶과 가르침, 8권 79절.
2   DK(6) 47, A 4 = 스트라본, 지리학, 6권 3장 4절.
3   디오게네스 라에르티오스, 이름난 철학자들의 삶과 가르침, 8권 82절.
4   플라톤, 편지들, 아홉째 편지, 357d~358a절.

했기 때문입니다.[1] 그가 대그리스를 정치적으로만이 아니라 전쟁 기술적으로 안전을 보장했을 것이라는 사실로 우리는 돌아옵니다.

2.2.2.4.2   국가를 위한 가르침에서의 가르침

아르키타스와 시칠리아 폭군 사이의 동맹은 그냥 지배하고 승리하는 데에만 도움이 되었던 것은 아닙니다. 철학자들은 평화를 지키기 위해 전쟁을 이끌었기 때문입니다. 디오니시오스 2세는 종종 타라스로 사신들을 배 태워 보냈었는데, 그래서 이들은 아르키타스가 어떻게 자신의 청자들과 함께 신성한 구역을 거닐며 사유하였는지를 마주하게 되었습니다. 그것은 좋은 삶, 옳은 말 그리고 욕망에 관한 사유였습니다.[2] 아르키타스는 부끄러움을 모르는 말하기를 엄격히 피했던 것으로 알려져 있었습니다. 만약 그가 예외적으로 그런 말을 해야만 했다면, 벽에 쓰는 것으로 대신했었다고 합니다.[3] 이렇게 아르키타스가 처음으로 그람마γράμμα와 스토이케이온στοιχεῖον을, 글자와 말소리를 예리하게 분리했습니다.[4]

그런데 이렇게 부끄러움을 아는 것과 세심함은 한 가르침 전체를 특징지었습니다. 가르침은 이미 피타고라스 이래로 마테마Mathema라고 불리기는 했지만 아르키타스가 자신의 제자들과 함께 처음으로 가르침 자체를 사유했으며, 이 목소리의 행위에 관하여 책을 썼다는 사실을 우리는 기억합니다.

> 《아르키타스는 『가르침에 대하여』라는 책에서 다음과 같이 말한다. 〈우리는 필연적으로 우리가 알지 못했던 무엇에 대한 앎을 다른 사람을 통해서 배우게 되거나 또는 우리 스스로 찾아냄으로서 배우게 되기 때문이다. 따라서 배움Lernen은 다른 사람을 통해서 다른 것으로부터

---

1 《환대와 우정》이라고 플라톤은 말했지만(일곱째 편지, 338c절) 반드시 그의 《정치적인》 영향력 덕분만은 아닐 것입니다(일곱째 편지, 339d절). 젊은 디오니시오스가 자발적으로 아르키타스에게 사신을 보냈다는 이야기도 있습니다(아르키타스, DK(6) 47, A 9. 플루타르코스, 디온의 삶, 5장. 아테나이오스, 현자들의 연회, 12권 545a절. 들라트, 1922, 71쪽). 따라서 우정의 환대는 요청하여 얻은 것입니다.
2 아르키타스, DK(6) 47, A 9. 대그리스적인, 즉 피타고라스적인 법 조항에서 이에 필적하는 아름다운 부분에 대한 것은 들라트(1922, 200쪽)를 보십시오.
3 아르키타스, DK(6) 47, A 11.
4 ⇒ 2.2.2.4.3.3.

[일어나며], 반대로 찾아냄Herausfinden은 스스로를 통해서 자기로부터 [일어난다]. 그런데 구함Suchen이 없는 찾아냄은 길이 없고 드물며, 반대로 구함이 있는 찾아냄에는 길이 있고 쉽지만, 어떻게 구해야 하는지를 모르는 채로 찾아내는 것은 불가능하다. {그렇게 해서} 발견된 어느 셈법(로기스모스λογισμός)이 폭동을 달래고 화합[1]을 늘렸다. 그것{로기스모스}이 이루어지면, {더 가지려는 욕심에 의한} 사취란 없으며 {공평하게 나누는} 평등[2]이 있다. 왜냐하면 우리는 그것{로기스모스}을 통해 상호 교환에 있어서 서로 잘 지낼 수 있기 때문이다. 그것 덕분에 가난한 자들은 부유층에게서 받으며, 부유한 자들은 빈민층에게 주는데, 그들은 모두 셈법{로기스모스}을 통하여 서로 평등하다{같다}는 사실을 신뢰하기 때문이다. 카논Kanon은 물론 부당한 자들의 제동기이며 [또한] 셈하는 법을 아는 사람들로 하여금 부당한 일을 하지 않도록 멈추게끔 하는데, 그들{셈하는 법을 아는 사람들}이 {도를 넘을 만큼} 그것{카논}에 이르렀을 때 그들이 {도를 넘었다는 것은} 숨겨진 채로 남아 있을 수 없다는 사실을 그들에게 납득시키기 때문이다. 그런데 그것{카논}은 그것{카논}을 모르는 자들에게도 그들이 부당한 일을 하고 있다는 것을 드러내어 그들의 부당함도 막는다.)》[3]

이 생각할 만한 문장들은 마치 아르키타스가 헤라클레이아 연방 성지에서 기념 연설을 하며 모든 그리스인들에게 깊은 인상을 남겼던 말처럼 들립니다.[4] 우리에게 자명하게 보이는 것은 우선 먼저 사유되어야 하고, 계산되어야 하며 그리고 끝으로 또 알려져야 했기 때문입니다. 이렇게 시작, 시원 또는 원천, 근원을 뜻하는 고유명을 가진 아르키타스는 정치가, 사령관, 사유자로서 피타고라스와 그의 학파 이후의 긴 전승의 맨 처음에 정렬됩니다. 우리가 한때는 몰랐으나 지금은 알고 있는 대부분의 것들은 다른 사람들에게서 배운 것입니다. 아르키타스가 대그리스 전역을 지배한다는

---

1 *{'화합'으로 옮긴 호모노이아ὁμόνοια는 '마음, 정신, 생각'(노오스νόος)이 '같다'(호모스ὁμός)는 뜻의 말이다.}
2 *{이소타스ἰσότας는 '같다, 평등하다, 동등하다'라는 뜻의 형용사 이소스ἴσος에서 유래한 명사이다. 현대 그리스어로는 영어(equal)에서처럼 수학에서 셈의 결과가 같거나 식에서 좌변과 우변이 같음을 표현할 때에도 사용한다.}
3 아르키타스, DK(6) 47, B 3.
4 팀파나로 카르디니, 1969(2), 2권 375쪽.

것은 옛 질서를 다시 가져온다는 것을 뜻합니다. 하지만 그 질서가 이미 백 년 동안이나 위협 받고 있었다는 것도 뜻합니다. 적어도 두 번의 대大반란 이 — 피타고라스와 그의 토지 분배에 반대하여 {기원전} 500년경에 한 번, 그의 제자들과 그들의 정치에 반대하여 {기원전} 450년경에 한 번 — 시민 전쟁과 불평등으로 이어졌습니다. 이 둘은 그리스인들이 알고 있는 해악 가운데 가장 나쁘면서도 가장 잦은 것이지요. 이런 환경 속에서 그리고 이런 이유들 때문에 아르키타스는 두 번째 앎의 방식을, 즉 우리가 스스로 찾아 냈다고 하는 그 앎을 도입합니다. 말과 글로 전해 내려 오는 옛것들이 제대로 작동하지 않을 때에는 스스로의 힘으로 사유하고 셈하는 것이 중요해지지요. 아르키타스는 그러한 방식으로만, 즉 언제나 이미 알고 있는 것이 안내하는 구함Suchen을 통해서만 새롭게 밝혀지는 것을 로기스모스Logismos라고 부릅니다.

로기스모스는 로고스와 거의 동일하지만 또 반드시 그렇지만은 않습니다. 왜냐하면 다자多者의 말\담화Rede에서 로고스는 말\담화만을 뜻하지만 반대로 아는 자智者의 말\담화에서만은 수의 비율도 뜻하기 때문입니다. 반대로 전문 용어 로기스모스는 진실된 말하기Reden란 언제나 동시에 셈하기Rechnen, 비율–속에–두기Ins-Verhältnis-Setzen 또는 짜맞추기Fugen라는 사실을 분명히 밝힙니다. 이는 좋은 구하는 방법으로 새로이 찾아냈었던 것이지요. 따라서 우리는 — 칼큘Kalkül은 셈돌이라는 뜻을 가지고 있어서 물론 {로기스모스의 번역어로} 적절하기는 하지만 우리는 이 같은 라틴어계의 외래어는 피하고자 합니다 — 로기스모스의 번역어로 단순하게 셈법Rechenweg을 택합니다. 다른 말로 하자면, 아르키타스는 자신의 말\담화를 따르는 그리스인들에게 자신의 《고유한》 셈법이 발견한 것들을 신뢰하도록 조언합니다. 그는 모든 부끄러움을 무릅쓰고 신중하고 또 신중하게 스스로를 발견자\발명자Erfinder라고 부른 최초의 발명자입니다.

그리스인들이 우리 필멸자들에게 주어진 앎에 대한 모든 것들을 위하여 발명자를 발명하기를 발명하기는 했습니다.[1] 그러나 언제나 후대의 그리스인

---

[1] 이것은 클라인권터(1933)가 보여 줍니다. 그의 연구는 진보하는 역사 시간과 함께 언제나 더 배타적으로 아름다운 예술들 속에서 발명하기를 발명하는 것을 찾는 모든 공로에 의해 어려움을 겪습니다. 마치 그

이 프로메테우스나 팔라메데스와 같은 선사 시대의 영웅들을 알파벳의 발명자라고 노래했습니다. 그 알파벳 발명자가 영웅들이 한 일이라고 영광의 말을 꾸며낸 것일지라도 말이지요. 플라톤의 저주에도 불구하고 아르키타스가 만들었던 발견들을 다시 따라가기 시작한 헬레니즘 시대의 수학자들이 반대로 처음 이 공허한 자아Ego[1]를 입에 올리기 시작합니다. 아르키메데스는 목욕하면서 흘러넘치는 물을 발견했고, 욕조에서 뛰어나와 일반적인 놀라움에 사로잡혀 벌거벗은 채로 집으로 달려가면서 감격스럽게 외칩니다. 《헤우레카,[2] 헤우레카, 내가 찾았다, 내가 찾았어!》[3]

아르키타스는 바로 이 자랑스러운 《나》를 현명하게 우회합니다. 그는 연설의 첫 부분에서 정형 동사[4]를 삼가고, 둘째 부분에서는 《우리》로 남아 있습니다. 이것은 청자들뿐만 아니라 화자도 포함하면서 다른 사람들도, 말하자면 학파들이나 시민들도 사유하고 계산하는 길로 이끕니다. 우리는 두 가지 방법으로 앎을 찾을 수 있다는 생각이 이렇게 원을 그리며 닫힙니다. 아르키타스는 어떻게 배우기가 가르치기로, 듣기가 발명하기로 뒤집히는지

리스인들이 연구했던 적도 없고 실험했던 적도 없다는 듯, 클라인귄터는 (그 이름이 말하듯*) 그저 시인들만 하나하나 뒤지고 있습니다. 따라서 아르키메데스의 중요한 액팅-아웃**은 말할 것도 없고, 발명하기에 대한 아르키타스의 가르침 또한 {클라인귄터의 글} 어디에서도 나타나지 않습니다. 하지만 가장 사랑하는 사람이 기다리고 있어도, 우리는 사유할 것이 무엇인지를 사유해야 합니다. ― 조프리 로이드가 더 분명하게 밝힙니다. "작가적 자아의 사용을 그려내고 있는 구절을 여러 분야에서 찾아보아도 ― 적어도 아르키메데스 이전의 인용구는 없다."(로이드, 1987, 77쪽) *{귄터Günther는 고고지 독일어 군트gund(전투Kampf)와 헤리heri(군대Heer)의 합성어에서 비롯된 이름이기에 클라인귄터는 작은 전투부대라는 뜻을 가진다.} **{방어기제 및 자기조절과 관련되는 심리학 용어로, 반사회적인 행동을 자신도 모르게 충동적으로 일으키는 행위를 말한다. 여기에서는 부력에 관한 깨달음을 얻은 아르키메데스가 기쁨과 놀라움에 목욕탕에서 옷도 입지 않은 채 나와 그대로 집까지 달려간 행위를 가리킨다.}

1   근대의 저작권, 시인숭배, 디지털 밀레니엄 저작권법과는 반대로, 그리스인들에게 중요한 것은 냉혹하지만 정확하게 다음과 같습니다. 《하나의 작품은 그 아름다움을 통해 우리를 기쁘게 한다. 그러나 이것은 그 작품을 만든이Macher가 우리의 관심을 끈다는 것을 반드시 의미하지는 않는다.》(플루타르코스, 페리클레스의 삶, 2장)
2   *{헤우레카εὕρεκα는 '나는 발견한다'는 뜻의 동사 헤우리스코εὑρίσκω의 1인칭 능동태 과거형이다. 반면 앞서 인용된 아르키타스의 글에 있는 '발견된 어느 셈법'(로기스모스 헤우레테이스λογισμὸς εὑρεθείς)에서는 같은 동사를 남성형 아오리스트 수동태 분사로 사용하여, 아르키메데스처럼 1인칭으로 자신을 내세우지 않는다.}
3   비트루비우스, 건축에 관하여, 9권 서문 10절.
4   *{정형 동사Finites Verb란 인도유럽어족의 언어에서 주어의 인칭과 수에 따라 변화된 동사 형태를 일컫는다. 반대로 부정사나 동명사, 분사 등과 같은 비정형 동사의 형태는 주어와는 상관없이 형태가 고정되어 있다. 앞서 인용된 아르키타스의 글 첫 문장에서 '우리는 […] 배우게 된다'로 의역한 마톤타μαθόντα는 '나는 배운다'는 뜻의 동사 만타노μανθάνω의 중성형 아오리스트 분사, 즉 비정형 동사이다.}

를 가르칩니다.

발명하기에서 문제가 되는 것이 무엇인지도 아무런 의심의 여지가 없습니다. 셈법이 아르키타스에게 말하지 않은 채 말하는 것은 바로 이 셈법이 정치적으로 아르키타스를 발명했다는 것이며, 이것을 아르키타스는 카논이라고 부릅니다.

그리스어로 카논은 메소포타미아에서 온 외래어인데 카누kanu는 속이 텅 빈 갈대를 뜻하며, 그 때문에 잣대를 뜻하기도 합니다.[1] {고대 그리스어} 카나비스Kannabis에서 {중세의} 고고지 독일어 〈삼Hanf〉, 즉 린네의 카나비스 인디카{인도 대마}가 파생될 것입니다. 근대에 {갈대를 뜻하는} 이탈리아어 칸나canna에서 대포Kanone에 이르게 되는데, 총기도 〈영혼〉 혹은 속이 빈 좁은 공간을 필요로 하기 때문입니다. 반대로 그리스인들에게 카논κανών은 갈대, {실을 감는} 실패, 수평기 또는 먹줄을 뜻하다가, 히파소스와 아르키타스 사이의 긴 시기 언젠가에 모노코드{일현금}라는 새로운 말뜻이 음악수학에 도입됩니다. 카논의 거의 반듯하게 당겨진 유일한 현 하나를 통하여 세 평균 또는 음정비들을 만질 수 있게 됩니다. 아르키타스는 이 평균과 음정비의 발견을 선행자의 공적이라고 칭송했지요. {기원전} 320년 에우클레이데스는 《카논의 분할에 관하여》라는 책에서 화성학 전체를 제시하였지만 아르키타스는 카논을 국가 헌법 영역에서의 개념이자 문제로 전이합니다.

아르키타스가 도리스 방언으로 쓴 「법과 정의로움에 관하여」라는 글이 있습니다. 이 글은 오직 요하네스 스토바이오스만이 전승했고, 아르망 들라트가 1922년에 재발견했으며,[2] 끝으로 우리는 아르키타스가 직접 쓴 글이라고 봅니다. 왜냐하면 이 글이 알리고 있는 모든 것은 또는 더 정확히 말하자면 이 글이 명령하고 있는 모든 것은 결국 수학적 정리가 되어서 조화Harmonie가 귀를 앎으로 이끌고 노래하는 목소리를 한소리로 이끌듯[3] 법이 영혼과 그 삶을 규정하기 때문입니다. 따라서 법은, 소피스트들이 비싼 돈

---

[1] 부르케르트, 1984, 40쪽.
[2] 들라트, 1922, 71~124쪽. 필롤라오스, DK(6) 44, B 9. 퓌세이 카이 우 노모이φύσει καὶ οὐ νόμῳ*. *{"자연에서이지 법에서가 아니다."}
[3] 들라트, 1922, 84쪽.

을 받고 알려주는 임의의 법 조항이 아니라 필롤라오스에게 수가 그러하듯 신들과 자연Physis 그 자체에 상응합니다.[1] 바로 그 때문에 풍토에서 나타나는 차이들은, 즉 번영에 있어서의 차이들은 다양한 국가 형태들도 만들어 냅니다.

《따라서 어떤 이들은 법을 귀족적 형태로 세우고, 다른 이들은 민주적으로, 또 다른 이들은 과두적 형태로 세운다. 귀족적 법은 대립 평균{조화 평균}에 근거하고 있다. 왜냐하면 이 비율은 더 큰 마디들에는 더 큰 비율들을 나누어 주고, 더 작은 마디들에는 더 작은 비율들을 나누어 주기 때문이다. 민주적 법은 기하학적 비율{기하 평균}에 근거하고 있다. 이 안에서는 크고 작은 수들 사이의 비율들이 같다. 과두적 법은 산술적 비율{산술 평균}에 근거하고 있다. 이것은 대립 평균과 대립되는데 더 작은 마디들에게는 더 큰 몫을, 더 큰 마디들에게는 더 작은 몫을 나누어 주기 때문이다. 이것들은 분배의 방식들(이데아이ἰδέαι)이다. 이 분배 방식의 양상들은 국가와 가정에서 나타난다. 왜냐하면 덕(아레타 ἀρετά), 부 또는 권력 중 기반을 어디에 더 두느냐에 따라서 명예, 처벌, 부담금이 큰 마디들과 작은 마디들에 평등한{같은} 정도로 분배되거나 불평등한 비율들로 분배가 되기 때문이다. 평등하게 나누는 첫 번째 체계는 민주적 체계이고, 불평등하게 처리하는 다른 체계는 귀족적이거나 아니면 과두적인 체계이다.》[2]

이렇게 완수된 계산이 처음으로 보여 주는 것은 아르키타스가 폴리스Polis의 법규도 음악과 음악의 카논을 바탕으로 사유한다는 사실입니다. 필롤라오스가 짝수와 홀수를 모든 수의 두 모습{에이데εἴδη}이라고 규정한 것처럼, 아르키타스는 세 평균을 모든 가능한 국가{체제}의 음악수학적인, 즉 반 플라톤적인 이데아들{이데아이ἰδέαι}이라고 규정합니다. 따라서 그는 그때나 지금이나 마찬가지로 그 흔하디 흔한 도덕과 같은 잡담 없이 헌법론을 구상하기 위해서 산술 평균, 기하 평균 그리고 조화 평균[3]에 대한 그만의 고

---

1 들라트, 1922, 79쪽과 91쪽.
2 들라트, 1922, 95쪽.
3 아르키타스의 제자인 크니도스의 에우독소스가 이미 대립 평균을 조화 평균이라고 바꿔 불렀으며 이

2.2.2.4.2 국가를 위한 가르침에서의 가르침 447

유한 산술적 규정을 따라가면 됩니다. 과두정과 폭정은 그냥 덕이 아닌 부나 권력에 근거하기 때문에 부당한 것이 아니라 완전5도가 큰 마디들에게 작은 마디들보다 더 적게 분배하기 때문에 부당한 것입니다. 우리가 완전5도를 모노코드의 음 공간 안으로 옮겨 보면, 산술 평균은 6에서부터 12까지의 옥타브를 9 : 6으로 나눕니다. 우리는 그저 두 윗마디들의 비율을 아랫마디들의 비율과 비교하기만 하면 됩니다. 그러면 부당함은 ― 그리스에서 처음이자 마지막으로 ― 민중들에 대한 선동 없이, 즉 산술적으로 스스로를 드러냅니다.

$$12 : 9 < 9 : 6$$

조화 평균은 반대의 방식으로 부당하게 작용합니다. 귀족정은 8 : 6의 완전4도에 근거하고 있기에, 셈법이 이미 다음과 같이 보여 주고 있습니다.

$$12 : 8 > 8 : 6$$

이렇게 해서 도시와 국가 형태를 위해 남은 것은, 기하 평균이 이미 그 자체로서 선사해 주는 평등한 분배뿐입니다.[1] 《우리》가 발견했던 셈법Rechenweg은 다니는 길입니다. 아무도 누구를 속여 이득을 취하지 않습니다. 그것이 명예에 관한 것이든 재산이나 처벌에 관한 것이든 상관없습니다. 덕이 셋 모두를 나누어 주기 때문이지요. 오랜 혼란, 시민전쟁, 반란 끝에 아르키타스는 대그리스를 조화로 되돌려 놓습니다. 《그러므로 타라스 사람들을 본받는 것 또한 아름다운 일이다. 그들은 가난한 자들과 재산을 함께 나누어서 그들이 필요로 하는 것을 마련해 주며, 이로써 대중들은 좋은 뜻을 나누며 어울린다.》고 아리스토텔레스가 씁니다.[2]

계산으로 풀리지 않는 유일한 것은 그 자신입니다. 아르키타스는 허락된 기간보다 훨씬 오랫동안 지배하였습니다. 그는 (들라트가 옳다면) 모든 가능

렇게 옛 이름을 견지하는 것은 파편의 진위성도 증명한다고, 들라트(1922, 97쪽)는 적절하게 언급합니다. ⇐ 2.2.2.1*. *{2.2.2.1.1.}
1   아르키타스가 조화 평균-귀족적 평균을 선호한다는 독해(들라트, 1922, 99쪽)를 우리는 따를 수 없습니다. 들라트는 첫째, 평등을 산출하는 로기스모스의 정리를 인용하기는 했지만 사유하지는 못했으며, 둘째, 아르키타스가 다스리는 타라스가 민주적 도시라고 불렸다는 사실을 대강 읽고 지나갔습니다.
2   아리스토텔레스, 정치학, 7권 5장 1320b9~11절. 이것은 엄연히 《민주주의》를 뜻합니다.

한 헌법이 처음으로 흘러나오는 알고리듬으로서의 셈법을 씁니다. 권력은 그의 손에 남아 있습니다.[1]

2.2.2.4.3 가르치기 그 자체

가르치기와 이것이 가져오는 축복을, 아르키타스는 낱낱이 사유했습니다. 이제 우리는 가르침 자체로 넘어갈 것입니다. 우리에게 전승된 아르키타스의 파편은 필롤라오스의 파편보다 그 개수가 훨씬 더 적지만 대신 더 깁니다. 본래 수공업자의 아들인 헤르만 딜스는 초기 철학자들의 말처럼 들리는 모든 것을 포함시키며 후고전기 위작을 손쉽게 모방했지만 그리 수학적이지는 않은 증거들이었습니다.

2.2.2.4.3.1 산술과 작도법

아르키타스는 정의로움 그리고 함께 사는 좋은 삶을 수학적으로 정확하게 규정하여서, 이암블리코스가 셈법들에 관한 정리들에 스토바이오스와는 다른 제목을 붙일 수 있을 정도입니다. 이암블리코스에게 그 책은 단순하게 《수학적인 것Mathematisches에 관하여》[2]라고 불립니다. 아르키타스에게는 더 이상 일반적인 의미에서의 가르침과 앎에 관한 것이 아니라 저 하나의 학문, 오늘날까지도 — 시몬 스테빈의 네덜란드를 제외하고는[3] — 수학 Mathematik이라고 불리며, 그 자체로서 세계를 군림하는 바로 그 학문에 관한 것입니다.[4] 아르키타스가 우리 책 제목의 절반을 선사했다고 우리는 감사하며 말할 수 있습니다.

그런데 아르키타스 자신은 셈법들에 대한 학문을 일반적으로 가리키는 그

---

1 들라트(1922, 259쪽)도 이렇게 말합니다.
2 아르키타스, DK[(6)] 47, B 3. 팀파나로 카르디니(1969[(2)], 2권 376쪽)에 인용된 이암블리코스(일반적 수학 학문에 관하여)도 보십시오.
3 *(오늘날 네덜란드에서는 수학을 비스퀸더wiskunde라고 부른다. 16세기에서 17세기 사이에 활동했던 수학자 시몬 스테빈이 당시 수학을 일컫던 말인 라틴어 마테마티카mathematica를 순수한 네덜란드어 비스콘스트wisconst로 바꾸어 부른 것에서 유래한 단어로, '확실하게 알려진 것/확실하게 알고 있는 것을 다루는 기술'이다.)
4 히스 경(1921, 1권 11쪽)과 토마스(1980[(2)], 1권 2쪽~)를 참고하십시오. 피타고라스학파 이전에는 기하학과 산술을 일컫는 공통된 이름이 없었다고 합니다. 우리는 주교 라오디케이아의 아나톨리오스보다 더 엄격하게, (그냥 피타고라스학파 이전이 아니라) 아르키타스 이전이라고 말하고자 합니다.

이름을 로기스모스λογισμός[1]라는 개념에서 얻습니다. 매우 상하긴 했지만 진본이 확실한 파편 속에 분명하고 확실하게 쓰여 있습니다.

《또한 로기스티카[2]는 학문에 있어서 다른 예술{테크네τέχνη}들을 훨씬 뛰어넘는 듯이 보인다. 이것은 심지어 기하학보다 더 반짝이게 의도하는 바를 다룰 수 있기 때문이다. [다른 예술들은 실패하지만 기하학은 증명하기에] 그리고 기하학은 실패하지만 산술은 증명을 끝맺을 뿐 아니라 모습{에이도스εἶδος}들을 다루는 것이 정말로 있다면 심지어 모습들에 대한 [질문들][3]을 끝맺는다.》[4]

아르키타스는 세계 최초의 수학자라고 불리는 명예를 얻게 됩니다. 바로 그가, 개별 학문의 방법이 얼마나 분명하게 표시되고 표시하느냐는 질문의 카논 또는 잣대에 따라 그 모든 개별 학문을 측정하기 때문입니다. 이미 호메로스가 반짝이고 빛나는 것들을 아르게스άργής라고 부릅니다. 라틴어로 아르겐툼argentum은 은을 뜻합니다. 아리스토텔레스와 그 이후의 수사학이 처음으로 에나르게이아ἐνάργεια[5]를 그저 노련한 주장Argument의 증거라고 하며 그 빛을 꺼 버리지요.[6] 우리가 곧 더 반짝이게 확인할 수 있는 바, 아르키타스는 모든 의미에서 이 말을 규정합니다. 왜냐하면 학문이 {우리가} 알도

---

1 *{'셈', '계산', '조리 있게 하는 생각'이라는 뜻이며 복수형으로 쓰일 때는 '수'를 뜻한다. 로고스에서 파생된 '나는 센다/생각한다/이야기한다'라는 뜻의 로기조마이λογί ζομαι에서 나온 단어이다.}

2 *{키틀러는 일반적인 학문으로서의 수학이 처음에 어떠한 이름으로 불렸는지를 더 잘 들리게끔 하기 위해서 로기스티카λογιστικὰ를 독일어로 레헨쿤스트Rechenkunst나 아리트메틱Arithmetik이 아니라 로고스에서 유래한 말인 로기스틱Logistik으로 옮겼다. 한국어로는 로기스티카λογιστικὰ라고 고대 그리스어를 음차하였다. 독일어 로기스틱은 오늘날에는 물건들의 흐름을 뜻하는 '물류'의 의미를 더 많이 가지는데, 이때 이 단어는 각각 이탈리아어, 프랑스어, 영어로 로쟈loggia/로쥬loge/로지lodge에서와 같이 정자, 오두막, 지붕 덮인 길, 머무는 곳, 보관하는 곳, 다니는 곳이라는 말과 더 연관을 가지며, 19세기에 부대 편성과 보급품 배달이라는 문맥에서 사용된 군사 용어에서 파생되었다. 한편, 수를 다루는 학문으로서의 로기스틱은 로고스에서 유래한 고대 그리스어 로기스티카를 그대로 가져온 중세 라틴어 로기스티카logistica와 바로 연결되어 있으며, 예를 들어 16세기의 수학자 프랑수아 비에트가 수학을 두 분야로 구분하며 오늘날의 산술에 해당하는 '로기스티카 누메로사logistica numerosa'(수로 하는 계산술)와 근대 대수학의 기초가 된 '로기스티카 스페키오사logistica speciosa'(기호로 하는 계산술)로 나누었던 바에서도 잘 확인할 수 있다. 또 로기스틱은 19세기에 대수학과 함께 발달했던 수리 논리학mathematische Logik 또는 기호 논리학symbolische Logik을 가리키기도 한다.}

3 *{딜스는 '설명, 진술(Darlegung)'로 번역했다.}

4 아르키타스, DK(6) 47, B 3.

5 *{앞서 인용된 아르키타스의 글에서 비교급으로 사용된 말로 '더 반짝이게'라고 번역된 단어이다.}

6 키케로, 아카데미아, 2권 6장 17절.

록 {우리에게} 주는 그 모든 것은 그것이 기록되었느냐, 읽히느냐, 그려지느냐에 달려 있기 때문입니다.

그래서 아르키타스는 그의 선생 에우리토스가 서로 다른 수의 모습에 따라 인간과 말을 구분하며 에이도스에 대해 가르쳤던 것에 관하여 질문을 제기합니다. 만약 에이도스를 학문으로 다룰 수가 있다면, 학문은 매번 질료와 형상의 상호 작용이라고 부르는 것으로 만족해야만 합니다. 갈레네γαλήνη는 잔잔한 바다를 뜻하는데, 수면이 고른 평면을 이루고 있기 때문입니다. 네메니아νηµενία는 잔잔한 바람을 뜻하는데, 고요가 공기 전체에 자리 잡고 있기 때문입니다. 이것이 뜻하는 바는, 아르키타스가 세이렌섬 주위의 바다를 개념화했으며, 에우리토스와는 반대로 존재론자 아리스토텔레스로 하여금 이에 열광하도록 할 수 있었다는 것입니다.[1]

따라서 셈법들에 대한 가르침으로서의 로기스티카는 — 우리들은 이것을 알고리듬이라고 부르려고 합니다 — 수학이 다뤄질 수 있는 두 방식 중 하나입니다. 그런데 그 자매는 기하학이라고 아르키타스가 직접 말합니다. 에우리토스가 가르쳤던 것과는 달리, 우리는 잔잔한 바다에 수를 부여할 수 없으며, 그림만 부여할 수 있습니다. 또한 옥타브의 기하 평균과 같은 구간이나 단위 정사각형의 대각선은 그려질 수 있으나 정수비로 기록될 수는 없습니다. 그러므로 히파소스에서 필롤라오스까지의 피타고라스학파에게 있어서는 {단 하나의} 수학과 같은 것은 없고, 기하학과 산술의 이원성만이 있을 뿐이라고 결론이 내려집니다. 그리고 기하학은 그리스의 어떠한 산술로도 해결되지 못하는 비율{무리수}을 측정할 수 있기에, 필롤라오스는 기하학에 최고의 영광을 부여합니다. 필롤라오스는 아르키타스로 이어지는 어느 맥락에서《기하학을 다른 모든 학문들의 시작/근원이자 모도시(메트로폴리스μητρόπολις)》[2]라고 부릅니다. 에우보이아의 {도시} 칼키스가 언젠가 『오디세이아』의 여파 속에서 이탈리아에 알파벳과 함께 순전한 딸 도시들을 선사했었던 것처럼 그렇게 헤라클레이아에서 토지 측정은 어머니 쪽으로의 계승이 방해를 받지 않는 이름으로 불립니다. 왜냐하면 그리스어로 메

---

[1] 아리스토텔레스, 형이상학, 8권 2장 1043a23~26절. ⇐ 1.1.2.2.
[2] 필롤라오스, DK(6) 44, A 7a.

트로폴리스{모도시}는 뉴욕과 같은 메트로폴리스{거대 도시}와는 반대이기 때문입니다.

그런데 아르키타스는 자신의 선생 덕분에 많이 배웠지만 다른 발견은 오로지 자기 자신에게서 나온 것이라고 합니다. 이렇게 그는 로기스모스와 로기스티카에서 마지막 통찰을 이끌어 냅니다. 다른 이름 없는 앎의 형태들이 실패한다면 선분을 측정하고 비교하는 것은 분명 계속될 것입니다. 플라톤의 『메논』에서처럼 노예조차 대각선을 그릴 수 있지요. ─ 그런데 알로곤Alogon은, 즉 비례하지 않는 것\동일한 잣대가 없어서 서로 비교할 수 없는 것\공약수가 없는 것Unverhältnismässige[1]은 오로지 기하학적으로만, 즉 선분에서만 파악할 수 있을까요? 정말로 무리수성\비합리성을 산술적으로 증명하는 셈법이 없는 것일까요? 또는 훨씬 더 일반적으로 질문을 하자면, 누가 그리고 무엇이 그리스인들을 해결 불가능한 것으로 보이는 것에 수학적으로 접근하도록 이끌었을까요?

마지막 질문에 대한 대답은 가장 쉬우면서도 동시에 가장 어렵게 느껴집니다. 그것은 그리스의 신들입니다. 무엇이냐는 {질문에 대한 답은} 제단Altar이고, 누구냐는 {질문에 대한 답은} 아폴론입니다. 피타고라스에게 조화를 입력했던 것은 델포이와 두 세이렌이었듯이, 바로 그렇게 {오늘날} 우리의 선생님들에게는 그저 서술형 수학 문제라고 불렸던 수수께끼가 옛적에는 다음과 같이 신탁으로서 반포되었습니다.

델로스에 전염병이 덮쳤는데, 분명 {기원전} 429년에 아테네의 장군 페리클레스의 목숨을 앗아간 병과 동일했을 것입니다. 아폴론이 탄생한 신성한 곳에 사는 델로스인들은 신탁을 구합니다. 분명 델포이에서 받았을 이 신탁은, 남신이 스스로의 더 높은 영광을 위해 제단을 두 배로 만들라고 요구한다고 전합니다. 델로스인들은 이를 어느 정도 이행하며, 제단의 모든 모서리를 두 배의 길이로 늘립니다. 그리고 아폴론을 모시는 신실한 신관은 지금 제단이 두 배가 아니라 이전보다 여덟 배가 커졌기 때문에 전염병이 거의 사라지지 않았다는 것을 나중에 깨닫게 됩니다. 이 필멸자의 위기

---

1 *{2.2.2.1.2.}

이자 동시에 사유의 위기 속에서 {델로스}섬은 학문에 도움을 청합니다.[1] 도움이 — 가장 이르게는 히포크라테스에게서, 그중 가장 우아하게는 아르키타스에게서[2] — 도착하여, 델로스인들에게 어떻게 2의 세제곱근을 구하였는지를 보여 줍니다. 질문이 해결하지 못한 채 남겨 두는 것은 필멸자들에게 셈하는 수수께끼를 내는 신들에게 어떤 본질이 또는 어떤 앎이 적합하느냐는 것입니다. 델로스의 아폴론이 이 땅 위에 두 번째로 존재할까요?

이러한 수수께끼를 푸는 필멸자들에 대한 질문은 {수수께끼를 내는 신들에 대한 질문보다} 훨씬 더 쉽습니다. 필롤라오스와 거의 비슷하게 나이가 들었던 키오스의 히포크라테스는 돈을 받고 학파의 비밀을 누설한 최초의 피타고라스학파였습니다. 자랑스러운 히파소스가 영예를 위해 그리한 것과는 다르게 말이지요. 해적들이 히포크라테스의 전 재산을 털어갔고, 돈독으로 부유하게 된 아테네로 그는 건너가서 — 시칠리아의 소피스트들과도 같이 — 들어본 적 없는 새로운 학문으로 {잃은 재산을} 보상받았습니다.[3] 그는 또한 처음으로 — 에우클레이데스 훨씬 이전에 — 『원소들』[4]이라는 책으로서 수학을 다룹니다.[5]

요컨대, 히포크라테스는 그의 글에서 소위 초승달 — 서로를 자르는 다양한 크기의 원호들 — 로 원의 구적법의 하위 문제 중 하나도 계산할 수 있었다는 것을 증명했습니다.[6] 살로몬의 건축사 히람이 완전히 간과했던 문제, 말

---

1 아르키메데스의 『구와 원기둥에 대하여』에 대한 에우토키오스의 주해집, 2권. 토마스(1980(2), 1권 258/259쪽)에서 재인용. 제단Altar에 대해서는 칼리마코스(아르테미스 찬가, 60~64행)를, 수학에 대해서는 플루타르코스(소크라테스의 수호신에 대하여, 7장 579bd절. 델포이 신전의 E에 관하여, 3장 385f절)를 보십시오.

2 아르키타스, DK(6) 47, A 14. 조나단 테넨바움(연도 미상)은 이것을 "놀라운 정교함"이라고 칭송합니다. — 아르키타스는 이 델로스의 문제*가 급박했을 때 그리고 그가 이 문제에 대한 해결을 제시하여 명성을 얻었을 때, 종종 수학자들이 그러하듯 조숙한 나이였을 것입니다. 이것은 다시 한번 그의 생년이 이르다는 사실을 뒷받침합니다. *{주어진 정육면체보다 두 배 더 큰 부피의 정육면체를 작도하는 델로스의 문제는 '풀 수 없는 문제'를 일컫는 관용구로 쓰이기도 한다.}

3 히포크라테스, DK(6) 42, 2~. 이암블리코스(피타고라스적 삶의 방식, 18장 89절과 34장 245절)와 비교해 보십시오.

4 *{이 히포크라테스의 책과 그보다 약 한 세기 이후에 에우클레이데스가 쓴 동명의 책 제목은 고대 그리스어로 '글자, 원소, 요소들'을 뜻하는 『스토이케이아Στοιχεία』이다(1.2.2.2).}

5 히포크라테스, DK(6) 42, 1.

6 토마스, 1980(2), 1권 235쪽.

하자면 3과 π의 불일치 또는 측정 불가능성의 문제에 작은 한 걸음의 진척이 있어서, 페르디난트 린데만이 마침내 1882년 우리의 옛 모교[1]에서 람베르트처럼 π의 무리수성\비합리성을 증명했을 뿐만이 아니라 심지어 π의 초월수성\초월성[2]도 증명할 수가 있었지요.[3] 하지만 이 모든 아름다운 것은 어둠으로부터 나왔습니다. 히포크라테스가 자신의 초승달을 위해서 새로운 글자 모양을 고안해 냈기 때문입니다. 그것은 양 끝이 글자로 표시되고 경계 지어지며 나타나는 선들입니다. 최초의 책들 혹은 원소들은 어떻게 생겼었는지, 그러한 작도를 누가 판독하고 누가 사유할 수 있었는지 여전히 불분명합니다. 우리가 알고 있는 것은 히포크라테스가 돌리고 측정해야 할 각각의 모든 직선과 곡선들에 주소를 지정하여 동시에 텍스트 내에서도, 따라서 셈법 내에서도 그 주소를 불러내는 것을 가능하게 했던 것은 알파벳 글자들이라는 사실뿐입니다. 이후로 독자들은 기하학적으로 증명한다는 것이 무엇인지를 볼 수 있게 되었습니다. 그 이상은 아니지만 또한 그 이하도 아닙니다. 여기를 보시지요. 예를 들어 보자면, 증명 단계에서 그려진 삼각형 하나는 세 선분 ΑΖ, ΖΓ, ΓΑ로 이어져 있고, 활꼴 하나는 그 세 선분 중 두 선분의 양 끝인 Β와 Δ로 이어져 있습니다.[4] 유감스럽게도 수학자들은 자신들의 마술 상자를 보여 주기에는 너무도 똑똑합니다. 우리는 이것을 김나지움{중고등학교}과 그곳에서 받은 상처들을 통해 알고 있습니다. 선생들은 자신들이 하는 것이 무엇인지를 아르키타스처럼 솔직하게 터놓고 분명하게 말했어야 했습니다. 끝으로, 그림·글자·수를 가지고 노는 것은 치욕스러운

---

1 *{알마 마테르Almar mater는 '우리를 먹이는 어머니'라는 뜻의 라틴어로, 자신이 다녔던 학교, 특히 대학교를 가리키는 말이다. 키틀러의 모교는 프라이부르크 대학교로, 그보다 백여 년 전 이곳에서 재직 중이었던 린데만이 원주율 π가 초월수라는 사실을 증명하였다.}

2 *{초월수Transzendente Zahl는 유리수 계수의 다항 방정식의 해로 표현할 수 없는 수를 말한다. 즉, 정수들의 사칙 연산과 제곱근으로 나타낼 수 없는 수를 말하며, 그렇게 나타낼 수 있는 대수적 수Algebraische Zahl에 대립하는 개념이다. 실수인 초월수는 모두 무리수이지만, 그 역은 성립하지 않는다. 예를 들면 $x^2 - 2 = 0$과 같은 방정식으로 표현될 수 있는 무리수 $\sqrt{2}$는 대수적 수이다. 또 모든 복소수가 초월수인 것도 아니어서, $x^2 + 1 = 0$과 같이 표현될 수 있는 허수 i도 대수적 수에 포함된다. 최초로 초월수라고 알려진 수는 조제프 리우빌이 1844년에 증명한 리우빌 상수이며, 오일러 상수 e와 원주율 π도 뒤이어 초월수임이 증명되었다.}

3 아르키메데스, 하위헌스, 람베르트에서 르장드르 등의 기나긴 해법에 대해서는 페르디난트 루디오(1892)를 참고하십시오. 반대로 e와 π의 기계적 계산 가능성에 대해서는 튜링(1987, 50쪽)을 보십시오. 그리스인들이 우리에게 준 사유할 것들은 {아직} 아무것도 해결되지 않았습니다.

4 히포크라테스, DK(6) 42, 3. 더 상세한 내용은 토마스(1980(2), 1권 234~252쪽)를 보십시오.

일이 아닙니다. 피타고라스는 고향 섬 사모스의 밝은 모래사장에 내려놓았던 단순한 셈돌들로 학문을 시작했습니다. 히포크라테스는 테트락티스를 파피루스 두루마리 위에 누설했으며, 이것은 이미 우리의 문화를 둘러싸고 일어난 일이었습니다. 알파벳이 있었고, 그려진 선들이 있었습니다. 그것들은 절대로 서로 만나지 않을 수가 없었습니다. 일반적인 것 그 자체인 수학은 갑자기 아주 일반적으로 증명 또는 작도할 수가 있게 되었습니다.

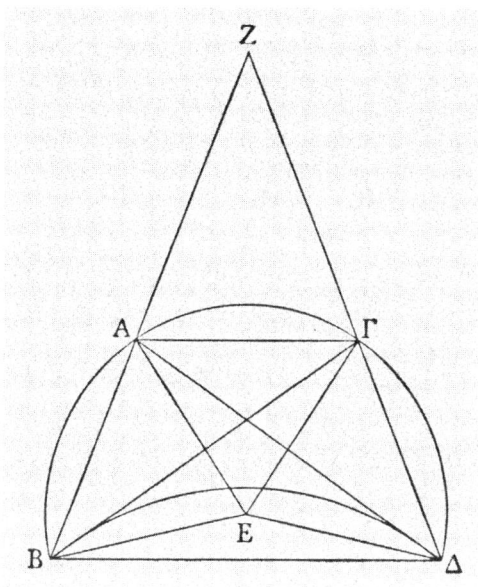

히포크라테스가 모래 위에 초승달을 그립니다

바로 이것을 아르키타스는 뒤집는데, 우리가 아는 바에 따르면 또한 최초로 뒤집습니다. 그는 어떤 것이 불가능함을 증명하기 위해서 새로운 글자들과 선들을 사용하는데 — 그리스 기하학의 평면에서가 아니라 모든 음악수학의 심장에서 그것들을 사용합니다.[1] 발명의 발명자가 어떻게 귀류법reductio ad absurdum[2]을 수학적인 절차로서 세계에 내놓는지를 마침내 우리는 볼 수

---

1 부르케르트(1962, 349쪽)의 다음과 같은 말에 반대합니다. "무리수를 다루게 된 계기가 음악 이론에서 싹튼 것 같지는 않다. 그 {무리수와 음악 이론의} 연관성은 전해지는 문헌 어디에서도 인정하거나 나타내고 있지 않다."

2 *{2.2.2.2.2.1.}

2.2.2.4.3.1 산술과 작도법

있습니다. 왜냐하면 책 제목을 『음악 개론De institutione musica』이라고 지음으로써 더 이상 라틴어를 할 수 없었음을 보여 주는 보이티우스는 +520년에 지어진 그 책에서 그가 다음과 같은 증명을 전승하고 있기 때문입니다.

《기하 평균을 집어넣어서 단위가분율[1]을 둘로 나눌 수는 없다. 이것은 이후에 엄격하게 증명될 것이다. 아르키타스가 한 증명은 너무 불안정하기 때문이다. 그의 증명은 다음과 같다. 그가 말하기를, 한 단위가분율이 A : B라고 한다. 나는 이 비율에서 가장 작은 [수]들을 취한다. 이제 C와 DE가 이 비율 속에 C : DE로 [있으며] 게다가 단위가분율이기에 수 DE가 수 C를 둘 모두에게 공통되는 부분만큼 초과한다. 이 부분은 D라고 한다. 그러면 D는 수가 될 수 없으며, 나는 단위Einheit라고 말한다. 만약 D가 하나의 수이며 DE라는 수의 한 부분이라면, 수 D는 수 DE를 측정하며, 그러므로 수 E도 측정한다. 따라서 두 수 C와 DE가 수 D를 측정한다는 것은 불가능하다. 이 [기하학적] 비율 속에서 다른 임의의 수들보다 더 작은 [수들은] 말하자면 서로에 대해 소수素數이다. 따라서 수 DE는 수 C를 단위만큼 초과한다.[2] 그 때문에 저 비율을 같은 정도로 둘로 나누는 평균수는 그 사이에 들어맞지 않는다. 이렇게 해서 서로가 이 비율을 가지고 있는 [수들] 사이에는 이 비율{기하 평균}이 같은 정도로 둘로 나누는 평균수를 집어넣을 수 없게 되는 것이다.》[3]

아르키타스가 일반적인 수들을 기입하는 법을 알고 있었다는 사실을, 우리는 이렇게 놀란 채 읽습니다. 이미 음악과 관련되어 있기에 A, B, C 그리고 DE는 모두 산술적으로 기능합니다. 그러므로 DE는 히포크라테스에게서처럼 한 선분의 양 끝을 표시하는 것이 아니라, 합계를 표시하는 것입니다. B가 A를 얼마나 초과하는지를 바탕으로 B가 측정되었습니다. 문제가 되는 것은 절대로 선분이 아니라, 수입니다. 그런데 그리스인들에게는 모든 수

---

1 *{2.2.2.2.2.2.}
2 *{여기 한국어로 '초과한다'라고 옮긴 동사는 라틴어 원문에서 트란스켄디트transcendit인데, 이는 '나는 오른다, 넘어선다, 넘친다'라는 뜻의 동사 트란스켄도transcendo의 3인칭 단수 현재형이다.}
3 아르키타스, DK⁽⁶⁾ 47, A 19. 팀파나로 카르디니(1969⁽²⁾, 2권 338/340쪽)에 의해 보충된 것입니다. — 다른 어떤 수를 초월하는 어떤 하나의 수에서 초월수와 초월 통각까지는 여전히 머나먼 길입니다. 그래도 벌써 언급이 되었습니다.

학 연산자가 없기에 우리는 증명 단계에서의 DE가 D + E를 뜻하는 것이지, D × E와 같은 것은 아니라고 짐작할 수밖에 없습니다. 게다가 아르키타스가 DE에 대해 실행하는 모든 것은, E가 새로운 수를 표시하는 것이 아니라 바뀐 이름으로 불린 C를 표시한다는 것을 우리가 짐작할 수 있도록 합니다.[1] 글자가 {근대의 대수학에서와는} 정반대로 특정한 {자연}수들을 지시하는 그리스인들의 알파벳 속에서의 쓰기 행위가, 일반적인 수들을 발명하기 위해서 마치 이미 그 결과와 혼란을 건립하는 듯 합니다. 아르키타스에게는 더 이상 A가 하나, B가 둘을 의미하지 않습니다. 새로운 숫자들의 왕국, 대수학 Algebra이 무無에서 우리의 눈앞으로 떠오릅니다. (그리고는 {프랑수아} 비에트에 이르기까지 다시금 사라집니다.)

이렇게 아르키타스는 옥타브에서 온음까지를 이끌어 내는, 수들로 입증된 수많은 단위가분율들을 찾는 대신에 단위가분성의 법칙을 온전히 일반적으로 찾는 것에 착수합니다. 그는 동시에 기하 평균의 무리수성을 $sqrt(2)$[2]와 같은 특정한 수들로 증명하는 것이 아니라 일반적으로 증명하는 것을 최초로 시도합니다. 아르키타스는 플라톤의 영웅 테아이테토스는 말할 것도 없고,[3] 히파소스와 필롤라오스도 능가합니다.

"아르키타스가 사변적 수론과 음악론에서 유래한 고도로 발달된 기하학의 증명법을 통해서 필롤라오스도 아직 몰랐던 연역적 수 이론을 만들어냈다는 추측에 반대되는 근거는 없다."[4]

---

1   바르털 레인더르트 판 데르 바르던, 1979, 407쪽. 물론 판 데르 바르던이 그리스인의 알파벳 수(⇐ 1.5.3)를 비난하기 위해 여기에서 이끌어 내는 결론은 존재사적으로는 오류입니다. "{고대 그리스에서} 특정한 수를 나타내기 위해 알파벳 글자를 사용했던 것은 대수학의 발전에 특별히 득이 되는 일이 아니었다. 우리의 대수학에서처럼 미지수나 변수를 처리하기 위해서 글자를 사용한 것이 아니었다. 플라톤의 친구 아르키타스의 시대(기원전 390년)에 이르렀을 때까지도[!] 미지수를 위해서 글자를 아직은[!] 사용하고 있었다. 예를 들어서 아르키타스에게 ΓΔ는 Γ와 Δ의 합을 의미했었다. 곱셈 기호로 빼기 기호와 나눗셈 기호를 보완하는[!] 이러한 체계는 이론적 산술에 유용한 표기법이 되었을 것이다."(판 데르 바르던, 1956, 75쪽~) 마치 어디에도 비할 바 없는 발명자 아르키타스가 첫째, 덧셈 기호를 집어넣기라도 했다는 듯이 그리고 둘째, 머나먼 옛적의 이해할 수 없는 전승에 쓰여 있다는 듯이 그는 말합니다.
2   *{제곱근 2의 근삿값을 출력하는 명령어이다.}
3   키레네의 테아이테스토스*는 2와 17 사이의 모든 수를 하나하나 계산해 보며 그 수가 정수 제곱근을 산출하는가를 확인했습니다(플라톤, 테아이테스토스, 147e절). *{테아이테스토스는 아테네 출신으로, 수학자 키레네의 테오도로스의 제자이다.}
4   부르케르트, 1962, 423쪽.

단위가분율이라는 생각은 우리가 하나의 로고스를, 즉 두 수의 한 관계를 조화롭게 또는 산술적으로 나눌 때만 존재할 수 있습니다. 왜냐하면 세 번째의 가능한 평균인 기하 평균도 할 수 있는 것으로 받아들이면 모순에 빠지기 때문입니다. 보이티우스가 인용한 대로 아르키타스는 끝에 아름답고 분명히 밝히며 — 분명 세계 최초의 수학자로서 — 두 수를《서로에 대해 소수》{서로소}라고 부릅니다. 우리가 예시를 들어 보자면, 18과 16은 이렇게 둘 다 2로 측정할 수가 또는 나눌 수가 있습니다. 그런데 이것을 (우리가 하는 말로 하면) 약분하면 9 대 8이라는 비율이 나오는데, 즉 기특하고도 단위가분적인 온음이 되지요. 또 17이 모든 평균이 바라는 대로 18과 16 사이에 딱 들어맞는다고 하여도, 이 수는 처음에 가정한 대로 온음을 기하학적으로 나누지는 않습니다.

$$16 : 17 \neq 17 : 18$$

16과 18 사이에서 펼쳐지는 17은 반대로 단순한 산술 평균, 우리의 비열하고 근대적인 평균치입니다.

$$\frac{16+18}{2} = 17$$

따라서 보이티우스가 아르키타스의 증명에서 CD : C의 비율이 이미 처음부터 나머지 없이 약분되었다고 간주할 때, 그는 헤맬 수밖에 없습니다. 단위가분율에 공약수가 없다면 이제는 그 {단위가분수에서의} 분자가 (우리가 하는 말로는) 분모를 단위만큼 초과합니다. 그러면 분자에 대해서와 동일하게 분모에 대하여 비례하는 정수는 더 이상 존재할 수가 없습니다. 이것을 증명한다는 것은 우리 현대인들에게는 쉽게 느껴지기에 우리에게도 "거의 견디기 어려운 장황스러움"[1]이 눈앞에 뛰어들고 이와 함께 아르키타스가 증명을 시작합니다.

우리는 일반적인 단위가분율을 단순하게 아래와 같이 정합니다.

$$(n + 1) : n \tag{1}$$

---

1 판 데르 바르던, 1979, 409쪽.

그리고 기하 평균은 다음과 같이 씁니다.

$$a : b = b : c \qquad (2)$$

우리 근대인들은 이 두 비율이 동시에 힘을 발휘할 수 없다는 것을 증명하기 위해서 기초 대수학을 사용합니다. (1)을 (2)에 그냥 대입하기만 하면 아래와 같은 식이 나옵니다.

$$(n + 1) : b = b : n \qquad (3)$$

끝으로 (3)을 전개하면 다음과 같습니다.

$$b^2 = (n + 1) \times n \qquad (4)$$

b는, 즉 b^2의 근은 정수인 정사각수가 될 수 없다는 사실을 오른쪽에서 분명하게 읽을 수 있습니다. 초기 피타고라스학파식으로 말하자면, 단위가분율들은 정사각형이 아니라 바로 직사각형으로 펼쳐진다는 것입니다.[1] 하지만 아르키타스는 기하학을 산술로 이끌었으며, 이로써 약속한 대로 수의 더 높은 권능을 증명하였습니다.

따라서 알로곤은, 히파소스가 알로곤의 순수한 사실Dass을 선언했을 때 피타고라스학파에 일으켰었던 스캔들이기를 {이제는} 멈춥니다. 왜냐하면 알로곤의 무엇Was — 본질 — 은 엄격한 증명의 문제가 되었는데, 이 증명은 {초기 피타고라스학파에서처럼} 수학적 형상물을 세계에 지정하기만 하는 것이 아니라 불가능의 왕국으로 가도록 지시할 수도 있기 때문입니다. 근대의 대수학이 하는 것은 다름이 아니라 이러한 비사물非事物Unding들 하나하나에 놀이 공간과 실존Existenz들을 부여하는 것입니다. 이 놀이 공간과 실존은 그리스인들에게는 헤카베{상관없는 일}였을 것이나[2] 그들이 했던 질문 덕분에 처음으로 세상에 나타나게 된 것입니다. 이렇게 — 우리는 앞으로 더 보게 될 텐데 — 근대를 통틀어 줄곧 음악의 근거가 되었던 스테빈의 평균율은, 바로 아르키타스가 배제했던 그 기하 평균의 일반화일 뿐입니다. 이로써 우리는 오랜 우회로를 지나 이제 음악과 수학으로 되돌아오고자 합니다.

---

1 아리스토텔레스, 영혼에 관하여, 2권 2장 413a17~19절.
2 슈펭글러, 1923(65), 86~90쪽.

2.2.2.4.3.2 화성학

《피타고라스학파 중에서 누구보다도 가장 많이 음악을 심장에 담고 있었던 타라스의 아르키타스는 협화음(쉼포니아)들에서뿐 아니라 테트라코드의 분할에서도 하나의 비율을 구해내려고 하였다. 그는 음 간격의 초과를 서로에 대하여 측정할 수 있다는 것이 자연적으로 적합하다고 여겼다.》[1]

음악에서 기하 평균이 추방된 후에는 조화Harmonie를 다른 두 평균 위에 구축하는 것만 문제일 수밖에 없습니다. 아르키타스는 자신의 선생 필롤라오스를 분명 충실하게 따르며, 완전8도, 완전5도, 완전4도의 세 〈협화음 Symphonie들〉 속에서 음악적으로 되풀이되는 테트락티스를 기념하며 심지어 책 한 권 전체를 씁니다.[2] 하지만 필롤라오스가 현의 음정을 팔분의구라는 큰 온음까지만 수학적으로 규정했던 것과는 달리, 아르키타스는 산술 평균과 조화 평균 속에서 여덟 개의 현이 모두 계산되고 조율될 때까지, 즉 조화들을 끝맺을 때까지 계속해서 더 정교하게 둘로 나눌 수 있는 가능성을 인식합니다.[3] 우리는 이 아르키타스의 계산을 오스카 베커와 함께 디오판토스식 나눗셈 정리로 표기할 수 있습니다.

$$\frac{x+1}{x} = \frac{y+1}{y} = \frac{a+1}{a}$$

아르키타스는 입력값으로 필롤라오스가 이미 제시했던 위대한 단위가분율 $(a + 1) : a$를 집어넣습니다. 그런데 {이제 아르키타스의} 새로운 과제는 수 $a \times (a + 1)$의 모든 소인수 분해 값을 구하는 것입니다. 예를 들어 완전4도에서 12를 인수 분해하면 1 × 12와 2 × 6 그리고 3 × 4가 되는 것처럼 말이지요. 이 모든 것을 반음까지 다 계산하고 나면, 한 테트라코드에 있는 모든 네 현을 위한 단위가분율이 나옵니다. 한 옥타브의 둘째 테트라코드에서도 이것을 다시 반복합니다. 그리스인들과는 달리 순정률을 피하거나 또는 평균율로 조율해야만 했던 우리의 피아노 조율사도 이와 다르게 하지는

---

1 필롤라오스, DK(6) 44, B 11*. *{아르키타스, DK(6) 47, A 16의 오기이다.}
2 아르키타스, DK(6) 47, A 17.
3 오스카 베커, 로만(1970, 84~87쪽)에서 재인용.

않을 것입니다. 그럼에도 불구하고 아르키타스는 하나가 아니라 두 개의 단위가분적인 음의 순서를 계산해 냅니다. 그것은 바로 이명동음적 게노스Genos와 온음계적 게노스입니다. 네, 더 있습니다. 아르키타스는 평균 내기를 더 밀고 나아가 세 번째 음계인 반음계{적 게노스}를 계산해 내며, 온음계적 게노스와 이명동음적 게노스라는 두 대립의 평균값처럼 동일한 정도로 (그 이름이 벌써 말하듯이)[1] 〈물들이게〉 합니다. 위대한 천문학자 프톨레마이오스의 『화성학』은 우선은 메마른 말로 시작한 다음, 긴 셈법으로 풀어나간 뒤, 하나의 수의 목록으로도 보여 줍니다.

《아르키타스는 다음과 같은 세 개의 게노스[2]들을 마련하였다. 이명동음적, 반음계적 그리고 온음계적 게노스가 그것이다…》[3]

다음은 모든 수를 포함하고 있는 표(엑테시스ἔκθεσις)입니다.

[현대적 표기]	이명동음적	반음계적	온음계적
A	1512	1512	1512
	$\dfrac{5}{4}$	$\dfrac{32}{27}$	$\dfrac{9}{8}$
G	1890	1792	1701
	$\dfrac{36}{35}$	$\dfrac{243}{224}$	$\dfrac{8}{7}$
F	1944	1994	1994
	$\dfrac{28}{27}$	$\dfrac{28}{27}$	$\dfrac{28}{27}$
E	2016	2016	2016

---

1 *{반음계를 뜻하는 크로마티코스χρωματικός는 '색깔'을 뜻하는 크로마χρῶμα에서 나온 말이다.}
2 *{게노스γένος는 '종種, 성性, 친족' 등을 뜻하는 단어로, 아르키타스가 제시한 음들을 나열하는 법을 이명동음적(토 엔하르모니콘τὸ ἐναρμόνιον), 반음계적(토 크로마티콘τὸ χρωματικὸν), 온음계적 게노스(토 디아토니콘 게노스τὸ διατονικόν γένος)와 같이 세 "종족"으로 구분하여 지칭하며 사용한 말이다. 키틀러는 '종, 성'이라는 뜻의 독일어(Geschlecht)가 포함된 말(Tongeschlecht)로 옮겼으나, 반음계나 온음계적이라는 한국어에 '음계'라는 말이 이미 들어 있고, 현대 음악에서의 음계 개념과 완전히 일치하는 것도 아니기에 '게노스'를 그대로 음차하여 옮겼다.}
3 *{아르키타스, DK(6) 47, A 16 = 프톨레마이오스, 화성학, 1권 13장.}

우리의 평균율과는 완전히 다른 음악을 수로 나타낸 이 수학에 대해 우리는 그저 놀라워 할 뿐입니다. 모든 키타라 연주자와 작곡가는[1] 하나의 음Ton을 연주하기 전에 선택할 수 있는, 분명하게 드러난 세 가지의 가능성을 앞에 두고 있는데 그 선택이란 프톨레마이오스의 표현대로 어떤 음정Intervall들을 자신의 노래의 〈기초로 삼는가〉하는 것입니다. 이것이 그리스적 자유입니다. 음악가는 필롤라오스처럼 단순히 단위가분율의 음정들에 머물며 온음계를 선택할 수 있습니다. 또는 대담하면서도 여전히 단위가분율적인 삼분음이나 사분음들을 이명동음적으로 짚을 수도 있습니다. 또는 이명동음적 게노스와 온음계적 게노스 사이에 있는, 〈색깔 있는〉 가운뎃길을 갈 수도 있습니다. 여기{반음계적 게노스}에서는 오로지 하나의 유일한, 즉 가장 낮은 음정이 옛 풍습에 따라 계산됩니다.

고전기 그리스 음악은 음악적 말뜻에서 윤리적 말뜻까지를 아우르는 모든 의미에서의 세 조율법 가운데 하나를 선택하는 것, 바로 이 선결先決입니다. 음운 상태에서 모든 노래와 합창들이 아이올리스, 이오니아, 도리스의 세 주요 방언 중 어디에 속하는지 알 수가 있듯이 테트라코드의 구성에서도 마찬가지입니다.[2] 따라서 아테네의 코이네만 남겨두고 {그리스의 다른} 방언들이 모두 소멸했던 시기와 대략 같은 시대에 세 개의 게노스들 중 하나만 살아남았다는 사실은 놀라운 일이 아닙니다. {살아남은 이 음계는} 바로 그 진부한 온음계적 게노스입니다.

아르키타스는 반대로 키타라나 아울로스를 연주할 때 매우 섬세한 색조를 울리게 하여, 수학자로서 자신의 미세한 정수비를 다시 계산해야 할 모든 이유와 동기를 봅니다. 그런데 그 정수는 이제 그냥 (분명 히파소스 이후에서와 같이) 6에서 12까지만으로는 충분하지 않습니다. {아르키타스는} (참으로 정말로) 1512에서 2016까지를 계산합니다. 이로써 유일한 하나의 테트라코드가, 즉 우리의 완전4도가 $2^{5} \times 3^{3} \times 7$이라는 인수로 분해됩니다. 섬세함에 있어서 경이로운 작업입니다.

---

[1] 할리카르나소스의 디오니시오스, 단어들의 조합에 대하여, 19장.
[2] 아테나이오스, 현자들의 연회, 14권 624cd절.

언제나 다시금 말해지는 바와는 달리 아르키타스는 자신의 생기 있고 자유로운 테트라코드들 속에서 그였다면 80 : 64이 아니라 81 : 64로 계산했을 피타고라스적 3도와 반대되는 5 : 4의 순정률의 3도를 발견한 것은 아니었습니다. 다섯 개의 돌멩이를 더 놓아서 테트락티스의 닫혀 있음에서 벗어나는 것에 관한 일이 절대 아닙니다. 왜냐하면 3도와 같은 것으로 보이는 것은 이명동음적 게노스에서 가장 높은 음정, 즉 우리가 2도로 알고 있는 음정이 사이에 끼어 있지 않은 유일한 음정이기 때문입니다. 하지만 이것이 동시에 말하는 것은, 그리스의 음악이 어떻게 완전히 다르게 만들어졌고 경험되었는가입니다. 그들의 음악은 우리의 장음계나 반음처럼 끝없이 위로, 이졸데의 사랑의 죽음으로 깊이 밀고 들어오지 않습니다. 그리스인들의 음악은 처음에는 오르다가 끝에는 다시 가라앉아 오디세우스처럼 고향으로 돌아옵니다. 왜냐하면 우리가 반음이라고 부르는 것은 모든 세 게노스 가운데 가장 낮지만 무엇보다도 동일한 음정이기 때문입니다. 이것이 어떠한 고요를 발하는지는, 전해 내려오는 약간의 선율에서 예감할 수 있을 뿐 아니라 최근 제임스 맥카트니와 마르틴 카를레 덕분에 맥카트니의 슈퍼콜라이더에서도 들을 수 있게 되었습니다.[1]

2.2.2.4.3.3 음향학

아르키타스가 가장 높은 음으로 치솟았다가 가장 낮은 음으로 귀향하도록 모든 가능한 세 테트라코드를 정성스럽게 분류한 이후 {이제} 다음과 같은 질문이 저절로 나옵니다. {소리에서} 높음과 낮음이 도대체 무엇인지 또는 그리스적으로 말하자면 날카롭고 둔탁한[2] 이것이 무엇인지라는 질문입니다. 철학자라면 이에 대한 답을 내놓아야 합니다. 간단하게 말하자면, 아르키타스가 학문으로서 (소뵈르가 1701년에 처음으로 이 학문의 이름을 만들었다고 해도)[3] 음향학Akustik의 기초를 세웁니다. 그를 듣는 우리는 이렇게 귀를 기울여 봅니다. 재귀 없이 우리는 더 나아갈 수 없습니다.

---

1   볼프강 코이와 베를린 훔볼트 대학교 전산소Rechenzentrum에 감사드립니다.
2   *{옥쉬스οξύς는 '날카로운'을, 바뤼스βαρύς는 '무거운'을 뜻하는 형용사이다. 고대 그리스인들은 음의 높낮이를 일컬을 때 이 두 단어를 사용했는데 옥쉬스는 높은음을, 바뤼스는 낮은음을 가리킨다.}
3   조제프 소뵈르, 1973[1701].

오디세우스가 이미 세이렌의 밝은 목소리를 둔중하게 울리는 풍랑의 낮은 소리와 구별했다는 것을 우리도 알고 있습니다. 그의 화살에 맞아 구혼자들은 비록 큰 소리를 내며 무겁게 바닥으로 쓰러지지만 활시위 자체는 제비처럼 아름답게 노래합니다.[1] 그래서 고전 수사학에서는 호메로스가 ― 그가 물론 근본적으로는 모든 것을 알아챘기는 하지만 ―《또한 말소리(프통고스φθόγγος)의 둔탁함과 날카로움의 차이를 인식했었다》[2]고 그를 칭송할 수가 있습니다.

그런데 아르키타스는 사유자Denker, 음악가Musiker 그리고 동시에 영웅Held으로서 살았습니다. 따라서 그는 사물들을 손에 쥐는데, 어떤 것을 야기하기 위해서가 아니라 그것들의 놀이와 소리를 시험해 보려는 것입니다. 피타고라스학파에게 인식론적 사물이자 증거가 되었던 유일한 키타라 대신 많은 사물이 들리기 시작합니다. 첫 번째 사물은 막대기인데, 옛날 키르케가 나쁜 마법을 부리며 휘둘렀던 막대기와는 달리 아르키타스는 듣기 위해서 공기 중에서 휘두릅니다. 그리고 자, 보시지요. 아르키타스가 힘차고 재빠르게 휘두를수록 막대기는 그만큼 더 밝고 높은 소리를 냅니다. 그가 손에 쥐는 두 번째 사물은 하필이면 발사체(벨로스βέλος)인데, 아르키타스가 장군으로서 이미 이해하고 있는 것입니다. 죽이기 위해서는 무기가 〈날카로워야〉 한다는 사실을 군인들은 알고 있습니다. 그러나 이번에는 전략에 관한 것이 아니라 음향학에 관한 것입니다. 이렇게 오로지 사유하는 귀들만이 재빠르고 강하며 〈날카롭게〉 던지는 것이나 반대로 느리고 약하며 〈둔중하게〉 던지는 것에 의해 공기 중에 생산된 잡다한 소리들에 귀를 기울입니다. 아르키타스는 그렇게 계속해서 사물을 하나하나 가지고 놀며, 아울로스 관 사이로 숨을 불어넣고,《밀교에서와 같이 마법회전판(롬보스ρόμβος)》을 휘

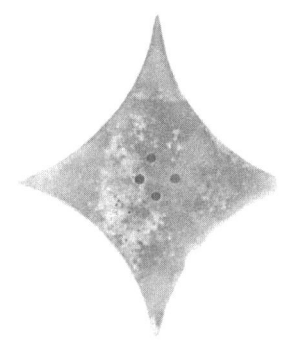

돌로 만들어진 롬보스

---

1 ⇐ 1.1.2.3.과 1.1.2.5.2.
2 위 플루타르코스, 호메로스의 삶, 2권 148장.

464 음악이 수학을 부릅니다

두르며, 끝으로 이 모든 것에서 다음과 같이 하나의 법칙을 추론해 냅니다.

《높은/날카로운 잡음들이 더 재빨리 움직인다는 사실, 낮은/둔탁한 잡음들은 더 느리게 움직인다는 사실은 많은 것들을 통해 이제 우리에게 밝혀졌다.》[1]

따라서 아르키타스가 자신보다 앞선 수학자들의 존재자 전체에 대한 통찰을 바탕으로 개별적인 것에 대한 인식으로 나아갈 수 있었다고 그들을 칭찬하며 높이 평가할 때 그리고 그러한 연구의 예로 음향(프소포스ψόφος)을 들었을 때, 그는 너무도 겸손하게 말하는 것입니다. 분명 행성들의 서로 다른 속도 그리고《적어도》키타라 현의 서로 다른 음높이 — 이 모든 것은 피타고라스학파가 이미 탐색했습니다. 그런데 아르키타스는 우리에게 약속한 대로 자신이 직접 한 실험들에 대해서 씁니다. 무엇보다도 그는 하나의 새로운 질문을 제시하고 설명합니다. 이제 문제가 되는 것은 피타고라스를 따라 엄격하게《조화가 가장 아름다운 것》이라는 사실을 보여 주는 것에 관한 것이 더 이상 아니라 정확히 반대의 것, 조화와는 다른 그 무엇에 관한 것입니다. 막대기를 휘젓는 것이나 마법회전판을 휘돌리는 것은 음악을 만들지 않습니다. 그것은 아르키타스가 정확하게 이야기하듯, 잡음{프통고스φθόγγος}들을 만듭니다. 이렇게 아름다움은 한 대립의 한쪽에 자리를 잡고, 그 대립의 다른 한편에는 물리적 음향학이라고 불리게 되는 것이 있게 됩니다. 이것은 메르센에서 소뵈르와 오일러를 지나 오늘날에 이릅니다…

우리는 아르키타스가 회전 속도, 즉 주파수를 음속과 헷갈려 한 것인지 아닌지는 묻지는 않을 것입니다. 이것은 메르센의 시대까지 지속되니까요.[2] 우리에게 아름다운 것이자 중요한 것은 아르키타스가 만드는 잡다한 소리Geräusch들 중에도 아름다운 고른 소리Klang들이 있다는 것 뿐입니다. 높거나 낮은 사람의 목소리, 높거나 낮은 아울로스의 음과 같은 소리들이 말이지요. 이렇게 노이즈Rauschen의 바다 위에 음악Musik이라는 섬 하나가 있는 것입니다. 겨를이나 평화를 가져오기 위해 우리는 음악이 필요합니다. 그리

---

1 *{아르키타스, DK 47, B 1.}
2 부르케르트, 1962, 357~361쪽. 팀파나로 카르디니, 1969⁽²⁾, 2권 326~335쪽.

스의 아이들은 음모가 자라나기 시작하면 노래를 배우고 리라 연주를 배우며 — 알키비아데스처럼 지나치게 허영심이 강하지 않다면[1] — 아울로스를 부는 법도 배웁니다. 이는 교란된 몸, 감각, 정신을 달랜다고 다름 아닌 아리스토텔레스가 가르칩니다. 더 나아가 이 철학자는 아르키타스가 접시를 깨부수는 어린 아이들을 위해서도 울리는 어떤 아름다운 것을 발명한 것이 잘한 일이라고 하는데, — 바로 딸랑이(플라타게πλαταγή)가 새로운 로기스모스로서 세상에 나왔습니다.[2] 즉, 최초로 두 사물이 서로 부딪치는 것(플라가이πλαγαί)으로서 모든 소리를 사유하였던 동일한 철학자가 〈타악기〉 자체를 발명했습니다.

사유는 이렇게 실용적이 될 수 있습니다. 사유는 어린 아이들과 아울로스 연주자, 출정과 전쟁기계를 생각합니다. 근본적으로 사유는 계산하고 작도할 수 있는 모든 것을 생각합니다. 수학, 이것은 아르키타스 이래 처음으로 존재하며, 또 그러한 이름으로 불립니다. 그것은 기하학과 산술, 천문학과 음악이라는 사분四分{테트락티스}이지요. 피타고라스적 음악 이론의 갈라진 틈이 그를 열림 속으로 계속 이끌고, 그는 이렇게 사유자로 떠오릅니다. 그래서 아르키타스는 최초의 실험자Experimentator[3]이자 모든 공학자Ingenieur들의 시조라고 불립니다.

그런데 아르키타스를 기계본질Maschinenwesen의 발명자로 기념하며 음향학을 떠나기 전에 아직 하나의 거대한 질문이 남아 있습니다. 철학자는 음악에 관한 것일 때 쉼포니아이συμφωνίαι에 대해 말합니다. 음향학에 관한 것일 때는 프소포이ψόφοι나 프통고이φθόγγοι에 대해 말하지요. 이것은 마치 우리가 사포가 이미 믿었던 그 옛 최종 결정을 다시 찾아냈다는 듯, 그리스인들의 입에서 말이나 노래가 소리 나오는 그 모든 것을 말울림소리와 말안울림소리로, 모음이나 자음으로, (부끄러운 말이냐 아니냐에서와 같이)[4] 말해진 것과 써진 것으로 구분하는 것입니다. 그러나 아우구스투스

1　플루타르코스, 알키비아데스의 삶, 2장.
2　아리스토텔레스, 정치학, 8권 5장 1040b20~29절.
3　팀파나로 카르디니, 1969⑵, 2권 268쪽. 그런데 헤르만 딜스는 아르키타스의 A 10a번 파편을 기술적으로 이해하기 위해서 이미 엔지니어의 조언을 구했습니다.
4　*{2.2.2.4.3.2.}

를 자주 방문했던 할리카르나소스의 디오니시오스는 매우 드문 또는 뒤늦은 명료함 속에서 그리스 알파벳을 파악합니다. 로마에서는 교육Bildung으로 취급되었던 두 언어와 두 알파벳의 함께함Miteinander이 언제부터 내려온 것인지도 모르는, 그리스인들이 걸려 넘어졌던 그 옛 매듭을 마치 처음으로 풀었다는 듯이 말이지요. 즉, 자신들의 언어의 말소리는 동시에 글자라고 파악하게 됩니다.[1]

《사람이 내는 마디지어진 말소리의 시초들이 있다. 이것은 둘로 더 나뉠 수 없으며, 우리가 원소들{스토이케이아}이나 글자들{그람마타}이라고도 부르는 것이다. 글자들이라고 부르는 이유는 일정한 선들로 {새겨져서} 표시되기 때문이다. 반대로 원소들이라고 부르는 이유는 모든 말소리가 이것들에서 처음으로 생겨나기 때문이며, 또 그 안에서 끝마쳐지며/완전해지며 흩어지기 때문이다.

하지만 원소들 그리고 또 글자들은 모두 [단] 하나의 작용/본질[만] [있는 것이] 아니다. 이것들의 첫 두 겹{차이}은 [바로] 음악가 아리스톡세네스가 드러낸 바, 하나는 말소리{포네} 속에서, 다른 하나는 잡음{프소포스} 속에서 끝맺는다는\완성된다는 것이다. 그런데 말소리라는 것은 이른바 말울림소리(=모음)이며, 반대로 잡음(=자음)는 그 밖의 모든 것들이다. 두 번째[의 차이]란, 말울림소리가 아닌 것들 가운데 몇몇은 스스로 일정한 비슷한 잡음들을 끝맺도록\완성되도록 자라났다는 것인데 — 그것은 쉬쉬 소리나 음 하는 소리나 한숨 소리나 다른 그런 소리들이다. 다른 것들은 반대로 말소리와 잡소리에 완전히 속하지 않고, 스스로 소리를 내지도 않는다. 그래서 어떤 사람들은 이것을 무성음{아포네}이라고 불렀고, 저것은 반음{헤피포네}이라고 불렀다.》[2]

말소리가 모여 음절이 되고, 음절이 모여 끝으로 단어가 된다는 — 사포처럼 아름다운 시행이 된다는 — 경이를 놀랍게 마디지으며 서술한 이 글에

---

1   해리스, 1986, 46쪽. "그리스인들은 일관되게 말소리와 글자를 구분하지 않았다." 그러나 언제나처럼 더 정확한 내용은 아리스토텔레스(명제론, 1장 16a4~7절)*를 참고하십시오. *{명제론의 도입부는 다음과 같다. "말해진 말은 정신 작용의 상징이며, 써진 말은 말해진 말의 상징이다. 모든 사람이 동일한 문자를 가지고 있지 않듯이 모든 사람은 동일한 말소리를 가지고 있지 않지만, 이것들이 상징하고 있는 정신 작용은 모든 사람에게 동일하다."}
2   할리카르나소스의 디오니시오스, 단어들의 조합에 대하여, 14장.

서 생각해 볼 만한 것은 다음 네 가지의 사실 관계입니다.

첫째, 위의 서술은 마디지어지지 않은 소리들과 마디지어진 음성을 구분할 수가 있는데, 따라서 동물과 인간을 구분하는 것입니다. 그러므로 우리 필멸자들만이 알파벳을 가지고 있습니다. 둘째, 이 서술은 또한 알파벳 기호를 한 번 더 구분할 수가 있는데, 바로 말해진 알파벳과 써진 알파벳입니다. 말소리가 시행이나 산문이 될 때에는 원소들이라고 불리는데 원소들이 존재자 전체를 〈나란히 줄지어〉 열어젖히기 때문입니다. 반대로 이와 동일한 음성이 쓰여 있을 때에는 글자라고 불리는데 — 그것은 바로 선들로 글자를 〈새기기〉 때문입니다. 작도Diagramm라는 개념을, 즉 글자들과 선들 사이의 상호적 설명 또는 침투라는 개념을 최초로 사유했다고 하는[1] 아르키타스는 {운을 맞춰} 이에 관한 노래도 부를 수 있었을 것입니다. 왜냐하면 아르키타스의 도리스 방언에서 글자Letter와 선Linie의 차이는 문법적 성의 차이로 축소되기 때문입니다. 도리스 방언으로 글자는 {중성형} 토 그람마τὸ γράμμα이며, 선線은 {여성형} 하 그람마ἁ γράμμα라고 불립니다.

그런데 아르키타스는 음악과 음향학, 고른 소리와 잡다한 소리를 구분하였습니다. 셋째, 디오니시오스는 모든 원소들을 바로 이러한 구분 아래에 둡니다. 청각장 안에 있는 원소들만이 우리 언어의 본질을 이루기 때문입니다. 모음은 울림소리적 또는 음악적이라고 하며, 자음은 안울림소리 또는 잡다한 소리가 가득하다고 합니다. 수가 홀수와 짝수로 나뉘듯 — 언어를 발음하는 소리가 마디지어지며, 마디지어진 것은 한 번 더 마디지어집니다. 이로써 디오니시오스는 분명한 하나의 이분二分으로 이끕니다. 이렇게 둘로 나누게 된 시기는 이것을 전승한 아리스톡세네스보다 분명 더 오래되었을 것입니다. 게다가 우리는 플라톤이 울림소리, 안울림소리, 함께소리[2]의 삼위일체에 대해 가르치면서 {모음과 자음이라는} 이분二分을 수정해야 한다고 처음으로 생각했다는 것을[3] 알고 있습니다. 끝으로 우리는 아리스

---

[1] DK⁽⁶⁾ 47, A 1 = 디오게네스 라에르티오스, 이름난 철학자들의 삶과 가르침, 8권 79절.《아르키타스는 최초로 수학을 궁극적인 기반으로 삼아 역학을 체계적으로 엮어내었으며 또한 최초로 작도를 제시하여 기계적인 움직임을 기하학적으로 나타내 보였다.》

[2] *{본래 '닿소리'를 뜻하는 단어(Mitlaut)이지만, 홀소리와 '함께' 있어야 소리난다는 뜻에서 '함께소리'로 옮겼다.}

[3] 플라톤, 필레보스, 18장 b절. 플루타르코스는 이것을 수론적으로 귀여운 사유로 이끌어 냈습니다. 그리

토텔레스가 음악의 수수께끼를 추적하도록, 즉 순전한 책을 통해 아르키타스를 추적하도록 아리스톡세네스에게 주문했다는 것을 또한 알고 있습니다.[1] 할리카르나소스의 디오니시오스를 재촉하는 그 무엇이란 물론 그리스인들에게는 — 여러분과 같은 개정 맞춤법에 따라 글 쓰는 노예들에게가 아니라 말이지요 — {오늘날에는 '문법'을 의미하는 말로 변한} 글자학Grammatik입니다. 즉, 말소리와 글자가 모두 동일하게 중요합니다. 따라서 아르키타스가 (시인 에우에노스도 마찬가지라는 사실에 주목하시길 바랍니다) 《글자학도 음악에 포함시켰다》[2]고 쓰는 퀸틸리아누스의 문장이 사실이 됩니다.

넷째, 그렇다면 음성들 가운데 스스로-끝맺는-것(아우토텔레αὐτοτελῆ)은 무엇이고, 반대로 그렇지 않은 다른 것은 무엇일까요? 글자학이, 우리의 노래하기/이야기하기가 울림소리 속에서 스스로에게로 돌아갑니다. 안울림소리들 속에서는 아르키타스가 최초로 음악에서 분리해 낸 음향학 속으로 노래하는 목소리가 가라앉습니다. 그래서 디오니시오스는 이제는 실종된 책을 인용하지 않았을까요? 타라스의 아리스톡세노스는 삼백 년 전 그 책에서 타라스의 아르키타스를 인용했고, 이것은 쏟아지는 플라톤의 말이 그 이전의 모든 말들을 침수시키기 직전이었습니다. 많은 것이 이를 뒷받침합니다. 그렇다면 심지어 우리들에게도 아르키타스가 가르치는 바와 같이, 새로운 옛 발견이 성공할지도 모릅니다. 디오니시오스는 아르키타스-파편 하나를 가지고 있었을 것입니다.

《말소리는 목울림소리들과 목안울림소리들의 조화이기 때문이다.》[3]

스 알파벳의 24개 글자들은, 마치 테트락티스를 계속 이어나가려는 듯, 7개의 울림소리와 8개의 함께소리 그리고 9개의 안울림소리로 나눌 수 있다고 말이지요(향연 문제, 9권 3장 738d절)*. *{7개의 울림소리(모음)는 ΑΕΗΙΟΥΩ, 8개의 함께소리(유성자음/반자음)는 ΖΛΜΝΞΡΣΨ, 9개의 안울림소리(무성자음)는 ΒΓΔΘΚΠΤΦΧ를 가리킨다.}

1 샤데발트, 1989, 62쪽~.
2 DK(6) 47, A 19b. 《아르키타스 아트퀘 에베누스 에티암 수비엑탐 그람마티켄 무시카이 푸타베룬트 Archytas atque Euenus etiam subiectam grammaticen musicae putaverunt.》이렇게 연관 짓는 것의 흔적은 어쩌면 다음과 같은 스토아학파의 방정식일지도 모릅니다. 분절된 음성을 발성할 때, 혀는 플렉트럼처럼 작용하고, 이는 현처럼 그리고 콧구멍은 키타라의 공명판처럼 작용한다고 말이지요(키케로, 신들의 본성에 관하여, 2권 59장 149절).
3 논노스(디오니소스 노래, 4권 261행~)와 비교해 보십시오(알파벳 발명자로서의 카드모스에 대해). 쉼퓌에오스 데 하르모니에스 스토이케돈 에스 아쥐가 쉬쥐가 메익사스συμφυεός δὲ ἁρμονίης στοιχηδὸν ἐς

2.2.2.4.3.4　기계들 그리고…

> 그대 남자들이 모터와 기계 위로 몸을 숙여 이것들을 만들고 이해하며, 그저 설명일 뿐인 것이 다시금 하나의 비밀이 될 때까지 설명하는 것, 이것도 역시 경탄할 만한 일이다.
>
> 잉에보르크 바흐만, 운디네는 간다

필롤라오스는 인간들의 모든 작업들 — 수작업, 노래 그리고 음악 장난감 — 속에서 수의 힘을 탈은폐할 수 있다고 약속했습니다. 반대로 아르키타스는 수, 작도, 장난감들을 직접 손에 쥐며, 이것들의 도움으로 새로운 것을 세상에 가져옵니다. 우리는 이 새로운 것을 기계학 또는 공학자의 기술 Ingenieurskunst이라고 부릅니다. 사실 이보다는 더 많은 것을 뜻합니다.

기계학Mechanik은 우리가 아는 대로, 오디세우스가 옛날 목마의 배 안에 숨어서 트로이아의 성직자들, 영웅들, 여자들을 속였던 것과 같은 계략에서 온 말입니다. 작도법Diagrammatik도 마찬가지입니다.

> 《오디세우스는 아름답지는 않지만 달변이었는데, 바다의 여신들을 사랑의 고뇌 속으로 빠뜨렸었다. 아, 칼립소는 그가 떠나기 위해서 재촉했을 때 얼마나 자주 괴로워했는지 또 바다가 바로 지금 노 젓기에 적합하다는 것을 그녀는 얼마나 자주 부인하였는지. 그녀는 언제나 또 다시 트로이아의 함락에 대해 물었고, 그는 종종 동일한 내용을 다른 형태로 이야기하려고 신경을 썼다. 언젠가 그들은 해안가에 서 있었고, 아름다운 칼립소는 그곳에서도 오드뤼사이 장군이 피 흥건히 흘리며 죽었던 이야기를 듣기를 원했다. 그는 (마침 손에 들고 있던) 가는 막대기로 단단한 모래 해변 위에 방비 시설을 그린다. 그가 〈이것이 트로이아이고〉라고 말하며 모래 위에 성벽을 그린다. 〈이것은 시모에이스 강이라고 생각해 봐요. 여기에 우리의 야영지가 있었고, 저기가 싸움터였는데〉 (그리고 그는 싸움터를 만들었다) 〈바로 거기에서 우리는 하이몬의 말馬들을 원하며 깨어 있었던 돌론의 피를 뿜게 만들었지요. 그곳에는 시토니아 출신의 {왕} 레소스의 막사가 있었고, 난 그곳에서 밤

ἄζυγα σύζυγα μείξας — 《그는 홑소리와 함께소리(〈얽매이지 않은 것과 얽매인 것〉]를 섞어 조화가 가지런히 함께 자라도록 했다.》

에 약탈했던 말을 타고 다시 돌아왔지요.〉 그는 더 많은 것을 그리고 싶어 했는데, 갑자기 파도가 밀려와 트로이아와 레소스의 야영지를 장군과 함께 쓸어갔다.》[1]

이렇게 그리스는 계략과 작도로 《바닷가 모래 위의 얼굴처럼》[2] 사라져 갑니다. 하지만 아르키타스는 그렇지 않습니다.

왜냐하면 메카네μηχανή는 이오니아-아티케 방언이며, 도리스 방언으로는 울림이 더 풍부한 아 마카나ά μαχανά라고 불리기 때문입니다. 언제나 번역 속에서 일어나는 존재사가 말하고 있는 사실은 로마인들은 마키나machina라는 단어를 가지고 있으며, 이 단어에 상응하는 말이 플라톤과 그의 일당들에게는 없다는 것입니다. 루크레티우스는 연인들에 대하여 시를 지어 네다섯 번의 절정 후에는 연인들조차 다시 한번 더 지나가기 위한 기계{마키나}를 더 이상 찾을 수가 없다고 노래합니다.[3] 이른바 건축자로 불리지만 사실은 카이사르의 군사 공학자인 비트루비우스는 이 수수께끼를 풉니다. 그는 한편으로는 직설적인 명령조로 도시들에게 요구하기를, {이제부터는} 더 이상 경기 우승자들이 아니라 아르키타스와 같이 세계를 규정하는 발명자들에게 입상立像을 만들어 경의를 표하도록 합니다.[4] 타라스는 이 좋은 충고를 지켰으며, 로마 군단이 대그리스에서 가장 아름다운 이 도시 또한 파괴했을 때까지 지켰다는 사실을 우리는 보았습니다. 그런데 다른 한편으로 비트루비우스는 — 명백히 연대기 순으로 되어 있는 목록에서 — 아르키타스가 두 번째로 『기계들에 관하여De machinationibus』라는 책을 썼다고 칭송합니다.[5] 그리고 이것이 세상에서 가장 높은 것이고, 가장 중요한 것이며, 가장 어려운 것이라고 말이지요.[6]

---

1 오비디우스, 사랑의 기술, 2권 123~140행.
2 푸코, 1966, 398쪽. 《comme à la limite de la mer un visage de sable.》
3 루크레티우스, 사물의 본성에 관하여, 4권 1115~1120행.
4 비트루비우스, 건축에 관하여, 9권 서문 13절. 키케로, 마르쿠스 포르키우스 카토의 나이에 대하여, 10장 33절.
5 비트루비우스, 건축에 관하여, 7권 서문 14절. 오르가논Organon*과 기계의 이러한 차이, 이오니아 방언 메카네μηχανή와 도리스 방언 및 고대 이탈리아어 마카나μαχανά의 차이를 샤데발트(1978, 173쪽)는 흐려 버립니다. *{'도구, 기구, 악기'를 뜻하는 오르가논ὄργανον의 복수형은 오르가나ὄργᾰνᾰ이다.}
6 비트루비우스, 건축에 관하여, 9권 서문 4절.

이렇게 우리는 수월하게 배웁니다. 기계Maschine라는 말은 타라스에서 로마로, 즉 아르키타스의 방언에서 라틴어로, 아티케의 교양 없는 속물이라는 우회로를 거치지 않고 도달했습니다. 그런데 기계라는 물건 그 자체도 마찬가지였습니다. 승리자들은 언제나처럼 패전자들의 특허품 또는 작도를 가져갑니다. 그렇게 가져가지 않았다면 스푸트니크와 로켓은 몇 년 더 늦게 떠올랐을 것입니다.

기계란 무엇이며, 그것들을 새롭게 만드는 것은 무엇일까요? 비트루비우스는 거의 아르키타스의 말처럼 다시금 우리의 마음에 와 닿는 분명한 대답을 줍니다.

《기계{마키나}와 도구{오르가나} 사이에는 다음과 같은 차이가 있는 것으로 보인다. 기계는 여러 명의 노동력으로 더 큰 힘을 가하여 효과를 거두는 것으로, 투석 무기나 포도주 압착기와 같은 것들이 있다. 반면 도구는 한 명의 노동자가 전문적인 조작으로 주어진 것을 완수하는 것인데 저격 무기나 톱니바퀴와 같은 것들이 있다.》[1]

이로써 공학자이자 건축자가 하나의 구분을 해냅니다. 존재사적으로 이보다 더 깎아지른 듯 나눌 수는 없을 것입니다. 비트루비우스는 도구가 무엇인지를 아리스토텔레스에게서 배웠으며, 기계가 무엇인지는 아르키타스에게서 배웠습니다.

스타게이라 출신의 의사 아들{아리스토텔레스}이 쓴 『정치학』에서의 입장은 아주 단순합니다. 모든 포유동물은 목소리를 가지고 있으며 서로에게 욕망이나 고통을 알릴 수 있지만 오직 두 인간만이 하나의 로고스를 가지고 있다는 것입니다. 따라서 말Rede을 가진 짐승은 발정 기간이 아니어도 함께하며, 무엇보다도 로고스 덕분에 비로소 주어진 《지각Wahrnehmung》[2]으로서의 좋음과 나쁨을 구분하는 데에 특별하게 주의를 기울인다는 것입니다.[3] 그리스인으로서의 《우리》에게는 물론 이러한 《혼례적 함께함》의 방식을 지

---

[1] 비트루비우스, 건축에 관하여, 10권 1장 3절.
[2] *{아이스테시스αἴσθησις는 '지각, 인지, 감각, 느낌' 등을 뜻한다.}
[3] 아리스토텔레스, 정치학, 1권 2장 1253a1~17절.

칭하는 이름이 없습니다.[1] 기독교인들의 서구에서야 비로소 제삼자나 성직자를 통해 〈부부〉와 같은 그것이 생겨나게 되지요.

이것{남녀의 그리스적인 함께함}은 남자들이 여자들과 아이들을 만드는 것 그리고 그들이 한 집(오이코스οἶκος)에서 함께 사는 것을 배제하는 것은 아니지만, 그럼에도 불구하고 살림(오이코노미아οἰκονομία)은 무엇보다도 (길들여진 동물들은 물론이고) 노예들이 담당합니다. 수소, 개, 양과는 달리 노예들은 말Rede이라는 능력이 있지만 알아듣는 한에서만 그러합니다. 그들은 로고스를 단어Das Wort로서 《가지고 있지》 않습니다.[2] 따라서 부부는, 물론 이제 어른이기 때문에 여자 노예들이나 남자 노예들에게 이렇게 말할 수가 있습니다. 〈욕조를 닦거라!〉, 〈물을 길러 오너라!〉, 〈이 널빤지를 자르거라!〉. 두 귀가 듣기 때문에 두 손 또는 두 발이 (비트루비우스가 예리하게 알고 있듯) 즉시 명령된 작업으로 다가갑니다. 따라서 접시, 항아리, 톱들은 모두 오르가나Organa이며, 오르가나는 명령에 따르는 노예가 필요로 하고 다루는 것일 뿐 아니라 노예{그 자체}입니다.

그럼에도 불구하고 도구들과 노예들은, 아 신들이시여, 이상적이지 않습니다. 스스로 생각해 낸 한 철학자 신Philosophengott과 같은 것이 아니라 신들Götter이 아직 있었던 아주 먼 옛날에는 삶이 더 가벼웠습니다. 아리스토텔레스는 이따금 우리에게 다음과 같이 씁니다.

《{살림에서} 작업으로 목표한 바를 완수해야 할 때, 특정한 기술들(테크나이 τέχναι)이 적합한 도구들을 필요로 하는 것처럼, 하지만 이 도구들의 일부는 생명이 없는 것이며 일부는 살아 있는 것처럼 — 예를 들어 모든 기술들에서 아랫사람들은 일종의 도구들로 헤아려지기에 키잡이에게 키는 무생물이고 키잡이의 보조수는 생물인 것처럼 — 그렇게 또한 가장들에게 각각의 소유물은 살아가기 위한 하나의 도구이고, 모든 소유물이란 다량의 도구들이며, 그 가운데 노예는 살아 있는 소유물이며 말하자면 여러 도구들을 대체하는 하나의 도구이다. 물론 다이달로스의 조각상이나, 시인{호메로스}이

---

[1] 아리스토텔레스, 정치학, 1권 3장 1253b9절.
[2] 아리스토텔레스, 정치학, 1권 5장 1254b20~26절. 이와 함께 푸코(1971)도 전체적으로 참고하십시오.

《그것은 자동으로 신들의 회의장으로 갔다》[1]라고 말한 헤파이스토스의 삼발이처럼 각각의 도구가 시켜서든 미리 알고서든 자신의 작업을 끝맺는다면, 즉 {베틀의} 북이 저절로 {베를} 짜고 리라의 채가 저절로 리라를 연주한다면 — 건축 감독은 아랫사람을, 주인은 노예를 필요로 하지 않을 것이다.》[2]

이렇게 아리스토텔레스는 명령을 이해하고, 수행하고 — 헤파이스토스의 황금 소녀의 경우처럼 — 고유의 목소리(아우데αὐδή)로 대답하는 자동기계 Automat를 꿈꿉니다. 이 자동기계는 말Rede도 하기에, 그냥 특정한 작업이 아니라 가능한 모든 일을 수행할 수 있었을 것입니다. 이 철학자는 다른 말로 하자면 범용 튜링 기계Universal Turing Machine를 꿈꿉니다. 즉, 컴퓨터를, 명령구문으로 된 단어들이 말하는 바를 행하는 그것을 말이지요. 마치 그에게는 호메로스와 튜링 사이의 시공 전체가 명백하다는 듯 그렇게 말입니다. 그런데 아리스토텔레스는 기계를 생각도 할 수 없는 것이라고 설명하기 때문에, 따라서 기계를 시짓기{의 영역}로 밀어내며 황량한 경험적 앎Empirie에는 오로지 단일 도구만을 허용하기에, 다목적 도구들이라고 쓰고 노예들이라고 읽는 이것은 주인의 자의적인 횡포가 아닌 자연\본성Physis 자체에 바탕을 두고 있습니다.[3]

우리가 경험한 바에 의하면, 아리스토텔레스는 현재는 전해지지 않는 책 네 권 전체를 아르키타스에게 헌정하였습니다.[4] 따라서 아리스토텔레스는 그가 누구에게 반대하며 노예제를 수호하는지를 모르지는 않았습니다. 아르키타스는 이미 주인으로서 전장에서나 가정에서나 분명히 수많은 노예를 거느리고 있었기 때문입니다. 하지만 아르키타스는 뒤에 문이 닫히자마자 먹을 것과 마실 것으로 가득한 잔치에 자신이 초대한 노예들이나 노예의 아이들과 함께 농담하며 놉니다.[5] 이렇게 아르키타스가 어린이들을 위해 딸랑이를 설계했다는 사실은 놀라운 일이 아닙니다. 노동의 세계는 다

---

1   일리아스, 18권 373~419행. 대장장이 남신{헤파이스토스}의 다른 자동기계가 성을 가지고 있다는 사실, 즉 발랄한 젊은 신부들과 닮았다는 사실을 아리스토텔레스는 숨깁니다.
2   아리스토텔레스, 정치학, 1권 4장 1253b25~1254a1절.
3   아리스토텔레스, 정치학, 1권 5장 1254a20~23절.
4   아르키타스, DK(6) 47, A 13.
5   아르키타스, DK(6) 47, A 7~8.

양한 단일 도구들과 함께 노예들에 의해 지탱되거나 또는 더 일반적으로는 기계들에 의해 지탱되는 것입니다.

아르키타스는, 이렇게 말해도 된다면, 기계본질 그 자체를 발명합니다. 동시에 그는 이미 세상에 존재하는 유일무이한 인식론적 사물, 즉 키타라에서 출발하여 이 연주 기구Spielwerk로부터, 따라서 한 오르가논Organon으로부터 수학적이며 기계적으로 순전한 새로운 기계를 도출합니다.《수와 자연의 비율에 따라 발명되고 설명되었던 도구들과 측정 기계들(레스 오르가니카스res organicas) 중 많은 것은 아르키타스가 후세에 남긴 것인데》그가《건축사를 넘어 수학자로 올라섰기 때문이다》라고 그의 숭배자 비트루비우스가 쓰며[1] 어떻게 단순한 도구가 기계적 일반성으로 가는 길을 이끄는지 분명하게 밝힙니다. 공학자도 키타라의 음악수학을 잘 알아야 합니다. 아름답게 연주하기 위해서가 아니라 창자로 만들어진 팽팽한 현에서 죽음을 부르는 투석기의 밧줄의 추정치를 계산해 낼 수 있도록 하기 위해서입니다.[2] 또한 공학자는 연주 기구로서의 아울로스를 잘 이해해야 합니다. 아르키타스를 따라 엄격하게 기압을 소리로 변화시키는 이 아울로스를 이해하는 것은 다만 훨씬 더 복잡한 기계를 발명하기 위해서입니다. 그러한 기계 가운데 최고의 것으로는 아울로스와 똑같이《공기로pneumatisch》작동하는[3] 음악 분수가 있습니다.[4]

아울루스 겔리우스는 자신의 선생 파보리누스가 다음과 같은 내용을 전했다고 전합니다. 아르키타스가 한 비둘기의《시물라크룸Simulacrum》을 주조했는데 이것은 나무로 만들어졌음에도 불구하고 날 수가 있었다고 합니다. 아프로디테의 새[5]와 다른 유일한 점은 한 번 날아올랐다가 내려오면 두 번 다시는 날지 못했다는 것입니다.[6] 아르키타스 비둘기의 이러한 흐름, 더 정

---

1 비트루비우스, 건축에 관하여, 1권 1장 17절.
2 비트루비우스, 건축에 관하여, 1권 1장 8절. 10권 13장 2절과 비교해 보십시오.
3 비트루비우스, 건축에 관하여, 10권 1장 1절~.
4 비트루비우스, 건축에 관하여, 10권 8장을 전체적으로 참고하십시오.
5 *{아프로디테와 자주 함께 등장하여 아프로디테를 상징하는 것들 가운데 새에 속하는 것으로는 비둘기나 제비, 백조 그리고 참새 등이 있다.}
6 아르키타스, DK(6) 47, A 10a = 아울루스 겔리우스, 아테네의 밤, 10권 12장 9(!)절.

확히 말하자면 이러한 슬픔은 클로드 섀넌의 온/오프 장난감[1]이나 우리의 이러한 삶에도 있습니다. 그런데 무엇이 그의 시뮬라크룸을 추진하고 있을까요? "헬름슈테트 출신의 빌헬름 슈미트"는 비둘기의 빈 몸체 안에 압축 공기가 숨겨져 있으며, 이것이 한 배출구를 통해 밖으로 흘러나오면서 두 날개를 푸드덕거리게 했다고 생각했습니다. "그는 올림피아의 독수리와 비교했다(파우사니아스, 그리스 이야기, 6권 20장 7절)."[2] 이렇게 복잡하게 힘을 전달하는 방법은 오늘날의 우리에게는 거의 필요가 없습니다. 기체 역학 Pneumatik이 단순하게 반동으로서 비둘기에게 작용했던 것이라면, 아르키타스가 로켓의 기원에 서 있었던 것이라면요?

2.2.2.4.3.5 …포사체들

어쨌든 아르키타스가 설계했던 자동기계는 우리를 놀라게 합니다. 반대로 아리스토텔레스는 그저 도구들과 노예들을 고집하며 기계들 또는 자유의 정도들을 사유하지 않을 뿐입니다. 이 모든 것은 놀이였을까요? 아르키타스가 이전까지는 높은 장벽으로 나뉜 듯 보였던 가장 분리된 것을, 후의 황제 율리아누스처럼 통일했다고 후기의 두 증거가 말합니다. 그 분리된 것이란 바로 기하학Geometrie 그리고 ― 전술Strategie입니다.[3] 따라서 비트루비우스가 장난감 키타라로부터 일반화하며 도출해 낸 모든 기계들은 군대, 성벽, 함대, 도시에 대항하는 대량무기입니다. 죽음은 우리에게 새로운 죽음의 방식을 선사합니다. 오직 아테나의 은총만이 오디세우스가 활로 백 명의 구혼자들을 죽이도록 허락합니다. 하지만 많은 노예들이 몇 시간 동안 자신들의 온 힘을 투석기의 장력 안에 입력한다면, 비트루비우스가 묘사한 대

---

1   프리드리히 빌헬름 하게마이어, 1979, 489쪽(베를린의 악셀 로흐에게도 감사드립니다). 사이버네틱스와 정보이론이 필롤라오스와 아르키타스로 향하는 재귀(또는 사랑)라는 사실은 위대한 월터 핏츠도 삶과 죽음 속에서 증명했습니다(핏츠(드 산틸라나, 1951, 112~120쪽). 그는 자동차를 빌려 서쪽으로 향했고 이후로 그를 본 사람은 아무도 없습니다. *{궁극 기계ultimate machine라고도 널리 알려진 클로드 섀넌의 '온/오프-장난감'은 나무 상자에 온on/오프off 스위치가 달린 모양을 하고 있다. 스위치를 온 방향으로 밀어서 이 기계를 켜면, 상자의 뚜껑이 열리면서 안에서 손 모양의 금속이 나와 스위치를 오프 방향으로 밀어낸 후 나왔던 손이 다시 상자 안으로 들어가며 뚜껑이 닫히게 되는 장난감이다.}
2   DK 47, A 10a에 대해 딜스가 한 말입니다.
3   필롤라오스, DK(6) 44, A 30.

로 발사와 함께 천배의 죽음의 에너지가 재빠르게 방출됩니다.[1] 이것은 전략가 아르키타스에 대해 무엇을 말하고 있는 것일까요?

한니발에게도 점령당한 타라스는 {기원전} 209년 직전 다시 로마군에 의해 함락되었고, 마르켈루스는 병력과 함선으로 그리스의 마지막 자유도시인 시칠리아를 포위했습니다. 시라쿠사이의 왕 히에론은 아르키메데스와 그의 친구, 친척들을 불러 당시의 가장 위대한 수학자가 자신을 위해 전쟁기계를 짓고 발명하도록 도움을 요청합니다. 그런데 아르키메데스는 이 부탁을 처음에는 거절합니다. 그는 자신이 방금 발견한 지렛대의 법칙을 오로지 장난감으로만 시험해 보려고 했지요. 이는 물론 플라톤이 수학적 법칙을 실습에 적용하는 것을 금지했기 때문입니다.

《옛날 히에론왕은 아르키메데스를 설득하여 그의 학문을 정신적인 것의 영역에서 구체적인 것으로 돌려보려는(아포 톤 노에톤 에피 타 소마티카ἀπὸ τῶν νοητῶν ἐπὶ τὰ σωματικὰ) 야심을 가지고 있었다. 그렇게 해서 그 순수한 이론이 어떤 식으로든 지각(아이스테시스αἴσθησις)과 연결되고, 실생활에 쓸모가 있어서 많은 이들이 알기 쉽게 하도록 말이다.

많은 칭찬과 높은 평가를 받은 이 기계학(오르가니케ὀργανική)은 에우독소스와 아르키타스가 처음으로 다루기 시작하였다. 이로써 그들은 섬세함으로 기하학을 다채롭게 만들었으며, 논리적으로나 작도로 하는 증명으로 쉽게 풀 수 없는 문제들을 바로 알아볼 수 있는 기계적인 증명을 근거로 하여 해결하였다. 이 두 사람은 많은 작도에서 꼭 필요한 두 평균의 비율을 찾는 문제의 해법을 구하기 위해서 이렇게 기계적 장치에 의지했는데, 그들의 목적에 따라 이 장치로 특정한 곡선과 절단선으로 이루어진 중간 도면을 적절히 맞추었다.

그런데 그들이 비구체적인 것과 관념적인 것을 감각적인 것으로 끌고 내려와서 훨씬 더 저급한 수작업 수행(바뉴수르기아이βανυσουργίαι)을 필요로 했던 구체적인 사물들을 취급했다는 이유로 플라톤이 이에 관해 격렬하게 노하며 그들을 순수한 기하학의 파괴자이자 절멸자로 공격했을 때, 기계학은

---

[1] 루크레티우스, 사물의 본성에 관하여, 4권 328행~.

기하학에서 완전히 분리되었으며 단순한 전쟁 기술(스트라티오티데 테크네στρατιωτίδη τέχνη)로 취급되어 오랫동안 철학에서 격리되었다.》[1]

짧게 말하면, 플라톤은 전사, 네, 그렇습니다, 전쟁에서의 파괴자에 반대하면서, 그리스 정신의 잃어버린 150년도 성공적으로 이끌어 나갔습니다. 아르키타스와 그의 위대한 제자였던 에우독소스의 친분은 그다지 크지 않았을 것입니다.[2]

아르키메데스는 결국 히에론의 소원을 들어주었고, 지렛대와 도르레의 법칙에 따라 거대한 전쟁기계를 설계했습니다. 로마군대는 마르켈루스가 그렇게 불렀던 《기계 거인들》[3]에게 대량의 군함들과 코호르스[4]들을 잃었습니다. 이렇게 많은 재귀들 속에서 존재사가 작동하며 아카이아인들의 모호하고 어두운 고통의 앎이 수학적으로 명료한 통찰로 흘러들어 갔을 뿐 아니라, 키클롭스, 라이스트리곤 그리고 기가스족에서의 죽음을 일으키는 치명적인 것도 기계본질Maschinenwesen 속에서 되풀이되었습니다.

하지만 이것은 시라쿠사이에게 더 이상 도움이 되지는 못했습니다. 디오니소스와 아르테미스를 위하여 도시 전체가 다시 한번 밤새도록 취해 있었고, 로마인들은 성벽을 지나 몰래 들어와 아르키메데스도 함께 쳐죽입니다.[5] 이것은 {기원전} 211년에 일어난 일입니다. 그런데 {이보다 이른 시기인} 아르키타스와 플라톤이 시라쿠사이에서 머물렀던 같은 해에 스파르타의 왕좌에 오른 아르키다모스왕은 이미 어떻게 투석기의 탄환들이 그의 전사들

---

1 플루타르코스, 마르쿠스 클라우디우스 마르켈루스의 삶, 14장 5절. 17장 3절~. 오토 레겐보겐(1930, 158쪽)도 함께 보십시오. — 이 역사적인 보고는 그저 에우독소스를 그의 선생인 아르키타스보다 더 먼저 언급하며 헷갈려 할 뿐. 플루타르코스의 「향연 문제」(8권 2장 718ef절)에 식상하게 나타나는 해당 부분보다 수학사적으로도 더 정확합니다. — 아르키타스와 에우독소스의 비본질Unwesen{행패}을 금지했어야 했던 다니엘 뫼글링의 『기계예술품실』은 1629년 아르키타스와 에우독소스를 플라톤학파라고 깎아내리기를 완료했습니다. 하지만 《모든 예술 가운데 가장 우아한 메카니카Mechanica라는 이름의 예술》은 살아남았다고 합니다(안스가르 슈튀클라인, 1969, 71쪽). — 역사는 수 세기 동안 그토록 플라톤적으로 헤매며 우리에게 전승됩니다.
2 플라톤의 일곱째 편지에는 나타나지 않는 이와 같은 외적인 간접 증거를 로이드(1990, 159~174쪽)는 유감스럽게도 완전히 간과하고 넘어갑니다.
3 플루타르코스, 마르쿠스 클라우디우스 마르켈루스의 삶, 17장 1절.
4 *{대대라고도 부르는 코호르스cohors는 로마 군단의 부대 단위이다.}
5 플루타르코스, 마르쿠스 클라우디우스 마르켈루스의 삶, 18장~.

을 수확해갔는지를 바라보아야만 했었습니다.[1] 이를 보고 그는 이렇게 외쳤을 것입니다.《헤라클레스의 이름으로, 남자의 용기로 죽으러 가세!》기계화가 지배권을 탈취하고[2] 영웅의 죽음을 죽였습니다. 저 전쟁기계는 소小그리스에 동원되었던 최초의 것이었기 때문입니다. 이것은 시칠리아에서 바다를 건너왔지만,[3] 어쩌면 더 멀리서 왔을 수도 있습니다. 우리는 디오니시오스 1세가 자신의 전쟁기계를 공학자들과 함께 대大그리스에서 얻었다는 사실을 알고 있기 때문입니다.[4] 플라톤은 이 참주의 귀를 두고 질투하며 아르키타스와 씨름했지요.[5]

아리스토텔레스가 냉혹하면서도 명백하게 설명하기를, 후기의 플라톤, 이 아마추어 수학자는 자신의 영웅 필롤라오스 및 아르키타스와 오직 한 지점에서만 달랐다고 합니다. 플라톤은 수를 사물 그 자체에서 찾는 것이 아니라, 수가 사물 위 하늘에 떠 있다고 가르쳤습니다. 그래서 그에게는 우리 곁에 수가 있는 방식이 더 이상 미메시스가 아니라, 그저 메텍시스μέθεξις, 즉 한몫{참여}을 뜻하게 되었다고 합니다.[6] 우리의 춤, 원무, 사랑의 밤들을 위한 이유가 더 이상 없게 됩니다. 심지어 이것들의 수수께끼를 기록할 이유도 없게 되지요. 왜냐하면 플라톤이 그것도 하필이면 시칠리아 {방문} 이후에 편지에서 쓴 바, 우리가 여기 땅바닥 위에서 그리고, 날고, 춤추고, 설계하는 모든 원들은 처음부터 일그러지고 어긋나 있기 때문에, 요컨대, 이상적인 원의《반대》이기 때문입니다.[7]

이렇게 아르키타스와 플라톤 이 둘은 시라쿠사이의 왕실을 향해 항해합니

---

1 *{기원전 360년에서 336년 사이에 재위하였던 아르키다모스 3세를 말한다. 플라톤은 당시 세 번째이자 마지막으로 시라쿠사를 방문하고 있었다.}
2 *{지그프리드 기디온의 『기계화가 지배한다』(1948)에 대한 인용이다.}
3 플루타르코스, 스파르타인의 속담, 219a절.
4 팀파나로 카르디니, 1969⁽²⁾, 2권 264쪽. "아르키타스는 기계 공학에 대해 보기 드문 태도를 가지고 있었던 수학자였다. 따라서 그가 자신의 도시에 군사 기계학을 가르치는 학교를 세웠고 전쟁기계로 방어 시설을 마련했다고 추측해볼 수가 있다. 이는 디오니시오스가 이탈리아에서 수공업자와 군사 공학자들을 불러왔다는 기록이 다시 확인해 주고 있다. 그리고 {디오니시오스의 시칠리아와} 우호 관계를 유지했던 가장 중요한 도시는 단 하나로, 타란토{타라스}가 아니라면 어디에서 그들을 데려왔을 것인가?"
5 로이드, 1990, 168쪽.
6 아리스토텔레스, 형이상학, 1권 6장 987b10~13절.
7 플라톤, 편지들, 일곱째 편지, 343a절.

다. 한 명은 기계학과 학문들, 즉 수학적으로 엄격하게 증명된 짧고 분명한 정리들을 가져오고, 다른 한 명은 기록된 대화들을 담은 자신의 책 《국가》를 열 권이라는 이상적인 길이로 가져옵니다. 둘은 모두 설득하려고 합니다. 그런데도 플라톤의 텅 빈 말하기Reden가 ― 적어도 철학자들에게는 ― 승리했습니다.

> "이 새로운 이상에 대한 부분적 선례들은 분명히 고대 그리스 세계에 있었을 것이다. 하지만 오로지 플라톤과 아리스토텔레스와 함께 그러한 경향이 가장 결정적인 전회를 맞이하게 되어, 지성사에 대한 아테네의 가장 항구적인 공헌을 증명하게 될 것의 뚜렷한 특징이 되었다. 즉, 철학은 현명함에 대한 사랑이 되는 대신, 현명함에 대한 사랑에 대해 말하고 논쟁하는 것에 대한 사랑으로 변하였다."[1]

쓰거나 프로그래밍하고, 치유하거나 가르치는 우리는, 철학자들과는 다르게 이것을 봅니다. 아르키타스의 사유는 승리하였습니다. 먼저 디오니시오스 1세에게서 승리했고, 끝으로 일반적으로도 승리했습니다. 알고리듬과 기계는 곳곳에서 돌아가고 있습니다. 우리는 그 한 가운데에서 헤엄치고 있지요. 플라톤이 다시 고향 아테네로 돌아가서 아카데모스 무사들의 숲 잔디에서 많은 청자들을 소크라테스로부터 떼어내어 수들로 다가가게끔 꾀어내고 있는 동안, 그 뒤에서 아르키타스는 디오니시오스에게 《아쿠스마들》을, 즉 피타고라스학파의 앎을 가르쳤습니다.[2] 그래서 또 시라쿠사이의 왕궁에서 모래구름을 일으켰던 원인은 플라톤 보다는 아르키타스에게 있을 것입니다. 모든 손님들이 갑자기 작도하려고 흙바닥에 그림을 그리기 시작했기 때문입니다.[3]

플라톤이 디오니시오스와 이끌었던 가장 격렬한 논쟁을 우리가 적당하게 각색해본다면 이렇습니다.

---

1 킹슬리, 1995, 158쪽.
2 플라톤, 편지들, 일곱째 편지, 338d절. 338cd절. 345b절. 이와 함께 로이드(1990, 166쪽~)과 함께 보십시오. 플라톤, 편지들, 둘째 편지, 311e~312b절.
3 플루타르코스, 어떻게 아첨꾼과 친구를 구별하는가, 7장 52d절.

(무대는 시라쿠사이의 궁정정원에서 펼쳐지며, −366년 여름,[1] 플라톤의 귀향 20일 전입니다. 아리스토데모스와 아르키타스의 제자 아르키데모스가 말없이 증인으로 서 있습니다.)

플라톤	떠나는 것을 허락해 주십시오.
폭군	허락하노라.
플라톤	감사합니다. 떠나기 전에 제가 가르쳤던 것을 한 번 더 반복하겠습니다.
폭군	내가 그대의 철학을 잘 이해했다면, 우선 시칠리아에 그리스 도시들을 다시 세워야 한다는 것이 아니더냐.
플라톤	기억력이 좋으십니다. 그러니 철학을 시행하십시오!
폭군	(냉소하며) 네가 말한 것은 수학이 아니느냐?
플라톤	(감옥행을 피하기 위해 침묵한다)

플라톤이 두 번째로 시칠리아로 여행했을 때 이 침묵은 도움이 되었습니다. 하지만 세 번째로 여행했을 때 이 백발의 노인은 감금되었고, 감옥에서 몰래 아르키타스에게 편지를 보냅니다. 타라스의 피콜로 마레에서 전함 하나가 출항합니다. 아르키타스의 위임을 받은 라미스코스가 플라톤에 대한 중재를 요청합니다. {기원전} 360년 여름, 폭군은 올림피아로 향하는 여행 경비를 대고 ― 모든 것은 해피엔딩으로 끝납니다.[2] 그 늙은 철학자는 편지들 속에서 아르키타스와 친분이 있었다고 거짓 이야기를 엮어낼 수가 있습니다. 그러나 장군 아르키타스는 배를 타고 바다로 떠나고, 마음속 별이 가득한 하늘 위로 떠오릅니다.

---

1 *{디오니시오스 2세가 왕위에 오른 지 한 해가 지난 시기이자, 그가 친척 디온의 조언에 따라 플라톤을 초청하여 플라톤이 시라쿠사를 두 번째로 여행하였던 해이다.}
2 플라톤, 편지들, 일곱째 편지, 350ab절.

2.2.2.4.4 푸른 바닷가의 묘지

> 그대여, 땅과 바다와 셀 수 없이 많은 모래의 양을
> 　　측정했던 아르키타스여,
> 이제는 마티눔 해변에 그저 한 줌의 흙으로
> 　　누워 있으니, 그대에겐 아무것도 소용이 없네요.
> 그대가 하늘의 집들을 탐구했고 마음속으로
> 　　세계 한 바퀴를 돌았다는 것조차도. 아, 필멸자여.[1]

이렇게 아라키타스가 자신의 전함들이 지배하고 있었던 푸른 바다 앞에서 이탈리아의 그리스인들로부터 일약 존경을 받았다는 사실을, 우리는 퀸투스 호라티우스 플라쿠스를 통해 경험합니다. 이렇게 아르키타스는 난파로 목숨을 잃었고, 자신의 모도시에서 북쪽으로 멀리 떨어진 가르가노에 묻혀 있습니다. 히파소스의 운명이 반복됩니다. 끝없는 것과 셀 수 없는 것으로 돌진하는 자는 최후에 그 안에 쓰러지지요. 우리는 그저 언제나 이것을 감행해야만 할 뿐입니다.

그리고 이제 다른 로마인과 함께 아르키타스에게 작별 인사를 합니다.

> 《따라서 내 생각에는 아르키타스가 말했던 것이 사실이다. 나는 종종 우리의 선조들이 그들의 선조들에게서 들은 적이 있었다고 회상했던 것에 대해서 들었다. 〈그 누군가가 승천했다면 그리고 그가 우주의 본질과 별들의 조화를 알아보았다면, 그런데 그가 이것을 설명해 줄 수 있는 사람이 주위에 아무도 없다면, 예로부터 가장 기쁜 놀라움조차도 달콤하지 않을 것이다.〉 이렇듯 자연은 외로움을 좋아하지 않는다.》[2]

아프로디테여, 우리 곁에 머물러 주세요.

1　호라티우스, 송가, 1권 27장 1~6행. 리투스 마티눔litus Matinum*에 대해서는 팀파나로 카르디니 (1969(2), 2권 276쪽)를 보십시오. *{'마티눔 해변'이라는 뜻의 라틴어이다. 마티노라고도 불리는 마티눔은 고대 도시의 이름이며, 이탈리아 풀리아주에 있는 오늘날의 마티나타에 있었던 도시라고 여겨진다.}

2　키케로, 우정에 대하여 라엘리우스, 23장 88절. 노타 베네*, 천구의 음악이 문제가 아닙니다. 이와는 반대로 루이사 브렐리아 풀치 도리아(1995, 61쪽)를 참고하십시오. *{'잘 적으시오'라는 뜻의 라틴어 구절로, 특별히 주의를 요하는 부분 앞에 쓰이는 관용구이다.}

0 부록

0.1 고맙습니다

그대에게,

잉에보르크 바흐만, 호르헤 루이스 보르헤스, 블라디미르 나보코프, 토머스 핀천에게 — 노벨상으로 이들의 명예가 깎이지 않았다는 사실에,

우리의 대학 시절 가장 아름다운 저녁 강의를 선사한 기요르기 리게티에게,

리처드 벤틀리에서 길버트 머레이를 지나 헨리 시어도어 웨이드-게리에 이르는 (마치 우리가 다시 파리/베를린의 관계보다 더 가까워졌다는 듯) 옥스브리지의 위대한 문헌학자들에게,

용감히 호른을 연주한 존 콜트레인에게, 알토로 노래한 크리스타 루트비히에게,

많은 곡들 속의 조용한 이들에 대하여 시드 바렛, 폴 매카트니, 로저 워터스에게,

베를린 훔볼트 대학의 문화기술을 위한 헬름홀츠 센터에,

스탈린그라드에 의해 손상된 어느 연로한 음악학자는 좋아했지만 그의 후계자는 거절했던, 분실되었지만 기묘한 볼프강 셰러의 대학교수 자격 논문 제안서에,

뜻밖의 교차점을 가진 지그프리트 칠린스키와 페터 바이벨에게, 핑크 플로이드, 데이비드 길모어 그리고 영원한 옥타브에 대하여 안토니 무어에게,

미국 관할구 군 라디오의 재즈아워라는 방송으로 독일 민주 공화국을 따뜻하게 기념하였던 ("워싱턴 디시의") 윌리스 코노버에게, 유럽의 활자 상자에 충실한 도널드 커누스에게, 우리의 자유로운\무료 운영 체계를 만든 리누스 토르발스에게,

유럽 중세사에 대하여 호르스트 옥세에게, 오래 기다려 준 수자네 홀에게,

그리고 하이데거 앞에서 존재사를 세계적으로, 사실을 바탕으로, 수학적으로 운영하라고 촉구하기를 감행했던 프라이부르크의 유일한 한 대학교수에게. 요하네스 로만은 아름다운 어느 가을날 "이제 막 마그레브[1]에서 휴가를 보내고 돌아왔다고" 문자 그대로 그의 두 팔에서 펄럭이는 조그마한 40장의 종잇조각들을 바탕으로 하였던, 수강이나 청강하는 이들이 거의 없었던 강의에서 말하며 "서아랍어를 재빨리 배우고 왔습니다. 제가 배운 39번째 언어네요."라고 했습니다. 『음악과 수학』은 로만의 『무시케와 로고스』에서 한걸음 나아간 것일 뿐입니다.

0.1.1 "옛날 옛적" 사람들

이사벨 가르시아
로제-마리아 그로프
수전 길레스피
마가렛매리 데일리
베티나 로멜
마우리시오 로센바움
마기 뢰징어
베르너 마르크스
에파 마이어
라인하르트 마이어-칼쿠스
라인하르트 메링
미하엘 뮐러
볼프강 바르트
아스트리드와 로쿠스 바사우어
베르너 발처
카를로 배더
리자 베버
사무엘 베버
노르베르트 볼츠
루시 브라운

에리히 브링크만
카린 블록
게르트루데 비도
페트라 샤레
하네스 슈미더
하넬로레와 하인츠 슐라퍼
카린 아잘
한스요르크 에플레
조프리 윈스롭-영
엘케 지프와 루트비히 지프
게오르기스 츠바흐
베른트 콜러
모니카와 클라우스 테벨라이트
하넬로레 파트
만프레트 프랑크
가브리엘레 플라데
볼프강 하겐
페터 A. 헤름스
요르헨 회리슈

0.1.2 넓은 세계 사람들

페터 겐테
토마스 고엣셀리우스
한스 울리히 굼브레히트
하이디 그룬트만
두르스 그륀바인
자크 데리다
울리케 딩켈스빌러

요아힘 라타치
아비탈 로넬
니클라스 루만
조반니 루소
코넬리아 룬트
헬무트 뤼트케
브리기테 마리아 마이어

---

1 *{좁게는 튀니지, 알제리, 모로코, 서사하라를, 넓게는 리비아와 모리타니를 포함하는 북서아프리카 지역을 일컫는 말로, '서쪽, 해가 지는 곳'을 뜻하는 아랍어 알 마그립(المغرب)에서 유래한 이름이다.}

제임스 매카트니
로버트 무그
하이너 뮐러
볼프강 바그너
크리스티나 바이스
마르셀 바이어
베티나 바커나겔
슈테판 반츠
디르크 배커
카롤리네 벨슈
크리스티안 폰 보리스
피에르 불레즈
아네테 뷜러-디트리히
바촌 브로크
오스발트 비너
폴 비릴리오
사비네 샤뇨
클라우스 산들러
게오르크 숄하머
프랑크 쉬르마허
볼프강 쉬펠부슈
리하르트 쉰들러
루이제 슈마허
카린 슈미딩
볼프강 슈토르흐
헤르만 슈투름
베르나르트 슈티글러
하넬로레와 하인츠 슐라퍼
르나테 슐레지어
예스퍼 스벤브로
미하엘 야이스만
볼프강 에른스트
엘레나 에스포시토
한스 마그누스 엔첸스베르거
피터 오코너
바바라 욥
데이비드 웰버리
야니스 자노스
장-밥티스트 졸리
빈프리트 쿠츠추스
잉에 쿠쿨라리스
마리아 테레사 크루즈
알렉산더 클루게
야콥 타우베스
안야 타이스만
라나 트로이
배리 B. 파웰
바바라 핑켄
조프리 하트만
에파 호른
요제프 호페
플로리안 횔레러

0.1.3 여기 베를린 사람들

베른트 마르
토마스 마호
지그리트 바이겔
호르스트 벤첼
헤닝 브레데
호르스트 브레데캄프
요르헨 브뤼닝
크리스티안 카숭
에파 칸치크-키르히바움
볼프강 코이

0.1.4 스마일리 피플

울리케 가브리엘
페터 가이머
다니엘 겐트만
유이치 나와타
테오 로스
잉에보르크 로커
악셀 로흐
다비드 링크
글로리아 마이넨
도로테아 폰 뮈케
페터 베르츠
마르텐 빌랑크
아네테 비취
크리스토프 빈트개터
볼프강 쉐프너
플로리안 슈라이너

엠마누엘 알로아
조프리 윈스롭-영
이상란
베른하르트 지거트
클라우스 지머링
마르틴 카를레
산드리나 칼레드
요세프 타비
울프 포샤르트
악셀 폴마르
코넬리아 피스만
다비드 하웁트만
슈테판 하이든라이히
레나 호페
필립 폰 힐거스

0.1.5 『음악과 수학』

그래픽	율리아 슈트라우스
그리스어	발터 브뤼느틀레, 게르하르트 샤베르트, 게랄트 빌트그루버
지도	페터 카스트
라틴어	카르스텐 슈미더
LaTeX	파울 파이겔펠트
교열	페터 게블레
악보	마르쿠스 크라예브스키
긴급 천사	불프 R. 할바흐
자료 조사	탄야 흐론과 아나 오파크
러시아어	블라디미르 벨민스키
시숍	알렉산더 피륀
발행	라이마르 촌스

0.2 도움말

여기 제1부 제1권 뒷부분에 첨부된 참고 문헌 목록은 제1부에서 제4부에 이르는 현재 우리의 연구 상황을 우선 모두 포함한 것입니다. 마지막으로 업데이트한 날짜는 2004년 초입니다. 그 이후로 새로운 책 수신은 동결한 상태입니다.

옛 문헌들은 가능하다면 옥스퍼드 고전 사전 제3쇄 개정 증보판과 리들-스콧-존스에 따라 축약했습니다. 서구의 문헌들은 이름, 연도 그리고 쪽수를 표시했으며, 주어진 경우 단 표시도 넣었습니다.

제1부 제2권 {에로스} 끝에는 연도로 옮겨진 연표를 넣을 예정입니다.

0.2.1 특수 기호

;	그리스 물음표
·	그리스 및 독일 쉼표
⇐	뒤로 가십시오(매듭)
⇒	앞으로 가십시오(포크)
*음절	언어사적으로 재구성된 어근, 어간, 단어
<	언어사적 파생 관계
⟨…⟩	어원
《…》	신성한 글 직접 인용
⟨…⟩	신성한 글 인용구
"…"	세속적인 글 직접 인용
'…'	세속적인 글 인용구
[…]	고유 명사의 경우: 저자의 오기 사항
[…]	인용구의 경우: 우리가 생략한 사항 또는 우리의 코멘트
†…†	손상되어 알 수 없는 전승 구절
***	손상되어 알 수 없는 필사본
$\mathbb{N}$	자연수 집합
$\mathbb{Q}$	유리수 집합
$\mathbb{R}$	실수 집합

0.2.2 약자

PhB	마이너 철학 문고
DK	딜스-크란츠(펴냄), 소크라테스 이전 철학자들. 그리스어 및 독일어
EE	오일렌부르크 악보집
FGH	펠릭스 야코비(펴냄), 그리스 역사가의 파편들. 총8권, 라이덴, 1749.
Il.	일리아스
LCL	롭 고전 문고
LSJ	리들-스콧-존스
OCD$^{(2)}$	옥스퍼드 고전 사전. 제2쇄. 옥스퍼드, 1949.
OCD$^{(3)}$	옥스퍼드 고전 사전. 제3쇄 개정증보판. 옥스퍼드, 2003.
Od.	오디세이아
PG	자크 폴 미네, 그리스어 교부전집
PL	자크 폴 미네, 라틴어 교부전집
rde	로볼트 독일 백과전서
RE	파울리 서양 고전 백과사전
OCT	옥스퍼드 고전 문헌(스크립토룸 클라시코룸 비블리오테카 옥소니엔시스)
UB	레클람 일반 문고

0.3 책·악보·지도·음반

0.3.1 우리들의 책

Irving Adler, Die Neue Mathematik. 3. Auflage, Freiburg, Basel und Wien 1971.

Karl Aichele und Karl Bernhard Binkowski, Unser Liederbuch. Oberstufenband. Musikkunde mit Beispielen. 3. Auflage, Stuttgart 1960.

Aischyli septem quae supersunt tragoediae, recensuit Gilbertus Murray. Zweite Auflage, Oxford 1955 (= OCT).

Aischylos, Tragödien und Fragmente. Verdeutscht von Ludwig Wolde. Leipzig 1938 (= Sammlung Dieterich, Band 17).

Die Albert-Ludwigs-Universität Freiburg 1457-1957. Die Festvorträge bei der Jubiläumsfeier. Freiburg im Breisgau 1957.

American Telegraph and Telephone (Herausgeber), Unix® System V/386 Release 4: Referenzhandbuch für Programmierer. Übersetzt von Generics, GmbH Münster. 5 Bände. 1. Auflage, München 1991.

Andree's Allgemeiner Handatlas in 99 Haupt- und 82 Nebenkarten nebst vollständigem alphabetischem [sic] Namenverzeichnis, herausgegeben von der Geographischen Anstalt von Velhagen & Klasing. 3. Auflage, Bielefeld und Leipzig 1896.

Apollodoros von Athen, Bibliotheke / The Library. Griechisch-englisch herausgegeben von Sir James George Frazer. 4. Auflage, London und Cambridge/Massachusetts 1967. 2 Bände (= LCL 121-122).

Apollonios Rhodios, Argonautika. Griechisch-englisch herausgegeben von R.C. Seaton. 10. Auflage, Cambridge/Massachusetts und London 1999 (= LCL 1).

Apollonios von Rhodos, Die Fahrt der Argonauten. Griechisch/Deutsch. Herausgegeben, übersetzt und kommentiert von Paul Dräger. Stuttgart 2002 (= UB 18231).

Des Apuleius sogenannter Goldener Esel / Metamorphosen. Deutsch von Albrecht Schaeffer. Leipzig 1926.

Apuleius, De magia. Eingeleitet, übersetzt und mit interpretierenden Essays versehen von Jürgen Hammerstaedt, Peter Habermehl, Francesca Lamberti, Adolf M. Ritter und Peter Schenk. Darmstadt 2002 (= SAPERE, V).

Aristoteles, De anima, herausgegeben von W.D. Ross. Oxford 1956 (= OCT).

Aristoteles, Metaphysica. Recognovit breviqué adnotatione critica instruxit W[erner] Jaeger. 2. Auflage, Oxford 1960 (= OCT).

Aristoteles, De arte poetica liber. Recognovit breviqué adnotatione critica instruxit Rudolfus Kassel. Oxford 1965 (= OCT).

Aristoteles, Nikomachische Ethik, herausgegeben von Franz Dirlmeier. Frankfurt am Main 1957 (= Bücher des Wissens).

Aristoteles, Über die Seele. Übersetzt von Willy Theiler. 2. durchgesehene Auflage, Darmstadt 1966 (= Aristoteles, Werke in deutscher Übersetzung, herausgegeben von Ernst Grumach, Band 13).

Aristoteles, Politik. Nach der Übersetzung von Franz Susemihl bearbeitet und herausgegeben von Nelly Tsouyopoulos und Ernesto Grassi. 2. Auflage, Reinbek 1968 (= Rowohlts Klassiker, Bände 171-173).

Aristoteles, Politica, recognovit breviqué adnotatione instruxit W.D. Ross. Oxford 1957 (= OCT).

Aristoteles, Physikvorlesung. Übersetzt von Hans Wagner. 5. durchgesehene Auflage. Berlin 1995 (= Aristoteles, Werke in deutscher Übersetzung, herausgegeben von Hellmut Flashar, Band 11). [번역 주의 요함]

Aristoteles, The Categories. On Interpretation. Edited and translated by Harold R. Cooke. Cambridge/Massachusetts und London 1938 (= LCL 325).

Marcel Arland (Herausgeber), Anthologie de la poésie française. 2. Auflage, Paris 1960.

Ludwig Achim von Arnim und Clemens Brentano, Des Knaben Wunderhorn. Alte deutsche Lieder [1805-1808]. Wiesbaden ohne Jahr.

Antonin Artaud, Le théatre et son double. In: Œuvres complètes, Band IV. Paris 1964, 9-182.

Antonin Artaud, Heliogabal oder der Anarchist auf dem Thron. München 1972 (= Bibliotheca Erotica et Curiosa).

Die Bekenntnisse des heiligen Augustinus. Nach der Übersetzung von O. Bachmann Köln ohne Jahr. Imprimatur Passau 25.05.1960.

Marcus Aurelius Antoninus, Selbstbetrachtungen [Εἰς ἑαυτόν]. Neu verdeutscht und eingeleitet von Dr. Otto Kiefer. Leipzig 1903.

D. Magnus Ausonius, Mosella, Bissula, Briefwechsel mit Paulinus Nolanus. Herausgegeben und übersetzt von Paul Dräger. Düsseldorf und Zürich 2002 (= Sammlung Tusculum).

John Longshaw Austin, Zur Theorie der Sprechakte (How to do things with words). Deutsche Bearbeitung von Eike von Savigny. Stuttgart 1972.

Gaston Bachelard, Psychanalyse du feu. Paris 1938.

Gaston Bachelard, L'air et les songes. Essai sur l'imagination de mouvement. Paris 1942.

Gaston Bachelard, L'eau et les rêves. Paris 1942.

Gaston Bachelard, La terre et les rêveries du repos. Essai sur les images de l'intimité. Paris 1946.

Gaston Bachelard, La terre et les rêveries de la volonté. Essai sur l'imagination de la matière. Paris 1948.

Albert Bachmann, Mittelhochdeutsches Lesebuch mit Grammatik und Wörterbuch. 12. Auflage, Zürich 1940.

Ingeborg Bachmann, Werke, herausgegeben von Christine Koschel, Inge von Weidenbaum und Clemens Münster. 4 Bände. 5. Auflage, München und Zürich 1993.

Johann Jakob Bachofen, Der Mythus von Orient und Occident. Eine Metaphysik der alten Welt. Aus den Werken von J. J. Bachofen mit einer Einleitung von Alfred Baeumler herausgegeben von Manfred Schroeter. 2. Auflage, München 1956.

Peter Bamm, An den Küsten des Lichts. Variationen über das Thema Aegaeis. München 1961.

J. Murray Barbour, Tuning and Temperament. A Historical Survey. East Lansing 1951. Nachdruck New York 2004.

Johannes Barkowsky, Das Fourier-Theorem in musikalischer Akustik und Tonpsychologie. Frankfurt am Main 1996 (= Schriften zur Musikpsychologie und Musikästhetik, Band 8).

Herbert Barth (Herausgeber), Der Festspielhügel. Richard Wagners Werk in Bayreuth. 1876-1976. 2. Auflage, Dezember 1976.

Roland Barthes, Mythologies. Paris 1957.

Roland Barthes, Sur Racine. Paris 1963.

Roland Barthes, Le plaisir du texte. Paris 1973 (= Collection Tel Quel).

Roland Barthes, Fragments d'un discours amoureux. Paris 1977 (= Collection Tel Quel).

Roland Barthes, Das griechische Theater. In: R.B., Der entgegenkommende und der stumpfe Sinn. Kritische Essays III. Aus dem Französischen von Dieter Hornig. Frankfurt am Main 1990, 69-93.

Bela Bartok, Sixth String Quartet. London 1941 (= Hawkes Pocket Scores).

Dieter Bassermann, Der späte Rilke. München 1947.

Georges Bataille, Gilles de Rais. Leben und Prozeß eines Kindermörders. Aus dem Französischen von Ute Erb. 2. Auflage, Hamburg 1974.

Georges Bataille, Das obszöne Werk. Deutsche Übersetzung und Nachwort von Marion Luckow. 3. Auflage, Reinbek bei Hamburg 1978 (= das neue buch, Band 93).

Charles Baudelaire, Œuvres complètes, herausgegeben von Claude Pichois. Paris 1961 (= Bibliothèque de la Pléiade, Bände 1 und 7).

The Beatles Complete. Guitar Edition. London und New York ohne Jahr.

Aubrey Beardsley, Venus und Tannhäuser. Berlin 1964.

Oskar Becker, Die Aktualität des pythagoreischen Gedankens. In: Die Gegenwart der Griechen im neueren Denken. Festschrift für Hans-Georg Gadamer zum 60. Geburtstag. Herausgegeben von Dieter Henrich, Walter Schulz, Karl-Heinz Volkmann-Schluck. Tübingen 1960, 7-30.

William Beckford, Vathek. Mit den Episoden. Frankfurt am Main 1964.

Harry Belafonte und Lord Burgess, O island in the sun. Pianosatz, Los Angeles 1956. Deutsch von Kurt Feltz für Caterina Valente, Köln ohne Jahr.

Annie Bélis, Harmonik, in: Brunschwig/Lloyd, 2000, 290-303.

Hans Belting, Bild-Anthropologie. Entwürfe für eine Bildwissenschaft. München 2001.

Gottfried Benn, Gesammelte Werke in vier Bänden, herausgegeben von Dieter Wellershoff. Wiesbaden 1959-61.

John Bennet, Homer and the Bronze Age. In: Morris/Powell, 1997, 511-533.

Anke Bennholdt-Thomsen, Stern und Blume. Untersuchungen zur Sprachauffassung Hölderlins. Berlin 1967.

Benselers griechisch-deutsches Schulwörterbuch. 13. Auflage, herausgegeben von Adolf Kaegi. Leipzig und Berlin 1913.

joachim ernst berendt, das jazzbuch. Frankfurt am Main, 176.-200. Tausend, Januar 1958.

Alban Berg, Lyrische Suite für Streichquartett. Wien und London ohne Jahr (= Philharmonia, Nr. 173).

Alban Berg, Violinkonzert. Wien und London ohne Jahr (= Philharmonia, Nr. 426).

Alban Berg u.a., Arnold Schönberg. München 1912. Nachdruck Wels 1980.

Hector Berlioz, Symphonie fantastique, Opus 14. Taschenpartitur. London, Mainz, Zürich und New York ohne Jahr (= EE 422).

Peter Berz, Licht und Riss. Die Medien der Tempel. In: Die Medien vor den Medien, herausgegeben von Ana Ofak. München 2007, 123-159.

Dr. Roland Best, Theorie und Anwendungen des Phase-locked Loops. Aarau 1976.

Biblia sacra iuxta vulgatam clementinam. Nova editio. Herausgegeben von Alberto Colunga, O.P., und Laurentio Turrado. 4. Auflage, Madrid 1965.

Johann Paul Bischoff, Versuch einer Geschichte der Rechenmaschine [1804], Herausgegeben von Stephan Weiss. München 1990.

Maurice Blanchot, Der Gesang der Sirenen. Essays zur modernen Literatur. München 1962 (= Literatur als Kunst, herausgegeben von Kurt May und Walter Höllerer).

Giovanni di Boccaccio, Das Dekameron. Deutsch von Albert Wesselski. Leipzig 1921.

Hannes Böhringer, Das hölzerne Pferd. In: Ars Electronica (Herausgeber), Philosophien der neuen Technologie. Berlin 1989, 7-26.

Roberto Bolaño, Stern in der Ferne. München 2000.

Jorge Luis Borges, Obras completas. 9 Bände, Buenos Aires 1964-1966.

Jorge Luis Borges, Gesammelte Werke. München und Wien 1980-1982.

Arno Borst, Computus. Zeit und Zahl in der Geschichte Europas. Durchgesehene und erweiterte Auflage, München 1999.

Robert Boulanger, Griechenland. Paris 1963 (= Die blauen Führer, herausgegeben von Francis Ambrière).

Ernle Bradford, Reisen mit Homer. Die wiedergefundenen Inseln, Küsten und Meere der Odyssee. Aus dem Englischen von Fritz Güttinger. München 1967.

Wilhelm Braune, Althochdeutsches Lesebuch, fortgeführt von Karl Helm. 14. Auflage bearbeitet von Ernst A. Ebbinghaus, Tübingen 1962.

Wilhelm Braune, Gotische Grammatik. Mit einigen Lesestücken und Wortverzeichnis. 7. Auflage, Halle 1909 (= Sammlung kurzer Grammatiken germanischer Dialekte, Band 1, herausgegeben von Wilhelm Braune).

Horst Bredekamp, Die Fenster der Monade. Gottfried Wilhelm Leibniz' Theater der Natur und Kunst. Berlin 2004.

Bettine Brentano, Werke. Werke und Briefe. Herausgegeben von Gustav Konrad. 4 Bände, Frechen 1959-1963.

David Brewster, Briefe über die natürliche Magie an Sir Walter Scott. Deutsch von Friedrich Wolff, Berlin 1833.

E. Oran Brigham, FFT. Schnelle Fourier-Transformation. 2. Auflage, München und Wien 1985 (= Einführung in die Nachrichtentechnik, herausgegeben von Alfons Gottwald).

Rolf Dieter Brinkmann, Westwärts 1&2. Gedichte. Mit Fotos des Autors. 3. Auflage, Reinbek 1976.

Karl Otto Brogsitter, Artusepik. 2. verbesserte und ergänzte Auflage, Stuttgart 1971.

Walter Bruch, Von der Tonwalze zur Bildplatte. 100 Jahre Ton- und Bildspeicherung. Sonderdruck aus Funkschau. Fachzeitschrift für Radio- und Fernsehtechnik, Elektroakustik und Elektronik. Heft 24, 1977, bis Heft 10, 1979.

Jacques Brunschwig und Geoffrey Lloyd (Herausgeber), Das Wissen der Griechen. Eine Enzyklopädie. München 2000.

Reinhard Bull und Ernst Moser, Wachs und Kerze. Ein Beitrag zur Kulturgeschichte dreier Jahrtausende. München 1974 (= Pauly's Reallexikon der classischen Altertumswissenschaft, Supplementband XIII).

Jacob Burckhardt, Griechische Kulturgeschichte. Zusammengefaßt herausgegeben von Rudolf Marx. 3 Bände, Leipzig ohne Jahr.

Gottfried August Bürger (Herausgeber), Wunderbare Reisen zu Wasser und Lande, Feldzüge und lustige Abenteuer des Freiherrn von Münchhausen, wie er dieselbige bei der Flasche im Zirkel seiner Freunde selbst zu erzählen pflegt. 2. vermehrte Auflage, London 1788. Hamburg 1966.

Burr-Brown, Integrated Circuits Data Book, Band 33. International Airport Industrial Park 1989.

Kate Bush, Lionheart. LP 1978.

Ferruccio Busoni, Entwurf einer neuen Ästhetik der Tonkunst. 2. Auflage, Leipzig 1916.

Raymond Cahn, Adolescence et folie. Les déliaisons dangereuses. Paris 1991.

Florian Cajori, A History of Mathematical Notations. 2 Bände, Chicago 1928-1929.

Roberto Calasso, Die Hochzeit von Kadmos und Harmonia. Übersetzt von Moshe Kahn. 2. Auflage, Frankfurt am Main 1992.

Roberto Calasso, Die Literatur und die Götter. Aus dem Italienischen von Reimar Klein. München und Wien 2003.

Ali Bulent Çambel, Applied Chaos Theory. A paradigm for complexity. San Diego 1993.

Manfredo P. do Carmo, Differentialgeometrie von Kurven und Flächen. 3. durchgesehene Auflage, Braunschweig 1993 (= Vieweg Studium. Aufbaukurs Mathematik, herausgegeben von Gerd Fischer, Band 55).

Anne Carson, Eros, the Bittersweet. 3. Auflage, ohne Ort, 2003.

Giacomo Casanova, Chevalier de Seingalt, Geschichte meines Lebens, herausgegeben und eingeleitet von Erich Loos. Erstmals nach der Urfassung ins Deutsche übersetzt von Heinz von Sauter. 12 Bände, Frankfurt am Main und Berlin 1964-1967.

Carlos Castañeda, Die Lehren des Don Juan. Ein Yaqui Weg des Wissens. Frankfurt am Main 1972.

C. Valerii Catulli Carmina / Gedichte von C. Valerius Catullus. Lateinisch-deutsch übersetzt und herausgegeben von Michael von Albrecht. 2. durchgesehene Ausgabe Stuttgart 2002.

William G. Chambers, Basics of Communication and Coding. Oxford 1985.

Raymond Chandler, Farewell, my Lovely. 8. Auflage, Harmondsworth/ Middlesex 1961.

Raymond Chandler, The Long Good-Bye. 2. Auflage, Harmordsworth/ Middlesex 1965.

C. Chapman, FORMANT Musik-Synthesizer. Beschreibung, Bau- und Spielanleitung mit zahlreichen Einstellungsbeispielen. 2. Auflage, Gangelt 1978.

C. W. Ceram (Pseudonym von Kurt W. Marek), Götter Gräber und Gelehrte. Roman der Archäologie. 29. Auflage, Hamburg 1959.

C. W. Ceram, Götter Gräber und Gelehrte im Bild. 4. Auflage, Hamburg 1962.

C. W. Ceram, Enge Schlucht und Schwarzer Berg. Die Entdeckung des Hethiter-Reiches. 9. Auflage, Reinbek bei Hamburg 1962.

Luca Cerchiai, Lorena Janelli und Fausto Longo, Die Griechen in Süditalien. Auf Spurensuche zwischen Neapel und Syrakus. Aus dem Italienischen übersetzt von Helmut Schareika. Stuttgart 2004.

Chrestiens de Troyes, Le chevalier au lion [Yvain]. In: Les romans de Chrétien de Troyes, herausgegeben von Mario Roques, Band 4. Paris 1968 (= Les classiques français du moyen âge, Band 89).

Marcus Tullius Cicero, De re publica. Auswahl von Oberstudiendirektor Dr. Wilhelm Harendza. 4. Auflage, Offenburg 1949 (= Scriptores latini, herausgegeben von Oberstudiendirektor Dr. W. Ernst und Oberstudiendirektor Dr. R. Knoke).

Marcus Tullius Cicero, De finibus bonorum et malorum. Lateinisch-englisch herausgegeben von H. Rackham, M.A. 2. Auflage, London und Cambridge/ Massachusetts 1931 (= LCB, Cicero in 28 volumes, XVII).

Marcus Tullius Cicero, De natura deorum. Academica. Lateinisch-englisch herausgegeben von H. Rackham, M.A. London und Cambridge/ Massachusetts 1967 (= LCL, Cicero in 28 volumes, XIX).

Marcus Tullius Cicero, De senectute. De amicitia. De divinatione. Lateinisch-englisch herausgegeben von William Armistead Falconer. Cambridge/ Massachusetts und London. 12. Auflage, 1996 (= LCL, Cicero in 28 volumes, XX).

M. Tulli Ciceronis Rhetorica. Recognovit brevique annotatione critica instruxit A. S. Wilkins. 2 Bände, 10. Auflage, Oxford 1963 (= OCT).

M. Tullius Cicero, Tusculanae disputationes / Gespräche in Tusculum. Lateinisch/deutsch übersetzt und herausgegeben von Ernst Alfred Kirfel. Stuttgart 1997.

Ronald W. Clark, Edison. Der Erfinder, der die Welt veränderte. Frankfurt am Main 1981.

John Cleland, Fanny Hill. Memoirs of a Woman of Pleasure. Herausgegeben von Peter Quennell. New York 1963.

Generalleutnant von Cochenhausen (Herausgeber), Führertum. 26 Lebensbilder von Feldherren aller Zeiten. Auf Veranlassung des Reichskriegsministeriums bearbeitet von Offizieren der Wehrmacht. 3. vervollständigte Auflage. Berlin 1937.

Code and Cypher School (Herausgeber), Briefing Notes Concerning Analysis of German Air-Force Low-Level Communications During World War II (1944). Nachdruck Laguna Hills/Kalifornien, ohne Jahr (= A Cryptographic Series, 82).

Paulo Coelho, Der Alchimist. Zürich 1996.

Songs of Leonhard Cohen. Herewith: Music, Words and Photographs. London und New York 1969.

John Coltrane, A Love Supreme. New York 1964.

Joseph Conrad, Tales of Unrest [1898]. Harmondsworth 1977.

John H. Conway und Richard K. Guy, The Book of Numbers. New York 1995.

Nicolaus Copernicus, De revolutionibus orbium caelestium libri VI [1543]. Herausgegeben von Alexandre Koyré. Turin 1975.

Eugenio Coseriu, Die Geschichte der Sprachphilosophie von der Antike bis zur Gegenwart. Eine Übersicht. Tübinger Vorlesung, Wintersemester 1968/69. Autorisierte Nachschrift besorgt von Gunter Narr und Rudolf Windisch. Stuttgart 1969.

c't. Zeitschrift für Computertechnik. Heft 9, September 1989, ff.

Ernst Robert Curtius, Europäische Literatur und lateinisches Mittelalter. 4. Auflage, Bern-München 1963.

Dr. Georg Curtius, Griechische Schulgrammatik. 21. Auflage, bearbeitet von Prof. Dr. Wilhelm von Hartel. Leipzig 1891.

Dantis Alagherii Opera omnia. 2 Bände, Leipzig 1921.

Dantes Neues Leben. Deutsch von Friedrich Freiherr von Falkenhausen. Leipzig 1942.

Claude Debussy, L'après-midi d'un faune. Paris ohne Jahr (= Petites Partitions).

Claude Debussy, Sirènes. Auf: Nocturnes. Cleveland Orchestra, Vladimir Ashkenazy. Decca CD ohne Jahr.

Claude Debussy, La mer. 3 esquisses symphoniques. London 1983.

Claude Debussy, Monsieur Croche. Sämtliche Schriften und Interviews. Herausgegeben von Francois Lesure. Aus dem Französischen übertragen von Josef Häusler. 2. revidierte Auflage, Stuttgart 1982 (= UB 7757).

Gilles Deleuze, Die Falte. Leibniz und der Barock. Frankfurt am Main 2000.

Gilles Deleuze und Félix Guattari, Mille plateaux. Capitalisme et schizophrénie. Paris 1980 (= Collection Critique).

John Densmore, Riders on the Storm. Mein Leben mit Jim Morrison und den Doors. Aus dem Amerikanischen von Rainer Moddemann. 2. Auflage, Wien 1991.

René Descartes, Œuvres et lettres, herausgegeben von André Bridoux. Paris 1953 (= Bibliothèque de la Pléiade, Band 40).

René Descartes, Regeln zur Leitung des Geistes. Die Erforschung der Wahrheit durch das natürliche Licht. Übersetzt und herausgegeben von Artur Buchenau. 2. Auflage, Hamburg 1966 (= PhB 26 b).

Rene Descartes, Meditationes de prima philosophia / Meditationen über die Grundlagen der Philosophie. Auf Grund der Ausgabe von Artur Buchenau neu herausgegeben von Lüder Gäbe. Hamburg 1959 (= PhB 250 a).

Renatus Descartes, Musicae compendium / Leitfaden der Musik. Herausgegeben, ins Deutsche übertragen und mit Anmerkungen versehen von Johannes Brockt. 2. Auflage, Darmstadt 1992 (= Texte zur Forschung, Band 28).

Marcel Detienne (Herausgeber), Les savoirs de l'écriture. En Grèce ancienne. Lille 1992 (= Cahiers de philologie, herausgegeben von Jean Bollack, Band 14).

Marcel Detienne, Dionysos. Göttliche Wildheit. München 1995.

Georges Devereux, Frau und Mythos. München 1986 (= Supplemente, herausgegeben von Hans-Horst Henschen, Band 7)

C. Diercke, Weltatlas, herausgegeben von R. Dehmel. 176. Auflage, Braunschweig 1973.

Denis Diderot, Œuvres, herausgegeben von André Billy. Paris 1962 (= Bibliothèque de la Pléiade, Band 105).

Denis Diderot, Rameaus Neffe. Aus dem Manuskript übersetzt und mit Anmerkungen begleitet. In: Goethes Sämtliche Werke. Jubiläums-Ausgabe in 40 Bänden, herausgegeben von Eduard von der Hellen. Stuttgart und Leipzig ohne Jahr [1904-1905], XXXIV 49-196.

Achim Diehr, Speculum corporis. Körperlichkeit in der Musiktheorie des Mittelalters. Kassel, Berlin, London, New York und Prag 2000 (= Musiksoziologie, herausgegeben von Christian Kaden, Band 7).

Jean Dieudonné, Geschichte der Mathematik: 1700-1900. Ein Abriß. 2 Bände, Braunschweig-Wiesbaden 1985.

Diogenes Laertios, Leben und Lehre der Philosophen. Aus dem Griechischen übersetzt und herausgegeben von Fritz Jürß. Stuttgart 1998.

Ernst Doblhofer, Zeichen und Wunder. Die Entzifferung verschollener Schriften und Sprachen. München 1964.

Ernst Doblhofer, Die Entzifferung alter Schriften und Sprachen. 2. neu bearbeitete Auflage, Leipzig 2003 (= UB 1702).

Walter Donlan, The Homeric Economy. In: Morris/Powell, 1997, 649-667.

John Donne's Poems. Mit einer Einleitung herausgegeben von Hugh l'Anson Fausset. London und New York 1958 (= Everyman's Library 867).

The Doors, The Celebration of the Lizard. The Doors, Absolutely live. WEA Musik GmbH LP 62005 (A) (EKS 9002), Seite D.

Doors, L. A. Woman. LP 7559-750011-2. Ohne Ort 1971.

Bernhard J. Dotzler, L'inconnue de l'Art. Über Medien-Kunst. Berlin 2003.

Emil Du Bois-Reymond, Culturgeschichte und Naturwissenschaft. Vortrag gehalten am 24. März 1877 im Verein für wissenschaftliche Vorlesungen zu Köln. 2. unveränderter Abdruck, Leipzig 1878.

Hans Peter Duerr, Traumzeit. Über die Grenze zwischen Wildnis und Zivilisation. 3. Auflage, Frankfurt am Main 1979.

Georges Dumézil, Mythe et épopée. L'idéologie des trois fonctions dans les épopées des peuples indo-européens. Paris 1968 (= Bibliothèque des sciences humaines).

Marguerite Duras, Der Mann im Flur. Deutsch von Elmar Tophoven. Berlin 1982.

Bob Dylan, Pat Garrett & Billy the Kid. LP 1973.

Umberto Eco, Der Name der Rose. Aus dem Italienischen von Burkhart Kroeber. München 1982.

Lowell Edmunds, Myth in Homer. In: Morris/Powell, 1997, 415-441.

Irenäus Eibl-Eibesfeldt, Im Reich der tausend Atolle. Als Tierpsychologe in den Korallenriffen der Malediven und Nikobaren. München Juli 1971.

Joseph Freiherr von Eichendorff, Werke, ausgewählt und herausgegeben von Franz Schulz. 2 Bände, Leipzig ohne Jahr.

Mircea Eliade, Schamanismus und archaische Ekstasetechnik. Zürich und Stuttgart ohne Jahr.

Mircea Eliade, Das Heilige und das Profane. Vom Wesen des Religiösen. Reinbek 1957 (= rde 31).

Thomas Stearns Eliot, Selected Poems. London 1959.

Prof. Dr. Gisela Engels-Müllges und o. Professor em. Dr. Fritz Reutter, Formelsammlung zur Numerischen Mathematik mit C-Programmen. Mannheim, Wien und Zürich 1987.

Per Olov Enquist, Der Besuch des Leibarztes. Aus dem Schwedischen von Wolfgang Butt. München 2001.

Hans Magnus Enzensberger, Mausoleum. Siebenunddreissig Balladen aus der Geschichte des Fortschritts. Frankfurt am Main 1975.

Hans Magnus Enzensberger, Kiosk. Neue Gedichte. Frankfurt am Main 1995.

Hans Magnus Enzensberger, Der Zahlenteufel. Ein Kopfkissenbuch für alle, die Angst vor der Mathematik haben. Mit Bildern von Rotraut Susanne Berner. München 1997.

Wolfgang Ernst, Im Namen von Geschichte. Sammeln - Speichern - Er/zählen. Infrastrukturelle Konfigurationen des deutschen Gedächtnisses. München 2003.

Das Werk des M.C. Escher. München 1971.

Elena Esposito, Soziales Vergessen. Formen und Medien des Gedächtnisses der Gesellschaft. Frankfurt am Main 2002.

Leonhard Euler, Zur Theorie komplexer Funktionen. Leipzig 1983 (= Ostwald's Klassiker der exakten Wissenschaften, Band 261).

Leonhard Euler, Briefe an eine deutsche Prinzessin über verschiedene Gegenstände aus der Physik und Philosophie, 3 Teile, Leipzig 1769-73. Nachdruck herausgegeben von Andreas Speiser. Braunschweig-Wiesbaden 1986.

Euripides, Ion. Deutsch mit einer Einleitung von Emil Staiger. Bern 1947 (= Sammlung Überlieferung und Auftrag. In Verbindung mit Wilhelm Szilasi herausgegeben von Ernesto Grassi, Reihe Texte, Band 2).

Euripides, Tragödien. Deutsch von Ludwig Wolda. München 1964.

Albrecht Fabri, Der rote Faden. Essays über Kunst und Literatur. Köln 1958.

Dr. Hans Färber, Griechische Wortkunde. 3. verbesserte Auflage, 1964 (= Griechisches Unterrichtswerk, herausgegeben von Dr. Hans Färber).

Sándor Ferenczi, Bausteine zur Psychoanalyse. 4 Bände, 2. Auflage, Bern und Stuttgart 1964.

Martin Flashar, Apollon Kitharodos. Statuarische Typen des musischen Apollon. Köln, Weimar und Wien 1992.

Gustave Flaubert, Œuvres, herausgegeben von A. Thibaudet und R. Dumesnil. 2 Bände, Paris 1951-52 (= Bibliothèque de la Pléiade, Bände 36-37).

Heinz von Forster [sic], Von Pythagoras zu Josef Matthias Hauer. In: Jedermann, 1. Jahrgang Nr. 1, 1. August 1947, ohne Ort, ohne Seiten.

Heinz von Foerster, Observing Systems. Seaside/Kalifornien 1981.

Heinz von Foerster, Einführung in die 12-Ton-Musik. In: Heinz von Foerster, Kybern-Ethik. Berlin 1993, 40-59 (= Perspektiven der Technokultur, herausgegeben von Peter Weibel).

Wendelin Foerster, Wörterbuch zu Kristian von Troyes' Sämtlichen Werken. Revidiert und neubearbeitet von Hermann Breuer. 4. Auflage, Tübingen 1966.

James D. Foley, Andries van Dam, Steven K. Feiner und John F. Hughes, Computer Graphics. 2. Auflage, Reading/Massachussets 1990.

Andrew Ford, Epic as Genre. In: Morris/Powell, 1997, 396-414.

Michel Foucault, Schriften zur Literatur. Aus dem Französischen übersetzt von Karin von Hofer. München 1974 (= sammlung dialog 67).

Michel Foucault, Histoire de la sexualité 1: La volonté de savoir. Paris 1976.

Michel Foucault, Histoire de la sexualité 2: L'usage des plaisirs. Paris 1984a.

Michel Foucault, Histoire de la sexualité 3: Le souci de soi. Paris 1984b.

Michel Foucault, Dits et écrits. 4 Bände, herausgegeben von Daniel Defert und François Ewald. Paris 1994 (= Bibliothèque des sciences humaines).

Sigmund Freud, Gesammelte Werke. Chronologisch geordnet. Unter Mitwirkung von Marie Bonaparte, Prinzessin Georg von Griechenland, herausgegeben von Anna Freud und anderen. 18 Bände, London und Frankfurt am Main 1946-68.

Hans W. Fricke, Korallenmeer. Verhaltensforschung am tropischen Riff. Stuttgart 1972.

Hans-Georg Gadamer und Silvio Vietta, Im Gespräch. München 2002.

William Gaddis, ΑΓΑΠΗ Agape. New York 2002.

Klaus Gallas, Kreta. Kunst aus 5 Jahrtausenden. Minoische Paläste, byzantinische Kirchen, venezianische Kastelle. Köln 1974 (= DuMont Kunst-Reiseführer).

Klaus Gallas, Kreta, Ursprung Europas. München 1984.

Sir Alan Gardiner, Egyptian Grammar. Being an introduction to the study of hieroglyphs. 3. Auflage, Oxford 1982.

Horst Gasse (Herausgeber), Erzählungen der Antike. 2. Auflage, Leipzig 1967 (= Sammlung Dieterich, Band 304).

Wilhelm und Greta Gebhardt, Musik- und Satzlehre am Volkslied. Zum Verwendung beim Instrumentalunterricht, in Singgemeinden und Spielkreisen und für den Selbstunterricht. Kassel 1936.

Aulus Gellius, Die attischen Nächte. Zum ersten Male vollständig übersetzt und mit Anmerkungen versehen von Fritz Weiss. Leipzig 1875-76. Nachdruck Darmstadt 1992 (= Bibliothek klassischer Texte).

Wilhelm Gemoll, Griechisch-deutsches Schul- und Handwörterbuch. Durchgesehen und erweitert von Karl Vretska. Mit einer Einführung in die Sprachgeschichte von Heinz Kronasser. 10. Auflage, München und Wien 1988.

GeneralCosmetics Co., O_{24}, Sport. Personal Performance Equipment. Acute Zone.

Stefan George, Gesamt-Ausgabe der Werke. Endgültige Fassung. 18 Bände, Berlin 1927-1934.

Thrasybulos Georgiades, Sprache als Rhythmus. In: Sprache und Wirklichkeit. Essays, herausgegeben von Clemens Graf Podewils. München 1967, 224-244.

Thrasybulos Georgiades, Der griechische Rhythmus. Musik·Reigen·Vers und Sprache. 2. Auflage, Tutzing 1977.

Robert Gernhardt, Reim und Zeit. Gedichte. Erweiterte Auflage, Stuttgart 1999.

Horst Geschwinde, Einführung in die PLL-Technik. Braunschweig 1978.

Das Gilgamesch-Epos. Übersetzt und mit Anmerkungen versehen von Albert Schott. Neu herausgegeben von Wolfgang von Soden. Stuttgart 2003.

John Gimbel, Science, Technology, and Reparations. Exploitation and plunder in postwar Germany. Stanford/California 1990.

Goethes Gedichte in zeitlicher Folge, herausgegeben von Hans Gerhard Graf. 2 Bände, Leipzig ohne Jahr.

Jack Goody, Ian Watt und Kathleen Gough, Entstehung und Folgen der Schriftkultur. Mit einer Einleitung von Heinz Schlaffer. Frankfurt am Main 1986.

Gottfried von Strassburg, Tristan [und Isolde!], herausgegeben von Karl Marold. 3. Auflage, herausgegeben von Werner Schröder. Berlin 1969.

Ernesto Grassi, Kunst und Mythos. Reinbek, Februar 1957 (= rde 36).

André Green, Un Œil en trop. Le complexe d'Œdipe dans la tragédie. Paris 1969.

André Green, Die tote Mutter. Psychoanalytische Studien zu Lebensnarzissmus und Todesnarzissmus. Aus dem Französischen von Eike Wolff und Erika Kittler. Gießen 2004 (= Bibliothek der Psychoanalyse, herausgegeben von Hans-Jürgen Wirth).

Ferdinand Gregorovius, Wanderjahre in Italien. Mit sechzig Bildtafeln nach zeitgenössischen Stichen. 2. verbesserte Auflage, besorgt von Dr. Fritz Schillmann. Dresden 1928.

Griechische Präsidentschaft der Europäischen Union (Herausgeber), Geschenke der Musen. Musik und Tanz im antiken Griechenland. Ohne Ort 2003.

Durs Grünbein, Vom Schnee oder Descartes in Deutschland. Frankfurt am Main 2008^3.

Hans Ulrich Gumbrecht, Diesseits der Hermeneutik. Die Produktion von Präsenz. Frankfurt am Main 2004.

Alfredo Guzzoni, Die Einheit des ὂν πολλαχῶς bei Aristoteles. Diss. phil. (masch.), Freiburg im Breisgau 1958.

Alfredo Guzzoni, Das Loch. Eine Ausführung über Sein und Seiendes. Philosophisches Jahrbuch. Im Auftrag der Görresgesellschaft herausgegeben von Max Müller. 75 (1967/1968), 95-106.

Wolfgang Hagen, Radio Schreber. Der „moderne Spiritismus" und die Sprache der Medien. Weimar 2001.

Werner Hamacher, pleroma - zu Genesis und Struktur einer dialektischen Hermeneutik bei Hegel. In: G.W.F. Hegel, 1978, 7-333.

Wolfgang Hartung, Die Spielleute im Mittelalter. Gaukler, Dichter, Musikanten. Düsseldorf und Zürich 2003.

Michael Haslam, Homeric Papyri and the Transmission of the Text. In: Morris/Powell, 1997, 55-100.

Georg Wilhelm Friedrich Hegel, Ästhetik, herausgegeben von Friedrich Bassenge. 2 Bände, 1965[(2)].

Georg Wilhelm Friedrich Hegel, Jenaer Realphilosophie. Vorlesungsmanuskripte zur Philosophie der Natur und des Geistes 1805-1806. Herausgegeben von Johannes Hoffmeister. Unveränderter Nachdruck, Hamburg 1969.

Georg Wilhelm Friedrich Hegel, Phänomenologie des Geistes [1807]. Herausgegeben von Johannes Hoffmeister. 6. Auflage, Hamburg 1952 (= PhB 114).

Georg Wilhelm Friedrich Hegel, Enzyklopädie der philosophischen Wissenschaften im Grundrisse [1830]. Neu herausgegeben von Friedhelm Nicolin und Otto Pöggeler. 6. Auflage, Hamburg 1959 (= PhB 33).

Georg Wilhelm Friedrich Hegel, Ästhetik. Nach der 2. Auflage Heinrich Gustav Hothos (1842) redigiert von Friedrich Bassenge. 2 Bände. 2. durchgesehene Auflage, Berlin und Weimar 1965.

Georg Wilhelm Friedrich Hegel, „Der Geist des Christentums". Schriften 1796-1800. Mit bislang unveröffentlichten Texten. Herausgegeben und eingeleitet von Werner Hamacher. Berlin und Wien 1978.

F.A. Heinichens lateinisch-deutsches Schulwörterbuch. 9. Auflage, herausgegeben von Heinrich Blase, Wilhelm Reeb und Otto Hoffmann. Leipzig und Berlin 1917.

Martin Heidegger, Sein und Zeit. Erste Hälfte. 3. Auflage, Halle an der Saale 1931.

Martin Heidegger, Erläuterungen zu Hölderlins Dichtung. Frankfurt am Main 1944.

Martin Heidegger, Aus der Erfahrung des Denkens. Pfullingen 1954.

Martin Heidegger, Der Satz vom Grund. 2. Auflage, Pfullingen 1958.

Martin Heidegger zum siebzigsten Geburtstag. Festschrift. Pfullingen 1959.

Martin Heidegger, Vorträge und Aufsätze. 2., unveränderte Auflage Pfullingen 1959.

Martin Heidegger, Unterwegs zur Sprache. 2. Auflage, Pfullingen Frühjahr 1960.

Martin Heidegger, Nietzsche. 2 Bände, Pfullingen 1961.

Martin Heidegger, Was heißt Denken? 2. unveränderte Auflage, Tübingen 1961.

Martin Heidegger, Der Feldweg. 3. Auflage, Frankfurt am Main 1962.

Martin Heidegger, Holzwege. 4. Auflage, Frankfurt am Main 1963.

Martin Heidegger, Einführung in die Metaphysik. 3. unveränderte Auflage, Tübingen 1966.

Martin Heidegger, Wegmarken. Frankfurt am Main 1967.

Martin Heidegger und Eugen Fink, Heraklit. Seminar Wintersemester 1966/1967. Frankfurt am Main 1970.

Martin Heidegger, Gesamtausgabe, II. Abteilung: Vorlesungen 1919-1944. Band 29/30: Die Grundbegriffe der Metaphysik. Welt - Endlichkeit - Einsamkeit. Herausgegeben von Friedrich-Wilhelm von Herrmann. 3. Auflage, Frankfurt am Main 2004.

Martin Heidegger, Gesamtausgabe. II. Abteilung: Vorlesungen 1919-1944. Band 39: Hölderlins Hymnen *Germania* und *Der Rhein*. Herausgegeben von Susanne Ziegler. 2. durchgesehene Auflage, Frankfurt am Main 1989.

Martin Heidegger, Gesamtausgabe, II. Abteilung: Vorlesungen 1919-1944. Band 54: Parmenides. Herausgegeben von Manfred S. Frings. 2. Auflage, Frankfurt am Main 1992.

Martin Heidegger, Gesamtausgabe, III. Abteilung: Unveröffentlichte Abhandlungen. Band 79: Bremer und Freiburger Vorträge. Herausgegeben von Petra Jäger, Frankfurt am Main 1994.

Martin Heidegger, Gesamtausgabe, III. Abteilung: Unveröffentlichte Abhandlungen. Band 75: Zu Hölderlin. Griechenlandreisen. Herausgegeben von Curd Ochwadt, Frankfurt am Main 2000.

Martin Heidegger, Phänomenologische Interpretationen zu Aristoteles. Ausarbeitung für die Marburger und die Göttinger Philosophische Fakultät [1922]. Herausgegeben von Günther Neumann. Stuttgart 2003.

Stefan Heidenreich, Flip Flop. Digitale Datenströme und die Kultur des 21. Jahrhunderts. München und Wien 2004.

Johann Jakob Wilhelm Heinse, Ardinghello und die glückseligen Inseln [1787].

Johann Jakob Wilhelm Heinse, Hildegard von Hohenthal. 3 Bände, Berlin 1795-1796.

Joachim Heisel, Antike Bauzeichnungen. Darmstadt 1993.

Hermann von Helmholtz, Die Lehre von den Tonempfindungen als physiologische Grundlage für die Theorie der Musik. 6. Auflage, Braunschweig 1913.

Hermann von Helmholtz, Vorträge und Reden. 2 Bände, herausgegeben von Anna von Helmholtz. 4. Auflage, Braunschweig 1896.

The Jimi Hendrix Experience, Electric Ladyland. Polydor LP Stereo 2612 037.

The Jimi Hendrix Experience, Electric Ladyland (Songbook). London 1968.

Heraklit, Fragmente. Griechisch-deutsch herausgegeben von Bruno Snell. 5. Auflage, Tübingen 1968.

Rolf Herken (Herausgeber), The Universal Turing Machine. A Half-Centennial Survey. Hamburg und Berlin 1988.

Herodotos von Halikarnassos, Das Geschichtswerk. Deutsch von Theodor Braun. Leipzig 1928.

Miklós Herpy, Analoge integrierte Schaltungen. Ein Lehrbuch, Schaltungen mit Operationsverstärkern und analogen Multiplizierern zu entwerfen. 2. Auflage, München 1979.

Dietmar Herrmann, Algorithmen Arbeitsbuch. 1. Auflage, Bonn, München, Paris und Reading/Massachusetts 1992.

Hesiodos, Sämtliche Werke, herausgegeben von Ernst Günther Schmidt, deutsch von Thassilo von Schäffer. 2. Auflage, Bremen 1965.

Hesiod, Homeric Hymns, Epic Cycle, Homerica. With an English translation by Hugh G. Evelyn-White. Cambridge/Massachusetts und London 2002.

Hildegard Hetzer und Beatrix Tudor-Hart, Die frühesten Reaktionen auf die menschliche Stimme. In: Charlotte Bühler, Hildegard Hetzer und Beatrix Tudor-Hart, Soziologische und psychologische Studien über das erste Lebensjahr. Jena 1927, 103-124.

Andrew Hodges, Alan Turing: The Enigma. New York 1983.

Christian Hofmann von Hofmannswaldau, Gedichte. Ausgewählt von Helmut Heißenbüttel. Frankfurt am Main Januar 1968.

Hugo von Hofmannsthal, Augenblicke in Griechenland. In: Ausgewählte Werke in zwei Bänden. Herausgegeben von Rudolf Hirsch. 2. Auflage, Frankfurt am Main 1961, II 538-562.

Friedrich Hölderlins Sämtliche Werke. Text der historisch-kritischen Ausgabe von Franz Zinkernagel, der modernen Schreibart und Zeichensetzung angenähert von Friedrich Michael. Leipzig ohne Jahr.

Friedrich Hölderlin, Gedichte. Auswahl und Nachwort von Konrad Nußbächer. Stuttgart 1966.

Susanne Holl, Strahl und Welle. Bilder des Schalls um 1800. In: Über Schall. Ernst Machs und Peter Salchers Geschossfotografien, herausgegeben von Christoph Hoffmann und Peter Berz. Göttingen 2001, 171-198.

Ute Holl, Kino Trance & Kybernetik. Berlin 2002.

Friedrich Holtmann, Mathematik. Band 1: Arithmetik. 3. Auflage, Leipzig 1956.

Friedrich Holtmann, Mathematik. Band 2: Geometrie. 2. Auflage, Leipzig 1958.

Homerische Götterhymnen, deutsch von Thassilo von Scheffer. 2. Auflage, Leipzig 1947.

Homeri Ilias, edidit Guilielmus Dindorf. 5. Auflage, herausgegeben von C. Hentze. Leipzig 1928 (= Bibliotheca scriptorum graecorum et romanorum teubneriana).

Homer, Ilias. Neue Übertragung von Wolfgang Schadewaldt. Erste Auflage, Frankfurt am Main und Leipzig 1975.

Homerus, Odyssea, edidit Guilelmus Dindorf. 5. Auflage, herausgegeben von C. Hentze. 2 Bände, Leipzig 1925 (= Bibliotheca scriptorum graecorum et romanorum teubneriana).

Homer, Die Odyssee. Ins Deutsche übertragen und mit einem Nachwort versehen von Wolfgang Schadewaldt. Zürich und München 1966.

Homeri opera, recognoverunt brevique adnotatione critica instruxerunt David B. Munro et Thomas W. Allen. 5 Bände. 3. Auflage, Oxford 1920 (= OCT).

Quintus Horatius Flaccus, Sämtliche Werke. Lateinisch-deutsch herausgegeben von Hans Färber. 2 Bände, München 1960 (= Sammlung Tusculum).

Wilhelm Hornbostel und Nils Jockel (Herausgeber), Nackt. Die Ästhetik der Blöße. München, London und New York 2002.

Geoffrey Horrocks, Homer's Dialect. In: Morris/Powell 1997, 193-217.

Harold A[dam] Innis, Empire and Communications. Revised by Mary Q. Innis, Foreword by Marshall McLuhan. 2. Auflage, Toronto 1972.

Intel486™ Microprocessor Family. Programmer's Reference Manual. Ohne Ort, 1993.

Intel Architecture Software Developer's Manual. 4 Bände, ohne Ort, 1999.

Isidori hispalensis episcopi Etymologiarum sive originum libri XX, recognovit W.M. Lindsay. 2 Bände Oxford 1911 (= OCT).

Istituto Geografico Militare, Peninsula sorrentina e isola di Capri. Genua 1996.

Vyatcheslav V. Ivanov, Fundamentals of diachronic linguistics: Semiotic implications. In: Irmengard Rauch und Gerald F. Carr (Herausgeber), Semiotics around the World. Proceedings of the Fifth Congress for the International Association for Semiotic Studies, Berkeley 1994. 2 Bände, Berlin und New York 1997, I 57-86.

Wolfgang Janke, Anagnorisis und Peripetie. Studien zur Wesensverwandlung des abendländischen Dramas. Diss. phil. (masch.) Köln 1953.

Keith Jarrett, The Köln Concerto. München 1975.

Julian Jaynes, Der Ursprung des Bewußtseins [1976]. Deutsch von Kurt Neff. Reinbek 1988.

Junckers Wörterbuch Spanisch / Diccionario Juncker Español. Neue erweiterte Ausgabe von Erich Klien. Stuttgart und Berlin 1961.

Thomas Kamphusmann, Literatur auf dem Rechner. Stuttgart-Weimar 2002.

Gerry Kane, 68000 Microprocessor Handbook. Berkeley 1978.

Rudolf W. Keck, Erhard Wiersing und Klaus Wittstadt (Herausgeber), Literaten – Kleriker – Gelehrte. Zur Geschichte der Gebildeten im vormodernen Europa. Köln, Weimar und Wien 1996 (= Beiträge zur historischen Bildungsforschung, Band 15).

Karl Kerényi, Das göttliche Mädchen. In: Einführung in das Wesen der Mythologie, herausgegeben von Carl Gustav Jung und Karl Kerényi. 4. Auflage, Zürich 1951, 149-258.

Karl Kerényi, Dionysos. Urbild des unzerstörbaren Lebens. Stuttgart 1994 (= Karl Kerényi, Werke in Einzelausgaben, herausgegeben von Magda Kerényi).

Karl Kerényi, Die Mythologie der Griechen. 2 Bände, 21. Auflage, München Juli 2001.

Friedrich Kittler, Thomas Macho, Sigrid Weigel (Herausgeber), Zwischen Rauschen und Offenbarung. Zur Kultur- und Musikgeschichte der Stimme. Berlin 2002.

Felix Klein, Das Erlanger Programm [1872]. Vergleichende Betrachtungen über neuere geometrische Forschungen. Nachdruck Thun und Frankfurt am Main 1974 (= Ostwald's Klassiker der exakten Wissenschaften, Band 253).

Pierre Klossowski, Kultische und mythische Ursprünge gewisser Sitten der Römischen Damen. Aus dem Französischen von Gabriele Ricke. Berlin 1979.

Pierre Klossowski, Le bain de Diane. 3. Auflage, Paris 1980.

Pierre Klossowski, Abschweifung ausgehend von einem apokryphen Porträt. Deutsch von Walter Seitter. Berlin 1992.

Friedrich Kluge, Etymologisches Wörterbuch der deutschen Sprache. 19. Auflage, herausgegeben von Waälter Mitzka. Berlin 1963.

Hans Körner, Edouard Manet. Dandy, Flaneur, Maler. München 1996.

Hermann Koller, Musik und Dichtung im alten Griechenland. Bern und München 1963.

Der Koran. Das heilige Buch des Islam, nach der Übertragung von Ludwig Ullmann neu bearbeitet und erläutert von L.W.-Winter. 6. Auflage, München 1959.

Nikos Koundouros, Junge Aphroditen / ΜΙΚΡΗΣ ΑΦΡΟΔΙΤΗΣ. Nach dem Film erzählt von Ulrich Bass. Bremen 1965.

Theodor Kraus (Text) und Leonhard von Matt (Fotos), Lebendiges Pompeji. Pompeji und Herculaneum. Antlitz und Schicksal zweier antiker Städte. Köln 1977.

Bernhard Kytzler (Herausgeber), Im Reich des Eros. Sämtliche Liebes- und Abenteuerromane der Antike. 2 Bände, Düsseldorf 2001.

Jacques Lacan, Écrits. Paris 1966.

Jacques Lacan, Télévision. Paris 1973a.

Jacques Lacan, Le séminaire, livre XI: Les quatre concepts fondamentaux de la psychanalyse. Paris 1973b.

Jacques Lacan, Le séminaire, livre XX: Encore. Paris 1975.

Jacques Lacan, Le séminaire, livre II: Le moi dans la théorie de Freud et dans la technique de la psychanalyse. Paris 1978.

Jacques Lacan, Le séminaire, livre VII: L'ethique de la psychanalyse. Paris, September 1986.

Jacques Lacan, Le séminaire, livre XVII: L'envers de la psychanalyse. Paris 1991.

Madame de Lafayette, La Princesse de Clèves. Avec une introduction et des notes historiques de Émile Magne. Genf und Lille 1950 (= Textes littéraires français).

Dr. R[onald] D. Laing, Knots. Harmondsworth/Middlesex 1971.

Johann Heinrich Lambert, Neues Organon oder Gedanken über die Erforschung und Bezeichnung des Wahren und dessen Unterscheidung vom Irrtum und Schein [Leipzig 1764], herausgegeben von Günter Schenk. 3 Bände, Berlin-Ost 1990 (= Philosophiehistorische Texte).

Klaus Lang, Auf Wohlklangswellen durch der Töne Meer. Temperaturen und Stimmungen zwischen dem 11. und 19. Jahrhundert. Graz 1999 (= Beiträge zur elektronischen Musik. Herausgegeben vom Institut für elektronische Musik an der Universität für Musik und darstellende Kunst Graz, Band 10).

Anette Lange, Eine Mikrotheorie der Stimme. München 2004.

Langenscheidts Taschenwörterbuch der italienischen und deutschen Sprache / Langenscheidts Dizionario tascabile. Neubearbeitung von Dr. Lange-Kowal. 2 Bände, Berlin-Schöneberg 1940.

Leo Lania, Der Tanz ins Dunkel. Anita Berber. Ein biographischer Roman. Berlin 1929.

Pierre Simon de Laplace, Philosophischer Versuch über die Wahrscheinlichkeit [1814], herausgegeben von R[ichard] von Mises. Leipzig 1932 (= Ostwald's Klassiker der exakten Wissenschaften, Band 233).

Nouveau petit Larousse illustré. 310. Auflage, Paris 1940.

Joachim Latacz, Fruchtbares Ärgernis: Nietzsches *Geburt der Tragödie* und die gräzistische Tragödienforschung. Basel 1998 (= Basler Universitätsreden, 94. Heft).

Joachim Latacz, Troia und Homer: der Weg zur Lösung eines alten Rätsels. 1. Auflage, München 2001.

Joachim Latacz, Troia – Wilios – Wilusa. Drei Namen für ein Territorium. 2. Auflage, Basel 2002.

Joachim Latacz, Troia und Homer. Der Weg zur Lösung eines alten Rätsels. 2. überarbeitete Auflage, München, Mai 2003.

Timothy Leary, Interpersonal Diagnosis of Personality. New York 1957.

Jean-Marie Leduc, Pink Floyd. Paris 1973 (= Rock & Folk, herausgegeben von Jacques Vassal).

Sang-Lan Lee, Funktionen des koreanischen Puppenspiels Kkoktugaksinorûm. Frankfurt am Main usw. (= Europäische Hochschulschriften, Reihe XXX, Theater-, Film- und Fernsehwissenschaften, Band 53).

Gottfried Wilhelm Leibniz, Opuscules et fragments inédits, herausgegeben von Louis Couturat. Nachdruck Hildesheim-Zürich-New York 1988.

Gottfried Wilhelm Leibniz, Philosophische Schriften. 5 Bände, herausgegeben von Hans Heinz Holz. 2. Auflage, Darmstadt 1985.

Gottfried Wilhelm Leibniz, Vernunftprinzipien der Natur und der Gnade. Monadologie, herausgegeben von Herbert Herring. Hamburg 1956 (= PhB 253).

Gottfried Wilhelm Leibniz, Hauptschriften zur Grundlegung der Philosophie. Herausgegeben von Ernst Cassirer. 2 Bände, Hamburg 1904.

Manu Leumann, Homerische Wörter. Basel 1950 (= Schweizerische Beiträge zur Altertumswissenschaft, Heft 3). Nachdruck Darmstadt 1993.

Claude Lévi-Strauss, Les structures élémentaires de la parenté. 3. Auflage, Paris und Den Haag 1971 (= Maison des sciences de l'homme, Collection de rééditions, Band 2).

Claude Lévi-Strauss, Tristes tropiques. Paris 1955 (= Terre humaine. Civilisations et sociétés. Collection d'études et de témoignages, herausgegeben von J. Malaurie).

Claude Lévi-Strauss, Mythologica I: Das Rohe und das Gekochte. Aus dem Französischen von Eva Moldenhauer. 1. Auflage, Frankfurt am Main 1971.

Claude Lévi-Strauss, Mythologica II: Vom Honig zur Asche. Aus dem Französischen von Eva Noldenhauer. Frankfurt am Main 1972.

Claude Lévi-Strauss, Strukturale Anthropologie. Aus dem Französischen von Hans Naumann. Frankfurt am Main 1971.

Mathew Gregory Lewis, Der Mönch. Aus dem Englischen von Friedrich Polakovics. München 1971 (= Bibliotheca Dracula).

Morgan Lewis und Nancy Hamilton, How high the moon. Pianosatz, New York 1940.

Matthias Lexers mittelhochdeutsches Taschenwörterbuch. 30. Auflage (mit Nachtrag) Stuttgart 1963.

Lexis. Studien zur Sprachphilosophie, Sprachgeschichte und Begriffsforschung. Unter Mitwirkung von Walter Bröcker, Leo Weisgeber und anderen in- und ausländischen Gelehrten herausgegeben von Johannes Lohmann. 3 Bände. Lahr im Schwarzwald 1948-1953.

Henry George Liddell and Robert Scott (Compilers), A Greek-English Lexicon. Revised and augmented throughout by Sir Henry Stuart Jones. With a revised supplement. 9. Auflage, Oxford 1996.

Klaus Lindemann (Herausgeber), europaLyrik. 1775 - heute. Gedichte und Interpretationen. Paderborn 1982.

Enno Littmann, Die Erzählungen aus den tausendundein Nächten. Vollständige deutsche Ausgabe in sechs Bänden. Zum ersten Mal nach dem arabischen Urtext der Calcuttaer Ausgabe aus dem Jahre 1839 übertragen. 3. Auflage, Wiesbaden 1966.

L.C. Lobe, Katechismus der Musik, herausgegeben von Werner Neumann. 4. Auflage, Leipzig 1956.

Pseudo-Longinos, Περὶ ὕψους / Vom Erhabenen. Griechisch-deutsch herausgegeben von Reinhard Brandt. Darmstadt 1966.

Johannes Lohmann, M. Heideggers ontologische Differenz und die Sprache (mit einem Epilog und einem Nachtrag). Lexis 1 (1948), 49-106.

Johannes Lohmann, SEIN und ZEIT, SEIN und WAHRHEIT in der Form der Sprache. Lexis 2 (1949), 105-143.

Johannes Lohmann, Das Verhältnis des abendländischen Menschen zur Sprache. Lexis 3/1 (1952), 5-49.

Johannes Lohmann, Gemeinitalisch und Uritalisch (ein Beitrag zur sprachwissenschaftlichen Methodenlehre). Lexis, 3/2 (1953), 169-217.

Johannes Lohmann, Die Entfaltung des menschlichen Bewußtseins als Sprache. In: Entfaltung – Entwicklung – Reifung, herausgegeben von Kurt Wallenfels. Freiburg 1964, 55-70 (= Freiburger Dies Universitatis, Band 11, 1963/1964).

Johannes Lohmann, Philosophie und Sprachwissenschaft. Berlin 1965 (= Erfahrung und Denken. Schriften zur Förderung der Beziehungen zwischen Philosophie und Einzelwissenschaften, Band 15).

Johannes Lohmann, Musiké und Logos. Aufsätze zur griechischen Philosophie und Musiktheorie. Zum 75. Geburtstag des Verfassers am 9. Juli 1970 herausgegeben von Anastasios Giannarás. Stuttgart 1970.

Longos, Λόγγοι Ποιμενικῶν τῶν περὶ Δάφνιν καὶ Χλόην λεσβιακῶν/ Daphnis and Chloe. Griechisch und mit der englischen Übersetzung von George Thornley herausgegeben von J.M. Edmonds. 6. Auflage, Cambridge/ Massachusetts und London 1989 (= LCL 69).

Longus, Daphnis und Chloe. Mit Holzschnitten von Aristide Maillol. Bremen 1966, Exemplar Nr. 232.

Martin Lowes und Prof. rer. nat. Augustin Paulik, Programmieren mit C – Ansi Standard. 2. durchgesehene Auflage, Stuttgart 1992.

John V. Luce, Die Landschaften Homers. Aus dem Englischen übersetzt von Karin Schuler. Stuttgart 2000.

Titus Lucretius Carus, De rerum natura. Lateinisch-englisch herausgegeben von W.H.D. Rouse. 3. Auflage, London und Cambridge/Massachusetts 1966 (= LCL).

Die Luther-Bibel von 1534. Vollständiger Nachdruck. 2 Bände, ohne Ort und Jahr.

Herbert Maas, Wörter erzählen Geschichten. Eine exemplarische Etymologie. München 1965.

Die vier Zweige des Mabinogi. Deutsch von Martin Buber. Frankfurt am Main 1966 (= Insel-Bücherei Nr. 886).

Susan McClary, Fetisch Stimme: Professionelle Sänger im Italien der frühen Neuzeit. In: Kittler/Macho/Weigel, 2002, 199-214.

Thomas H. Macho (Herausgeber), Wittgenstein. München 1996 (= Philosophie jetzt! Herausgegeben von Peter Sloterdijk).

Thomas Macho, Tod und Trauer im kulturwissenschaftlichen Vergleich. In: Jan Assmann, Der Tod als Thema der Kulturtheorie. Frankfurt am Main 2000, 89-120 (= es 2157).

Thomas Macho, Glossolalie in der Theologie. In: Kittler/Macho/Weigel, 2002, 3-17.

Marshall McLuhan, Die magischen Kanäle. „Understanding Media." 2. Auflage, Düsseldorf und Wien 1970.

Gustav Mahler, Lieder eines fahrenden Gesellen, herausgegeben von Hans F. Redlich. London, Zürich, Mainz und New York ohne Jahr (= EE 1053).

Gustav Mahler, Symphony Nr. 4, G Dur. Herausgegeben von Hans F. Redlich. London, Zürich, Mainz und New York ohne Jahr (= EE 575).

Gustav Mahler, Das Lied von der Erde. The Song of the Earth. Wien und London ohne Jahr (= Philharmonia Partituren, Nr. 217).

Gustav Mahler, Das Lied von der Erde. Eine Symphonie für Tenor, Alt (oder Bariton) und Orchester. Gedichte aus dem Chinesischen von Hans Bethge. Fritz Wunderlich (Tenor), Christa Ludwig (Alt), Otto Klemperer (Dirigent). London ohne Jahr.

Gustav Mahler, Symphonie IX. Revidierte Fassung. Wien und London ohne Jahr (= Philharmonia, Nr. 472).

Gustav Mahler, Adagio aus der Symphonie Nr. 10. In: G.M., Sämtliche Werke. Kritische Gesamtausgabe. Herausgegeben von der Internationalen Gustav Mahler Gesellschaft, Wien, Band XI: Adagio aus der Symphonie Nr. 10 für großes Orchester. Wien 1964.

Luigi Malerba, König Ohneschuh. Roman. Aus dem Italienischen von Iris Schnebel-Kaschnitz. Frankfurt am Main 1999.

Stephane Mallarmé, Œuvres complètes. Herausgegeben von Henri Mondor und G. Jean Aubry. Paris 1961 (= Bibliothèque de la Pléiade, Band 65).

Stéphane Mallarmé, Gedichte. Französisch-deutsch herausgegeben von Gerhard Goebel unter Mitarbeit von Frauke Bünde und Bettina Rommel. Gerlingen 1993.

Stéphane Mallarmé, Kritische Schriften. Französisch und deutsch. Herausgegeben von Gerhard Goebel und Bettina Rommel, übersetzt von Bettina Rommel unter Mitarbeit von Christine Le Gal. Gerlingen 1998.

Benoît B. Mandelbrot, Die fraktale Geometrie der Natur. Aus dem Englischen von Reinhilt und Ulrich Zähle. Basel, Boston und Berlin 1991.

Alberto Manguel, A History of Reading. Toronto, London und New York 1996.

Hans von Mangoldt, Höhere Mathematik. Eine Einführung für Studierende und zum Selbststudium. 17. Auflage, herausgegeben von Konrad Knopp. 4 Bände, Stuttgart 1990.

Heinrich Mann, Die Göttinnen oder Die drei Romane der Herzogin von Assy. Hamburg und Düsseldorf 1969.

Solomon Marcus, Mathematische Poetik. Aus dem Rumänischen übertragen von Edith Mândroiu. Bukarest und Frankfurt am Main 1973 (= Linguistische Forschungen, Band 13).

Nannó Marinatos, Kunst und Religion im alten Thera. Zur Rekonstruktion einer bronzezeitlichen Gesellschaft. Athen ohne Jahr.

George Martin, Summer of Love. Wie Sgt. Pepper entstand, ghostwritten von William Pearson. Berlin 1997.

Werner Marx, The Meaning of Aristotle's „Ontology". Den Haag 1954.

Werner Marx, Heidegger und die Tradition. Eine problemgeschichtliche Einführung in die Grundbestimmungen des Seins. Stuttgart 1961.

Werner Marx, Absolute Reflexion und Sprache. Frankfurt am Main 1967.

Dirk Matejowski, Das Motiv des Wahnsinns in der mittelalterlichen Dichtung. Frankfurt am Main 1996 (= stw Band 1213).

Wera Matheis, Glenn Gould. Der Unheilige am Klavier. München 1987.

Maxim, New Releases Data Book, 3 Bände. Bückeburg 1992-1994.

Reinhart Meyer-Kalkus, Stimme und Sprechkünste im 20. Jahrhundert. Berlin 2001.

Meyers Großes Konversationslexikon. Ein Nachschlagewerk des allgemeinen Wissens. 20 Bände, 6. Auflage, Leipzig und Wien 1902-1908.

Die Minnesänger in Bildern der Manessischen Handschrift. Mit einem Geleitwort von Hans Naumann. Leipzig ohne Jahr (= Insel-Bücherei Nr. 450).

M. Minucius Felix, Octavius. Lateinisch-deutsch herausgegeben von Bernhard Kytzler. München 1965.

Anthony Moore, Hommage à Pink Floyd. In: Kittler/Macho/Weigel, 2002, 371-376.

Christian Morgenstern, Alle Galgenlieder. Wiesbaden 1956.

Eduard Mörike, Anakreon und die sogenannten Anakreontischen Lieder. In: Werke, 2 Bände. Leipzig ohne Jahr, Band I, 365-415.

Ian Morris und Barry Powell (Herausgeber), A New Companion to Homer. Leiden, New York und Köln 1997 (= Mnemosyne. Bibliotheca classica batava, supplementum CLXIII).

Ian Morris, Homer and the Iron Age. In: Morris/Powell, 1997, 534-559.

Jim Morrison, Interview by Jerry Hopkins. In: The Rolling Stone. Interviews. 2 Bände, 5. Auflage 1974. Band I, 207-233.

Jim Morrison, The Lords and The New Creatures. Poems. Gedichte, Gesichte und Gedanken. Nachdichtung von Uve Schmidt. Frankfurt am Main ohne Jahr.

Die verlorenen Schriften von Jim Morrison. Wildnis. Aus dem Amerikanischen von Karin Graf. München 1989.

Motorola Semiconductors, Linear Interface Integrated Circuits. Schweiz 1980.

Dr. G. Mühlmann's Lateinisch-deutsches und deutsch-lateinisches Handwörterbuch zum Gebrauch für Gymnasien, Real- und höhere Bürgerschulen, neu bearbeitet von Dr. Hans Windel. 2 Bände. 38. Auflage, Leipzig ohne Jahr.

Heiner Müller, Krieg ohne Schlacht. Leben in zwei Diktaturen. Köln 1992.

Hervé Muller, Jim Morrison au-delà des Doors. Paris 1973 (= Rock & Folk. Herausgegeben von Jacques Vassai).

Vladimir Nabokov, Lolita. 6. Auflage, London 1965.

Vladimir Nabokov, Speak, Memory. An Autobiography Revisited. Harmondsworth/Middlesex 1966.

Vladimir Nabokov, Ada or Ardor: a family chronicle. New York und Toronto 1969.

Jean-Luc Nancy, Die Musen. Aus dem Französischen von Gisela Febel und Jutta Legueil. Stuttgart 1999.

NEC Electronics (Europe) GmbH, 32-Bit Digital Signal Processors.

µPD77230A/µPD77P230. Data Sheet. User's Manual, ohne Ort und Jahr.

NEC Electronics (Europe) GmbH, µPD77230. Math & DSP Library, Application Note 1, ohne Ort und Jahr.

Joseph Needham, Science and Civilisation in China. Band VI/1, Cambridge 1962.

Jackie Neider, Tom Davis, Mason Woo, OpenGL Programming Guide. The Official Guide to Learning OpenGL, Release 1. 1. Auflage, Juni 1993, Reading/Massachusetts (= OpenGL Architecture Review Board).

Dr. Albert Neuburger, Die Technik des Altertums. Leipzig 1919.

Frank Newman, Barbara. 2. Auflage, Frankfurt am Main 1970.

Das Nibelungenlied. Nach der Ausgabe von Karl Bartsch herausgegeben von Helmut de Boor. 16. Auflage, Wiesbaden 1961 (= Deutsche Klassiker des Mittelalters, begründet von Franz Pfeiffer).

Nicolas d'Oresme, Tractatus de commensurabilitate vel incommensurabilitate motuum celi [vor 1380]. Lateinisch-englisch herausgegeben von Edward Grant. Madison, Milwaukee und London 1971.

Stefan Niessen, Traum und Realität. Ihre neuzeitliche Trennung. Würzburg 1993.

Friedrich Nietzsche, Homer und die klassische Philologie. Ein Vortrag [1869]. KGA I/1, 247-269.

Friedrich Nietzsche, Die Geburt der Tragödie oder: Griechenthum und Pessimismus [1869]. KGA III/1, 1-152.

Friedrich Nietzsche, Die vorsokratischen Philosophen [Vorlesungen Wintersemester 1869 und Sommersemester 1876]. KGA II/4, 207-362.

Friedrich Nietzsche, Beiträge zur Quellenkunde und Kritik des Laertius Diogenes [1870]. KGA II/1, 191-246.

Friedrich Nietzsche, Die griechischen Lyriker. Vorlesungsaufzeichnungen [1869-1879]. KGA II/1, 105-182.

Friedrich Nietzsche, Einleitung in das Studium der platonischen Dialoge [Vorlesung Wintersemester 1871/1872]. KGA II/4, 1-206.

Friedrich Nietzsche, Die Geburt der Tragödie aus dem Geiste der Musik Oder: Griechenthum und Pessimismus. 2. Auflage, [1872] 1967-1993, II/1, 1-152.

Friedrich Nietzsche, Die Philosophie im tragischen Zeitalter der Griechen [1873]. 1967-1993 III/2, 293-366.

Friedrich Nietzsche, Menschliches, Allzumenschliches [1878-1886]. 1967-1993, IV/2 und IV/3.

Friedrich Nietzsche, Jenseits von Gut und Böse. Vorspiel einer Philosophie der Zukunft [1886]. 1967-1993, VI/2, 1-250.

Friedrich Nietzsche, Die fröhliche Wissenschaft („la gaya scienza") [1887[(2)]]. 1967-1993, V/2, 11-320.

Friedrich Nietzsche, Werke. Kritische Gesamtausgabe. Begründet von Giorgio Colli und Mazzino Montinari. Weitergeführt von Wolfgang Müller-Lauter und Karl Pestalozzi. Berlin und New York 1967-1993 (= KGA).

Nonnos von Panopolis, Dionysiaka. Griechisch-englisch herausgegeben von W.H.D, Rouse. 3 Bände, 4.-6. Auflage, Cambridge/Massachusetts und London 1985-1998 (= LCD 344, 254 und 356).

Novum testamentum graece, edidit Eberhard Nestle, 25. Auflage besorgt von Erwin Nestle und Kurt Aland, Stuttgart 1963.

Der Ochs und sein Hirte. Eine altchinesische Zen-Geschichte, erläutert von Meister Daizohkutsu R. Ohtsu, übersetzt von Tsushimura Kôichi und Hartmut Buchner. Pfullingen 1958.

Horst Ochse, Calderóns Metaphorik. München 1967 (= Studien zur romanischen Philologie. Herausgegeben von Hugo Friedrich, Band 1).

Walter J. Ong, S. J., Oralität und Literalität. Die Technologisierung des Wortes. Opladen 1987.

Walter F. Otto, Dionysos. Mythos und Kultus. 6. Auflage, Frankfurt am Main 1996.

Publius Ovidius Naso, Metamorphosen. Lateinisch-deutsch herausgegeben von Erich Rösch. 2. Auflage, München 1964.

Publius Ovidius Naso, Ars amatoria / Liebeskunst. Lateinisch-deutsch herausgegeben von Michael von Albrecht. 3. Auflage, Stuttgart 2003.

Publius Ovidius Naso, Amores / Liebesgedichte. Lateinisch-deutsch übersetzt und herausgegeben von Michael von Albrecht. Stuttgart 1997.

Oxford Classical Dictionary, herausgegeben von M. Cary, J.D. Denniston, J. Wight Duff, A.D. Nock, W.D. Ross, H.H. Scullard. 2. Auflage, Oxford 1949.

The Oxford Classical Dictionary. 3. durchgesehene Auflage, herausgegeben von Simon Hornblower und Antony Spawforth. Oxford 2003.

Palaiphatos' Unglaubliche Geschichten. Griechisch/Deutsch. Übersetzt und herausgegeben von Kai Brodersen. Stuttgart 2002 (= UB 18200).

Theophrastus Paracelsus, Liber de nymphis, sylphis, pygmaeis et salamandris et de caeteris spiritibus. In: Werke, herausgegeben von Will-Erich Peukert, Band 3, Philosophische Schriften. Darmstadt 1967, 462-498.

Senarat Paranavitana, The Story of Sigiri. Colombo 1972.

Für Heidi Paris. 25.5.1950-15.9.2002. Berlin 2003.

Parthenios von Nikaia in Bithynien, Περὶ ἐρωτικῶν παθῆματων / The Love Romances. Griechisch-englisch herausgegeben und übersetzt von S. Gaselee. 7. Auflage, Cambridge/Massachusetts und London 1989 (= LCL 69).

Blaise Pascal, Œuvres complètes, herausgegeben von Jacques Chevalier. Paris 1954 (= Bibliothèque de la Pléiade, Band 34).

Pausanias, Beschreibung Griechenlands, neu übersetzt von Ernst Meyer. 2. Auflage, Zürich 1967 (= Die Bibliothek der alten Welt, begründet von Karl Hoenn, griechische Reihe).

Guy Peellaert und Nick Cohn, Rock dreams. Bildergeschichte+Rock-Lexikon+Discographie. München 1973.

Petronius, Satyrikon. Übersetzt und erläutert von Harry C. Schnur. Stuttgart 1968 (= UB 8533-35).

Der Physiologus. Aus dem Lateinischen von Otto Seel. Zürich und Stuttgart 1960.

Pindari carmina cum fragmentis edidit Bruno Snell. Leipzig 1953 (= Bibliotheca scriptorum graecorum et latinorum teubneriana).

Pindar, Oden. Griechisch/deutsch übersetzt und herausgegeben von Eugen Dönt. Stuttgart 1986.

Pink Floyd, The Piper at the Gates of Dawn. LP London 1967.

Pink Floyd, Ummagumma. LP London 1969.

Pink Floyd, Wish you were here. LP London 1975.

Platon, Sämtliche Werke in drei Bänden. 5. Auflage, Köln und Olten 1967.

Platon, Sämtliche Werke in zehn Bänden. Griechisch und deutsch herausgegeben von Karlheinz Hülser. Frankfurt am Main und Leipzig 1991.

Plutarch's moralisch-philosophische Werke, übersetzt von J.F.S. Kaltwasser. 8 Bände, Wien und Prag 1796.

Plutarch, Große Griechen und Römer. Aus dem Griechischen übertragen, eingeleitet und erläutert von Konrat Ziegler. 6 Bände, München 1979/80.

[Plutarchos], De vita Homeri. Essay on the Life and Poetry of Homer. Griechisch-englisch herausgegeben von J[ohn] J. Keaney und Robert Lamberton. Atlanta 1996 (= American Philological Association. American Classical Studies, Band 40).

Edgar Allan Poe's Poems and Essays. Einführung von Andrew Lang. London und New York 1958 (= Everyman's Library, Band 791).

Edgar Allan Poe, Tales of Mystery and Imagination, herausgegeben von Pádraic Colum. London und New York 1962 (= Everyman's Library, Band 336).

Poètes et romanciers du moyen âge, herausgegeben von Albert Pauphilet. Paris 1952 (= Bibliothèque de la Pléiade, Band 52).

Egert Pöhlmann, Griechische Musikfragmente. Ein Weg zur altgriechischen Musik. Nürnberg 1960 (= Erlanger Beiträge zur Sprach- und Kunstwissenschaft, Band 8).

Egert Pöhlmann, Denkmäler altgriechischer Musik. Sammlung, Übertragung und Erläuterung aller Fragmente und Fälschungen. Nürnberg 1970 (= Erlanger Beiträge zur Sprach- und Kunstwissenschaft, Band 31).

Egert Pöhlmann, Einführung in die Überlieferungsgeschichte und in die Textkritik der antiken Literatur. Band 1: Altertum. Darmstadt 1994 (= Die Altertumswissenschaft. Einführungen in Gegenstand, Methoden und Ergebnisse ihrer Teildisziplinen und Hilfswissenschaften).

Egert Pöhlmann, Studien zur Bühnendichtung und zum Theaterbau der Antike. Frankfurt am Main, Berlin, Bern, New York, Paris, Wien 1995 (= Studien zur klassischen Philologie, Band 93).

Egert Pöhlmann, Zur Frühgeschichte der Überlieferung griechischer Bühnendichtung und Bühnenmusik. In: Egert Pöhlmann, Beiträge zur antiken und neueren Musikgeschichte. Frankfurt am Main, Bern, New York und Paris. 1988 (= Quellen und Studien zur Musikgeschichte von der Antike bis in die Gegenwart, herausgegeben von Michael von Albrecht, Band 17).

Roman Polanski, Der Tanz der Vampire. Hollywood 1967.

Pons, Elektronisches Großwörterbuch LexifacePRO: Englisch. Ohne Ort und Jahr.

Walter Porzig, Die Namen für Satzinhalte im Griechischen und im Indogermanischen. Berlin 1942 (= Untersuchungen zur indogermanischen Sprach- und Kulturwissenschaft, herausgegeben von Ferdinand Sommer, Band 10).

Barry B. Powell, Homer and Writing. In: Morris/Powell, 1997, 3-32.

Abbé Prévost, Histoire du chevalier des Grieux et de Manon Lescaut. Herausgegeben von Georges Matoré. Genf und Lille 1953 (= Textes littéraires français).

Christopher Proudfoot, Grammophone und Phonographen. München 1981.

Marcel Proust, À la recherche du temps perdu, herausgegeben von Pierre Clarac und André Ferré. 3 Bände, Paris 1954 (= Bibliothèque de la Pléiade, Band 100-102).

Giovanni Pugliese Carratelli, Dinu Adamesteanu, Lidia Forti, Attilio Frajese, Marcello Gigante, Giorgio Gullini, Piero Orlandini, Claude Rolley, Attilio Stazio, Árpád Szabó, Lucia Vagnetti, Megale Hellas. Storia e civiltà della Magna Gaecia. 4. Auflage, Mailand 1993 (= Antica Madre, collana di studi sull'Italia antica, Band 6).

Walter Purkert und Hans Joachim Ilgauds, Georg Cantor. 1845-1918. Basel, Boston und Stuttgart 1987.

Friedrich Wilhelm Putzger, Historischer Weltatlas, herausgegeben von Alfred Hansel und Walter Leisering. 94. Auflage, Berlin 1970.

Thomas Pynchon, V. Roman. Deutsch von Dietrich Stössel und Wulf Teichmann. Reinbek, August 1994.

Thomas Pynchon, Gravity's Rainbow [1973]. 9. Auflage, Toronto, New York, London und Sydney, Dezember 1980.

Thomas Pynchon, The Crying of Lot 49 [1966]. 19. Auflage, Toronto, New York, London und Sydney 1982.

Raymond Queneau (Herausgeber), Histoire des littératures, III: Littératures françaises, connexes et marginales. Paris 1958 (= Encyclopédie de la Pleiade, Band VII).

Jean Racine, Œuvres complètes. 2 Bände, herausgegeben von Raymond Picard. Paris 1950 (= Bibliothèque de la Pléiade, Band 50-51).

Robert von Ranke-Graves, Griechische Mythologie. Quellen und Deutung. 2 Bände, 5. Auflage, Reinbek bei Hamburg 1965. 2 Bände (= rde 115-116).

RCA [Radio Corporation of America], Linear Integrated Circuits and MOS/FET's. Somerville/New York 1977.

Pauline Réage, Die Geschichte der O. Rückkehr nach Roissy. 6. Auflage, München 1998.

Ernst Reisinger (Herausgeber), Griechenland. Landschaften und Bauten. Schilderungen deutscher Reisender. Leipzig 1916.

Franziska Gräfin zu Reventlow, Tagebücher 1895-1910, herausgegeben von Else Reventlow. Frankfurt am Main 1976.

Hans-Jörg Rheinberger, Experiment· Differenz· Schrift. Zur Geschichte epistemischer Dinge. Marburg an der Lahn 1992.

Hans-Jörg Rheinberger, Experimentalsysteme und epistemische Dinge. Eine Geschichte der Proteinsynthese im Reagenzglas. Göttingen 2001 (= Wissenschaftsgeschichte, herausgegeben von Michael Hagner und Hans-Jörg Rheinberger).

Rainer Maria Rilke, Die Aufzeichnungen des Malte Laurids Brigge [1910].

Rainer Maria Rilke, Duineser Elegien. Die Sonette an Orpheus. Mit Erläuterungen von Katharina Kippenberg. Zürich 1951 (= Manesse Bibliothek der Weltliteratur).

Rainer Maria Rilke, Werke in drei Bänden. Frankfurt am Main 1966.

Arthur Rimbaud, Œuvres complètes, texte établi et annoté par Rolland de Reneville et Jules Mouquet. Paris 1963 (= Bibliothèque de la Pléiade, Band 68).

Erwin Rohde, Psyche. Seelenkult und Unsterblichkeitsglaube der Griechen [1893]. Ausgewählt und eingeleitet von Hans Eckstein. Leipzig ohne Jahr.

Margery Rösinger, Die Einheit von Ethik und Ontologie bei Hegel. Frankfurt am Main, Bern und Circester/U.K. 1980 (= Europäische Hochschulschriften, Reihe XX, Philosophie, Band 51).

Gerhard Rohlfs, Vom Vulgärlatein zum Altfranzösischen. Einführung in das Studium der altfranzösischen Sprache. 3. verbesserte Auflage, Tübingen 1968 (= Sammlung 373 kurzer Lehrbücher der romanischen Sprachen und Literaturen, herausgegeben von Gerhard Rohlfs, Band 15).

Sonny Rollins, Freedom Suite. Transcribed by Hank Edmonds as recorded on Riverside Records. New York 1958.

Avital Ronell, The Telephone Book. Technology, Schizophrenia, Electric Speech. London 1989.

Avital Ronell, The Test Drive. Urbana und Chicago 2004.

Ralph M. Rosen, Homer and Hesiod. In: Morris/Powell, 1997, 463-488.

Veit Rosenberger, Griechische Orakel. Eine Kulturgeschichte. Darmstadt 2001.

Paolo Rossi, Die Geburt der modernen Wissenschaft in Europa. Deutsch von Marion Sattler Charnitzky und Christiane Büchel. München 1997 (= Europa bauen, herausgegeben von Jacques Le Goff).

Brian Rotman, Signifying Nothing. The Semiotics of Zero. London 1987.

Brian Rotman, Ad infinitum. Taking God out of Mathematics and Putting the Body back in. An essay in corporeal semiotics. Stanford 1993.

Brian Rotman, Mathematics as Sign. Writing, Imaging, Counting. Stanford 2000 (= Writing Science, herausgegeben von Timothy Lenoir und Hans Ulrich Gumbrecht).

Jean-Jacques Rousseau, Œuvres complètes, Band V: Écrits sur la musique, la langue et le théâtre, herausgegeben von Bernard Gagnebin und Marcel Raymond. Paris 1995 (= Bibliothèque de la Pléiade, Band 416).

Dr. F. Rudio (Herausgeber), Archimedes, Huygens, Lambert, Legendre, Vier Abhandlungen über die Kreisteilung. Mit einer Übersicht über die Geschichte des Problems von der Quadratur des Zirkels von den ältesten Zeiten bis auf unsere Tage. Leipzig 1892.

Sachs-Villatte, Dictionnaire encyclopédique français-allemand et allemand-français / Enzyklopädisches französisch-deutsches und deutsch-französisches Wörterbuch. 4. Bearbeitung von Karl Moser. Berlin-Schöneberg 1961.

Hanns Sachs, Gemeinsame Tagträume. Wien 1924.

Felix Salten, Josefine Mutzenbacher oder Die Geschichte einer Wienerischen Dirne, von ihr selbst erzählt, Herausgegeben von Michael Farin. Stuttgart 1992 (= Ungekürzter Nachdruck der Erstausgabe aus dem Jahr 1906).

Ferdinand de Saussure, Cours de linguistique générale, herausgegeben von Charles Bally und Albert Sechehaye. Paris 1969 (= Collection études et documents Payot).

Ferdinand de Saussure, Wissenschaft der Sprache. Neue Texte aus dem Nachlass. Herausgegeben und mit einer Einleitung versehen von Ludwig Jäger. Übersetzt und textkritisch bearbeitet von Elisabeth Birk und Mareike Buss. Frankfurt am Main 2003.

Fernando Savater, La carne de los dioses. Cuadernos de la gaya sciencia, 17 (1975), 85-96.

Wolfgang Schadewaldt, Von Homers Welt und Werk. Aufsätze und Auslegungen zur homerischen Frage. Leipzig 1944.

Wolfgang Schadewaldt, Pindars zehnte nemeische Ode. In: Martin Heidegger zum siebzigsten Geburtstag, 26. September 1959. Pfullingen 1959, 252-263.

Wolfgang Schadewaldt, Furcht und Mitleid? Zur Deutung des Aristotelischen Tragödiensatzes [1955]. In: W. S., Antike und Gegenwart. Über die Tragödie. München Februar 1966, 16-60.

Wolfgang Schadewaldt, Die Anfänge der Philosophie bei den Griechen. Die Vorsokratiker und ihre Voraussetzungen. Unter Mitwirkung von Maria Schadewaldt herausgegeben von Ingeborg Schudoma. Frankfurt am Main 1978 (= Tübinger Vorlesungen Band 1).

Wolfgang Schadewaldt, Die frühgriechische Lyrik. Unter Mitwirkung von Maria Schadewaldt herausgegeben von Ingeborg Schudoma. Frankfurt am Main 1989 (= Tübinger Vorlesungen Band 3).

Wolfgang Schäffner, Körper im Takt. Zur Geschichte symbolischer Maschinen im 16. und 17. Jahrhundert. In: Kaleidoskopien, 3 (2000), 188-203.

Wolfgang Schenkel, Materialien zur Vorlesung: Einführung in die klassisch-ägyptische Sprache und Schrift. Wintersemester 1987/88, ¢ [sic] Wolfgang Schenkel, Tübingen 1987.

Wolfgang Scherer, Babbellogik. Sound und die Auslöschung der buchstäblichen Ordnung. Basel und Frankfurt am Main 1983.

Wolfgang Scherer, Hildegard von Bingen. Musik und Minnemystik. Freiburg im Breisgau 1987.

Wolfgang Scherer, Klavier-Spiele. Die Psychotechnik des Klaviers im 18. und 19. Jahrhundert. München 1989 (= Materialität der Zeichen, herausgegeben vom Graduiertenkolleg Siegen).

Otto Schmeil und Jost Fitschen, Flora von Deutschland. Ein Hilfsbuch zum Bestimmen der in Deutschland wildwachsenden und häufig angebauten Pflanzen. 70. Auflage, herausgegeben von Werner Rauh. Heidelberg 1960.

Ulrich Schmitz und Horst Wenzel (Herausgeber), Wissen und neue Medien. Bilder und Zeichen von 800 bis 2000. Berlin 2003 (= Philologische Studien und Quellen, Heft 177).

Manfred Schneider, Liebe und Betrug. Die Sprachen des Verlangens. München 1992.

Arnold Schönberg, Verklärte Nacht. Sextett für zwei Violinen, zwei Violen und zwei Violoncelli. Opus 4. Berlin-Lichterfelde ohne Jahr.

Arnold Schönberg, Fünfzehn Gedichte von Stefan George. Für Gesang und Klavier. Wiesbaden 1959 (= Insel-Bücherei Nr. 683).

Arnold Schönberg, Harmonielehre. Leipzig und Wien 1911.

Arnold Schönberg (Festschrift). München 1912, Nachdruck Wels 1980.

arnold schönberg, dreimal sieben gedichte aus albert girauds *pierrot lunaire* (melodramen), op. 21. WER 600001 (= studio-reihe neuer musik).

arnold schönfeld, variationen für orchester. studienpartitur. Wien ohne Jahr (= universal edition, n. 12196).

Peter und Ingrid Schönfelder, Das blüht am Mittelmeer. Kleine Mittelmeerflora. 2. Auflage, Stuttgart 1977 (= Bunte Kosmos-Taschenführer).

Arthur Schopenhauer, Sämtliche Werke, herausgegeben von Wolfgang Freiherr von Löhneysen. 5 Bände, Darmstadt 1974-1976.

Johannes Schreyer, Harmonielehre. 2. Auflage, Dresden 1905.

Die Heilige Schrift. Kippenheim, 19. Februar 1971.

Gerd Schulz (Herausgeber), Gottes ewige Kinder. Vagantenlyrik aus zwölf Jahrhunderten. Stuttgart 1961.

Matthias Schulz, Der leere Thron. Der Spiegel, Heft 52, 2002, 136-147.

Robert Sedgewick, Algorithmen. 1. Auflage, Bonn 1991.

Lucius Annaeus Seneca, Briefe an Lucilius, herausgegeben von Ernst Glaser-Gerhard. 2 Bände, Reinbek bei Hamburg 1965 (= Rowohlts Klassiker der Literatur und der Wissenschaft, herausgegeben von Ernesto Grassi. Lateinische Literatur, Band 10 und 11)

Michel Serres (Herausgeber), Elemente einer Geschichte der Wissenschaften. Übersetzt von Horst Brühmann. 2. Auflage, Frankfurt am Main 2002.

Jean Seznec, Das Fortleben der antiken Götter. Die mythologische Tradition im Humanismus und in der Kunst der Renaissance. München 1990.

Shakespeares Dramatische Werke, übersetzt von August Wilhelm von Schlegel und Ludwig Tieck. Herausgegeben von Alois Brandl. 2. kritisch durchgesehene und erlauterte Ausgabe, Leipzig ohne Jahr (= Meyers Klassiker-Ausgaben).

Claude E. Shannon, Ein/Aus. Ausgewahlte Schriften zur Kommunikations- und Nachrichtentheorie, herausgegeben von Friedrich Kittler, Peter Berz, David Hauptmann und Axel Roch. Berlin 2000.

Leroy R. Shaw, Nancy R. Cirillo und Marion S. Miller (Herausgeber), Wagner in Retrospect. A Centennial Reappraisal. Amsterdam 1987.

Daniel Siboney, Le nom et le corps. Paris 1974.

Klaus Sickert, Automatische Spracheingabe und Sprachausgabe. Analyse, Synthese und Erkennung menschlicher Sprache mit digitalen Systemen. Haar bei München 1983.

Bernhard Siegert, Translatio imperii. In: Der cursus publicus im römischen Kaiserreich. Archiv für Mediengeschichte, 3 (2003), 41-59.

David Eugene Smith (Herausgeber), A Source Book in Mathematics. 125 Selections from the Classic Writings of Pascal, Leibniz, Euler, Fermat, Gauss, Descartes, Newton, Riemann, and many others. 2. Auflage, New York 1959.

Patti Smith, Witt. New York 1973.

Bruno Snell, Die Entdeckung des Geistes. Studien zur Entstehung des europäischen Denkens bei den Griechen. 2. Auflage, Hamburg 1948 und 3. Auflage, Hamburg 1955.

Alfred Sohn-Rethel, Warenform und Denkform. Mit zwei Anhängen. Frankfurt am Main 1978.

Sophocles with an English translation by F. Storr, B. A. 2 Bände. 2. Auflage, London 1956 und 1951 (= LCL).

Sophokles, Tragödien. Herausgegeben und mit einem Nachwort versehen von Wolfgang Schadewaldt. Zürich und München 1968 (= Meisterwerke der Antike).

Sophokles, Ödipus auf Kolonos. Übertragen von Wolfgang Schadewaldt. Herausgegeben von Hellmut Flashar. Frankfurt am Main und Leipzig, 1. Auflage, 1996.

Spamers Illustrierte Weltgeschichte. Mit besonderer Berücksichtigung der Kulturgeschichte. Neubearbeitet von Prof. Dr. Otto Kaemmel und Dr. K. Sturmhoefel. 3. völlig neu gestaltete Auflage, 7 Bände, Leipzig 1893-98.

George Spencer-Brown, Laws of Form. Gesetze der Form. Internationale Ausgabe, Lübeck 1997.

Oswald Spengler, Der Untergang des Abendlandes. Umrisse einer Morphologie der Weltgeschichte. 2 Bände. 65. Auflage, München 1929-30.

Oswald Spengler, Zur Weltgeschichte des zweiten vorchristlichen Jahrtausends. In: Reden und Aufsätze. München 1937, 158-291.

Oswald Spengler, Achäerfragen. In: Die Welt als Geschichte. Eine Zeitschrift für Universalgeschichte, herausgegeben von Prof. Dr. Hans Erich Stier und Prof. Dr. Fritz Ernst, 6 (1940), 44-53, 145-157.

Wilhelm Stauder, Einführung in die Akustik. Wilhelmshaven 1976 (= Taschenbücher zur Musikwissenschaft, herausgegeben von Richard Schaal, Band 22)

Stendhal (Henri Beyle), De l'amour. Paris 1891.

Rudolf Stephan (Herausgeber), Fischer-Lexikon Musik. 8. Auflage, Frankfurt am Main 1966.

Jacques Sternberg und Pierre Chapelot (Herausgeber), Les folles inventions du XIXe siècle. Paris 1972.

Bram Stoker, Dracula [1897]. Vollständige Übersetzung von Stati Kull. München 1967 (= Bibliotheca Dracula).

Richard Strauss, Vier letzte Lieder. Davos, März 1967.

Richard Strauss, Der Rosenkavalier. Wien 1965 und wir Zwei.

Jenny Strauss Clay, The Homeric Hymns. In: Morris/Powell, 1997, 489-507.

Igor [Fürst] Strawinski, The Rite of Spring (Le sacre du printemps). Pictures from Pagan Russia in two Parts by Igor Strawinsky and Nicolas Roerich.

London, Paris, Bonn, Johannesburg, Sydney, Toronto und New York.

Suetonius, De vita Caesarum / Lives of the Caesars. Lateinisch-englisch herausgegeben von J.C. Rolfe. 2 Bände. 3. durchgesehene Auflage, Cambridge/Massachusetts und London 2001 (= LCL 31).

Suetonius, De viribus illustribus / Lives of illustrious men. Lateinisch-englisch herausgegeben von G. P. Goold. 2. Auflage, In: Suetonius. Lateinisch-englisch herausgegeben von J. C. Rolfe. Cambridge/Massachusetts und London, Band 2, 367-483 (= LCL 38).

Peter Szondi, Versuch über das Tragische. 2. durchgesehene Auflage, Frankfurt am Main 1964.

Jacob Taubes (Herausgeber), Der Fürst dieser Welt. Carl Schmitt und die Folgen. München, Paderborn, Wien und Zürich 1983 (= Religionstheorie und politische Theorie, Band 1).

Jacob Taubes, Die Politische Theologie des Paulus. Vortrage, gehalten an der Forschungsstätte der evangelischen Studiengemeinschaft in Heidelberg, 23.-27. Februar 1987. Nach Tonbandaufzeichnungen redigierte Fassung von Aleida Assmann. Herausgegeben von Aleida und Jan Assmann. München 1993.

Quintus Septimius Tertullianus, De spectaculis / Über die Spiele. Lateinisch/deutsch. Übersetzt und herausgegeben von Karl-Wilhelm Weeber. 2. Auflage, Stuttgart 2002 (= UB 8477).

Teubner-Taschenbuch der Mathematik. Herausgegeben von E. Zeidler. 2 Bände, Leipzig 1996.

Texas Instruments Incorporated, TMS320C25 User's Guide. Digital Signal Processor Products. Preliminary. Frankreich 1986.

P[etros] Themelis, Brauron. Guide du site et du musée. Athen ohne Jahr.

Theognis· Mimnermos· Phokylides, Frühe griechische Elegien. Griechisch und deutsch. Eingeleitet, übersetzt und kommentiert von Dirk Uwe Hansen. Darmstadt 2005 (= Edition Antike, herausgegeben von Thomas Baier, Kai Broderson und Martin Hose).

Theokritos von Syrakusai, Gedichte. Griechisch-deutsch herausgegeben von F. P. Fritz. Tübingen 1970 (= Sammlung Tusculum).

Thies, Klaus-Dieter, Die 8087/80287 Numerischen Prozessor-Erweiterungen für 8086/8088 Systeme. Architektur, Funktion und Programmierung am Beispiel der Co-Prozessorkonfiguration 8086/8087. München 1985.

Dieter Thomä (Herausgeber), Heidegger-Handbuch. Leben – Werk – Wirkung. Stuttgart und Weimar 2003.

Thomas Aquinas, Summa theologiae. 3 Bände, Madrid 1961 (= Biblioteca de autores cristianos).

Ivor Thomas (Herausgeber), Selections illustrating the History of Greek Mathematics. Griechisch-englisch. 2 Bände, 2. erweiterte Auflage, Cambridge/Massachusetts und London 1980.

Thukydides, Geschichte des peloponnesischen Krieges. Deutsch nach Johann David Heilmann. Berlin ohne Jahr.

Tiberianus, Pervigilium Veneris. Lateinisch-Englisch von J.W. Mackail, 2. durchgesehene Auflage. Herausgegeben von G. P. Goold. Cambridge/Massachusetts und London 2000 (= LCL 6).

Ulrich Tietze und Christoph Schenk, Halbleiter-Schaltungstechnik. 5. überarbeitete Auflage, Berlin, Heidelberg und New York 1980.

Towers' Internationale Transistor-Vergleichsliste. München 1977.

Tragicorum Graecorum fragmenta (TrGF), Band 4: Sophokles, herausgegeben von Stefan Radt. 2. Auflage, Göttingen 1999.

Troia. Begleitband zur Ausstellung *Troia – Traum und Wirklichkeit*. Herausgegeben vom Archäologischen Landesmuseum Baden-Württemberg und anderen. 1. Auflage, Stuttgart 2001.

Die Tücke des Objekts. Ein Leidfaden [sic], entwickelt von Matthias Götz, Bruno Haldner. Mitgewirkt hat Hermann Sturm. Verwahrt von Karolin Linker. Basel 1991, ohne Seitenzahlen.

Anne-Marie Tupet, La magie dans la poésie latine. Paris 1976.

Alan M. Turing, Intelligence Service. Ausgewählte Schriften, herausgegeben von Bernhard Dotzler und Friedrich Kittler. Berlin 1987.

Paul Valéry, Œuvres, herausgegeben von Jean Hytier. 2 Bände, Paris 1957-1960 (= Bibliothèque de la Pléiade, Bände 147 und 148).

Vatsyayana, Kama-Soutra. Französisch von E. Lemairesse. Paris 1956.

Th. H. Van de Velde, Die vollkommene Ehe. Eine Studie über ihre Physiologie und Technik. 20. Auflage, Leipzig und Stuttgart 1928.

P. Vergilii Maronis Opera, recognivit breveque annotatione critica instruxit Fredericus Arturus Hirtzel. 17. Auflage Oxford 1963 (= OCT).

Vergil, Hirtengedichte. Vom Landbau. Deutsch von Rudolf Alexander Schröder. Leipzig 1939 (= Sammlung Dieterich, Band 28).

Johannes Vermeer, herausgegeben von der Nationalen Kunstgalerie Washington und dem Königlichen Gemäldekabinett Mauritshuis. Den Haag, New Haven und London 1995.

Giovanni Villani, Chi fu il poeta Dante Alighieri di Firenze e come morí [1322]. Nachdruck, Verona 1962.

Paul Virilio und Sylvère Lotringer, Der reine Krieg. Aus dem Französischen von Marianne Karbe und Gustav Rossler. Berlin 1984.

Cornelia Vismann, Die Akte. Medientechnik und Recht. Frankfurt am Main 2000 (= Forum Wissenschaft Kultur & Medien).

Cornelia Vismann, Gewandstudien. In: Friedrich Kittler und Cornelia Vismann, Vom Griechenland. Berlin 2001, 91-111.

Pollio Marcus Vitruvius, De architectura libri decem / Zehn Bücher über Architektur. Lateinisch-deutsch herausgegeben von Curt Fensterbusch. 5. Auflage, Darmstadt 1991 (= Bibliothek klassischer Texte).

Karl Heinz Volkmann-Schluck, Der Satz vom Widerspruch als Anfang der Philosophie. In: Martin Heidegger zum siebzigsten Geburtstag, herausgegeben von Günter Neske. Pfullingen 1959, 134-156.

Dr. med. Gaston Vorberg (Pseudonym), Glossarium eroticum. Stuttgart 1932. Nachdruck Hanau ohne Jahr.

Bartel Leendert van der Waerden, Die Harmonielehre der Pythagoreer. Hermes. Zeitschrift für klassische Philologie. 78 (1943), 163-199.

Bartel Leendert van der Waerden, Die Arithmetik der Pythagoreer. Mathematische Annalen, 120 (1947/48), 127-153 und 676-700.

Bartel Leendert van der Waerden, Erwachende Wissenschaft. Ägyptische, babylonische und griechische Mathematik. Aus dem Holländischen übersetzt von Helga Habicht mit Zusätzen des Verfassers. Basel und Stuttgart 1956 (= Wissenschaft und Kultur, Band 8).

Rudolf Wachter, Die Troia-Geschichte wird schriftlich. In: Troia, 2001[1], 77-80.

Richard Wagner, Tannhäuser und der Sängerkrieg auf der Wartburg. Vollständiger Klavier-Auszug mit deutschem Text. Herausgegeben von Gustav E. Kogel. Berlin 1909.

Richard Wagner, Tristan und Isolde. Handlung in drei Aufzügen [1857]. London, Zürich, Main und New York ohne Jahr (= EE).

Richard Wagner, Götterdämmerung. London, Zürich, Mainz und New York ohne Jahr (EE 910).

Richard Wagner, Parsifal. Klavierauszug mit Text von Felix Mottl. Frankfurt, London und New York, ohne Jahr.

Richard Wagner, Mein Leben [1813-1868]. Vollständige, kommentierte Ausgabe von Martin Gregor-Dellin. 2. Auflage, München 1977.

Hans Walter, Pans Wiederkehr. Der Gott der griechischen Wildnis. Überarbeitete Neuauflage. München 2001.

Walther von der Vogelweide, Die Gedichte. 12. Auflage, herausgegeben von Carl von Kraus. Berlin 1959.

Dr. Ernst Wasserzieher, Woher? Ableitendes Wörterbuch der deutschen Sprache. 16. neubearbeitete Auflage, von Werner Betz. Bonn, Hannover, Hamburg, Kiel und München 1963 (= Wasserziehers Schriften zur deutschen Sprachpflege).

Roger Waters, The final cut. A requiem for the post war dream. LP Harvest/ EMI 1983.

Gottfried Weber und Werner Hoffmann, Gottfried von Straßburg. 4. durchgesehene und ergänzte Auflage, Stuttgart 1973.

Anton van Webern, Fünf Lieder nach Gedichten von Stefan George, opus 4. Kassel, Basel, Paris und New York 1963 (= LP BM 30 L 1523)

Peter Weibel (Herausgeber), IM BUCHSTABENFELD. die zukunft der literatur. Graz 2001

Peter Weibel, Gamma und Amplitude, Medien- und kunsttheoretische Schriften. Herausgegeben, kommentiert und mit einem Vorwort versehen von Rolf Sachsse. Berlin 2004.

Sigrid Weigel, Ingeborg Bachmann. Hinterlassenschaften unter Wahrung des Briefgeheimnisses. Wien 1999.

Dr. Heinz F. Wendt, Das Fischer Lexikon Sprachen. Frankfurt am Main 1961.

Dr. Heinz F. Wendt, Langenscheids Taschenwörterbuch der neugriechischen und deutschen Sprache. 2 Bände. 1. Auflage, Berlin, München und Zürich 1969.

Edith Wenzel, *Zers* und *fud* als literarische Helden. In: Körperteile. Eine kulturelle Anatomie, herausgegeben von Claudia Benthien und Christoph Wulff. Reinbek 2001, 274-293.

Horst Wenzel, Hören und Sehen, Schrift und Bild. Kultur und Gedächtnis im Mittelalter. München 1995.

Horst Wenzel, Schwert, Saitenspiel und Feder. In: Literarische Leben. Rollen in der Literatur des Hoch- und Spatmittelalters. Festschrift für Volker Mertens zum 65. Geburtstag. Herausgegeben von Matthias Meyer und Hans-Jochen Schiewer. Tübingen 2002, 853-870.

Martin West, Homer's Meter. In: Morris/Powell, 1997, 218-237.

Hermann Weyl, Die Idee der Riemannschen Fläche [1913]. Nachdruck herausgegeben von Reinhold Remmert. Stuttgart und Leipzig 1997.

Arno Widmann, Geisterfahrer. Zur Rolle der Geräusche in Nakokovs *Lolita*. In: Spontaneität und Prozeß. Zur Gegenwärtigkeit Kritischer Theorie, herausgegeben von Sabine Gürtler. Hamburg 1992, 208-220.

Norbert Wiener, Futurum Exactum. Ausgewählte Schriften zur Kybernetik und Kommunikationstheorie. Herausgegeben von Bernhard Dotzler. Aus dem Englischen übersetzt von Dr. Christian Kassung. Wien 2002 (= Ästhetik und Naturwissenschaften. Medienkultur)

Oswald Wiener, Die Verbesserung von Mitteleuropa. Reinbek 1969.

W.E. Williams, Fourierreihen und Randwertaufgaben. Weinheim 1974 (= taschentext 25).

Christoph Windgätter, Inszenierung eines Mediums. Zarathustras „Vorrede" und die Frage nach der „Sprache". Ästhetik und Kommunikation, Heft 110, September 2000, 89-97.

Eugen Gottlob Winkler, Gedenken an Trinakria. In: Dichtungen Gestalten und Probleme. Nachlass, herausgegeben von Walter Warnach. Pfullingen 1956, 113-131.

Ludwig Wittgenstein, Tractatus logico-philosophicus [1921]. Frankfurt am Main 1963.

Ludwig Wittgenstein, Philosophische Untersuchungen. Frankfurt am Main 1971.

Wolfram von Eschenbach, Werke, herausgegeben von Karl Lachmann. 6. Auflage, Berlin und Leipzig 1926.

Stephen Wolfram, Mathematica. Ein System für Mathematik auf dem Computer. 2. Auflage, Bonn, München, Paris usw. 1992.

Dr. C. Wordsworth, La Grèce pittoresque et historique ancienne et moderne. Traduction de M. E. Regnault, illustrée de 366 gravures sur bois. Paris 1841.

Henning Wrede, Rezension von Ralf van den Hoff, *Philosophenporträts des Frühen Hochhellenismus*. Gnomon 77 (2005), 54-66.

Hans Georg Wunderlich, Wohin der Stier Europa trug. Kretas Geheimnis und das Erwachen des Abendlandes. Reinbek bei Hamburg 1979.

Xenophon, Λακεδαιμόνιων πολιτεῖα / Die Verfassung der Spartaner. Griechisch-deutsch herausgegeben von Stefan Rebenich. Darmstadt 1998.

Xenophon, Memorabilia, Oeconomicus, griechisch-englisch von E. C. Marchant. Symposion, Apology, griechisch-englisch von O.J. Todd. 10. Auflage, Cambridge/Massachusetts und London 2002 (= LCL 168).

Eberhard Zangger, Atlantis. Eine Legende wird entziffert. München 1992.

Eberhard Zangger, Die Zukunft der Vergangenheit. Archäologie im 21. Jahrhundert. München 1998.

Konrad Zuse, Der Computer – mein Lebenswerk. Berlin und Heidelberg 1984.

0.3.2 당신들의 책

Jean Lerond d'Alembert, Recherches sur la courbe que forme une corde tendue mise en vibration. In: Histoire de l'Academie Royale des Sciences et Belles Lettres. Berlin 1747, 214-249 = `http://www.3.bbaw.de/bibliothek/digital.struktur/02.hist/1747/jpg-0800/000004.htm`

W. Sidney Allen, Vox Graeca. A guide to the pronunciation of classical Greek. 3. Auflage, Cambridge 1993.

Jean-Marie André, Griechische Feste, römische Spiele. Die Freizeitkultur der Antike. Aus dem Französischen übersetzt von Katharina Schmidt. 2. Auflage, Leipzig 2002.

Willy Apel, Die Notation der polyphonen Musik. 900-1600. Wiesbaden 1989.

Archilochos. Griechisch und deutsch, herausgegeben von Max Treu. 2. verbesserte Auflage, München 1979.

Aristophanes, Komödien in zwei Bänden. Nach der Übersetzung von Ludwig Seeger herausgegeben von Hans-Joachim Newiger. München 1976 (= Bibliothek der Antike, griechische Reihe).

Aristoteles, The Nicomachean Ethics. With an English translation by H. Rackham. 2. Auflage, London 1934 (= LCL).

Aristoteles, Τῶν περὶ τὰ ζῷα ἱστοριῶν / History of Animals. With an English translation by A. L. Peck and D. L. Balme, 3 Bände, Cambridge/Massachusetts und London 1965-91 (= LCL, 437-439).

Die harmonischen Fragmente des Aristoxenos / Ἀριστοξένου ἁρμονικῶν τὰ σωζόμενα. Griechisch-deutsch herausgegeben von Paul Marquard. Berlin 1868.

Athenaios von Naukratis, Δειπνοσοφισταί / The Deipnosophists. Griechisch-englisch herausgegeben von Charles Burton Gulick. 7 Bände, Cambridge/Massachusetts und London 1927-41 (= LCL).

Aurelius Augustinus, Vom Gottesstaat. Übersetzt von Wilhelm Thimme, eingeleitet und erläutert von Carl Andresen. 2 Bände. 2. vollständig überarbeitete Auflage, Zürich und München 1978.

Françoise Bader, La langue des dieux ou l'hermeneutique des poètes indoeuropéens. Pisa 1989 (= Testi linguistici, collana diretta da E[nrico] Campanile, 14).

Dz. Karl Ernst von Baer, Über die homerischen Localitäten in der Odyssee. Nach dem Tode des Verfassers herausgegeben von Professor L. Stieda in Dorpat. Braunschweig 1878.

Ingeborg Baldauf, Schriftreform und Schriftwechsel bei den muslimischen Rußland- und Sowjettürken (1850-1937). Ein Symptom ideengeschichtlicher und kulturpolitischer Entwicklungen. Budapest 1993 (= Bibliotheca orientalis Hungarica, Band XL).

Evelyne Barbin, Mersenne: la soif d'inventer au XVIIe siècle. In: Constant/Fillon, 1994, 27-45.

Andrew Barker (Herausgeber), Greek Musical Writings, 2 Bände. Cambridge 1989, volume I: The Musician and his Art; volume II: Harmonic and Acoustic Theory (= Cambridge Readings in the Literature of Music. Herausgegeben von John Stevens und Peter le Huray)

Antonín Bartoněk, Grundzüge der altgriechischen mundartlichen Frühgeschichte. Innsbruck 1991 (= Innsbrucker Beiträge zur Sprachwissenschaft. Vorträge und kleinere Schriften 50).

Antonín Bartoněk, Die hocharchaischen frühen Inschriften aus Pithekoussai (Ischia). In: Verein, 1998, 159-174.

Claude Baurain, Corinne Bonnet und Véronique Krings (Herausgeber), Phoinikeia grammata. Lire et écrire en Méditerranée. Actes du colloque de Liège, 15-18 novembre 1989, Namur 1991 (= Collection d'études classiques, volume 6).

Oskar Becker, Frühgriechische Mathematik und Musiklehre. Archiv für Musikwissenschaft, 14 (1957), 156-164.

Oskar Becker (Herausgeber), Zur Geschichte der griechischen Mathematik. Darmstadt 1965 (= Wege der Forschung, Band 33).

Samuel Beckett, Whoroscope [1934]. In: Collected Poems in English and French. London 1977, 1-6.

Nicolas Bell, Music in Medieval Manuscripts. London 2001.

Michael Benskin, Tony Hunt und Ian Short, Un nouveau fragment du *Tristan* de Thomas. Romania, 113 (1992-1995), 289-319.

Émile Benveniste, Essais de linguistique générale. 2 Bände, Paris 1966-1974 (= Bibliothèque des sciences humaines).

Shlomo Berger, Revolution and Society in Greek Sicily and Southern Italy. Stuttgart 1992 (= Historia. Zeitschrift für alte Geschichte, Einzelschriften, Heft 71).

George Berkeley, Bishop of Cloyne, The Works, Band IV. Herausgegeben von A. A. Luce DD Litt D. Nachdruck Nendeln/Liechtenstein 1979 (= Bibliotheca Britannica Philosophica).

Michael Bernhard, Das musikalische Fachschrifttum im Mittelalter. In: Rezeption des antiken Fachs im Mittelalter. Darmstadt 1967, 37-103 (= Geschichte der Musiktheorie, herausgegeben von Frieder Zaminer, Band 3).

David Bernoulli, Papers on the Hanging Chain and the Linked Pendulum. In: John T. Cannon und Sigalia Dostrovsky, The Evolution of Dynamics: Vibration Theory from 1687 to 1742. New York-Heidelberg-Berlin 1981, 123-176.

Ludwig Bieler, Das Mittellateinische als Sprachproblem. In: Lexis 2/1 (1949), 98-104.

Anna Maria Bisi, Les plus anciens objets inscrits en phénicien et en araméen retrouvés en Grèce: leur typologie et leur rôle. In: Baurain/Bonnet/Krings, 1991, 277-282.

August Boeckh, Philolaos des Pythagoreers Lehren nebst den Bruchstücken seines Werkes. Berlin 1819.

Friedrich Böttcher, Ausführliches Lehrbuch der hebräischen Sprache. Nach dem Tode des Verfassers herausgegeben und mit ausführlichen Registern versehen von Ferdinand Mühlau. 2 Bände, Leipzig 1866.

Larissa Bonfante, Etruscan couples and their aristocratic society. In: Foley, 1981, 323-341.

Wilhelm Brandenstein, Besprechung von Luis Gil Fernandez, Nombres de insectos en griego antiguo. Kratylos. Kritisches Berichts- und Rezensionsorgan für indogermanische und allgemeine Sprachwissenschaft, 5 (1960), 167-170.

Anton Braunmühl, Beiträge zur Geschichte der Trigonometrie. Halle an der Saale und Leipzig 1897.

Anton Braunmühl, Vorlesungen über Geschichte der Trigonometrie. 2 Bände, Leipzig 1900. Nachdruck Vaduz/Liechtenstein 1995.

Hans Joachim von Braunmühl, Ein neues Gerät zur periodischen Wiederholung von Schallaufzeichnungen. Akustische Zeitschrift (1), 1936, 37-39.

Luisa Breglia Pulci Doria, Le sirene de Pitagora. In: Cassio/Poccetti, 1995, 55-77.

Anne Broger, Das Epithet bei Sappho und Alkaios. Eine sprachwissenschaftliche Untersuchung. Innsbruck 1996 (= Innsbrucker Beiträge zur Sprachwissenschaft, herausgegeben von Wolfgang Meid, Band 88).

Frank Brommer, Odysseus. Die Taten und Leiden des Helden in antiker Kunst und Literatur. Wiesbaden 1983.

Louise Bruit Zaidman, Pandora's Daughters and Rituals in Grecian Cities. In: A History of Women in the West, volume I: From Ancient Goddesses to Christian Saints, herausgegeben von Pauline Schmitt Pantel. Cambridge/ Massachusetts und London 1992, 338-376.

Joachim Bumke, Wolfram von Eschenbach. 3. Auflage, Stuttgart 1970 (= Sammlung Metzler 36).

Walter Burkert, Stoicheîon. Eine semasiologische Studie. Philologus, 103, 1959, 167-197.

Walter Burkert, Weisheit und Wissenschaft. Studien zu Pythagoras, Philolaos und Platon. Nürnberg 1962 (= Erlanger Beiträge zur Sprach- und Kunstwissenschaft 10).

Walter Burkert, Apellai und Apollon. Rheinisches Museum für Philologie. Neue Folge 118 (1975), 1-21.

Walter Burkert, Die orientalisierende Epoche in der griechischen Religion und Literatur. Sitzungsberichte der Heidelberger Akademie der Wissenschaften, Heft 1, 1984, 1-135.

Walter Burkert, Da Omero ai Magi. La tradizione orientale nella cultura greca, herausgegeben von Claudia Antonetti. Venedig 1999.

Mario Burzachechi, Oggetti parlanti nelle epigrafi greche. Epigraphica, 24 (1962), 3-54.

Samuel Butler, The Authoress of the Odyssey, where and when she wrote, who she was, the use she made of the Iliad, & how the poem grew under her hands [1897]. Nachdruck der 2. Auflage, London 1922. Mit einer neuen Einführung von David Grene. Chicago und London 1967.

David A. Campbell (edited and translated), Greek Lyric. 5 Bände, Cambridge/ Massachusetts und London 1990-1993 (= LCL, 142-144, 461 und 476).

Elias Canetti, Das Geheimherz der Uhr. Aufzeichnungen 1973-1985. München und Wien 1987.

Carmina Priapea. Lateinisch-deutsch herausgegeben von Bernhard Kytzler, übersetzt von Carl Fischer. Zürich und München 1978.

Rhys Carpenter, Das Alter des griechischen Alphabets. In: Pfohl, 1968, 1-38.

Rhys Carpenter, Noch einmal das griechische Alphabet. In: Pfohl, 1968, 84-105.

Rhys Carpenter, Rezension von Jeffery, The Local Scripts of Archaic Greece. In: Pfohl, 1968, 445-461.

Albio Cesare Cassio und Paolo Poccetti (Herausgeber), Forme di religiosità e tradizioni sapienziali in Magna Grecia. Atti del convegno Napoli 14-15 dicembre 1993. Pisa und Rom 1996 (= Annali dell'istituto universitario orientale di Napoli. Dipartimento di studi del mondo classico e del mediterraneo antico, sezione filologico-letteraria, XVI, 1994).

Albio Cesare Cassio, Domenico Musti und Luigi Enrico Rossi (Herausgeber), SYNAULÍA. Cultura musicale in Grecia e contatti mediterranei. Neapel 2000 (= A.I.O.N., Annali dell' instituto universitario orientale di Napoli. Dipartimento di studi del mondo classico e del mediterraneo antico. Sezione filologico-letteraria, Quaderni 5).

Charles, Baron Cagniard de la Tour, Sur la Sirène, nouvelle machine d'acoustique destinée à mesurer les vibrations de l'air qui contient le son. Annales de chimie et de physique par MM. Gay-Lussac et Arago, 12 (1819), 167-171.

Claude Calame, Les choeurs de jeunes filles en Grèce archaïque. 2 Bände, Rom 1977.

Claude Calame, The Poetics of Eros in Ancient Greece. Translated by Janet Lloyd. Princeton 1999.

Claude Calame, Chorusses of Young Women in Ancient Greece. Their Morphology, Religious Role, and Social Functions. New and revised edition. Translated by Derek Collins and Janice Orion. Lanham, Boulder, New York und Oxford 2001 (= Greek Studies: Interdisciplinary Approaches).

Georg Cantor, Gesammelte Abhandlungen, herausgegeben von Ernst Zermelo. Berlin 1932.

Luciano Canforta, Die verschwundene Bibliothek. Berlin 1988.

Moritz Cantor, Vorlesungen über Geschichte der Mathematik. 4 Bände, Leipzig 1907, Nachdruck New York und Stuttgart 1965.

Jean-Luc Chabert (Herausgeber), A History of Algorithms. From the Pebble to the Microchip. Berlin, Heidelberg und New York 1999.

J. Chadwick/L. Godart/J.T. Killen/J.-P. Olivier/A. Sacconi/I.A. Sakellarakis (Herausgeber), Corpus of Mycenean Inscriptions from Knossos. 4 Bände, Cambridge und Rom 1986.

Pierre Chantraine, Dictionnaire étymologique de la langue grecque. Histoire des mots. 2 Bände, Paris 1968-1980.

Ernst Florens Friedrich Chladni, Entdeckungen über die Theorie des Klangs. Leipzig 1787, Nachdruck Leipzig 1980.

Ernst Florens Friedrich Chladni, Neue Beyträge zur Akustik. Leipzig 1817, Nachdruck Leipzig 1980.

Michael David Cogan, Alphabets and Elements. Bulletin of the American Schools of Oriental Research, 216, December 1974, 61-63.

H. Floris Cohen, Quantifying Music. The Science of Music at the First Stage of the Scientific Revolution. Dordrecht, Boston und Lancaster 1984 (= The University of Western Ontario Series in Philosophy of Science, Band 23).

Susan Guettel Cole, Could Greek Women Read and Write? In: Foley, 1981, 219-245.

W. Robert Connor, Seized by the Nymphs: Nympholepsy and Symbolic Expression in Classical Greece. Classical Antiquity, 7, 1988, 155-189.

Jean Marie Constant und Anne Fillon (Herausgeber), Actes du Colloque 1588-1688. Quatrième centenaire de la naissance de Marin Mersenne. Colloque scientifique international et célébration nationale [sic]. Le Mans 1994.

Alfred W. Crosby, The Measure of Reality: Quantification and Western Society, 1250-1600. Cambridge 1997.

Carl Dahlhaus, Die Tactus- und Proportionenlehre des 15. bis 17. Jahrhunderts. In: Hören, Messen und Rechnen in der frühen Neuzeit. Darmstadt 1987, 33-361 (= Geschichte der Musiktheorie, herausgegeben von Frieder Zamimer, Band 4).

Lloyd W. Daly, Contributions to a History of Alphabetization in Antiquity and the Middle Ages. Brüssel 1967 (= Collection Latomus. Revue d'etudes latines, Band 90).

Tobias Dantzig, Number, the Language of Science. A Critical Survey Written for the Cultured Non-Mathematician. 4. Auflage, London 1962.

John Coleman Darnell, C. Dobbs-Allsopp et al., Two Early Alphabetic Inscriptions from the Wadi el-Hôl: New Evidence for the Origin of the Alphabet from the Western Desert of Egypt. Erscheint in: Annual of the American Schools of Oriental Research.

Peter Dear, Mersenne and the Learning of the Schools. Ithaca und London 1988 (= Cornell History of Science Series, herausgegeben von L. Pearce Williams).

A[rmand] Delatte, La musique au tombeau dans l'antiquité. Revue Archéologique, 21 (1913), 318-332.

Armand Delatte, Études sur la littérature pythagoricienne. Paris 1915 (= Bibliothèque de l'École des Hautes Études, sciences historiques et philologiques, 217. fascicule).

A[rmand] Delatte, Essai sur la politique pythagoréenne. Lüttich und Paris 1922 (= Bibliothèque de la faculté de philosophie et lettres de l'Université de Liège, fascicule XXIX).

A[rmand] Delatte, La Vie de Pythagore de Diogène Laërce. Édition critique avec introduction et commentaire [Brüssel 1922]. Nachdruck Hildesheim, Zürich und New York 1988.

René Descartes, Geometrie [1637]. Deutsch herausgegeben von Ludwig Schlesinger. Nachdruck der 2. durchgesehenen Ausgabe, Leipzig 1923. Darmstadt 1969.

Marcel Detienne, Sur la démonologie de l'ancien pythagorisme. Revue de l'histoire des religions, 155 (1959), 17-32.

Marcel Detienne und Jesper Svenbro, Les loups au festin ou la Cité impossible. In: La cuisine du sacrifice en pays grec, herausgegeben von Marcel Detienne und Jean-Pierre Vernant. Paris 1979, 215-237 (= Publication du Centre de recherches scientifiques sur les sociétés anciennes).

Ludwig Deubner, Die viersaitige Leier. In: Kleine Schriften zur klassischen Altertumskunde. Königstein im Taunus 1982, 348-354.

Ernst Diehl (Herausgeber), Anthologia lyrica graeca. 3 Bände, Leipzig 1922-25.

Hermann Diels, ELEMENTUM. Eine Vorarbeit zum griechischen und lateinischen Thesaurus. Leipzig 1899.

Hermann Diels, Antike Technik. 2. Auflage, Berlin 1920

Hermann Diels (Herausgeber), Die Fragmente der Vorsokratiker. Griechisch und deutsch. Herausgegeben von Walther Kranz. Unveränderter Nachdruck der 6. Auflage. 3 Bände. Zürich 1996.

Diodori Bibliotheca historica, recognovit Fr. Vogel. 3. Auflage, Stuttgart 1964.

Dionysios von Halikarnassos, Περὶ συνθέσεως ὀνομάτων / On Literary Composition. In: Dionysius of Halicarnassus, The Critical Essays. 2 Bände, griechisch-englisch herausgegeben und übersetzt von Stephen Usher, M.A., Ph.D. Band II. Cambridge/Massachusetts und London 1985 (= LCL 466).

Diophanti Alexandrini Opera omnia cum graecis commentariis, edidit Paulus Tannery. 2 Bände, Stuttgart 1974.

Franz Dornseiff, Das Alphabet in Mystik und Magie. Leipzig 1922.

Heinrich Dörrie, Leid und Erfahrung. Die Wort- und Sinn-Verbindung patheîn-matheîn im griechischen Denken (= Akademie der Wissenschaften und der Literatur in Mainz, Abhandlungen der geistes- und sozialwissenschaftlichen Klasse, 1956, Nr. 5. Wiesbaden 1956).

Sigalia Dostrovsky und John T. Cannon, Entstehung der musikalischen Akustik (1600-1750). In: Hören, Messen und Rechnen in der frühen Neuzeit. Darmstadt 1987, 7-79 (= Geschichte der Musiktheorie, herausgegeben von Frieder Zaminer, Band 4).

Norman Douglas, Siren Land. 2. Auflage, London 1946.

Georges Duby, Héloise, Isolde und andere Frauen im 12. Jahrhundert. Aus dem Französischen von Grete Osterwald. Frankfurt am Main 1997.

Hans-Dieter Ebbinghaus u.a., Zahlen. Darmstadt 1985.

Theodor Ebert, Sokrates als Pythagoreer und die Anamnesis in Platons Phaidon. Stuttgart 1994 (= Abhandlungen der Akademie der Wissenschaften und der Literatur Mainz. Geistes- und sozialwissenschaftliche Klasse, Jahrgang 1994, Nr. 13).

Ruth B. Edwards, Kadmos the Phoenician. A Study of Greek Legends and the Mycenaean Age. Amsterdam 1979.

Stephen B. Engelsman, Families of Curves and the Origins of Partial Differentiation. Amsterdam, New York und Oxford 1984.

Empedokles von Akragas, L'Empédocle de Strasbourg (P. strasb. gr. Inv. 1665 f.). Einführung, Herausgabe und Kommentar von Alain Martin und Oliver Primavesi. Berlin und New York 1999.

Romolo Ercolino, The Siren isles "Li Galli". Castellammare di Stabia 1998.

Warren W. Esty, Ancient Portraits of Mathematicians. Historia Mathematica, 6 (1979), 437-441.

Leonhard Euler, Opera omnia, herausgegeben von der Schweizer Gesellschaft der Naturwissenschaften in Verbindung mit der Berliner und Petersburger Akademie. Berlin, Göttingen, Leipzig, Heidelberg und Bern 1911 ff.

Euripides, griechisch-englisch herausgegeben von David Kovacs. 6 Bände. Cambridge/Massachusetts und London 1994-2002. (= LCL, 9, 438, 10, 12, 11, 495).

Euripides, Selected Fragmentary Plays. Herausgegeben mit Einführungen, Übersetzungen und Kommentaren von Christopher Collard, M.J. Cropp und K.H. Lee. Band I, Warminster/England 1995.

Christopher A. Faraone, Taking the *Nestor's Cup* Inscription Seriously: Erotic Magic and Conditional Curses in the Earliest Inscribed Hexameters. Classical Antiquity, 15, 1 (1996), 77-112.

Richard P. Feynman, The Feynman Lectures on Physics. 3 Bände, 3. Auflage, Reading/Massachusetts 1967.

Richard P. Feynman, Simulating physics with computers. International Journal of Theoretical Physics, 21 (1982), 467-488.

Fibonacci's Liber Abaci: a translation into modern English of Leonardo Pisano's Book of calculation, translated by Laurence Sigler. New York 2002 (= Studies in the history of mathematics and physical sciences).

Leonardo Fibonacci, Incipit liber quadratorum. Florenz 1854.

Hubert Fichte, Männerlust – Frauenlob. Anmerkungen zur Sapphorezeption und zum Orgasmusproblem. In: Der Rabe. Magazin für jede Art von Literatur, Nummer 5. Zürich 1987, 39-58.

Gerhard Fink, Die griechische Sprache. Eine Einführung und eine kurze Grammatik des Griechischen. 3. Auflage, Darmstadt 1997.

Marie Theres Fögen, Römische Rechtsgeschichten. Über Ursprung und Evolution eines sozialen Systems. Göttingen 2002 (= Veröffentlichungen des Max-Planck-Instituts für Geschichte, Band 172).

Helene P. Foley (Herausgeberin), Reflections of Women in Antiquity. New York 1981,

Joseph, Baron de Fourier, Théorie analytique de la chaleur [1822]. Analytische Theorie der Wärme, deutsche Ausgabe. Herausgegeben von B. Weinstein. Berlin 1884.

Lin Foxhall, Pandora Unbound: A Feminist Critique of *Foucault's History of Sexuality*. In: Golden/Toohey, 167-182.

Michael Franz, Von Gorgias bis Lukrez: antike Ästhetik und Rhetorik als vergleichende Zeichentheorie. Berlin 1999.

Jürgen Fredel, Maßästhetik. Studien zu Proportionalitätsfragen und zum Goldenen Schnitt (Diss. masch. Hamburg 1993). Hamburg 1998 (= Kunstgeschichte, Band 57).

Gerhard Frey, Links between stable elliptic curves and certain diophantine equations.Annales Universitatis Saraviensis. Series Mathematicae, 1 (1989), 1-40.

Hjalmar Frisk, Griechisches etymologisches Wörterbuch. 3 Bände, Heidelberg 1960-1972.

Kurt von Fritz, Pythagorean Politics in Southern Italy. An Analysis of the Sources. New York 1940.

Kurt von Fritz, Arithmetik der Pythagoreer. Mathematische Annalen 120, 1947/49.

Kurt von Fritz, The discovery of incommensurability by Hippasos of Metapontum. Annals of Mathematics, 46 (1945), 242-264.

Alan Gabbey, Mersenne et Roberval. In: Constant/Fillon, 1994, 93-111.

Anna Gasser, Kleider machen Leute – Leute machen Kleider. In: Alltägliches Altertum, herausgegeben von Edith Specht. Frankfurt am Main, Berlin, Bern, New York, Paris und Wien 1998, 93-138.

Hans Christian Genelli, Das Theater zu Athen, hinsichtlich auf Architectur, Scenerie und Darstellungskunst überhaupt erläutert. Mit vier grossen Kupfertafeln. Berlin und Leipzig 1818.

Arnold van Gennep, Les rites de passage. Paris 1909.

Bruno Gentili, Il *Partenio* di Alcmane e l'iamore omoerotico femminile nei tiasi spartani. Quaderni urbinati di cultura classica, 22 (1976), 59-67.

Thrasybulos G. Georgiades, Sprache, Musik, schriftliche Musikdarstellung. Archiv für Musikwissenschaft, 14 (1957), 223-229.

Thrasybulos Georgiades, Musik und Rhythmus bei den Griechen. Zum Ursprung der abendländischen Musik. Hamburg 1958 (= rde 61).

Thrasybulos G. Georgiades, Nennen und Erklingen. Die Zeit als Logos. Aus dem Nachlass herausgegeben von Irmgard Bengen. Göttingen 1985.

Lucien Gerschel, Comment comptaient les anciens Romains? In: Hommages à Léon Herrmann. Brüssel 1960, 386-397 (= Latomus, Band 44).

George Gheverghese Joseph, The Crest of the Peacock. Non-european roots of mathematics. London 1991.

Mauricio Giangiulio, Ricerche su Crotone arcaica. Pisa 1989 (= Pubblicazioni della classe di lettere e filosofia, Scuola normale superiore Pisa, VI).

Mauricio Giangiulio, Sapienza pitagorica e religiosità apollinea tra cultura della città e orizzonti panellenici. In: Cassio/Poccetti, 1996, 9-27.

Mark Golden and Peter Toohey (Herausgeber), Sex and Difference in Ancient Greece and Rome. Edinburgh 2003 (= Edinburgh Readings on the Ancient World).

Peter Gorman, Pythagoras. A Life. London, Henley und Boston 1979.

Rolf Grabow, Simon Stevin. Leipzig 1985 (= Biographien hervorragender Naturwissenschaftler, Techniker und Mediziner, Band 77).

Anthony Grafton, Leon Battista Alberti: Master Builder of the Italian Renaissance. New York 2000.

Grammatici graeci, herausgegeben von Alfred Hilgard. 3 Bände, Leipzig 1901.

Ernesto Grassi und Maristella Lorch, Folly and Insanity in Renaissance Literature. Binghamton und New York 1986 (= Medieval and Renaissance Texts and Studies, Band 42).

Herbert Grundmann, Vom Ursprung der Universität im Mittelalter. 2. Auflage, Darmstadt 1964.

Margherita Guarducci, Epigrafia Graeca, |: Caratteri e storia della disciplina. La scrittura greca dalle origine all'età imperiale. Rom 1967.

Margherita Guarducci, Der Geburtsort des griechischen Alphabets. In: Pfohl, 1968, 197-213.

Margherita Guarducci, Lepigrafia greca dalle origini al tardo imperio. 2. Auflage, Rom 2001.

Guidonis Aretini Micrologus. Herausgegeben von J. Smits van Aaesberghe. Rom 1955 (= Corpus Scriptorum de Musica, Band 4).

Guidonis Prologus in Antiphonarium. Divitiae musicae artis schola palaeographica amstelodamensi conspirante collectae auspice Josepho Smits van Waesberghe. Tres tractatuli Guidonis Aretini. Buren 1975.

Hermann Güntert, Von der Sprache der Götter und Geister. Bedeutungsgeschichtliche Untersuchungen zur homerischen und eddischen Göttersprache. Halle an der Saale 1921.

Mireille Hadas-Lebel, L'hébreu, écriture et culture. In: Baurain/Bonnet/Krings, 1991, 717-725.

German Hafner, Bildlexikon antiker Personen. 2. Auflage, Zürich 1993.

Friedrich Wilhelm Hagemeyer, Die Entstehung von Informationskonzepten in der Nachrichtentechnik. Eine Fallstudie zur Theoriebildung in der Technik in Industrie- und Kriegsforschung. Diss phil. (masch.) FU Berlin 1979.

Reinhold Hammerstein, Macht und Klang. Tönende Automaten als Realität und Fiktion in der alten und mittelalterlichen Welt. Bern-München 1986.

Reinhold Hammerstein, Die Musik der Engel. Untersuchungen zur Musikanschauung des Mittelalters. 2. Auflage, Bern 1990.

Codex Hammurabi. Transcriptio et versio latina. Herausgegeben von Alfred Pohl und René Follet. 2 Bände, Rom 1950-1953.

Richard Harder, Die Meisterung der Schrift durch die Griechen [1942]. In: Pfohl, 1968, 269-292.

Richard Harder, Rottenschrift [1943]. In: Pfohl, 1968, 321-380.

Roy Harris, The Origin of Writing. London 1986.

William Harris, Sappho. The Greek Poems. http://community.middlebury.edu/-harris/Texts/sappho.1.html

Ellen Harzilius-Klück, Weberei als *episteme* und die Genese der deduktiven Mathematik in vier Umschweifen entwickelt aus Platons Dialog *Politikos*. Erste Auflage, Berlin 2004.

Helmut Hasse und Heinrich Scholz, Die Grundlagenkrisis der griechischen Mathematik. Charlottenburg 1928 (= Pan-Bücherei, Gruppe: Philosophie, Nummer 3).

Walter Haug und Benedikt Konrad Vollmann (Herausgeber), Frühe deutsche Literatur und lateinische Literatur in Deutschland 800-1150. Frankfurt am Main 1991 (= Bibliothek des Mittelalters, Band 1).

Sir Thomas Heath, A history of greek mathematics, volume 1: From Thales to Euclid. Oxford 1921.

Georg Wilhelm Friedrich Hegel, Vorlesungen über die Philosophie der Geschichte. Werke, herausgegeben von Eva Moldenhauer und Karl M. Michel. 2. Auflage, Frankfurt am Main 1992, Band 12.

Victor Hehn, Kulturpflanzen und Haustiere in ihrem Übergang aus Asien nach Griechenland und Italien sowie in das übrige Europa. Historisch-linguistische Studien. Herausgegeben von Otto Schrader mit botanischen Beiträgen von Adolf Engler und Ferdinand Pax. 8. Auflage, Berlin 1911. Nachdruck Darmstadt 1963.

Johan Ludvig Heiberg, Geschichte der Mathematik und Naturwissenschaften im Altertum. München 1925 (= Handbuch der Altertumswissenschaft, herausgegeben von Walter Otto, 5. Band, 1. Abteilung, 2. Hälfte).

Jeffrey Henderson, The Maculate Muse. Obscene Language in Attic Comedy. 2. Auflage, New York und Oxford 1991.

Hermippus Callimachius. In: Fragmenta historicorum graecorum, edidit Carolus Müllerus. Band III, Paris 1749, 35-54 (= FGH).

Alfred Heubeck, Schrift. Göttingen 1979 (= Archaeologica Homerica. Die Denkmäler und das frühgriechische Epos. Im Auftrage des Deutschen Archäologischen Instituts herausgegeben von Friedrich Matz und Hans-Günter Buchholz, Band 3, Kapitel X).

Alfred Heubeck, Kleine Schriften zur griechischen Sprache und Literatur. Erlangen 1984 (= Erlanger Forschungen, Reihe A: Geisteswissenschaften, Band 33).

Sororis Hildegardis abbatissae Opera omnia. Paris 1882 (= PL 191). Herausgegeben von J[acques]-P[aul] Migne).

Hermann Friedrich Wilhelm Hinrichs, Das Wesen der antiken Tragödie in ästhetischen Vorlesungen durchgeführt an den beiden Oedipus des Sophokles im Allgemeinen und an der Antigone insbesondere. Halle an der Saale 1827.

Berthold Hinz, Aphrodite. Geschichte einer abendländischen Passion. München 1998.

Eva Hofstetter, Sirenen im archaischen und klassischen Griechenland. Würzburg 1990 (= Beiträge zur Archäologie, herausgegeben von Heide Froning u.a., Band 19).

Friedrich Hölderlin, Sämtliche Werke. Frankfurter Ausgabe, Herausgegeben von D. E. Sattler. Band XVI: Sophokles. Frankfurt am Main und Basel 1988.

Homer, Odyssee. Neue Übersetzung, Nachwort und Register von Roland Hampe. Stuttgart 1979.

Homer, Odyssey. With an English translation by A. T. Murray. Revised by George E. Dimock. 3. Auflage, Cambridge/Massachusetts und London 2002 (= LCL 104 und 105).

Homers Werke von Johann Heinrich Voss. 2. verbesserte Auflage. 4 Bände. Königsberg 1802.

Theodor Hopfner, Das Sexualleben der Griechen und Römer von den Anfängen bis ins 6. Jahrhundert nach Christus. 1. Band, 1. Hälfte: Physiologie, Biologie und Pathologie der männlichen und weiblichen primären und sekundären Geschlechtsmerkmale. Prag 1938.

Thekla Horovitz, Vom Logos zur Analogie. Die Geschichte eines mathematischen Terminus. Zürich 1978.

Carl A. Huffman, Philolaos of Croton. Pythagorean and Presocratic. A Commentary on the Fragments and Testimonia with Interpretative Essays. Cambridge 1993.

Edmund Husserl, Die Krisis der europäischen Wissenschaft und die transzendentale Phänomenologie. Eine Einleitung in die phänomenologische Philosophie, herausgegeben von Walter Biemel. 2. Auflage, Den Haag 1976 (= Husserliana. Edmund Husserl, Gesammelte Werke, Band VI).

Christiaan Huygens, Die Pendeluhr. Horologium oscillatorium [Paris 1673]. Herausgegeben von A. Heckscher und A. v. Oettingen. Leipzig 1913.

Iamblichos von Chalkis in Syrien, Περὶ τοῦ Πυθαγορικοῦ βίου / Iamblichi chalcidensis ex Coele-Syria, De vita pythagorica liber / Pythagoras. Legende, Lehre, Lebensgestaltung. Griechisch-deutsch herausgegeben von Michael von Albrecht. Zürich und Stuttgart 1963 (= Die Bibliothek der alten Welt).

Lilian H. Jeffery, The Local Scripts of Archaic Greece. A study of the origin of the Greek alphabet and its development from the eighth to the fifth centuries B.C. Revised edition with a supplement by A.W. Johnston. Oxford 1990.

Hans Jonas, Gnosis und spätantiker Geist. 2 Bände. 2. Auflage, Göttingen 1966.

Cliff Jones, Echos. Die Geschichte hinter jedem Pink-Floyd-Song 1967-1995. Übersetzt von Peter von Stahl, Zürich 1996.

James Joyce, Ulysses. Herausgegeben von Danis Rose. London 1997.

The Works of the Emperor Julian, with an English translation by Wilmer Cave Wright, Ph. D. 3 Bände, London und Cambridge/Massachusetts 1932.

Adolf P. Juskewitsch und Judith Kh. Kopelewitsch, Christian Goldbach. 1690-1764. Basel, Boston und Berlin 1994 (= Vita Mathematica, herausgegeben von Emil A. Fellmann, Band 8).

David Kahn, The Codebreakers. The Story of Secret Writing. 9. Auflage, New York 1979.

Kallilmachos: Callimachus, Hymns and Epigramms. Griechisch-englisch herausgegeben von A.W. Mair. 2. Auflage, London und Cambridge/Massachusetts 1955 (= LCL).

Ernst Kantorowicz, Kaiser Friedrich der Zweite. 2 Bände. 3. unveränderte Auflage, Berlin 1931 (= Werke aus dem Kreis der Blätter für die Kunst: Geschichtliche Reihe).

Frank Keim, „Giorgianismus" in Raffael Santios „La scuola di Atene", 1508-1510, Fresko in der Stanza della Segnatura des Vatikan. Ulm 2005.

Otto Keller, Die antike Tierwelt. 2 Bände, Leipzig 1913.

Goeffrey S. Kirk, John E. Raven und Malcolm Schofield, Die vorsokratischen Philosophen. Einführung, Texte und Kommentare. Stuttgart-Weimar 1994.

Peter Kingsley, Ancient Philosophy, Mystery, and Magic. Empedocles and Pythagorean Tradition. Oxford 1995.

Adolf Kleingünther, ΠΡΩΤΟΣ ΕΥΡΕΤΗΣ. Untersuchungen zur Geschichte einer Fragestellung. Philologus, Supplementband 21, 1 (1933).

Morris Kline, Mathematical Thought from Ancient to Modern Times. New York und Oxford 1972.

Pierre Klossowski, Nietzsche et le cercle vicieux. Paris 1969.

Hermann Koller, Die Mimesis in der Antike. Nachahmung, Darstellung, Ausdruck. Diss. phil. Bern 1954.

Hermann Koller, Stoicheion. Glotta. Zeitschrift für griechische und lateinische Sprache, Heft 3/4, 34 (1955), 161-189.

Hermann Koller, Harmonie und Tetraktys, Museum Helveticum. Schweizer Zeitschrift für klassische Altertumswissenschaft, 16 (1959), 238-248.

H. Konishi, The origin of the Greek alphabet: a fresh approach. Liverpool Classical Monthly, 18 (1993), 102-105.

Konrad von Megenberg, Das Buch der Natur. Die erste Naturgeschichte in deutscher Sprache, herausgegeben von Franz Pfeiffer. 3. Nachdruck der Ausgabe Stuttgart 1861. Hildesheim, Zürich und New York 1994.

Sybille Krämer, Berechenbare Vernunft. Kalkül und Rationalismus im 17. Jahrhundert. Berlin und New York 1991.

Sybille Krämer, Zur Begründung des Infinitesimalkalküls durch Leibniz. Philosophia naturalis, 28 (1991), 117-146.

Eva Küllmer, Mitschwingende Saiten. Musikinstrumente und Resonanzsaiten. Bonn 1986 (= Orpheus-Schriftenreihe zu Grundfragen der Musik, Band 46).

A.M. Landgraf, Dogmengeschichte der Frühscholastik. Erster Teil: Die Gnadenlehre. Band 1, Regensburg 1952.

Jennifer Larson, Greek Nymphs. Myth, Cult, Lore. Oxford 2001.

Joachim Latacz, Zum Wortfeld *Freude* in der Sprache Homers. Diss. phil. Heidelberg 1963. Heidelberg 1966 (= Bibliothek der klassischen Altertumswissenschaften. Neue Folge, zweite Reihe, Band 17).

Joachim Latacz, Homer. Der erste Dichter des Abendlands. 2. Auflage, Düsseldorf und Zürich 1989.

Moses und Eglé Laufer, Adolescence and Developmental Breakdown. New Heaven 1984.

Heinrich Lausberg, Elemente der literarischen Rhetorik. Eine Einführung für Studierende der klassischen, romanischen, englischen und deutschen Philologie. 2. wesentlich erweiterte Auflage. München 1963.

D[avid] H[erbert] Lawrence, Etruskische Stätten. Mit einem Vorwort von Massimo Pallottino. Übertragung Oswalt von Nostitz. Siena 1989.

J.M.A. Lenihan, Mersenne and Gassendi. An early chapter in the history of sound. Acoustica 1 (1951), 96-99.

Timothy Lenoir, Descartes and the Geometrization of Thought. The methodological background of Descartes' *Géométrie*. Historia Mathematica, 6 (1979), 355-379.

Roger Lefèvre, La vocation de Descartes. 2 Bände, Paris 1956-57.

Albin Lesky, Thalatta. Der Weg der Griechen zum Meer. Wien 1947.

Pierre Lévêque, Lire et écrire en Méditerranée. In: Baurain/Bonnet/Krings, 1991, 729-742.

Isidore Lévy, Recherches sur les sources de la légende de Pythagore. Paris 1926 (= Bibliothèque de l'École des Hautes Études, Sciences religieuses, Band 42).

Hans Licht, Sittengeschichte Griechenlands. In 2 Bänden und einem Ergänzungsband. Zürich 1925-1928.

Mark Lindley, Stimmung und Temperatur. In: Hören, Messen und Rechnen in der frühen Neuzeit. Darmstadt 1987, 109-331 (= Geschichte der Musiktheorie, herausgegeben von Frieder Zaminer, Band 4).

Titi Livi Ab urbe condita / Livy. Lateinisch-englisch herausgegeben von Evan T. Sage und Frank Gardner Moore. 4. Auflage, Cambridge/Massachusetts 1972.

G[eoffrey] E[rnest] R[ichard] Lloyd, The Revolutions of Wisdom. Studies in the Claims and Practice of Ancient Greek Science. Berkeley, Los Angeles und London 1987.

G[eoffrey] E[rnest] R[ichard] Lloyd, Plato and Archytas in the Seventh Letter. Phronesis. A Journal for Ancient Philosophy, 35 (1990), 159-174.

Johannes Lohmann, Über den paradigmatischen Charakter der griechischen Kultur. In: Die Gegenwart der Griechen im neueren Denken. Festschrift für Hans-Georg Gadamer zum 60. Geburtstag, herausgegeben von Dieter Henrich, Walter Schulz und Karl-Heinz Volkmann-Schluck. Tübingen 1960, 171-187.

Johannes Lohmann, Die Erfindung des Geldes. Philosophisches Jahrbuch der Görres-Gesellschaft, 76 (1968/69), 415-420.

Johannes Lohmann, Saint Thomas et les Arabes (Structures linguistiques et formes de pensée). Revue philosophique de Louvain, 74 (1976), 30-44.

Johannes Lohmann, Descartes' *Compendium musicae* und die Entstehung des neuzeitlichen Bewußtseins. Archiv für Musikwissenschaft, 36 (1979), 81-104.

Johannes Lohmann, „Die Geburt der Tragödie aus dem Geiste der Musik". Archiv für Musikwissenschaft, 37 (1980), 167-186.

Oswald Loretz, Die prägriechische Vokalisierung des Alphabets in Ugarit. In: Verein, 1998, 387-405.

Helmut Lüdtke, Kontinuität und Innovation: Zur Entstehung des Reimes in der abendländischen Dichtung. In: Metrik und Medienwechsel, herausgegeben von Hildegard L.C. Tristram. Tübingen 1991, 81-93.

Niklas Luhmann, Die Realität der Massenmedien. 2. erweiterte Auflage, Opladen 1996.

Niklas Luhmann, Die neuzeitlichen Wissenschaften und die Phänomenologie. 2. Auflage Wien 1997 (= Wiener Vorlesungen im Rathaus, herausgegeben von der Kulturabteilung der Stadt Wien, Band 46).

Niklas Luhmann, Vertrauen. Ein Mechanismus der Reduktion sozialer Komplexität. 4. Auflage, Stuttgart 2000.

Lykophron, Alexandra. Griechisch-englisch herausgegeben von A.W. Mair, D. Litt. 2. Auflage, London und Cambridge/Massachusetts 1955 (= LCL).

Martha Maas und Jane McIntosh-Snyder, Stringed Instruments of Ancient Greece. New Haven und London 1989.

Jörg Mager, Eine neue Art Musik aus Radio. Berlin 1926.

Dieter Mahnke, Neue Einblicke in die Entdeckungsgeschichte der höheren Analysis. Abh. Pr. Ak. d. Wiss. 1925. Phys.-math. Klasse, Nr. 1, Berlin 1926.

Michael Sean Mahoney, The Mathematical Carrier of Pierre de Fermat. 1601-1665. 2. Auflage, Princeton 1994.

Irad Malkin, The Returns of Odysseus: Colonization and Ethnicity. Berkeley, Los Angeles und London 1998.

Andrej Andrejewitsch Markow, Ein Beispiel statistischer Forschung am Text von *Eugen Onjegin* zur Verbindung von Tests in Ketten. Eine Vorlesung vor der physikalisch-mathematischen Klasse der kaiserlichen Akademie der Wissenschaften zu St. Petersburg, 23. Januar 1913. Verdeutscht von Alexander Y. Nitussow und David Link. In: David Link, Poesiemaschinen/Maschinenpoesie. Diss. phil. Berlin 2003, 147-156.

Károly Marót, Die Anfänge der griechischen Literatur. Vorfragen. Deutsche Übersetzung überprüft von Árpád Szabó. Budapest 1960.

Jean-François Mattéi, Platon et le miroir du mythe. De l'âge d'or à l'Atlantide. 2. Auflage, Paris 2002.

Karl Menninger, Zahlwort und Ziffer. Eine Kulturgeschichte der Zahl. 2. neubearbeitete und erweiterte Auflage, 2 Bände, Göttingen 1958.

Herbert Meschkowski, Denkweisen grosser Mathematiker. Ein Weg zur Geschichte der Mathematik. 2. überarbeitete Auflage, Braunschweig 1967.

Henri Meschonnic, Critique du rhythme. Anthropologie historique du langage. Paris 1982.

Henri Meschonnic, La rime et la vie. Paris 1990.

Jürgen Meyer, Akustik und musikalische Aufführungspraxis. 3. Auflage, Frankfurt am Main 1995.

Yves Meyer, Wavelets and Operators. Cambridge 1992 (= Cambridge Studies in Advanced Mathematics, Band 37).

Marin Mersenne, Harmonie universelle contenant la théorie et la pratique de la musique. Paris 1636. Nachdruck, herausgegeben von François Lesure. 3 Bände, Paris 1975.

Karl Meuli, Odyssee und Argonautika. Untersuchungen zur griechischen Sagengeschichte und zum Epos. Berlin 1921.

Jacques Paul Migne (Herausgeber), Patrologiae cursus completus. Series latina. 221 Bände, Paris 1844-1864.

Peter Mittelstaedt, Information und Naturwissenschaft. Physikalische Blätter 41 (1985), Nr. 3, 63-67.

Wolfgang Muff, Epaminondas. In: Von Cochenhausen, 1937[(3)], 1-9.

Gilbert Murray, The Rise of the Greek Epic. Being a Course of Lectures Delivered at Harvard University. 4. Auflage, Oxford 1934.

Vladimir Nabokov, Nabokov's Butterflies. Unpublished and uncollected writings. Herausgegeben von Brian Boyd und Robert Michael Pyle. London 2000.

Augustus Nauck (recensuit), Tragicorum Graecorum Fragmenta. 2. Auflage, Leipzig 1889.

Jordanus de Nemore, De numeris datis. Lateinisch-englisch herausgegeben von Barnabas Hughes, O.F.M., Berkeley, Los Angeles und London 1981.

Otto Neugebauer, The Exact sciences in Antiquity. 2. Auflage, Kopenhagen 1957 (= Acta historica scientiarum naturalium et medicinalium, Bibliotheca Universitatis Hauniensis, vol. 9).

Günter Neumann, Zur Vor- und Frühgeschichte der griechischen Sprache: Neuerungen in Morphologie und Wortschatz. In: Verein, 1998, 27-38.

Martin P. Nilsson, Geschichte der griechischen Religion. Band 1: Die Religion Griechenlands bis auf die griechische Weltherrschaft. 2. durchgesehene und ergänzte Auflage, München 1955 (= Handbuch der Altertumswissenschaften, Abt. I, Band 1).

Martin P. Nilsson, Die Übernahme und Entwicklung des Alphabets durch die Griechen [1952]. In: Pfohl, 1968, 172-196.

Ulrich Nolte, Philosophische Exerzitien bei Descartes. Aufklärung zwischen Privatmysterium und Gesellschaftsentwurf. Würzburg 1998.

Adrian Nye, Xlib Programming Manual for Version 11 of the X Window System, Band 1. 3. Auflage, ohne Ort 1992.

Hans Oesch, Guido von Arezzo. Biographisches und Theoretisches unter besonderer Berücksichtigung der sogenannten odonischen Traktate. Diss. phil. Basel und Bern 1954.

Georg Simon Ohm, Ueber die Definition des Tones, nebst daran geknüpfter Theorie der Sirene und ähnlicher tonbildender Vorrichtungen. Annalen der Physik und Chemie, 59 (1843), 513-565.

Otfrid von Weissenburg, Evangelienharmonie. Auszüge in: Frühe deutsche Literatur und lateinische Literatur in Deutschland 800-1150, herausgegeben von Walter Haug und Benedikt Konrad Vollmann. Frankfurt am Main 1991, 72-127 (= Bibliothek des Mittelalters, herausgegeben von Walter Haug, Band 1).

Beate Otto, Unterwasser-Literatur. Von Wasserfrauen und Wassermännern. Würzburg 2001 (= Epistemata. Würzburger wissenschaftliche Schriften, Reihe Literaturwissenschaft, Band 348).

Walter Otto, Religio und Superstitio. Archiv für Religionswissenschaft, 12 (1909), 533-554.

Walter F. Otto, Die Götter Griechenlands. Das Bild des Göttlichen im Spiegel des griechischen Geistes. 3. Auflage, Frankfurt am Main 1947. („Geschrieben am Bodensee, im Frühjahr 1934", „veröffentlicht unter der Zulassungs-Nr. US-W-1042 der Nachrichtenkontrolle der Militärregierung")

Walter F. Otto, Die Musen und der göttliche Ursprung des Singens und Sagens. 1. Auflage, Düsseldorf und Köln 1955.

Walter F. Otto, Das Wort der Antike. Herausgegeben von Kurt von Fritz. Stuttgart 1962.

Walter F. Otto, Die Wirklichkeit der Götter. Von der Unzerstörbarkeit griechischer Weltsicht. Reinbek 1963 (= rde 170).

Frédéric Pagès, Descartes et le cannabis. Pourquoi partir en Hollande. Paris 1996.

Thomas Palaima, Die Linear-B-Texte und der Ursprung der griechischen Religion: di-wo-nu-so. In: Verein, 1998, 205-222.

Palaiokastro bei Hagia Galene, Hymnos auf den kretischen Zeus. Steininschrift in: Diehl, 1922-1925, 11 279 f.

Hugh Parry, Thelxis. Magic and Imagination in Greek Myth and Poetry. London 1992.

Milman Parry, The Making of Homeric Verse: The Collected Papers of Milman Parry, herausgegeben von A. Parry. Oxford 1971.

Karen Hunger Parshall, The Art of Algebra from Al-Khwarizmi to Viète: A Study in the Natural Selection of Ideas. History of Science, 26 (1988), 129-164.

Paulys Realencyclopädie der classischen Altertumswissenschaft. Neue Bearbeitung, begonnen von Georg Wissowa, fortgeführt von Wilhelm Kroll und Karl Mittelhaus. Stuttgart und München 1894-1980.

Pausanias, Description of Greece. Griechisch-englisch herausgegeben von W.H.S. Jones, Litt. D., und H.A. Ormond, M.A. 4 Bände mit einem Begleitband aus Karten, Plänen, Registern. London und Cambridge/Massachusetts. Neue Auflage 1966-1969.

Jean Petitot-Cocorda, Morphogenèse du Sens, volume I: Pour un schématisme de la structure. Paris 1985.

Gerhard Pfohl (Herausgeber), Das Alphabet. Entstehung und Entwicklung der griechischen Schrift. Darmstadt 1968 (= Wege der Forschung, Band 88).

Hans Philipp, Das Gift der Kirke. Gymnasium, Heft 6, 66 (1959), 509-516.

Pindars Dichtungen, übertragen und erläutert von Franz Dornseiff. Wiesbaden 1965.

Vinciane Pirenne-Delforge, L'Aphrodite grecque. Contribution à l'étude de ses cultes et de sa personnalité [sic] dans le panthéon archaïque et classique. Athen und Lüttich 1994 (= Kernos, Supplementband 4).

Vittore Pisani, Zwei thrakische Beiträge. 1. μυσός und μανδάκης. 2. Thrak. Ζειρήνη, osk. Herentas. Rheinisches Museum für Philologie. Neue Folge, 100 (1957), 389-392.

Walter Pitts und George de Santillana, Philolaos in Limbo: What happened to the Pythagoreans? Isis 42 (1951), 112-120.

Plutarchi Chaeronensos Moralia, recognovit Gregorius N. Bernadakis, Band VII. Leipzig 1846. Darin Περὶ ποταμῶν καὶ ὀρῶν ἐπωνυμίας καὶ τῶν ἐν αὐτοῖς εὑρισκομένων / De fluviis et montium nominibus et de is quae in illis inveniuntur. 282-336.

[Plutarchos], Περὶ μουσικῆς / Della musica. Griechisch und italienisch herausgegeben von Leopoldo Gamberini. Florenz 1974 (= Historiae musicae cultores, Band 32).

Plutarch's Moralia in sixteen volumes. Vol. XV: Fragments, edited and translated by F. H. Sandbach. London und Cambridge/Massachusetts 1969 (= LCL 429).

Plutarchi Vitae parallelae. Recognoverunt Cl. Lindskog et K. Ziegler. Vol. III, fasc. 2. Iterum recensuit K. Ziegler. Leipzig 1973 (= Bibliotheca scriptorum graecorum et latinorum teuberiania).

Porphyrios von Tyros, On the Cave of the Nymphs. Translation and introductory essay by Robert Lamberton. Barryton/New York 1983.

Walter Porzig, Das Rätsel der Sphinx. Lexis 2 (1949), 236-239.

Roland Posner, Balance of complexity and hierarchy of precision: Two principles of economy in the notation of language and music. In: Semiotic Theory and Practice. Berlin, New York und Amsterdam 1988, 908-919.

Barry B. Powell, The Dipylon Oinochoe and the Spread of Literacy in Eightcentury Athens. Kadmos. Zeitschrift für vor- und frühgriechische Epigraphik, 27 (1988), 65-86.

Barry B. Powell, Homer and the origin of the Greek alphabet. Cambridge 1991.

Barry B. Powell, Writing and the Origins of Greek Literature. Cambridge 2002.

Pietro Pucci, Odysseus Polutropos. Intertextual Readings in the *Odyssee* and the *Iliad*. ithaca und London 1987.

Pietro Pucci, The Song of the Sirens. Essays on Homer. Lanham, Boulder, New York und Oxford 1997 (= Greek Studies: Interdisciplinary Approaches, herausgegeben von Gregory Nagy).

Lawrence R. Rabiner und Bernard Gold, Theory and Application of Digital Signal Processing. Englewood Cliffs/New Jersey 1975.

Lawrence R. Rabiner und Biing-Hwang Juang, An Introduction to Hidden Markov Models. IEEE ASSP Magazine, Januar 1986, 4-16.

Siegfried Walter de Rachewiltz, De sirenibus. An Inquiry into Sirens from Homer to Shakespeare. New York und London 1987 (= Harvard Dissertations in Comparative Literature).

Otto Regenbogen, Eine Forschungsmethode antiker Naturwissenschaft. Quellen und Studien zur Geschichte der Mathematik, 1 (1930), 131-182.

Karl Reinhardt, Vermächtnis der Antike. Gesammelte Abhandlungen zur Philosophie und Geschichtsschreibung. Herausgegeben von Carl Becker. Göttingen 1960.

Karl Reinhardt, Sophokles. 4. Auflage, Frankfurt/Main 1976.

Christoph Riedweg, Pythagoras. Leben- Lehre- Nachwirkung. Eine Einführung. München 2002.

Ernst Risch, Zum Nestorbecher aus Ischia. Zeitschrift für Papyrologie und Epigraphik, 70 (1987), 1-9.

Maria Rocchi, Kadmos e Harmonia. Un matrimonio problematico. Rom 1989 (= Storia delle religioni, 6).

Wilhelm Heinrich Roscher, Nektar und Ambrosia. Mit einem Anhang über die Grundbedeutung der Aphrodite und Athene. Leipzig 1883.

Elisabeth Roudinesco, Jacques Lacan. Bericht über ein Leben, Geschichte eines Denksystems. Aus dem Französischen von Hans-Dieter Gondeck. Köln 1996.

C[ornelis] J. Ruijgh, La date de la création de l'alphabet grec et celle de l'épopée homérique. Bibliotheca orientalis, 5/6 (1997), 533-603.

Curt Sachs, The History of Musical Instruments. New York 1940.

Joseph Sauveur, Principes d'acoustique et de musique, ou Système general des intervalles des sons, & son application à tous les Systèmes & à tous les Instrumens de Musique. Paris 1701, Nachdruck Genf 1973.

Joseph Saveur, Sur l'application des sons harmoniques aux jeux d'orgues. Histoire de l'Académie royale des sciences. Avec les Mémoires de Mathematique & de Physique; pour la même année. Paris 1702.

Joseph Sauveur, Treatise on the Theory of Music, a study, diplomatic transcription and annotated translation, herausgegeben von Richard Semmens. Studies in music from the university of western ontario, Band 11. London/Canada 1987.

Wolfgang Schadewaldt (Verdeutschung und Herausgabe), Legende von Homer, dem fahrenden Sänger. 1. Auflage, Leipzig 1942.

Wolfgang Schadewaldt, Neue Kriterien zur Odyssee-Analyse. Die Wiedererkennung des Odysseus und der Penelope. In: Sitzungsberichte der Heidelberger Akademie der Wissenschaften. Philosophisch-historische Klasse, Jahrgang 1959, 2. Abhandlung. Heidelberg 1959.

Wolfgang Schadewaldt, Hellas und Hesperien. Gesammelte Schriften zur Antike und zur neueren Literatur. Zum sechzigsten Geburtstag von Wolfgang Schadewaldt am 15. März 1960 unter Mitarbeit von Klaus Bartels herausgegeben von Ernst Zinn. Zürich und Stuttgart 1960.

Heinz Schlaffer, Musa iocosa. Gattungspoetik und Gattungsgeschichte der erotischen Dichtung in Deutschland. Stuttgart 1971 (= Germanistische Abhandlungen 37).

Renate Schlesier, Der Fuß des Dionysos: Zu PMG 871. In: Kykeon. Studies in Honour of H.S. Versnel, herausgegeben von H.F.J. Horstmannshoff, H.W. Singor, E.T. van Straaten und J.H.M. Strubbe. Leiden, Boston und Köln 2002, 161-191.

Carl Schmitt, Nehmen/Teilen/Weiden. Ein Versuch, die Grundlagen jeder Sozial- und Wirtschaftsordnung vom Nomos her richtig zu stellen. In: Verfassungsrechtliche Aufsätze aus den Jahren 1924-54. Materialien zu einer Verfassungslehre. Berlin 1958, 489-504.

Helmuth Schneider, Einführung in die antike Technikgeschichte. Darmstadt 1992 (= Die Altertumswissenschaft).

Heinrich Scholz, Warum haben die Griechen die Irrationalzahlen nicht aufgebaut? Kant-Studien, 33 (1928), 35-72.

Arnold Schönberg, Harmonielehre. Leipzig und Wien 1911.

Wilhelm Schwabe, ‚Mischung' und ‚Element' im Griechischen bis Platon. Wort- und begriffsgeschichtliche Untersuchungen, insbesondere zur Bedeutungsentwicklung von στοιχεῖον. Archiv für Begriffsgeschichte, Supplementheft 3 (1980).

August Seebeck, Ueber die Sirene. Annalen der Physik und Chemie, 60 (1843), 449-481.

Jörg Sellenriek, Zirkel und Lineal. Kulturgeschichte des Konstruktiven Zeichnens. München 1987.

Simonides, Bakchylides, Gedichte. Griechisch und deutsch herausgegeben und übersetzt von Oskar Werner. München 1969.

Giulia Sissa, Greek Virginity. Translated by Arthur Goldhammer. Cambridge/Massachusetts-London 1990.

Bruno Snell (Herausgeber), Lexikon des frühgriechischen Epos. Im Auftrag der Akademie der Wissenschaften zu Göttingen vorbereitet und herausgegeben vom THESAURUS LINGUAE GRAECAE. Göttingen 1955 ff.

Bruno Snell, Der Weg zum Denken und zur Wahrheit. Studien zur frühgriechischen Sprache. 2. Auflage, Göttingen 1990 (= Hypomnemata. Untersuchungen zur Antike und ihrem Nachleben, Band 57).

Sophokles, Dramen. Griechisch und deutsch herausgegeben und übersetzt von Wilhelm Willige, überarbeitet von Karl Beyer. 4. Auflage, Düsseldorf und Zürich 2003 (= Sammlung Tusculum).

Andreas Speiser, Die Theorie der Gruppen von endlicher Ordnung. Mit Anwendungen auf algebraische Zahlen und Gleichungen sowie auf die Krystallographie. 4. erweiterte und berichtigte Ausgabe. Basel 1956.

Oswald Spengler, Frühzeit der Weltgeschichte. Fragmente aus dem Nachlaß. Unter Mitwirkung von Manfred Schröter herausgegeben von Anton Mirko Koktanek. München 1966.

Oswald Spengler, Der Mensch und die Technik. Beiträge zu einer Philosophie des Lebens [1931]. 2. Auflage, München 1971.

Jean Starobinski, Wörter unter Wörten. Die Anagramme von Ferdinand de Saussure. Übersetzt und eingerichtet von Henriette Beese. Frankfurt am Main, Berlin und Wien 1980.

Alexander Schenk Graf von Stauffenberg, Trinakria. Sizilien und Großgriechenland in archaischer und frühklassischer Zeit. München und Wien 1963.

Jochen Staadt, Walter Ulbrichts letzter Machtkampf. Deutschland-Archiv, Heft 5, 1996, 686-700.

Hermann Stegemann, Der Krieg. Sein Wesen und seine Wandlung. 2 Bände. 3. Auflage. Stuttgart und Wien 1939.

Simon Stevin, Vande Spegheling der Singconst (On the theory of the art of singing). In: The Principal Works of Simon Stevin. Music, herausgegeben von A.D. Fokker. Amsterdam 1966, 422-459.

Karlheinz Stockhausen, ... wie die Zeit vergeht. In: Texte zur elektronischen und instrumentellen Musik. Ausgewählt durch Christoph von Baumröder. Band 1: Aufsätze 1952-1962 zur Theorie des Komponierens. Köln 1963, 99-139.

Ansgar Stöcklein, Leitbilder der Technik. Biblische Tradition und technischer Fortschritt (1550-1750). München 1969.

Strabon, Γεωγραφικῶν / The Geography of Strabo. Griechisch-englisch herausgegeben von Horace Leonard Jones, Ph.D., LL.D. 8 Bände, 4. Auflage. London und Cambridge/Massachusetts 1967.

Oliver Strunk (Herausgeber), Source Readings in Music History, volume 1: Antiquity and the Middie Ages. 2. Auflage, New York und London 1965.

Oliver Strunk (Herausgeber), Source Readings in Music History. 2. Auflage, herausgegeben von Leo Treitler. New York und London 1998.

Anna Maria Stuby, Liebe, Tod und Wasserfrau. Mythen des Weiblichen in der Literatur. Opladen 1992 (= Kulturwissenschaftliche Studien zur deutschen Literatur).

Bettina Eva Stumpp, Prostitution in der römischen Antike. 2. Auflage, Berlin 1998 (= Antike in der Moderne, herausgegeben von Wolfgang Schuller).

Jesper Svenbro, La parole et le marble. Aux origines de la poétique grecque. Lund 1976.

Jesper Svenbro, Phrasikleia. Anthropologie de la lecture en Grèce antique. Paris 1988 (= Textes à l'appui, herausgegeben von Pierre Vidal-Naquet).

Jesper Svenbro, „Wozu ist deine Laute gut?" Lyra und Grabstein im griechischen Denken. In: Fila sonantia. Fragmente orphischer Entomologie. Herausgegeben von Thomas Schestag. Wien 1996, 11-42.

Jesper Svenbro, Der Kopf des Hirschkäfers. Kerambos und der Mythos des Lyrischen. In: Schestag, 1996. 43-67.

Jesper Svenbro, Ameisenwege. Figuren der Schrift und des Lesens in der griechischen Antike. Aus dem Schwedischen von Lukas Dettwiler. Graz und Wien 2000.

Árpád Szabó, Anfänge der griechischen Mathematik. München und Wien 1969.

Willy Tappolet, Notenschrift und Musizieren. Das Problem ihrer Beziehungen vom Frühmittelalter bis ins 20. Jahrhundert. Berlin-Lichterfelde 1967.

Erika und Manfred Taube, Schamanen und Rhapsoden. Die geistige Kultur der alten Mongolei. 1. Auflage, Leipzig 1983.

Jonathan Tennenbaum, A Note: Why Modern Mathematicians Can't Understand Archytas. http://www.geocities.com/antidummy/sub/note.html {wlym.com/archive/pedagogicals/note.html}

Gerald H. Thayer. Concealing-coloration in the animal kingdom. An exposition of the laws of disguise through color and pattern: being a summary of Abbott Handerson Thayer III. New York 1909.

Scholia in Theocritum vetera, recensuit Carolus Wendel. Leipzig 1914, Nachdruck Stuttgart 1967 (= Bibliotheca scriptorum Graecorum et Romanorum Teubneriana).

René Thom, Stabilité structurelle et morphogénèse. Essai d'une théorie générale des modèles. Reading/Massachusetts 1972 (= Mathematical Physics Monograph Series, herausgegeben von A. S. Wightman).

René Thom, Modèles mathématiques de la morphogénèse. Recueil de textes sur la théorie des catastrophes et ses applications. Paris 1974.

D'Arcy W[entworth] Thompson, A Glossary of Greek Birds. Nachdruck der [2.] Ausgabe, London und Oxford 1936. Hildesheim 1966.

D'Arcy [Wentworth] Thompson, Über Wachstum und Form. In gekürzter Fassung neu herausgegeben von John Tyler Bonner. Übersetzt von Ella M. Fountain und Magdalena Neff. Frankfurt am Main 1983.

Maria Timpanaro Cardini (Herausgeberin), Pitagorici. Testimonianze e frammeniti. 1. Faszikel. 2. Auflage, Florenz, Januar 1969 (= Biblioteca di Studi Superiori, diretto da Rodolfo Mondolfo, sezione Filosofia antica).

Maria Timpanaro Cardini (Herausgeberin), Pitagorici. Testimonianze e frammenti. 2. Faszikel. 2. Auflage, Florenz, Januar 1969 (= Biblioteca di Studi Superiori, diretto da Rodolfo Mondolfo, sezione Filosofia antica).

Maria Timpanaro Cardini (Herausgeberin), Pitagorici. Testimonianze e frammeniti. 3. Faszikel, 2. Auflage, Florenz, Februar 1973 (= Biblioteca di Studi Superiori, diretto da Rodolfo Mondolfo, sezione Filosofia antica).

Marcus N[iebuhr] Tod, The Alphabetic Numeral System in Attica. The Annual of the British School at Athens, 45 (1950), 126-139.

Marcus Niebuhr Tod, Ancient Greec Numerical Systems. Six Studies. With a Prefatory Note by Joseph Breslin. Chicago 1979.

Tero Tolonen, Vesa Välimäki und Matti Karjaleinen, Evaluation of Modern Sound Synthesis Methods. Espoo/Finnland 1998.

Stephen V[ictor] Tracy, Athenian letter-cutters and lettering on stone in Vth to 1st centuries B.C. In: Greek letters: from tablets to pixels. Newcastle/Delaware 1996, 43-53 (= Internationales Symposium am Institut Français Athen, herausgegeben von Michael S. Macrakis und Hermann Zapf).

[Tristan], La Folie Tristan (Oxford-Fassung). In: Les Tristans en vers. *Tristan* de Beroul, *Tristan* de Thomas, *Folie Tristan* de Berne, *Folie Tristan* d'Oxford, *Chevrefeuille* de Marie de France. Altfranzösisch-neufranzösisch herausgegeben von Jean Charles Payen. 2. Auflage, Paris 1974, 165-297.

B.L. Ullman, Wie alt ist das griechische Alphabet? [1934]. In: Pfohl, 1968. 40-83.

Hermann Usener, Götternamen. Versuch einer Lehre von der religiösen Begriffsbildung [1896]. 3. unveränderte Auflage, Mit Geleitworten von Martin P. Nilsson und Eduard Norden. Frankfurt am Main 1948.

Mario Vegetti, Dans l'ombre de Thot. Dynamiques de l'écriture chez Platon. In: Detienne, 1992, 385-419.

Michael Ventris und John Chadwick, Evidence for Greek Dialect in the Mycenean Archives. The Journal of Hellenic Studies 73 (1953), 84-103.

Verein zur Förderung der Aufarbeitung der griechischen Geschichte (Herausgeber), Die Geschichte der hellenischen Sprache und Schrift. Vom 2. zum 1. Jahrtausend vor Chr.: Kontinuität oder Bruch? 03.-06. Oktober 1996, Ohlstadt/Oberbayern-Deutschland. Altenburg 1998.

Jean-Pierre Vernant, L'individu, la mort, l'amour. Soi-même et l'autre en Grèce ancienne. Paris 1989.

Jean-Pierre Vernant und Françoise Frontisi-Ducroux, Figures du masque en Grèce ancienne. In: La Grèce ancienne, volume 3: Rites de passage et transgressions. Paris 1992, 297-315.

Paul Veyne, Aus der Geschichte. Aus dem Französischen von Gustav Roller. Berlin 1986.

Pierre Vidal-Naquet, Der Schwarze Jäger. Denkformen und Gesellschaftsformen in der griechischen Antike. Aus dem Französischen von Andreas Wittenburg. Frankfurt am Main, New York und Paris 1989.

Martin Vogel, Onos lyras. Der Esel mit der Leier. 2 Bände. Düsseldorf 1973 (= Orpheus-Schriftenreihe zu Grundfragen der Musik, Band 13 und 14).

Martin Vogel, Chiron der Kentaur mit der Kithara. 2 Bände. Bonn-Bad Godesberg 1978 (= Orpheus-Schriftenreihe zu Grundfragen der Musik, Band 25 und 26).

Martin Vogel, Die Lehre von den Tonbeziehungen. Bonn-Bad Godesberg 1975 (= Orpheus-Schriftenreihe zu Grundfragen der Musik).

Gregor Vogt-Spira, Vox und littera. Poetica. Zeitschrift für Sprach- und Literaturwissenschaft, 23 (1991), 295-327.

Hans Vogt, Die Erfindung des Lichttonfilms. München und Düsseldorf 1964 (= Deutsches Museum, Abhandlungen und Berichte. 32. Jahrgang, Heft 2).

Klaus Volkert, Geschichte der Analysis. Mannheim-Wien-Zürich 1988.

Richard F. Voss und John Clarke, „1/f" noise in music: Music from 1/f noise. Journal of the Acoustical Society of America, Januar 1878, 258-263.

H[enry] T[heodore] Wade-Gery, The Poet of the Iliad. The J. H. Gray Lectures for 1949. Cambridge 1952.

Richard Wagner, Gesammelte Schriften und Dichtungen. 11 Bände, 4. Auflage. Leipzig 1907.

Alois Walde und Julius Pokorny, Vergleichendes Wörterbuch der indogermanischen Sprachen. 2 Bände und Registerband. Berlin und Leipzig 1927-32.

Waldstein, Erinnerungen an Josephine Gallmeyer. Berlin 1884.

Maurice N. Walsh, Ordinal Language and Superego Genesis. A hitherto unnoticed influence of language on the formation of psychic structure. International journal of Psycho-Analysis, 52 (1971), 115-125.

Wilhelm Weber, Lebensbild E. F. F. Chladni's. In: Wilhelm Weber's Werke, herausgegeben von der Königlichen Gesellschaft der Wissenschaften zu Göttingen. Band 1, besorgt durch Woldemar Voigt. Berlin 1892, 168-197.

Wilhelm Weber, Ueber die zweckmässige Einrichtung eines Monochords oder Tonmessers und den Gebrauch desselben, zum Nutzen der Physik und Musik. In Werke, | 346-359.

Wilhelm Weber, Werke, herausgegeben von der Königlichen Gesellschaft der Wissenschaften zu Göttingen. Band 1, besorgt durch Woldemar Voigt: Akustik Mechanik Optik und Wärmelehre. Berlin 1892.

Wilhelm und Ernst Heinrich Weber, Wellenlehre auf Experimente gegründet oder über die Wellen tropfbarer Flüssigkeiten mit Anwendung auf die Schall- und Lichtwellen. Leipzig 1825. In: Wilhelm Weber's Werke, herausgegeben von der Königlichen Gesellschaft der Wissenschaften zu Göttingen. Band V, besorgt durch Eduard Riecke. Berlin 1893.

T.B. L. Webster, Von Mykene bis Homer. Anfänge griechischer Literatur und Kunst im Lichte von Linear B. Übersetzung von Ernst Doblhofer. München und Wien 1960.

Werner Weismann, Kirche und Schauspiel. Die Schauspiele im Urteil der lateinischen Kirchenväter unter besonderer Berücksichtigung von Augustin. Würzburg 1972 (= Cassiacum. Eine Sammlung wissenschaftlicher Forschungen über den hl. Augustinus und den Augustinerorden, Band XXVII).

Martin L. West, Ancient Greek Music. Oxford 1992.

Gisela Wickert-Micknat, Die Frau. Göttingen 1982 (= Archaeologica Homerica, Band IR).

Christoph Martin Wieland, Geschichte des Agathon. In: C. M. Wielands sämmtliche Werke. Herausgegeben von J. G. Gruber. 52 Bände, Leipzig 1824-1828, Band IX-XI.

John J. Winkler, Gardens of Nymphs. In: Foley, 1981, 63-89.

John J. Winkler und Froma I. Zeitlin (Herausgeber), Nothing to Do with Dionysos? Athenian Drama in Its Social Context. Princeton/New Jersey 1990.

John J. Winkler, The Constraints of Desire. The Anthropology of Sex and Gender in Ancient Greece. New York und London 1990.

Niklaus Wirth, Algorithmen und Datenstrukturen mit MODULA2. 4. Auflage, Stuttgart 1986.

Jennifer Wise, Dionysos Writes. The Invention of Theatre in Ancient Greece. Ithaca und London 1998.

Karl A[ugust] Wittfogel, Die orientalische Despotie. Eine vergleichende Untersuchung totaler Macht. Aus dem Amerikanischen von Frits Kool. Köln und Berlin 1962.

Erik Wolf, Dike bei Anaximander und Parmenides. Lexis 2 (1949), 16-24.

Erich Worbs, Gauss. Ein Lebensbild. Leipzig 1955.

Pierre Wuilleumier, Tarente des origines à la conquête romaine. Paris 1939.

Frieder Zaminer (Herausgeber), Die mittelalterliche Lehre von der Mehrstimmigkeit. Darmstadt 1984 (= Geschichte der Musiktheorie, Band 3).

Leonid Zhmud, Wissenschaft, Philosophie und Religion im frühen Pythagoreismus. Berlin 1997 (= Antike in der Moderne, herausgegeben von Wolfgang Schuller).

Dr. Ernst Ziebarth, Aus der antiken Schule. Sammlung griechischer Texte auf Papyrus Holztafeln Ostraka. Ausgewählt und erklärt. 2. Auflage, Bonn 1913 (= Kleine Texte für Vorlesungen und Übungen. Herausgegeben von Hans Lietzmann, Band 65).

Dieter E. Zimmer, Nabokov's Lepidoptera. An Annotated Multilingual Checklist. Lausanne 1993.

/ 인명 및 문헌 목록

지은이가 각주에 인용한 문헌과 저자의 한글 및 로마자 표기 목록이다. 고대 문헌의 경우 지은이가 표기한 약자를 그대로 담았다. 그리스 이름은 이름순으로, 로마, 비잔틴, 근현대 이름은 성 순서대로 정렬하였다. 스콜리아scholia는 주석집으로, 안톨로기아 anthologia는 사화집으로 옮겼다.

// 그리스, 로마, 비잔틴 시대

ㄱ

고대 그리스어 대사전 Etym. M.

고르기아스, 팔라메데스 변론 Gorg. Pal.

아울루스 겔리우스, 아테네의 밤 Gell. NA

ㄴ

코르넬리우스 네포스, 훌륭한 장군들의 삶 Cornelius Nepos, Leben ausgezeich-neter Feldherrn

논노스, 디오니소스 노래 Nonnos, Dion.

다마스쿠스의 니콜라오스 Nic. Dam.

ㄷ

디오게네스 라에르티오스, 이름난 철학자들의 삶과 가르침 D. L.

할리카르나소스의 디오니시오스, 단어들의 조합에 대하여 Dion. Hal. De comp.

할리카르나소스의 디오니시오스, 데모스테네에 대하여 Dion. Hal. Dem.

디오니시오스 트락스 주석집 Schol. ad Dion. Thrax

디오도로스 시켈로스, 역사 총서 Diod. Sic.

디카이아르코스 Dikaiarchos

ㄹ

락탄티우스, 신성 교리 Lactant. Div. Inst.

롱고스, 다프니스와 클로에 Longos

위 롱기노스, 드높음에 대하여 [Longin.], Subl.

루크레티우스, 사물의 본성에 관하여 Lucr.

리코프론, 알렉산드라 Lyc. Alex.

ㅁ

클라우디아누스 마메르투스, 영혼의 실체에 관하여 Claudianus Mamertus, De statu animae

발레리우스 막시무스 Val. Max.

ㅂ

마르쿠스 테렌티우스 바로 Varro

바킬리데스 Bacchylides

베르길리우스, 농경시 Verg. G.

―――, 아이네이스 Verg. Aen.

―――, 전원시 Verg. Buc.

베르길리우스 농경시 주석집 Schol. ad Verg. G.

비트루비우스, 건축에 관하여 Vitr. De arch.

ㅅ

사포 Sappho

서사시환 Epenkyklos

세네카, 도덕에 관한 편지 Sen. Ep.

델로스의 세모스 Semos von Delos

섹스토스 엠피리코스, 수학자에 반대하며 Sext. Emp. Math.

소포클레스, 안티고네 Soph. Ant.

―――, 오이디푸스왕 Soph. O.T.

―――, 이크네우타이 Soph. Ichn.

―――, 콜로노스의 오이디푸스 Soph. O.C.

―――, 트라키스 여인들 Soph. Trach.

―――, 필록테테스 Soph. Phil.

수다 백과사전 Suda

수에토니우스, 티베리우스의 삶 Suet. Vit. Tib.

스토바이오스 Stob.

스트라본, 지리학 Strabon

키레네의 시네시오스, 선물에 대하여 Synesios von Kyrene, De dono astrol.

ㅇ

아나크레온 Anac.

아낙사고라스 Anaxagoras

아르키타스 Archytas

아리스테이데스 코인틸리아노스, 음악에 대하여 Aristides Quintilianus

아리스토텔레스, 니코마코스 윤리학 Arist. Eth. Nic.

―――, 동물론 Arist. Hist. an.

―――, 동물의 생성에 대하여 Arist. De gen. an.

―――, 명제론 Arist. De int.

―――, 분석론 후서 Arist. An. post.

―――, 수사학 Arist. Rhet.

―――, 시학 Arist. Poet.

―――, 영혼에 관하여 Arist. De an.

―――, 자연학 Arist. Phys.

―――, 정치학 Arist. Pol.

―――, 형이상학 Arist. Met.

위 아리스토텔레스, 들어 보았던 진기한 것들에 대하여 [Arist.] Mir. ausc.

―――, 문제들 [Arist.] Probl.

아리스토파네스, 개구리 Ar. Ran.

―――, 아카르나이의 사람들 Ar. Ach.

―――, 여인들의 민회 Ar. Eccl.

아리스톡세노스 Aristoxenos

아에티오스, 철학자들의 학설들에 관하여 Aet.

아우소니우스, 경구집 Auson. Epigr.

아우구스티누스, 신의 나라 August. Civ. Dei

아이스킬로스, 결박된 프로메테우스 Aesch. P. V.

―――, 자비로운 여신들 Aesch. Eum.

―――, 테바이를 공격한 일곱 장수 Aesch. Septem.

클라우디오스 아일리아노스, 다채로운 이야기들 Ael. VH

―――, 동물의 본성에 관하여 Ael. NA

아테나이오스, 현자들의 연회 Athen.

아폴로니오스 로디오스, 아르고나우티카 Ap. Rhod. Argon.

아폴로도로스 신화집, 비블리오테케 Apollod.

─────, 에피토메 Apollod. Epit.

아풀레이우스, 변론 Apul. Apol.

알카이오스 Alkaios

알크만 Alkman

에우리토스 Eurytos

에우리피데스, 메데이아 Eur. Med.

─────, 바코스 여신도들 Eur. Bacch. / Eur. Ba.

─────, 알케스티스 Eur. Alc.

─────, 키클롭스 Eur. Cycl.

에우클레이데스, 카논의 분할 Eukleides, Sectio canonis

에우클레이데스의 원론 10권 주석집, 1부 Schol. 1 in Eucl. X.

아르키메데스의 『구와 원기둥에 대하여』에 대한 에우토키오스의 주해집 Eutoc. Comm. in Archim. de Sphaera et Cyl.

키메의 에포로스 Ephoros von Kyme

에피카르모스 Epicharmos

엠페도클레스 Empedokles

오디세이아 주석집 Schol. ad Od.

오비디우스, 변신이야기 Ov. Met.

─────, 사랑 노래 Ov. Am.

─────, 사랑의 기술 Ov. Ars am.

─────, 여걸들의 편지 Ov. Her.

율리아누스, 갈릴래아인들에 반대하며 Iulian. Adv. Gal.

─────, 찬사 7권: 견유학파 헤라클레이오스에게 Iulian. Or. VII

이암블리코스, 니코마코스의 산술 입문에 대하여 Iambl. in Nicom. arithm.

─────, 일반적인 수학 학문에 관하여 Iambl. De comm. math.

─────, 피타고라스적 삶의 방식 Iambl. V. P.

이소크라테스, 부시리스 Isoc. Bus.

세비야의 이시도르, 어원백과 Isid. Etym.

일리아스 주석집 Schol. ad Il.

ㅊ

요아니스 쳇지스, 리코프론의 알렉산드라 주석집 Schol. ad Lyc.

ㅋ

율리우스 카이사르, 갈리아 전기 Caes. B. Gall

칼리마코스 찬가 Callim. Hymn.

칼리마코스, 아르테미스 찬가 Callim. Hymn. Dian.

─────, 데메테르 찬가 Callim. Hymn. Cer.

─────, 제우스 찬가 Callim. Hymn. Jov.

─────, 팔라스 아테나의 목욕 찬가 Callim. Hymn. Min.

마르쿠스 파비우스 퀸틸리아누스, 웅변가 교육론 Quint. Inst.

요한네스 크리소스토모스 Johannes Chrysostomos

크세노폰, 라케다이몬 정치 제도 Xen. Lac.

─────, 소크라테스 회상록 Xen. Mem.

─────, 오이코노미코스 Xen. Oec.

─────, 향연 Xen. Symp.

키케로, 국가론 Cic. Rep.

─────, 마르쿠스 포르키우스 카토의 나이에 대하여 Cic. De senect.

─────, 신들의 본성에 관하여 Cic. Nat. deor.

─────, 아카데미아 Cic. Ac.

─────, 우정에 대하여 라엘리우스 Cic. Lael.

─────, 웅변가에 대하여 Cic. De or.

─────, 점술에 관하여 Cic. De div.

─────, 최상에서 최악으로 Cic. De fin.

─────, 투스쿨룸에서의 토론 Cic. Tusc.

─────, 티마이오스 Cic. Tim. {플라톤의 티마이오스 일부를 키케로가 라틴어로 번역한 것}

ㅌ

테르툴리아누스, 구경거리에 관하여 Tert. De spect.

테오그니스 Theogn.

테오크리토스, 목가 Theocr. Id.

스미르나의 테온, 플라톤 독해에 유용한 수학적 앎 Theon Smyrn. Math. / Theon Smyrn. Exp.

텔레고네이아 Telegonia

투키디데스, 펠로폰네소스 전쟁사 Thuk.

ㅍ

파르메니데스 Parmenides

파르테니오스, 사랑의 비애 Parth. Amat. narr.

파우사니아스, 그리스 이야기 Paus.

팔라이파토스, 믿을 수 없는 이야기들 Palaiphathos

페트로니우스, 사티리콘 Petron. Sat.

포르피리오스, 오디세이아의 님프 동굴에 관하여 Porph. Antr.

————, 피타고라스의 삶 Porph. V. P.

프리스키아누스, 문법교육 Priscianus, Institutiones Grammaticae

프리아포스의 노래 Carm. Priap.

프톨레마이오스, 화성학 Ptolemaios, Harm.

플라톤, 국가 Pl. Resp

————, 메논 Pl. Men.

————, 법률 Pl. Leg.

————, 소피스트 Pl. Soph.

————, 이온 Pl. Ion

————, 정치가 Pl. Plt.

————, 크라튈로스 Pl. Crat.

————, 테아이테토스 Pl. Tht.

————, 파이드로스 Pl. Phdr.

————, 편지들, 일곱째 편지 Pl. Ep. VII

————, 프로타고라스 Pl. Prot. / Pl. Prt.

————, 필레보스 Pl. Phlb.

플라톤, 향연 Pl. Symp.

위 플라톤, 히파르코스 [Pl.] Hipparch.

플루타르코스, 그리스 문제 Plut. Quaest. Graec.

————, 그륄로스 Plut. Gryllos

————, 누마의 삶 Plut. Vit. Num.

————, 델포이 신전의 E에 관하여 Plut. De E ap. Delph.

————, 델포이 신전의 피티아가 왜 더는 운율에 맞추어 신탁을 내리지 않는지에 대하여 Plut. De Pyth. or.

————, 듣는 것에 관하여 Plut. De recta rat.

————, 디온의 삶 Plut. Vit. Dion.

————, 로마 문제 Plut. Quaest. Rom.

————, 로물루스의 삶 Plut. Vit. Rom.

————, 리산드로스의 삶 Plut. Vit. Lys.

————, 리쿠르고스와 누마의 비교 Plut. Lyc. et Num. comp.

————, 리쿠르고스의 삶 Plut. Lyc.

————, 마르쿠스 클라우디우스 마르켈루스의 삶 Plut. Vit. Marc.

————, 사랑에 관한 대화 Plut. Amat.

————, 세르토리우스의 삶 Plut. Vit. Sert.

————, 소크라테스의 수호신에 대하여 Plut. de gen. Socr.

————, 솔론의 삶 Plut. Vit. Sol.

————, 스파르타인의 속담 Plut. Apophth. Lac.

————, 신탁의 쇠퇴에 관하여 Plut. De def. orac.

————, 아기스의 삶 Plut. Vit. Agis

————, 아이들의 교육에 관하여 Plut. De lib.

————, 알렉산드로스 대왕의 운 혹은 덕 Plut. De Alex. fort.

————, 알키비아데스의 삶 Plut. Vit. Alc.

————, 어떻게 젊은이들이 시를 배워야하는가 Plut. Quomodo aud.

————, 어떻게 아첨꾼과 친구를 구별하는가 Plut. Quomodo adul.

플루타르코스, 옛 라케다이몬의 풍습 Plut. Inst. Lac.

———, 이시스와 오시리스에 관하여 Plut. De Is. et Os.

———, 클레오메네스의 삶 Plut. Vit. Cleom.

———, 테미스토클레스의 삶 Plut. Vit. Them.

———, 테세우스의 삶 Plut. Vit. Thes.

———, 페리클레스의 삶 Plut. Vit. Per.

———, 향연 문제 Plut. Quaest. conv.

———, 호기심에 대하여 Plut. De curios.

위 플루타르코스, 강江에 대하여 [Plut.] De fluv.

———, 나란히 모은 그리스와 로마 이야기 [Plut.] Par. Graec. et Rom.

———, 음악에 관하여 [Plut.] De mus.

———, 철학자들의 의견들에 대하여 [Plut.] De plac. phil.

———, 플라타이아이의 다이달라에 대해서 [Plut], De daed.

———, 호메로스의 삶 [Plut], Vit. Hom.

플리니우스, 박물지 Plin. HN

핀다로스, 네메아 송가 Pind. Nem.

———, 올림피아 송가 Pind. Ol.

———, 피티아 송가 Pind. Pyth.

필로데모스, 팔츠 사화집 Philodem. Anth. pal.

필롤라오스 Philolaos

ㅎ

헤라클레이토스 Herakleitos

헤로도토스, 역사 Hdt.

알렉산드레이아의 헤론 Heron von Alexandreia

헤르미포스 Hermippos

헤시오도스, 멜람포디아 Hes. Melamp.

———, 신들의 계보 Hes. Theog.

———, 아이기미오스 Hes.Aeg.

———, 여인 목록 Hes. Cat.

헤시오도스, 일과 날 Hes. Op.

헤시키오스 Hesychios

헬리오도로스, 아이티오피카 Heliodoros, Aithiopika

마우루스 세르비우스 호노라투스, 베르길리우스의 전원시에 대한 주해집 Serv. ad Verg. Buc.

호메로스, 오디세이아 Od.

———, 일리아스 Il.

호메로스 찬가, 데메테르 찬가 Hymn. Hom. Cer.

———, 아폴론 찬가 Hymn. Hom. Ap.

———, 아프로디테 찬가 Hymn. Hom. Ven.

———, 제9편 아르테미스 찬가 Hymn. hom. IX.

———, 제14편 신들의 어머니 찬가 Hymn. hom. XIV

———, 판 찬가 Hom. Hymn. Pan

———, 헤르메스 찬가 Hymn. Hom. Merc.

위 호메로스, 개구리 생쥐 싸움 Pseudo-Homer, Froschmäusekampf

호메로스와 헤시오도스의 겨루기 Cert.

호라티우스, 대화집 Hor. Serm.

———, 송가 Hor. Carm.

———, 시학 Hor. A. P.

———, 편지들 Hor. Epist.

히파소스 Hippasos

// 중세, 근현대

ㄱ

한스-게오르크 가다머/실비오 비에타 Hans-Georg Gadamer und Silvio Vietta

앨런 가디너 경 Sir Alan Gardiner

빌헬름 게몰 Wilhelm Gemoll

고니시 하루오 Haruo Konishi

고대 그리스사 연구 검토 추진 협회 Verein zur Förderung der Aufarbeitung der griechischen Geschichte

피터 고먼 Peter Gorman

잭 구디 Jack Goody

마르게리타 구아르두치 Margherita Guarducci

헤르만 귄테르트 Hermann Güntert

페르디난트 그레고로비우스 Ferdinand Gregorovius

로버트 그레이브즈 Robert von Ranke-Graves

존 김벨 John Gimbel

ㄴ

블라디미르 나보코프 Vladimir Nabokov

아네마리 J. 노이베커 Annemarie J. Neubecke

알베르트 노이부르거 Dr. Albert Neuburger

귄터 노이만 Günter Neumann

조지프 니덤 Joseph Needham

프리드리히 니체 Friedrich Nietzsche

ㄷ

존 콜먼 다넬 John Coleman Darnell

로이드 달리 Lloyd W. Daly

노먼 더글라스 Norman Douglas
존 덴스모어 John Densmore
프란츠 도른자이프 Franz Dornseiff
에른스트 도블호퍼 Ernst Doblhofer
루트비히 도이프너 Ludwig Deubner
월터 돈란 Walter Donlan
하인리히 되리에 Heinrich Dörrie
조르주 드브뢰 Georges Devereux
마르셀 드티엔 Marcel Detienne
아르망 들라트 Armand Delatte
질 들뢰즈/펠릭스 가타리 Gilles Deleuze und Félix Guattari
헤르만 딜스 Hermann Diels

ㄹ

제니퍼 라슨 Jennifer Larson
모세스 라우퍼/에글레 라우퍼 Moses Laufer und Eglé Laufer
코르넬리스 요르트 라위흐 Cornelis Jord Ruijgh
카를 라인하르트 Karl Reinhardt
자크 라캉 Jacques Lacan
요아힘 라타치 Joachim Latacz
스테판 라트 Stefan Radt
지크프리트 드 라헤빌츠 Siegfried Walter de Rachewiltz
로버트 람베르톤 Robert Lamberton
오토 레겐보겐 Otto Regenbogen
피에르 레베크 Pierre Lévêque
이지도르 레비 Isidore Lévy
알빈 레스키 Albin Lesky
데이비드 허버트 로렌스 David Herbert Lawrence
에드가르 로벨/데니스 페이지 Edgar Lobel und Denys Page
빌헬름 하인리히 로셔 Wilhelm Heinrich Roscher
조프리 로이드 Geoffrey Ernest Richard Lloyd

마누 로이만 Manu Leumann
파이트 로젠버거 Veit Rosenberger
마리아 로키 Maria Rocchi
페르디난트 루디오 Dr. F. Rudio.
존 빅터 루스 John V. Luce
에른스트 리쉬 Ernst Risch
크리스토프 리트벡 Christoph Riedweg
한스 리히트 Hans Licht
라이너 마리아 릴케 Rainer Maria Rilke

ㅁ

베르너 마르크스 Werner Marx
헤르베르트 마아스 Herbert Maas
장-프랑수와 마테이 Jean-François Mattéi
스테판 말라르메 Stephane Mallarmé
구스타프 말러 Gustav Mahler
이라드 말킨 Irad Malkin
브누아 망델브로 Benoît B. Mandelbrot
마셜 맥루언 Marshall McLuhan
길버트 머레이 Gilbert Murray
어거스터스 T. 머레이 A. T. Murray
카로이 머로트 Károly Marót
볼프강 머프 Wolfgang Muff
카를 메닝어 Karl Menninger
헤르베르트 메쉬코프스키 Herbert Meschkowski
이언 모리스 Ian Morris
짐 모리슨 Jim Morrison
카를 모일리 Karl Meuli
하리 물리쉬 Harry Mulisch

ㅂ

리하르트 바그너 Richard Wagner
프랑수아즈 바데르 Françoise Bader
바르털 레인데르트 판 데르 바르던 Bartel Leendert van der Waerden
안토닌 바르토넥 Antonín Bartoněk

잉에보르크 바흐만 Ingeborg Bachmann
요한 야콥 바흐오펜 Johann Jakob Bachofen
루돌프 바흐터 Rudolf Wachter
한스 발터 Hans Walter
슐로모 버거 Shlomo Berger
새뮤얼 버틀러 Samuel Butler
존 베네트 John Bennet
페터 베르츠 Peter Berz
카를 에른스트 폰 베어 Dz. Karl Ernst von Baer
오스카 베커 Oskar Becker
고트프리트 벤 Gottfried Benn
에디트 벤첼 Edith Wenzel
안케 벤홀트-톰센 Anke Bennholdt-Thomsen
호르헤 루이스 보르헤스 Jorge Luis Borges
라리사 본판테 Larissa Bonfante
하네스 뵈링어 Hannes Böhringer
아우구스트 뵈크 August Boeckh
발터 부르케르트 Walter Burkert
야콥 부르크하르트 Jacob Burckhardt
한스 게오르크 분덜리히 Hans Georg Wunderlich
피에르 뷔에미에르 Pierre Wuilleumier
빌헬름 브란덴슈타인 Wilhelm Brandenstein
언리 브래드포드 Ernle Bradford
루이사 브렐리아 풀치 도리아 Luisa Breglia Pulci Doria
자크 브룬슈빅 Jacques Brunschwig
모리스 블랑쇼 Maurice Blanchot
피에르 비달-나케 Pierre Vidal-Naquet
안나 마리아 비시 Anna Maria Bisi
기젤라 비케르트-미크나트 Gisela Wickert-Micknat
카를 비트포겔 Karl August Wittfogel

ㅅ

볼프강 샤데발트 Wolfgang Schadewaldt
피에르 샹트렌 Pierre Chantraine
아르파드 서보 Árpád Szabó
볼프강 솅켈 Wolfgang Schenkel
조제프 소뵈르 Joseph Sauveur
페르디낭드 드 소쉬르 Ferdinand de Saussure
헬무트 슈나이더 Helmuth Schneider
카를 슈미트 Carl Schmitt
빌헬름 슈바베 Wilhelm Schwabe
알렉산더 솅크 그라프 폰 슈타우펜베르크 Alexander Schenk Graf von Stauffenberg
헤르만 슈테게만 Hermann Stegemann
안스가르 슈퇴클라인 Ansgar Stöcklein
베티나 에파 슈툼프 Bettina Eva Stumpp
오토 슈파머 Otto Spamer
안드레아스 슈파이저 Andreas Speiser
오스발트 슈펭글러 Oswald Spengler
르나테 슐레지어 Renate Schlesier
게르트 슐츠 Gerd Schulz
마티아스 슐츠 Matthias Schulz
브루노 스넬 Bruno Snell
예스퍼 스벤브로 Jesper Svenbro
올리버 스트렁크 Oliver Strunk
줄리아 시사 Giulia Sissa

ㅇ

미레이유 아다스-르벨 Mireille Hadas-Lebel
미하엘 폰 알브레히트 Michael von Albrecht
리하르트 앙드레 Richard Andree
로웰 에드먼즈 Lowell Edmunds
루스 B. 에드워즈 Ruth B. Edwards
로몰로 에르콜리노 Romolo Ercolino
디디에르 에리봉 Didier Eribon

볼프람 폰 에셴바흐 Wolfram von Eschenbach

미르체아 엘리아데 Mircea Eliade

존 랭쇼 오스틴 John Langshaw Austin

발터 오토 Walter F. Otto

제니퍼 와이즈 Jennifer Wise

헤르만 우제너 Hermann Usener

마틴 L. 웨스트 Matin L. West

H. T. 웨이드-게리 Henry Theodore Wade-Gery

토마스 B. L. 웹스터 T. B. L. Webster

존 J. 윈클러 John J. Winkler

비아체슬라프 이바노프 Vyatcheslav V. Ivanov

ㅈ

프로마 I. 자이틀린 Froma I. Zeitlin

마우리초 잔줄리오 Mauricio Giangiulio

줄리언 제인스 Julian Jaynes

릴리안 제프리 Lilian H. Jeffery

브루노 젠틸리 Bruno Gentili

제임스 조이스 James Joyce

알프레트 존-레텔 Alfred Sohn-Rethel

베른하르트 지거트 Bernhard Siegert

ㅊ

에버하르트 창거 Eberhard Zangger

존 채드윅 John Chadwick

루카 체르키아이 Luca Cerchiai

에른스트 치바르트 Dr. Ernst Ziebarth

ㅋ

조반니 풀리에세 카라텔리 Giovanni Pugliese Carratelli

마리아 팀파나로 카르디니 Maria Timpanaro Cardini

앤 카슨 Anne Carson

알비오 체사레 카시오/파올로 포체티 Albio Cesare Cassio und Paolo Poccetti

플로리안 카조리 Florian Cajori

리스 카펜터 Rhys Carpenter

로베르토 칼라소 Roberto Calasso

클로드 칼람 Claude Calame

카로이 케레니 Karl Kerényi

데이비드 켐벨 David Campbell

월터 로버트 코너 Walter Robert Connor

데이비드 코박스 David Kovacs

니콜라우스 코페르니쿠스 Nicolaus Copernicus

조셉 콘래드 Joseph Conrad

존 콘웨이/리처드 가이 John Conway und Richard Guy

헤르만 콜러 Hermann Koller

게오르크 쿠르티우스 Dr. Georg Curtius

에른스트 로베르트 쿠르티우스 Ernst Robert Curtius

아돌프 클라인귄터 Adolf Kleingünther

피에르 클로소프스키 Pierre Klossowski

프리드리히 클루게 Friedrich Kluge

베른하르트 킷츨러 Bernhard Kytzler

피터 킹슬리 Peter Kingsley

ㅌ

제럴드 타이어 Gerald H. Thayer

조나단 테넨바움 Jonathan Tennenbaum

페트로스 테멜리스 Petros Themelis

마커스 N. 토드 Marcus Niebuhr Tod

아이보 토마스 Ivor Thomas

디터 토매 Dieter Thomä

토이브너 수학 문고본 Teubner-Taschenbuch der Mathematik

르네 톰 René Thom

다시 웬트워스 톰슨 D'Arcy Wentworth Thompson

안느-마리 투페 Anne-Marie Tupet

앨런 튜링 Alan M. Turing

ㅍ

배리 파웰 Barry B. Powell
토마스 팔래마 Thomas G. Palaima
휴 패리 Hugh Parry
마르틴 포겔 Martin Vogel
앤드류 포드 Andrew Ford
린 폭스홀 Lin Foxhall
게르하르트 폴 Gerhard Pfohl
헬렌 P. 폴리 Helene P. Foley
에거트 푈만 Egert Pöhlmann
피에트로 푸치 Pietro Pucci
미셸 푸코 Michel Foucault
미하엘 프란츠 Michael Franz
유르겐 프레델 Jürgen Fredel
지그문트 프로이트 Sigmund Freud
쿠르트 폰 프리츠 Kurt von Fritz
장 프티토-코코르다 Jean Petitot-Cocorda
귀스타브 플로베르 Gustave Flaubert
방시안 피렌-델포르쥬 Vinciane Pirenne-Delforge
비토레 피사니 Vittore Pisani
코넬리아 피스만 Cornelia Vismann
후버트 피히테 Hubert Fichte
토머스 핀천 Thomas Pynchon
한스 필립 Hans Philipp
월터 핏츠/조지 드 산틸라나 Walter Pitts und George de Santillana
게르하르트 핑크 Gerhard Fink

ㅎ

프리드리히 빌헬름 하게마이어 Friedrich Wilhelm Hagemeyer
리하르트 하르더 Richard Harder
엘렌 하를리치우스-클뤽 Ellen Harlizius-Klück
베르너 하마허 Werner Hamacher
마르틴 하이데거 Martin Heidegger
요한 루트비히 하이베르크 Johan Ludwig Heiberg
로이 해리스 Roy Harris
윌리엄 해리스 William Harris
마이클 해슬럼 Michael Haslam
칼 허프만 Carl A. Huffman
게오르크 빌헬름 프리드리히 헤겔 Georg Wilhelm Friedrich Hegel
아르놀드 판 헤넵 Arnold van Gennep
디트마르 헤르만 Dietmar Herrmann
빅토르 헨 Victor Hehn
제프리 헨더슨 Jeffrey Henderson
헤르만 폰 헬름홀츠 Hermann von Helmholtz
테클라 호로비츠 Thekla Horovitz
조프리 호록스 Geoffrey Horrocks
알프레드 호이벡 Alfred Heubeck
앤드류 호지스 Andrew Hodges
에파 호프슈테터 Eva Hofstetter
테오도르 홉프너 Theodor Hopfner
프리드리히 횔덜린 Friedrich Hölderlin
토마스 히스 경 Sir Thomas Heath

/ 옮긴이 후기

매체학자 프리드리히 키틀러의 『음악과 수학』은 서구의 문화사를 근본적으로 가능하게 했던 학문으로서의 수학과 그 시원에서 수학을 불러 일으켰던 음악이라는 사건을 다룬다. 음악과 수학은 헬라스, 로마 아이테르나, 헤스페리아 그리고 튜링 시대라는 제목 아래 각각 고대 그리스, 로마 제국, 중세에서 근대에 이르는 유럽 그리고 컴퓨터 이후라는 긴 시기를 아우르는 총 4부의 웅장한 프로젝트로 기획되었다. 그 가운데 저자의 생전에 출판된 제1부 헬라스는 아프로디테(2006년)와 에로스(2009년)의 두 권으로 이루어져 있으며, 소크라테스를 기점으로 각각 그 이전과 소크라테스를 포함한 이후의 그리스 시대를 범위로 삼고 있다. 이 책은 제1권 아프로디테를 한국어로 옮긴 것이다. 미완의 유고로 남아 있는 부분은 마르바흐 독일 문학 아카이브에 보관되어 있으며,[1] 그 중 제2부 로마 아이테르나는 부분적으로 발췌되어 2013년에 독일에서 출판되었다.[2] 키틀러는 음악과 수학을 진보 Fortschritt를 이룩하며 전진과 후퇴를 반복하는 선형적인 역사적 관점에서가 아니라 존재사Seinsgeschichte적으로, 즉 재귀Rekursion적으로 다룬다고 하면서, 그 한가운데에서 문화를 시작하고 지속하게 하는 근원적인 힘으로 사랑을 지목한다. 그는 어느 한 인터뷰에서 기록시스템(1985년)이 칼이라면 음악과 수학은 포크라고 말하면서[3] 자신의 주요 저작 둘을 유럽의 두 식사 용

---

1 www.dla-marbach.de
2 프리드리히 키틀러, 「로마인들에 대하여. 유고 "음악과 수학 제2부 로마 아이테르나. 로마인과 기독교인"에서 발췌」, 페터 베르츠 서문, 『프리드리히 키틀러. 기술인가 예술인가?』, 발터 자이터/미하엘라 오트 펴냄, 베츨라: 2013, 127~148쪽. 헬라스가 아프로디테와 에로스로 나뉘어져 있듯이, 고대 로마 시대를 다루는 제2부 로마 아이테르나는 섹수스와 비르기니타스로 구분되어 있다. 이는 각각 '성性'과 '처녀성'을 뜻하는 라틴어로, 로마인들과 기독교인들의 성 관념을 함축하고 있다.
3 키틀러, 인터뷰-마라톤, 인터뷰어: 렘 쿨하스/한스 울리히 오브리스트, 2007년 8월 5일, 도큐멘타 12, 카셀. 9분 6초~30초. www.vimeo.com/16766810 "렘 쿨하스: 그렇다면 당신의 최근 저작에서 우리는 무엇을 기대해 볼 수 있습니까? 프리드리히 키틀러: 기록시스템은 제가 말했듯이 하나의 칼이었고, 지금 계속 이어서 쓰고 있는 책은 포크가 될 것입니다. 쿨하스: 제목은 벌써 정했나요? 키틀러: 그럼요, 첫 책은

구에 대입하여 비교한다. 그가 이 비교를 통해 『기록시스템 1800/1900』[1]의 분석적 측면과 『음악과 수학』의 지시적 측면을 밝히는 것이라면, 그는 시대의 마디를 나누고 분석하면서 그가 휘둘렀던 영웅의 검을 이제는 내려놓으면서,[2] '가리키는' 남신 아폴론의 신관으로서[3] 남신이 지시하는 존재와 그 의미를 제시하고 있다고 할 수 있다. 그는 존재가 있다는 사실 속에 바로 존재의 의미가 있다고, 그 이상을 희망하는 이는 착각할 뿐이라고 말하며 존재사를 시도한다.[4] 근대에서 다시 고대로 돌아가는 키틀러의 학문적 여정은, 유럽의 근대를 분석적으로 다루면서 연구를 시작하였다가 생의 후반기에 고대 그리스로 돌아가며 유럽의 성性을 추적하였던 미셸 푸코의 『말과 사물』에서 『성의 역사』로 이어지는 궤적과도 겹친다. 하지만 키틀러는 푸코의 성의 역사는 아프로디테를 단 한 군데에서만 가볍게 언급하고 넘어갈 뿐인,[5] 똑똑한 수도사가 하는 성에 대한 아둔한 사유라고 지적하며[6] 음악과 수학에 대한 자신의 첫 책을 아프로디테에게 바치고, 여신들의 목소리에 귀를 기울이는 영웅의 이야기를 이어나간다.[7]

그는 사랑 다음으로 가장 아름다운 것이 음악이라고, 믿음 다음으로 가장 어려운 것은 수학이라고 하며, 여기에 헛되이 희망이나 소망을 추가하는 대신 그리스적으로 자유롭고 엄격하게 어떻게 이 아름다운 것에서 어려운 앎이 나왔는지를 이야기한다. 그런데 이 매체학자에게 매체란 무엇이기에 음악과 수학, 아름다움과 앎이 문제가 되는 것일까? 그는 근대의 기술적 매체가 밟았던 세 단계를 『축음기·영화·타자기』[8](1986년)에서 다음과 같이 분석하며 설명하는데, 이 단계는 매체 체계의 필요충분조건이자 근본적인 기능 세 가지와도 연결된다고도 말한다. 첫째, 미국 남북 전쟁(1861~1865)

벌써 나왔습니다. 음악과 수학 제1권 아프로디테입니다. 지금 쓰고 있는 책은 에로스입니다. 그러니까 그리스의 이성애에서 고전기 아테네의 동성애와 소년애로 넘어가고 있지요."

1 키틀러, 『기록시스템 1800/1900』, 윤원화 옮김, 파주: 2015.
2 1.1.2.1.5.
3 2.2.2.2.2.3.
4 1.2.2.3.2.
5 미셸 푸코, 『성의 역사. 2, 쾌락의 활용』, 문경자/신은영 옮김, 파주: 2018, 57쪽.
6 1.1.2.5.
7 1.1.2.2.
8 키틀러, 『축음기·영화·타자기』, 유현주/김남시 옮김, 서울: 2019.

이후부터 제1차 세계 대전(1914~1918) 시기 사이에 발전하는 저장 기술이다. 이 시기에 책 제목과 같은 저장 매체들로 각각 음향, 광학 영상, 글자를 굴이나 참호 속에 파묻듯 보존할 수 있게 된다. 매체의 두 번째 기능은 제1차 세계 대전이 끝난 후부터 제2차 세계 대전(1939~1945)이 진행되는 동안 기술적으로 발전한 전송 기능이다. 이에 해당하는 매체는 장갑차의 무전 송수신기, 항해나 항공상의 레이더 화면 그리고 이러한 전쟁 기술에서 파생된 라디오 및 텔레비전과 같은 전송 매체이며, 저장되어 있는 것들을 있는 그대로, 번개처럼 전격전에서처럼 재빠르게 전기적으로 전달할 수 있게 된다. 세 번째 시기는 계산 가능한 기술이 발전하는 제2차 세계 대전 이후이다. 계산 가능한computable 매체는 1936년에 앨런 튜링이 엄밀한 의미를 정의한[1] 이후, 오늘날 컴퓨터computer라는 이름을 가진 채 지금도 계속 셈하고 연산하며 처리하고 있다. 그런데 이렇게 근대의 매체를 가능케 한 아버지로서의 전쟁, 투쟁, 싸움을 연구하며 역사적 마디를 나누었던 학자가 느닷없이 정반대인[2] 사랑과 조화를, 어머니 아프로디테와 딸 하르모니아라는 고대 여신의 이름을 부른다.

전쟁이 이끄는 곳은 사랑이라고 말하면서[3] "남자라면 전쟁과 사랑에 대해서 이야기해야 한다."라고 인용하는 그는 그리스로부터 "또 다른 시작ein anderer Anfang"을 시도한다. 또 다른 시작이란 유럽 또는 서구 역사의 시작점을 더 근원적으로, 다르게 살펴보아야 한다는 프리드리히 니체의 요구에 의해 비롯되었으며, 특히 마르틴 하이데거의 어휘로서 잘 알려진 말이다. 하지만 키틀러는 니체가 가장 오래된 신 중 하나로 여겼던 아폴론의 이름이 미케네 시대의 선형문자 B 점토판에서 확인되지 않는다고, 반면 니체가 젊은 신으로 보았던 디오니소스는 선형문자 B로 기록되어 있다고 고고학적으로 밝히면서 니체의 오류를 바로잡아 나간다.[4] 또한 그는 또 다른 시작을

---

1 앨런 튜링, 「계산 가능한 수에 대해. 수리 명제 자동 생성 문제의 응용하면서」, 런던 수학 학회지, 권2, 42호, 런던: 1937.
2 키틀러, 『광학적 미디어』, 윤원화 옮김, 서울: 2011, 53쪽. 그는 전쟁의 반대는 전쟁의 황량한 결과인 평화가 아니라 사랑이라고 강조한다.
3 2007년 8월 5일, 인터뷰-마라톤.
4 1.2.2.1.

위해 베르너 마르크스를 인용하고,[1] 하이데거가 평생 피타고라스와 수학을 피했다고 지적하며,[2] 이 책의 절반을 피타고라스와 그의 학파가 형성된 장소인 대그리스를 다루는 데 할애한다. 더 나아가 그는 바로 음악이 수학을 등장하도록 한 조건이라고 말한다. 그는 우선 그리스의 두 전설 중 먼저 『일리아스』에서 전쟁의 진지함을 보고, 그 다음 『오디세이아』에서 다시 발명되는 사랑을 들으며 시작한다. 그리고 가인의 노래와 이를 즐기는 사람들로 가득한 오디세이아에서 온갖 소리를 경험하는 영웅의 귀를 통해 음악을 발견하고, 호메로스라는 하나의 이름 아래 전해지는 이 두 서사시를 우리가 책으로 수신하였다는 사실에서, 말소리의 마디마디를 온전히 기록하는 그리스 알파벳이라는 사건을 읽어낸다. 무사들이 언젠가 필멸자들이 모인 축제에 내려와 "아름다운 것은 언제나 사랑스러워."라고 노래한 적이 있었다는 사실, 사포가 "좋은 이는 또한 아름답네."라고 시지었다는 사실을 우리가 지금까지도 알 수 있는 것은 오로지 노랫말을 기록하기 위해서 만들어진[3] 그리스 알파벳 덕분이다. 그리스 알파벳의 유래가 되는 페니키아 문자는 자음만을 가지고 있기에 한 음절이 어떻게 발음되는지 정확히 알 수 없는 상태로 또는 이 문자로 기록된 언어를 모국어로 하는 사람만 읽을 수 있는 방식으로 기록되었지만 알파A·엡실론E·에타H·오미크론O·웁실론Y·오메가Ω라는 일곱 모음을 더하여 탄생한 그리스 글자는 배워서 익히기만 한다면 우리처럼 그리스어를 모르는 야만인도, 즉 비非그리스어 화자도 슬기로운 사람이라면 하루아침에 그리스어를 읽을 수 있도록 한다. 키틀러는 그리스 알파벳이 순수하게 호메로스의 노래를 기록하기 위해 만들어졌다는 배리 파웰의 주장을 따르면서,[4] 상거래와 같은 실용적인 목적으로만 사용되는 문자나 신권이나 왕권만을 지탱하기 위해 쓰인 다른 문자들과 그리스 문자를 구별한다. 그리고 세계 최초로 모음이 추가된 음소 문자를, 즉 최초의 모음 알파벳으로서의 그리스 알파벳을 기억하고 생각하며 고마워한다.[5]

---

1 베르너 마르크스, 『하이데거와 전통. 존재의 근본 규정을 위한 문제사적 개론』, 슈투트가르트: 1961.
2 2.1.1.
3 1.2.2.3.2.
4 배리 파웰, 호메로스와 그리스 알파벳의 기원, 케임브리지: 1991.
5 1.2.2.3.

하지만 매체학자가 사랑과 조화를 불러내는 이유는 최초의 저장 매체로서의 글자가 시간을 뛰어넘어 오늘 여기에 있는 우리에게 옛 노래를 보냈기 때문만은 아니다. 더 결정적인 것은 남자의 타자das Andere인 여자와 함께 하는 시작 또는 여자로부터의 시작을 마련하기 위해서이다. 그는 신/인간, 자유인/노예라는 헤라클레이토스의 권력 대립쌍에 빠진 것이 있다고 말하며, 남자와 여자의 차이Unterschied를 더한다.[1] 그러나 이 성적性的 차이가 언제나 어둠 속에 있었던 것은 아니며, 그리스인들이 언제나 여자를 몰아내거나 남자에게 종속된 것으로 생각하며 여자를 노예와 점점 더 구분하기 어려워했던 것은 아니다. 키틀러는 반反여성주의적 장소를 니체와 고트프리트 벤이 보았던 것처럼 펠레폰네소스반도에 있는 스파르타에서가 아니라,[2] 소크라테스의 아테네와 훗날 사도 바울의 에페소스가 있는 소아시아 해안가에서 발견한다. '전쟁은 모든 것의 아버지'라고 쓰는 헤라클레이토스는 헤라와 제우스라는 신神적인 부부 한 쌍은 잊은 채 제우스만을 하나라고 여기며 일자das Eine의 사유를 시작하고,[3] 오로지 아버지 안의 인간만이 새로운 아이를 태어나게 한다고 쓰는 아낙사고라스를 아이스킬로스가 베끼면서 어머니 없이도 아이가 태어날 수 있다고 비극시를 쓰며,[4] 에이도스Eidos와 모르페Morphe를 구분하지도 않는[5] 아리스토텔레스는 남자와 여자를 각각 사유하는 형상Form과 단순한 질료Stoff라고 구분하기 위해[6] 성화性化되어 있는 삶의 이중 원천을 더욱더 숨긴다. 하지만 이에 맞서 키틀러는 우리에게 삶과 사랑, 행복과 음악과 아이들을 베풀어 주는 필롤라오스를 따르며 존재자의 두 모습(에이데εἴδη)을 구분하여 두 겹Zwiefalt으로 펼쳐지는 진정한 차이를 사유하자고, 그리고 이 두 모습에서 비롯되어 확장되는 무수한 형상들(모르파이μορφαί)을, 색색으로 빛나는 다양성Vielfalt을 바라보자고 우리를 초대한다.[7]

---

1 1.1.2.
2 1.3.3.
3 2.2.1.2.
4 1.4.3.3.1.
5 2.2.2.3.3.
6 2.2.2.2.2.3.
7 2.2.2.2.

최초로 피타고라스학파의 앎을 책으로 전한 필롤라오스는 우주Kosmos, 즉 존재자 전체가 경계 지어지지 않은 것과 경계 지어진 것의 결합으로 생겨났다고 하며, 경계 그 자체를 차이로 설정하며 시작한다.[1] 수數를 바탕으로 사유하는 피타고라스학파 필롤라오스에게 수가 지니는 고유의 두 모습은 이제 짝수와 홀수라는 근본적인 대립으로 나타나며, 존재자의 두 모습은 여자와 남자 또는 더 정확하게 말하면 식물과 동물의 성적 차이도 포함할 수 있는 말인 암컷과 수컷의 차이로 드러난다. 키틀러는 이 두 모습의 차이, 즉 경계를 우리에게 돌멩이 놀이로 확인시켜 주며,[2] 최초의 짝수인 2와 최초의 홀수인 3의 관계가 어떻게 음악에서는 순정률의 완전5도가 되는지[3] 그리고 사랑에서는 어떻게 여자와 남자의, 암수의 성적 결합을 지시하는지를 보여 준다.[4] 물론 그는 1과 0이라는 기호에서 팔루스와 구멍을 보며 산업 표준을 문학과 헷갈려 하는 이들의 착각을 지적한다.[5] 이진 코드와 같은 임의적이고 우발적인 합의에 따라 도출된 기술적 표준이 상징적인 것의 구문법에 따라 구성된 문학 규범이나 예술 양식과 다르기 때문만은 아니다.[6] 그는 기술적 매체의 표준이 인간의 의식을 규정한다고, 다시 말하자면 의식이란 매체 표준의 상상적이며 내적인 관점이라고, 즉 환영이라고 하기는 하지만[7] 이것이 결국 뜻하는 바는 또한 의식이나 감각은 표준의 종속 변수일 뿐이라는 것이기 때문이다. 그리하여 그가 『음악과 수학』에서 사유하고 발견하고자 하는 것은, 인간과는 상관없이 지정된 표준이나 또는 특정한 사람들에게만 유효한 규범이나 양식이 아니라 그리스적으로 말하자면 신神들의 법, 즉 자연Physis 자체에 상응하는 법이다. 이를 위해 그는 아테네의 플라톤이 국가를 위해 세우려고 했던, 위태롭게 공기 중에 붕 떠 있는 법이 아니라, 입법자 리쿠르고스의 스파르타 그리고 장군이자 철학자인 아르키타스의 타라스를 살펴본다.

---

1 2.2.2.2.2.
2 2.2.2.2.2.1.
3 2.2.2.2.2.2.
4 2.2.2.2.2.3.
5 키틀러, 『축음기, 영화, 타자기』, 437쪽.
6 키틀러, 『광학적 미디어』, 63쪽.
7 키틀러, 「상징적인 것의 세계, 기계의 한 세계」, 1989, 『드라큘라의 유산』, 라이프치히: 1993, 61쪽.

그렇게 우리는 아테네에 대하여 승리를 거두었던 도시 스파르타로 그리고 펠레폰네소스반도 출신의 그리스인들이 남이탈리아로 건너가서 세웠던 대그리스의 도시들로 이끌려 간다. 리쿠르고스는 스파르타의 남자아이들과 여자아이들이 서로를 위해 아름다워지고 서로를 발견하여 사랑할 수 있도록 옛 호메로스의 음악을 바탕으로 법을 세운다.[1] 아테네의 소녀들에게는 아름다운 시인 소포클레스가 있었고[2] 그녀들도 비극 공연을 엿들을 수는 있었지만, 집안일(오이코노미아οἰκονομία)은 노예가 담당하던 시절 포도주도 금지된 아테네 여자아이들에게 허락된 배움이란 집에서 하는 베 짜기뿐이었으며 이들은 또한 몸이 성숙해지기도 전에 결혼이라는 의무와 계약에 얽매인다. 그와는 달리 리쿠르고스의 법을 따르는 스파르타에서는 여자아이들과 남자아이들이 함께 노래와 춤과 악기 연주를 배우고 경기 종목을 연습하며, 축제에 놀러가 포도주를 즐기는데, 이들이 함께 하는 모든 위반들 또한 법 안에 포함시키는 스파르타에서는 사랑과 믿음으로 묶인 오래 지속되는 커플들이 만들어진다.[3] 한편 스파르타가 후에 이탈리아에 세운 딸 도시 타라스에서는 그 누구보다도 음악을 가장 중심에 가지고 있었던 아르키타스(기원전 435년경~360년경)가 도시, 국가, 사람들을 위해 셈하며 사유한다. 그는 피타고라스학파 히파소스가 기본 음정들의 관계에서 밝혀낸 세 가지 평균 이론(산술, 조화, 기하 평균)을[4] 근거로 하여 분배의 세 가지 방식들(이데아이ἰδέαι)을 이끌어 내고, 세 방식을 기초로 해서 세워질 수 있는 각각의 세 정치 체제(전제정, 귀족정, 민주정)를 사유한다. 비록 피타고라스학파는 단위 정사각형의 대각선 길이인 제곱근 2나 오늘날의 음악에서 들을 수 있는 평균율에서의 반음 간격인 열두제곱근 2와 같은 수를 말할 수도 없고 숫자로 기록할 수도 없는 수라고, 즉 알로곤ἄλογον이라고 부르며 이를 산술에서 추방했지만, 아르키타스는 바로 이 알로곤을 눈에 보이는 기하학에서만이 아니라 귀로 듣는 음악에서도 발견하였기에, 무리수를 산출해 내는 기하 평균을 바탕으로 민주주의를, 즉 평등하게 분배하는 국가 체제를 구상

---

1   1.3.3.1.
2   1.4.3.3.3.
3   1.3.3.2.
4   2.2.2.1.1

한다. 동일한 잣대가 없어서 서로 비교할 수 없는 것인 알로곤을 바탕으로 진정으로 같게 나누는 방식을 수학적으로 계산하고 생각했던 아르키타스의 타라스에서는, 1인 1표에서 평등을 찾는 아테네적 민주주의가 도출되는 것이 아니라, 이 계산법을 이해하여 아는 이는 누구든지, 가난하든지 부유하든지 그 나눔을 통해 평등해진다는 믿음으로 서로 어울린다.[1]

키틀러는 음악과 수학에 근거하여 어떻게 사랑과 믿음도 세울 수 있는지를, 이로써 그가 춤추는 시간Tanzstunde이라고[2] 부르는 것에 어떻게 가까이 다가갈 수 있는지를, 이렇게 옛 문헌에서 조심스럽게 읽어 낸 음악과 수, 우리 곁에 있는 신들, 즉 자연에 근거한 사유를 통해 보여 준다. 그는 자연을 일컬을 때, 단순하게 태어나게 하는 생식기를 뜻하는 나투라natura라는 라틴어에서 유래한 독일어 단어 나투어Natur를 사용하는 것이 아니라, 호메로스에게는 '몰리'라는 약초 뿌리의 효능을 뜻했고 피타고라스에 이르러서 식물, 성장, 즉 뿌리내리고 자라는 것을 일컫는 말로 말 그대로 자라났던[3] 피시스φύσις를 쓰면서 그리스적으로 남으려고 한다. 그는 아프로디테는 그냥 단순하게 믿어야 하는 신이라는 존재가 아니라 바로 이 자연이 스스로를 드러내는 방식이라고 하며,[4] 여신들이 떠나버린[5] 우리의 안과 밖에서 불모가 되어버린 자연 개념을 사랑과 조화 속에 붙잡는다. 일자一者와 타자他者, 어느 하나와 그와는 다른 하나라는 두 모습으로 갈라지는 차이 속에서 싸우며 서로에게서 멀어지려고 하는 둘을, 차이와 타자를 그 자체로 사랑하는 아프로디테가 조율하고 결합시킨다. 짜맞추어진 것, 즉 결합체 그 자체인 하르모니아는 이 둘을 서로에게 팽팽하게 붙들고 있다. 조화는 두 입이 한목소리로 노래하는 세이렌으로서,[6] 두 현이 2대 1 비율의 길이로 함께 울릴 때의 완전8도, 즉 옥타브로서[7] 그리고 둘이 하나가 되는 오르가슴으로

---

1   2.2.2.4.2.
2   2.
3   2.2.
4   키틀러, 『신들의 다가옴을 준비하기』, 뮌헨: 2011, 14쪽.
5   키틀러, 『세이렌으로서의 이졸데』, 뮌헨: 2012, 21쪽.
6   2.1.2.2.2.
7   2.2.2.2.2.2.

서[1] 사랑을 재귀적으로 지속시킨다. 이렇게 필멸자들의 몸 마디마디에 뿌리 내려 있는 불멸하는 것을 발견한 매체학자는, 옛 앎을 새로운 세대에게 전달하는 교육자로서 마치 매체처럼 전달하며 지속되는 이 사랑을 우리도 알 수 있도록 그리하여 존재의 필요충분조건인 앎을[2] 통해 가상Schein에서 존재Sein로 나아갈 수 있도록[3] 책이라는 매체로 저장하여 우리에게 전해 준다.

그는 존재사는 재귀라고 할 뿐 아니라 사유 또한 단어를 재귀적으로 사용하는 것이라고 한다.[4] 그런데 재귀를 단순한 동어 반복이나 순전한 자기 지시와 어떻게 구별할 수 있으며 그것은 또 왜 필요할까? 우리는 모두 어느 정도 다르게 하기 때문에 존재사가 필요하다고 그는 말한다.[5] 우리가 돌아가야 하는 또는 우리가 돌아갈 수밖에 없는 재귀 지점이 각자 다르기 때문이라고 이것을 이해할 수 있을까? 알파Α, 베타Β, 감마Γ, 델타Δ, 엡실론Ε… 그리스 알파벳은 순서대로(스토이케이아στοιχεῖα) 놓여 있는 자신을 보며 자기를 세기 시작하였고, 그렇게 그리스 문자는 수數를 기록하기 위해 스스로를 불러내면서 말소리 글자이자 동시에 숫자가 되었다. 숫자가 된 알파는 1, 베타는 2, 감마는 3을 나타냈고, 키틀러는 이 지점을 학문 자체의 시작으로 본다.[6] 그리스 알파벳은 이후에 노랫말뿐 아니라 음높이와 음길이도 표기하였는데, 그리하여 행복 다음으로 가장 사라지기 쉬운 것인 음악을 정말로 기록하여 지속될 수 있게 하였다. 이렇게 소리글자·숫자·음표라는 그리스 문화의 모든 기호 체계가 하나로 모이게 되는데, 그는 이로써 그리스 알파벳은 하나의 모임을, 하나의 관계를, 하나의 로고스λόγος를 가지는 매체가 된다고 말한다.[7] 다시 말하자면, 그리스 알파벳은 스스로에게 몸을 굽히며 수를 표시한 이후로 재귀적 매듭을 지니게 되었으며, 이 고리 안에서의 자기 전개는 (그림, 글자, 수를 위한 서로 다른 기호가 있었던 선형문자 B를 사용했던) 미케네 시대의 그리스나 (말소리들, 수數들, 음音들을 위한 기호

---

1   2.2.1.1.
2   2.1.1.6.
3   2.1.1.4.
4   2.2.2.2.2.1.
5   2.2.2.1.
6   1.5.3.
7   2.2.2.3.2.

가 로마자, 아라비아 숫자, 사선보나 오선보 위의 음표처럼 각각 따로 있는) 헤스페리아에서는, 즉 중세에서 근대로 이어지는 유럽에서는 불가능했던, 그러나 (글자들·그림들·음들 등이 0과 1로 모인) 오늘날의 튜링 은하에서는 다시 가능해진 하나의 로고스를 가능하게 한다는 것이다. 역사의 흐름을 재귀적으로 사유한다는 것의 의미나 필요성을 이해한다는 것은, 키틀러가 변증법을 프로그래밍 가능한 재귀로 업그레이드시키며 헤겔의 자리를 이어가고 있음을 정당화한다는 의미만 있는 것이 아니라면 여전히 어려운 일이다. 어쩌면 우리가 그 안에 붙잡혀 있으며 밖으로 나갈 수 없기에 또는 애초에 이 고리 밖에 있어서 안으로 들어갈 수 없기 때문일 수도 있다. 그렇지만 이렇게 묶인 매듭이 가능하게 한다고 하는 하나의 로고스에 대해서는 어쩌면 조금 더 쉽게 생각을 이어나가 볼 수 있을지도 모르겠다. 그것은 유일자의 한 입에서 나오는 절대적으로 복종해야 하는 하나의 말씀이라기보다는, 여러 로고스들(로고이λόγοι) 가운데 하나로서 "말을 듣는 짐승"인 인간이 듣고 모이게끔 하나로 모아진 말이며, 춤추는 시간이란 바로 이렇게 우리가 공유하는 로고스를 따르며 한자리에 모였을 때야 비로소 마련할 수 있는 것이다.

책 『음악과 수학, 아프로디테』를 처음으로 책꽂이에서 꺼내어 펼쳐 보았던 것은 2015년 여름 베를린에서였다. 당시 옮긴이는 아르테미스와 아프로디테를 여성적인 것의 두 모습으로 설정하여 역사적인 인물이나 사건에서 이 두 모습을 읽어 내려고 한 작은 작업을 마무리한 직후였는데, 그래서 아르테미스로 시작하여 아프로디테의 이름을 부르며 끝나는 이 책이 말 그대로 자기를 처음부터 끝까지 읽어달라고 낱장을 팔락이며 손짓하고 있었다. 관례적인 철학사가 어떻게 여자를 포함하지 않은 채 한 명의 남자 제자에게만 앎을 전수하며 여성 추방 또는 여성성 혐오의 역사를 시작하는지, 그렇지만 실제로 철학(필로소피아φιλοσοφία)이라는 말을 처음 만들어낸 피타고라스와 그의 학파는 어떻게 여자들도 포함하여 많게는 수백 명의 청자들에게 똑같이 앎을 전달했는지와[8] 같은 여성주의를 지지하는 역사적 이야기를 들려주는 이 책은, 읽어나갈수록 번역을 재촉하였다. 또한 그리스 알파

---

8   2.1.2.

벳이라는 사건은 한글로 읽고 쓰는, 한국어를 말하는 독자들에게 수수께끼 같은 눈짓을 보내고 있을는지도 모르겠다. 한글이 숫자로 사용되는 것은 아니며, 인터넷 위성과 같은 하늘 위의 '별들'이 점점 더 연결하고 있는 컴퓨터와 그 안에서의 기본적 글쓰기인 코딩 없이 단순히 글자만으로는 오늘날의 매체를 사유할 수는 없다. 그런데 한글의 자음은 말소리가 흘러나오는 목구멍의 모양을 한 'ㅇ'처럼 발성 기관을 가리키고 있어서 음운론적으로, 음성학적으로 재귀한다. 또한 한글의 모음은 불멸자들의 하늘(天)과 필멸자들이 거주하는 땅(地) 그리고 이 둘을 연결하고 소통시키는 사람(人)을 가리키는 기호의 조합으로 이루어져 있는데, 한글의 음절이 모음과 자음의 결합으로 만들어질 때, 한 음절의 초·중·종성이라는 구조에서 다시금 천지인이 각각 하늘·인간·땅의 순으로 재귀한다.[1] 한글이 그러한 재귀 안에서 자기 전개를 아직 다 마치지 않은 것 같다는 생각, 그래서 앞으로 펼쳐낼 것이 많겠다는 생각과 함께 눈에 붙잡히지 않는 전개도를 상상해보는 것은, 옛 그리스 시대로 안내하는 책을 번역을 하는 동안의 즐거움 가운데 하나였다.

고대 그리스는 지금 여기에서 시간적으로나 공간적으로 멀리 떨어진 옛 문화이지만 우리에게 노래나 이야기가 떠올랐을 때 무사 여신의 이름이 생각나는 한 그리고 술이 일으키는 흥에 취했을 때 남신 디오니소스의 이름이 떠오르는 한, 고대 그리스 문화의 효과는 지속되고 있다고 할 수 있다. 고대 그리스와 관습적으로 붙어 말해지는 '영원한 로마(로마 아이테르나)'는 어떠한 학문도 일구어 내지 않은 채 제국의 확장 속에 무너져 사라졌지만, 현대 그리스는 3~4세기 동안의 오스만 제국의 지배도 견뎌내고 독립하여 현재까지도 그리스 알파벳을 쓰며 그리스어를 말하고 있다는 사실만으로도 그리스와 로마 사이에 넓은 빈칸을 집어넣을 수 있을 것이다. 짧은 호흡의 단순한 매체 이론이나 매체학보다는, 시간 속에서 생각하는 매체사 Mediengeschichte를 하고자 한다는[2] 키틀러가 옛 문헌들을 읽으며 이 책에서 우리에게 전해주려고 하는 것들은 오늘날의 이곳에도 많은 생각거리를 안

---

1 『훈민정음 해례본』, 제자해, 1446.
2 키틀러, 「아프로디테여, 나를 흔들어 주세요」, 인터뷰어: 안트예 벡베르트, 텔레폴리스, 2006년 5월 24일. www.heise.de/tp/features/Rock-Me-Aphrodite-3506751.html

겨 준다. 아테네적/전통적 가부장 문화가 요구하는 순종의 의무와 로마적/제국적 가부장 문화가 가하는 음란한 폭력 사이에 갇혀 버린 여자들, 이 신음을 이해하지 못하는 남자들 그리고 이들 사이의 불신. 의무 교육이라는 정신노동을 마친 우리 근대의 아이들이 또 다시 반의무적으로 가는, 자연과 학대, 인문대, 예술대가 공유하는 바 없이 따로 떨어져 있는 '종합 대학'. 정해진 답을 많이 고르는 순으로 정렬되는 순위와 이를 위한 경쟁. 독재를 끝내고 시작하려는 것이 민주정이 아닌 귀족정에 더 가까워 보이는 나랏일. 돈이 지속적으로 자랄 것이라고 여기는 경제가 희생시키는, 진실로 자라는 것인 자연… 이것들에 대한 생각을 다시금 시작해 보기 위해서 이 책이 지시하고 있는 몇몇 그리스 단어들을 떠올려 보면 다음과 같다. 그리스의 여신들과 남신들을 따라하는 그리스인들의 미메시스[1] 그리고 의례적으로 결혼이나 혼인 관계라는 말로 번역되지만 실은 두 연인의 첫날밤을 순수하게 일컫는 말인 가모스.[2] 겨를을 즐기러, 즉 놀러 학교에 가는 그리스의 아이들(파이데스)과 음악 아래 하나로 묶여 있는 산술, 기하학, 천문학이라는 그리스 교육에서의 순회고리(엥키클리오스 파이데이아) 또는 자유로운 교육(파이데이아 엘레우테라).[3] 젊은 여자들의 공놀이 시합과 여기서 유래한 춤과 노래, 아름다움, 운동 경기 등에서의 겨루기(아곤).[4] 더 가지려고 속이는 자가 스스로 자신의 행위가 무엇인지를 깨닫게 하여 그 행위를 멈추게 하는 동시에 평등하게 분배하는 셈법(로기스모스).[5] 우리가 함께 사는 집(오이코스)과 살림(오이코노미아) 그리고 자연(피시스). 낯설지만 또 우리가 이미 알고 있는 단어들 속에 살아 있는 옛 그리스어에서 비추어 보이는 개념들이 지켜야 할 가치들을 반짝이고 있었기에, 능력이 부족한 옮긴이에게는 어려운 작업이었음에도 불구하고 번역을 감행하는 용기를 낼 수 있었다.

경험 없는 이 손에서 책이 볼품없이 변하지 않도록 최선을 다하였으나, 있을 수밖에 없을 실수나 오류는 모두 옮긴이의 탓이다. 번역에서 출판까지

---

1   1.3.
2   1.1.2.4.1.
3   2.1.1.3.
4   1.1.2.4.1.
5   2.2.2.4.2.

셀 수 없이 많은 도움을 준 악셀 로흐에게 깊은 고마움을 전한다. 그가 없었다면 시작도 마무리도 못했을 것이다. 말로 또 마음으로 따뜻하게 지지해 준 가족과 친구들에게도 감사의 말을 전하고 싶다. 이 후기를 읽고 생각을 나눠 준 김수영과 번역에 참고할 수 있도록 2000년 여름 학기의 강의록 「음악과 수학」을 건네 준 수자네 홀의 응원에도 감사를 드린다. 이 강의록 역시 마르바흐 독일 문학 아카이브에 보관되어 있으며, 그 첫 수업 역시 그리스와 호메로스에서 시작한다. 이어지는 수업에서는 그리스 알파벳, 피타고라스와 피타고라스학파의 수학과 음악 이론을 다루며, 노래와 리라 연주를 자유 시민의 기초 교육에 포함시키지 않았으며 음악에 관심 없었던 로마인들과 수학을 언급한 문헌이 전혀 없는 로마 시대의 경우, 라틴어 시의 운율에서 어떻게 음절의 장단 구분이 사라지고 강약으로 대체되었는지를 살펴본다. 그 이후 다루어지는, 시몬 스테빈에서 레온하르트 오일러를 거쳐 헤르만 폰 헬름홀츠에 이르는, 중세에서 근대로 이어지는 유럽의 음악과 수학의 이론과 실습들은 이 강의의 큰 부분을 차지한다. 키틀러는 대체로 문학 연구나 사회학에서 온 '매체학'이라는 특이한 학문이 1980년대 이후 널리 퍼졌지만 현대의 기술적 매체와 문화를 사유하기에는 불충분했으며, 90년대 이후에는 특정한 기술의 출현과 성과를 다루는 데에만 치중하였을 뿐이기에, 새로운 천년을 시작하며 현대적으로 튼튼한 기반을 가진 학문사 Wissenschaftsgeschichte로서의 매체사가 필요하다며 자신의 강의 「음악과 수학」에서 시도하는 바를 설명한다.[1] 이 강의는 잘 정의된 수학 없이는 기술적 매체도 불가능하다고, 예를 들어 오일러와 헬름홀츠를 이해하면 최초로 소리와 음악을 그 자체로 저장했던 에디슨의 축음기에 대해서 더 많이 배울 수 있다고 하면서 근본적 학문으로서의 수학을 강조하며, 음악과 음악 이론이 어떻게 수학을 일으키는지, 반대로 또 어떻게 수학이 음악과 음악적 기술을 이끌어 내는지를 풀어나간다. 이제 이 음악과 수학의 매체사 위에, 그 맥박을 뛰게 하는 사랑과 앎의 존재사가 더해진 『음악과 수학』의 첫 책이 여러분의 손 위에 놓여 있다.

2019년 11월 한강을 바라보며
박언영

---

1   키틀러, 「음악과 수학 강의록」, 2000년 4월 25일 수업.

음악과 수학 제1부 헬라스 제1권 아프로디테

지은이: 프리드리히 키틀러
옮긴이: 박언영

1판 1쇄: 2019년 12월 27일

펴낸곳(서울): 매미   ISBN 979-11-968395-1-2 (대한민국)
펴낸이: 박언영
출판등록: 2019년 8월 2일 제2019-000212호
등록주소: 서울시 마포구 희우정로3길 10 201호
우편주소: 서울시 마포구 마포대로 89 마포우체국 사서함 121호
전자우편: memi@memibooks.kr
웹사이트: www.memibooks.kr

펴낸곳(베를린): 게겐슈탈트   ISBN 978-3-9813156-5-3 (독일)
펴낸이: 악셀 로흐 Axel Roch
전자우편: gegenstalt@gmail.com
웹사이트: www.gegenstalt.com

편집: 박언영
표지 및 본문 디자인: 박매히 mehi@mehi.kr
표지 도움: 도호연(엠티오) mtospace@gmail.com
교정: 김혜림 proofreading@kakao.com
저작권: 악셀 로흐

본문 서체: 아리따 돋움, ヒラギノ丸ゴ Pro, Helvetica Neue, Noto Sans 등
본문 종이: 미색모조 100g/㎡
인쇄 및 제본: 상지사피앤비

이 도서의 국립중앙도서관 출판예정도서목록(CIP)은 서지정보유통지원시스템 홈페이지
(http://seoji.nl.go.kr)와 국가자료종합목록 구축시스템(http://kolis-net.nl.go.kr)에서
이용하실 수 있습니다. (CIP제어번호: CIP2019050764)

지은이
프리드리히 키틀러 Friedrich A. Kittler
1943년 독일 작센주 로흘리츠에서 태어나 어린 시절을 동독에서 보냈다. 전후 교직에서 물러나야 했던 그의 아버지 구스타프 아돌프 키틀러는 자신의 아들을 열정적으로 가르쳤고, 프리드리히 키틀러는 "책처럼 말하는" 아버지를 기꺼이 흡수하여 일곱 살 때 이미 괴테의 파우스트를 암송할 정도였다. 자유로운 삶과 교육이 점점 더 어려워지자 키틀러 가족은 1958년 동독을 탈출하여 베를린을 거쳐 서독으로 이주, 바덴뷔르템베르크주에 정착하였다. 프리드리히 키틀러는 프랑스 국경 지방인 라르에서 김나지움을 다녔으며, 1963년부터 프라이부르크 대학교에서 독일어문학, 로망스어문학, 철학을 공부하였다. 그의 1976년 박사 학위 논문은 이듬해 『꿈과 말: 콘라트 페르디난트 마이어의 통신 체계 분석』으로 출판되었으며, 1982년 독일문학사 전공 대학교수 자격 취득 논문으로 제출한 『기록시스템 1800/1900』은 긴 논란 끝에 통과하여 1985년에 세상에 나오게 되었다. 기록시스템의 1900년대 부분을 확대하고 보완한 『축음기·영화·타자기』가 1986년에 출간된 후 "매체가 우리의 상황을 결정한다."라는 첫 문장은 그의 이름에 따라다니는 매체 결정론의 유명한 명제가 된다. 그 외의 주요 저서로는 『어머니, 시인, 아이』(1991), 『드라큘라의 유산: 기술적 글들』(1993), 『헤벨의 상상력: 어두운 자연』(1999), 『문화학의 문화사』(2000), 『그리스로부터』(2001), 『광학적 미디어』(2002), 『불멸자들. 추모 글, 기억, 유령과의 대화』(2004), 『음악과 수학 제1권 헬라스 제1부 아프로디테』(2006), 『음악과 수학 제1권 헬라스 제2부 에로스』(2009) 등이 있다. 1982년부터 1987년까지 버클리 대학, 스탠포드 대학, 샌타바버라 대학의 방문 교수 자격으로 미국에 머물렀으며, 1987년부터 93년까지 독일 보훔 대학에서 현대독일문학 교수로 부임하였다. 1993년부터 베를린 훔볼트 대학에서 매체 미학 및 매체 역사의 교수로 부임하여 학생들과 프로그래밍을 배우고 가르치며 매체사적 연구를 이어나가는 한편, 그리스어와 고대 그리스 문헌을 배우고 가르치며 유럽의 학문과 문화의 시원에 대한 사유를 발전시키며 저술을 이어나갔다. 2011년 지병으로 세상을 떠났으며 그의 유골은 베를린 도로테엔슈타트 묘역에 안치되었다. 키틀러의 미발표 및 미완의 원고와 데이터들은 마르바흐 독일 문학 아카이브에 보관되어 있다.

/

옮긴이
박언영
홍익대학교 예술학과에서 미술사와 예술 이론을 공부했으며 베를린 예술대학교 시각커뮤니케이션과에서 시각 디자인과 실험 영상을 공부했다.

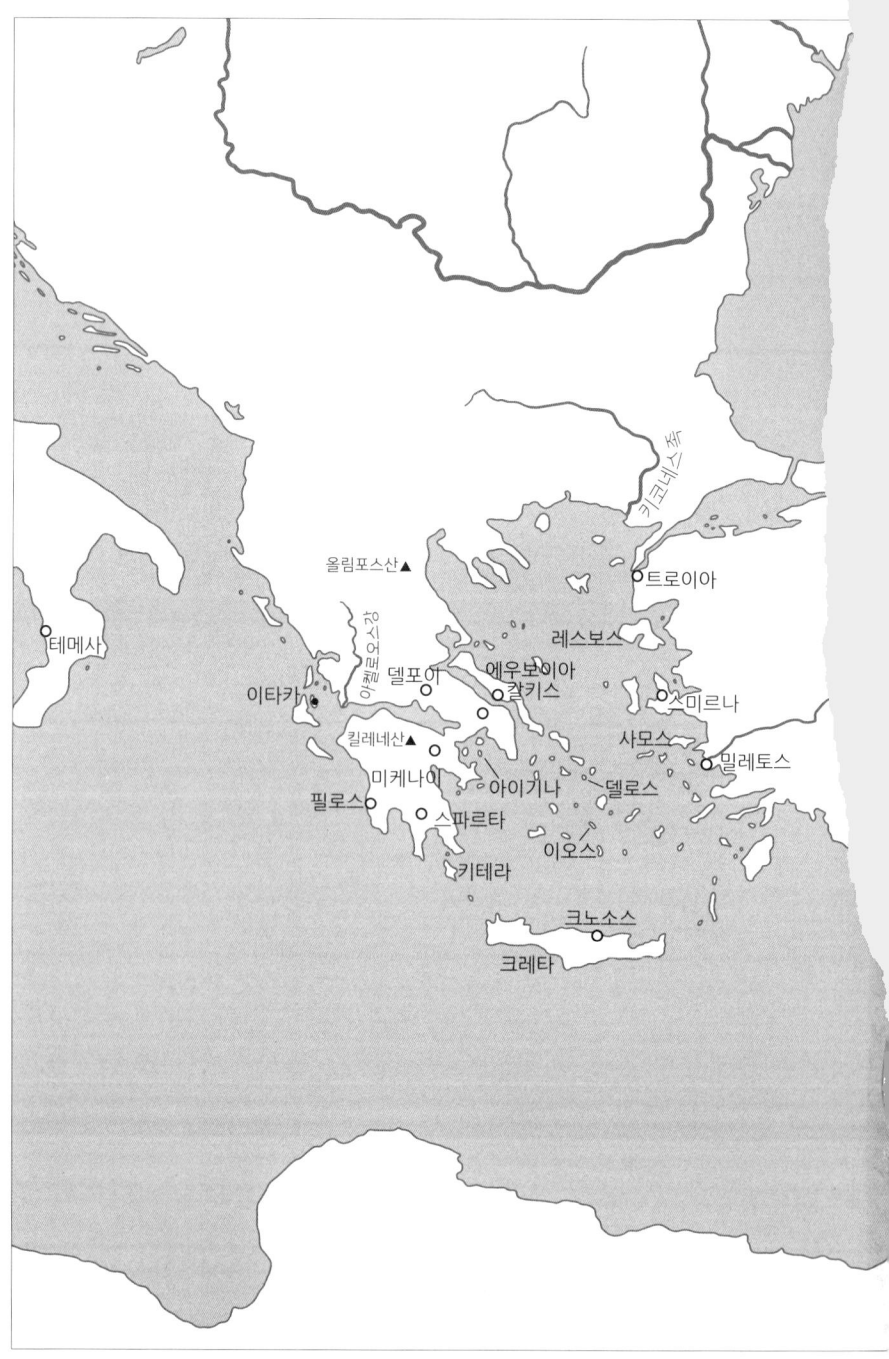